Grundlagen des E-Commerce

Ihr Bonus als Käufer dieses Buches

Als Käufer dieses Buches können Sie kostenlos unsere Flashcard-App
„SN Flashcards" mit Fragen zur Wissensüberprüfung und zum Lernen
von Buchinhalten nutzen. Für die Nutzung folgen Sie bitte den folgenden
Anweisungen:

1. Gehen Sie auf **https://flashcards.springernature.com/login**
2. Erstellen Sie ein Benutzerkonto, indem Sie Ihre Mailadresse
   angeben, ein Passwort vergeben und den Coupon-Code
   einfügen.

Ihr persönlicher „SN Flashcards"-App Code   53220-33846-342AA-43471-1D108

Sollte der Code fehlen oder nicht funktionieren, senden Sie uns bitte eine E-Mail
mit dem Betreff **„SN Flashcards"** und dem Buchtitel an **customerservice@
springernature.com**.

Frank Deges

Grundlagen des E-Commerce

Strategien, Modelle, Instrumente

2., überarbeitete und erweiterte Auflage

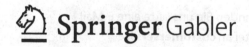

Frank Deges
CBS International Business School
Köln, Deutschland

ISBN 978-3-658-41356-9   ISBN 978-3-658-41357-6   (eBook)
https://doi.org/10.1007/978-3-658-41357-6

Die Deutsche Nationalbibliothek verzeichnet diese Publikation in der Deutschen Nationalbibliografie; detaillierte bibliografische Daten sind im Internet über http://dnb.d-nb.de abrufbar.

Planung/Lektorat: Imke Sander
Springer Gabler ist ein Imprint der eingetragenen Gesellschaft Springer Fachmedien Wiesbaden GmbH und ist ein Teil von Springer Nature.
Die Anschrift der Gesellschaft ist: Abraham-Lincoln-Str. 46, 65189 Wiesbaden, Germany

Das Papier dieses Produkts ist recyclebar.

Vorwort zur zweiten Auflage

Vier Jahre sind seit der Publikation der ersten Auflage dieses Lehrbuches ins Land gezogen. Und nach wie vor ist die Innovationsdynamik und Veränderungsgeschwindigkeit des E-Commerce ungebrochen, auch wenn sich in der zweiten Jahreshälfte 2022 und in den ersten Monaten des Jahres 2023 sein Marktwachstum eingebremst hat. Der Online-Handel ist in allen Bevölkerungsschichten und Altersklassen fest verankert und prägt das Kaufverhalten vieler Konsumenten. Digitale Medien sind aus dem Alltag nicht mehr wegzudenken, zu groß sind trotz Cyberkriminalität, Datenschutz- und Sicherheitsbedenken die Vorteile ihrer Nutzung im kommerziellen, wissenschaftlichen und privaten Bereich. Viele Entwicklungen und Trends haben den E-Commerce in den letzten Jahren befeuert. Digitalisierung, Big Data, künstliche Intelligenz, Augmented Reality, Chatbots, Sprachassistenzsysteme, Individualisierung und Marketing-Automation sind nur einige davon. Sie entfalten ein enormes Potenzial für die Feinjustierung etablierter Geschäftsmodelle und die noch kundenzentriertere Ausgestaltung personalisierter Angebote, Funktionen und Anwendungen.

Die wissenschaftliche Auseinandersetzung mit E-Commerce hat sich in den letzten Jahren facettenreich vervielfältigt. Das Wissen erweitert sich rasant und bedarf in immer kürzeren Zyklen einer Aktualisierung gerade auch in den Überblickswerken und Lehrbüchern. Etablierte Standardwerke erleben in kurzen Rhythmen neue Auflagen und das Spektrum an spezialisierter Fachliteratur ist enorm gewachsen. E-Commerce ist kein theoretisches Lehrkonstrukt, sondern praxisbewährte Realität. Es sind die Unternehmen, die mit kreativen Ideen und innovativen Anwendungen neue Wege im Online-Handel erproben und den Drang der Forschung nach wissenschaftlicher Fundierung vorantreiben. Theorie und Praxis finden sich in einer fruchtbaren Symbiose. Denn in der wissenschaftlichen Auseinandersetzung mit dem Online-Handel sind es neben den Best Practices viele experimentelle und empirische Studien, die mit fundierten Erkenntnissen und repräsentativen Ergebnissen den Diskurs bereichern und theoriegestützte Konzepte, Modelle und Instrumente untermauern.

Mit dem exponentiellen Wachstum an Literatur und Studien erhöht sich der Anspruch, daraus einen Extrakt zu ziehen, der das Themenspektrum in seiner ganzen Vielfalt zu erfassen versucht, um Studierenden ein grundlegendes Verständnis des E-Commerce zu vermitteln. Das bewährte Grundgerüst der ersten Auflage mit der Strukturierung des Inhalts in zehn in sich geschlossene Kapitel wurde beibehalten. In allen Kapiteln hat es eine grundlegende Überarbeitung der bisherigen Inhalte und darüber hinaus viele inhaltliche Erweiterungen durch neue Unterkapitel gegeben. Am Ende eines jeden Kapitels verweisen ausführliche Literaturverzeichnisse auf ergänzende und weiterführende Literatur. Die Neufassung der ersten Auflage war mit einem zeitintensiveren Aufwand als die Erstellung des Ursprungswerkes verbunden. Umso dankbarer bin ich, mit dem Springer Verlag einen wertgeschätzten Partner an meiner Seite zu wissen, der mir einen großzügigen Zeitrahmen für die Erstellung der Neuauflage dieses Lehrbuches eingeräumt hat. Mein herzlicher Dank gilt Frau Imke Sander für ihre engagierte, freundliche und wertvolle Unterstützung sowie die schon langjährige konstruktive und sehr angenehme Zusammenarbeit bei diesem nun schon sechsten gemeinsamen Buchprojekt. Mein herzlicher Dank gilt ebenso Frau Walburga Himmel für ihre sehr freundliche, schnelle und professionelle Unterstützung bei der Umsetzung der organisatorischen und formalen Anforderungen im Publikationsprozess.

Der didaktische Anspruch, Überblickwissen in einem Lehrbuch zu vermitteln geht natürlich zu Lasten einer Detailtiefe, wie sie nur Fachbücher in ihrer Konzentration auf einen der vielen Teilaspekte des E-Commerce zu leisten vermögen. Auch diese Auflage kann nur eine Momentaufnahme des aktuellen Erkenntnisstandes wiedergeben. Vieles ist im Fluss und wird sich in den nächsten Jahren auch erheblich weiterentwickeln. Für die Praxis und für die Wissenschaft gilt gleichermaßen: Nichts ist so beständig wie der Wandel. Und dies gestaltet die Auseinandersetzung mit dem Online-Handel spannend und vielfältig.

Ich wünsche meinen Lesern eine bereichernde Lektüre und freue mich über Kritik, Anregungen, Ergänzungen und Verbesserungsvorschläge. Denn neben den positiven Bewertungen der ersten Auflage ist es auch das konstruktive Feedback, welches mich zur Neuauflage dieses Lehrbuchs bewogen hat. Dafür gebührt auch Ihnen mein herzlicher Dank und ich wünsche mir, dass auch diese Auflage eine freundliche Aufnahme und gute Resonanz findet.

Wie schon in der ersten Auflage ist für die Leser dieses Buches die Springer-Nature-Flashcards-App freigeschaltet. Mit dem am Ende des ersten Kapitels in diesem Buch eingedruckten Coupon Code können Sie mobil oder am Desktop Ihr Wissen mittels digitaler Karteikarten in der App überprüfen. Zu jedem Kapitel finden Sie dort Multiple-Choice-Fragen, Lückentexte oder offene Fragen mit den korrekten Lösungen versehen.

Köln   Frank Deges
Mai 2023

Vorwort zur ersten Auflage

E-Commerce als elektronischer Handel ist auf globaler Ebene in der Wirtschaft und Gesellschaft fest verankert. Unternehmen und Institutionen jedweder Wirtschaftszweige, Branchen und Größenordnungen nutzen internetbasierte Vertriebskanäle zum Absatz ihrer Güter, während die Konsumenten selektiv, mal offline – mal online, Produkte kaufen und Dienstleistungen in Anspruch nehmen. Und dies immer mehr jederzeit und überall mit mobilen Endgeräten anstelle des desktopbasierten Onlinekaufs von zu Hause. Neue Märkte haben sich entwickelt und bestehende Märkte in ihren Marktbedingungen und Spielregeln verändert, indem Unternehmen wic auch Konsumenten von der Globalität, der Vernetzung und der Digitalisierung profitieren. Neu und mancherorts immer noch ungewohnt ist die auch nach einem Vierteljahrhundert weiterhin ungebremste Dynamik, Geschwindigkeit und Intensität, in der neue Technologien und Konzepte, allen voran nun die Digitalisierung, tradierte Geschäftsmodelle erodieren und Unternehmen zur Neuorientierung und Anpassung zwingen. Das Kauf- und Konsumentenverhalten hat sich durch E-Commerce nachhaltig verändert und Unternehmen müssen dem mit hoher Agilität und Innovationsbereitschaft Rechnung tragen. Dafür bedarf es heute und morgen im Unternehmen gut ausgebildeter Fachkräfte mit einem ausgeprägten Verständnis für die Chancen und Potenziale des E-Commerce.

Für die Studierendengeneration der Digital Natives hat der Aufbau von E-Commerce-Kompetenz eine hohe Praxisrelevanz für die berufliche Orientierung und Karriere. Digital Natives sind besonders dafür prädestiniert, ihr schon früh internalisiertes intuitives Verständnis für das Medium Internet, ihre Neugierde für neue Technologien und Anwendungen in genau die Kreativität umzumünzen, derer sie insbesondere dann bedürfen, wenn sie in ihren künftigen Arbeitsfeldern tradierte Modelle und Herangehensweisen hinterfragen, Impulse geben und neue Ideen entwickeln wollen.

Das stetige Wachstum des elektronischen Handels impliziert nun keine neue wissenschaftliche Disziplin im Sinne einer Betriebswirtschaftslehre des E-Commerce. Anerkannte und vielfach in der Praxis bewährte ökonomische Modelle, Regeln und Gesetzmäßigkeiten verlieren nicht ihre Gültigkeit und werden durch E-Commerce erst recht nicht außer Kraft gesetzt. Es sind gerade die etablierten Konzepte, Modelle und die empirisch fundierten Erkenntnisse aus Marketing und Vertrieb, der Konsumentenpsychologie, den Markt- und Wettbewerbstheorien, der Unternehmensführung und des Controllings, die durch den E-Commerce adaptiert, neu interpretiert und im Kontext des internetbasierten Vertriebs erweitert werden.

Der Ansatz dieses Lehrbuches ist es, auf Basis dieser etablierten Erkenntnisse aus den betriebswirtschaftlichen Teildisziplinen das Basiswissen des E-Commerce zu strukturieren und zu erklären. In überschaubaren Lerneinheiten soll mit einem komprimierten Überblick des aktuellen Wissens- und Erkenntnisstands ein solides Fundament vermittelt werden. Die Innovations- und Veränderungsgeschwindigkeit des E-Commerce ist auch die große Herausforderung für ein Lehrbuch, das die Basis für ein grundlegendes Verständnis des E-Commerce zu vermitteln beanspruchen möchte und letztlich doch nur eine Momentaufnahme darstellen kann. Denn vieles ist im Fluss und E-Commerce kein theoretisches Lehrkonstrukt, sondern allseits gelebte Realität. Immer wieder sind es die Unternehmen, die durch innovative Anwendungen und kreative Ideen die Frage nach einer theoretisch fundierten Erklärung aufwerfen und den Drang der Forschung nach wissenschaftlicher Fundierung mit der Ableitung von Modellen, Konzepten und Instrumenten vorantreiben. In diesem Spannungsfeld der Wissensgenerierung, Wissensrezeption und Wissensvermittlung bewegen sich gleichwohl Dozenten wie auch Studierende. Aus einer Vielzahl an Fachbüchern und Studien die Essenz zu ziehen, mit einem komprimierten Extrakt ein fundiertes Überblickswissen darzustellen – dies ist der Anspruch, den dieses Lehrbuch zu erfüllen versucht.

Die Strukturierung in zehn in sich geschlossene Kapitel soll dem Leser einen verständlichen und gleichzeitig kompakten Überblick über das vielschichtige und facettenreiche Themenspektrum des E-Commerce vermitteln. Wissenschaftliche Erkenntnisse werden mit prägnanten Beispielen visualisiert. Best Practices und Studien untermauern die Praxisrelevanz der vorgestellten Modelle und Instrumente.

Studienanfänger erhalten ein Orientierungswissen durch Konzentration und Reduktion der Inhalte auf das Wesentliche. Der didaktische Anspruch, Überblickwissen zu vermitteln, geht natürlich zu Lasten einer Detailtiefe, wie sie Fachbücher in der Konzentration auf einen der vielen Teilaspekte des E-Commerce zu leisten vermögen. Zur Vertiefung der Themen der einzelnen Kapitel wird am Ende jedes Abschnitts durch Literaturangaben auf relevante weiterführende Fachliteratur verwiesen. Das in diesem Werk dargestellte Überblickswissen kann nur eine aktuelle Momentaufnahme des Erkenntnisstandes zum E-Commerce darstellen. Die Dynamik des Mediums Internet erfordert eine permanente Fortschreibung und Weiterentwicklung. Daher freue ich mich über Kritik, Anregungen, Hinweise auf Lücken, Verbesserungsvorschläge und Diskussionen.

Mein besonderer Dank gilt Frau Imke Sander vom Springer Gabler Verlag für die professionelle, engagierte, freundliche Unterstützung und die jederzeit sehr konstruktive und angenehme Zusammenarbeit.

Und zu guter Letzt: Das Besondere für Leser dieses Buches ist die zusätzliche Freischaltung der Springer-Nature-Flashcards-App (mobil oder am Desktop nutzbar). Mit dem in diesem Buch eingedruckten Coupon Code können Sie Ihr Wissen mittels digitaler

Karteikarten in der App überprüfen. Zu jedem Kapitel finden Sie dort Multiple-Choice-Fragen, Lückentexte oder offene Fragen – jeweils mit der korrekten Lösung versehen. Zudem können Sie in der App Ihren Lernfortschritt testen. Ich wünsche Ihnen eine wissensbereichernde Lektüre und freue mich auch über ein Feedback Ihrer Erfahrungen mit der Springer-Nature-Flashcards-App.

Köln   Frank Deges
Mai 2019

Inhaltsverzeichnis

Grundlagen, Bedeutung und Rahmenbedingungen des E-Commerce

Zur Nutzung der Flashcards-App

Mit der kostenlosen Flashcard-App „SN Flashcards" können Sie Ihr Wissen anhand von Fragen überprüfen und Themen vertiefen. Für die Nutzung folgen Sie bitte den folgenden Anweisungen:

1. Gehen Sie auf https://flashcards.springernature.com/login
2. Erstellen Sie ein Benutzerkonto, indem Sie Ihre Mailadresse angeben und ein Passwort vergeben.
3. Verwenden Sie den folgenden Link, um Zugang zu Ihrem SN Flashcards Set zu erhalten: https://sn.pub/UXxTCW

Sollte der Link fehlen oder nicht funktionieren, senden Sie uns bitte eine E-Mail mit dem Betreff „SN Flashcards" und dem Buchtitel an customerservice@springernature.com.

Lernziele

Im einführenden Kapitel wird die Kommerzialisierung des Internets und die damit verbundene Entwicklung des Online-Handels thematisiert und ein fundiertes Basiswissen geschaffen für:

- Das Verständnis des Begriffs E-Commerce als elektronischer Distanzhandel und seine Einordnung in den Gesamtkontext der Internetökonomie

© Springer Fachmedien Wiesbaden GmbH, ein Teil von Springer Nature 2023
F. Deges, *Grundlagen des E-Commerce*,
https://doi.org/10.1007/978-3-658-41357-6_1

- Die Bewertung der volkswirtschaftlichen, gesellschaftlichen und ökonomischen Bedeutung des Internets und des Online-Handels
- Der Einfluss der Digitalisierung auf die Transformation von Branchen und Unternehmen
- Die regulatorischen Rahmenbedingungen für die Internetnutzung und deren Auswirkungen für den Online-Handel mit den relevanten Gesetzen und Verordnungen
- Die Beurteilung der Chancen und Risiken des E-Commerce aus Anbietersicht sowie der Vorteile und Nachteile aus der Konsumentenperspektive

1.1 Einordnung des E-Commerce in die Internetökonomie

Kein Medium hat in so kurzer Zeit die Gesellschaft in ihrem Sozial- und Konsumverhalten so nachhaltig geprägt wie das Internet. Als Kommunikations-, Informations- und Interaktionsmedium in vielen Lebensbereichen omnipräsent, bietet das Internet in seiner ubiquitären Nutzung vielfältige Möglichkeiten zur Gestaltung und Erleichterung des Alltags in nahezu allen Lebensbereichen. Auch das **Kaufverhalten** der Verbraucher hat sich grundlegend verändert. Der Bezug von Waren und Dienstleistungen über den Online-Handel wird über alle Bevölkerungsschichten und Altersgruppen hinweg als bequeme Alternative zum Einkauf in stationären Geschäften genutzt und hat sich längst als attraktiver **Vertriebskanal** für Unternehmen aller Wirtschaftszweige und Branchen etabliert.

1.1.1 E-Commerce und Distanzhandel

Der Begriff E-Commerce wird mit Synonymen wie Online-Handel, Internethandel, Online-Shopping, E-Retailing, Internetvertrieb, Onlinevertrieb und Digital Commerce gleichgesetzt. Im Kern geht es um den elektronischen Handel mit Waren und Dienstleistungen, deren **Transaktion,** d. h. die Anbahnung, der Abschluss und die Abwicklung des Kaufs oder Verkaufs, über das Internet mithilfe interaktiver Informations- und Kommunikationstechnologien durchgeführt wird (Weiber, 2000, S. 11 f.; Wirtz, 2001, S. 40; Wamser, 2001, S. 11 ff.; Merz, 2002, S. 19 ff.; Fritz, 2004, S. 27).

▶ **Transaktion und Transaktionsprozess** Durch eine **Transaktion** wird das Eigentum oder das Nutzungsrecht an einem Gut zwischen Wirtschaftssubjekten übertragen (Picot, 1982, S. 269 f.). Transaktionen lösen **Transaktionskosten** monetärer und nicht-monetärer Art entlang aller Phasen des Kaufprozesses aus, diese beziehen sich auf den Aufwand, der mit dem **Transaktionsprozess** verbunden ist (Picot, 1986, S. 3 ff.). Vor dem Vertragsabschluss fallen Kosten für die Anbahnung, Informationsbeschaffung, Alternativenauswahl und Vertragsverhandlung an (**ex-ante-Transaktionskosten**). Nach dem Vertragsabschluss entstehen als **ex-post-Transaktionskosten** Abwicklungs-, Kontroll- und Anpassungskosten, wenn eine Warenlieferung begutachtet, beanstandet, nachverhandelt oder retourniert wird (Picot, 1982, S. 270 f.).

Um einen onlinebasierten Kauf oder Verkauf als E-Commerce zu charakterisieren, muss nicht zwingend der vollständige **Transaktionsprozess** elektronisch abgebildet sein, da der Versand online bestellter physischer Produkte an den Empfänger über klassische Transportwege und Transportsysteme erfolgen muss (Kollmann, 2013, S. 39). In Abgrenzung zum Kauf eines Produktes in einer stationären Filiale ist die wesensbestimmende Kennzeichnung eines Handelsgeschäftes als E-Commerce der online vollzogene Abschluss des Handels (Wamser, 2001, S. 40; Riehm, 2004). Die über E-Commerce handelbaren Güter sind Produkte und Dienstleistungen, die physischer oder digitaler Natur sein können. **Digitale Güter** oder digitalisierte Produkte wie beispielsweise E-Books oder Musik im MP3-Format können nach dem Onlinekauf direkt auf ein Empfangsgerät (PC, Laptop, Tablet, Smartphone) des Käufers heruntergeladen werden. Dabei werden alle Stufen des Transaktionsprozesses elektronisch durchgeführt. Die Übertragung des Gutes über einen Download wird als **Online-Distribution** bezeichnet (Olbrich et al., 2015, S. 22). Onlineshops (Webshops, E-Shops) und Online-Marktplätze (Online-Marketplaces, digitale Marktplätze) sind die virtuellen Orte, an denen die Güter (Produkte und Dienstleistungen) offeriert werden. Diese können sich als **B2C-Onlineshop** oder **B2C-Online-Marktplatz** an den Endkonsumenten und als **B2B-Onlineshop** oder **B2B-Online-Marktplatz** an Geschäftskunden richten.

Die Handelsbetriebslehre fasst die Handelstätigkeit in eine funktionelle und institutionelle Sichtweise. **Handel im funktionellen Sinne** liegt vor, wenn Marktteilnehmer Sachgüter ohne eigene Be- oder Weiterverarbeitung von anderen Marktteilnehmern beschaffen und an Dritte absetzen (Müller-Hagedorn et al., 2012, S. 35 ff.). **Handel im institutionellen Sinne** erfasst die Wirtschaftseinheiten, die eine Handelstätigkeit im funktionellen Sinne betreiben, dies sind im wesentlichen die Handelsbetriebe (Müller-Hagedorn et al., 2012, S. 39 f.). Der Begriff E-Commerce als elektronischer „Handel" impliziert, dass es sich um eine reine Handelstätigkeit handeln würde. Da auch Herstellerunternehmen Onlineshops betreiben, bezieht sich der E-Commerce als vertikaler Online-Handel oder D2C (**Direct-to-Customer**) auch auf den Direktabsatz von eigenproduzierten Produkten (vgl. Müller-Hagedorn et al., 2012, S. 26). E-Commerce ist eine Ausprägung des Distanzhandels (Barth et al., 2015, S. 88, Heinemann, 2018, S. 64 f.). Im **Distanzhandel** kommt es zu keinem physischen Zusammentreffen von Käufer und Verkäufer. Die räumliche Distanz wird über elektronische Kommunikationsmedien überbrückt (Schröder, 2012, S. 324). Wie Abb. 1.1 zeigt, unterscheidet die Handelsbetriebslehre neben dem Distanzprinzip mit dem Residenzprinzip (stationärer Handel), dem

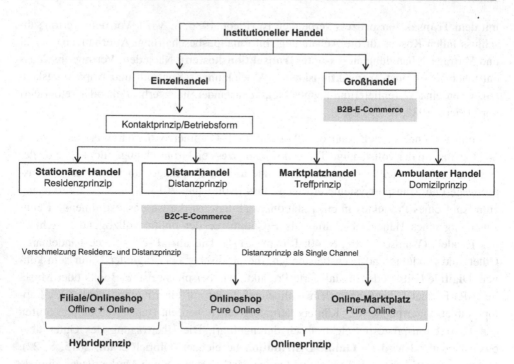

Abb. 1.1 Kontaktprinzipien im Einzelhandel. (Aus Deges, 2020, S. 3; mit freundlicher Genehmigung von © Springer Fachmedien Wiesbaden GmbH. All Rights Reserved)

Treffprinzip (Marktverkauf) und dem Domizilprinzip (Haustürverkauf) vier elementare Kontaktprinzipien (Schröder, 2012, S. 325).

Auf den Kontaktprinzipien basiert die Zuordnung von Betriebsformen und Betriebstypen des Einzelhandels. So sind beispielsweise Supermärkte, Fachgeschäfte und Fachmärkte dem **Residenzhandel,** Versandhandelsunternehmen und Teleshopping-Betreiber dem Distanzhandel zuzuordnen. Die Entwicklung des E-Commerce zeigt eine immer stärkere Vermischung der Geschäftskonzepte. Stationäre Händler betreiben Onlineshops und **Internet Pure Player** eröffnen Filialen. Damit geht auch eine Veränderung der Betriebsformen einher, da die Formatgrenzen zunehmend verschwimmen (Gehrckens, 2019, S. 45). Nur die Internet Pure Player, die sich allein auf den Onlinevertrieb fokussieren, betreiben einen reinen Distanzhandel mit dem **Onlineprinzip** als ausschließliches Kontaktprinzip. Das nach Bedarf und Situation wechselnde Kontaktprinzip vieler Konsumenten führt zu einer immer stärkeren Verflechtung von Distanz- und Residenzhandel. Dies bedingt, wie Abb. 1.1 veranschaulicht, in Abgrenzung vom reinen Online-Handel künftig von einem **Hybridprinzip** (Heinemann, 2019, S. 4) zu sprechen. Konsumenten informieren sich vor einem Onlinekauf in der Filiale oder führen eine Internetrecherche als Vorbereitung für einen nachfolgenden stationären Kauf durch. Die Umsatzanteile der Unternehmen zwischen den beiden Vertriebskanälen verschieben sich, sodass stationärer und nicht-stationärer Handel immer mehr eine Symbiose bilden. **Connected Commerce** ist das Schlagwort, welches die Verschmelzung des Online-Handels mit dem stationären Handel zum Ausdruck bringt (Fasching, 2018).

▶   **Merke!** Ob stationärer oder mobiler Zugriff, ob physische oder digitale Zustellung der Lieferung oder Inanspruchnahme einer Leistung, das konstitutive Merkmal zur Abgrenzung des E-Commerce von anderen Vertriebsformen ist, dass der Abschluss des Kaufvertrages elektronisch (online, digital) erfolgt.

Im M-Commerce (**Mobile Commerce**) werden Transaktionen durch die Nutzung mobiler, mit dem Internet verbundener Endgeräte (Smartphone, Tablet, Laptop) angebahnt und durchgeführt (Heinemann, 2018, S. 137 f.). Der M-Commerce bietet einen situativen Zusatznutzen, da der mobile und ortsungebundene Zugriff auf internetbasierte Dienste und Anwendungen ein zeitkritisches Kundenbedürfnis schneller und direkter löst als der ortsgebundene Zugriff mit einen zu Hause mit dem Internet verbundenen Desktop-PC (vgl. Kollmann, 2013, S. 31). M-Commerce und E-Commerce differenzieren sich hinsichtlich der Art der verwendeten Endgeräte, der **Ubiquität** (die Ungebundenheit an einen Standort) sowie der an den Screens mobiler Endgeräte optimierten Darstellung der Inhalte. Der E-Commerce per Desktop-PC wird zwar zunehmend durch den M-Commerce ersetzt, er hat aber weiterhin eine elementare Bedeutung für diejenigen Internetnutzer, die für ihren Onlinekauf die ruhige Atmosphäre zu Hause schätzen und ihre Kaufentscheidungen lieber auf großflächigen Bildschirmen als über die kleinflächigen Screens der mobilen Endgeräte validieren.

In der Theorie und Praxis des E-Commerce bilden sich regelmäßig neue Begriffe, die das grundlegende Verständnis des Online-Handels auf spezifischere Ausprägungen und Erscheinungsformen ausrichten. Abb. 1.2 visualisiert einen Überblick über die dem E-Commerce artverwandten Begriffe. Kennzeichnend für viele dieser Begriffe ist, dass sie sich auf Ausprägungen von differierenden Geschäftsmodellen beziehen und/oder einen Ausschnitt des Kaufentscheidungsprozesses in der **Customer Journey** (Abschn. 4.5.3) als einen prägenden Vermarktungsansatz oder markantes Differenzierungsmerkmal hervorheben.

Die Begriffe **Curated Commerce, Re-Commerce** und **Abo-Commerce** stehen für unterschiedliche Online-Geschäftsmodelle, die in Abschn. 5.3 vorgestellt werden. **Quick Commerce** kennzeichnet die Ausprägung der Leistungsangebotes auf eine ultraschnelle Auslieferung von Bestellungen (siehe Abschn. 9.7.6). Ein nahtloses, alle Online- und Offline-Vertriebskanäle und Kontaktpunkte integrierendes Einkaufserlebnis repräsentiert der Begriff **Seamless Commerce** (siehe Abschn. 7.1.2). Innerhalb der Customer Journey adressieren Bausteine wie Contextual, Conversational und Voice Commerce die Integration von Kaufoptionen in einem inhaltsbezogenen Zusammenhang der Informationsrecherche und Informationsverarbeitung. Im **Contextual Commerce** werden

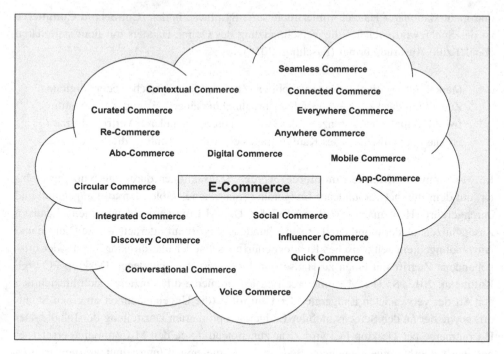

Abb. 1.2 Begriffscloud E-Commerce

Buy-Buttons außerhalb des eigenen Onlineshops in E-Mails, Blogs oder Apps (**App Commerce**) integriert. **Conversational Commerce** über Chatbots und **Voice Commerce** über Sprachassistenten (Smart Speaker) basieren auf der Nutzung dialogbasierter Anwendungen der künstlichen Intelligenz (siehe dazu Abschn. 2.5.3). Anywhere und Everywhere Commerce sind als Begriffe sowohl dem Mobile Commerce wie auch dem Vermarktungsansatz eines Multi- oder Omni-Channel-Handels zuzuordnen (siehe dazu Kap. 7). **Social Commerce** repräsentiert die wachsende Bedeutung der Social-Media-Plattformen als direkten Verkaufskanal (siehe dazu Abschn. 5.3.6). **Discovery Commerce** verknüpft die Suche nach Trends und Inspirationen auf Social Media mit der Stimulierung von Impulskäufen empfohlener Produkte. **Influencer Commerce** gilt als eine Differenzierung des Influencer-Marketings (siehe Abschn. 8.4.1), indem Social-Media-Influencer Produkte nicht nur empfehlen, sondern auch eigene Kollektionen und Produktlinien auflegen und diese direkt über ihre Social-Media-Kanäle verkaufen. Die Einbindung von Dritthändlern in Online-Marktplätze kennzeichnet den Begriff des **Integrated Commerce.** Die Ausrichtung onlinebasierter Geschäftsmodelle auf nachhaltige Wertschöpfungsstrukturen und Produkte prägt den Begriff **Circular Commerce** (siehe dazu Abschn. 5.3.3) und befeuert den kontinuierlich wachsenden Second-Hand-Handel (Resale) im Internet.

1.1.2 E-Business und Internetökonomie

E-Business steht für die elektronische Unterstützung, Abwicklung und Aufrechterhaltung von Geschäftsprozessen als Leistungsaustausch zwischen Unternehmen auf Basis computergestützter Netzwerke der Internettechnologie (Wirtz, 2001, S. 34). Wie Abb. 1.3 verdeutlicht, hat sich eine Abgrenzung zwischen E-Business und E-Commerce etabliert, die E-Commerce als einen Teilbereich des umfassenderen Begriffs E-Business ansieht (Merz, 2002, S. 19; Weiber, 2000, S. 11 f.).

Während der Begriff E-Commerce für den absatzseitigen Transaktionsprozess des elektronischen Handels mit Waren und Dienstleistungen steht, umfasst der Begriff E-Business inner- und zwischenbetriebliche **Wertschöpfungsprozesse** (Kollmann, 2009, S. 37). In der Koordination und Optimierung der innerbetrieblichen Wertschöpfung steht die Digitalisierung und Vernetzung für eine kontinuierliche Verbesserung der **Unternehmensprozesse** (Gersch & Goeke, 2004, S. 1530). In der unternehmensübergreifenden Perspektive stehen Optimierungen der interorganisationalen Zusammenarbeit im Fokus. Der Einsatz digitaler Technologien ermöglicht Effizienzgewinne, die sich in Umsatzsteigerungs- und Kostensenkungspotenzialen manifestieren und dadurch die Wettbewerbsfähigkeit des Unternehmens steigern (Kirchgeorg & Beyer, 2016, S. 405).

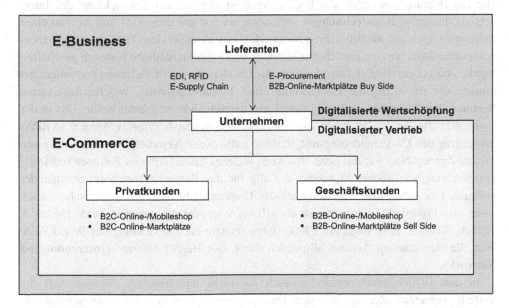

Abb. 1.3 Abgrenzung E-Business und E-Commerce. (Aus Deges, 2020, S. 5; mit freundlicher Genehmigung von © Springer Fachmedien Wiesbaden GmbH 2020. All Rights Reserved)

E-Business ist wiederum ein Teilbereich der **Internetökonomie** (Net Economy), die als übergeordneter Begriff sowohl mikro- wie auch makroökonomische Aspekte der wirtschaftlichen Nutzung des Internets über E-Commerce und E-Business umfasst (Opuchlik, 2005, S. 16 und 23; Maaß & Pietsch, 2009, S. 333). Die Internetökonomie steht für die über alle Branchen hinweg etablierten Wirkungszusammenhänge, Regel- und Gesetzmäßigkeiten durch die wirtschaftliche Nutzung internetbasierter und digitaler Technologien (Kollmann, 2009, S. 36 f.; Hutzschenreuter, 2000, S. 20 ff.). Sie setzt die computerbasierte Vernetzung ein, um Kommunikation, Interaktion und Transaktion im globalen Raum zu ermöglichen (Wirtz, 2001, S. 23). Das **Internet** als technische Infrastruktur eines offenen, für jede Person zugänglichen Netzwerks von weltweit miteinander verbundenen Rechnern und Rechensystemen beförderte die Entstehung der Internetökonomie, die nun auch als digitalbasierte Ökonomie, Digitalökonomie oder Digitale Wirtschaft bezeichnet wird.

1.2   Entwicklungsgeschichte des E-Commerce

1.2.1   Das Internet als Basistechnologie

Die Entwicklungsgeschichte des E-Commerce ist eng mit der Entwicklung des Internets als disruptive **Basistechnologie** verbunden, da erst mit dem Auf- und Ausbau einer leistungsfähigen und ausfallsicheren Netzwerkinfrastruktur für den Datentransfer die technologische Basis für eine zunächst militärische und wissenschaftliche Nutzung geschaffen wurde. Anfang der 1960er Jahre forderte das US Department of Defense (Verteidigungsministerium der USA) die Entwicklung eines Militärnetzwerkes, welches heterogene Rechner über Datenleitungen miteinander und untereinander verbinden sollte. Das in der zweiten Hälfte der 1960er Jahre von der Advanced Research Projects Agency (**ARPA**) im Auftrag des US-Verteidigungsministeriums entwickelte **Arpanet** (Advanced Research Project Agency Net) war das erste Netzwerk, welches Ende 1969 vier Rechner von Institutionen unterschiedlicher Standorte, die alle für das Pentagon forschten, miteinander verband. Das Jahr 1969 wird daher als das Ursprungsjahr des Internets gesehen, auch wenn erst 1984 das Militärnetzwerk als MILnet vom Arpanet getrennt wurde (Maaß & Pietsch, 2009, S. 333). Ende der 1980er Jahre ersetzte die Entwicklung des World Wide Web die Bezeichnung Arpanet allmählich durch den Begriff Internet (**Interconnected Network**).

In den 1970er Jahren entdeckte auch die nicht militärbasierte Wissenschaft die Vorteile vernetzter Rechner für den Datenaustausch zwischen Forschungseinrichtungen und Universitäten, um begrenzte Rechenkapazitäten effizienter nutzen zu können (Hutzschenreuter, 2000, S. 12 f.). 1972 waren bereits 40 Rechner an das Arpanet angeschlossen, die Zahl der auch international vernetzten Standorte wuchs kontinuierlich (Maaß & Pietsch, 2009, S. 333). Ein steter Ausbau des Netzwerkes kennzeichnete die weitere Entwicklung, immer mehr Rechner und heterogene Computernetze wurden zur Kommunikation, zum Informationsaustausch und zum Datentransfer über das Internet verbunden (Kollmann, 2016, S. 32). Die schnelle internationale und globale Ausbreitung des Internets wäre ohne die Entwicklung standardisierter Protokolle, Programme und Dienste nicht möglich gewesen. Ein Meilenstein war im Jahr 1989 die Entwicklung des **World Wide Web** (WWW) durch den britischen Informatiker Tim Berners-Lee am Forschungszentrum CERN in Genf. Mit dem WWW als Intenetdienst wurde die Grundlage für die private und kommerzielle Internetnutzung geschaffen (Maaß & Pietsch, 2009, S. 333). Mit Hilfe der Seitenbeschreibungssprache **Hypertext Markup Language** (html) und des **Hypertext Transfer Protocol** (http) wurden grafische Benutzeroberflächen **(Browser)** für die Darstellung und Rezeption multimedialer Inhalte geschaffen (Illik, 1999, S. 7 ff.; Fritz, 2004, S. 34 ff.; Hutzschenreuter, 2000, S. 10 ff.). **TCP/IP** (Transmission Control Protocol/Internet Protocol) als eine Gruppe von universellen Netzwerkprotokollen wurde als standardisiertes Datentransport- und Datenübermittlungsmedium entwickelt. Mit dem **Internet Protocol** wird ein Datenpaket an einen über seine IP-Adresse eindeutig identifizierbaren Empfänger gesendet. Das **Transmission Control Protocol** (TCP) baut eine Verbindung zwischen Sender und Empfänger auf und sorgt für die performante Aufrechterhaltung der Verbindung während einer Datenübertragung. 1991 waren mehr als 100 Länder mit dem Internet verbunden. Mit stetig wachsenden Nutzerzahlen stieg auch die Anzahl der Websites exponentiell an. Der weltweite Zugang zu Informationen und die grenzenlose Kommunikation beförderte den Wandel zu einer vernetzten Informationsgesellschaft, für die McLuhan bereits in den 1960er Jahren den Begriff vom „Global Village" prägte (McLuhan, 1962; McLuhan & Powers, 1992).

1.2.2 Die Kommerzialisierung des Internets

Mit dem fortschreitenden Ausbau der technischen Infrastruktur wurde das Internet auch für eine kommerzielle Nutzung attraktiv. Dies führte seit dem Beginn der 1990er Jahre zu vielen Unternehmensgründungen, die als Internet Start-ups bezeichnet wurden und für die sich die Bezeichnung **New Economy** etablierte. Der Unternehmergeist der New Economy war dadurch geprägt, dass die Nutzung der Internettechnologie neue Geschäftsmodelle ermöglichte. Der Begriff E-Commerce etablierte sich, als 1994 Amazon und 1995 eBay gegründet wurden und mit Lycos (1994), Yahoo (1994) und Altavista (1995) gleich drei Suchmaschinendienste zur Orientierung bereitstanden (Riehm, 2004). Als Antonym zum New-Economy-Begriff wurden traditionelle Industrie- und Handelsunternehmen als **Old Economy** bezeichnet (Koenen, 2012).

Der **Gründerboom** der New Economy wurde in seiner Frühphase durch den informellen Kapitalmarkt getragen, indem **Risikokapital,** welches durch Venture-Capital-Gesellschaften und Business Angels als vermögende Privatinvestoren bereitgestellt wurde, die Finanzierung von Start-up-Geschäftsmodellen mit hohen Investments stützten (Maaß & Pietsch, 2009, S. 334). Viele Start-ups wurden in rasantem Tempo zu Kapitalgesellschaften transformiert und als Aktiengesellschaft an die Börse gebracht, um für eine schnelle Skalierung ihres Geschäftsmodells zusätzliche Finanzmittel zu beschaffen. Ein grenzenloser Optimismus mündete in eine **New-Economy-Euphorie,** als das Unternehmen Netscape Communications, welches den Internetbrowser Netscape Navigator entwickelt hatte, im Jahr 1995 einen sehr erfolgreichen **Börsengang** realisierte (Maaß & Pietsch, 2009, S. 334). Nach dem Vorbild der US-amerikanischen Technologiebörse **NASDAQ** wurde im März 1997 in Deutschland mit dem Fokus auf die Förderung von Börsengängen der New Economy das Börsensegment **„Neuer Markt"** eingerichtet, welches bis zum Jahr 2000 ein rasantes Wachstum verzeichnen konnte. Der schnelle Börsengang vieler Start-ups der New Economy führte in der zweiten Hälfte der 1990er Jahre zur Entstehung eines Börsen-Hypes, dem **Dotcom-Boom** (Dotcom Hype). Irrationale Umsatz- und Gewinnerwartungen prägten diese aus Sicht begeisterter Kapitalanleger allem Anschein nach nie enden würdende Wachstumsdynamik. Bis dann um die Jahrtausendwende in einem völlig überhitzten Börsenumfeld die **Dotcom-Spekulationsblase** platzte (Borchers, 2010). Obwohl erste Krisenanzeichen schon vorher deutlich sichtbar waren, da den hohen Kosten für Produktentwicklung, Markterschließung und Marktdurchdringung kaum Erträge gegenüberstanden und viele Start-ups hohe Verluste schrieben (Laudon et al., 2010, S. 636; Wirtz, 2013, S. 713).

▶ **Dotcom-Boom und Dotcom-Spekulationsblase** Der **Dotcom-Boom** basierte auf extrem hohen Börsenkursbewertungen von Start-ups der New Economy. Überzogene Erwartungen und die Hoffnung auf schnelle Gewinne führten zu Spekulationen auf immer weiter steigende Aktienkurse. Eine **Spekulationsblase** bildet sich, wenn der Aktienkurs den realen Substanzwert eines Unternehmens bei weitem übersteigt (Kitzmann, 2009, S. 12 ff.). Eine Rückbesinnung auf fundamentale Unternehmensbewertungen führte nach den Allzeithochs des NASDAQ-Index und des NEMAX 50 (Index der 50 nach Marktkapitalisierung und Börsenumsatz größten Unternehmen des Neuen Marktes) ab März 2000 zu Panikverkäufen und drastischen Kursverlusten der Dotcoms an den Börsen.

Insolvenz von Pets.com

Symbolisch für das Scheitern vieler Start-ups stand das US-amerikanische Unternehmen Pets.com, welches Tierfutter und Heimtierbedarf über das Internet verkaufte. Hohe Marketingaufwendungen (unter anderem ein Werbespot für 1,2 Mio. US$ beim Super Bowl 2000) übertrafen das Umsatzvolumen um ein Vielfaches (Borchers, 2010). Mit der Insolvenz von Pets.com gingen 300 Mio. US$ investiertes Kapital verloren. Weltweit wurden an den Börsen zwischen März und November 2000 4,2 Billionen Dollar Aktionärsvermögen vernichtet (Koenen, 2012).◀

Allmählich erkannte man, dass vielen „gehypten" Internet-Geschäftsmodellen die wirtschaftliche Tragfähigkeit fehlte, um sich dauerhaft am Markt zu etablieren und substanzielle Gewinne erwirtschaften zu können. In der Folge brach die New Economy zusammen und viele Dotcoms mussten Konkurs anmelden. Am 5. Juni 2003 wurde der „Neue Markt" geschlossen, nachdem **Bilanzskandale** und **Kursmanipulationen** das Anlegervertrauen in dieses Börsensegment vollends erschüttert hatten (vgl. Wirtz, 2013, S. 713). Für Startups, deren Kapitalgebern, Investoren und Aktionären bestätigte sich verlustreich, was für jedwede wirtschaftliche Betätigung gilt: nur die Unternehmen überleben langfristig, die nachhaltig Gewinne aus ihrer unternehmerischen Betätigung erzielen. Was man in den Zeiten des Dotcom-Hypes verdrängte: Die Grundsätze erfolgreichen Wirtschaftens nach ökonomischen Prinzipien unterschieden sich in der New Economy nicht fundamental von denen der Old Economy (Koenen, 2012). Dotcoms, die den Zusammenbruch der New Economy überlebten, reorganisierten ihre Geschäftsmodelle und Wertschöpfungsstrukturen, professionalisierten ihre Managementmethoden und entwickelten solide Erlössystematiken.

Reorganisation der Erlössystematik von Google

Google erwirtschaftete in den ersten Geschäftsjahren Erlöse aus den anderen Suchmaschinenbetreibern eingeräumten Nutzungsrechten an seiner Suchtechnologie. Die kostenintensive Weiterentwicklung des eigenen Suchmaschinen-Index konnte jedoch mit diesem Erlösmodell nicht finanziert werden und Verluste waren die Folge. Die Marktetablierung der Suchmaschinenwerbung mit dem Keyword Advertising (siehe Abschn. 8.2.3.2) brachte die Wende. Erst mit dem erfolgreichen Verkauf von Werbeplätzen auf den Search Engine Result Pages wurde das Google Geschäftsmodell wirtschaftlich tragfähig (Maaß & Pietsch, 2009, S. 334).◄

Der boomenden Frühphase der New Economy folgte nach den vielen Insolvenzen in den ersten Jahren des neuen Jahrtausends eine Phase der **Konsolidierung** und **Neubewertung** (Borchers, 2010). Erst mit einer zunehmenden Professionalisierung der Internetökonomie kehrten allmählich die Investoren wieder zurück. Nach den Lehren aus dem Dotcom-Boom entwickelte sich in den Folgejahren eine neue **Start-up-Welle** mit hoher Gründungsdynamik. Auch die „Old Economy" zog ihre Lehren aus dem Scheitern der Dotcoms. Viele Industrie- und Handelsunternehmen erweiterten mit Bedacht ihre Geschäftsmodelle, indem sie die Potenziale der Internettechnologie für die Optimierung ihrer **Wertschöpfung** und die Festigung ihrer Marktstellung nutzten. Somit konnte in der Konsolidierungsphase wieder ein vertrauensvolles Fundament für ein kontinuierliches E-Commerce-Wachstum geschaffen werden. Anders als bei den vielen über mehrere Generationen gewachsenen Familienunternehmen der Old Economy ist die Internetökonomie durch die Geschwindigkeit geprägt, mit der Start-ups **Expansionszyklen** durchlaufen und innerhalb weniger Jahre eine marktbeherrschende Stellung etablieren. Amazon,

Google und eBay entwickelten sich in rasanter Geschwindigkeit zu globalen Marken. Ungeachtet der Marktdominanz dieser Global Player werden weiterhin viele Start-ups insbesondere in Nischenmärkten gegründet. Die in der frühen Entwicklungsphase der Kommerzialisierung des Internets noch propagierte Unterscheidung der Wirtschaft in New und Old Economy ist längst obsolet. E-Commerce ist in allen Wirtschaftszweigen, Branchen und Warenkategorien ein omnipräsenter Vertriebskanal.

▶   **Merke!** Unternehmen aller Wirtschaftszweige haben ihre Geschäftsmodelle an veränderte Verbrauchergewohnheiten angepasst, nutzen die Internettechnologie für ihre Wertschöpfung und erweitern ihre traditionellen Vertriebskanäle um den E-Commerce, indem sie Onlineshops betreiben und sich auf Online-Marktplätzen engagieren.

Das auch durch die weltweiten Auswirkungen der Corona-Pandemie beförderte enorme E-Commerce-Wachstum kühlt sich seit Mitte 2022 durch die Folgen der Inflation, der weltpolitisch angespannten Lage durch den Ukraine-Krieg, Energiekrise und vulnerable Lieferketten merklich ab. In den letzten Jahren vor und während der **Corona-Pandemie** gingen exponentielle Umsatzsteigerungen im Online-Handel mit einem rasanten Mitarbeiterwachstum einher. Die **Konsumzurückhaltung** der Verbraucher, niedrigere Wachstumsraten durch zunehmend gesättigte Märkte und das fragile ökonomische Umfeld in der global vernetzten Weltwirtschaft führen nun zu erheblichen innerbetrieblichen Restrukturierungen und Reorganisationen der globalen **Wertschöpfungsnetzwerke.** Technologie- und Internetkonzerne wie Microsoft, Amazon, Alphabet (Google) und Meta (Facebook) treten der unsicheren Geschäftslage mit **Personalfreisetzungen** entgegen und konsolidieren ihre Kostenstrukturen mit kurz aufeinanderfolgenden Wellen an Massenentlassungen. An den Kapitalmärkten folgte der Entschleunigung der Wachstumsdynamik in der Digitalwirtschaft eine Umschichtung von Investment-Portfolios mit heftigen Kurskorrekturen und erheblichen Wertverlusten bei Tech- und Internet-Aktien. Die personalkosteneinsparenden Tech- und Internetkonzerne investieren nun ihre freigesetzten finanziellen Mittel in den Ausbau der **Künstlichen Intelligenz** (siehe Abschn. 2.5.3). Die nächsten Jahre werden zeigen, ob es auch bei diesem Zukunftsthema wieder die US-amerikanischen Großunternehmen sind, die diesen Markt nachhaltig dominieren werden, weil sie sich früher, schneller und agiler als andere darauf fokussiert haben.

1.3   Volkswirtschaftliche und gesellschaftliche Bedeutung

Volkswirtschaften werden immer nachhaltiger von der Internetökonomie getragen. Ein performant verfügbares Netz mit hohen Bandbreiten, maximaler Systemstabilität und moderaten Nutzungspreisen ist längst zu einem maßgeblichen Wettbewerbsfaktor für jedes Land geworden (vgl. Kollmann, 2013, S. 21). Dies erfordert in Deutschland umso mehr

Investitionen in den Ausbau breitbandiger und hochleistungsfähiger Netzinfrastrukturen auch in strukturschwachen Regionen, damit sich dort Standortnachteile für Unternehmensansiedlungen nicht weiter verfestigen. Der ultraschnelle 5G-Mobilfunkstandard (5G = **Fünfte Mobilfunkgeneration**), der auf dem LTE-Mobilfunknetzstandard (LTE = **Long Term Evolution**) aufbaut, soll in den nächsten Jahren den weiteren Ausbau eines leistungsfähigeren Mobilfunknetzes befördern. 5G-Mobilfunkmasten können die stabile Übertragung großer Datenmengen in hohen Geschwindigkeiten jedoch nicht ohne Glasfaseranbindungen gewährleisten.

▶ **Glasfaserarchitektur und Glasfasernetz** Mit Glasfaserleitungen sind Download- und Upload-Geschwindigkeiten von mindestens 1 Gbit/s (1000 Mbit/s) realisierbar. Eine Glasfaserarchitektur basiert auf einer Datenübertragungstechnik durch Lichtsignale. Eine Glasfaserleitung besteht aus hunderten, nur wenige Mikrometer dicken Glasfasern. Das Glasfaserkabel ist von einer lichtundurchlässigen Kunststoffschicht umgeben, die es vor Störeinflüssen schützt und für Systemstabilität sorgt.

Während die Infrastruktur des Basisnetzwerks (**Backbone**) bereits auf Glasfaser umgestellt ist, finden sich auf der letzten Meile (die Verbindung von einer Vermittlungsstelle zum Kunden) häufig noch Kupferkabel im Einsatz. Eine Internetanbindung kann auch über TV-Koaxialkabel aufgebaut werden. Die Bandbreite ist größer als bei Kupferkabeln, reicht aber nicht an die Leistungsfähigkeit von Glasfasern heran. Nach dem Willen von Bund und Ländern (**Gigabitstrategie der Bundesregierung**) soll der Ausbau des Glasfasernetzes mit Hochdruck vorangetrieben werden. Bis Ende 2030 soll in allen Gebäuden und Haushalten das TV-Koaxialkabelnetz und die Kupferkabelarchitektur durch eine Glasfaserarchitektur abgelöst werden, indem FTTH-Anschlüsse (**Fiber to the Home**), FTTB (**Fiber to the Building**) und FTTO (**Fiber to the Offfice**) flächendeckend bereitgestellt werden (BMDV, 2022).

Die Vielzahl und Vielfalt von Unternehmen ist die Basis eines funktionierenden marktwirtschaftlichen Wettbewerbs. Innerhalb der Volkswirtschaften intensiviert sich der Wettbewerb um **Unternehmensansiedlungen.** Dies führt dazu, dass Bundesländer, Städte und insbesondere sich im Strukturwandel befindliche Regionen ihre Hoffnungen auf junge und dynamisch wachsende Unternehmen setzen, um durch die frühe Ansiedlung eines sich zum Großunternehmen entwickelnden Start-ups ihre Regionen mit der Schaffung einer Vielzahl neuer Arbeitsplätze aufzuwerten.

Amazons Auswahlverfahren für den Bau neuer Konzernzentralen

Im September 2017 entschied sich Amazon für den Aufbau einer zweiten Konzernzentrale für bis zu 50.000 Mitarbeiter. Insgesamt 238 Bewerber beteiligten sich an dem Auswahlverfahren, bei dem sich Städte und Regionen mit Steuervergünstigungen, niedrig bepreistem Bauland und Umsiedlungshilfen immer wieder gegenseitig zu übertrumpfen versuchten (Conradi, 2018). Im November 2018 fiel die Entscheidung für New York und Virginia. Durch eine Verteilung der neuen Konzernzentralen auf zwei Standorte statt der Konzentration auf eine Wirtschaftsregion sollte einem Mangel an qualifiziertem Personal an einem Standort entgegengewirkt werden. Der Widerstand örtlicher Politiker in New York führte dazu, dass Amazon auf die Standortansiedlung im New Yorker Stadtteil Queens verzichten musste (vgl. Kort & Postinett, 2019).◄

Die wirtschaftspolitische Förderung von **Existenzgründungen** muss zeitintensive und komplexe Administrationsprozesse und Genehmigungsverfahren soweit wie möglich ent-bürokratisieren, digitalisieren und beschleunigen. Die Etablierung einer mit positiven Werten konnotierten **Gründerkultur** auf volkswirtschaftlicher und gesellschaftlicher Ebene schafft ein förderliches Klima für Gründungswillige, den Schritt in die Selbststän-digkeit zu wagen und innovative Ideen mit Start-ups umzusetzen. Behaupten sich diese im Markt und wachsen, so werden neue Arbeitsplätze in der Digitalwirtschaft geschaffen. In anderen Bereichen wird es jedoch zu Rationalisierungen und zum Personalabbau kommen. Die mit der Digitalisierung einhergehende **Automatisierung** von Wertschöpfungsprozes-sen führt zu einer sinkenden Relevanz personeller Ressourcen (Kirchgeorg & Beyer, 2016, S. 405), welche sich nicht nur auf handhabende Verrichtungstätigkeiten bezieht, sondern sich durch den verstärkten Einsatz Künstlicher Intelligenz auch auf Dispositions- und Entscheidungsprozesse auswirken wird.

Der wachsende Anteil des E-Commerce am Warenverkehr führt zwar in der **Logis-tik** zu positiven (allerdings im Schwerpunkt geringqualifizierten) Beschäftigungseffekten, aber auch zu einer erheblichen Steigerung des Verkehrsaufkommens in der Distributi-onslogistik mit all seinen negativen Auswirkungen für Umwelt und Klima. Die **Urbani-sierung** befördert die Verdichtung des Bevölkerungsaufkommens in Ballungsräumen und damit auch die Konzentration des Zustellverkehrs in Großstädten und derem peripheren Umfeld. Die **Zustelllogistik** der KEP-Dienstleister (siehe Abschn. 9.7.4) wird durch die oft notwendige „Entladung in zweiter Reihe" zum Ärgernis für Verkehrsteilnehmer und Anwohner (Manns, 2020, S. 127). Der harte Konkurrenzkampf der KEP-Dienstleister führt zwangsläufig zu Redundanzen in den Zustellnetzwerken und damit auch zu einer Vielzahl von Touren bei oftmals suboptimaler Auslastung der **Transportkapazitäten** von Lieferfahrzeugen. Dem könnte entgegengewirkt werden, wenn KEP-Dienstleister ihre Lager- und Transportkapazitäten konsolidieren und im Sinne einer kooperativen **Last-Mile-Logistik** gemeinsam nutzen würden, was aber dem Wettbewerbsprinzip einer funktionierenden Marktwirtschaft entgegensprechen würde (vgl. Manns, 2020, S. 129 f.).

In der Internetökonomie verändern sich Arbeits- und Berufsfelder und es besteht ein erheblicher Bedarf an Arbeitskräften mit **digitaler Kompetenz.** Im Bildungs- und Aus-bildungswesen müssen junge Generationen auf die Herausforderungen der immer stärker alle Berufsbilder erfassenden Digitalisierung vorbereitet werden. Dem wird unter ande-rem seit 2018 mit dem neu geschaffenen Ausbildungsberuf **„E-Commerce Kaufmann"** Rechnung getragen. Auch in der beruflichen Fort- und Weiterbildung ist es evident, die im Berufsleben stehenden Mitarbeiter für die sich durch die Digitalisierung verändernden

Aufgabenfelder weiterzuqualifizieren. In der akademischen Ausbildung ist E-Commerce bereits ein fester Bestandteil von Curricula (Lehrplänen) in vielen ökonomischen Studiengängen und wird von staatlichen und privaten Hochschulen auch als eigenständiger Bachelor- und Masterstudiengang angeboten. Hochschulen etablieren eine Start-up-Kultur durch die Einrichtung von Lehrstühlen für Entrepreneurship und ermutigen Studenten zur Gründung von Start-ups mit Inkubatoren an den Hochschulstandorten (Fritsch, 2019, S. 170 f.). Damit soll in der frühen beruflichen Orientierung eine Start-up-Mentalität entwickelt und Unternehmensgründungen gefördert werden. Als **Campus Entrepreneurship** werden Unternehmensgründungen durch die Unterstützung von Hochschulen bezeichnet. **Gründerzentren** und **Technologieparks** sind meist in deren unmittelbarer Nähe angesiedelt. Start-ups und Hochschulen ergänzen sich im Aufbau von Know-how, bereichern sich gegenseitig durch den Theorie-Praxis-Transfer und profitieren von einer höheren Innovationskraft. Das **Silicon Valley** in der Bay Area von San Francisco ist das prominenteste Beispiel für die Standortagglomeration innovativer IT-, Technologie- und Internetfirmen im Umfeld renommierter Forschungs- und Hochschulinstitutionen.

▶ **Inkubatoren und Acceleratoren** Inkubatoren (Brutkästen) sind öffentlich geförderte oder auch privatfinanzierte Einrichtungen (Dienstleistungszentren), die Start-ups gezielt und systematisch bei der Umsetzung ihres Gründungsvorhabens unterstützen. Dafür werden Büroflächen und Know-how (Juristen, Finanz-, IT- und Marketingexperten) bereitgestellt. **Acceleratoren** (Beschleuniger) sind Institutionen, die bereits gegründeten Start-ups in ihrer Entwicklungs- und Ausbauphase ebenfalls durch die Bereitstellung von Bürofläche, Know-how, Coaching und Networking zu einer schnellen Etablierung im Markt verhelfen sollen. Inkubatoren und Acceleratoren erwarten für ihr Engagement eine Beteiligung am Unternehmen (Kollmann, 2016, S. 110 f.).

Unternehmen, Medien und Verbände veranstalten Business-Plan-Wettbewerbe, Start-up-Weekends, Speeddating für Start-ups, Start-up-Breakfasts und Start-up-Bootcamps. In Großstädten haben sich **Entrepreneur-Clubs** und Mentoren Netzwerke gebildet. Selbst die Unterhaltungsindustrie versucht mit Sendeformaten wie „Die Höhle der Löwen" auf gesellschaftlicher Ebene eine **Gründerkultur** zu befördern. In den USA herrscht eine positivere Entrepreneurship-Kultur in Politik, Wirtschaft und Gesellschaft (Volkmann & Tokarski, 2006, S. 58). Die in den USA oft betonte „zweite Chance" versteht das Scheitern als einen Lernprozess, um bei einem erneuten Gründungsversuch die Fehler der Vergangenheit zu vermeiden. Auch in Deutschland versucht man gescheiterte Gründer nicht auf Lebenszeit zu stigmatisieren und den Erfahrungsaustausch in der **Gründerszene** zu befördern.

„Fuckup Nights" als Erfahrungsaustausch und Wissenstransfer

Bei dem globalen Veranstaltungsformat „Fuckup Nights" berichten gescheiterte Gründer über ihre Fehler und Erfahrungen. Dies führt zu einer bewussten, manchmal auch befreienden Hinterfragung und Aufarbeitung der Umstände des Scheiterns. Gründungswillige Teilnehmer werden sich durch die Erfahrungsberichte eines möglichen Scheiterns bewusst und reflektieren kritischer die Chancen und Risiken ihres Gründungsvorhabens (Kolosowa et al., 2018).◄

1.4   Disruption und Branchentransformation

1.4.1   Disruptive und Sustaining Technologies

Christensens Theorie der Disruptive Technology bietet einen Erklärungsansatz, warum alteingesessene Unternehmen (**Incumbents**) am technologischen Wandel scheitern können, während neue Unternehmen (**Entrants**) erfolgreich bestehende Märkte erobern oder durch ihre Innovationen neue Märkte erst schaffen (Christensen, 1997; Christensen & Overdorf, 2000; Christensen, 2016). **Disruptive Technologies** (zerstörende Technologien) sind bahnbrechende Innovationen, die die Spielregeln eines Marktes fundamental verändern, indem neuartige Produkte und Services die bisher den Markt dominierenden Produkte und Dienstleistungen sukzessive ersetzen und im Extremfall vollständig verdrängen (Christensen & Overdorf, 2000, S. 72). **Sustaining Technologies** (erhaltende Technologien) sind die Basis für inkrementelle, d. h. schrittweise aufeinander folgende Verbesserungen und Weiterentwicklungen bestehender Produkte und Leistungen innerhalb eines etablierten Marktes (Christensen & Overdorf, 2000, S. 71 f.). Diese **Innovationen** verbessern beispielsweise die Performance des Produktes oder bieten den Unternehmen eine günstigere Kostenstruktur in ihren angestammten Märkten und Kundensegmenten.

In einer frühen Entwicklungsphase sind Disruptive Technologies noch ein Experimentierfeld für Start-ups und erscheinen etablierten Unternehmen als inferiore (unterlegene) Innovationen. Die neuentwickelten Produkte sind noch nicht ausgereift, weshalb sie von Bestandkunden kaum wahrgenommen werden. Getragen wird die Frühphase von neugierigen Erstkunden (Dowling & Hüsig, 2004, S. 1042 f.). Es bilden sich **Nischenmärkte,** diese stehen nicht im Fokus der Incumbents, weil sie diese aufgrund ihrer geringen Marktbedeutung als unattraktiv für ein eigenes unternehmerisches Engagement erachten. Den Incumbents erscheint es ökonomischer, ihre bestehenden Märkte weiter zu durchdringen und mit Investitionen in Sustaining Technologies die Bestandskunden mit Produkt-Leistungsverbesserungen noch fester an sich zu binden (Dowling & Hüsig, 2004, S. 1043). Mit zunehmendem Marktwachstum werden die Nischenmärkte zu einer ernsthaften Konkurrenz für die etablierten Unternehmen. Stammkunden werden auf die Neuentwicklungen aufmerksam, sie wandern sukzessive ab und erhöhen die Marktanteile der Innovatoren. Mit der wachsenden Marktbedeutung einer unterschätzten Disruptive Technology finden sich Incumbents immer stärker in einem **Innovator's**

Dilemma (Christensen, 1997, S. 187 ff.), da viele von ihnen in der dominanten Branchenlogik ihrer etablierten Geschäftsmodelle gefangen sind. Trotz ihres Marktwissens und ihrer hohen finanziellen und personellen Leistungsfähigkeit können oder wollen sie nicht reagieren. Aus dem Innovator's Dilemma erklärt sich das Scheitern etablierter Unternehmen nicht aus einer fehlenden technologischen Kompetenz, sondern aus der Trägheit (**incumbent inertia**) des eigenen Erfolgs (Liebermann und Montgomery, 1988, S. 48).

1.4.2 Branchentransformationen

Das Internet hat in seiner **Innovationsdynamik** wie kaum ein anderes Medium zuvor in einem atemberaubenden Tempo etablierte Geschäftsmodelle und deren Marktmechanismen in Frage gestellt. Globale Verfügbarkeit, Informationsvielfalt, Transparenz und schnelle Vergleichbarkeit von Preisen haben die Markt- und Umweltbedingungen für Incumbents fundamental verändert (Barth et al., 2015, S. 16). Treiber von Veränderungen waren und sind Start-ups, die mit innovativen Produkt-Leistungskombinationen in bestehende Märkte drängten oder neue Märkte erst geschaffen haben. Geschäftsmodelle wie Uber (https://www.uber.com) und Airbnb (https://www.airbnb.de) scheuten sich nicht davor, regulierte Märkte wie das Taxigewerbe oder den Beherbergungstourismus aufzubrechen, auch unter Inkaufnahme aufwandsintensiver und kostspieliger Rechtsstreitigkeiten. Der Verkauf von Schuhen und Bekleidung über das Internet ohne haptische Begutachtung der Produkte und Anprobe verschiedener Größen und Passformen garantierte in der frühen Entwicklungsphase des E-Commerce allenfalls hohe Retourenquoten. Auch der Online-Buchhandel erschien kaum als erfolgsträchtiges Geschäftsmodell, denn durch die Buchpreisbindung war kein Preisvorteil für die Konsumenten zu erwarten, sondern allenfalls eine höhere Kostenbelastung durch Versandgebühren. Start-ups wie Zalando (**Online-Schuhhandel**) und Amazon (**Online-Buchhandel**) gelang es dennoch innerhalb weniger Jahre, tragfähige Online-Geschäftsmodelle aufzubauen. Ein umfassendes Sortiment, schnelle Belieferung, kostenfreier Versand, kulantes Retourenmanagement und individueller Service stehen für ein kundenzentriertes Nutzenversprechen und beförderten die Akzeptanz des E-Commerce bei Konsumenten (Hutzschenreuter, 2000, S. 97 ff.). Rezensionen, Leserempfehlungen, Autoreninformationen und Inhaltszusammenfassungen, Leseproben (Blick ins Buch), Cross-Selling-Angebote und die bequeme 1-Click-Funktionalität (siehe dazu Abschn. 9.5) erleichterten Amazon-Kunden die Kaufentscheidung und generierten genau den Kundenmehrwert, den das Unternehmen schon früh zur obersten Leitmaxime seines Handelns erhoben hat.

Eine **Branchentransformation** repräsentiert einen elementaren Marktwandel, der sich über einen längeren Zeitraum in sukzessiven Veränderungsschritten vollzieht (Deuringer, 2000, S. 38). Dabei befeuern sich angebots- und nachfrageseitige Effekte gegenseitig. Mal sind es sich ändernde Kundenbedürfnisse auf der Nachfrageseite (**Demand Pull**), die den Druck zur Veränderung auslösen. In der Folge werden bestehende Produkte verbessert und/oder überlegenere Services entwickelt. Ein anderes Mal geht der Impuls von der Angebotsseite aus. Produktinnovationen mit einem neuartigen technologischen Ansatz (**Supply-Side Disruption**) lassen neue Kundenbedürfnisse erst entstehen (vgl. Henderson & Clark, 1990; Gans, 2016). So war in den 1980er Jahren der Walkman eine Produktinnovation für den mobilen ortsunabhängigen Musikgenuss (Locher, 2020, S. 190). In den 1990er Jahren stand die Entwicklung des MP3-Formates für eine elementare Branchentransformation der Musikindustrie. (Hutzschenreuter, 2000, S. 125 ff.; Kavadias et al., 2017, S. 74). Die MP3-Technologie war die Voraussetzung, um den Musikgenuss von physischen Trägermedien (Schallplatte, Tonband, Kassette, CD) zu entkoppeln. Mit dem **Download-Modell** wurde es möglich, anstelle des Kaufs kompletter Musikalben auch einzelne Musiktitel selektiv herunterzuladen (Linde, 2008, S. 212). Seit den frühen 2000er Jahren findet die Branchentransformation der Musikindustrie in Streamingdiensten (**Streaming-Modell**) seinen vorläufigen Kulminationspunkt an innovativer Disruption in der Vermarktung von Musik. Das Streaming-Modell (**Musik-on-Demand**) vollzog den Wandel von Musik als „Produktbesitz" zu einem Service der unbegrenzten Flatrate-Nutzung über ein Abo-Abrechnungsmodell (Locher, 2020, S. 190). Eine lokale Speicherung von Musik als MP3-Download war nicht mehr notwendig. Abspielgeräte wie Schallplattenspieler, CD- und MP3-Player wurden obsolet, denn leistungsfähige Mobile Phones stehen für den mobilen und ubiquitären Musikgenuss bereit (vgl. Locher, 2020, S. 189). Im Geschäftsjahr 2022 konnte die deutsche Musikindustrie mit Verkäufen von CDs, Vinyl-LPs, Downloads und den Erlösen aus Streaming-Modellen einen Umsatz von 2,07 Mrd. € realisieren. Erstmals seit 20 Jahren wurde wieder die Umsatzmarke von 2 Mrd. € übersprungen (BVMI, 2023). Mit 80,3 % stammt heute der weit überwiegende Teil der Einnahmen aus Onlineverkäufen gegenüber 19,7 % aus dem Musikgeschäft mit physischen Trägermedien. Das stärkste Marktsegment ist dabei das Audio-Streaming mit einem Anteil von 73,3 % vor der Audio-CD mit 12,9 %. Vinyl liegt an dritter Stelle mit einem Umsatzanteil von 6 %; Downloads tragen nur noch 2,2 % des Branchenumsatzes (BVMI, 2023).

Die Renaissance der Schallplatte (Vinyl-LPs)

Audio-CDs, MP3-Downloads und Streaming führten in der Folge des Wandels vom analogen zum digitalen Musikgenuss zu einem kaum mehr wahrnehmbaren Nischendasein der Schallplatten, die sich allenfalls noch bei Liebhabern, Sammlern, Nostalgikern und DJs einer Popularität erfreuten. Mittlerweile setzen Künstler und Musiklabels wieder verstärkt auf Vinyl. Der Absatz von Schallplatten steigt seit Jahren langsam, aber kontinuierlich wieder an (Buddecke, 2020). 2021 wurden 4,5 Mio. Schallplatten verkauft (BVMI, 2022). Neben einem stimmigeren Klangbild steht Vinyl bei ihren Fans auch für ein haptisches Produkterleben und einen bewussteren Musikgenuss (BVMI, 2022).◄

Eine Branchentransformation muss zwangsläufig auch zu einer **Unternehmenstransformation** führen, indem etablierte Geschäftsmodelle an veränderte Umweltbedingungen und Marktmechanismen anzupassen sind (Deuringer, 2000, S. 38). Dabei müssen alle Geschäftsprozesse und Wertschöpfungsstrukturen hinterfragt werden und notfalls auch radikal verändert oder durch eine Bereitschaft zur **Selbstkannibalisierung** komplett erneuert werden (Deuringer, 2000, S. 38; Wamser, 2001, S. 57 f.). Der Nationalökonom Joseph Schumpeter prägte den Begriff der schöpferischen Zerstörung (**self disruption**) als eine Notwendigkeit, aus eigenem Antrieb Innovationen voranzutreiben, auch wenn sie das bestehende Geschäftsmodell grundlegend verändern oder gar in der Form zerstören, dass sich ein Unternehmen neu erfindet (vgl. Schumpeter, 2020, S. 103 ff.).

▶   **Zitat** „Kannibalisiere Dich selbst, bevor es ein anderer tut." (Zerdick et al., 2001, S. 179)

Wenn abzusehen ist, dass durch die Digitalisierung ein etabliertes Kerngeschäft substituiert werden kann, müssen Schrumpfungs- und Desinvestitionsprozesse mit Investitionen in die Etablierung einer neuen Technologie einhergehen (Kirchgeorg & Beyer, 2016, S. 409). So wie es Fotolabore durch das Aufkommen der **Digitalfotografie** und dem Einbruch der Nachfrage nach analoger Film- und Fotoentwicklung erlebt haben. Gerade bei den digitalen Technologien besteht ein hoher Innovationsdruck, der permanent dazu zwingt, den Lebenszyklus einer Technologie präzise einzuschätzen und durch zeitnahe **Neuproduktentwicklung** der Erodierung des Stammgeschäftes entgegenzuwirken (Kirchgeorg & Beyer, 2016, S. 410). So haben Digitalkameras die analoge Fotografie und die einfache Gestaltung von hochwertigen Fotobüchern das traditionelle Einkleben von Fotos in Fotoalben nahezu verdrängt. Nun verringern die technisch ausgereiften Smartphonekameras die Nachfrage nach Digitalkameras. Eine mangelnde Bereitschaft zur Entwicklung und Umsetzung einer Digitalstrategie (Kirchgeorg & Beyer, 2016, S. 410) wird Unternehmensschließungen und Konzentrationsprozesse nach sich ziehen. Dies kann zu einem „Flächensterben" im Einzelhandel führen, wenn Filialnetze verkleinert oder Fachgeschäfte wegen mangelnder Besucherfrequenz und Umsatzverlusten aufgeben müssen. Nachdem zunächst die illegalen Downloads und das Filesharing im Internet für den Umsatzrückgang von **Videotheken** verantwortlich waren, war es dann in letzter Konsequenz das Streaming, was den klassischen Filmverleih über Videotheken nahezu zum Erliegen brachte und dazu führte, dass Videotheken heute so gut wie ausgestorben sind. In anderen Einzelhandelsbranchen wird mit Unternehmenszusammenschlüssen wie beispielsweise der Fusion von Thalia und der Mayerschen Buchhandlung versucht, Kräfte zu bündeln und Synergien zu nutzen, um sich der Marktmacht des Online-Handels besser gewappnet entgegenstellen zu können (Hintermeier, 2019).

1.5   Ökonomische Bedeutung des E-Commerce

Basis der ökonomischen Entwicklung des E-Commerce ist die Internetpenetration und Internetnutzung in der Bevölkerung. Weltweit nutzen knapp über 4,95 Mrd. Menschen das Internet (Digital 2022 Global Overview Report, S. 9). Bei 7,91 Mrd. Erdbewohnern (Stand Januar 2022) ist mit 62,5 % mehr als die Hälfte der Weltbevölkerung online (Digital 2022 Global Overview Report, S. 9). 92,1 % der weltweiten Internetnutzer nutzen mobile Devices für den Internetzugang (Digital 2022 Global Overview Report, S. 20). Wachstumsbeschränkende Hemmnisse und Barrieren bestehen noch in suboptimalen oder fehlenden Netzinfrastrukturen, instabilen Datenleitungen mit geringen Bandbreiten sowie in restriktiven und zensierten Zugangsbeschränkungen in autoritären Staatsformen. Mangelnde Bildung, geringe Kaufkraft und ein fehlender Zugang ins Internet schließen gerade in Entwicklungsregionen noch weite Teile der Bevölkerung von der Onlinenutzung aus. Die sozialen Netzwerke tragen mit weltweit mehr als 4,62 Mrd. registrierten aktiven Nutzern einen hohen Anteil der **Nutzungsintensität** (Digital 2022 Global Overview Report, S. 9). Laut Schätzungen der Internationalen Fernmeldeunion der Vereinten Nationen (ITU) hatten im Jahr 2021 rund 37 % der Weltbevölkerung noch nie das Internet genutzt, das waren im Jahr 2021 mit 2,9 Mrd. Menschen weltweit mehr als ein Drittel der Weltbevölkerung (Destatis, 2022).

1.5.1   E-Commerce nach globalen Wirtschaftsregionen

Da die Onlinenutzung die Basisvoraussetzung für die Ansprache von Verbrauchern darstellt, stehen hohe Nutzerzahlen für ein attraktives **Marktpotenzial** des E-Commerce. Denn mit der immer weiter steigenden Anzahl von Internetnutzern erhöht sich auch die Zahl potenzieller Onlinekäufer von Produkten und Dienstleistungen. Europa zeigt mit durchschnittlich 91,25 % ein hohes Niveau der **Internetpenetration,** führend ist Nordeuropa mit 98 %. In den USA sind es 92 % und in Südamerika sind 3 von 4 Menschen online. Auf dem afrikanischen Kontinent ist mit 44,2 % im Durchschnitt noch nicht jeder zweite Bewohner online, in Mittelafrika sind es nur 24 % (Digital 2022 Global Overview Report, S. 22). Auf Länderebene hat erwartungsgemäß Nordkorea die geringste **Internetnutzungsrate** mit statistisch nahezu keinem Einwohner online. Im bevölkerungsreichsten Land der Erde, in China, sind 7 von 10 Einwohnern online, vornehmlich in den Wirtschaftsregionen und Megacities und weniger in den weiten ländlichen Regionen (Digital 2022 Global Overview Report, S. 23). Weltweit sind es 58,4 % der Internetnutzer, die mindestens einmal wöchentlich einen Onlinekauf tätigen oder einen Onlineservice in Anspruch nehmen (Digital 2022 Global Overview Report, S. 238). Dies entspricht einem globalen **Marktpotenzial** von 3,78 Mrd. Menschen (Digital 2022 Global Overview Report, S. 244). Das weltweite Volumen des Online-Handels steigt kontinuierlich von Jahr zu Jahr. Dieses **Wachstum** entwickelt sich nach Wirtschaftsregionen und Ländern sowie Branchen und Warengruppen mit unterschiedlicher Geschwindigkeit. 2021 wurden im globalen B2C-E-Commerce Waren im Wert von 3,85 Billionen US$ umgesetzt (Digital 2022 Global Overview Report, S. 244). Die USA erreichten 2022 ein E-Commerce Verkaufsvolumen von 1,02 Billionen US$ (Marketplace Pulse, 2023).

Analog zur kontinuierlichen Steigerung der Internetpenetration in der Weltbevölkerung haben sich in den USA und Asien **Global Player** im Bereich der Internetdienste, E-Commerce und Social Media innerhalb nur weniger Jahrzehnte zu weltweit bekannten Marken entwickelt. In der **westlichen Hemisphäre** sind es Unternehmen wie Amazon, Google, eBay und Facebook, die eine globale Marktpräsenz aufgebaut haben. In der **östlichen Hemisphäre** repräsentiert das Kürzel TAB oder BAT die Online-Giganten Tencent (Chatprogramme und Online-Games), Alibaba (Handelsplattform) und Baidu (Suchmaschine). Pinduoduo zählt hinter Alibaba und JD.com zu den schnellst wachsenden E-Commerce-Unternehmen in China. Im europäischen Raum hat sich noch kein Start-up zu einem Global Player entwickelt. **Internet-Konzerne** aus der westlichen und östlichen Hemisphäre versuchen auch, in die jeweils andere Wirtschaftsregion zu expandieren. Amazon und eBay haben jedoch ihre Geschäftsaktivitäten im seine heimischen Märkte protektionistisch fördernden China wieder aufgeben müssen. In der geografischen Mitte treffen die östlichen und westlichen Onlinekonzerne auf dem europäischen Markt, der sowohl für die US-amerikanischen wie auch für die asiatischen Global Player mit seiner Wirtschaftsmacht und Kaufkraft den attraktivsten Auslandsmarkt für E-Commerce darstellt.

▶ **Merke!** Die von Organisationen, Verbänden, statistischen Ämtern und Marktforschungsinstituten erhobenen Zahlen variieren, je nachdem, welche Altersgrenzen den Datenerhebungen zugrunde gelegt sind, wie repräsentativ in Panel-Stichproben die Datenerhebungsbasis ist und mit welchen Methoden Hochrechnungen und Prognosen abgeleitet werden.

1.5.2 E-Commerce in Deutschland

Die als Langzeitstudie seit 1997 durchgeführte ARD/ZDF-Onlinestudie registrierte 2022 einen Anteil von 95 % der deutschsprachigen Wohnbevölkerung ab 14 Jahren als Internetnutzer, dies entspricht 67 Mio. Menschen. Davon nutzen 80 % (57 Mio. Menschen) das Internet täglich (ARD/ZDF-Onlinestudie, 2022). Laut Statistischem Bundesamt sind die Altersgruppen 16 bis 44 Jahre mit 98 % nahezu vollständig im Internet vertreten, bei den 45- bis 66-Jährigen sind es 95 % und die Altersgruppe 65 bis 74 Jahre erreicht einen Anteil von 83 % (Destatis, 2023). Einhergehend mit hoher Internetpenetration und steigender Nutzungsintensität verzeichnet auch der E-Commerce in Deutschland seit

Jahren ein stabiles Wachstum und erreicht nahezu alle Bevölkerungsschichten und Altersgruppen. Die Branchenverbände HDE (**Handelsverband Deutschland** (https://www.ein
zelhandel.de)) und bevh (**Bundesverband E-Commerce und Versandhandel Deutschland** (https://www.bevh.org)) dokumentieren jährlich die Entwicklung, wobei die Zahlen
aufgrund unterschiedlicher Erhebungsmethodiken differieren. Die Methodik der Berechnungen und Prognosen des HDE basieren auf dem B2C-Online-Handel als reines Handelsgeschäft mit Neuwaren (physische und digitale Güter) ohne Online-Dienstleistungen. Die
Datenbasis wird mit Zahlen des IFH Köln (**Institut für Handelsforschung**) harmonisiert,
die 1000 Onlineshops einer Detailanalyse nach Sortimentsbereichen und Vertriebswegen
unterziehen (HDE-IFH, 2022, S. 48 f.). Die Methodik der Berechnungen und Prognosen des bevh basieren auf einer jährlichen Verbraucherbefragung von 40.000 Personen
zum Kauf von Waren im Distanzhandel und zum Konsum von digitalen Dienstleistungen
(bevh, 2023a). Der HDE weist seine Hochrechnungen mit den Nettowarenumsätzen ohne
Umsatzsteuer aus, während der bevh seine Prognosen mit Bruttowarenumsätzen berechnet. Die Entwicklung des E-Commerce in Deutschland in den letzten zehn Jahren wird in
Abb. 1.4 anhand der Zahlenreihen der beiden Verbände gegenübergestellt.

Nach Erhebungen des HDE wuchs der deutsche B2C-Online-Handel im Pandemiejahr
2021 um 19,1 % gegenüber 2020 auf ein Volumen von 86,7 Mrd. € (HDE-IFH, 2022,
S. 7). Im Krisenjahr 2022 konnte der Online-Handel nicht an die hohen Wachstumsraten
der Vorjahre anknüpfen, erstmals ist ein **nominaler Umsatzrückgang** auf 85 Mrd. € zu
konstatieren (HDE, 2023). Mobile Commerce wird im Online-Handel immer bedeutender.
Der Besucherzugriff auf Zalando erfolgt bereits zu 90 % über mobile Endgeräte (Zalando,

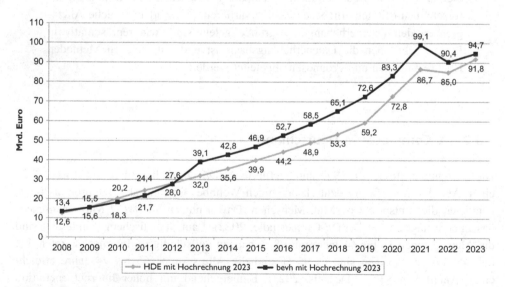

Abb. 1.4 E-Commerce Umsätze in Deutschland 2008–2023. (Eigene Darstellung, basierend auf
Berechnungen des HDE und bevh)

2022). 2021 wurden mit 47 Mrd. Euro mehr als die Hälfte der Onlineumsätze über mobile Devices (Smartphones, Tablets) generiert. Der Onlinekauf über stationäre Devices (der desktopbasierte Produktkauf über PC/Notebook) steht für 40 Mrd. Euro Umsatzvolumen (HDE-IFH, 2022, S. 39). Nach Berechnungen des bevh wurde im Jahr 2021 ein E-Commerce **Bruttowarenumsatz** (Umsatzangaben inklusive Umsatzsteuer ohne Privatkäufe auf Online-Marktplätzen) von 99,1 Mrd. € und 2022 von 90,4 Mrd. € erzielt (bevh, 2023a). Für 2023 erwartet der bevh wieder eine Steigerung gegenüber dem Vorjahr um voraussichtlich 4,8 %. Damit würde der E-Commerce Bruttowarenumsatz im Jahr 2023 auf 94,7 Mrd. Euro wachsen (bevh, 2023b, S. 29), während die HDE für 2023 von einem nominalen Wachstum des E-Commerce um 8 % gegenüber dem Vorjahr auf 91,8 Mrd. € ausgeht (HDE, 2023). Auch wenn die Erhebungen und Prognosen auf unterschiedlichen Annahmen und Berechnungen beruhen, so bestätigen die Langzeitstudien beider Institute unisono das dynamische Wachstum des E-Commerce bis 2021. Die künftige Entwicklung über 2022 hinaus ist in der Nach-Corona-Phase angesichts der weltpolitischen Verwerfungen und globalwirtschaftlichen Herausforderungen mit vielen Unsicherheiten behaftet und schwierig einzuschätzen.

2021 betrug der Online-Anteil am **Nettoumsatzvolumen** des gesamtdeutschen Einzelhandels von 588 Mrd. € 14,7 % (HDE-IFH, 2022, S. 11). Differenziert man die Umsatzanteile nach Food- und Non-Food, so liegt der Online-Anteil im **Non-Food-Bereich** bereits bei 21,1 %. Der Food-Bereich auf noch niedrigem nominalen Niveau konnte seinen Online-Anteil von 2019 auf 2021 nahezu verdoppeln (HDE-IFH, 2022, S. 11). Die Online-Marktplätze werden gegenüber den Onlineshops immer marktdominanter und stehen 2021 für 46 % Umsatzanteil am gesamten **Online-Handelsvolumen** (HDE-IFH, 2022, S. 28). Wird wie bei den bevh-Erhebungen zum Bruttowarenumsatz noch der Umsatz mit digitalen Dienstleistungen hinzugerechnet, so resultiert daraus im Jahr 2022 ein **Bruttomarktvolumen** von 101,7 Mrd. € gegenüber 107,1 Mrd. € im Vorjahr (bevh, 2023a). Die Umsätze mit digitalen Dienstleistungen erhöhten sich 2022 durch die sukzessiven Lockerungen der Pandemie-Einschränkungen gegenüber dem Lockdown-Jahr 2021 (8 Mrd. €) deutlich um 39,9 % auf 11,25 Mrd. € (bevh, 2023a).

Nach der Studie „E-Commerce-Markt Deutschland 2022" des **EHI Retail Institute** (www.ehi.org) in Zusammenarbeit mit eCommerceDB entfielen 2021 79,9 Mrd. € Netto-E-Commerce-Umsatz auf die 1000 umsatzstärksten B2C-Onlineshops. 70 % davon generieren die Top-100 Onlineshops (EHI, 2022). Wie Abb. 1.5 belegt, wird der B2C-E-Commerce in Deutschland von Amazon geprägt. Im Jahr 2021 erwirtschaftete das Unternehmen einen **Netto-E-Commerce-Umsatz** in Höhe von 15,68 Mrd. € im Eigenhandelsgeschäft. Damit realisiert der Marktführer mit 19,6 % knapp ein Fünftel des Umsatzes der Top-1000 Onlineshops (EHI, 2022). Mit weitem Abstand folgen Otto (5,12 Mrd. €), MediaMarkt (2,54 Mrd. €) und Zalando (2,51 Mrd. €). Von den Top-1000 Onlineshops verkauft ein Großteil seine Waren auch über Online-Marktplätze (EHI, 2022). Alleine 43,6 % von ihnen führen ein Verkäuferprofil auf Amazon (EHI, 2022).

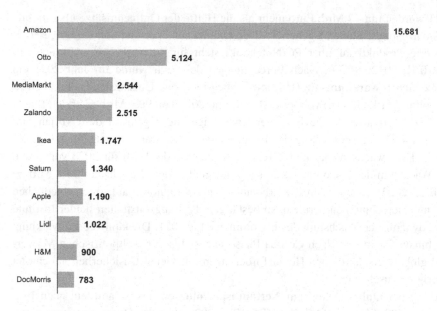

Studie: EHI Retail Institute GmbH / eCommerceDB GmbH - E-Commerce Markt Deutschland 2022. Erhebungsbasis: In
Deutschland erwirtschaftete Online-Nettoumsätze mit physischen Gütern (in Mio. Euro) in 2021. Umsätze mit digitalen Gütern
und Streamingdiensten wurden nicht berücksichtigt. Umsatzangaben beruhen auf Händlerbefragungen des EHI,
Unternehmensangaben aus Geschäftsberichten, Pressemitteilungen und Statista-Hochrechnungen.

Abb. 1.5 Die Top-10 B2C-Onlineshops in Deutschland 2021. (Eigene Darstellung, basierend auf
Berechnungen des EHI Retail Institute und eCommerceDB)

Damit sind drei der vier größten B2C-Onlineshops in Deutschland **Online-
Marktplätze** (EHI, 2022). Amazon steht zusammen mit Otto und Zalando für die
Bündelung von Marktmacht auf wenige Plattformen, die sich für eine erste Produktrecherche und dann auch für den Onlinekauf als **De-facto-Standard** etabliert haben
(vgl. Heinemann, 2018, S. 37). Ihr hoher Bekanntheitsgrad und die große Kundenbasis
machen sie zu attraktiven Partnern für Händler jedweder Betriebsform und Warenkategorie. Durch die Integration in die Online-Marktplätze profitieren vor allem Start-ups, aber
auch stationäre Einzelhändler und Hersteller von der Marktpräsenz der Plattformökonomien. Wie Abb. 1.6 demonstriert, steht nach Berechnungen des IFH Köln der Amazon
Marketplace im Jahr 2021 in der Addition des Amazon Eigenhandelsgeschäftes (18 %)
und dem Umsatz seiner angeschlossenen Partner (36 %) für insgesamt 54 % des
B2C-E-Commerce-Umsatzes in Deutschland (HDE-IFH, 2022, S. 28).

Wie Abb. 1.7 belegt, sind die Warenkategorien Bekleidung sowie Elektronikartikel
und Telekommunikation die umsatzstärksten Warengruppen des E-Commerce. Sie standen 2022 nach Berechnungen des bevh auf der Basis von 90,4 Mrd. € Jahresumsatz im
Online-Handel für 34,4 % des Warenvolumens (bevh, 2023a).

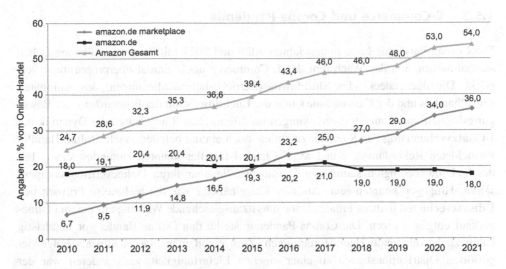

Abb. 1.6 Entwicklung der Amazon-Anteile am Onlineumsatz in Deutschland. (Eigene Darstellung, basierend auf Berechnungen des IFH Köln)

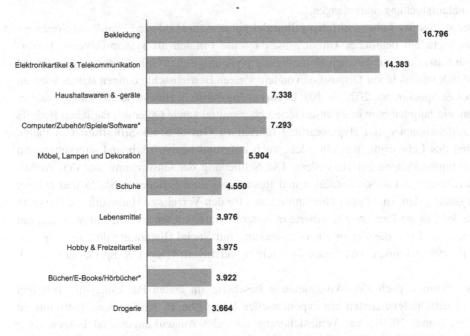

Bundesverband E-Commerce und Versandhandel Deutschland (bevh): Verbraucherbefragung „Interaktiver Handel in Deutschland". Erhebungsbasis: Brutto-E-Commerce-Umsätze in Deutschland 2022 (in Mio. Euro) ohne Privat-Käufe auf Online-Marktplätzen
Anmerkung: * inklusive Downloads

Abb. 1.7 Die Top-10 Warengruppen im Online-Handel. (Eigene Darstellung, basierend auf Berechnungen des bevh)

1.5.3   E-Commerce und Corona-Pandemie

Die Corona-Pandemie hatte in den Jahren 2020 und 2021 mit ihrer sozio-ökonomischen Ausnahmesituation das Wachstum des E-Commerce noch einmal überproportional verstärkt. Die flächendeckenden **Shutdowns** (Betriebsstättenschließungen) des stationären Einzelhandels und der Gastronomie sowie die **Lockdowns** mit der Eingrenzung der Bewegungsfreiheit und Kontaktbeschränkungen im öffentlichen Raum hatten die Dynamik der **Umsatzverlagerung** von Stationär zu Online noch einmal befeuert. Viele Online-Händler vermeldeten Rekordumsätze und Multi-Channel-Händler konnten zumindest einen Teil der lockdownbedingten stationären Umsatzausfälle über ihren Onlinevertrieb kompensieren. Hingegen konnten rein stationäre Einzelhändler wie beispielsweise Primark den **Umsatzverlusten** in ihren Filialen keine umsatzausgleichende Wirkung aus einem Onlineverkauf entgegensetzen. Die Corona-Pandemie stellte den Online-Handel vor kurzfristig kaum zu bewältigende Herausforderungen. Zum einen mangelte es ihm als Folge der gestörten Distributionsketten an einer eigenen Lieferfähigkeit, zum anderen war der unerwartete Nachfrageschub nicht durch eine ebenso schnelle Skalierung des Geschäftsmodells mit dem dafür auch benötigten Ressourcenaufbau, vor allem einer schnellen Personalaufstockung, aufzufangen.

Der **stationäre Lebensmitteleinzelhandel** mit seinem Food- und Non-Food-Sortiment verzeichnete ein deutliches Umsatzplus, da seine Filialen als systemrelevante Versorgungsinfrastruktur zur latenten Befriedigung physiologischer Grundbedürfnisse während der Shutdowns nicht zur Disposition von temporären Betriebsschließungen stehen konnten (Deges & Speckmann, 2020, S. 40). **Bevorratungskäufe** („Hamsterkäufe") ausgewählter Waren wie lang haltbare und konservierte Lebensmittel sowie Güter des täglichen Bedarfs wie Toilettenpapier und Hygieneartikel führten zu **Out-of-Stock-Situationen** in vielen Filialen des Lebensmitteleinzelhandels, auch aufgrund beeinträchtigter Lieferketten und Produktionsstörungen bei Herstellern. Die Schließung der Gastronomie hat den Außer-Haus-Konsum in Cafés, Gaststätten und Restaurants zum Erliegen gebracht und nahezu zwangsläufig den Anteil des Lebensmittelkaufs für den Verzehr zu Hause erhöht. Die erste Phase der Corona-Pandemie resultierte in höheren Warenkörben pro Einkaufsvorgang, um während der Krise die Gefahr einer Ansteckung mit **Social Distancing** durch eine geringere Besuchshäufigkeit von Einkaufsstätten zu verringern (Deges & Speckmann, 2020, S. 40 f.).

Der Wunsch nach Kontaktvermeidung bescherte im ersten Pandemiejahr auch den **Lebensmittellieferdiensten** ein exponentielles Wachstum an Neukundenregistrierungen (vgl. Reimann, 2020). Aus Verunsicherung über die Auswirkungen und Folgen einer Corona-Infektion reduzierten Verbraucher ihre Filialbesuche. Sie verbanden damit auch die Hoffnung, dringend benötigte Out-of-Stock-Artikel über den Vertriebskanal des Online-Handels einfacher und vor allem kontaktlos beziehen zu können. Der kurzfristig einsetzende und überraschende Boom war jedoch durch die Lieferdienste kaum zu bewältigen. Die enorme Nachfrage führte zu wochenlangen Wartezeiten bei der

Freischaltung neuer Kunden (vgl. Reimann, 2020). Lange Lieferfristen, auch für die registrierten Stammkunden, waren die Folge. Das Auftragsvolumen der **Essenslieferdienste** stieg während der Corona-Pandemie erheblich, deren Dienstleistung der Bestellung und Zustellung fertig zubereiteter Mahlzeiten stellte ein Substitutionsangebot zum Kauf von Lebensmitteln dar. Die **Gastronomie** konnte einen Teil der Umsatzverluste durch eine eigenorganisierte Auslieferung oder eine Takeaway-Abholung durch die Konsumenten auffangen (vgl. Deges & Speckmann, 2020, S. 41). Während der Corona-Pandemie hat sich zwangsläufig der **Home-Konsum** stärken müssen. Ein temporärer Trend zum **Cocooning** (Rückzug ins Privatleben) wurde durch die Kontaktbeschränkungen verstärkt. Dies führte neben der vermehrten Bestellung bei Essens- und Lebensmittellieferdiensten auch zu Umsatzsteigerungen in den Bau- und Heimwerkermärkten sowie im Möbelhandel. Die vermehrte Zeit zu Hause wurde für Renovierungs- und Reparaturarbeiten genutzt, aber auch für Hobbys oder Vorhaben, die aus Zeitmangel immer wieder vernachlässigt oder verschoben wurden. Mangels Alternativen waren auch E-Commerce-Skeptiker gezwungen, die ein oder andere dringende Güterversorgung über den Onlinebestellweg durchzuführen.

Der Lockdown erhöhte die Internetnutzungsrate und führte zu einer schnelleren Diffusion von Collaborationssoftware für Remote-Anwendungen im **Homeoffice**. So wurde in manchen Bereichen die **Digitalisierung** durch den Corona-Effekt gar beschleunigt. Die Hochschulen haben schnell reagiert und konnten auch dank ihrer internetaffinen Studierendenklientel innerhalb kürzester Zeit tragfähige und funktionierende Digitalformate für Vorlesungen umsetzen. Die Auswirkungen der Corona-Pandemie haben gezeigt, wie anfällig die stark verflochtene **globale Wertschöpfung** mit ihren vulnerablen Lieferketten für die Versorgungssicherheit mit wichtigen Gütern werden kann. Nach der Corona-Pandemie ist es nun die angespannte weltpolitische Lage, welche die Vorteile der **Globalisierung** vor dem Hintergrund starker Abhängigkeiten differenzierter bewerten lassen und Fragen nach einer **Relokalisierung** von Produktionsprozessen systemrelevanter Güter ins Bewusstsein der Politik und Wirtschaft rücken.

1.6   Ordnungspolitische und rechtliche Rahmenbedingungen im E-Commerce

Gerade in seiner dezentralen Organisation als frei nutzbare und jedem offene Plattform darf das Internet keinen rechtsfreien Raum darstellen. Dies gilt insbesondere für den Handel mit Waren und Dienstleistungen im E-Commerce. Es gibt jedoch kein „Internetgesetz", in dem die rechtlichen Rahmenbedingungen allumfassend geregelt wären, ebenso wenig gibt es ein „E-Commerce-Gesetz", welches alle Belange des Online-Handels in eine singuläre Rechtsnorm transformiert hätte. In der Aufbau- und Entwicklungsphase ist die Dynamik des Internets von der Ordnungspolitik unterschätzt worden. Das Internet war anfangs nur ein von wenigen genutztes Experimentierfeld zur Entwicklung und Erprobung innovativer Anwendungen. Im Laufe der Zeit schaffte die schnelle Verbreitung des Internets und die Entfaltung des E-Commerce immer mehr **Präzedenzfälle,** insbesondere wenn es um Rechte und Pflichten aus Fernabsatzverträgen, den Schutz der Privatsphäre und den Umgang mit personenbezogenen Daten ging. Es fehlten regulatorische Vorgaben, innerhalb derer sich bei Konflikten und Streitfällen eine Rechtsauffassung entfalten konnte, die ein vertrauensvolles Interagieren zwischen Anbieter und Nachfrager im globalen Universum des Internets sicherstellte. Erst mit der zunehmenden kommerziellen Nutzung des Internets manifestierte sich immer dringlicher der Bedarf, einen ordnungspolitischen Rahmen zu schaffen, der eine den Besonderheiten des Internets angepasste Rechtsprechung ermöglichte. Dies führte dazu, dass Vorschriften, Verordnungen und Regeln geschaffen wurden, die

1. in bereits existenten Gesetzen wie dem Bürgerlichen Gesetzbuch (BGB), dem Urheberrecht (UrhG) oder dem Markengesetz (MarkenG) zu Änderungen, Anpassungen und Ergänzungen führten, sowie
2. in neuen Gesetzen und Verordnungen wie dem Telemediengesetz (TMG), dem Telekommunikations-Telemedien-Datenschutzgesetz (TTDSG), der Datenschutz-Grundverordnung (DSGVO) und der noch nicht verabschiedeten (Stand April 2023) ePrivacy-Verordnung (ePVO als rechtsverbindlicheren Ersatz für die ePrivacy-Richtlinie) ihren Niederschlag bereits fanden bzw. noch finden werden.

Tab. 1.1 zeigt im Überblick die für den E-Commerce relevanten Regelungsbereiche und deren Berücksichtigung in Gesetzen und Verordnungen. Diese werden in den folgenden Abschnitten vorgestellt und erläutert.

Weitere Gesetze und Verordnungen mit Relevanz für die Internetökonomie und E-Commerce sind das **Gesetz gegen den unlauteren Wettbewerb** (UWG), das **Gesetz für faire Verbraucherverträge** (Kündigungsbutton für online abgeschlossene Verträge) und die **Preisangabenverordnung** (PangV). Das **Kreislaufwirtschaftsgesetz** (KrWG) ist ein zentrales Bundesgesetz zur Abfallreduzierung und Abfallverwertung und betrifft mit der Umsetzung der **EU-Abfallrahmenrichtlinie** unter anderem auch die umweltverträgliche Verwertung von Retouren im E-Commerce. Das im Januar 2023 in Kraft getretene **Lieferkettensorgfaltspflichtengesetz** (LkSG) regelt auch für den Online-Handel die Sorgfaltspflichten von Unternehmen mit mehr als 3000 Mitarbeitern (ab 2024 auch die Unternehmen mit mehr als 1000 Mitarbeitern) über die Wertschöpfung der gesamten globalen Lieferkette vom Rohstoff bis zum Fertigfabrikat, insbesondere die unternehmerische Verantwortung für die Prävention von Menschenrechtsverletzungen durch unwürdige Arbeits- und Produktionsbedingungen (BMZ, 2023). Mit dem von der EU-Kommission beschlossenen und am 1. November 2022 in Kraft getretenen **Digital Services Act** (DSA) sollen die Grundrechte der Nutzer von digitalen Diensten geschützt werden. Online-Marktplätze, Plattformökonomien und Suchmaschinen müssen die Anzahl ihrer aktiven Nutzer veröffentlichen (EU Kommission, 2023a). Im Verbund mit dem **Digital Markets**

Tab. 1.1 Rechtliche Rahmenbedingungen im E-Commerce. (Adaptiert nach Deges, 2020, S. 20; mit freundlicher Genehmigung von © Springer Fachmedien Wiesbaden GmbH. All Rights Reserved)

Gesetze und Verordnungen	Regelungsbereiche
EU-Datenschutz-Grundverordnung (DSGVO)	Einwilligung der Verbraucher in die Verarbeitung personenbezogener Daten; Datensicherheit; Auskunftsrechte; Datenschutzerklärung für Websites und Onlineshops
ePrivacy-Verordnung (ePVO)	Normierung des Datenschutzes in der elektronischen Online-Kommunikation (in Ergänzung zur DSGVO)
Telekommunikations-Telemedien-Datenschutzgesetz (TTDSG)	Regelungen zum Einsatz von Consent-Management-Tools zur Ausspielung und Speicherung von Cookies
Telemediengesetz (TMG)	Informationspflichten bei kommerziell genutzten Telediensten (Impressumpflicht). Absender- und Inhaltekennzeichnung bei kommerzieller Kommunikation (Newsletter und Werbe-E-Mails)
Bürgerliches Gesetzbuch (BGB)	Domainnamensrecht (Domainregistrierung, Domainhandel, Domaingrabbing. Vertragsrecht Fernabsatz (Retouren)
Markengesetz (MarkenG)	Schutz von Marken und Kennzeichen im Internet (Überschneidung mit dem Domainnamensrecht im BGB)
Urheberrecht (UrhG)	Schutz des geistig-schöpferischen Eigentums (Text, Musik, Bilder, Videos) vor unerlaubter Vervielfältigung und nicht genehmigter Nutzung

Act (DMA) sollen marktbeherrschende Plattformen als Gatekeeper zur Einhaltung fairer Rahmenbedingungen im Wettbewerb verpflichtet und auch kontrolliert werden können (EU Kommission, 2023b).

1.6.1   Datenschutz: DSGVO

Die Datenschutz-Grundverordnung (DSGVO) ist eine Verordnung der Europäischen Union (EU), mit der die Regeln zur Verarbeitung personenbezogener Daten durch privatwirtschaftliche Unternehmen und öffentliche Institutionen EU-weit vereinheitlicht wurden

(Verordnung EU 2016/679). Die Verordnung ersetzt die aus dem Jahre 1995 stammende Richtlinie 94/46/EG zum Schutz natürlicher Personen bei der Verarbeitung personenbezogener Daten. Im Gegensatz zur Richtlinie 94/46/EG, die von den EU-Mitgliedsstaaten in nationales Recht umgesetzt werden musste, gilt die DSGVO seit dem 25. Mai 2018 unmittelbar als ein einheitliches Datenschutzrecht in allen EU-Mitgliedsstaaten.

▶ **Personenbezogene Daten** Personenbezogene Daten sind „alle Informationen, die sich auf eine identifizierte oder identifizierbare natürliche Person (im Folgenden „betroffene Person") beziehen; als identifizierbar wird eine natürliche Person angesehen, die direkt oder indirekt, insbesondere mittels Zuordnung zu einer Kennung wie einem Namen, zu einer Kennnummer, zu Standortdaten, zu einer Online-Kennung oder zu einem oder mehreren besonderen Merkmalen, die Ausdruck der physischen, physiologischen, genetischen, psychischen, wirtschaftlichen, kulturellen oder sozialen Identität dieser natürlichen Person sind, identifiziert werden kann" (Artikel 4 Abs. 1 DSGVO).

Die Anforderungen an die Verarbeitung personenbezogener Daten sind in Artikel 5 DSGVO in sechs Grundsätzen formuliert (DSGVO, 2023):

- **Rechtmäßigkeit, Verarbeitung nach Treu und Glauben, Transparenz:** personenbezogene Daten müssen in einer nachvollziehbaren Weise verarbeitet werden. Nach Artikel 15 DSGVO hat jede Person ein Auskunftsrecht über seine vom Unternehmen gespeicherten personenbezogenen Daten. Dabei wird eine verständliche Aufbereitung (klare und einfache Sprache) der dem Verbraucher bereitgestellten Daten in Artikel 12 Abs. 1 DSGVO gefordert. Die Bereitstellung der Informationen aus einer Auskunftsfrage muss innerhalb eines Monats erfolgen. Für die Datenverarbeitung dürfen nach Artikel 6 Abs. 1 DSGVO personenbezogene Daten an Dritte weitergegeben werden, beispielsweise an einen Logistikdienstleister, wenn dies zur Erfüllung der vertraglichen Pflichten aus dem Kaufvertrag zwingend erforderlich ist.
- **Zweckbindung:** personenbezogene Daten dürfen nur für festgelegte, eindeutige und legitime Zwecke verarbeitet werden. Der Zweck der Datenverarbeitung muss bereits zum Zeitpunkt der Erhebung feststehen und für die betroffene Person klar zum Ausdruck gebracht werden. Zwingend erforderlich ist beispielsweise die Erhebung der postalischen Adresse für den Versand der Bestellung durch den Online-Händler. Die Erhebung einer E-Mail-Adresse ist erforderlich für den Versand einer Bestellbestätigung.
- **Datenminimierung:** die Erhebung und Verarbeitung personenbezogener Daten muss dem Zweck angemessen und auf das notwendige Maß beschränkt sein.
- **Richtigkeit:** sachlich unrichtige personenbezogene Daten sind unverzüglich zu berichtigen oder zu löschen. Die sachliche Richtigkeit und die Aktualität der verarbeiteten Daten ist durch angemessene Maßnahmen sicherzustellen.
- **Speicherbegrenzung:** personenbezogene Daten dürfen nicht länger gespeichert werden, wie es für die Zwecke, für die sie verarbeitet werden, erforderlich ist. Nach

dem Wegfall des Zwecks sind die nicht mehr erforderlichen Daten zu löschen. Artikel 17 DSGVO regelt zudem das „Recht auf Vergessenwerden". Eine Person hat das Recht, die Löschung aller sie betreffenden Daten zu fordern, wenn die Gründe für die Datenspeicherung entfallen.

- **Integrität und Vertraulichkeit:** eine angemessene Sicherheit zum Schutz von Daten vor einem unauthorisierten Zugriff oder unrechtmäßiger Verarbeitung, Verlust, Zerstörung oder Schädigung ist durch „geeignete technische und organisatorische Maßnahmen" zu gewährleisten.

Die Nichteinhaltung dieser Grundsätze und der Rechenschaftspflicht kann mit hohen Bußgeldern und Sanktionen geahndet werden. Die Strafen für einen Verstoß gegen die DSGVO sind erheblich und belaufen sich bei besonders schweren Fällen auf bis zu 20 Mio. € bzw. bis zu 4 % des gesamten weltweit erzielten Jahresumsatzes des vorangegangenen Geschäftsjahres, je nachdem, welcher der beiden Beträge der höhere ist (Artikel 83 Abs. 5 DSGVO). Der Schutz personenbezogener Daten im E-Commerce basiert auf dem **„Verbot mit Erlaubnisvorbehalt".** Dieses Rechtsprinzip besagt, dass die Verarbeitung personenbezogener Daten nur dann erlaubt ist, wenn die betroffene Person hierzu eine **Einwilligung** erteilt hat (Artikel 6 Abs. 1 DSGVO). Da der Nachweis der Einwilligung bei Rechtsstreitigkeiten vom datenverarbeitenden Unternehmen vorzulegen ist, wird die Schriftform für die Einholung einer Einwilligung empfohlen, auch wenn diese durch die DSGVO nicht zwingend vorgeschrieben ist. Dies kann durch die Protokollierung des Registrierungsverfahrens realisiert werden (Westerkamp, 2020, S. 247). Eine Einwilligung darf nicht von der Erfüllung eines Vertrages abhängig gemacht werden, wenn die Einwilligung für die Vertragserfüllung gar nicht erforderlich ist (Artikel 7 DSGVO). Das heißt, es herrscht ein **Kopplungsverbot.** In Onlineshops betrifft dies insbesondere das Verbot der Kopplung einer Warenbestellung an den künftigen Empfang von Werbemails oder Newsletter. In einer **Checkbox** (Markierungsfeld zur Eingabe von Werten) für die Frage nach einem Einverständnis des Empfangs von Werbung darf nicht standardmäßig ein Haken als voreingestellte Bestätigung gesetzt sein. Seine Einwilligung muss der Besteller durch eine bewusste Willenserklärung (das eigenständige Setzen des Hakens in der Checkbox) selber aktiv zum Ausdruck bringen.

Die DSGVO erhöht mit den Artikeln 13 und 14 die rechtlichen Anforderungen an die **Datenschutzerklärung.** Diese muss von jedem Online-Händler in präziser, transparenter, verständlicher und leicht auffindbarer Form auf der Website abrufbar sein. Die Datenschutzerklärung muss über Art, Umfang und Zwecke der Erhebung und Verwendung personenbezogener Daten informieren, ebenso muss sie eine Belehrung über Widerspruchs- und Widerrufsmöglichkeiten beinhalten. Eine Integration der Datenschutzerklärung in den AGBs ist unzulässig. Die Kenntnisnahme der Datenschutzerklärung sowie der AGBs muss vom Käufer bestätigt werden, sonst kann ein Bestellvorgang nicht abgeschlossen werden. Im Datenschutz wird zwischen anonymen und pseudonymen Daten unterschieden. Die Grundsätze des Datenschutzes gelten nicht für anonymisierte

Daten, wenn der Personenbezug nicht mehr besteht und auch nicht wiederhergestellt werden kann, sodass eine **Reidentifizierung** (Deanonymisierung) nicht mehr möglich ist. Personenbezogene Daten können nach Maßgabe der DSGVO zur weiteren Nutzung pseudonymisiert werden (Westerkamp, 2020, S. 242). Sie gelten jedoch weiterhin als personenbezogene Daten, da sie mit zusätzlichen Informationen wieder einer spezifischen Person zugeordnet werden können (Artikel 4 Abs. 5 DSGVO). Eine pseudonymisierter Datensatz darf DSGVO-konform verarbeitet werden, wenn das datenverarbeitende Unternehmen personenbezogene Daten so verarbeitet, dass sie „ohne Hinzuziehung zusätzlicher Informationen nicht mehr einer spezifisch betroffenen Person zugeordnet werden können" (Artikel 4 Abs. 5 DSGVO).

▶   **Merke!** Der rechtskonforme und verantwortungsvolle Umgang mit personenbezogenen Daten bedeutet neben der Vermeidung von rechtlichen Sanktionen und Bußgeldern auch einen positiven Imageeffekt und wirkt auf den Verbraucher vertrauensbildend. Der Online-Händler bekennt sich zu seiner Verantwortung für Transparenz, Datenschutz und Datensicherheit.

1.6.2   ePrivacy-Verordnung und ePrivacy-Richtlinie

Im Zuge der Reform des EU-weiten Datenschutzrechtes hatte der europäische Gesetzgeber geplant, am 25. Mai 2018 neben der DSGVO auch eine **ePrivacy-Verordnung** (ePVO) einzuführen. Diese sollte die DSGVO in Hinblick auf die elektronische Kommunikation präzisieren und ergänzen. Nach wie vor bestehen unter den EU-Mitgliedsländern Differenzen im Gesetzgebungsverfahren. Es wird mit einer baldigen Einigung und dem Inkrafttreten der ePVO noch in 2023 gerechnet, sodass diese mit einer Übergangsfrist von 24 Monaten ab dem Jahr 2025 eine rechtsverbindliche Wirkung in den EU-Mitgliedsstaaten entfalten könnte. Die ePVO ist nicht als Ersatz, sondern als Ergänzung zur DSGVO zu verstehen. Beide Verordnungen sollen im Verbund für die einheitliche und umfassende Normierung des Datenschutzes in der EU stehen. Während die DSGVO eher allgemeine Regelungen zum Datenschutz enthält, ist die ePVO spezifischer auf den digitalen Datenschutz im Bereich der elektronischen Online-Kommunikation fokussiert. Die ePVO wird mit ihren spezifischen Bestimmungen nach ihrem Inkrafttreten als „lex specialis" Vorrang vor den allgemeinen Richtlinien der DSGVO haben (Redaktionsteam Personalwissen, 2021).

▶ **Der Lex-specialis-Grundsatz** Ein spezielleres Gesetz (lex specialis) steht vor einem allgemeinen Gesetz (lex generalis) und wird bei kollidierenden Rechtsauslegungen vorrangig angewendet (Anwendungsvorrang).

Mit der ePVO wird die seit 2009 gültige **Cookie-Richtlinie** (2009/136/EG) und die seit 2002 gültige **ePrivacy-Richtlinie** (2002/58/EG), die als Vorläufer der ePVO gilt, ersetzt (Redaktionsteam Personalwissen, 2021). Das ist insofern von hoher Relevanz, da aus juristischer Perspektive ein markanter Unterschied zwischen einer Verordnung und einer Richtlinie besteht. Eine EU-Richtlinie wie die Cookie-Richtlinie und die ePrivacy-Richtlinie ist für die EU-Mitgliedsstaaten nicht bindend. Sie entfalten keine unmittelbare Wirkung, sondern müssen erst von jedem EU-Mitgliedsstaat in nationales Recht umgesetzt werden. Eine EU-Verordnung ist hingegen rechtlich bindend. EU-Verordnungen müssen ohne Einschränkungen in allen EU-Mitgliedsstaaten umgesetzt werden, sobald sie rechtskräftig beschlossen wurden (Redaktionsteam Personalwissen, 2021).

1.6.3 Telekommunikations-Telemedien-Datenschutzgesetz

Alle Anbieter von Telemedien und Telekommunikationsdiensten unterliegen seit dem 01.12.2021 dem neuen Gesetz zur Regelung des Datenschutzes und des Schutzes der Privatsphäre in der Telekommunikation und bei Telemedien (TTDSG). Auslöser des Gesetzgebungsverfahrens war die Richtlinie 2018/1972/EU über den europäischen Kodex für die elektronische Kommunikation, die eine Änderung des Telekommunikationsgesetzes (TKG) erforderlich machte. Mit der Gesetzesinitiative wurde zeitgleich auch die Gelegenheit genutzt, die nicht mehr dem aktuellen Stand entsprechenden Datenschutzbestimmungen des TKG wie auch des Telemediengesetzes (TMG) an die Datenschutzvorschriften der DSGVO und der ePrivacy-Richtlinie anzupassen und diese im TTDSG zusammenzuführen. Damit wurde das TKG und das TMG deutlich verschlankt und das unübersichtliche Nebeneinander von datenschutzrechtlichen Vorschriften aus DSGVO, TKG und TMG reformiert.

▶ **Cookies** Cookies (Keks, Plätzchen) sind Dateien mit Textinformationen, die lokal auf dem Endgerät des Nutzers (Computer, Notebook, Smartphone, Tablet) in einer Cookie-Textdatei gespeichert werden. Bei einer erneuten Verbindung wird der Nutzer identifiziert, der Server des Onlineshops ruft die zwischengespeicherten Informationen ab und diese stehen dem Nutzer wieder zur Verfügung (Kreutzer, 2018, S. 68 f. und 136).

Das Ausspielen und Speichern technisch nicht erforderlicher Cookies auf Endeinrichtungen (den Zugriffsgeräten) bedarf mit dem TDDSG nun einer ausdrücklichen und jederzeit widerruflichen Einwilligung. Die **Einwilligungspflicht** bezieht sich auf das Speichern von Informationen oder auf den Zugriff auf bereits gespeicherte Informationen in der Endeinrichtung des Endnutzers. Auch über die Verarbeitung der Informationen muss verständlich und transparent informiert werden (Sutter, 2021). Ausnahmen bestehen für technisch notwendige Cookies, ohne die ein Dienst nicht funktioniert. Dazu zählen beispielsweise Cookies für Spracheinstellung, Login oder den Warenkorb im Onlineshop

(Sutter, 2021). Die Einwilligungsabfrage bedarf der Implementierung von Einwilligungs-diensten (**Einwilligungsbanner** oder **Consent-Management-Tools**). Die Banner müssen so gestaltet sein, „dass der Nutzer seine Einwilligung oder seine Ablehnung durch Nut-zung von Schaltflächen, die gut lesbar mit nichts anderem als den Wörtern ‚Einwilligung' und ‚Ablehnung' beschriftet sind, erklären kann". Die Dienste oder Maßnahmen, die eine Einwilligung benötigen, dürfen erst nach der Einwilligung wirksam werden (Sutter, 2021).

TTDSG § 25 Absatz 1 Satz 1

„Die Speicherung von Informationen in der Endeinrichtung des Endnutzers oder der Zugriff auf Informationen, die bereits in der Endeinrichtung gespeichert sind, sind nur zulässig, wenn der Endnutzer auf der Grundlage von klaren und umfassenden Informationen eingewilligt hat." Ein Endnutzer ist jeder Nutzer, der einen öffentlichen Telekommunikationsdienst für private oder geschäftliche Zwecke nutzt.

Das TTDSG enthält Regelungen und spezifische Vorschriften zum Datenschutz bei der Nutzung von Telekommunikationsdiensten und Telemedien, einschließlich Bestimmun-gen zur Vertraulichkeit der Kommunikation, zum wirksamen Schutz des **Fernmelde-geheimnisses** und der **Privatsphäre.** Das TTDSG ist rechtsverbindlich für Anbieter von öffentlichen Telekommunikationsdiensten (Festnetz- und Mobilfunkanbieter, Internet-Service-Provider) und Telemediendiensten (Websites, Onlineshops, Apps, Messenger-und Streamingdienste und andere onlinebasierte Kommunikationsdienste). Es erweitert den personenbezogenen Datenschutz der DSGVO auf den Schutz der die Dienste in Anspruch nehmenden **„Endeinrichtungen"** (Computer, Smartphone, Tablet, TV-Screens, Smartwatches oder anderer mit dem Internet verbundenen Gegenstände). Das TTDSG fokussiert als Schutzzweck die Integrität des Endgeräts der Nutzer, und dies geht über den Schutz personenbezogener Daten hinaus. Die Umsetzung der ePrivacy-Richtlinie im TTDSG schafft nur eine zeitbegrenzte **Rechtssicherheit** für den Einsatz von Cookies. Sobald die ePVO als Nachfolger der ePrivacy-Richtlinie rechtskräftig wird, steht sie als EU-Verordnung in ihrem festgelegten Anwendungs- und Geltungsbereich über der nationalstaatlichen Gesetzgebung und schafft eine europarechtlich einheitliche Regelung.

1.6.4   Telemediengesetz

Das am 1. März 2007 in Kraft getretene Telemediengesetz (TMG) regelte rechtli-che Rahmenbedingungen für sogenannte Telemedien in Deutschland. Telemedien ist ein Rechtsbegriff für **elektronische Informations- und Kommunikationsdienste.** Dazu zählen beispielsweise über das Internet angebotene Dienste wie Websites, Webpor-tale, Onlineshops, Online-Marktplätze, Webmail-Dienste und Chatrooms, Suchmaschinen, Blogs und Vermittlungsplattformen. Seit dem 01.12.2021 besteht das TMG in einer um Datenschutzvorschriften gekürzten Fassung fort. Im Kontext des E-Commerce sind insbesondere zwei Regelungsbereiche des TMG relevant:

- allgemeine Informationspflichten eines Telemediendiensteanbieters, die sogenannte „Impressumpflicht" (§ 5 Abs. 1 TMG)
- die eindeutige Absender- und Inhaltekennzeichnung bei „kommerzieller Kommunikation", beispielsweise beim Einsatz von Werbe-E-Mails im Rahmen von Online-Marketing (§ 6 TMG)

Allgemeine Informationspflichten

Jeder kommerzielle Anbieter von Telemediendiensten muss über seinen im Internet angebotenen Dienst eindeutig identifiziert werden können. In § 5 Abs. 1 TMG ist in den Abschnitten 1–8 aufgelistet, was der Gesetzgeber in Abhängigkeit der Rechtsform unter allgemeine Informationspflichten für Telemediendiensteanbieter versteht. Dazu zählen:

- Name und Anschrift, bei juristischen Personen zusätzlich die Rechtsform und den/die Vertretungsberechtigten (Abschn. 1)
- „Angaben, die eine schnelle elektronische Kontaktaufnahme und unmittelbare Kommunikation..." ermöglichen, „...einschließlich der Adresse der elektronischen Post" (Abschn. 2)
- „Angaben zur zuständigen Aufsichtsbehörde", falls der angebotene Dienst einer behördlichen Zulassung bedarf (Abschn. 3)
- Handelsregister und die entsprechende Registernummer (Abschn. 4)
- gegebenenfalls eine „gesetzliche Berufsbezeichnung", akademischer Abschluss oder staatlich geschützter/anerkannter Berufstitel und eine eventuelle Berufskammerzugehörigkeit (Abschn. 5)
- die Umsatzsteuer-Identifikationsnummer oder gegebenenfalls eine Wirtschafts-Identifikationsnummer nach Abgabenordnung (Abschn. 6)
- bei Aktiengesellschaften (AG), Kommanditgesellschaften auf Aktien (KGaA) oder Gesellschaften mit beschränkter Haftung (GmbH), „...die sich in Abwicklung oder Liquidation befinden, die Angabe hierüber" (Abschn. 7)
- bei audiovisuellen Mediendiensteanbietern die Angabe des Mitgliedsstaats, der für sie Sitzland ist sowie die Angabe der zuständigen Regulierungs- und Aufsichtsbehörden (Abschn. 8)

Weitergehende Informationspflichten können nach anderen Rechtsvorschriften bestehen. Bei redaktionellen Angeboten, beispielsweise auf Informationsportalen, bedarf es nach RStV (Rundfunkstaatsvertrag) ergänzend hierzu noch der Angabe des redaktionell verantwortlichen Ansprechpartners. Denn das TMG regelt unter anderem auch die Haftung von Dienstebetreibern für gesetzeswidrige Inhalte in deren Telemediendiensten. Nach § 5 Abs. 1 TMG sind die rechtsverbindlich vorgeschriebenen Informationen „...leicht erkennbar, unmittelbar erreichbar und ständig verfügbar zu halten". Das TMG gebraucht im Gesetzestext nicht explizit den Begriff **„Impressum"** für die Erfüllung der Informationspflichten, gleichwohl hat sich das Impressum als ein Standardformat etabliert. Dieses Impressum findet sich als Link bei vielen Diensteanbietern auf der Startseite des Onlineauftritts im Footer am Ende der Homepage.

▶ **Merke!** Die Führung eines Impressums mit allen vorgeschriebenen Informationen zum Diensteanbieter ist eine rechtsverbindliche Pflicht im E-Commerce. Bei Nichterfüllung der Informationspflichten drohen Abmahnungen und Bußgelder.

Die in § 5 Abs. 1 in Abschn. 2 formulierte Verpflichtung von „Angaben, die eine schnelle elektronische Kontaktaufnahme und unmittelbare Kommunikation ermöglichen…" führt bis auf die Vorgabe zur Angabe einer E-Mail-Adresse nicht auf, wie viele und welche Arten von weiteren **Kontaktmöglichkeiten** zu hinterlegen sind. Nach gängiger Rechtsauslegung sind aber mindestens zwei Kontaktmöglichkeiten anzugeben, wobei die zweite Kontaktmöglichkeit neben der E-Mail-Adresse idealerweise eine Telefon- und/oder Fax-Nummer ist, damit auch bei einer Nichtverfügbarkeit des Internets, beispielsweise bei einer technischen Störung oder bei einem Aufenthalt in Regionen ohne Internetzugang, der Diensteanbieter kontaktiert werden kann.

Absender- und Inhaltekennzeichnung bei kommerzieller Kommunikation
Diensteanbieter müssen eine kommerzielle Kommunikation, beispielsweise den Versand von **Werbe-E-Mails** nach § 6 TMG als solche eindeutig in der **Betreffzeile** kennzeichnen. Der Versender muss klar identifizierbar sein. Angebote zur Verkaufsförderung, Preisausschreiben und Gewinnspiele müssen als solche erkennbar sein und die Bedingungen für die Teilnahme oder Inanspruchnahme von Angeboten müssen „klar und unzweideutig" angegeben werden. Dieses Verbot einer Verschleierung und Verheimlichung von Absender und Inhalt von Werbe-E-Mails dient auf Seiten der Nutzer der leichteren Identifizierung von **Spam-Mails.**

1.6.5   Gesetzliche Regelungen zum Fernabsatz im BGB

E-Commerce-Vertragsverhältnisse basieren auf dem Marktprinzip des Distanzhandels und unterliegen de jure den Rahmenbedingungen des Fernabsatzes. Die Rechte und Pflichten bei **Fernabsatzverträgen** sind im BGB (Bürgerliches Gesetzbuch) in den §§ 312c ff geregelt. Die Rechtsnormen beziehen sich auf Verträge, die zwischen einem Unternehmer und einem Verbraucher unter ausschließlicher Verwendung von **Fernkommunikationsmitteln** abgeschlossen werden (§ 312c Abs. 1 BGB). Das heißt, bei einem

Fernabsatzvertrag wie im Online-Handel findet keine persönliche Begegnung zwischen Verkäufer und Käufer im Rahmen des Kaufvertragsabschlusses statt (**Distanzhandel**). Mit der Novellierung der Regelungen zum Fernabsatz vom 13. Juni 2014 (Umsetzung der EU-Verbraucherschutzrichtlinie 2011/83/EU in nationales Recht) gelten für das Widerrufsrecht und die Retourenrücksendekosten neue gesetzliche Vorgaben. Den Unternehmen steht es aber frei, diese Mindestanforderungen zu übertreffen. Im Folgenden werden die wesentlichen Regelungen mit Auswirkungen auf das Retourenmanagement dargestellt (vgl. Deges, 2017, S. 7 ff.).

Widerrufsrecht und Widerrufsfrist: Verbrauchern steht bei Abschluss von Fernabsatzverträgen ein grundsätzliches Widerrufsrecht zu (§ 312 g Abs. 1 BGB). Der Gesetzgeber verlangt nach § 355 Abs. 2 BGB eine Widerrufsfrist von 14 Tagen. Vor der Novellierung der Regelungen des Fernabsatzes war es möglich, den wirksamen Widerruf ohne Angabe von Gründen alleine durch die Rücksendung der Ware zu erklären. Mit Wirkung zum 13. Juni 2014 muss nach dem Willen des Gesetzgebers der Widerruf vor der Rücksendung eindeutig erklärt werden (§ 355 Abs. 1 BGB). Dies kann per Mail, Fax, Brief oder einem vom Händler bereitzustellenden Widerrufsformular erfolgen (§ 356 Abs. 1 BGB). Der Online-Händler muss den Verbraucher über die Pflicht und die formal richtige Durchführung des Widerrufs informieren. Die zu retournierende Ware muss nach der Erklärung des Widerrufs innerhalb der vom Online-Händler eingeräumten Widerrufsfrist zurückgesendet werden. Online-Händler können aber weiterhin auf eine ausdrückliche Erklärung des Widerrufs verzichten und den Widerruf weiterhin alleine durch die Rücksendung der Retoure als wirksam annehmen (vgl. Deges, 2017, S. 8). Die **Rückerstattung** eines bereits gezahlten Kaufpreises an den Kunden hat grundsätzlich innerhalb von 14 Tagen nach Eingang der Retoure beim Online-Händler zu erfolgen. Für die Rückzahlung muss der Unternehmer dasselbe Zahlungsmittel verwenden, das der Verbraucher bei der Zahlung verwendet hat (§ 357 Abs. 3 BGB).

Gesetzliche Ausnahmen vom Widerrufsrecht im Online-Handel (§ 312 g Absatz 2 Nr. 1–13 BGB)

- Nach Kundenspezifikation angefertigte und personalisierte Waren (Nummer 1)
- Schnell verderbliche Waren mit kurzem Verfallsdatum (Nummer 2)
- Aus Hygienegründen und aus Gründen des Gesundheitsschutzes versiegelte Waren, deren Versiegelung nach der Lieferung entfernt wurde (Nummer 3)
- Musik, Filme, Computersoftware auf versiegelten Datenträgern, deren Versiegelung nach der Lieferung entfernt wurde (Nummer 6)◄

Retourenrücksendekosten: Das Porto für die Rücksendung ist nach dem Willen des Gesetzgebers grundsätzlich vom Verbraucher zu tragen (§ 357 Abs. 6 BGB). Der Online-Händler muss den Kunden ausdrücklich darauf hinweisen. Abweichende Regelungen sind möglich, der Online-Händler kann auf die Kostenweitergabe verzichten und trägt ganz oder teilweise die Kosten der Rücksendung der Retoure.

Wertverlust und Wertersatz: Die neuen Regelungen des Fernabsatzes bieten unterschiedliche Auslegungen der Rückerstattungspflicht des Kaufpreises durch den Online-Händler. Grundsätzlich darf der Verbraucher die gelieferten Waren zu Hause nur so weit ausprobieren und testen, wie es ihm auch in einem stationären Ladengeschäft möglich wäre. Wird die Ware während der Widerrufsfrist stärker genutzt als zur reinen Prüfung der Funktion und der Eigenschaften nötig ist, dann kann der Online-Händler vom retournierenden Kunden einen Wertersatz für den Wertverlust der Ware verlangen (§ 357 Abs. 7 BGB).

Auszug aus den AGB von Amazon

„Sie müssen für einen etwaigen Wertverlust der Waren nur aufkommen, wenn dieser Wertverlust auf einen zur Prüfung der Beschaffenheit, Eigenschaften und Funktionsweise nicht notwendigen Umgang mit ihnen zurückzuführen ist" (Amazon, 2022).◄

Missbrauchsfälle durch eine übermäßige Nutzung von Produkten während der Widerrufsfrist kommen in nahezu allen Warenkategorien vor und sind ein kaum vermeidbares Problem im Online-Handel (Walsh & Möhring, 2015, S. 9). Großflächige Fernseher werden vor Sportereignissen bestellt und nach dem Finale retourniert. Hochwertiger Schmuck und Kleidung (Smoking, Abendkleid) wird nach der einmaligen Nutzung bei einem festlichen Anlass retourniert, bei der Retourenprüfung findet sich noch eine Eintrittskarte in der Innentasche des Kleidungsstücks. Ein Dirndl wird nach Abschluss des Oktoberfestes mit deutlichen Gebrauchsspuren und Verschmutzungen retourniert. Ein Missbrauchsverdacht ist im Einzelfall nicht immer eindeutig nachzuweisen und kann bei der Forderung von Wertersatz zu zeitintensiven **Rechtsstreitigkeiten** führen, auf die Online-Händler im Zweifelsfall wohl eher verzichten (Asdecker, 2014, S. 201).

► Merke! Die gesetzlich festgelegten Mindestanforderungen an das Widerrufsrecht und an die Widerrufsfrist von 14 Tagen kann ein Online-Händler nicht durch anderslautende Bestimmungen in seinen AGBs konterkarieren, zumal viele Onlinekäufer die Kenntnisnahme der AGBs zum Abschluss des Bestellprozesses bestätigen, auch ohne diese gelesen zu haben.

1.6.6   Domainschutz im Namens- und Markenrecht

Die weltweite Lokalisierung von Websites und Onlinediensten im Internet erfolgt in technischer Sicht über eine **IP (Internet-Protocol)-Adresse** als mehrstellige Zahlen- und Zeichenfolge. Eine IP-Adresse wird einem mit dem Internet verbundenen Rechner zugeteilt, dieser ist somit eindeutig und unverwechselbar gekennzeichnet. Eine solche kryptische IP-Adresse gibt jedoch keinen erkennbaren Hinweis auf das dahinterliegende Inhaltsangebot. Wird die Zahlen- und Zeichenfolge jedoch durch einen einprägsamen **Domainnamen** dargestellt, so erleichtert dies die Identifizierung und Kennzeichnung des Angebotes. Aus Nutzerperspektive ist ein beschreibender Domainname wesentlich leichter zu merken als Zahlen- und Zeichenfolgen. Ebenso wie die IP-Adresse ist auch ein Domainname eindeutig identifizierbar, da jeder Domainname nur einmal vergeben werden kann. Die Gestaltung und Nutzung von Domainnamen unterliegt rechtlichen Vorgaben und Restriktionen. Die Auswahl der Domainnamen im geschäftlichen Verkehr wird durch das **Markenrecht** im Markengesetz (MarkenG) und das **Wettbewerbsrecht** (UWG) determiniert. Zudem greift bei Namensstreitigkeiten das **Namensrecht** nach dem Bürgerlichen Gesetzbuch (BGB).

Domains und Markenrecht
Das deutsche Gesetz über den Schutz von Marken und sonstigen Kennzeichen (**Markengesetz**) vom 25. Oktober 1994 regelt die Rechte an registrierten Marken. Eine Marke dient der Kennzeichnung von Waren und Dienstleistungen und differenziert diese aus Kundensicht durch ein Nutzenbündel mit spezifischen Merkmalen von Konkurrenzangeboten (Meffert et al., 2015, S. 328). Vor einer Domainregistrierung ist eine Namens- und Markenrecherche, beispielsweise im Handelsregister oder im Markenregister des **Deutschen Patent- und Markenamt** (DPMA), sinnvoll, um auszuschließen, dass der kreierte Name bereits rechtlich geschützt ist und somit nicht mehr verwendet werden kann. Auch wenn eine geschützte Marke vom Inhaber noch nicht als Domain genutzt wird, darf sie deswegen nicht vorsätzlich oder fahrlässig für eigene Zwecke registriert werden. Es gilt das **Prioritätsprinzip** (Prioritätsgrundsatz) im Namens- und Markenrecht, welches festlegt, dass beim Zusammentreffen verwechslungsfähiger Rechte das ältere eingetragene Recht Vorrang vor dem jüngeren hat (Otto, 2007). Die Verantwortung für die rechtskonforme Anmeldung eines Domainnamens obliegt dem Antragsteller, denn die Denic eG (https://www.denic.de), die zentrale **Vergabestelle** für de.-Domains in Deutschland, überprüft bei einem **Registrierungsvorgang** nicht eine eventuelle Verletzung von Namens- oder Markenrechten. Bei rechtswidriger Verwendung von gesetzlich geschützten Firmen- und Markennamen drohen **Unterlassungsansprüche,** die zu einer kostenpflichtigen Abmahnung oder Schadenersatz führen können.

Domains und Namensrecht
Der Name und auch die Funktion eines Namens, beispielsweise ein Künstlername, ist nach § 12 BGB geschützt. Derjenige, der bei einer Namensidentität mehrerer Personen zuerst die Domain mit beispielsweise dem Familiennamen angemeldet hat, genießt das **Erstrecht der Anmeldung.** Ein Konflikt entsteht, wenn das natürliche Namensrecht einer Person mit dem Markenrecht von Unternehmensnamen kollidiert (Otto, 2007). Dies ist der Fall, wenn ein gängiger Familienname wie beispielsweise Thyssen, Krupp oder Siemens eine kommerzielle, weithin sehr bekannte Unternehmensmarke ist. Die Rechtsprechung verwirft in

solchen Fällen das Erstrecht der Anmeldung. Das Namensrecht der natürlichen Person tritt in Fällen einer überragenden **Verkehrsgeltung** einer Namensmarke aufgrund der offensichtlichen Verwechslungsgefahr hinter den individuellen Ansprüchen einer Person zurück (Otto, 2007).

Domains und Namensrecht

Das BGH (Bundesgerichtshof) entschied im Jahr 2001, das eine natürliche Person mit Familiennamen Shell seine ordnungsgemäß registrierte und privat genutzte Domain www.shell.de an den globalen Mineralölkonzern Shell abtreten muss (BGH Urteil vom 22.11.2001, Az. I ZR 138/99-shell.de). Das individuelle Namensrecht muss zurückstehen, wenn einer der Namensträger eine überragende Bekanntheit genießt. In diesem Fall, so die Begründung des Urteils, erwarten informationssuchende Onlinenutzer unter www.shell.de die Website des Mineralölkonzerns und nicht eine private Familienseite. Die Rücksichtnahme auf die überragende Verkehrsgeltung lässt es zumutbar erscheinen, dass die Privatperson seine Namensdomain mit einem individualisierenden Zusatz versehe (BGH, 2001).◄

▶ **Merke!** Eine Domain ist die Internetadresse einer Website bzw. eines Onlinedienstes. Jeder Domainname kann weltweit nur einmal vergeben werden, um eine eindeutige und unverwechselbare Adressierung sicherzustellen.

1.6.7 Urheberrecht

Das Urheberrecht (UrhG) bestimmt, wer als **Schöpfer** (Urheber) eines rechtlich zu schützenden Werkes gilt und als natürliche Person alleine und selbstbestimmt über die Verwertung und Verwendung seines geistigen Eigentums entscheiden darf. § 2 Abs. 1 UrhG regelt im Detail, was als „persönliche geistige Schöpfung" gilt. Die sogenannte **Schöpfungshöhe** (Gestaltungshöhe, Werkhöhe) grenzt ein schützenswertes Werk von allgemeingültigen Werken und Ergebnissen ab, d. h. ein schützenswertes Werk muss eine persönliche geistige **Schöpfung** in einer wahrnehmbaren Form darstellen. Dazu zählen beispielsweise Texte, Bilder, Fotos, Filme, Videos und Musik. Die Anforderungen an die Schöpfungshöhe sind niedrig gesetzt, sodass im Zweifelsfall eher von einem urheberrechtlichen Anspruch ausgegangen werden sollte.

▶ **Merke!** In der Rechtsprechung erreicht das Design einer individuell gestalteten Website gängiger Weise nicht die notwendige Schöpfungshöhe, um den Schutz des Urheberrechts zu genießen. Die sich daran anlehnende ähnliche Gestaltung anderer Websites stellt keinen Verstoß gegen das Urheberrecht dar.

Das UrhG schützt nach § 11 UrhG „den Urheber in seinen geistigen und persönlichen Beziehungen zum Werk und in der Nutzung des Werkes. Es dient zugleich der Sicherung einer angemessenen Vergütung für die Nutzung des Werkes". Der Urheber kann Dritten die Verwertung erlauben und Nutzungsrechte erteilen. Im E-Commerce betrifft dies vor allem das Recht der öffentlichen Zugänglichmachung und das Recht zur Vervielfältigung. Eine unerlaubte **öffentliche Zugänglichmachung** liegt vor, wenn beispielsweise Fotos und Bilder ohne das Einverständnis des Urhebers auf der Website, im Onlineshop oder auf Online-Marktplätzen veröffentlicht sind. Wird also fremdes geistiges Eigentum in den Onlineauftritt eingebunden, so bedarf es einer expliziten Einverständniserklärung, die der Diensteanbieter beim Urheber einholen muss, um Rechtsverletzungen vorzubeugen und juristische Konsequenzen zu vermeiden. Das **Vervielfältigungsrecht** (§ 16 UrhG) sichert dem Urheber die Entscheidung darüber, ob sein Werk kopiert werden darf und wem er diese Erlaubnis zu welchen Bedingungen erteilt. Eine Vervielfältigung ist beispielsweise eine Fotokopie, ein Abdruck, eine Tonaufnahme oder ein Download. Auch für rechtsunkundige Internetnutzer ist das Urheberrecht bindend und führt bei Rechtsverletzungen zu zivil- und strafrechtlichen Konsequenzen. Geschützte Werke aus legalen Quellen dürfen für den ausschließlich privaten Gebrauch kopiert werden. Der Download eines Fotos aus dem Internet auf den privaten PC stellt zwar eine urheberrechtliche Vervielfältigung dar, ist aber erlaubt, solange dies im privaten Raum verbleibt und weder veröffentlicht, geteilt oder vermarktet wird. Der Download illegaler Raubkopien, beispielsweise von Filmen und Musik aus **Tauschbörsen,** aber auch der Upload rechtlich geschützter Werke auf Tauschbörsen stellt einen Rechtsverstoß dar. Ein legaler Download von Musikdateien kann über Online-Musikportale wie beispielsweise Apples Music Store iTunes vollzogen werden. Auch die Nutzung von legalen **Streamingdiensten** wie beispielsweise Spotify (Musik) und Netflix (Film) stellt keinen urheberrechtlichen Verstoß dar.

Creative-Commons-Lizenzen gewähren in unterschiedlichem Umfang eine unentgeltliche Nutzung öffentlich bereitgestellter Fotos. Der Umfang einer solchen Creative-Commons-Lizenz kann beispielsweise auf die nicht-kommerzielle Nutzung beschränkt werden. Der Nutzer des Bildmaterials hat sich an die **Lizenzbedingungen** zu halten, etwa die Nennung des Namens des Urhebers oder das Verbot der Bearbeitung des Bildes. Werden diese Lizenzbedingungen nicht eingehalten, entfällt das Nutzungsrecht und es drohen rechtliche Konsequenzen.

▶   **Merke!** Auf Websites und in Onlineshops dürfen keine urheberrechtlich geschützten Werke (Videos, Fotos, Texte) veröffentlicht werden, wenn vom Urheber des Fremdmaterials kein Nutzungsrecht eingeholt und erteilt worden ist. Ohne ein explizit erteiltes und vorweisbares Nutzungsrecht liegt eine Urheberrechtsverletzung vor, die zu Rechtsansprüchen des Urhebers führen können.

1.7   Chancen und Risiken des E-Commerce

Der Online-Handel bietet Unternehmen ein erhebliches Potenzial, ist aber auch mit Risiken behaftet. Eine Chancen-Risiken-Bewertung muss unternehmensindividuell erfolgen, denn Vorteile und Nachteile können je nach Branche und Warenkategorie unterschiedlich zu gewichten sein. Unternehmen müssen sich der Eigendynamik des Internets mit seinen positiven wie auch negativen Ausstrahlungen auf den E-Commerce bewusst sein. Aussicht auf nachhaltigen Erfolg besteht, wenn Chancen konsequent genutzt und Risiken minimiert, wenn möglich gar eliminiert werden. Neben der Unternehmensperspektive ist es für Online-Händler ebenso wichtig, aus der Konsumentensicht die Vorteile und Risiken der Nutzer zu verstehen, damit die Vorzüge des eigenen Angebotes betont und Bedenken der Verbraucher entkräftet werden.

1.7.1   Chancen und Risiken aus Unternehmensperspektive

Tab. 1.2 stellt im Überblick die Chancen und Risiken aus Sicht des Anbieters gegenüber, diese werden im Folgenden erläutert.

   Der überragende Vorteil des E-Commerce gegenüber dem standortgebundenen Einzelhandel ist die zeit- und ortsunabhängige Verfügbarkeit des Angebotes (Ehrlich, 2011, S. 37). Es gibt keine limitierten Ladenöffnungszeiten, der Onlineshop ist rund um die Uhr die ganze Woche, gerade auch an Sonn- und Feiertagen, jederzeit erreichbar. Mit der weltweiten Verfügbarkeit des Internets geht die Option einer internationalen bis hin zu einer globalen Vermarktung des Produkt- und Leistungsprogramms einher. Prinzipiell ist für jeden auf ein lokales Einzugsgebiet begrenzten stationären Einzelhändler mit der Einrichtung eines Onlineshops schon eine erhebliche Ausdehnung des regionalen Absatzgebietes über einen nationalen Versand gegeben. Kostenvorteile ergeben sich bei einem rein onlinebasierten Geschäftsmodell durch den Verzicht auf den Aufbau und den Betrieb eines Filialnetzes. Während der stationäre Einzelhandel an physische Restriktionen der Warenpräsentation durch endliche Regalflächen und die Größe des Verkaufsraumes stößt, kann im Onlineshop über die „virtuelle Regalverlängerung" ein unbegrenzt breites wie auch tiefes Sortiment abgebildet werden (vgl. Nguyen et al., 2018, S. 256). Die Sortimentserweiterung im Online-Handel bedient den Wunsch des sogenannten **„One-Stop-Shoppings"**, welches für Konsumenten in den vergangenen Jahren verstärkt an Relevanz gewonnen hat. Verbraucher möchten den Einkauf ihrer Güter des täglichen Bedarfes warengruppenübergreifend in einem Einkaufsakt erledigen. Im Onlineshop gibt es keine räumliche Begrenzung der Regalfläche. Über eine **„virtuelle Regalverlängerung"** können online erheblich mehr Produkte als in jeder flächenmäßig noch so großen Filiale angeboten werden. Dies ermöglicht aber auch den stationären Händlern in ihren Onlineshops eine Sortimentserweiterung auf Nischenprodukte oder in der Filiale selten nachgefragten Übergrößen oder Farb- und Ausstattungsvarianten eines

Tab. 1.2 Chancen und Risiken des E-Commerce aus Unternehmensperspektive. (Adaptiert nach Deges, 2020, S. 31; mit freundlicher Genehmigung von © Springer Fachmedien Wiesbaden GmbH 2020. All Rights Reserved)

Chancen für E-Commerce-Anbieter	Risiken für E-Commerce-Anbieter
24/7-Angebot: Verkauf rund um die Uhr an sieben Tagen die Woche, auch an Sonn- und Feiertagen	Organisierte und hochprofessionelle Internet-Kriminalität: Sabotageakte durch Hackerangriffe und Cyberattacken
Erweiterung der Absatzgebiete, Zielmärkte und Zielgruppen durch nationale, internationale und globale Expansion	Schädigung der Reputation durch Datenmanipulation und Datendiebstahl und öffentliche Zurschaustellung des/der Geschädigten im Internet
Erweiterung der Vertriebskanäle durch Multi-, Cross- und Omni-Channel. Größeres Produktangebot durch virtuelle Regalflächen (virtuelle Regalverlängerung)	Mangelndes Bewusstsein und Kenntnis (datenschutz)rechtlicher Vorgaben. Abmahnungen, Bußgelder und Haftung bei Verstößen
Kostenvorteile für Internet Pure Player durch den Verzicht des Aufbaus eines personalkostenintensiven Filialnetzes	Kostennachteile durch hohe Retourenquoten. Hohe Pflege- und Betriebskosten für den Onlineshop und Integration in die IT-Infrastruktur
Direktgeschäft über die Konfiguration individueller Produkte mit Mass Customization	Anonymität/verfälschte Kundenidentitäten: Betrugsdelikte (vor allem beim Zahlungsvorgang)
Kostenvorteile durch die Automatisierung/ Digitalisierung von Handelsfunktionen	Intensiver Preiswettbewerb durch globale Vergleichs- und Bestellmöglichkeiten der Konsumenten
Data-Mining: Erstellung von Kundenprofilen. Individuelle Kundenbetreuung mit personalisierten Angeboten und Services	Hohe Wettbewerbsintensität: schnelle Nachahmung erfolgreicher Geschäftskonzepte (Copycats)

Artikels. Die Erstellung von Kundenprofilen und die personalisierte Ansprache ermöglicht individuell maßgeschneiderte Angebote und Services. Mit der Auswertung der Besucher- und Nutzerdaten des Onlineshops lässt sich eine detaillierte Markt- und Zielgruppensegmentierung herleiten. In der industriellen Fertigung bieten die Möglichkeiten der **Mass Customization** (siehe Abschn. 5.3.1) Herstellern einen lukrativen Direktabsatz bei kaufkräftigen Zielgruppen, die für individualisierte Produkte eine hohe Zahlungsbereitschaft mitbringen.

Ein bedrohliches Risiko des Online-Handels ist die mittlerweile hochprofessionell organisierte Internetkriminalität (**Cyberkriminalität**). Sie nimmt immer mehr zu und trifft Online-Händler aller Branchen und Größen. **Denial-of-Service**-Attacken bombardieren Onlineshops mit einem hohen Verkehrsaufkommen und führen unter der hohen Datenlast zum Ausfall der Internetserver. Der Onlineshop ist nicht mehr erreichbar, was je nach Dauer der Ausfallzeit hohe Umsatzverluste zur Folge haben kann. Mit

Ransomware werden Onlineshops angegriffen und in ihrer Funktion und ihren IT-Systemen über Verschlüsselungstrojaner blockiert. Für die Freigabe von Daten und Systemen wird in der Regel ein Lösegeld **(Ransom)** erpresst. Manche Lösegeldforderungen werden erfüllt, um die Funktionsfähigkeit der angegriffenen Systeme schnellstmöglich wieder zu gewährleisten. Neben Datenmanipulation und Datendiebstahl sind es auch **Betrugsdelikte** beim Bezahlvorgang durch **Scheinidentitäten,** die den Online-Händlern, aber auch den geschädigten Verbrauchern finanziellen Schaden zufügen. Nach **Pishing**-Attacken (Datenabfragen über gefälschte Websites und Fake-Mails) und das Einschleusen von **Backdoor-Trojanern** (Malware, die einen Fernzugriff auf einen Rechner erlaubt) werden Warenbestellungen unter dem Namen einer rechtmäßigen Person durchgeführt, deren Identität sich Betrüger über die Beschaffung seiner Ausweis-, Konto- und Kreditkartendaten als **Identitätsdiebstahl** (Identity Theft) angeeignet haben.

► **Malware** Malware (Schadprogramme, Schadsoftware) wird als Oberbegriff für Viren, Würmer, Spyware, Ransomware, Trojaner und Botnets verwendet. Malware wird auf Rechnern infiltriert, um schädliche Funktionen auszuführen und dem Anwender finanziellen Schaden zuzufügen.

Captchas als Challenge-Response-Authentifizierung und die mittlerweile auch rechtlich bindende **Zwei-Faktor-Authentifizierung** (siehe Abschn. 9.6.2) sind Maßnahmen zur Identitätsprüfung. Der Schutz personenbezogener Daten erfordert permanente Investitionen in die **IT-Security** und eine intensive Auseinandersetzung mit der rechtskonformen Umsetzung des Datenschutzes und anderer Rechtsvorschriften. Bei Missachtung oder Verletzung rechtlicher Vorgaben drohen Bußgelder und Schadenersatzansprüche. Kleinste Formfehler auf Websites und in Onlineshops werden von Vereinen oder Interessenverbänden abgemahnt (Neuhaus, 2018; Gerth, 2018). Die Veröffentlichung exfiltrierter Kundendaten durch Hacker offenbaren mangelnde Schutzmaßnahmen des Online-Händlers. Dies schädigt seine Reputation und führt zu einem Vertrauensverlust bei seinen Kunden. Die **Preistransparenz** und einfache Vergleichbarkeit der Angebote und Anbieter führt zu einem intensiveren Wettbewerb als in anderen Vertriebskanälen. Die **Markteintrittsbarrieren** in den Online-Handel sind für Wettbewerber gering und die Profilierung des eigenen Leistungsangebotes ist häufig nur von kurzfristiger Alleinstellung, da erfolgreiche Geschäftskonzepte und innovative Services schnell Nachahmer finden, die mit einer Kopie **(Copycat)** eine direkte Wettbewerbskonfrontation suchen (siehe dazu Abschn. 6.3.2).

1.7.2   Vorteile und Nachteile aus Konsumentenperspektive

Tab. 1.3 visualisiert im Überblick Vorteile und Nachteile aus Konsumentensicht, wobei sich einige Aspekte mit denen der Unternehmensperspektive überschneiden. Vorteile und Risiken werden von Konsument zu Konsument unterschiedlich wahrgenommen und sind abhängig von einer subjektiven **Risikowahrnehmung** und den bereits gewonnen

Tab. 1.3 Vorteile und Nachteile des E-Commerce aus Konsumentenperspektive. (Adaptiert nach Deges, 2020, S. 33; mit freundlicher Genehmigung von © Springer Fachmedien Wiesbaden GmbH 2020. All Rights Reserved)

Vorteile aus Konsumentensicht	Nachteile aus Konsumentensicht
24/7 orts- und zeitunabhängige Erreichbarkeit (Ubiquität): Einkauf rund um die Uhr an sieben Tagen die Woche, auch an Sonn- und Feiertagen	Fehlende Haptik bei der Produktbegutachtung im Onlineshop. Keine Vorabprüfung der Qualität und Funktionalität eines Produktes
Hohe Angebots- und Produktvielfalt durch globale Bestellmöglichkeiten	Kognitive Überforderung durch Angebots- und Produktvielfalt (Information Overflow)
Convenience und Zeitersparnis: bequemer Einkauf von zu Hause aus oder unterwegs mit mobilen Endgeräten	Sorg- und Arglosigkeit im Umgang mit illegalen Angeboten (Filesharing). Unerlaubtes Kopieren und Vervielfältigen. Missachtung des Urheberrechtes
Hohe Preistransparenz durch Preissuchmaschinen und Vergleichsportale	Ärger über mangelhaft erfüllte Leistungszusagen (nicht eingehaltene Liefertage und Zeitfenster)
Mindestens 14-tägiges Rückgaberecht ohne zwingende Notwendigkeit der Begründung	Übernahme der Retourenrücksendekosten (abhängig vom Anbieter)
Personalisierte Angebote. Produkt- und Leistungsindividualisierung durch Mass Customization	Gutgläubigkeit durch unterlassene Prüfung der Seriosität des Anbieters. Betrugsdelikte: gefälschte Websites (Fake-Shops)
Reduzierung kognitiver Dissonanzen durch Bewertungsportale, Rezensionen, Foren und Blogs	Mangelnde Sensibilität Datenschutz. Unzureichende Kenntnis und Durchsetzung von Verbraucherrechten

Erfahrungen im Umgang mit dem Internet und dem Online-Handel (Kollmann, 2013, S. 89).

E-Commerce steht aus Konsumentenperspektive durch den jederzeitigen und von jedem beliebigen Ort möglichen Produktkauf vor allem für Convenience und Zeitersparnis (Ehrlich, 2011, S. 37). Das Internet ist in seiner Allgegenwärtigkeit (**Ubiquität**) ohne zeitliche und örtliche Restriktionen mit jedem internetkonnektierten mobilen oder stationären Device verfügbar (Laudon et al., 2010, S. 578). **Convenience** kennzeichnet die vom Kunden wahrgenommene Vermeidung von Transaktionskosten, die durch physische, kognitive und emotionale Mühe beim Einkauf in einer stationären Filiale entstehen (Reith, 2007, S. 30 und 44 ff.). Eine **Zeitersparnis** drückt sich durch die Vermeidung eines Filialbesuches (Wegstrecke, Parkplatzsuche, Produktsuche, Warenkorbbefüllung, Gedränge, Wartezeit an der Kasse, eigenorganisierter Transport des Einkaufs nach Hause) in der Gewinnung von zeitlicher Flexibilität aus (vgl. Anesbury et al., 2016, S. 263 f.). In der Abwägung einer conveniencebasierten **Transaktionskostenersparnis** sind Konsumenten auch bereit, einen höheren Gesamtpreis des Einkaufs mit der eventuellen Gebührenübernahme einer kostenpflichtigen Belieferung zu akzeptieren. Gerade für die mobilaffinen Verbraucher eröffnet sich durch **Mobile Commerce** auch die bequeme Möglichkeit der ortsungebundenen Recherche und des spontanen Einkaufs von unterwegs. **Preissuchma-schinen** und **Vergleichsportale** ermöglichen einen schnellen Überblick über Anbieter und deren Preis- und Leistungsverhältnis. Die Wahrnehmung eines grundsätzlich nied-rigeren Preisniveaus im E-Commerce bestätigt sich aber erst durch die aktive Suche und dem tatsächlichen Auffinden von preisgünstigen Angeboten, denn der Online-Handel muss nicht per se niedrigere Preise als andere Vertriebskanäle ausweisen (Ehrlich, 2011, S. 39). Der **Preisvergleich** muss mögliche Nebenkosten einbeziehen. Eventuell vom Besteller zu tragende Versand- und Rückversandkosten werden bei Preisvergleichspor-talen nicht ausgewiesen und tragen bei geringpreisigen Produkten einen bedeutenden Teil des Gesamtpreises (Ehrlich, 2011, S. 39). Konsumenten müssen ihre Kaufentscheidun-gen oft unter **Unsicherheit** treffen, da sie keine vollständigen Informationen über alle kaufrelevanten Entscheidungsparameter haben (Homburg, 2020, S. 60). Nach dem infor-mationsökonomischen Ansatz entsteht Unsicherheit durch eine **Informationsasymmetrie** (Informationsungleichgewicht) in der **Austauschbeziehung** zwischen Leistungsgeber und Leistungsempfänger (vgl. Akerlof, 1970, S. 488 ff.).

▶ **Informationsasymmetrie** Eine Informationsasymmetrie als ungleicher Informations-stand von zwei Parteien in einer Vertragsverhandlung ist dadurch gekennzeichnet, dass die relative Verhandlungsstärke der einen Partei mit relevanteren Informationen über den Ver-tragsgegenstand der Verhandlungsposition der anderen Partei überlegen ist (vgl. Laudon et al., 2010, S. 583).

Konsumenten sind bestrebt, Informationsasymmetrien so weit wie möglich zu verrin-gern, um dadurch ihre subjektive Unsicherheit zu reduzieren und die wahrgenommenen **Kaufrisiken** zu minimieren (vgl. Homburg, 2020, S. 61). Die Verringerung der Informa-tionsasymmetrie betrifft vor allem die **Preisrecherche** und den Preisvergleich zwischen mehreren Anbietern. Die Transparenz über das allgemeine Preisgefüge in einer bestimm-ten Produktkategorie stärkt die Position des Nachfragers gegenüber dem Anbieter. Im Bewusstsein der gestiegenen **Preistransparenz** wird es einem Anbieter kaum möglich sein, bei vergleichbaren Standardprodukten wesentlich höhere Preise als der Wettbewerb im Markt durchzusetzen. Im Online-Handel ist daher im Allgemeinen eine Verschie-bung der **Machtverhältnisse** zugunsten des Nachfragers zu konstatieren (Laudon et al., 2010, S. 588). Ein Preis- und Anbietervergleich im Internet kann aber trotz des Vorteils der hohen **Markttransparenz** zu konsumentenseitig hohen Transaktionskosten führen, insbesondere dann, wenn beispielsweise durch eine Vielzahl an Buchungsportalen der Recherche- und Vergleichsaufwand für die Reiseplanung immens ist. Die sekundenschnel-len dynamischen Preisanpassungen (siehe dazu Abschn. 6.2.2.4) erschweren zudem die Auswahl, sodass sich am Ende doch die Beratung im Reisebüro als Alternative anbieten kann.

Im E-Commerce besteht ein höheres Risiko des **Fehlkaufs** als im Facheinzelhandel, da die Qualität und die Funktionalität eines Produktes erst nach dessen Zustellung geprüft werden kann (Ehrlich, 2011, S. 37). Produkte können im Onlineshop nicht multisensorisch wahrgenommen werden. Die fehlende Haptik führt zu Fehleinschätzungen der Passform, der Qualität und des Tragekomforts bei Mode und Bekleidung. Die **Unsicherheit** bei der Variantenwahl führt beinahe zwangsläufig zu **Auswahlbestellungen** und in der Folge zu einem zeitlichen Aufwand für die Rücksendung der nicht passenden Artikel (Deges, 2017, S. 11 f.). Das vom Konsumenten wahrgenommene Risiko ist auch durch **Sicherheitsbedenken** beim Zahlungsvorgang und beim generellen Umgang mit persönlichen Daten gekennzeichnet (Schneider, 2019, S. 100).

Privacy Paradox

Als Privacy Paradox (Barnes, 2006) wird die Widersprüchlichkeit zwischen der Sorge um den Schutz der Privatsphäre und dem eigenen Verhalten bei der Preisgabe persönlicher Daten bezeichnet. Internetnutzer offenbaren freiwillig mehr persönliche Informationen als die durch den Datenschutz vorgegebenen Pflichtinformationen, um Dienste wie Social Media oder den Online-Handel besser nutzen zu können. Die Vorteile einer umfassenden und detaillierten Datenpreisgabe werden höher gewichtet als die Gefährdung der Privatsphäre (Engels & Grunewald, 2017).◄

Dem Vorteil des stationären Handels mit der sofortigen Warenverfügbarkeit im Regal steht im E-Commerce, außer beim Download von digitalen Produkten, die zeitliche **Distanz** zwischen Bestellung und Lieferung physischer Ware entgegen. Die Angebots- und Produktvielfalt durch globale Warenverfügbarkeit ist ein Vorteil für diejenigen, die eine größere Auswahl schätzen, ein Nachteil für diejenigen, die durch die immensen Wahlmöglichkeiten in ihrer Kaufentscheidung überfordert sind (siehe dazu Information Overflow und Consumer Confusion in Abschn. 4.6).

Lernkontrolle

1. Grenzen Sie die Begriffe E-Business, E-Commerce und Mobile Commerce voneinander ab.
2. Welcher Betriebsform ist der E-Commerce als elektronischer Handel zuzuordnen?
3. Welche Funktionen erfüllen Inkubatoren und Acceleratoren für Internet Start-ups?
4. Welche Angaben darf der Online-Händler nach dem DSGVO-Grundsatz der Zweckbindung zur Verarbeitung personenbezogener Daten bei einer Online-Bestellung erfragen?
5. Sind die Versand- und Rückversandkosten im E-Commerce grundsätzlich vom Online-Händler zu tragen?

Literatur

Akerlof, G. A. (1970). The market for lemons: Quality uncertainty and the market mechanism. *Quarterly Journal of Economics, 3*, 488–500.

Amazon. (2022). *Amazon.de Allgemeine Geschäftsbedingungen.* https://www.amazon.de/gp/help/customer/display.html?nodeId=GLSBYFE9MGKKQXXM. Zugegriffen: 2. April 2023.

Anesbury, Z., Nenycz-Thiel, M., Dawes, J., & Kennedy, R. (2016). How do shoppers behave online? An observational study of online grocery shopping. *Journal of Consumer Behaviour, 3*, 261–270.

ARD/ZDF-Onlinestudie. (2022). *57 Millionen Menschen sind täglich im Internet.* https://www.tagesschau.de/inland/ard-zdf-onlinestudie-103.html. Zugegriffen: 22. Febr. 2023.

Asdecker, B. (2014). *Retourenmanagement im Versandhandel.* University of Bamberg Press.

Barnes, S.B. (2006). *A privacy paradox: Social networking in the United States.* Zugegriffen: 8. April 2023.

Barth, K., Hartmann, M., & Schröder, H. (2015). *Betriebswirtschaftslehre des Handels.* Springer Gabler.

bevh. (2023a). *Pressemeldungen: 26.01.2023a. Umsätze im E-Commerce mit Waren und Dienstleistungen erneut über 100 Milliarden Euro.* https://bevh.org/detail/umsaetze-im-e-commerce-mit-waren-und-dienstleistungen-erneut-ueber-100-milliarden-euro. Zugegriffen: 5. April 2023.

bevh. (2023b). *Pressekonferenz. Konsolidierung und neue Realität im E-Commerce.* https://bevh.org/fileadmin/content/05_presse/Pressemitteilungen_2023/260123_PK23.pdf. Zugegriffen: 6. April 2023.

BGH. (2001). *Urteil 1 ZR 138/99.* http://juris.bundesgerichtshof.de/cgi-bin/rechtsprechung/document.py?Gericht=bgh&Art=en&nr=23718&pos=0&anz=1. Zugegriffen: 18. Febr. 2019.

BMDV. (2022). *Bundesministerium für Digitales und Verkehr. Gigabitstrategie der Bundesregierung verabschiedet.* https://bmdv.bund.de/SharedDocs/DE/Pressemitteilungen/2022/050-wissing-gigabitstrategie-der-bundesregierung-verabschiedet.html. Zugegriffen: 27. März 2023.

BMZ. (2023). *Bundesministerium für wirtschaftliche Zusammenarbeit und Entwicklung. Das Lieferkettengesetz.* https://www.bmz.de/de/themen/lieferkettengesetz. Zugegriffen: 6. April 2023.

Borchers, D. (2010). *Zehn Jahre Dotcom-Bust: Als die Blase platzte.* https://www.heise.de/newsticker/meldung/Zehn-Jahre-Dotcom-Bust-Als-die-Blase-platzte-951796.html. Zugegriffen: 16. Febr. 2019.

Buddecke, J.C. (2020). *Es knistert auf dem Teller.* https://lounge.concerti.de/die-renaissance-der-schallplatte/. Zugegriffen: 23. März 2023.

BVMI. (2022). *Vinyl wächst weiter und geniesst grosse Sympathie.* https://www.musikindustrie.de/presse/presseinformationen/vinyl-waechst-weiter-und-geniesst-grosse-sympathie. Zugegriffen: 23. März 2023.

BVMI. (2023). *Marktdaten 2022. Umsätze der Musikindustrie in Deutschland überspringen erstmals wieder die 2-Milliarden-Euro-Marke.* https://www.musikindustrie.de/presse/presseinformationen/bvmi-marktdaten-2022. Zugegriffen: 23. März 2023.

Christensen, C. M. (1997). *The innovator's dilemma.* Harvard Business School Press.

Christensen, C. M., & Overdorf, M. (2000). Meeting the challenge of disruptive change. *Harvard Business Review, 2*, 66–76.

Christensen, C. M. (2016). *The innovator's dilemma: When new technologies cause great firms to fail.* Harvard Business Review Press.

Conradi, M. (2018). *Amazons unwürdiges Spektakel.* https://www.sueddeutsche.de/wirtschaft/amazon-standortsuche-usa-1.4212662. Zugegriffen: 20. Febr. 2019.

Deges, F. (2017). *Retourenmanagement im Online-Handel. Kundenverhalten beeinflussen und Kosten senken.* Springer Gabler.

Deges, F. (2020). *Grundlagen des E-Commerce. Strategien, Modelle, Instrumente.* Springer Gabler.

Deges, F., & Speckmann, A.-S. (2020). *Lieferservice im Online-Lebensmittelhandel: Analyse des Spannungsfeldes zwischen den Erwartungen der Konsumenten und den Leistungsversprechen der Anbieter.* EUFH-Europäische Fachhochschule.

Destatis. (2022). *Jeder 20. Mensch im Alter von 16 bis 74 Jahren in Deutschland ist offline.* https://www.destatis.de/DE/Presse/Pressemitteilungen/Zahl-der-Woche/2022/PD22_14_p002.html. Zugegriffen: 21. Febr. 2023.

Destatis. (2023). *Internetnutzung von Personen nach Altersgruppen in %.* https://www.destatis.de/DE/Themen/Gesellschaft-Umwelt/Einkommen-Konsum-Lebensbedingungen/_Grafik/_Interaktiv/it-nutzung-alter.html. Zugegriffen: 22. Febr. 2023.

Deuringer, C. (2000). *Organisation und change management.* Gabler.

Digital 2022 Global Overview Report. (2022). *Digital 2022 Global Overview Report.* https://wearesocial.com/cn/wp-content/uploads/sites/8/2022/01/DataReportal-GDR002-20220126-Digital-2022-Global-Overview-Report-Essentials-v02.pdf. Zugegriffen: 22. Febr. 2023.

Dowling, M., & Hüsig, S. (2004). Die Theorie der „Disruptive Technology". *WISU, 8–9,* 1042–1046.

DSGVO (2023). *Datenschutz-Grundverordnung.* https://dsgvo-gesetz.de Zugegriffen: 21. März 2023.

EHI. (2022). *E-Commerce 2021: Zeit des Wachstums.* https://www.ehi.org/presse/e-commerce-2021-zeit-des-wachstums/. Zugegriffen: 6. April 2023.

Ehrlich, O. (2011). *Determinanten der Kanalwahl im Multichannel-Kontext.* Gabler.

Engels, B., & Grunewald, M. (2017). *Das Privacy Paradox: Digitalisierung versus Privatsphäre.* https://www.iwkoeln.de/studien/barbara-engels-mara-grunewald-digitalisierung-versus-privatsphaere-356747.html. Zugegriffen: 8. April 2023.

EU Kommission. (2023a). *Das Paket des Digital Services Act.* https://digital-strategy.ec.europa.eu/de/policies/digital-services-act-package. Zugegriffen: 15. April 2023a.

EU Kommission. (2023b). *Der Digital Markets Act: Gewährleistung fairer und offener digitaler Märkte.* https://commission.europa.eu/strategy-and-policy/priorities-2019-2024/europe-fit-digital-age/digital-markets-act-ensuring-fair-and-open-digital-markets_en. Zugegriffen: 15. April 2023b.

Fasching, T. (2018). *5 Thesen zum Handel der Zukunft.* https://www.internetworld.de/e-commerce/online-handel/5-thesen-handel-zukunft-1619510.html. Zugegriffen: 20. Febr. 2019.

Fritsch, M. (2019). *Entrepreneurship.* Springer Gabler.

Fritz, W. (2004). *Internet-Marketing und Electronic Commerce.* Gabler.

Gans, J. (2016). *The disruption dilemma.* The MIT Press.

Gehrckens, H. M. (2019). Das Transformationsdilemma im Einzelhandel. In G. Heinemann, H. M. Gehrckens, & T. Täuber (Hrsg.), *Handel mit Mehrwert* (S. 43–70). Springer Gabler.

Gersch, M., & Goeke, C. (2004). Entwicklungsstufen des E-Business. *WISU, 12,* 1529–1534.

Gerth, S. (2018). *Vorsicht Abmahnfalle: Diese Experten-Tipps müssen Händler beachten.* https://etailment.de/news/stories/abmahnung-experten-tipps-21431. Zugegriffen: 19. März 2019.

HDE. (2023). *Jahrespressekonferenz Handelsverband Deutschland.* Berlin 31. Januar 2023. https://einzelhandel.de/images/presse/Pressekonferenz/2023/HDE-Pressekonferenz-Charts.pdf. Zugegriffen: 5. April 2023.

HDE-IFH. (2022). *Online-Monitor 2022.* https://einzelhandel.de/index.php?option=com_attachments&task=download&id=10659. Zugegriffen: 5. April 2023.

Heinemann, G. (2018). *Der neue Online-Handel.* Springer Gabler.

Heinemann, G. (2019). Zukunft des Handels und Handel der Zukunft – treibende Kräfte, relevante Erfolgsfaktoren und Game Changer. In G. Heinemann, H. M. Gehrckens, & T. Täuber (Hrsg.), *Handel mit Mehrwert* (S. 3–41). Springer Gabler.

Henderson, R. M., & Clark, K. B. (1990). Architectural innovation: The reconfiguration of existing product technologies and the failure of established firms. *Administrative Science Quarterly, 1*, 9–30.

Hintermeier, H. (2019). *Fusion im Buchhandel. Alle Kanäle führen nach Hagen und Aachen*. https://www.faz.net/aktuell/feuilleton/buecher/themen/die-buchhaendler-thalia-und-mayersche-fusionieren-15982215.html. Zugegriffen: 1. März 2019.

Homburg, C. (2020). *Marketingmanagement*. Springer Gabler.

Hutzschenreuter, T. (2000). *Electronic Competition*. Gabler.

Illik, J. A. (1999). Electronic Commerce. Oldenbourg.

Kavadias, S., Ladas, K., & Loch, C. (2017). Das transformative Geschäftsmodell. *Harvard Business Manager, 4*, 72–81.

Kirchgeorg, M., & Beyer, C. (2016). Herausforderungen der digitalen Transformation für die marktorientierte Unternehmensführung. In G. Heinemann, H. M. Gehrckens, & U. J. Wolters (Hrsg.), *Digitale Transformation oder digitale Disruption im Handel* (S. 399–422). Springer Gabler.

Kitzmann, A. (2009). *Massenpsychologie und Börse*. Gabler.

Koenen, J. (2012). *Zukunft des Einkaufens: Der digitale Kaufrausch*. https://www.handelsblatt.com/unternehmen/handel-konsumgueter/zukunft-des-einkaufens-der-digitale-kaufrausch/6985330.html. Zugegriffen: 16. Febr. 2019.

Kollmann, T. (2009). *E-Business*. Gabler.

Kollmann, T. (2013). *Online-Marketing*. Kohlhammer.

Kollmann, T. (2016). *E-Entrepreneurship*. Springer Gabler.

Kolosowa, G., Gamillschscheg, M., & Krüger, L. (2018). *Fuckup-Nights. „An diesem Abend leerte ich eine ganze Flasche Wodka"*. https://www.zeit.de/arbeit/2018-08/fuckup-nights-scheitern-arbeit-beruf. Zugegriffen: 16. Febr. 2019.

Kort, K., & Postinett, A. (2019). *Absage des Milliardenprojekts. Amazon scheitert an New York*. https://www.handelsblatt.com/unternehmen/handel-konsumgueter/absage-des-milliardenprojekts-amazon-scheitert-an-new-york/23989136.html. Zugegriffen: 16. Febr. 2019.

Kreutzer, R. (2018). *Praxisorientiertes Online-Marketing*. Springer Gabler.

Laudon, K. C., Laudon, J. P., & Schoder, D. (2010). *Wirtschaftsinformatik. Eine Einführung*. Pearson.

Lieberman, M., & Montgomery, D. (1988). First-mover advantages. *Strategic Management Journal, 9* (Special Issue): Strategy Content Research, 41–58.

Linde, F. (2008). Pricing-Strategien bei Informationsgütern. *WISU, 2*, 208–214.

Locher, C. (2020). Digitale Transformation. In L. Fend & J. Hofmann (Hrsg.), *Digitalisierung in Industrie-, Handels- und Dienstleistungsunternehmen* (S. 185–204). Springer Gabler.

Maaß, C., & Pietsch, G. (2009). Internetökonomie. *WISU, 3*, 333–338.

Manns, P. (2020). Wege aus der Enge – Logistik in den Innenstädten. In P. H. Voß (Hrsg.), *Logistik – die unterschätzte Zukunftsindustrie* (S. 123–139). Springer Gabler.

Marketplace Pulse. (2023). *U.S. E-Commerce Sales 1999–2022*. https://www.marketplacepulse.com/stats/us-e-commerce-sales. Zugegriffen: 22. Febr. 2023.

McLuhan, M. (1962). *The Gutenberg Galaxy*. University of Toronto Press.

McLuhan, M., & Powers, B. R. (1992). *The global village*. Oxford University Press.

Meffert, H., Burmann, C., & Kirchgeorg, M. (2015). *Marketing*. Springer Gabler.

Merz, M. (2002). *E-Commerce und E-Business*. dpunkt.

Müller-Hagedorn, L., Toporowski, W., & Zielke, S. (2012). *Der Handel*. Kohlhammer.

Neuhaus, E. (2018). *Wie fragwürdige Abmahnungen das Ende von DaWanda befeuerten*. https://www.gruenderszene.de/business/abmahnungen-dawanda-aus?interstitial. Zugegriffen: 10. März 2019.

Nguyen, D. H., De Leeuw, S., & Dullaert, W. E. H. (2018). What is the right delivery option for you? Consumer behaviour and order fulfilment in online retailing: A systematic review. *International Journal of Management Reviews, 2,* 255–276.

Olbrich, R., Schultz, C., & Holsing, C. (2015). *Electronic Commerce und Online-Marketing. Ein einführendes Lehr- und Übungsbuch.* Springer Gabler.

Opuchlik, A. (2005). *E-Commerce-Strategie.* Books on Demand.

Otto, P. (2007). *Domain-Recht: Ausnahme vom Prioritätsprinzip bei gleichnamigen Personen.* https://www.e-recht24.de/news/domainrecht/675.html. Zugegriffen: 14. April 2019.

Picot, A. (1982). Transaktionskostenansatz in der Organisationstheorie: Stand der Diskussion und Aussagewert. *Die Betriebswirtschaft, 2,* 267–284.

Picot, A. (1986). Transaktionskosten im Handel. Betriebs-Berater (27). *Beilage 13,* 2–16.

Redaktionsteam Personalwissen. (2021). *Die ePrivacy Verordnung zum digitalen Datenschutz – Chancen und Risiken für Unternehmen und Verbraucher.* https://www.personalwissen.de/arbeitsrecht/datenschutz/die-eprivacy-verordnung-zum-digitalen-datenschutz-chancen-und-risiken-fuer-unternehmen-und-verbraucher/. Zugegriffen: 21. März 2023.

Reimann, E. (2020). *Plötzlich beliebt: Corona beflügelt Lebensmittel-Lieferdienste.* https://www.absatzwirtschaft.de/ploetzlich-beliebt-corona-befluegelt-lebensmittel-lieferdienste-171226/. Zugegriffen: 26. Juli 2020.

Reith, C. (2007). *Convenience im Handel.* Lang.

Riehm, U. (2004). *E-Commerce. Begriff, Geschichte, aktueller Stand und Ausblick.* http://www.itas.kit.edu/pub/v/2004/rieh04b.pdf. Zugegriffen: 20. Febr 2019.

Schneider, A. (2019). *Showrooming im stationären Einzelhandel.* Springer Gabler.

Schröder, H. (2012). *Handelsmarketing.* Springer.

Schumpeter, J. A. (2020). *Kapitalismus, Sozialismus und Demokratie.* UTB.

Sutter, A. (2021). Datenschutz: Was sich zum 01.12.2021 ändert. https://www.versicherungsbote.de/id/4904029/Datenschutz-Was-sich-zum-01122021-andert/. Zugegriffen: 22. März 2023.

Volkmann, C., & Tokarski, K. (2006). *Entrepreneurship.* Lucius & Lucius.

Walsh, G., & Möhring, M. (2015). Wider den Retourenwahnsinn. *Harvard Business Manager, 3,* 6–10.

Wamser, C. (2001). *Strategisches Electronic Commerce.* Vahlen.

Weiber, R. (2000). Herausforderung Electronic Business: Mit dem Informations-Dreisprung zu Wettbewerbsvorteilen auf den Märkten der Zukunft. In R. Weiber (Hrsg.), *Handbuch Electronic Business* (S. 1–35). Gabler.

Westerkamp, C. (2020). Datenschutz gemäß DSGVO im datengetriebenen Marketing – ein Überblick. In S. Boßow-Thies, C. Hofmann-Stölting, & H. Jochims (Hrsg.), *Data-driven Marketing* (S. 237–256). Springer Gabler.

Wirtz, B. W. (2001). *Electronic Business.* Gabler.

Wirtz, B. W. (2013). *Medien- und Internetmanagement.* Springer Gabler.

Zalando. (2022). *Zalando. The starting point for fashion. Investor factbook.* November 2022. https://corporate.zalando.com/sites/default/files/media-download/Zalando%20SE%20Investor%20Factbook%20November%202022_0.pdf. Zugegriffen: 5. April 2023.

Zerdick et al. (2001). *Die Internet-Ökonomie. Strategien für die digitale Wirtschaft.* Springer.

Marktformen und Marktakteure im E-Commerce

2

Lernziele

Dieses Kapitel thematisiert die Marktmechanismen, Marktformen und Marktbeziehungen im Online-Handel und vermittelt ein fundiertes Basiswissen über:

- Die Klassifizierung der Marktformen nach ihren Anbieter-Nachfrager-Transaktionsbeziehungen
- Die Charakteristika des Direktgeschäfts über eigenbetriebene Onlineshops
- Die Merkmale von Online-Marktplätzen als Plattformökonomien und die Bedeutung der Reputationssysteme als Selbstregulierungsmechanismus
- Die Kategorisierung von Online-Marktplätzen nach verschiedenen Formen und Betreibermodellen
- Die Gründung, den Aufbau und die Finanzierung von Internet Start-ups
- Die Einsatzmöglichkeiten von Cloud Computing und die Potenziale von Big Data und Künstlicher Intelligenz für die Ausgestaltung des E-Commerce IT-Managements

2.1 Marktformen der Anbieter-Nachfrager-Interaktion

Eine Kategorisierung der Marktformen des E-Commerce gliedert die Transaktionsbeziehungen zwischen den Marktpartnern auf der Angebots- und Nachfrageseite in vier Basismodelle, die in den nun folgenden Abschnitten in ihren Charakteristika und Ausprägungsformen beschrieben sind.

© Springer Fachmedien Wiesbaden GmbH, ein Teil von Springer Nature 2023
F. Deges, *Grundlagen des E-Commerce*,
https://doi.org/10.1007/978-3-658-41357-6_2

2.1.1   B2C-E-Commerce

Der Begriff B2C (**Business-to-Consumer**) steht für Kommunikations- und Transaktionsbeziehungen zwischen Unternehmen und Konsumenten (Wamser, 2001, S. 45; Merz,
2002, S. 22 ff.). Produkte und Dienstleistungen werden über Onlineshops, Online-
Marktplätze oder Social-Media-Plattformen direkt an Endverbraucher vertrieben. Internet
Pure Player betreiben E-Commerce in einem rein onlinebasierten Geschäftsmodell, Hersteller und Händler bieten den Onlinevertrieb ihrer Produkte neben ihren Hauptabsatzwe-
gen als ergänzenden Vertriebskanal. Ein Online-Händler kann mit nur einem Onlineshop
(**Singleshop-Strategie**) eine zentrale Adresse für das gesamte Produkt- und Leistungsprogramm anbieten. Mit einer **Multishop-Strategie** werden mehrere Onlineshops aufgesetzt,
indem beispielsweise für jede Marke ein eigener **Markenshop** geführt wird. Im Rahmen einer Internationalisierung kann für jedes Land ein länderspezifischer Onlineshop
(**Ländershop**) eingerichtet werden. Eine „digitale Filialisierung" mit dem Parallelbetrieb
mehrerer Onlineshops erhöht zwar den Koordinations- und Administrationsaufwand, führt
aber zu einer zielgruppenspezifischeren Adressierung des Produkt-Leistungs-Programms.

2.1.2   B2B-E-Commerce

B2B (**Business-to-Business**) kennzeichnet Leistungsbeziehungen und Geschäftsaktivitäten zwischen Herstellern, gewerblichen Verwendern, Weiterverarbeitern oder Zwischen-
händlern in einer mehrstufigen Wertschöpfungs- und Distributionskette (Wamser, 2001,
S. 42 f.; Kollmann, 2009, S. 40). Unternehmen können im B2B die Rolle des Anbieters
(**Sell-Side Commerce**) oder Nachfragers (**Buy-Side Commerce**) einnehmen (Opuchlik,
2005, S. 31). B2B-E-Commerce wird über einen eigenen Onlineshop, auf B2B-Online-
Marktplätzen oder über eine elektronische Beschaffungsplattform (E-Procurement) betrieben. Da Endverbraucher grundsätzlich am B2B nicht teilnehmen können, erfolgt der
B2B-E-Commerce über geschlossene Anwendungen. Die Marktpartner müssen sich
registrieren und vom Anbieter bzw. Betreiber autorisiert und freigeschaltet werden.
B2B-Marktplätze werden vertikal oder horizontal betrieben. Horizontale Marktplätze
bieten ihre Waren und Dienstleistungen unterschiedlichen Branchen an, während vertikale Marktplätze Transaktionsbeziehungen innerhalb einer Branche abbilden (Kollmann,
2009, S. 394 ff.; Thommen & Achleitner, 2012, S. 92).

B2B-Online-Marktplätze

Das 1999 gegründete Unternehmen Mercateo (https://www.mercateo.com) betreibt
im Internet einen B2B-Online-Marktplatz für gewerbliche Kunden. Das Sortiment
umfasst ca. 24 Mio. Artikel von Bürobedarf, Lager- und Betriebsausstattungen
bis hin zu IT-Bedarf. Mercateo bündelt das Angebot von über 16.400 Herstellern

und bedient als reiner Vermittler ohne eigenes Lager Geschäftskunden, die Mercateo als Einkaufs- und Beschaffungsplattform nutzen (Website Unternehmensangaben
Stand April 2023). Das 1999 gegründete Unternehmen Maschinensucher (https://
www.maschinensucher.de) betreibt den weltweit führenden B2B-Online-Marktplatz für
Gebrauchtmaschinen. Anbieter von und Nachfrager nach Gebrauchtmaschinen werden
über die Plattform vermittelt. Nach den Website-Unternehmensangaben wird die Plattform von mehr als 10 Mio. monatlichen Besuchern aufgesucht. Über 8100 Anbieter
stellen ihre nicht mehr benötigten Maschinen zum Verkauf auf die Plattform (Website-
Unternehmensangaben Stand April 2023). Blinto (https://www.blinto.de) ist eine 2018
in Schweden gegründete B2B-Online-Auktionsplattform für gebrauchte Land- und
Baumaschinen, Nutzfahrzeuge und Werkzeuge mit 55.000 registrierten Bietern aus
ganz Europa (Website Unternehmensangaben Stand April 2023).◀

Als **E-Procurement**-Plattform (Business-Supplier-Plattform) kennzeichnet B2B die Vernetzung eines Herstellers mit seinen Zulieferern auf einer eigenbetriebenen Beschaffungsplattform. So wickelt beispielsweise die Volkswagen Group über ihre B2B-Konzern-
Business-Plattform ONE.KBP nahezu ihr gesamtes **Beschaffungsvolumen** über das Internet ab. Lieferanten müssen sich als Beschaffungspartner qualifizieren und für die Nutzung
der **Lieferantenplattform** freigeschaltet werden. Der beidseitige Nutzen für die Marktpartner ist immens. Die Beschaffungsprozesse werden transparenter, schneller, effizienter
und kostengünstiger, indem der Hersteller sein komplettes **Lieferantenmanagement** über
die Beschaffungsplattform koordiniert und steuert (Kollmann, 2016, S. 35). Ziel ist es
dabei, die Bearbeitungs- und Durchlaufzeiten zu optimieren und die Beschaffungskosten
durch eine zentrale Bedarfs- und Lieferantenbündelung zu reduzieren (Hepp & Schinzer, 2000, S. 1514). Die Einkäufer-Lieferanten-Kommunikation kann auf den digitalen
Austausch kanalisiert werden, dadurch werden Medienbrüche verringert und manuelle
Arbeitsschritte auf ein Minimum reduziert. **Workflows** mit Freigabe- und Genehmigungs-
prozeduren stehen für die Durchsetzung von konzernweit gültigen Beschaffungsrichtlinien
und sichern die Umsetzung von **Compliance**-Anforderungen. Beschaffungsvorgänge können mit einem Klick plattformweit ausgeschrieben werden. Bei Standardartikeln wie
C-Gütern kann den angebundenen Lieferanten ein Zugriff auf Kataloge regelmäßig benötigter Güter gewährt werden. Als **E-Tendering** (elektronische Ausschreibung) haben
klassische Ausschreibungsverfahren ein onlinebasiertes Pendant gefunden. Die Veröffentlichung von **Ausschreibungen** mit der Vielzahl dazugehöriger Unterlagen wie auch die
Abgabe von Angeboten mit Anlagen werden elektronisch organisiert. Der Vorteil ist neben
der Optimierung des sonst sehr papierlastigen Vorganges eine Senkung der Transaktionskosten für Ausschreiber und Leistungsanbieter. Neben Ausschreibungen können über ein
E-Procurement auch **B2B-Online-Auktionen** effizienter durchgeführt werden.

Digitale versus persönliche Kommunikation im B2B-Bereich

In B2B-Geschäftsbeziehungen ist der persönliche und direkte Kontakt zwischen Einkäufern und Lieferanten seit vielen Jahren manifestiert. Mittlerweile sind es zunehmend Millenials, die in Führungspositionen hineinwachsen und langjährig etablierte Kommunikationsregeln in Frage stellen. Je jünger die Kontraktpartner sind, desto onlineaffiner sind sie, was dazu führt, dass sich auch die B2B-Geschäftskommunikation sukzessive auf digitale Kommunikationskanäle verlagert und ein persönlich direkter Gesprächsbedarf auf Problemlösungen und Abstimmungen bei komplexeren Beschaffungsvorgängen kanalisiert ist.◄

2.1.3   C2C-E-Commerce

Der Kauf bzw. Verkauf von Produkten und Dienstleistungen zwischen Privatpersonen wird als C2C (**Consumer-to-Consumer**)-Interaktion bezeichnet. Endverbraucher können bei Kleinanzeigen (https://www.kalaydo.de) und Online-Auktionen (https://www.ebay.de) sowohl als Nachfrager, wie auch als Anbieter auftreten (Kollmann, 2013, S. 52). Dieses Verhältnis wird als **Peer-to-Peer** (P2P) bezeichnet, da Peers (gleichberechtigte Akteure) gegenseitig Ressourcen (Leistungen und Produkte) austauschen (Schoder & Fischbach, 2002, S. 101). Die Abwicklung von C2C-Transaktionen bedarf eines Marktplatzbetreibers, der die Plattform für das Zusammentreffen von Angebot und Nachfrage zur Verfügung stellt. Im Gegensatz zu den längerfristigen Geschäftsbeziehungen im B2B ist der Kauf oder Verkauf über eine C2C-Plattform meist eine einmalige Transaktion zwischen zwei Privatpersonen. Der internetbasierte Second-Hand-Handel (**Resale**) hat dazu geführt, dass Annoncenblätter für Privatanzeigen in der Konsequenz eingebrochener Nachfrage größtenteils die Printausgaben ihrer Magazine eingestellt und erfolgreich unter gleicher Firmierung **Online-Kleinanzeigenportale** betreiben. Durch den Trend zur Nachhaltigkeit mit der Verlängerung des Produktlebenszyklus von Produkten ist der Second-Hand-Markt für Mode und Bekleidung zunehmend im Fokus umwelt- und preisbewusster Konsumenten. Der Online-Marktplatz Vinted (https://www.vinted.de) firmierte ursprünglich unter dem Namen Kleiderkreisel und bietet Second-Hand-Mode, aber auch Accessoires, Heimtextilien und Dekoartikel zum Tauschen, Verkaufen oder zum Verschenken. Als reines C2C-Geschäftsmodell sind kommerzielle Anbieter von der Nutzung des Marktplatzes ausgeschlossen (Vinted, 2023). Mit der Grundidee des Teilens, Tauschens und wechselseitigen Nutzens von Gütern sind auch einige Geschäftsmodelle der **Sharing Economy** als C2C-Interaktion zu kennzeichnen (siehe dazu auch Abschn. 5.3.5), wobei beispielsweise das Carsharing sowohl privat untereinander organisiert als auch von kommerziellen Betreibern angeboten wird. Mit **Social Communitys** wird Nachbarschaftshilfe als P2P-Interaktion im gegenseitigen Austausch von Unterstützungsdiensten über eine Plattform

organisiert (https://www.koelschhaetz-im-veedel.de). Die Grenzen zwischen rein priva-
tem Leistungsaustausch und gewerblichem Angebot sind nicht immer trennscharf (Wirtz,
2001, S. 36), sowohl in der Sharing Economy wie auch in den Social Communitys findet
zunehmend eine Vermischung von C2C und B2C auf der gleichen Plattform statt.

2.1.4 C2B-E-Commerce

C2B (**Consumer-to-Business**) kennzeichnet das Angebot von Produkten und Dienstleistungen oder die Bereitstellung und Nachfrage von Ressourcen durch Privatpersonen über
Communitys, Portale und Vermittlungsplattformen. Diese suchen im Gegensatz zum C2C
kommerzielle Marktpartner für eine Kooperation oder Transaktion.

Ausschreibung von Handwerkeraufträgen

Auf Vermittlungsplattformen wie dem Handwerkerportal MyHammer (https://www.
my-hammer.de) schreiben Privatpersonen Handwerkerarbeiten (Maler-, Sanitär- oder
Gartenarbeiten, Möbelaufbau und Möbeltransport) aus. Interessierte Handwerker
bewerben sich für die Durchführung des Auftrages mit einem verbindlichen Angebot
und der Nachfrager wählt nach Ablauf der von ihm individuell festgelegten Aus-
schreibungsfrist den Anbieter mit dem überzeugendsten Angebot. Dabei ist er nicht
verpflichtet, dem preisgünstigsten Anbieter den Zuschlag zu geben, sondern kann die
Ausschreibung auch jederzeit abbrechen, wenn keines der Angebote ihm zusagt.◄

Da die Initiative zu einer Geschäftsanbahnung von Privatpersonen ausgeht, wird C2B auch
als **invertiertes Geschäftsmodell** zum B2C bezeichnet. Als Alternative zum C2C über
Kleinanzeigen und Online-Auktionen hat sich mit **Re-Commerce** ein Geschäftsmodell im
C2B etabliert, wo gewerbliche Händler wie ReBuy (https://www.rebuy.de) und Momox
(https://www.momox.de) Gebrauchtartikel von Privatpersonen aufkaufen und diese als
Second-Hand-Ware vermarkten (siehe dazu auch Abschn. 5.3.4). **Online-Jobbörsen** und
Online-Bewerberportale werden wie auch eine eigenbetriebene persönliche Website zur
Kontaktaufnahme mit Unternehmen ebenfalls dem C2B zugeordnet.

▶ **Gig und Gig Economy** In der Musikbranche kennzeichnet der Begriff „Gig" den
Einzelauftritt eines Künstlers oder einer Band ohne ein schon vertraglich vereinbar-
tes Folgeengagement mit dem Veranstalter. In Analogie dazu steht Gig Economy für
die Vermittlung und Erfüllung von Einzelaufträgen ohne eine über den Einzelauftrag
hinausgehende Garantie für Folgeaufträge. Der Begriff etablierte sich mit der Marktdurchdringung von Onlineplattformen für Essenslieferdienste und für Fahrdienstvermittlungen.
Dort sind Arbeitskräfte in der Regel nicht festangestellt, sie beziehen kein festes
Einkommen, sondern werden pro Auftrag (Gig) vergütet (Deges, 2020a).

Die **Gig Economy** kennzeichnet einen Teil des eher informellen Arbeitsmarktes als Minijob-Marktplatz, bei dem sich Arbeitssuchende, Freiberufler oder geringfügig Beschäftigte für kleine, kurzfristig zu erledigende Aufträge anbieten (Täuber, 2019, S. 88). Diese auch als Crowd-Worker bezeichneten Personen bieten sich auf Vermittlungsplattformen wie Clickworker (https://www.clickworker.de) oder Fiverr (https://de.fiverr.com) für Aufträge an, die meist von zu Hause als **Freelancer** über einen Onlinezugang unabhängig und zeitlich flexibel erledigt werden können (Kreutzer, 2018, S. 62). Eine Onlineplattform dient als Mittler zwischen Auftraggeber und Auftragnehmer. Der Plattformbetreiber definiert Standards und Teilnahmebedingungen und berechnet für die erfolgreiche Vermittlung von Angebot und Nachfrage eine Provision. Mittlerweile findet sich ein breites Einsatzspektrum mit Plattformen für die Vermittlung von Haushaltshilfen, Reinigungs- und Handwerkerdiensten, Möbelmontage, Gartenarbeit, Design, Textverarbeitung und Übersetzungsdiensten (Deges, 2020a). Die Gig Economy bedient das Angebot und die Nachfrage nach flexiblen Beschäftigungsverhältnissen mit einem geringen Grad an Bindung. Auftraggeber variabilisieren ihre **Personalkosten** und sparen Sozialbeiträge, die bei Festanstellungen aus Abgaben für Kranken-, Arbeitslosen- und Rentenversicherung bestehen würden. **Gig Worker** haben keinen Anspruch auf bezahlten Urlaub und Lohnfortzahlungen im Krankheitsfall. Sie sind für die Erfüllung des Auftrags alleinverantwortlich und werden auch als **Solo-Selbstständige** bezeichnet, da sie keine Mitarbeiter beschäftigen. Neben ihrer Arbeitskraft stellen sie eigene Ressourcen wie Fahrzeuge, Fahrräder, Werkzeuge, Mobiltelefon und PC zur Verfügung (Deges, 2020a).

Vermittlung von Minijobs

Der Minijob-Marktplatz TaskRabbit (https://www.taskrabbit.de) führt im regionalen Umfeld Arbeitsangebote mit verfügbarer Arbeitsnachfrage zusammen. Schnell und flexibel kann unmittelbare Hilfe für Alltagsaufgaben wie Gartenarbeit, Putzen, Umzug, Transport von sperrigen Gegenständen oder handwerkliche Hilfe bei der Montage von Möbeln gefunden werden.◄

Abb. 2.1 visualisiert noch einmal die Kategorisierung der vier Marktformen in einem zusammenfassenden Überblick (Hutzschenreuter, 2000, S. 29; Wamser, 2001, S. 43).

E-Commerce-Geschäftsmodelle können auch mehrere Marktformen parallel bedienen. Online-Marktplätze wie https://www.wirkaufendeinauto.de) oder https://www.autoscout24.de) organisieren sowohl den Fahrzeughandel zwischen Unternehmen und Privatpersonen als auch unter Privatpersonen. Das US-amerikanische Unternehmen eBay adressiert mit Kleinanzeigen und Online-Auktionen die C2C-Interaktion, während es als B2C-Plattform auch den kommerziellen Handel mit Neu- und Gebrauchtwaren bedient (Kollmann, 2009, S. 41 f.). Mit D2C etabliert sich ein Kürzel für Geschäftsmodelle, die als **Direct-to-Customer** eine Schnittmenge mit dem B2C-Betriebstyp des vertikalen Online-Handels bilden, der in Abschn. 5.1.5 thematisiert ist.

	Consumer	Business

Consumer	**Consumer-to-Consumer (C2C)**
	
	Online-Marktplätze
	  ▪ Kleinanzeigen
	  ▪ P2P Social Communitys
	  ▪ Sharing Economy
	
	Online-Auktionen
		Consumer-to-Business (C2B)
		
		Online-Marktplätze
		  ▪ Vermittlungsplattformen
		  ▪ Stellenanzeigen
		  ▪ Bewerberportale
		
		Second Hand Online Sales
		  ▪ Re-Commerce

Business	**Business-to-Consumer (B2C)**
	
	Onlineshops und Mobileshops
	  ▪ Singleshop
	  ▪ Multishops
	
	Online-Marktplätze
	
	Social Commerce
	  ▪ Social-Media-Plattformen
		Business-to-Business (B2B)
		
		Onlineshops und Mobileshops
		
		Online-Marktplätze/Auktionen
		  ▪ Horizontale Marktplätze
		  ▪ Vertikale Marktplätze
		
		E-Procurement
		  ▪ Herstellerbetriebene
		    Beschaffungsplattformen

Abb. 2.1 E-Commerce-Kategorisierung nach Marktformen. (Adaptiert nach Deges, 2020b, S. 43; mit freundlicher Genehmigung von © Springer Fachmedien Wiesbaden GmbH 2020. All Rights Reserved)

2.1.5 D2C-Geschäftsmodelle

Unter dem Begriff D2C (**Direct-to-Customer**) versteht man den Direktverkauf eines Herstellers an Endkonsumenten über eigene Vertriebskanäle ohne Zwischenhandelsstufen. Für langjährig etablierte Markenartikelhersteller wird eine zumindest teilweise Umgehung des Handels über eigenbetriebene Flagshipstores und Onlineshops als **vertikaler Online-Handel** bezeichnet. Der vertikale Online-Handel grenzt sich insofern von den vielfach noch jungen D2C-Geschäftsmodellen ab, als dass diese Unternehmen nicht auf traditionelle Partnerschaften mit dem Einzelhandel in der Ausgestaltung ihrer Vertriebsstrategie angewiesen sind. D2C-Start-ups können ihre Vertriebsstrategie abseits üblicher Handelsstrukturen als Blaupause auf der „grünen Wiese" planen und umsetzen. Da sie sich als Start-ups noch keinem indirekten Vertriebsmodell bedienen, können sie auch nicht in Kanalkonflikte mit angestammten Vertriebspartnern des Einzelhandels kommen und sich als Hersteller allein auf den Online-Vertriebskanal konzentrieren. D2C-Marken (**D2C-Brands**) setzen neben dem eigenen Onlineshop vor allem auf **Social Commerce** und nutzen Social-Media-Kanäle für die Vermarktung ihrer Produkte. Kooperationen mit reichweitenstarken Social-Media-Influencern bieten einen aufmerksamkeitsstarken Weg zum Aufbau einer schnellen Markenbekanntheit. So sind es vor allem innovative Start-ups, die eine neue Generation von **D2C-Newcomer-Brands** entwickeln, die als sogenannte **Microbrands** beispielsweise im Uhrenmarkt vor allem von der Zielgruppe der Millennials gekauft werden. D2C-Brands agieren meist in einer Marktnische und differenzieren sich als Alternativmarke zu den etablierten Markenartikeln der Konsumgüterhersteller. Als **Digitally-Native-Vertical-Brands** bezeichnet, werden die selber hergestellten Produkte nahezu ausschließlich über das Internet vertrieben. D2C-Start-ups kontrollieren über ihre eigenen Vertriebskanäle den gesamten Verkaufs- und Distributionsprozess. Sie verweigern sich den Partnerprogrammen etablierter Online-Marktplätze, weil sie eine 1:1-Kundenbeziehung nach ihren eigenen Vorstellungen führen, aber auch ihre Markenidentität ohne Abhängigkeiten von Intermediären steuern möchten. Sogenannte **Lovebrands** wie beispielsweise Apple oder Nike aktivieren mit ihrer Markenpersönlichkeit **(Brand Personality)** eine starke emotionale Bindung und Beziehung zwischen Konsument und Marke. Mit ihrer positiven Ausstrahlung werden sie von ihren markentreuen Konsumenten nicht nur ausnahmslos bevorzugt gekauft, sondern auch „geliebt". D2C-Brands wie Ankerkraut (https://www.ankerkraut.de) und Just Spices (https://www.justspices.de) haben eine rasant schnelle Entwicklung zu einer Lovebrand vollzogen. Mit zunehmender **Markenbekanntheit** ist jedoch eine Skalierung des Geschäftsmodells aus eigener Kraft kaum noch zu bewerkstelligen. Der erste Schritt in den indirekten Absatz vollzog sich mit Produktlistungen bei den filialisierten Großbetrieben des stationären Lebensmitteleinzelhandels. Der nächste Schritt ist dann die Erkenntnis, die Marke unter dem Konzerndach internationaler Konsumgüterhersteller synergetischer vermarkten zu können. 2021 verkaufte Just Spices 85 % seiner Anteile an den US-Konzern Kraft Heinz und Ankerkraut wurde 2022 von Nestlé übernommen.

2.2   Direktgeschäft über eigenbetriebene Onlineshops

Der Onlineshop (Synonyme: E-Shop, Electronic Shop, Webshop) ist die „virtuelle" oder „digitale" Angebots- und Verkaufspräsenz im E-Commerce. Der Onlineshop wird unter eigener Regie eingerichtet und von einem Anbieter alleine geführt, der seine Produkte und Leistungen im Direktgeschäft und in der Regel auf eigene Rechnung vertreibt. Der Betrieb eines Onlineshops ist für den Anbieter durch verschiedene Strukturmerkmale gekennzeichnet:

- Die Zielgruppenansprache und Kundenstruktur
- Das Sortiment
- Das geografische Absatz- und Liefergebiet
- Die Warenlogistik
- Die Rechtsform
- Der Standort des Firmensitzes und weiterer Niederlassungen

Die **Zielgruppenansprache** des Onlineshops adressiert nach den Basismodellen der Anbieter-Nachfrager-Interaktion den Endverbraucher- und/oder den Geschäftskundenmarkt. Durch die virtuelle Regalverlängerung kann das **Sortiment** ein vielfältiges Produkt- und Dienstleistungsangebot umfassen. Das Spektrum reicht von einem spezifischen Warenangebot in nur einer Warenkategorie (z. B. Schuhe) über die Bündelung mehrerer bedarfs- oder zielgruppenspezifischer Warenkategorien (z. B. Schuhe, Bekleidung und Accessoires) bis zu den globalen Online-Marktplätzen wie Amazon und Alibaba, die ein allumfassendes Sortiment in nahezu allen Warenkategorien als ein universelles Online-Warenhaus anbieten. Deren Sortimentsstrategie kann in Analogie zu einem bekannten Werbeslogan aus dem stationären Einzelhandel auch als „Alles unter einem (virtuellen) Dach" umschrieben werden. Das **geografische Absatz- und Liefergebiet** gliedert sich nach lokaler, regionaler, nationaler, internationaler und globaler Lieferung. Der Anbieter bestimmt mit der Eingrenzung seines Liefergebietes seinen Absatzmarkt. Im Online-Lebensmittelhandel konzentrieren sich die Anbieter auf Ballungsräume. Eine Bestellung ist nicht möglich, wenn sich der gewünschte Zustellort außerhalb des Liefergebietes befindet. Die Einrichtung eines Onlineshops bietet insbesondere lokalen Einzelhändlern das Potenzial einer erheblichen Ausweitung ihres regional begrenzten Einzugsgebietes, indem sie eine nationale oder internationale Lieferung anbieten. Das Distanzprinzip des Online-Handels erfordert eine effiziente und effektive **Warenlogistik.** Der Aufbau und die Etablierung stabiler Kundenbeziehungen basiert auf der Erfüllung des Lieferversprechens mit einer schnellen Zustellung der bestellten Waren. Für viele Shopbetreiber ist dabei die Zusammenarbeit mit Logistikdienstleistern essenziell. Der Aufbau eigener Logistikkapazitäten mit Zentral- und Regionallagern lohnt erst mit der Skalierung des Geschäftsmodells durch Wachstum und Expansion. Die Wahl der **Rechtsform** ist abhängig von der Kapitalausstattung, Steuerbelastung, Publizitätspflichten, Haftungsregelungen und Mitspracherechten bei Teamgründungen (Wöhe & Döring, 2013, S. 209 ff.; Thommen & Achleitner, 2012, S. 75 ff.). Die Rechtsform kann im Zeitablauf einer sich beispielsweise durch eine expansive Wachstumsstrategie ändernden Kapital- und Gesellschafterstruktur angepasst werden. Dies führt nicht selten zur Umfirmierung in eine AG (Aktiengesellschaft) mit der Option des späteren Börsengangs. Der **Standort** ist die geografische Niederlassung des Anbieters, an dem mit Ressourceneinsatz die Leistungserstellung erfolgt (Müller-Hagedorn et al., 2012, S. 476). Da im E-Commerce die räumliche Distanz zwischen Anbieter und Nachfrager keine Rolle spielt, muss sich die Standortwahl der Start-ups nicht, wie bei Filialstandortentscheidungen des stationären Einzelhandels, nachfrageorientiert nach einer guten Erreichbarkeit der Konsumenten ausrichten, sondern kann nach der günstigsten Kombination harter und weicher **Standortfaktoren** ausgerichtet werden. Die Ansiedlungsentscheidung orientiert sich neben dem Angebot an flexibel erweiterbaren Büroflächen, guter Infrastruktur, steuerlichen Aspekten und der Verfügbarkeit von Arbeitskräften auch nach einem attraktiven Mix von Kultur-, Sport- und Freizeitmöglichkeiten sowie bezahlbarem Wohnraum, um gerade

auch in den Wachstumsphasen eine hohe Anziehungskraft auf qualifiziertes Personal aus-
zuüben. Onlineshopbetreiber siedeln sich bevorzugt in Großstädten, Metropolregionen
und Ballungsräumen an. Berlin hat sich als ein Standort der Start-up-Gründerszene etabliert. Hamburg, München, die NRW-Region als Ballungszentrum, aber auch im Umfeld
von renommierten Hochschulstandorten sind und werden Start-ups in allen Bundeslän-
dern angesiedelt. Die Nähe zu Universitäten und Forschungseinrichtungen befördert die
Rekrutierung hochqualifizierter Nachwuchskräfte vor Ort. Aus volkswirtschaftlicher und
gesellschaftlicher Perspektive wird durch die Digitalisierung und E-Commerce die Urba-
nisierung voranschreiten und die weitere Abwanderung von Arbeitskräften aus dünn
besiedelten Gebieten nach sich ziehen. Start-ups sind in ihren Standortentscheidun-
gen nicht mit **Hidden Champions** des produzierenden Mittelstands vergleichbar, die in
ländlichen Standorten groß geworden sind und ihr beschauliches Umfeld schätzen.

2.3   Plattformökonomien: Online-Marktplätze

2.3.1   Eigenschaften und Merkmale von Online-Marktplätzen

Ein Online-Marktplatz (Synonyme: virtueller Marktplatz, elektronischer Marktplatz, digitaler Marktplatz) steht für eine Betriebsform des Online-Handels, bei der ein Marktplatzbetreiber als übergeordnete **Instanz** eine digitale Plattform für das virtuelle Zusammentreffen von Angebot und Nachfrage bereitstellt und die **Transaktionsbeziehungen** auf
dem Marktplatz in quantitativer und qualitativer Hinsicht über die Vernetzung der Marktteilnehmer koordiniert (Kollmann, 2009, S. 379 und 449 ff.; Wamser, 2001, S. 34 ff.). Ein
persönliches Zusammentreffen von Anbieter und Nachfrager erübrigt sich im Gegensatz
zu stationären Marktplätzen. Damit unterliegen Online-Marktplätze keinen physischen,
zeitlichen und örtlichen Restriktionen und können rund um die Uhr global agieren. Ein
Online-Marktplatz stellt mit seiner virtuellen Umgebung die Infrastruktur, auf der Transaktionen zwischen den Marktpartnern durchgeführt werden können (Meier & Stormer,
2005, S. 63 ff.). Ein weiterer Vorteil liegt in der Verringerung von Informations- und Ver-
handlungsasymmetrien durch eine digitale Gegenüberstellung und Vergleichbarkeit von
Angeboten. Die erleichterten Möglichkeiten der Preis und Produktvergleiche erhöhen die
Markttransparenz für Anbieter und Nachfrager (Wirtz & Mathieu, 2001b, S. 1334 und
1340). Mit der Aufhebung räumlicher und zeitlicher Beschränkungen, der Minimierung
von Informationsasymmetrien, der erleichterten Koordination und der großen Reaktionsgeschwindigkeit nähern sich die Online-Marktplätze dem mikroökonomischen Idealbild
eines vollkommenen Marktes an.

2.3.1.1   Kritische Masse und Netzwerkeffekte

Ein Marktplatz ist dann erfolgreich, wenn es ihm gelingt, viele Marktpartner als Anbieter und Nachfrager auf seiner Plattform zusammenzuführen (**Marktbildungsfunktion**)

und deren Angebot und Nachfrage so zu koordinieren (**Koordinationsfunktion**), dass die Bedürfnisse der Marktpartner durch geschäftliche Transaktionen befriedigt werden (**Allokationsfunktion**). Der Nutzen und der Wert eines Netzwerkes korreliert mit der Anzahl seiner Partizipanten (vgl. Scheer et al., 2002, S. 947; Leimeister, 2020, S. 55).

▶ **Netzwerk und Netzwerkeffekte** Ein **Netzwerk** ist die Menge an Nutzern eines bestimmten Produktes oder Angebotes (z. B. einer Social-Media-Plattform) oder einer kompatiblen Technologie (z. B. Telefon, Fax, Internet). Mit jedem neuen Mitglied erhöht sich der Nutzen aller Netzwerkmitglieder, auch wenn keine direkten Beziehungen zu dem neuen Teilnehmer bestehen (Clement & Schreiber, 2016, S. 56 ff.). Als **Netzwerkeffekte** (Netzeffekte) werden sich selbst verstärkende Prozesse bezeichnet, die in kurzer Zeit zu einem exponentiellen Anstieg der Nutzerzahlen einer Plattform führen können. Dabei verstärken sich einerseits das wachsende Angebot und andererseits die steigende Nutzerzahl wechselseitig (vgl. Shapiro & Varian, 1999, S. 45; Picot et al., 2003, S. 361 ff.).

Plattformen werden für die Angebots- wie auch Nachfrageseite gleichermaßen erst mit ihrer zunehmenden Größe interessant (Leimeister, 2020, S. 68). Es gilt eine **kritische Masse** an Teilnehmern zu gewinnen, damit ein Marktplatz einen Nutzen für dessen langfristige Verwendung für alle daran beteiligten Akteure generieren kann (Scheer et al., 2002, S. 947). Wird die kritische Masse an Teilnehmern in einem Netzwerk erreicht und überschritten, so sorgen nachfrage- wie auch angebotsseitige **Netzwerkeffekte** für einen sich selbst tragenden und selbstverstärkenden Kreislauf aus Wachstum und exponentiellem Nutzerzuwachs (Wirtz & Mathieu, 2001a, S. 828; Clement, 2015, S. 206). Dieser Wirkungszusammenhang wird als **Metcalfes Law** bezeichnet. Wie Abb. 2.2 visualisiert, beruht die Gewinnung und Bindung von Marktplatzteilnehmern auf positiven **Feedback-Effekten** und wird als **Bandwagon-Effekt** (Mitläufer-Effekt, Nachahmungseffekt, Mitnahmeeffekt) charakterisiert.

  Mit welcher Teilnehmerzahl eine kritische Masse als erreicht gilt, lässt sich nicht pauschalisieren. So ist beispielsweise ein B2B-Marktplatz darauf ausgerichtet, in seinem geschlossenen Marktplatz nur diejenigen Marktpartner zu integrieren, die bestimmte Registrierungsvoraussetzungen erfüllen. Nicht die schiere Größe ist erfolgskritisch, sondern eine möglichst hohe **Marktdurchdringung** in einem abgegrenzten, gegebenenfalls auch nur sehr kleinvolumigen B2B-Markt. Hingegen sind die auf den Konsumentenmarkt ausgerichteten offenen C2C- und B2C-Marktplätze in der möglichen Größe ihrer kritischen Masse nahezu unbegrenzt. Hinter dem **Chicken-Egg-Phänomen** verbirgt sich die Herausforderung, dass sich in der Einführungs- und Aufbauphase eines Marktplatzes zunächst nur wenige Nachfrager einbinden lassen, wenn die Anzahl der Anbieter noch sehr gering ist. Aus umgekehrter Perspektive ist es ähnlich, Anbieter lassen sich nur schwer für eine Marktplatzteilnahme gewinnen, wenn nur wenige Nachfrager aktiv sind (vgl. Kollmann, 1999, S. 27 ff.). Daher ist es in der Einführungs- und Aufbauphase wichtig, hohe Werbeanstrengungen zu unternehmen, um gleichermaßen Anbieter und Nachfrager für eine Markplatzteilnahme zu gewinnen (Leimeister, 2020, S. 67).

Abb. 2.2 Kreislauf des positiven Feedbacks. (Eigene Darstellung)

Eine marktbeherrschende Stellung in Form eines **Quasi-Monopols** bildet sich heraus, wenn über die kritische Masse ein Marktplatzbetreiber einen so hohen Marktanteil aufbaut, dass konkurrierende Modelle im Wettbewerb kaum mithalten können (Clement, 2015, S. 204 und 207). In einem Quasi-Monopol gibt es zwar mehrere Anbieter, jedoch ist einer der Anbieter durch seine Größe in der Lage, seine Wettbewerber zu dominieren (Clement, 2015, S. 207). Mit größenbedingten **Skaleneffekten** bedient dieser die Marktbedürfnisse über eine günstigere Kostenstruktur effizienter als alle seine relevanten Wettbewerber (Stelzer, 2000, S. 838; Leimeister, 2020, S. 57). Dies eröffnet dem dominierenden Anbieter in seiner Preis- und Angebotspolitik einen höheren Preissenkungsspielraum. Niedrigere Preise führen wiederum zu einer Erhöhung seines Marktanteils. Dies bringt die Wettbewerber noch mehr in marktexistenzielle Bedrängnis, da sich ihr im Vergleich zum Marktführer geringer Marktanteil in der Folge noch weiter reduziert (Wirtz & Mathieu, 2001a, S. 827 und 829; Clement, 2015, S. 205). Eine solche marktbeherrschende Stellung charakterisiert die betreffende Marktkonstellation als **Winner-takes-all-Markt.** Die angebots- wie auch nachfrageseitigen Vorteile in der Nutzung eines dominierenden Marktplatzes mit einer großen Anzahl an Marktpartnern erhöhen seine Attraktivität und sorgen für **Marktaustrittsbarrieren** in Form von **Lock-in-Effekten.** Je stärker die Lock-in-Effekte, desto höher die Marktaustrittsbarrieren in Form von materiellen oder immateriellen **Wechselkosten** (switching costs), die Marktteilnehmern durch einen Ausschluss von einem Marktplatz oder den Wechsel von der einen zu einer anderen Plattform entstehen würden (Stelzer, 2000, S. 840; Wirtz & Mathieu, 2001a, S. 828; Clement, 2015, S. 206). Abb. 2.3 visualisiert die drei verzahnten und sich gegenseitig verstärkenden Effekte von Online-Marktplätzen als Plattformökonomien.

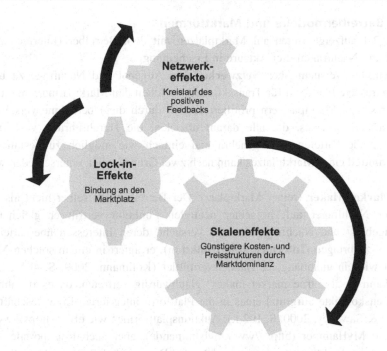

Abb. 2.3 Komplementäre Effekte einer Plattformökonomie. (Eigene Darstellung)

So sind es gerade im B2C-Markt nur wenige Unternehmen wie Amazon in der westlichen Hemisphäre, Alibaba in der östlichen Hemisphäre, die einen Großteil ihrer relevanten Märkte mit weitem Vorsprung vor dem zweitgrößten Wettbewerber dominieren. Diese Konstellation ist jedoch in der dynamischen und schnelllebigen Internetökonomie nicht irreversibel. Eine marktbeherrschende Stellung kann im Zeitablauf auch verloren gehen, wenn der dominierende Marktplatz seine Stellung nicht mehr mit aller Konsequenz verteidigt und es bestehenden Wettbewerbern oder neu in den Markt eintretenden Unternehmen gelingt, sukzessive selber eine führende Position zu Lasten der **Marktdominanz** des Marktführers aufzubauen (Clement, 2015, S. 207). Um dies zu erreichen, müssen konkurrierende Anbieter signifikante Qualitäts-, Service- und Preisvorteile offerieren, um die für potenzielle Kunden entstehenden Wechselkosten zu kompensieren (Wirtz & Mathieu, 2001a, S. 828).

▶ **Merke!** Mit einer hohen Aggregation von Angebot und Nachfrage sind es beim dominierenden Marktplatz Netzwerk-, Lock-in- und Skaleneffekte im Verbund, die ihn deutlich schneller wachsen lassen als seine Konkurrenten und seine dominierende Marktstellung noch weiter festigen.

2.3.1.2 Betreibermodelle und Marktformen

Wie Abb. 2.4 aufzeigt, treten auf Marktplätzen mit dem Betreiber (Intermediär), den Anbietern und Nachfragen drei Akteure in Erscheinung.

Der Betreiber versucht über **Netzwerkeffekte** Angebot und Nachfrage zu bündeln und eine attraktive Plattform für Transaktionen zwischen den Marktpartnern aufzubauen. Gegenüber seinen Marktpartnern profiliert er sich durch die Übernahme verschiedener Funktionen und Services, die alle darauf abzielen, die Durchführung von Transaktionen für beide Parteien so angenehm und einfach wie möglich zu gestalten. Das **Betreibermodell** eines Marktplatzes kann nach zwei Grundformen unterschieden werden:

- **True Market Maker** (reiner Marktplatz): Der Betreiber tritt selber nicht als Anbieter oder Nachfrager auf, in seiner neutralen Funktion vertritt er gleichermaßen die Angebots- und Nachfrageseite und versucht, deren Interessen überparteilich in Einklang zu bringen **(Intermediationsfunktion),** er agiert in einem solchen **Makler-Modell** wie ein unabhängiger Handelsvermittler (Kollmann, 2009, S. 401 f.). Diese Rolle kann er als „true market maker" glaubwürdig vertreten, da es für ihn keine Interessenskonflikte aufgrund eines in die Plattform integrierten Eigengeschäftes gibt (Kaplan & Sawhney, 2000, S. 102 f.). Auktionsplattformen wie eBay (https://www.ebay.de) und MyHammer (https://www.myhammer.de), aber auch Reiseportale (https://www.expedia.de; https://www.trivago.de) oder Partnerschaftsbörsen (https://www.parship.de; https://www.elitepartner.de) sind Beispiele für Makler-Modelle.

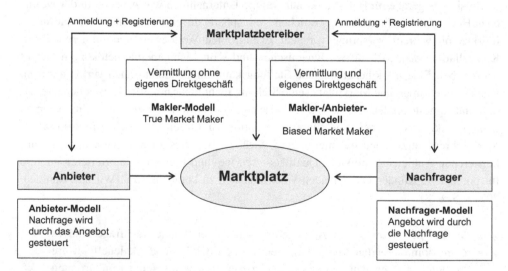

Abb. 2.4 Online-Marktplatzmodelle und Akteure. (Adaptiert nach Deges, 2021, S. 90; mit freundlicher Genehmigung von © Springer Fachmedien Wiesbaden GmbH 2021. All Rights Reserved)

- **Biased Market Maker** (hybrider Marktplatz): Der Betreiber kann selber als Anbieter oder Nachfrager auf dem Marktplatz auftreten. In dieser Doppelfunktion als Wettbewerber und Betreiber ist er als „biased market maker" (Kaplan & Sawhney, 2000, S. 102 f.) der Versuchung ausgesetzt, eigenen Angeboten im Vergleich zur Konkurrenz einen Vorteil zu verschaffen (Picot et al., 2003, S. 341 f.). Im E-Commerce sind es zum einen originäre Internet Pure Player wie Amazon (https://www.amazon.de) und Zalando (https://www.zalando.de), die ihr Geschäftsmodell zu einem Online-Marktplatz migriert haben. Zum anderen sind es aber auch stationäre Händler oder ehemals klassische Versandhändler wie Otto (https://www.otto.de), die ihre Onlineshops ausgewählten Marktpartnern öffnen, die nun ebenfalls ihre Produkte und Leistungen in Ergänzung oder Konkurrenz zum Eigenhandelsgeschäft des Betreibers in dessen Onlineshop integrieren und vermarkten. Der Plattformbetreiber wird neben seiner eigenen Handelstätigkeit zum Anbieter von Mehrwertdiensten für seine Marktpartner, indem er ihnen Leistungen wie Zahlungsabwicklung, Lagerbestandsmanagement, Logistik oder Retourenmanagement anbietet.

Online-Marktplätze finden sich in allen Marktformen der Anbieter-Nachfrager-Interaktion und können nach verschiedenen Kriterien differenziert und voneinander abgegrenzt werden:

- **Geschlossene und offene Marktplätze:** In geschlossenen Systemen bedarf es einer Registrierung und Authentifizierung der Teilnehmer durch den Marktplatzbetreiber (Kollmann, 2009, S. 395). Offene Marktplatzsysteme unterliegen keinen Teilnahmerestriktionen und sind für jedermann nutzbar, solange man den vom Marktplatzbetreiber vorgegebenen Verhaltenscodex einhält (Picot et al., 2003, S. 342 ff.). Geschlossene Marktplätze sind primär im B2B zu verorten, während offene, nicht zugangsbeschränkte Marktplätze vor allem die Geschäftsmodelle im B2C und C2C prägen.
- **Horizontale und vertikale Marktplätze:** Vertikale Marktplätze sind auf die Angebots- und Nachfragebedarfe einer Branche oder Industrie ausgerichtet und sind somit branchenspezifisch geführt (vgl. Kollmann, 2016, S. 53). Newtron (https://www.newtron.de) ist ein vertikaler B2B-Marktplatz für den Maschinen- und Anlagenbau, der registrierte und freigeschaltete Hersteller und Zulieferer miteinander auf seiner Plattform in Verbindung bringt. Horizontale Marktplätze konzentrieren sich auf Sortimentskategorien, die ein industrie- und branchenübergreifendes **Produktportfolio** (z. B. Büromaterial oder IT-Equipment) darstellen, welches branchenunabhängig von Unternehmen nachgefragt wird (Kollmann, 2009, S. 294 ff.; Heinemann, 2018, S. 155). Die **Zielgruppen** horizontaler Marktplätze sind häufig klein- und mittelständische Unternehmen, für die der Aufbau einer eigenbetriebenen E-Procurement-Plattform für die Beschaffung von C-Gütern zu kostspielig ist. Printus (https://www.printus.de) ist ein

Beispiel für einen horizontalen B2B-Marktplatz, der ein breites und tiefes Sortiment an Büroartikeln für den gewerblichen Bürobedarf anbietet.

- **Buy-Side und Sell-Side:** B2B-Marktplätze können auf die **Beschaffung** (Buy als Einkaufslösung) oder auf den **Absatz** (Sell als Verkaufslösung) ausgerichtet sein (Schneider & Schnetkamp, 2000, S. 55). Eine Sell-Side-Lösung (Single-Supplier/ Multiple-Buyer-Konstellation) bietet die Möglichkeit der direkten Bestellung aus Produktkatalogen eines Anbieters (Archer & Gebauer, 2000, S. 7 f.) oder mehrerer Anbieter (Meier & Stormer, 2005, S. 57). Ein **Anbieter-Marktplatzmodell** wie das Reisebuchungsportal Opodo (https://www.opodo.de) basiert auf dem Zusammenschluss mehrerer Anbieter zur Bündelung ihrer Reiseangebote auf einer kooperativ betriebenen Vertriebsplattform (Kollmann, 2009, S. 398). Buy-Side als **Nachfrager-Marktplatzmodell** beschreibt die meist katalogbasierte Ausschreibung von gesuchten Produkten und Leistungen durch einen oder mehrere Nachfrager im **Verbund.** An einer Beauftragung interessierte Unternehmen bewerben sich über die Plattform mit einem Angebot auf einzelne Ausschreibungen (Kollmann, 2009, S. 98 ff.). Durch die Nachfragebündelung **(Pooling)** mehrerer Marktpartner, insbesondere kleinbetrieblicher Nachfrager mit einem geringen Einkaufsvolumen, können bei hohen Absatzmengen günstigere Preise und Konditionen ausgehandelt werden (Kollmann, 2020a, S. 556). Pharmaplace (https://www.pharmaplace.de) ist eine **Einkaufskooperation** mehrerer Pharmaunternehmen, die neben aktuellen Ausschreibungen auch Rahmenverträge für wiederkehrende Beschaffungsvorgänge von MRO-Gütern (Maintenance, Repair, Operations) mit Lieferanten aushandelt. **Neutrale Marktplätze** (Third-Party-Marktplätze) stehen in keinem direkten Abhängigkeitsverhältnis der Buy- oder der Sell-Side. Sie werden von Intermediären als neutrale und unabhängige Vermittler **(Makler-Marktplatzmodell)** von Angebot und Nachfrage betrieben. Sie spezialisieren sich auf das Matching von Angebot und Nachfrage vornehmlich in der B2C- und C2C-Interaktion und generieren Einnahmen aus der Koordination von über den Marktplatz erfolgreich durchgeführten Transaktionen (Kollmann, 2020a, S. 556 f.).
- **Anbieter-Nachfrager-Beziehung:** In einem **Buyer Value Network** (n:1-Beziehung) steht vielen Verkäufern ein Käufer gegenüber. In einem **Seller Value Network** (1:n-Beziehung) ein Verkäufer mehreren Käufern (vgl. Kothandaraman & Wilson, 2001, S. 379 ff.). In einer n:m-Beziehung agieren viele Käufer und Verkäufer gemeinsam und zeitsynchron auf einer Plattform.
- **Geografische Ausrichtung:** Marktplätze können als lokale Marktplätze auf eine bestimmte Region eingegrenzt sein. Marktplätze können aber auch national, international oder global ausgerichtet sein.

Die Studie „Die Marktplatzwelt 2022" von ecom consulting und gominga belegt ein rasantes Wachstum der Online-Marktplätze in den letzten Jahren. Im B2C-Segment wurden in der DACH-Region 214 Online-Marktplätze identifiziert. Damit ist die Anzahl der Online-Marktplätze gegenüber 2020 um 40 % gestiegen. Im Vergleich zu 2015 hat sich deren

Anzahl fast verdreifacht (ecom consulting, 2022). Der Großteil der Online-Marktplätze ist auf bestimmte Warenkategorien und Warengruppen spezialisiert, während ein Fünftel der Online-Marktplätze sich als Vollsortimenter mit einem breiten und tiefen Sortiment unterschiedlicher Warenkategorien positioniert hat (ecom consulting, 2022).

► **Merke!** Digitale Marktplätze stehen als **Plattformökonomien** für eine Konzentration ökonomischer Macht. Durch ihren Marktbündelungseffekt generieren sie Wettbewerbsvorteile gegenüber einzeln agierenden Unternehmen und schaffen Mehrwerte für alle auf der Plattform agierenden Teilnehmer und Partner **(Win-Win-Konstellation).**

2.3.1.3 Marktpartner: Vertrauen und Reputation

Damit anonyme und einander unbekannte Marktpartner auf Online-Marktplätzen Transaktionen durchführen, bedarf es einer verlässlichen Einschätzung der gegenseitigen Vertrauenswürdigkeit (Clement & Schreiber, 2016, S. 132). Im ökonomischen Kontext wird **Reputation** definiert als eine Menge von Eigenschaften, die einer Person, einem Unternehmen oder einer Organisation aufgrund ihres bisherigen Verhaltens zugeschrieben werden, und die als Indikation für ihr zukünftiges Verhalten gelten (Wamser, 2001, S. 85; Eggs, 2001, S. 97). Online-Marktplätze sorgen mit **Reputationssystemen** (Online-Bewertungssysteme) für Transparenz, indem sie das bisherige Verhalten der Teilnehmer sichtbar machen (Kollmann, 2009, S. 500; Clement & Schreiber, 2016, S. 132 f.). Die Teilnehmer bewerten sich nach einer Transaktion anhand verschiedener Kriterien, diese werden gesammelt und sind in aggregierter Form als **Reputationswert** einsehbar (Peters, 2010, S. 169). Ein hoher Reputationswert besitzt für langfristig agierende Teilnehmer einen immateriellen ökonomischen Wert (Peters, 2010, S. 171), da die Orientierung der Marktpartner an hohen Reputationswerten zu einer bevorzugten Auftragsvergabe gegenüber Anbietern mit geringeren Reputationswerten führen kann. Reputationssysteme erfüllen eine **duale Funktion.** Die Teilnehmer bauen zum einen ihre Reputation als vertrauenswürdige Transaktionspartner durch das Sammeln positiver Bewertungen aus, zum anderen haben sie die Möglichkeit, sich vor einer Transaktion über die bisherige Vertrauenswürdigkeit ihres potenziellen Partners zu informieren. Als **Signalisierungsfunktion** wird das bisherige Verhalten jedes Teilnehmers sichtbar. Über die **Sanktionierungsfunktion** kann der Marktplatzbetreiber unehrliche Teilnehmer von weiteren Transaktionen ausschließen (Peters, 2010, S. 166). Eine Voraussetzung für die Wirksamkeit des Reputationsmechanismus ist, dass neue Marktteilnehmer für ihre erste Transaktion einen Vertrauensvorschuss erhalten (Peters, 2010, S. 167), da sie zum Zeitpunkt ihres Markteintritts noch kein **Reputationskapital** aufweisen können (Wamser, 2001, S. 87).

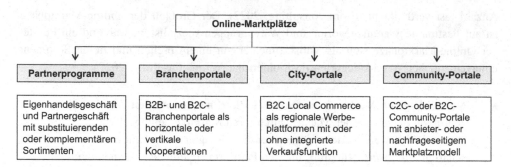

Abb. 2.5 Kategorisierung von Online-Marktplätzen (Eigene Darstellung)

Auch bei einer Vielzahl von positiven Bewertungen kann daraus nicht ohne weiteres auf das künftige Verhalten des Marktpartners geschlossen werden, da die Anonymität des Marktplatzes einen latenten Anreiz zu unehrlichem Verhalten (**Moral Hazard**) darstellt (Peters, 2010, S. 165). Da Reputationssysteme nur Informationen über vergangenes Verhalten der Teilnehmer liefern, schließt dies eine mögliche Verhaltensänderung in der Zukunft prinzipiell nicht aus. Als **Rest on the Laurels** wird ein Manipulationsansatz umschrieben, in dem ein Teilnehmer zunächst eine gute Reputation aufbaut, um dann deren Wert durch eine betrügerische Transaktion abzuschöpfen. Auch der Marktplatzbetreiber hat ein hohes Interesse an einem von allen Teilnehmern wertgeschätzten Reputationssystem. Dieser kann durch die Option einer Identitätsüberprüfung der Teilnehmer die Vertrauenswürdigkeit seines Reputationssystems stärken. Ein hoher Reputationswert bindet die Marktteilnehmer an die Plattform und führt zu Wechselbarrieren (**Lock-in-Effekt**). Wenn die Reputation eines Nutzers an die Plattform gebunden ist, geht sie mit einem Wechsel zu einer anderen Plattform verloren und muss dort neu aufgebaut werden (Peters, 2010, S. 171). Plattformökonomien können, wie Abb. 2.5 visualisiert, in ihrer Markt- und Branchenausrichtung in vier Kategorien unterteilt werden. In den folgenden Abschnitten werden diese mit ihren Geschäftsmodellen anhand von Beispielen beschrieben und charakterisiert.

2.3.2 Partnerprogramme

Ein Online-Händler skaliert sein Geschäftsmodell zum Online-Marktplatz, indem er zur Erweiterung seines eigenen Angebotes den Onlineshop für externe Anbieter öffnet. Diese können entweder substituierende und/oder komplementäre Produktsortimente anbieten. Durch die Einbindung substituierender Produkte und sich überschneidender Sortimente entsteht eine direkte **Konkurrenzsituation** und ein Preiswettbewerb zwischen dem **Eigenhandelsgeschäft** und dem **Drittgeschäft** der integrierten Partner. Grundsätzlich ergeben sich zwei Entscheidungsoptionen für Unternehmen, die ihre Produkte über ein Partnerprogramm vermarkten wollen:

- Die ausschließliche Vermarktung des Produkt- und Leistungsangebotes über einen oder mehrere Marktplätze ohne parallel noch einen eigenen Onlineshop zu betreiben. Dies kann eine Variante für kleinbetriebliche **Nischenanbieter** und Einzelhändler sein, die den Aufbau eines eigenbetriebenen Onlineshops scheuen und weder Budget noch Zeit für die Steuerung eines Onlineshops aufbringen können. Die alleinige Ausrichtung auf die Vermarktung über einen Plattformbetreiber schafft jedoch eine hohe Abhängigkeit.
- Die Vermarktung über Marktplätze erfolgt parallel zum eigenbetriebenen Onlineshop über eine oder mehrere Vertriebsplattformen. Damit erweitert der Online-Händler seine Vertriebskanäle und schafft zusätzliche **Sales Customer Touchpoints** (siehe Abschn. 4.5) für seine Umsatzgenerierung.

Online-Händler müssen entscheiden, ob und in welche Plattformen sie sich integrieren wollen und die Betreiber müssen festlegen, welche Aufnahmekriterien sie ihrem Partnerprogramm zugrunde legen (Heinemann & Glaser, 2019, S. 289). Der Partner muss zum Image und zur Vermarktungsphilosophie der Plattform passen. Von den Plattformökonomien profitieren Betreiber, Partner und Kunden gleichermaßen:

- Der **Betreiber** erhöht durch die Integration neuer Anbieter und die damit verbundene Sortimentserweiterung die Attraktivität seiner Plattform und steigert die Kundenzahl (Kollmann, 2009, S. 452). Jeder Partnerverkauf ergibt für ihn eine erfolgsabhängige Provision. Über die Inanspruchnahme ergänzender Serviceleistungen kann der Betreiber Gebühreneinnahmen generieren.
- Der **Partner** (Hersteller oder Händler) erweitert seinen Onlinevertrieb um eine hochfrequentierte Plattform und profitiert von der Einbettung seines Angebotes in ein attraktives Gesamtsortiment. Er erhöht damit seine Reichweite und kann neue Zielgruppen erschließen.
- Der **Kunde** profitiert von der Angebotsvielfalt, der großen Produktauswahl und einer höheren Produktverfügbarkeit. Bisher unbekannten Händlern kann ein Vertrauensvorschuss eingeräumt werden, da Kunden davon ausgehen können, dass durch die Aufnahme in das Partnerprogramm die Seriosität des externen Anbieters durch den Plattformbetreiber gewährleistet ist.

2.3.2.1 Die Plattformökonomie Amazon

Amazon.com, Inc. ist ein US-amerikanischer börsennotierter und global agierender B2B- und B2C-Internetkonzern mit Sitz in Seattle, der 1994 von Jeff Bezos als Online-Buchhandel gegründet wurde. Im B2B-Sektor gilt Amazon mit seinem 2006 gegründeten Tochterunternehmen Amazon Web Services (AWS) als einer der weltweit größten IT-Dienstleister mit einer breiten Palette von **Cloud Computing**-Rechenzentrumsdienstleistungen für Geschäftskunden. Im B2C-E-Commerce betreibt das Unternehmen seit 1999 mit seinem **Amazon Marketplace** einen globalen Online-Handel mit einer Vielzahl an Warenkategorien, darunter auch Eigenmarken (**Private Labels**) wie beispielsweise Amazon Kindle als E-Book-Reader, die Tablet Produktreihe Amazon Fire HD, der HDMI Fire TV Stick und die Produktreihe Amazon Echo als Lautsprecher für die Nutzung von Sprachdiensten. Als eine der weltweit größten B2C-Plattformökonomien hat sich Amazon in vielen Märkten, auch in Deutschland als dem wichtigsten EU-Auslandsmarkt, eine dominierende Marktposition erarbeitet. Eine hohe Kundenbindung wird durch die große Auswahl mit günstigen Preisen und schneller Belieferung erreicht. Das Unternehmen erzielte im Jahr 2021 einen Umsatz von 470 Mrd. US\$ und 2020 einen Umsatz von 386 Mrd. US\$ (Kogan, 2022). Über den reichweitenstarken Marketplace in Kombination mit dem Outsourcing der Lieferprozesse an Amazon beschleunigt sich für die integrierten Partner der Aufbau einer Marktpräsenz in Deutschland, wo rund 94 % der Onlinekäufer Amazon-Kunden sind (IFH, 2021). Die **Marktdominanz** von Amazon eröffnet insbesondere kleinen und mittelständischen Händlern die attraktive Perspektive eines Markteintritts auch in ausländische Märkte. Der Handel auf dem Amazon Marketplace ist an strikte Vorgaben gebunden. Lieferbedingungen, Liefergeschwindigkeiten, Reaktionszeiten und Servicelevels müssen kompromisslos eingehalten werden, denn Kunden differenzieren beim Kauf über den Marketplace nicht zwischen dem Amazon-Eigenhandel und dem Drittgeschäft der Marktplatz-Händler, aus ihrer Sicht bestellen sie auf dem Marketplace direkt bei Amazon.

Über den Amazon Marketplace wird mit dem Eigenhandelsgeschäft und dem Drittgeschäft der integrierten Marktplatz-Händler ein breitgefächertes Produktsortiment bereitgestellt. In vielen Warenkategorien besteht eine direkte Konkurrenzsituation zwischen dem Amazon-Eigenhandelsgeschäft und dem Produktangebot der Partner. Über das „**Fulfillment by Amazon**" (FBA = Versand durch Amazon) besteht die Option der direkten Einlagerung der Produkte bei Amazon, ein Vorteil für kleinere Händler, die nicht über eine eigene Logistik verfügen (Lammenett, 2017, S. 254 f.). Wird ein Artikel verkauft, übernimmt Amazon die Kommissionierung, den Versand, den Kundendienst und eine gegebenenfalls folgende Retourenabwicklung (Tripp, 2019, S. 244). Den Partnern werden allerdings keine direkten Kundenkontaktbeziehungen eingeräumt. Über das „**Fulfillment by Merchant**" (FBM) können Händler den Versand auch in Eigenregie betreiben. Der Amazon Marketplace bietet mit dem Seller-Central- und Vendor-Central-Programm zwei Vertriebsoptionen. Als **Amazon-Seller** verkauft ein Partner über den Marketplace seine Ware direkt an Endkunden und Amazon erhält eine von der Produktkategorie und dem Warenwert abhängige Verkaufsprovision. Die das Eigenhandelsgeschäft von Amazon beliefernden Partner werden als **Amazon-Vendor** bezeichnet. Im Eigenhandel tritt Amazon als Verkäufer gegenüber den Endkonsumenten auf. Händler profitieren durch die direkte Vermarktung durch Amazon von höheren Umsätzen, verlieren jedoch die Kontrolle über das Endkundengeschäft und als Vendor im Gegensatz zu den Sellern die **Preishoheit** (Sanz Grossón, 2019). Vor allem Markenhersteller und Großhändler mit starken Eigenmarken werden ins Vendor-Programm eingeladen (Sanz Grossón, 2019).

Die prominent auf der Produktdetailseite als Warenkorbfunktionalität hervorgehobene **Amazon Buy Box** listet als „Featured Offer" nur einen Verkäufer mit Preis, Versandart/ Lieferdatum und Händlername. Unterhalb der Buy-Box werden weitere Bezugsquellen gelistet. Der „Besitz" der Buy-Box als erstgerankte Bezugsquelle ist von kaufentscheidender Relevanz, wenn mehrere Verkäufer das Produkt anbieten. Im Vertrauen darauf, in der Buy-Box das beste Angebot für das Produkt gelistet zu sehen, werden 90 % der Produktkäufe über den Besitzer der Buy-Box abgewickelt (Lommer, 2018a; Caspari, 2022). Es herrscht somit für jede Produktdetailseite ein intensiver Wettbewerb um den Besitz der Buy-Box, wobei zu berücksichtigen ist, dass Amazon selber auch als Konkurrent um den Besitz der Buy-Box auftritt und somit als ein **Biased Market Maker** angesehen werden könnte. Die Rankingfaktoren für die Buy-Box-Vergabe und die Reihenfolge der Positionierungen weiterer Bezugsquellen wird durch einen Algorithmus aus Preis, Lieferzeit, Versandart, aber auch Kriterien wie Kundenbewertungen, Reaktionsgeschwindigkeit bei Kundenanfragen, Rate verspäteter Lieferungen, Bestellmängel, Reklamationsquote, Stornorate und bisherige Verkaufserfolge berechnet. Amazons häufiger Besitz der Buy-Box und der Unmut der Partner über die Intransparenz des Rankings führt dazu, dass bis Juni 2023 auf nahezu allen EU-Marketplaces (außer Italien) eine zweite Buy-Box eingeführt werden soll. Damit wird künftig auf den Produktdetailseiten eine zweite ebenfalls prominent hervorgehobene Bezugsquelle dargestellt sein.

Ein zentrales Element der Kundenbindung stellt der seit November 2007 in Deutschland bereitgestellte **Amazon Prime**-Dienst dar. Gegen einen jährlichen Mitgliedsbeitrag von derzeit 89,90 € (Stand April 2023) beinhaltet dies neben anderen Leistungen wie Video- und Audiostreaming und preisbegünstigten Kaufangeboten einen kostenlosen Premiumversand von allen über den Marketplace gekauften Produkten. Der **Prime Day** ist ein weltweites, alljährlich an zwei Julitagen exklusiv für Prime-Mitglieder durchgeführtes Shoppingevent mit einem großen Angebot an preisvergünstigten Produkten. Amazon konnte 2021 weltweit 200 Mio. registrierte Prime Nutzer vermelden (Kogan, 2022), davon 17,3 Mio. Prime-Abos in Deutschland. Rund 70 % des Amazon-Umsatzes wird von Prime-Mitgliedern realisiert (IFH, 2021). Die Anzahl der diesen Service nutzenden Käufer dürfte wesentlich höher sein, denn es können bis zu 5 Amazon-Nutzerprofile aus einem Haushalt in ein Prime-Abo eingebunden werden.

2.3.2.2 Die Plattformökonomie Alibaba

Die Alibaba Group Holding Limited ist eine 1999 von Jack Ma in China gegründete global agierende und börsennotierte IT-Unternehmensgruppe mit Sitz in Hangzhou. Die Unternehmensgruppe verbuchte 2021 einen Umsatz von 109 Mrd. US$ und 2022 einen Umsatz von 134 Mrd. US$. Ähnlich wie Amazon ist das Unternehmen mit mehreren Geschäftsfeldern sowohl im B2B-Sektor als auch im B2C-E-Commerce verortet. Die beiden zentralen B2B-Geschäftsfelder sind **Alibaba Cloud** (Cloud Computing IT-Dienstleistungen) und die B2B-Handelsplattform alibaba.com. Im B2C-Ökosystem sind es mit AliExpress (B2C-Handelsplattform), Tmall.com (B2C-Online-Marktplatz) und

Taobao (Online-Auktionshaus) drei unternehmerisch eigenständige Geschäftsbereiche. Mit Alipay wird ein **Online-Bezahlsystem** angeboten. Für den Export ist alibaba.com aufgrund seiner marktdominanten Stellung vor allem für deutsche klein- und mittelständische Unternehmen der Gatekeeper für den Eintritt in den asiatischen B2B-Markt. Auf der 2010 gegründeten B2C-Online-Einzelhandelsplattform AliExpress.com dürfen wie auch bei alibaba.com nur Unternehmen mit Firmensitz in China als Verkäufer auftreten und ihre vornehmlich in Asien hergestellten Waren weltweit anbieten (Filbig, 2023). AliExpress fungiert als unabhängiger und neutraler Intermediär **(true market maker).** Das Unternehmen tritt selber nicht als Hersteller oder Verkäufer mit einem Eigenhandelsgeschäft auf. Das Geschäftsmodell ist in seiner Güterdistribution ein reines **Streckengeschäft,** was bedeutet, dass AliExpress seinen registrierten Verkäufern keine Lagerkapazitäten und Logistikleistungen anbietet. Ein breites und tiefes Sortiment wird in vielen Warenkategorien angeboten. Preisgünstige Elektronik- und Fashion-Produkte sind insbesondere bei deutschen Endkonsumenten beliebt und stark nachgefragt (Filbig, 2023). AliExpress ist für Alibaba von marktstrategischer Bedeutung, um seine Reichweite außerhalb Asiens zu erhöhen und in der westlichen Hemisphäre neben dem Hauptkonkurrenten Amazon auch die europäischen Online-Marktplätze herauszufordern. Um die Marktetablierung in Europa auch über stationäre Präsenzen zu befördern, wurde unter dem Namen **AliExpress Plaza** 2019 in Madrid ein erstes Ladengeschäft eröffnet. Durch seine schiere Größe und globale Präsenz ist Alibaba genauso wie Amazon im Fokus von Produktpiraterie, indem das Angebot von Produktfälschungen gerade im Bereich von internationalen Modemarken und Elektronikartikeln häufig in der großen Menge der alltäglich zu kontrollierenden Handelstransaktionen untergeht (Filbig, 2023).

Das 2003 als Gegenentwurf zu eBay gegründete Alibaba-Tochterunternehmen **Taobao Marketplace** (taobao.com) ist eine in China beliebte und häufig genutzte C2C-Online-Auktionsplattform. Mit der Marketingstrategie **„free for three years"** wurde für drei Jahre eine kostenlose Nutzung und gebührenfreie Transaktionen für alle Marktteilnehmer in unbegrenztem Volumen angeboten (Porter, 2015, S. 88). Mit dieser aggressiven **Wettbewerbsstrategie** gelang es in kurzer Zeit, den Konkurrenten eBay 2005 aus dem chinesischen Markt zu drängen (Hirn, 2018, S. 175). Im Gegensatz zur auf den internationalen Produktabsatz ausgerichteten Handelsplattform AliExpress ist Taobao ausschließlich auf den chinesischen Endverbrauchermarkt gerichtet. Der 2011 von Taobao abgespaltene und seitdem unternehmerisch autark agierende B2C-Online-Marktplatz **Tmall** (tmall.com) ist in China, Hongkong, Macau und Taiwan aktiv. Auf der Website werden Verbrauchsgüter, Bekleidung, Technik und Lebensmittel angeboten. 2016 hat Alibaba die **Lazada Group** übernommen, um über die Online-Plattform für Mode Märkte in Südostasien zu erschließen. Nachdem eine Expansion in die USA gescheitert ist, bereitet Lazada nun den Markteintritt in europäische Länder vor.

2.3.2.3   Die Plattformökonomie Zalando

Zalando SE mit Sitz in Berlin ist eine börsennotierte B2C-Online-Handelsplattform mit einer breiten Palette an Konsumgüterartikeln aus den Warengruppen Schuhe, Fashion, Sport, Schmuck, Accessoires, Beauty und Kosmetik. Das Unternehmen wurde 2008 nach dem Vorbild des US-amerikanischen Schuh-Versandhändlers Zappos als Online-Schuhhandel gegründet. Zalando bediente im Geschäftsjahr 2022 mehr als 51,2 Mio. aktive Kunden in 25 europäischen Märkten, die insgesamt 261,1 Mio. Bestellungen auslösten (Zalando, 2023a). Das **Zalando Plus**-Mitgliederprogramm bietet über 2 Mio. registrierten Kunden (Stand April 2023) eine kostenlose Premiumlieferung für eine Jahresgebühr von 15 €. Im Jahr 2022 wurde ein Konzernumsatz von 10,34 Mrd. Euro generiert (Zalando, 2023a). Der 2010 ins Leben gerufene Shoppingclub **Zalando Lounge** (Lounge by Zalando) ist ein Online-Outlet mit zweimal täglich jeweils morgens und abends startenden, zeitlich begrenzten und mengenmäßig limitierten Verkaufsaktionen (Mode- und Lifestyle-Produkte) und adressiert preissensitive Schnäppchenjäger mit rabattierten **Markenartikeln.** Die Angebote stehen ausschließlich registrierten Mitgliedern zur Verfügung, diese werden mit der Aktivierung von Push-Benachrichtigungen per Mail und über einen Newsletter über jeden Start einer Verkaufsaktion informiert (Zalando, 2023b). 2012 wurde in Berlin ein erster **Outlet-Store** eröffnet. Stetig wurde die Filialisierung auf mittlerweile 13 Outlet-Stores (Stand April 2023) vorangetrieben. Die Outlets adressieren Schnäppchenjäger mit einer täglich neuen Auswahl an Markenprodukten aus der Warengruppe Mode, die bis zu 70 % preisreduziert angeboten werden. Alle Outlets sind mit großflächigen Verkaufsräumen zentral in hochfrequentierten Standortlagen in Großstädten und Ballungszentren angesiedelt (Zalando, 2023c). Seit 2018 wird in Berlin ein **Concept Store** für Kosmetik- und Schönheitsprodukte unter dem Namen **Zalando Beauty Station** geführt.

Zalando forciert seit Jahren seine Strategie der Plattformökonomie mit dem kontinuierlichen Ausbau seines Partnerprogramms. Für die Aufnahme in das **Zalando-Partnerprogramm** muss jeder Aspirant ein Bewerbungs- und Registrierungsverfahren durchlaufen. Eine hochwertige Warenpräsentation mit der Inszenierung emotionaler Markenwelten und die Einhaltung vorgegebener Servicelevels sind konstituierende Voraussetzungen für die Integration in das Partnerprogramm (Heinemann & Glaser, 2019, S. 289 f.). Mit **Zalando Fulfillment Solutions** (ZFS) werden den Partnern umfangreiche Logistikdienstleistungen (Wareneinlagerung, Versand, Retourenmanagement) und mit **Zalando Marketing Services** (ZMS) maßgeschneiderte Dienstleistungen für die Steuerung und Durchführung von Werbekampagnen und Online-Marketingmaßnahmen angeboten. Im **Wholesale-Modell** kauft Zalando die Ware beim Hersteller oder Händler, lagert sie ein und wickelt in Eigenregie den Transaktionsprozess inklusive Versand, Retourenhandling und Kundenservice ab. Das 2018 gestartete **Connected-Retail**-Programm adressiert stationäre Einzelhändler und bindet sie mit ihren Warenbeständen in die Zustelllogistik ein. Die registrierten Connected Retailer, die kontinuierlich ihre Warenbestände an Zalando melden, liefern aus ihrem eigenen Lagerbestand, wenn ein gewünschter Artikel über zalando.de gerade nicht lieferbar ist. Mit einem **Retail Connected Tool** werden die Retailer laufend über offene Bestellungen informiert und erhalten vom System Versandaufträge zugeteilt. Connected Retail ist für beide Seiten von Vorteil (**Win-Win-Situation**). Conntected Retailern bietet das Programm ein zusätzliches Umsatzpotenzial über das stationäre Einzugsgebiet des eigenen Ladengeschäftes hinaus. Zalando kann fehlende Lagerbestände ausgleichen und verhindert Kundenunzufriedenheit wegen einer Nichtverfügbarkeit von Produkten. Aus der Perspektive von Zalando werden mit Connected Retail die Lagerbestände über die eigenen Distributionszentren hinaus verlängert. Analog zur **virtuellen Regalverlängerung** im Onlineshop kann in Bezug auf die Erhöhung der Lieferfähigkeit in der physischen Güterdistribution von einer **virtuellen Lagerverlängerung** gesprochen werden.

2.3.3 Branchenportale

Ein Branchenportal ist ein horizontaler Marktplatz. Das Sortiment der angeschlossenen Anbieter ist vollständig oder in wesentlichen Teilen auf die gängigen Warenkategorien der repräsentierten Branche ausgerichtet und integriert vornehmlich Fachhändler, die ein branchenspezifisches Sortiment anbieten. Im Unterschied zu den Partnerprogrammen ist der Betreiber neutral, d. h. er ist der Initiator und Betreiber der Plattform und betreibt kein Eigenhandelsgeschäft. Ein Branchenportal ermöglicht es, das Angebot gerade auch kleinerer Anbieter ohne eigenbetriebenen Onlineshop auf einer Plattform zu bündeln. Anbietern mit eigenbetriebenem Onlineshop bieten sich über die Integration ein zusätzlicher **Sales Customer Touchpoint** (siehe Abschn. 4.5.). Grundsätzlich können zwei Integrationsansätze unterschieden werden:

- Ein eigenbetriebener Onlineshop wird 1:1 in die Plattform eingebunden. Die technische Umsetzung ist somit eine Verlinkung auf das Branchenportal. Vorteil: Trotz Integration in eine Plattform trägt der Onlineshop die individuelle Handschrift des Online-Händlers.
- Ein Shop muss nach den Vorgaben des Plattformbetreibers in den Templates der Shopsoftware eingerichtet werden. Alle Onlineshops verfügen über ein einheitliches Erscheinungsbild ohne grafisch gestalterische Differenzierung.

Viele Anbieter sorgen für ein umfassendes und attraktives Leistungsangebot auf der Plattform, dieses wiederum steigert die Bekanntheit und die Besucherfrequenz. Der Plattformbetreiber profitiert von Gebühren- oder Provisionseinnahmen, die integrierten Partner von höheren Umsätzen. Für die Vermarktung von Branchenportalen eignen sich generische **Domains,** da sie in ihrem Namen bereits die Branchen- oder Produktkategorie tragen.

Branchenportale Warenkategorie Möbel

Das Branchenportal moebel.de (https://www.moebel.de) integriert über 250 Shops, die mehr als 3 Mio. Produkte anbieten. Über die Partnerschaft mit moebel.de wird der eigenbetriebene Onlineshop in die Plattform integriert. Der Plattformbetreiber bündelt und präsentiert die Produkte verschiedenster Anbieter, Marken und Onlineshops für Küchen-, Wohnzimmer- oder Schlafzimmereinrichtungen. Der Plattformbetreiber von Moebel24 (https://www.moebel24.de) betreibt ebenfalls kein Eigenhandelsgeschäft und verlinkt 800 branchenspezifische Onlineshops mit über 3,5 Mio. Produkten auf seiner Plattform. Über die Produktauswahl werden Angebote verschiedener Händler gegenübergestellt. Zum Kauf eines der dargebotenen Produkte wird der Besucher direkt in den Onlineshop des jeweiligen Anbieters weitergeleitet.◄

Branchenportale Warenkategorie Schuhe

Über das von der Handelskooperation ANWR Group geführte Branchenportal Schuhe.de (https://www.schuhe.de) vermarkten 1700 stationäre Schuheinzelhändler ihr lokales Sortiment an Herren-, Damen- und Kinderschuhen. 200.000 Artikel werden über die Plattform angeboten (ANWR Group, 2023). Eine Onlinebestellung wird von einem der angeschlossenen Händler versandt, ein Algorithmus bestimmt aufgrund der Bestandszahlen, welcher Händler den Zuschlag erhält (Wilhelm, 2018). Über einen Store Locator können lokale Schuhgeschäfte in der Nähe ausfindig gemacht werden und Online-Bestellungen im Geschäft vor Ort abgeholt werden. Über eine Kooperation mit Zalando (Connected Retail) können lokale Schuhhändler auch Bestellungen von Zalando-Kunden ausführen (Randler, 2018). Das gleiche Geschäftsmodell repräsentiert das von The Platform Group GmbH & Co. KG betriebene Branchenportal Schuhe24 (https://www.schuhe24.de). 500 angeschlossene stationäre Fachhändler stehen für ein Sortiment von 100.000 Schuhartikeln (The Platform Group, 2023).◄

Auch die schon lange im stationären Einzelhandel kooperierenden **Verbundgruppen** wie die Vedes Gruppe (https://www.vedes.com) mit ihren angeschlossenen Spielwarenhändlern oder die Intersport-Verbundgruppe (https://www.intersport.de) mit über 900 Händlern und ihren 1.500 angeschlossenen Sportfachgeschäften in Deutschland betreiben Marktplätze als Branchenportale zur engeren Verzahnung von Filial- und Onlinevertrieb (Naumann, 2018).

2.3.4 City-Portale

Immer mehr Innenstädte, gerade in klein- und mittelgroßen Ortslagen, verzeichnen aufgrund des Online-Handels sinkende Besucherfrequenzen und Leerstände (Schramm-Klein, 2019, S. 298; Zoll & Marks, 2016, S. 208). Nach einer Prognose des Handelsverbands Deutschland (HDE) werden 2023 rund 9000 Einzelhändler ihren Geschäftsbetrieb aufgrund sinkender Kaufkraft und Nachfrage sowie hohen Betriebskosten aufgeben (HDE, 2023). Insbesondere die kleinbetrieblichen **Fachgeschäfte** leiden unter dem Online-Handel und sehen diesen eher als Bedrohung, denn als Chance (Schramm-Klein, 2019, S. 298). Ihnen fehlen meist die personellen und finanziellen Ressourcen, um über die Einrichtung eines eigenbetriebenen Onlineshops vom E-Commerce zu profitieren (Zoll & Marks, 2016, S. 203). Lokale Online-Marktplätze wollen dem Flächensterben im lokalen Einzelhandel entgegenwirken. City-Portale (**Local Commerce**) sind auf eine regional-lokale Angebotsbündelung ausgerichtet. Kleinbetriebliche Fachhändler sollen an den Online-Handel herangeführt werden, indem sie auf der Plattform ihren eigenen Online-shop mit Bestellfunktion einrichten oder als Online-Schaufenster ihr Warenangebot so bewerben, dass über ein **Web-to-Store** Anreize zum Besuch des stationären Geschäftes geschaffen werden (Ritzer, 2015). Die Besucherfrequenz in den Innenstädten soll sich erhöhen, wenn über **Click & Collect** und **Click & Reserve** (siehe Abschn. 7.1.1) online gekaufte oder bestellte Waren vor Ort abgeholt und bei der Gelegenheit Zusatzumsätze generiert werden (Grösch & Wendt, 2018, S. 49). Eine wichtige Voraussetzung ist dabei die Integration der Warenwirtschaft oder der Datenexport von Warenbeständen in das City-Portal, um eine aktuelle Warenverfügbarkeit anzeigen zu können (Zoll & Marks, 2016, S. 216; Grösch & Wendt, 2018, S. 50). Eine überregionale Ausschöpfung von Umsatzpotenzialen ist möglich, wenn der angeschlossene Fachhändler neben der Abholung vor Ort auch den nationalen und internationalen Versand der Produkte anbietet (Zoll & Marks, 2016, S. 205 f.). Die Existenz lokaler Einzelhändler soll gesichert werden, indem durch die Bewerbung über das City-Portal **Besucherfrequenz** und stationäre Umsätze gesteigert sowie über den Online-Handel ein zusätzlicher Vertriebsweg etabliert wird, der ein neues Zielgruppen- und Umsatzpotenzial erschließt.

Städte und Kommunen haben den Fortbestand einer ausgewogenen Einzelhandelsstruktur im Blick und sind über ihre **Wirtschaftsförderungsgesellschaften** die Initiatoren und Förderer von City-Portalen. Dienstleister wie Atalanda (https://www.atalanda.com) stellen die Infrastruktur bereit, betreiben die Plattformen und unterstützen die lokalen Händler bei der Einrichtung ihres Onlineangebotes (Ritzer, 2015). Mit „**eBay Deine Stadt**" können Städte und Kommunen wie beispielsweise Berlin (https://www.ebay-deine-stadt.de/berlin) oder Mönchengladbach (https://www.ebay-deine-stadt.de/moenchenglad bach) eigene lokale Online-Marktplätze in die eBay-Plattform integrieren. Ob Local Commerce die Frequenzsteigerung befördert und das Flächensterben im Einzelhandel abschwächen kann, oder eher als **Werbegemeinschaft** funktioniert, wird kontrovers bewertet. Werbekampagnen der Städte und Kommunen mit Appellen zur Unterstützung lokaler Einzelhändler mit dem stationären Kauf vor Ort zeigen wenig Wirkung, wenn im Online-Handel ein attraktiveres Preis-Leistungsverhältnis geboten wird. Eine Studie der Hochschule Koblenz ergab, dass bei vielen teilnehmenden Händlern Local Commerce weder zu höheren Besucherfrequenzen, noch zu steigenden Umsätzen in den Läden geführt hat (Lommer, 2018b). Im Jahr 2019 wurden bundesweit noch 90 Local Commerce-Initiativen gezählt. Mittlerweile ist der „Hype" um Local Commerce abgeflaut. City-Portale und lokale Marktplätze fristen heute fernab der medialen und öffentlichen Aufmerksamkeit eher ein Nischendasein.

2.3.5 Community-Portale

Eine **Online-Community** ist eine über das Internet organisierte Gemeinschaft von Onlinenutzern, die als Gruppe gemeinsame Ziele, Werte und/oder kollektive Interessen verfolgt und ein mehr oder weniger stark ausgeprägtes Gefühl von Zusammengehörigkeit und Identifikation entwickeln kann. Sie kann sich zur Kommunikation, Interaktion oder auch nur für gemeinsam koordinierte Transaktionen temporär oder dauerhaft bilden. Der Begriff der Online-Community wird häufig mit Social Media assoziiert, dabei bilden sich Online-Communitys auch über Marktplätze und Plattformen außerhalb des Social-Media-Universums. Online-Communitys, die Mitglieder über Plattformen zu konzertierten Aktionen der Nachfragebündelung für kommerzielle Transaktionen zusammenschließen, adressieren bei den Teilnehmern den positiven Effekt der Erzielung eines persönlichen Vorteils aus dem Zusammenschluss zu einer mitgliederstarken Gemeinschaft. Das Ziel der Teilhabe an einer solchen Gemeinschaft liegt darin, über die Gemeinschaft einen bestimmten Zweck besser erfüllt zu sehen, als wenn jeder für sich alleine agieren würde. **Shopzentrierte Community-Portale** sprechen auf der Anbieter- und/oder Nachfragerseite Gruppierungen an, die Produkte eines bestimmten Nutzenbündels anbieten oder als Nachfrager eine mehr oder weniger zeitlich befristete Gemeinschaft zur Durchführung einer Transaktion bilden. **Anbieterseitige Community-Portale** bündeln den Handel mit Waren, die durch spezifische Produkteigenschaften oder Herstellungsverfahren geprägt sind. Die Betreiber bieten die Einrichtung eines Onlineshops auf ihrer Plattform und erzielen Erlöse aus Einstellungsgebühren, Transaktionsprovisionen sowie Servicegebühren für Rechnungsstellung und Versand (Olbrich et al., 2015, S. 26). Das 2005 gegründete US-amerikanische Unternehmen Etsy (https://www.etsy.com/de) ist ein Community-Portal für den Kauf und Verkauf von handgemachten Produkten, Vintage (mindestens 20 Jahre alte Produkte) und Künstlerbedarf. Registrierte Verkäufer richten ihren eigenen Onlineshop auf der Plattform ein. Neben Einstellgebühren pro Artikel und einer Zahlungsbearbeitungsgebühr erhält Etsy eine Transaktionsprovision für jeden verkauften Artikel (Gillner & Melchior, 2018). Seit 2016 bietet auch Amazon mit Amazon Handmade (https://www.amazon.de/Handmade-Produkte/) einen Marktplatz für handgefertigte

Produkte. Als **Kunsthandwerker-Community** vereint **Amazon Handmade** Kunsthandwerker aus 80 Ländern und stellt über einen Bewerbungs- und Auditierungsprozess sicher, dass es sich bei den Anbietern tatsächlich um ein Produktangebot handgefertigter Waren handelt (Amazon, 2023). In der **Spreadshirt-Community** (https://www.spreadshi rt.de) entwerfen Kunden über einen Produktkonfigurator personalisierte Designs (T-Shirts, Jacken, Pullover, Kissenbezüge, Hoodies, Schürzen) entweder nur für den Eigenbedarf oder vertreiben diese auch über den Spreadshirt-Marktplatz oder einen eigenen integrierten Onlineshop. Spreadshirt produziert die bestellten Artikel und übernimmt für die Shop-Partner die Abwicklung der Transaktion von der Bestellung über Bezahlung und Versand bis zum Kundenservice.

Ein **Shoppingclub** (Community-driven Shopping) ist eine für Teilnehmer registrierungspflichtige geschlossene **Shopping-Community.** Hochwertige Markenprodukte werden mit hohen Rabatten von 70 bis 80 % zu attraktiven Preisen angeboten und verkauft. Brands4Friends, 2007 gegründet, galt mit 8 Mio. registrierten Nutzern als der größte Shoppingclub in Deutschland. Am 30. Juni 2023 wurde jedoch der Geschäftsbetrieb eingestellt. Veepee (bis 2019 vente-privée) ist ein französischer Shoppingclub, der über 72 Mio. Mitglieder in 14 Ländern zählt. Weitere Anbieter sind die 2007 gegründeten Shoppingclubs Limango (2009 von der Otto Group übernommen) und BestSecret. Das **Community-Bundling** ist mit seiner hohen Reichweite für Markenartikelhersteller eine attraktive Vermarktungsoption, wenn es um den Verkauf von saisonalen Restposten, Überproduktionen, Sonderkollektionen oder Retourenbeständen geht. Die Verkaufsaktionen sind zeitlich und mengenmäßig limitiert. Sie sprechen insbesondere Schnäppchenjäger auf der Suche nach besonders preisvergünstigten Markenartikeln an. Über Mail und Newsletter wird die Community über Start und Laufzeit der Verkaufsaktionen informiert. Die in der Regel mehrfach täglich startenden Verkaufsaktionen sorgen für eine stabile Besucherfrequenz auf der Website. Der Abverkauf einer Aktion ist beendet, sobald das Zeitlimit abgelaufen ist oder schon früher, wenn der letzte Artikel aus dem verfügbaren Warenbestand einen Käufer gefunden hat. Durch die bewusste Limitierung nach Zeit und Menge wird der Eindruck erweckt, schnell zugreifen zu müssen. Der Reichweitenaufbau basiert primär auf einem **Empfehlungsmarketing.** Registrierte Mitglieder werben neue Mitglieder und erhalten dafür Incentives in Form von Bonuspunkten oder Einkaufsgutscheinen. Durch die meist kostenlose und unverbindliche Registrierung soll mit der Community-Mitgliedschaft ein Gefühl von Exklusivität vermittelt werden. Teilweise wird die Exklusivität dadurch unterstrichen, dass der Betreiber von einer limitierten Teilnehmerzahl für seine Community spricht. Manche Shoppingclubs behalten sich vor, den Account inaktiver Mitglieder zu löschen. In der Regel ist an die Mitgliedschaften kein Mindestumsatz gekoppelt. Häufig werden zuerst die Bestellungen aus der Community generiert, bevor die Ware beim Hersteller geordert wird, was zu Lieferzeiten von mehreren Wochen führen kann. Gängige Warenkategorien sind Mode und Bekleidung, Accessoires, Lifestyle, Beauty, Home & Living, Sport, Spielzeug, Haushaltswaren, Wein und Uhren.

2.4 Entrepreneurship im E-Commerce

2.4.1 Die Gründung von Start-ups

Die Bandbreite der Gründer und Betreiber von Onlineshops ist vielfältig. Jede geschäfts-fähige Person kann einen Onlineshop aufbauen und darüber ein Leistungsangebot vermarkten. Dazu bedarf es keiner Qualifikation in Form eines Ausbildungs- oder Studienabschlusses oder der erfolgreichen Absolvierung von Berufsexamina. Die Grün-dung kann als **Einzelgründung** durch nur eine Person als Alleinunternehmer oder als **Teamgründung** durch mehrere, mindestens zwei natürliche Personen vollzogen werden (Volkmann & Tokarski, 2006, S. 28 ff.; Kollmann, 2016, S. 149 ff.). Eine günstige Marktkonstellation für die Gründung eines Start-ups ist für den Entrepreneur durch das Erkennen einer unternehmerischen Gelegenheit in einem **Window of Opportunity** gekennzeichnet (Christensen et al., 1998, S. 219).

Window of Opportunity

Im Jahr 2000 entwickelte der US-amerikanische Müsli-Hersteller General Mills (https://www.generalmills.com) die Idee der Mass Customization von Müslis. Die Anwendung kam nicht über eine Testversion heraus. Internetnutzer waren offensicht-lich noch nicht aufgeschlossen für das Angebot der Bestellung eigenkonfigurierter Lebensmittel über das Internet. 2008 passte das Window of Opportunity. Das Unterneh-men myMuesli etablierte sich erfolgreich im deutschen Markt auf Basis der gleichen Idee mit seinem Geschäftskonzept für die kundenindividuelle Zusammenstellung von Müslis (Wirth, 2009).◄

Die Unternehmensgründung eines Start-ups durchläuft idealtypischerweise sechs aufein-anderfolgende Phasen. Die **Pre-Seed-Phase** (Orientierungsphase) ist durch die Findung, Entwicklung und Prüfung einer Geschäftsidee gekennzeichnet. Erste Überlegungen kon-zentrieren sich auf das zu vermarktende Produkt-Leistungsangebot und hinterfragen die Umsetzbarkeit und die Erfolgschancen der Geschäftsidee. In der **Seed-Phase** (Pla-nungsphase) geht es in der Vorbereitung der formaljuristischen Unternehmensgründung um grundlegende Fragen der Finanzierung des Start-ups. Die wirtschaftliche Trag-fähigkeit des Geschäftsmodells wird geprüft und ein Businessplan erarbeitet, indem Zielgruppen definiert, Marktpotenziale ausgelotet und ein USP zur Abgrenzung vom Wettbewerb entwickelt wird. In der **Start-up-Phase** (Gründungsphase) konkretisiert sich das Gründungsvorhaben mit der Wahl der Rechtsform, des Standorts und administra-tiven Prozessen von notariellen Beurkundungen, Gewerbe- und Finanzamtanmeldung, Gesellschaftervertrag und Einzahlung des Stammkapitals. Das Start-up verordnet sich eine Unternehmensstruktur mit einer Aufbau- und Ablauforganisation. Das Produkt-Leistungsangebot wird in den Markt eingeführt. Mit der Generierung erster Umsätze werden noch keine Gewinne erzielt. Die jederzeitige Zahlungsfähigkeit (Liquidität) muss gesichert werden. In der **Aufbauphase** (1st Stage) gilt es, die Positionierung am Markt zu festigen und sukzessive auszubauen. In dieser Phase entscheidet sich, ob das Produkt-Leistungsangebot die prognostizierte Nachfrage trifft und sich im relevanten Markt etablieren kann. Strukturen und Abläufe professionalisieren sich, Netzwerke und Partnerschaften werden aufgebaut und gefestigt. Die steigende Arbeitslast muss mit einem steten Personalaufbau kompensiert werden. In der **Wachstumsphase** (2nd Stage) folgt die Expansion und Skalierung des Geschäftsmodells. Ein erfolgreiches Wachstum schlägt sich in steigenden Kunden- und Umsatzzahlen nieder. Dies muss durch den kontinuierlichen Ausbau der Unternehmensorganisation mitgetragen werden. Das Start-up erwirtschaftet Gewinne. Eine Umfirmierung in die Rechtsform einer Aktiengesellschaft kann als formal-juristische Vorbereitung für einen geplanten Börsengang des Start-ups gewertet werden. In der **Reifephase** (3rd oder Later Stage) manifestiert sich das Markt- und Umsatzwachstum in stabilen Gewinnen. Das gegebenenfalls aggressive und exponentielle Marktwachstum entschleunigt sich und das Unternehmen festigt und verteidigt seine Marktposition gegen den Wettbewerb. Diese idealtypischen Phasen des Auf- und Ausbaus eines Start-ups können nur dann erfolgreich durchlaufen werden, wenn der Kapitalbedarf des Gründers durch die Bereitstellung der benötigten finanziellen Mittel jederzeit bedient werden kann.

2.4.2 Die Finanzierung von Start-ups

Im Allgemeinen wird in der Unternehmensfinanzierung zwischen Eigen- und Fremd-finanzierung sowie Innen- und Außenfinanzierung unterschieden. **Eigenkapital** aus persönlichem Vermögen steht den meist jungen Unternehmensgründern in der Regel nur in sehr begrenztem Umfang zu Verfügung. Bei einer Außenfinanzierung wird dem Unternehmen **Fremdkapital** als **Kreditfinanzierung** für einen befristeten Zeitraum zugeführt. Neben der Rückzahlung der Darlehenssumme sind dem Kreditgeber Zinsen für die Bereitstellung und Nutzung des Fremdkapitals zu entrichten (Wahl, 2002, S. 196). Aufgrund des hohen Risikos in der Gründungs- und Aufbauphase stehen klassische Instrumente der Fremdfinanzierung über Bankinstitute kaum zur Verfügung, da in der Regel keine belastbaren Kreditsicherheiten hinterlegt werden können (Volkmann & Tokarski, 2006, S. 305). In der US-amerikanischen Gründerkultur wird von **Self-Feeding** und **Bootstrapping** gesprochen, wenn sich Unternehmensgründer selber an ihren „Schnürsenkeln" nach vorne ziehen, um möglichst lange ihre Eigenständigkeit zu wahren und ohne Fremdkapital auszukommen (Nathusius, 2001, S. 36). Beim **ressourcenorientierten Bootstrapping** verzichten die Gründer vorübergehend auf ihren Unternehmerlohn und lösen Sparreserven auf, um in dieser Phase ihren Lebensunterhalt zu bestreiten (Siemon, 2005, S. 1365). Die durch den nichtvergüteten Einsatz der Arbeitskraft („Schweiß") der Gründer geschaffenen Werte werden als **Sweat Equity** bezeichnet (Volkmann & Tokarski, 2006, S. 311; Kollmann, 2016, S. 232). Beim **beziehungsorientierten Bootstrapping** geht es um Sach-

und Finanzhilfen aus den persönlichen Netzwerken der Gründer. Eine unbürokratische Unterstützung kann in der Gründungsphase aus dem engeren sozialen Umfeld („**Family and Friends**") geleistet werden. Family and Friends-Kapital wird meist unkonventionell ohne oder nur zu geringen Konditionen (**Love Money**) bereitgestellt (Siemon, 2005, S. 1365).

In der Start- und Entwicklungsphase entstehen hohe Anlaufverluste, sodass keine eigenerwirtschafteten Mittel für den Kapitalaufbau zur Verfügung stehen (Kollmann, 2016, S. 202). Erst wenn nach der erfolgreichen Marktetablierung des Start-ups dauerhaft Gewinne erwirtschaftet werden, eröffnen sich Optionen der **Innenfinanzierung.** Bei der **Selbstfinanzierung** wird aus Erträgen der operativen Geschäftätigkeit Eigenkapital erwirtschaftet (Thommen & Achleitner, 2012, S. 599). Wird der in einem Geschäftsjahr erwirtschaftete Gewinn nicht an die Anteilseigner ausgeschüttet, sondern einbehalten (thesauriert), so werden die Gewinne zu bilanziellem Eigenkapital, was die Eigenkapitalbasis des Unternehmens stärkt und sich positiv auf die Kreditwürdigkeit auswirkt (Thommen & Achleitner, 2012, S. 599 f.). Viele Start-ups verfügen nicht über die finanziellen Mittel, um ein schnelles Wachstum zu forcieren. Die Bereitstellung von Risikokapital durch **Venture-Capital-Gesellschaften** (formeller Beteiligungsmarkt) und **Business Angels** (informeller Beteiligungsmarkt) fungiert als Alternative. Voraussetzung für die Generierung von Risikokapital ist eine überdurchschnittlich hohe Entwicklungsperspektive des Geschäftsmodells und das Potenzial, mit einem zeitlich begrenzten Investment einen hohen Wertzuwachs zu generieren und damit eine dem Risiko angemessene Rendite zu erwirtschaften (Volkmann & Tokarski, 2006, S. 305).

▶ **Venture Capital** Venture Capital (Wagniskapital, Risikokapital) ist außerbörsliches Beteiligungskapital, das ein Venture-Capital-Geber gegen Gesellschafteranteile kapitalsuchenden Unternehmen bereitstellt. Das Wagniskapital wird in Form von vollhaftendem Eigenkapital oder eigenkapitalähnlichen Finanzierungsinstrumenten wie Mezzanine-Kapital oder Wandelanleihen ins Unternehmen gebracht. Dafür erhält der Venture-Capital-Geber Informations-, Kontroll- und Mitspracherechte (Olfert, 2013, S. 307; Fritsch, 2019, S. 85 f.).

▶ **Business Angels** Ein **Business Angel** (Angel Investor) beteiligt sich aus seinem Privatvermögen finanziell an Unternehmen und unterstützt die Existenzgründer mit Know-how und Netzwerk, ohne dabei operative Managementaufgaben zu übernehmen (Bell, 1999, S. 372 ff.; Olfert, 2013, S. 307). Meist handelt es sich um ehemalige oder noch aktive Unternehmer, die selber erfolgreich ein Start-up in der Internetökonomie gegründet und aufgebaut haben (Fritsch, 2019, S. 87).

Für das potenziell hohe Risiko des möglichen Scheiterns erfolgt eine Risikofinanzierung immer gegen eine **Unternehmensbeteiligung.** Mit jeder **Finanzierungsrunde** wird die

Kapitaleinlage erhöht und das Start-up muss bewertet werden. Aus der Unternehmensbewertung leitet sich ab, welche Unternehmensanteile ein Investor für seine Kapitaleinlage erhält.

Unternehmensbewertung von Start-ups

Die Unternehmensbewertung ist ein komplexer Prozess. Mit der Anwendung unterschiedlicher Bewertungsverfahren ergibt sich der Unternehmenswert als eine monetäre Größe aus der Berechnung von bereits investiertem Kapital und der Bewertung des Geschäftsmodells auf Basis von Annahmen über dessen zukünftige Entwicklung (Volkmann & Tokarski, 2006, S. 440 ff.; Kollmann, 2016, S. 473 ff.). Schnell wachsende Unternehmen werden im englischsprachigen Raum als **Gazelles** (Gazellen) bezeichnet. Noch nicht börsennotierte Start-ups, die mit mindestens einer Milliarde US$ bewertet sind, werden **Unicorns** (Einhörner) genannt. Das Kölner Start-up DeepL mit einem auf Künstlicher Intelligenz basierenden Übersetzungstool galt im März 2023 als jüngstes deutsches Unicorn (Meisinger, 2023).◄

Mit jeder Finanzierungsrunde reduziert sich der Anteil der Gründer an ihrem Unternehmen. Der damit verbundene Verlust an **Autonomie** und Eigenständigkeit ist der zu akzeptierende Preis des fremdfinanzierten Wachstums (Wahl, 2002, S. 196). So weist die **Aktionärsstruktur** von Zalando (Stand 14. März 2023) rund 15 Jahre nach der Gründung des Unternehmens noch einen kumulierten Anteilsbesitz der Gründer von 5,13 % aus (Zalando Corporate, 2023). Wird ein erfolgreiches Start-up nach mehreren Finanzierungsrunden mehrheitlich von Investmentfonds und Venture-Capital-Gesellschaften bestimmt, so ist für sie der Gang an die Börse (**Going Public**) der Königsweg zur Monetarisierung des Investments. Venture-Capital-Gesellschaften setzen mit ihrem zeitlich befristeten Engagement auf Wachstum und Wertzuwachs und auf hohe Renditen aus dem späteren Verkauf ihrer Anteile (**Exit-Strategie).** Der planvoll durchdachte und zeitlich günstigste Ausstieg aus einer Beteiligung (**Exit**) ist daher von essenzieller Bedeutung, da ein hohes **Multiple** (Money Multiple oder Multiple of Investment) der Anteile die vorrangige Intention der Kapitalbeteiligung gewesen ist. Ein Exit kann jederzeit auch unabhängig von einem Börsengang eine profitable Verzinsung des eingesetzten Beteiligungskapitals bedeuten. Als ein **Trade Sale** wird der Verkauf der Beteiligung an einen strategischen Investor bezeichnet, meist ein anderes Unternehmen, welches durch die Beteiligung oder Übernahme des Start-ups sein Unternehmensportfolio diversifiziert und Synergieeffekte realisieren möchte. Der **Secondary Purchase** ist der Beteiligungsverkauf an eine oder mehrere andere Venture-Capital-Gesellschaften. Mit einem **Company Buy Back** wäre auch der Rückkauf einer Beteiligung durch den oder die Unternehmensgründer möglich (Kipp, 2016, S. 457).

Auch für den oder die Unternehmensgründer stellt sich nach dem erfolgreichen und oft auch entbehrungsreichen Aufbau eines Start-ups die Frage nach der persönlichen

Zukunft. Ein **geplanter Exit** kann die Konsequenz einer bereits mit der Gründung des Unternehmens in Betracht gezogenen Rückzugsstrategie sein. Ein **ungeplanter Exit** kann aus einem attraktiven **Übernahmeangebot** erwachsen. Private Gründe (Burnout, Krankheit, Familie) können ebenfalls ein Auslöser für den Rückzug aus dem Unternehmen sein. Oder es ist die Selbsterkenntnis, dass sich der Gründer den künftigen Herausforderungen der Unternehmensführung nicht mehr gewachsen sieht, wenn aus dem kleinen und überschaubaren Start-up der Seed- und Gründungsphase ein rasant gewachsenes Großunternehmen geworden ist. Eine vorausschauende Übergabe des Unternehmens in professionellere Hände ist daher die beste Voraussetzung, die Arbeitsplätze zu erhalten und die weitere Entwicklung des Start-ups zu sichern. Dies würde für einen **Trade Sale** an einen langfristig interessierten strategischen Investor sprechen, der das Unternehmen nicht zerschlägt, sondern in seiner Gesamtheit mit dem bestehenden Mitarbeiterstamm weiterentwickeln möchte. Ein Ausstieg kann auch über den Verkauf der Anteile an institutionelle Investoren (Investmentfonds, Private-Equity-Gesellschaften) erfolgen. Ein bereits am Unternehmen beteiligter Investor könnte damit seine Anteile aufstocken.

Trade Sale: Übernahme des Start-ups Flaschenpost durch die Oetker Group

Am 30. Oktober 2020 kaufte die Oetker Group den Lieferdienst Flaschenpost. In der Folge fusionierte Flaschenpost mit dem ebenfalls zur Oetker-Gruppe gehörenden Getränkelieferdienst Durstexpress. Der aufwands- und kostenintensive Versuch, Durstexpress gegen Flaschenpost zu positionieren hatte zu der Erkenntnis geführt, dass die Übernahme des Konkurrenten Synergien im Oetker-Konzern freisetzen kann. Für den Oetker-Konzern ging es dabei vor allem um neue Kundenzugänge für seine verschiedenen Mineralwasser- und Biermarken (Dostert & Müller-Arnold, 2020).◄

2.4.3 Corporate Entrepreneurship

Viele Unternehmen schaffen Organisationsstrukturen, die durch flache Hierarchien und schnelle Entscheidungswege die Entwicklung und Realisierung innovativer Ideen fördern sollen. Die frühzeitige Identifizierung der Potenziale neuer Technologien soll gerade bei etablierten Unternehmen ein **Innovator's Dilemma** (siehe Abschn. 1.4.1) vermeiden, indem durch die Stimulierung einer unternehmerischen Denkweise auf allen Unternehmensebenen schnell und flexibel auf neue Herausforderungen reagiert werden kann (vgl. Schuster, 2001, S. 1288). Wie Abb. 2.6 grafisch darstellt, können zwei Formen des Corporate Entrepreneurship differenziert werden.

Als **Intrapreneurship** wird eine Führungskultur im Rahmen des **Corporate Entrepreneurship** verstanden, die bei den Mitarbeitern ein unternehmerisches Denken und Verhalten zu entwickeln und zu befördern versucht (vgl. Achleitner, 2018). Dafür muss

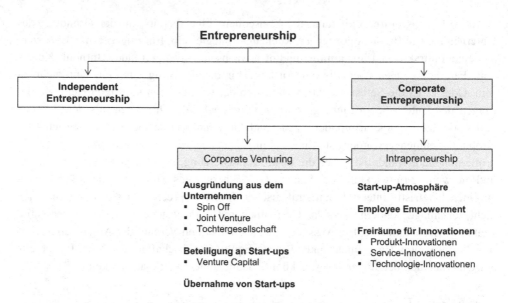

Abb. 2.6 Formen des Corporate Entrepreneurship. (Eigene Darstellung)

ein inspirierendes und kreativitätsförderndes Umfeld geschaffen werden (vgl. Schuster, 2001, S. 1288 f.). Es gilt, diejenigen Mitarbeiter in der Organisation zu identifizieren, die ein unternehmerisches Potenzial innerhalb des starren Korsetts ihres Aufgaben-profils nicht entfalten können oder dürfen. Ein erfolgreiches Intrapreneurship bedarf eines **Employee Empowerment** in der Personalführung. Ein Empowerment fördert die Eigenverantwortlichkeit und schafft Mitarbeitern mehr Entfaltungs- und Mitbe-stimmungsmöglichkeiten. Zur Etablierung eines **Intrapreneuring** können bestehenden Organisationseinheiten (Bereiche, Abteilungen) selbstbestimmtere Gestaltungs- und Ent-scheidungsspielräume gewährt werden (vgl. Reiss, 2014, S. 1345). Es können auch neue Organisationseinheiten geschaffen oder autonome und agile Projektgruppen mit einer „Start-up Atmosphäre" aufgesetzt werden. Ein höherer Grad an Freiraum und Eigen-verantwortlichkeit „empowert" diejenigen Mitarbeiter, deren unternehmerisches Potenzial durch mehr aktive Gestaltungsmöglichkeiten erst sichtbar wird. Auch schnell wachsende Unternehmen der Internetökonomie versuchen trotz ihrer Größe eine **Start-up-Mentalität** zu wahren, die weit darüber hinausgehen muss, einen Kicker und eine Tischtennisplatte in den Gemeinschaftsräumen aufzustellen.

Das Pareto-Prinzip: Die 80:20-Regel Google

Um die Gründermentalität und Innovationskraft des Unternehmens trotz des schnel-len Wachstums zu einem Großkonzern beizubehalten und noch weiter zu stärken, erlaubte Google seinen Mitarbeitern, einen Tag pro Woche einem Projekt ihrer Wahl auch außerhalb ihres Stellenprofils und Aufgabenbereiches zu widmen. Einzige Vorgabe: Die zu entwickelnde Produktidee oder Serviceinnovation musste im Interesse des Arbeitgebers liegen. Kernprodukte wie Google News, Gmail, Google Maps, AdSense und Street View sind aus dieser Initiative heraus entwickelt worden (vgl. Müller, 2018).◄

Mit einem externen **Venture Management** werden Innovationsfunktionen über Aus- und Neugründungen verselbstständigt. Diese erhalten als autonome Tochtergesellschaften eine eigene Rechtspersönlichkeit, meist in der Rechtsform einer GmbH, verbleiben jedoch mehrheitlich im Besitz des Mutterkonzerns (Schuster, 2001, S. 1288). Es können dann die im Unternehmen identifizierten Intrapreneure sein, die mit der Leitung einer Ausgründung auch einen ihrem unternehmerischen Potenzial adäquaten Karriereschritt vollziehen. Eine Option ist die Ausgliederung der E-Commerce-Aktivitäten in Tochtergesellschaften als **Corporate Spin Offs** (vgl. Hutzschenreuter, 2000, S. 226; Kuratko, 2010, S. 129 ff.).

► **Corporate Spin Offs** Corporate Spin Offs sind Ausgründungen oder Abspaltungen von Abteilungen oder Geschäftseinheiten aus dem Mutterkonzern in ein Tochterunternehmen (Olfert, 2013, S. 310). Corporate Spin Offs gelten als ein Instrument, eine Forschungs- oder Entwicklungseinheit aus der starren Hierarchie eines Großkonzerns zu lösen und damit Innovationen zu fördern und attraktivere Arbeitsbedingungen in einem flexibleren Umfeld mit flachen Hierarchien und schnellen Entscheidungswegen zu schaffen (Volkmann & Tokarski, 2006, S. 30).

E-Commerce Spin Offs aus mittelständischen Unternehmen und Großkonzernen verfolgen das Ziel, einen für die Umsetzung der Digitalisierungsstrategie förderlichen Freiraum durch flexible Organisationsstrukturen und kreativitätsfördernde Arbeitsumgebungen zu schaffen. Ein wichtiger Aspekt ist auch die Personalentwicklung, da für die Rekrutierung und Bindung von Nachwuchskräften Karriereperspektiven geschaffen werden müssen.

Digital-Tochtergesellschaften von Einzelhandelskonzernen

Die REWE Group mit ihrer Tochtergesellschaft Rewe Digital GmbH und Lidl mit seiner Tochtergesellschaft Lidl Digital International GmbH & Co. KG bündeln ihre Online- und Digitalaktivitäten in Ausgründungen, um flexibler und schneller auf neue Trends, Entwicklungen und Herausforderungen reagieren zu können sowie ein attraktives und inspirierendes Arbeitsumfeld für digitalaffine Mitarbeiter zu schaffen.◄

Unternehmen engagieren sich zunehmend in der Förderung von Start-ups, indem sie Businessplan-Wettbewerbe organisieren und Start-ups mit vielversprechenden Geschäftsideen mit Risikokapital über eigene **Corporate-Venture-Gesellschaften** unterstützen (vgl. Kollmann, 2016, S. 482 ff.). Zum einen kann eine frühe Finanzierung eines entwicklungsfähigen Start-ups bei einer späteren Veräußerung des Unternehmens oder

bei einem Börsengang eine attraktive Verzinsung des eingesetzten Kapitals hervorrufen. Auf der anderen Seite können Corporate-Venture-Gesellschaften ihr Investment
danach ausrichten, dass das eigene Unternehmen vom Know-how Aufbau des Start-
ups profitiert. Innovative Anwendungen sind in einer autarken Start-up-Struktur schneller
erprobt und marktreif, als es gegebenenfalls über starre Budgetvorgaben in den eigenen
Entwicklungsabteilungen realisierbar ist.

▶ **Corporate Venturing Corporate Venture Capital** bezeichnet eine Variante des Venture Capital, bei dem das zur Finanzierung eines zumeist jungen Unternehmens benötigte
Eigenkapital von einem nicht im Finanzsektor tätigen Unternehmen zur Verfügung gestellt
wird. Mit dem Investment werden meist strategische Ziele wie der Zugang zu innovativen Anwendungen und die Know-how-Partizipation an technologischen Entwicklungen
verfolgt (vgl. Kollmann, 2016, S. 482 ff.).

Corporate-Venture-Gesellschaften

Tengelmann mit Tengelmann Ventures GmbH (https://www.tengelmann-ventures.com)
und die ProSiebenSat1-Mediengruppe mit SevenVentures GmbH (https://www.sevenc
ommerceandventures.com) finanzieren mit Corporate Venture Capital Internet Start-
ups. Zum einen wird durch erfolgreiche Beteiligungen eine angemessene Verzinsung
des Kapitals angestrebt, zum anderen profitieren die Konzerne vom Know-how Aufbau und erhalten Zugang zu neuen Technologien und Anwendungen. SevenVentures
unterstützt dabei die Start-ups über seine Beteiligungsmodelle „Media for Equity" und
„Media for Revenue" auch mit der Bereitstellung von Fernsehwerbezeiten.◀

2.5   E-Commerce IT-Management

Der reibungslose Betrieb eines E-Commerce-Geschäftsmodells erfordert eine leistungsfähige und ausfallsichere **IT-Infrastruktur.** Das IT-Management bezieht sich darauf, wie
die IT-Systeme mit einer Vielzahl von Hardware-, Software- und Netzwerkkomponenten
auf die unternehmensspezifischen Belange ausgerichtet und in der Systemarchitektur optimal miteinander verbunden und aufeinander abgestimmt werden. Die technische Basis
des Onlineshops ist eine Shopsoftware, mit der die Stufen des Transaktionsprozesses
(Auswahl, Bestellung, Bezahlung) konfiguriert werden. Die Funktionen eines Shopsystems lassen sich in Front- und Backend-Komponenten unterscheiden. Das **Frontend** ist
die grafische Benutzerschnittstelle. Als **Mensch-Maschine-Interaktion** erfolgt über das
Frontend der visuelle Einstieg in den Onlineshop und die darauffolgenden Interaktionen mit den integrierten Anwendungen. Im **Backend** steuern Programmbausteine die
durch die Interaktion des Besuchers ausgelösten Prozesse im Verbund mit weiteren nachgelagerten Softwaresystemen, wie beispielsweise einem Warenwirtschaftssystem sowie

Kunden- und Produktdatenbanken. Funktionen im Frontend werden durch den Website-besucher direkt ausgelöst, während im Backend automatisierte oder teilautomatisierte Prozesse durch die innerbetriebliche Organisation gesteuert werden. IT-Architekturen werden nach logischen und physischen Softwareschichten sowie der den Anwendungen und Systembausteinen zugrunde liegenden Hardware-Infrastruktur unterteilt (Noack et al., 2000, S. 8). Das Standardmodell zur Beschreibung von logischen Software-schichten besteht aus der **Präsentationsschicht** (Frontend zur Kommunikation und Interaktion mit dem Nutzer), der **Anwendungsschicht** (Programmlogik zur Verarbeitung der Interaktion mit dem Nutzer) und der **Datenhaltungssicht** mit der Speicherung und Verwaltung der kundenbezogenen Transaktionsdaten (vgl. Kollmann, 2020b, S. 312). In einer typischen Onlineshop-Systemarchitektur bedienen **Webserver** die Präsentations-schicht, sie stellen mit der Benutzerschnittstelle über **Web-Services** das Frontend dar und steuern die Interaktion. Die **Application-Server** administrieren die digitalen Geschäfts-prozesse im Backend. Sie sind mit einem DBMS (Datenbankmanagementsystem) mit **Datenbank-Servern** konnektiert. Webserver und Application-Server können auch in einer als **Web-Application-Server** bezeichneten Systemkomponente vereint sein (Kollmann, 2020b, S. 313).

2.5.1 Shopsysteme

Die Auswahl eines passenden Shopsystems ist davon geprägt, ob der Onlineshop als **Stand-alone-Lösung** (Insellösung) betrieben, oder in eine bestehende IT-Infrastruktur zu integrieren ist. Standardisierte Shopsysteme ermöglichen in kurzer Zeit die Konfiguration eines Onlineshops als Baukastenlösung mit integrierten Schnittstellen für die Einbindung in die technische Infrastruktur (Bolz & Höhn, 2019, S. 198). Während ein Start-up auf der „grünen Wiese" planen kann, ergibt sich für etablierte Unternehmen durch eine über viele Jahre gewachsene IT-Systemlandschaft eine komplexere Ausgangssituation. Der Online-Händler muss entscheiden, ob er ein Shopsystem selber entwickelt, kauft (lizensiert) oder mietet (Kollmann, 2016, S. 43). Daraus leitet sich, wie Abb. 2.7 im Überblick darstellt, die folgende Kategorisierung von Shopsystemen ab:

- **Open-Source-Shopsysteme:** die Software ist kostenlos und frei zugänglich. Der Quell-code ist offen, dadurch sind Erweiterungsprogrammierungen möglich. Hinter einer Open-Source-Lösung steht eine Entwickler-Community, die gemeinsam den Aus-bau der Software vorantreibt, indem der Quellcode weiterentwickelt wird und neue Module und Funktionen programmiert werden. Viele Shopsysteme basieren auf Open Source, die bekanntesten sind Magento (seit 2021 Adobe Commerce), OpenCart, Oxid eSales, PrestaShop, Shopware, WooCommerce, OsCommerce und xt:commerce. Dabei gibt es Überschneidungen mit den Lizenzmodellen, da z. B. Shopsysteme wie

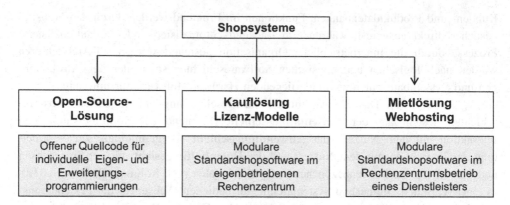

Abb. 2.7 Deges_Kategorisierung von Shopsystemen. (Eigene Darstellung)

Magento, Shopware oder Oxid eSales auch als kommerzielle und damit lizensierbare Premium-Softwarepakete angeboten werden.

- **Kauflösungen: Lizenzmodelle (On Premise):** von kommerziellen Anbietern entwickelte modular aufgebaute Shopsystem-Standardsoftwarelösungen. Sie verfügen über eigenprogrammierte Schnittstellen und bieten mit einem Customizing unternehmensindividuelle Anpassungen. In die Lizenzgebühr ist Wartung und Support inbegriffen. Bekannte Anbieter sind IBM Websphere, Hybris SAP und PlentyMarkets (ursprünglich eine Softwarelösung für eBay-Powerseller). Kommerzielle Anbieter grenzen sich von den Open-Source-Lösungen durch einen urheberrechtlich geschützten Quellcode ab.

- **Mietlösungen:** basieren ebenfalls auf fertigentwickelten Standardlösungen. Mit einem Baukastenprinzip kann die Dimensionierung des Shopsystems bestimmt und die integrierten Basisfunktionen durch zusätzliche Features ergänzt werden. Miete und Betrieb **(Webhosting)** des Shopsystems werden als Paketlösung vermarktet. Bekannte Anbieter sind 1&1, Strato, Shopify oder Jimdo. Mietlösungen eignen sich als Einsteigerpakete für kleinbetriebliche Gründer, diese sind auf den Servern des Hostingpartners bereits vorinstalliert und lassen sich ohne Programmierkenntnisse schnell und einfach konfigurieren.

▶ **Webhosting-Services** Unter Webhosting versteht man die Bereitstellung von Webspace (Server-Speicherplatz) sowie die Installation, den Betrieb und die Netzwerkanbindung (Hosting) von Websites auf dem Webserver eines Internet-Service-Providers (ISP). In einer dedizierten Hosting-Umgebung reserviert der Provider für jeden Kunden eigene Server und Infrastruktur. Bei Shared Hosting werden die Services mehreren Kunden aus einem Ressourcenpool zur Verfügung gestellt und nach Nutzung abgerechnet.

Das passende Shopsystem garantiert im Verbund mit einem leistungsstarken Webserver und einer hochperformanten Anbindung an das Internet eine hohe **Systemstabilität,**

Belastbarkeit und **Ausfallsicherheit.** Hohe Besucherfrequenzen mit vielen zeitgleich auf den Onlineshop zugreifenden Nutzern führen sonst zu langsamen Antwortzeiten oder im Worst Case zu einer vorübergehenden Nichtverfügbarkeit des Onlineshops. Einer Serverüberlastung kann vorgebeugt werden, wenn beispielsweise für Sonderverkaufsveranstaltungen zusätzliche Serverkapazitäten aufgebaut oder beim Hostingpartner hinzugebucht werden (Kaffsack, 2016).

Ausfall der Webserver

Serverüberlastungen und Ausfälle von Onlineshops können aus Fehleinschätzungen erhöhter Nachfrage bei aufmerksamkeitsstarken Marketingaktionen resultieren. Die limitierte Schokoladensonderedition „Einhorn" von Ritter Sport als Mischung von „weißer Schokolade mit Joghurt und Himbeer-Cassis-Regenbogen" führte zum Verkaufsstart am 1. November 2016, dem Welteinhorntag, durch die hohe zeitgleiche Nachfrage zu einem Zusammenbruch der Webserver (Halberschmidt, 2016). Auch bei einer Wiederholung der Aktion am 14. November 2016 war der Webserver trotz massiv erhöhter Kapazitäten erneut mit der zusätzlichen Last überfordert und der Onlineshop temporär nicht erreichbar (Kaffsack, 2016; Ritter Sport, 2016).◄

Das Shopsystem muss darauf ausgerichtet sein, Wachstumsambitionen technisch und funktional mitzutragen, beispielsweise wenn das Sortiment erweitert wird oder die Anzahl der Kunden und das Bestellvolumen kontinuierlich wächst. Die Frage nach der **Skalierbarkeit** und **Mehrsprachigkeit** betrifft auch eine mögliche Internationalisierung des Geschäftsmodells (Krekeler & Heinemann, 2016, S. 480). Ein zentrales, system- und plattformübergreifendes **Datenmanagement** mit einer über alle Vertriebskanäle hinweg integrierten Sicht auf Kundendaten und Prozesse bedarf der Integration des Shopsystems in die vorhandene IT-Infrastruktur (vgl. Vetter & Morasch, 2019, S. 338 ff.). Schnittstellen zum **Warenwirtschaftssystem** für das Stammdatenmanagement oder zum CRM-System **(Customer Relationship Management-Systeme)** für das Kundendaten- und Kundenbeziehungsmanagement sind kanalübergreifend zu synchronisieren (Heinemann, 2013, S. 186 und 193). Je komplexer die bestehende IT-Infrastruktur, um so aufwändiger gestaltet sich ein solcher Integrationsprozess. Eine große Hürde stellt die Anbindung und Integration von Standardlösungen in eigenprogrammierte Altsysteme, wie beispielsweise ein über viele Jahre eigenentwickeltes Warenwirtschaftssystem, dar (Vetter & Morasch, 2019, S. 339). Kleinbetriebliche Fachhändler scheitern schon daran, dass sie nicht über ein Warenwirtschaftssystem verfügen und ihre Bestände manuell in Excel-Listen pflegen (Zimmer, 2019). Die Auswahl des passenden Shopsystems muss nicht nur den Aufwand für Konfiguration und Implementierung **vor der Inbetriebnahme des Onlineshops** berücksichtigen, sondern auch die regelmäßige Pflege, Wartung und Betreuung des Systems **im laufenden Betrieb des Onlineshops.** In die Auswahlentscheidung für ein

Shopsystem sind somit auch Überlegungen hinsichtlich der Bereitstellung interner Kapazitäten und/oder der Inanspruchnahme von Diensteistern zu berücksichtigen (Kollmann, 2016, S. 44). Für die Implementierung, Steuerung und Weiterentwicklung nicht nur des Shopsystems, sondern im Verbund dazu der gesamten IT-Systemlandschaft, bedarf es eines agilen Projektmanagements. Budgets und Zeitpläne müssen anforderungsgerecht kalkuliert werden. Externes Know-how und interne Ressourcen müssen zusammengeführt und zielorientiert gesteuert werden.

Vor der finalen Entscheidung über die Auswahl des Shopsystems sollte eine detaillierte **Anforderungsanalyse** durchgeführt, infrage kommende Shopsysteme gegenübergestellt und hinsichtlich des Grades der Erfüllung unternehmensspezifischer Anforderungen miteinander verglichen werden. Dabei sind nicht nur die typischerweise über das Frontend bereitgestellten Funktionen und Anwendungen, sondern auch die Anbindungsfähigkeit- und Integrationsfähigkeit in die mit dem Shopsystem korrespondierenden Backendsysteme der bestehenden IT-Infrastruktur zu bewerten. Aus einer Shortlist heraus können die verbleibenden Alternativen getestet werden, bevor am Ende des Prozesses eine Entscheidung getroffen wird. Bei den Top-1.000-Onlineshops in Deutschland hat 2022 die E-Commerce-Software Shopify die des Anbieters Magento (Adobe Commerce) als häufigst genutzte Shopsoftware abgelöst (EHI, 2022).

E-Commerce-Software Shopify

Shopify ist ein 2006 gegründetes kanadisches Unternehmen und vertreibt eine gleichnamige proprietäre E-Commerce-Software. Shopify richtet sich mit einem mobiloptimierten und cloudbasierten Shopsystem sowohl an Start-ups, klein- und mittelständische Betriebe als auch Großunternehmen. Mit Basic Shopify, Advanced Shopify und Shopify Plus werden drei Versionen als monatliches Gebührenmodell angeboten. 2009 wurde das System von einer reinen Shoplösung zu einer E-Commerce-Plattform ausgebaut. Mit einer Programmierschnittstelle wurden Entwicklungsbibliotheken für Drittanbieter (Third-Party-Entwickler und Programmierer) geschaffen. Im Shopify Appstore können Online-Händler ihr Shopify-System mit Apps bedarfsgerecht ausbauen und über einen Shopify Theme Store Services (Themes) individualisieren. Mit über 2.200 Apps gehört der Shopify App Store zu den umfangreichsten Plattformen für Third-Party-Angebote im E-Commerce.◄

Viele Shopsysteme sind modular aufgebaut und stellen über ein Baukastenprinzip eine Vielzahl an aktivierbaren Funktionen bereit. **Plug-Ins** sind Zusatzprogramme, sie können über Schnittstellen als ergänzende Anwendungen und zusätzliche Funktionen mit einer anderen Software verknüpft werden. Sie spielen insbesondere beim Im- und Export von Daten aus und in verschiedene inkompatible Softwaresysteme eine Rolle. **Add-Ons** erweitern eine modular aufgebaute Software um zusätzliche Funktionen und können bei Bedarf aktiviert und individuell auf die Wünsche und Anforderungen des Kunden angepasst werden. Diese werden in der Regel vom Hersteller der Software bereitgestellt, während Plug-Ins meistens von Drittanbietern entwickelt werden.

Content muss in strukturierter oder unstrukturierter Form im Shopsystem in unterschiedlichen Darstellungsformaten wie Texte, Bilder, Grafiken, Audio und Video bereitgestellt werden. Beim **Content Management** geht es um die Planung, Verwaltung, Steuerung und Koordination aller zu erstellenden, zu pflegenden und zu aktualisierenden Informationen (vgl. Winand et al., 2007, S. 1304 f.). Die Mehrfachverwertung von Content in unterschiedlichen Medien wird als **Cross Media Publishing** bezeichnet. Bei Inhalten für die Onlineauftritte wird von **Web Content** gesprochen. **Web-Content-Management-Systeme** (WCMS) sind dadurch gekennzeichnet, dass die Daten getrennt nach Inhalt, Struktur und Layout verwaltet werden (vgl. Bodendorf, 2006, S. 95). **Templates** und **Style Sheets** sind strukturierte Formatvorlagen, die den Inhalt medienneutral aufnehmen und vorhalten. Für die Erstellung, Bearbeitung und Verwaltung der Inhalte stehen **Editing-Funktionen** zur Verfügung. Die Speicherung und Archivierung von Content erfolgt in einer integrierten Datenbank (**Data-Repository),** wo die Daten in kleinste logische Einheiten aufgeteilt, abgespeichert werden (Winand et al., 2007, S. 1310). Über eine **Publishing-Komponente** werden Inhalte aus der integrierten Datenbank geladen und der Web Content für die aufgerufene Website wird dynamisch in den passenden Templates veröffentlicht (Laudon et al., 2010, S. 628). Mit einem **Versionsmanagement** lassen sich die Entwicklungs- und Bearbeitungsschritte jedes Daten- und Textelements kontrollieren und eine **Workflow-Komponente** koordiniert den Bearbeitungsablauf über Erstellungs-, Änderungs-, Freigabe- und Publikationsprozeduren (Winand et al., 2007, S. 1312). In manchen Shopsystemen ist ein Content-Management-System bereits integriert, sodass dieses nicht unbedingt separat als Software angeschafft werden muss.

2.5.2   Cloud Computing

Für den technischen und administrativen Betrieb eines Onlineshops können drei Grundmodelle unterschieden werden (Kollmann, 2020b, S. 301). Im autarken **Betreiber-Modell** (Inhouse-Betrieb) wird der Onlineshop im Unternehmen aufgebaut und mit unternehmenseigener Software und Hardware betrieben. Kosten und Aufwand entstehen durch den Kauf, Betrieb und die Administration von Hardware und Software. In einem **Partner-Modell** ist der gesamte Shopbetrieb an einen Dritten ausgelagert, der nicht nur die technische Plattform für den Betrieb bereitstellt, sondern auch Teilfunktionen der Transaktion übernimmt. So sind in einem Partner-Modell wie beispielsweise beim Amazon Marketplace rein technisch betrachtet nur Artikeldaten in das System einzupflegen. In einem **Dienstleister-Modell** (Outsourcing) werden (Teil-)Komponenten der Hardware und Software von spezialisierten Anbietern gemietet. Der physische Betrieb wird an externe Unternehmen ausgelagert. Ein Outsourcing ist sinnvoll, wenn keine technischen und personellen Ressourcen für den Eigenbetrieb der IT vorhanden sind oder aufgebaut werden können (vgl. Kollmann, 2020b, S. 302). Eine **Cloud** (Rechnerwolke, Daten-wolke) ist eine über das Internet bereitgestellte IT-Ressource, die von einem Dienstleister in seinen Rechenzentren verfügbar gemacht wird. Bei diesen IT-Ressourcen kann es sich um Speicherplatz, Rechenleistung, Software (Web-Anwendungen) oder komplette IT-Infrastrukturen handeln.

▶ **Cloud-Formen: Public-Private-Hybrid** Eine **Public Cloud** wie beispielsweise MS Teams ist eine von einem Cloud-Dienstleister bereitgestellte, öffentliche und frei zugäng-liche IT-Infrastruktur mit Servern, Speicherkapazität und Anwendungen als **On-demand Self Service** (Diensteerbringung auf Anforderung). In einem konsolidierten System (**Ressource Pooling**) ermöglicht eine Multi-Tenant-Architektur die Einrichtung virtuel-ler Räume für mehrere Mandanten (**Multi-Tenancy-Modell:** Mehrmandantenfähigkeit) auf derselben physischen Serverinfrastruktur (Herzwurm & Henzel, 2020, S. 885 f.). Technisch ermöglicht wird dies durch eine **Abstraktionsschicht** zwischen den Software-anwendungen des Mandanten und den bereitgestellten physischen Ressourcen (Fuchs-Kittowski & Freiheit, 2015, S. 299 und 303). Eine **Private Cloud** wird unternehmensindi-viduell aufgebaut und vom Unternehmen in Eigenregie betrieben. Sie wird nur autorisier-ten Nutzern (Mitarbeiter, Lieferanten, Kunden) zugänglich gemacht (Herzwurm & Henzel, 2020, S. 888). In einer **Hybrid Cloud** sind Public und Private Cloud logisch miteinan-der verbunden. Mehrere eigenständige Cloud-Infrastrukturen werden über standardisierte Schnittstellen miteinander vernetzt und gemeinsam genutzt. So laufen bestimmte Ser-vices in der öffentlichen Cloud, während unternehmenskritische und datenschutzrelevante Anwendungen im Unternehmen betrieben werden (Fuchs-Kittowski & Freiheit, 2015, S. 302; Herzwurm & Henzel, 2020, S. 888).

Die Bereitstellung und der technische Betrieb von webbasierten Mietlösungen über eine extern angebundene IT-Infrastruktur wird als **Cloud Computing** bezeichnet (Tripp, 2019, S. 22). Wie Abb. 2.8 darstellt, differenzieren sich diese Dienstleistungsmodelle unter dem Sammelbegriff XaaS (**Anything as a Service**) nach Infrastructure as a Service (IaaS), Platform as a Service (PaaS) sowie Software as a Service (SaaS).

Mit **Infrastructure as a Service** (IaaS) werden dem Mandanten IT-Ressourcen wie Server, Rechenleistung und Speicher als virtuelle und skalierbare IT-Infrastruktur bereitgestellt, auf welcher der Mandant beliebige Softwareprogramme ausführen kann (Herzwurm & Henzel, 2020, S. 886). Großunternehmen, aber auch klein- und mittelstän-dische Betriebe mit über die Jahre gewachsener Inhouse IT nehmen diesen Service in Anspruch, wenn sie eine komplexe Anwendungslandschaft mit der bestehenden Hard-ware nicht mehr effizient managen können (Herzwurm & Henzel, 2020, S. 887). Bei **Platform as a Service** (PaaS) wird dem Mandanten, meist in der Erweiterung eines IaaS-Dienstes, zusätzlich eine Entwicklungsumgebung zur Verfügung gestellt, um bei Softwareentwicklungsprojekten mit vielen räumlich verteilt arbeitenden Programmierern auf einer zentralen Plattform kollaborieren zu können (Fuchs-Kittowski & Freiheit, 2015, S. 301). Werden Softwareanwendungen über das Internet in einer Cloud bereitgestellt

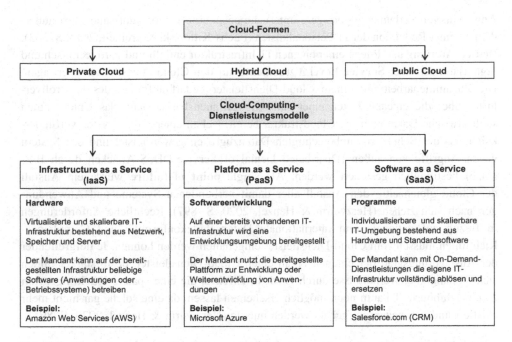

Abb. 2.8 Cloud-Formen und Cloud-Computing-Dienstleistungsmodelle. (Eigene Darstellung)

und darüber genutzt, so spricht man von **Software as a Service** (SaaS). Dienstleister bieten diese spezielle Form des Outsourcings als eine Weiterentwicklung eines traditionellen IT-Outsourcings über **Application Service Providing** (ASP) an, welches als **Single-Tenant-Architektur** eine exklusive Nutzung einer dedizierten Infrastruktur für einen Mandanten über proprietäre Netze oder über das Internet bereitstellt (Herzwurm & Henzel, 2020, S. 890). Der Vorteil der Inanspruchnahme von Cloud-Computing-Lösungen liegt darin, dass Ressourcen nach ihrem tatsächlichen Bedarf und Gebrauch abgerufen und berechnet werden **(Pay-per-Use Modell).** Die IT-Ressourcen sind pro Mandant nach oben oder unten skalierbar **(Rapid Elasticity)** und können bei Bedarf in ihren Quantitäten flexibel angepasst werden, was Ineffizienzen durch eine zu hohe oder zu niedrige Ressourcenbereitstellung mindert (Herzwurm & Henzel, 2020, S. 880). Kurzfristig benötigte Ressourcen bei tageszeitlichen, saisonalen oder konjunkturellen Schwankungen **(Peaks)** können schnell und flexibel bereitgestellt werden, was in der Aufbauphase eines Onlineshops wichtig ist, wenn sich kurzfristig Wachstumspotenziale ergeben. Cloud Computing bietet sich insbesondere für Start-ups als Alternative zu einem sonst notwendigen Initialinvestment in den Aufbau einer eigenen IT-Infrastruktur an. Aber auch ineffiziente und komplexe bestehende IT-Infrastrukturen können durch Cloud Computing abgelöst werden. IT-Fixkosten wandeln sich über nutzungsabhängige Abrechnungen **(Measured Service)** in variable Kosten, was die Kostenstruktur optimiert und die unternehmenseigene Infrastruktur konsolidiert. Der durch die Auslagerung von Infrastruktur und/oder

Anwendungen verbundene geringere unternehmensinterne Personalaufwand führt außerdem zu einer Reduktion der IT-Personalkosten (Fuchs-Kittowski & Freiheit, 2015, S. 303). Betrieb, Wartung und Pflege einer eigenen IT-Infrastruktur entfällt und wird technisch und organisatorisch über **Service Level Agreements** auf den Cloud-Dienstleister übertragen. Die Zusammenarbeit mit einem Cloud-Dienstleister bedarf aufgrund des Kontrollverlustes über die eigenen Daten einer stabilen Vertrauensbasis. Denn das Unternehmen stellt kritische Daten über die Cloudstruktur bereit. Neben einer hohen Systemverfügbarkeit muss der Schutz vor unberechtigten Datenzugriffen gewährleistet und das System gegen Angriffe von außen (Distributed Denial of Service-DDoS-Attacken durch Botnetze) bestmöglich gesichert werden. Als **single point of failure** würde ein Ausfall der Cloud gleichzeitig den Ausfall aller damit verbundenen Systeme und Anwendungen nach sich ziehen (Herzwurm & Henzel, 2020, S. 897). Rechtliche Anforderungen in Bezug auf nationale und internationale Datenschutzkonformität und Compliance-Richtlinien müssen vom Cloud-Dienstleister eingehalten werden können. Je tiefgreifender der Auslagerungsgrad der eigenen IT an einen Cloud-Dienstleister, desto stärker bilden sich Abhängigkeitsverhältnisse durch **Lock-in-Effekte,** die eine spätere **Rückmigration** zu einer Inhouse IT kaum noch möglich erscheinen lassen, da eine solche gar nicht mehr existiert und von neuem aufgebaut werden müsste (Herzwurm & Henzel, 2020, S. 895).

2.5.3 Big Data und Künstliche Intelligenz

Ursprünglich wurde der Begriff **Big Data** „nur" als Synonym für große Datenmengen verwendet (Volk et al., 2020, S. 1038). Nun hat er sich zu einem Dachbegriff herausgebildet, der für eine Vielzahl von Anwendungen, aber auch Technologien im Zusammenhang mit der Erfassung, Verarbeitung, Speicherung und Nutzung großer strukturierter und unstrukturierter Daten steht. Die Herausforderung besteht im Management der aus der Digitalisierung erwachsenden umfangreichen Datenmengen aus vielfältigen Quellen, diese müssen mit leistungsfähigen Softwaretools aufbereitet und analysiert werden, um entscheidungsrelevante **Smart Data** zu erzeugen (Kirchgeorg & Beyer, 2016, S. 402 und 413).

▶ **Big Data** Big Data ist durch die drei Kerneigenschaften Volume (Menge), Vielfalt (Variety) und Velocity (Geschwindigkeit) determiniert. **Volume** steht für die Menge der Daten, die gewonnen, gespeichert und verarbeitet werden muss. **Variety** bezieht sich auf die Vielfalt und Granularität der Daten in Hinblick auf ihre Struktur und Inhalt (strukturiert, semi-strukturiert, unstrukturiert). **Velocity** kennzeichnet die Geschwindigkeit der Datenverarbeitung, aber auch die Geschwindigkeit, mit der die Daten eintreffen (vgl. Volk et al., 2020, S. 1040 f.). In letzter Zeit wurden diese drei Kerneigenschaften erweitert um **Value** als den Mehrwert, den ein Unternehmen aus Big-Data-Analysen zieht und **Validity** für die sicherzustellende Datenqualität.

Personenbezogene Daten aus Kundenprofilen werden mit kaufverhaltensrelevanten Daten in Beziehung gebracht, um verborgene Erkenntnisse zu gewinnen. Daraus können Kaufverhaltensmuster abgeleitet werden, die eine maßgeschneiderte und individuelle Kundenansprache ermöglichen. Mit **Big Data Analytics** wird der Prozess der Datenaufbereitung und Datenanalyse bezeichnet. Dabei kommen verschiedenste Analysen und Methoden zum Einsatz. Mit einem **Data Mining** werden personalisierte Empfehlungen generiert, die auf die Kaufpräferenzen potenzieller Käufer und Wiederholungskäufer schließen (Ziegler & Loepp, 2020, S. 717). Den systemgenerierten automatisierten Produktempfehlungen liegt die Annahme zugrunde, dass die Empfänger sie in ihrem Kaufentscheidungsprozess als relevant erachten.

▶ **Data Mining** Der Fachterminus Data Mining kennzeichnet die softwaregestützte analytische Extraktion von Wissen aus umfangreichen Datenbeständen (Big Data). Hierfür werden statistische Methoden zur Identifizierung von Mustern, Zusammenhängen und Querverbindungen angewandt. Eine **Clusteranalyse** klassifiziert und gruppiert Objekte nach Ähnlichkeiten. Mit Hilfe multivariater statistischer Verfahren der **Assoziationsanalyse** (Identifizierung von Zusammenhängen und Abhängigkeiten über Regeln, z. B. Produkt A: Bier wird am häufigsten zusammen mit Produkt B: Chips gekauft) und der **Regressionsanalyse** (Identifizierung von Beziehungen zwischen mehreren abhängigen und unabhängigen Variablen) werden in den vorhandenen Datenbeziehungen Muster erkannt und daraus Prognosen für den Absatz abgeleitet.

Beim **Data-Driven-Marketing** (datenbasiertes Marketing) geht es um die Sammlung, Analyse und Nutzung großer Datenmengen zur Unterstützung von Marketingentscheidungen wie beispielsweise der Optimierung und Personalisierung von Online-Marketing-Kampagnen. In der Absatzplanung kommen **Predictive-Analytics**-Verfahren zum Einsatz, die auf Basis von Datenmodellen und Algorithmen Vorhersagen von Kundenverhaltensweisen ableiten. Hierbei wird versucht, Muster in aktuellen und historischen Daten zu erkennen, um daraus Zukunftsprognosen für die Nachfragentwicklung von Produkten abzuleiten, die eine vorausschauende Sortimentsplanung und Vorhersagen zum wahrscheinlichen Abverkauf ermöglichen (Heinemann & Zarnic, 2020, S. 396). **Prescriptive-Analytics**-Verfahren haben zum Ziel, mittels künstlicher Intelligenz nicht nur Vorhersagen zu treffen, sondern mit Handlungsempfehlungen Entscheidungen zu unterstützen, die der Erreichung von Zielen, beispielsweise der Umsatzsteigerung über Dynamic Pricing (siehe Abschn. 6.2.2.4), der Deckungsbeitrags- und Lagerbestandsoptimierung oder der Minimierung des Retourenaufkommens dienen (vgl. Reinecke, 2020, S. 443).

Künstliche Intelligenz (KI) wird in schwache und starke KI unterschieden. **Schwache künstliche Intelligenz** wird heute schon erfolgreich in vielen Bereichen eingesetzt, um menschliches Denken und Handeln auf dem Niveau menschlicher Fähigkeiten zu unterstützen (Corves & Schön, 2020, S. 261). Schwache KI-Systeme sind reaktiv auf die Erfüllung vorgegebener Aufgaben programmiert und bedienen sich parametrisierter Methoden und Herangehensweisen für Problemlösungen in einem definierten Kontext

(Corves & Schön, 2020, S. 260 f.). Eine schwache KI verfügt lediglich über eine **Teilintelligenz** in einem spezifischen Anwendungsbereich (Kehl & Coenen, 2016, S. 13). Eine **starke künstliche Intelligenz** überträgt das Leistungsvermögen der menschlichen Intelligenz in eine maschinelle Systemumgebung (Corves & Schön, 2020, S. 260). Sie simuliert menschliches Denken und Handeln und ist nicht nur reaktiv auf definierte Einsatzgebiete begrenzt, sondern universell einsetzbar. Eine **hybride Intelligenz** kennzeichnet die Fähigkeit, komplexe Ziele durch das Zusammenspiel von menschlicher und künstlicher Intelligenz zu erreichen, um im Verbund bessere Ergebnisse zu erzielen und voneinander zu lernen (Dellermann et al., 2019, S. 640). Sie kompensiert den Nachteil einer begrenzten menschlichen Informationsverarbeitungskapazität und limitierten Lernfähigkeit mit ihrer überlegeneren und schnelleren Verarbeitung großer Datenmengen (vgl. Reinecke, 2020, S. 445). Machine Learning (ML) und Deep Learning (DL) sind Teilgebiete der Künstlichen Intelligenz. **Machine Learning** beschreibt das maschinelle Selbstlernen bei Computersystemen (Bendel, 2019). Diese erkennen bei vorgegebenen Zielen und Aufgaben Muster, Regel- und Gesetzmäßigkeiten in Datensätzen und leiten Konklusionen, Lösungen und Aktionen daraus ab (vgl. Kreutzer & Sirrenberg, 2019, S. 7). Die Algorithmen werden im Rahmen des **Supervised Learning** (beaufsichtigtes Lernen) mit großen Datenmengen darauf „trainiert", mittels bereitgestellter Methoden und Verfahren für vorgegebene Aufgabenstellungen die richtigen Lösungen abzuleiten (Gentsch, 2019, S. 37 f.; Kreutzer & Sirrenberg, 2019 S. 7). Beim **Unsupervised Learning** (unüberwachtes Lernen) sind selbst-adaptive Systemalgorithmen in der Lage, eigenständig zu lernen und sich selbst zu optimieren (Gentsch, 2019, S. 38; Kreutzer & Sirrenberg, 2019, S. 6 f. und 20). Während beim Supervised Learning Programmierer eingreifen, um systemseitige Einstellungen und Anpassungen vorzunehmen, greifen diese beim Unsupervised Learning nicht mehr in den laufenden Lernprozess ein. **Deep Learning** basiert auf der Erzeugung künstlicher **neuronaler Netzwerke** (KNN). Diese können über die Aktivierung automatisierter Lernprozesse ohne externe Unterstützung große Datenmengen über mehrere Schichten verarbeiten (Kreutzer & Sirrenberg, 2019, S. 8). Je mehr Ebenen (hidden layers) zwischen Input (**Eingabeschicht**) und Output (**Ausgabeschicht**) liegen, desto ausgefeilter ist der Lernerfolg des Systems. Die Lernmethoden simulieren dadurch das mehrschichtige Denken des menschlichen Gehirns und resultieren in der Fähigkeit, Prognosen oder Entscheidungen aus tief liegenden unbekannten Mustern und Datenkorrelationen ableiten zu können (Luber & Litzel, 2017). Mit dem Sammelbegriff **Generative KI** werden KI-basierte Systeme bezeichnet, deren Algorithmus über ein mehrstufiges, zuerst beaufsichtigtes Machine Learning auf die Erzeugung originärer Inhalte (Texte, Bilder, Video, Audio) ausgerichtet ist. Das textbasierte Dialogsystem **ChatGPT** (Generative Pre-trained Transformer) kann auf Basis von **Prompts** (ein textbasierter Input, zu dem das System einen Output erzeugt) textbasierten neuen Content wie beispielsweise Hausarbeiten, Referate, Lösungen für Prüfungsaufgaben, Studienarbeiten wie Bachelor- und Masterarbeiten, Fachartikel und Dossiers erstellen (vgl. Bendel, 2023).

Im Kontext des E-Commerce und Online-Marketing steht Künstliche Intelligenz für die Entwicklung autonomer Systeme, die insbesondere im operativen Bereich personengebundene Aufgaben ersetzen können und dadurch Kosteneinsparungen realisieren und die Effizienz steigern. Im Marketingkontext erlaubt Big Data im Verbund mit KI und Data Mining ein **Realtime Marketing,** wenn über eine **Marketing Automation** in Echtzeit Datenauswertungen in personalisierte Marketingkampagnen für die Kundengewinnung und Kundenbindung überführt werden können. Schon länger etabliert ist ein softwaregesteuertes **Programmatic Advertising** (PA) zur Steuerung von Online-Marketingkampagnen. PA realisiert die automatische Buchung von Werbeflächen in Echtzeit mit einer ebenfalls automatisierten zielgruppenspezifischen und nutzerindividuellen Ausspielung digitaler Werbeformate (vgl. Reinecke, 2020, S. 445). Automatisierte Dialogsysteme per Text- oder Stimmeingabe basieren auf **Conversational Artificial Intelligence.** Algorithmengesteuerte KI-Anwendungen mit einem **Natural Language Understanding** übernehmen vielfältige Aufgaben der Kundenkommunikation und des Kundenservice, so wie es heute bereits über **Conversational Commerce** mit Chatbots oder Voice Commerce über Smartspeaker realisiert wird (vgl. Scheffler, 2020, S. 582).

Automatisierung von Marketingprozessen

Einer Umstrukturierung des Marketings in der Berliner Zalando-Zentrale fielen im Jahr 2018 250 Stellen der Werbeabteilung zum Opfer, um deren Aufgaben durch datenbasierte Algorithmen und Künstliche Intelligenz automatisiert erfüllen zu lassen. Im Gegenzug erhöhte sich der Anteil an hochspezialisierten Softwareentwicklern und Datenanalysten, um die Personalisierung der Kundenansprache weiter zu perfektionieren (Jansen, 2018).◄

Die KI-Einsatzmöglichkeiten sind vielfältig und betreffen den gesamten Transaktionsprozess der Customer Journey. KI-Lösungen können mit ihrer effizienten und schnellen Verarbeitung großer Datenmengen Kauferlebnisse und Serviceerfahrungen verbessern. Eine breite Kundenakzeptanz wird von der Einschätzung geprägt sein, ob KI-basierte Kommunikationen als zielführender wahrgenommen wird als menschliche Kommunikation. In der Unternehmensrealität zeigt sich, dass KI als maschinelle Intelligenz ihr Nutzenpotenzial am besten als „**Augmented Intelligence**" im Verbund menschlicher Expertise und emotionaler Intelligenz zu leisten vermag (Scheffler, 2020, S. 582). Denn das Aufgabenspektrum des Marketing besteht auch aus dispositiven Prozessen der Vorgabe mehrdimensionaler Ziele und deren Priorisierung (vgl. Reinecke, 2020, S. 450). Das Treffen von Entscheidungen in einem erweiterten Kontext, als es automatisierte und selbstlernende Algorithmen aus der Analyse bereitgestellter Daten zu leisten im Stande sind, bedarf des steuernden Inputs von Entscheidungsträgern (Scheffler, 2020, S. 582).

Lernkontrolle

1. Ordnen sie den vier Marktformen der Anbieter- und Nachfrager-Interaktion ein korrespondierendes Geschäftsmodell zu.
2. Grenzen Sie die Begriffe Frontend und Backend voneinander ab.
3. Wie differenzieren sich die drei Dienstleistungsmodelle des Cloud Computing?
4. Kennzeichnen Sie die Eigenschaften und Charakteristika von Online-Marktplätzen.
5. In welcher Form profitieren Betreiber, Partner und Kunden von Plattform-Ökonomien?

Literatur

Achleitner, A.-K. (2018). *New venture management.* https://wirtschaftslexikon.gabler.de/definition/new-venture-management-39158. Zugegriffen: 25. März 2023.

Amazon. (2023). *Amazon Handmade. Erreichen Sie Millionen von Kunden mit Amazon Handmade.* https://sell.amazon.de/programme/handmade?ref_=asde_soa_rd&Id=AZDEHNDFFooter. Zugegriffen: 1. April 2023.

ANWR Group. (2023). *Über schuhe.de. Unser Herz schlägt für Schuhe.* https://www.schuhe.de/ueber-schuhede-a-490html. Zugegriffen: 1. April 2023.

Archer, N., & Gebauer, J. (2000). *Working Paper. Managing in the Context of the new Electronic Marketplace.* https://macsphere.mcmaster.ca/bitstream/11375/5469/1/fulltext.pdf. Zugegriffen: 28. Febr. 2023.

Bell, M. G. (1999). Venture Capitalist oder Angel - Welcher Kapitalgeber stiftet größeren Nutzen? *Die Bank, 6,* 372–377.

Bendel, O. (2019). *Machine Learning.* https://wirtschaftslexikon.gabler.de/definition/machine-learning-120982/version-370915. Zugegriffen: 18. Febr. 2023.

Bendel, O. (2023). *Generative KI.* https://wirtschaftslexikon.gabler.de/definition/generative-ki-124952/version-388556. Zugegriffen: 8. April 2023.

Bodendorf, F. (2006). *Daten- und Wissensmanagement.* Springer Gabler.

Bolz, J., & Höhn, J.-F. (2019). Die Digitalisierung des Vertriebs in der Konsumgüterindustrie. In G. Heinemann, H. M. Gehrckens, & T. Täuber (Hrsg.), *Handel mit Mehrwert* (S. 183–209). Springer Gabler.

Caspari, M. (2022). *Amazon Buy Box: Stehen revolutionäre Änderungen bei Amazon an?* https://www.wuv.de/Exklusiv/Specials/Moonova-Satellites-D2C-und-Customer-Centricity/Stehen-revolutionaere-Aenderungen-bei-Amazon-an. Zugegriffen: 7. Febr. 2023.

Christensen, C., Suarez, F., & Utterback, J. (1998). Strategies for survival in fast-changing industries. *Management Science, 12,* 207–221.

Clement, R. (2015). Winner takes all - ungleiche Erfolge auf elektronischen Märkten. *WISU, 2,* 204–209.

Clement, R., & Schreiber, D. (2016). *Internet-Ökonomie.* Springer Gabler.

Corves, A., & Schön, E.-M. (2020). Digital Trust für KI-basierte Mensch-Maschine-Schnittstellen. In S. Boßow-Thies, C. Hofmann-Stölting, & H. Jochims (Hrsg.), *Data-driven Marketing* (S. 257–281). Springer Gabler.

Deges, F. (2020a). *Gig Economy.* https://wirtschaftslexikon.gabler.de/definition/gig-economy-122 673/version-378819. Zugegriffen: 7. März 2023.

Deges, F. (2020b). *Grundlagen des E-Commerce. Strategien, Modelle, Instrumente.* Springer Gabler.

Deges, F. (2021). *Bewertungssysteme im E-Commerce. Mit authentischen Kundenbewertungen Reputation und Umsatz steigern.* Springer Gabler.

Dellermann, D., Ebel, P., Söllner, M., & Leimeister, J. M. (2019). Hybrid Intelligence. *Business & Information Systems Engineering, 5,* 637–643.

Dostert, E., & Müller-Arnold, B. (2020). *Flaschenpost für Oetker.* https://www.suedeutsche.de/wir tschaft/oetker-flaschenpost-startup-1-5102631. Zugegriffen: 4. Mai 2023.

ecom consulting. (2022). *DIE MARKTPLATZWELT 2022. Landscape & Business Enabler Universe.* https://www.ecom-consulting.de/marktplatzwelt-2022/. Zugegriffen: 6. Febr 2023.

Eggs, H. (2001). *Vertrauen im Electronic Commerce.* Gabler.

EHI. (2022). *Studie: E-Commerce-Markt Deutschland 2022.* https://www.ehi.org/produkt/studie-e-commerce-markt-deutschland-2022/. Zugegriffen: 17. Febr. 2023.

Filbig, A. (2023). *Günstighändler aus China: Bei AliExpress bestellen - Bezahlung, Versand, Zoll.* https://www.techbook.de/shop-pay/shops-marktplaetze/aliexpress-bestellung-beachten. Zugegriffen: 8. Febr. 2023.

Fritsch, M. (2019). *Entrepreneurship.* Springer Gabler.

Fuchs-Kittowski, F., & Freiheit, J. (2015). Cloud Computing. *WISU, 3,* 299–305.

Gentsch, P. (2019). *Künstliche Intelligenz für Sales, Marketing und Service.* Springer Gabler.

Gillner, S., & Melchior, L. (2018). *Marktplatz für Selbstgemachtes. DaWanda macht dicht – Etsy integriert Händler.* https://www.internetworld.de/e-commerce/online-handel/dawanda-dicht-etsy-int egriert-haendler-1549936.html. Zugegriffen: 18. Febr. 2019.

Grösch, T., & Wendt, M. (2018). Die Verzahnung von Online- und Offline-Handel: Online finden, im Geschäft kaufen. In M. Knoppe & M. Wild (Hrsg.), *Digitalisierung im Handel* (S. 41–58). Springer Gabler.

Halberschmidt, T. (2016). *Die verrückte Jagd auf Einhorn-Schokolade.* https://www.handelsblatt.com/arts_und_style/aus-aller-welt/ritter-sport-die-verrueckte-jagd-auf-einhorn-schokolade/147 82360.html. Zugegriffen: 18. Febr. 2019.

HDE. (2023). *Einzelhandel in Deutschland verliert 2023 voraussichtlich 9.000 Geschäfte – Handelsverband fordert Gründungsoffensive.* https://einzelhandel.de/presse/aktuellemeldungen/14133-einzelhandel-in-deutschland-verliert-2023-voraussichtlich-9-000-geschaefte-handelsverband-for dert-gruendungsoffensive. Zugegriffen: 17. Mai 2023.

Heinemann, G. (2013). *No-Line-Handel.* Springer Gabler.

Heinemann, G. (2018). *Der neue Online-Handel.* Springer Gabler.

Heinemann, G., & Glaser, L. (2019). Zalando wird kooperativ – das Partnerprogramm für Fashion-Marken und -Händler. In G. Heinemann, H. M. Gehrckens, & T. Täuber (Hrsg.), *Handel mit Mehrwert* (S. 275–296). Springer Gabler.

Heinemann, G., & Zarnic, S. (2020). Performance Marketing in der Online-Sphäre. In M. Bruhn, C. Burmann, & M. Kirchgeorg (Hrsg.), *Marketing Weiterdenken* (S. 375–402). Springer Gabler.

Hepp, M., & Schinzer, H. (2000). Business-to-Business-Marktplätze im Internet. *WISU, 11,* 1513–1521.

Herzwurm, G., & Henzel, R. (2020). Cloud-Computing - gekommen um zu bleiben. In T. Kollmann (Hrsg.), *Handbuch Digitale Wirtschaft* (S. 877–909). Springer Gabler.

Hirn, W. (2018). *Chinas Bosse.* Campus.

Hutzschenreuter, T. (2000). *Electronic Competition.* Gabler.

IFH (2021). *Rekordverdächtig: Amazon wächst 2020 jeden Tag um 31 Millionen Euro.* https://www.ifhkoeln.de/rekordverdaechtig-amazon-waechst-2020-jeden-tag-um-31-millionen-euro/. Zugegriffen: 7. Febr. 2023.

Jansen, J. (2018). *Zalando baut kräftig um.* https://www.faz.net/aktuell/wirtschaft/diginomics/zalando-will-werbefachleute-durch-entwickler-ersetzen-15483592.html. Zugegriffen: 16. Febr. 2019.

Kaffsack, P. (2016). *Ritter Sport und das Einhorn-Dilemma. Was Online Shops gegen unerwartete Überlastungen tun können.* https://www.internetworld.de/e-commerce/online-handel/online-shops-unerwartete-ueberlastungen-tun-1157427.html. Zugegriffen: 20. Febr. 2019.

Kaplan, S., & Sawhney, M. (2000). E-hubs: The new B2B marketplaces. *Harvard Business Review, 3,* 97–103.

Kehl, C., & Coenen, C. (2016). *Technologien und Visionen der Mensch-Maschine-Entgrenzung. TAB-Arbeitsbericht 167.* TAB.

Kipp, V. (2016). Venture Capital. *WISU, 4,* 457.

Kirchgeorg, M., & Beyer, C. (2016). Herausforderungen der digitalen Transformation für die marktorientierte Unternehmensführung. In G. Heinemann, H. M. Gehrckens, & U. J. Wolters (Hrsg.), *Digitale Transformation oder digitale Disruption im Handel* (S. 399–422). Springer Gabler.

Kogan, K. (2022). *E-Commerce in Deutschland 2022 – So mächtig ist Amazon wirklich.* https://www.sellerlogic.com/de/blog/e-commerce-deutschland-2022. Zugegriffen: 1. April 2023.

Kollmann, T. (1999). Wie der virtuelle Marktplatz funktionieren kann. *Harvard Business Manager, 4,* 27–34.

Kollmann, T. (2009). *E-Business.* Gabler.

Kollmann, T. (2013). *Online-Marketing.* Kohlhammer.

Kollmann, T. (2016). *E-Entrepreneurship.* Springer Gabler.

Kollmann, T. (2020a). Einführung in den E-Marketplace. In T. Kollmann (Hrsg.), *Handbuch Digitale Wirtschaft* (S. 535–568). Springer Gabler.

Kollmann, T. (2020b). Einführung in den E-Shop. In T. Kollmann (Hrsg.), *Handbuch Digitale Wirtschaft* (S. 285–315). Springer Gabler.

Kothandaraman, P., & Wilson, D. T. (2001). The future of competition value-creating networks. *Industrial Marketing Management, 4,* 379–289.

Krekeler, M., & Heinemann, G. (2016). Outsourcing versus Insourcing - Welches Betreibermodell im Online-Handel ist angeraten? In G. Heinemann, H. M. Gehrckens, & U. J. Wolters (Hrsg.), *Digitale Transformation oder digitale Disruption im Handel* (S. 469–493). Springer Gabler.

Kreutzer, R. (2018). *Praxisorientiertes Online-Marketing.* Springer Gabler.

Kreutzer, R. T., & Sirrenberg, M. (2019). *Künstliche Intelligenz verstehen.* Springer Gabler.

Kuratko, D. F. (2010). Corporate entrepreneurship: An introduction and research review. In Z. J. Acs & D. B. Audretsch (Hrsg.), *Handbook of entrepreneurship research* (S. 129–163). Springer.

Lammenett, E. (2017). *Praxiswissen Online-Marketing.* Springer Gabler.

Laudon, K. C., Laudon, J. P., & Schoder, D. (2010). *Wirtschaftsinformatik. Eine Einführung.* Pearson.

Leimeister, J. M. (2020). *Dienstleistungsengineering und -management.* Springer.

Lommer, I. (2018a). *Fulfillment bei Amazon. Warum deutsche Amazon-Seller FBA nutzen - und warum nicht.* https://www.internetworld.de/e-commerce/amazon/deutsche-amazon-seller-fba-nutzen-1626691.html. Zugegriffen: 20. Febr. 2019.

Lommer, I. (2018b). *Hat Local Commerce eine Chance?* https://www.internetworld.de/e-commerce/online-marktplatz/local-commerce-chance-1543344.html. Zugegriffen: 23. Febr. 2019.

Luber, S., & Litzel, N. (2017). *Was ist Deep Learning?* https://www.bigdata-insider.de/was-ist-deep-learning-a-603129/. Zugegriffen: 18. Febr. 2023.

Meier, A., & Stormer, H. (2005). *eBusiness & eCommerce.* Springer.

Meisinger, D. (2023). *DeepL: Deutsches KI-Startup für Übersetzungen wird zum Unicorn.* https://brutkasten.com/deepl-unicorn/. Zugegriffen: 14. März 2023.

Müller, G. V. (2018). *Google gibt seinen Mitarbeitern Freiräume - und profitiert davon.* https://www. nzz.ch/wirtschaft/google-innovation-braucht-freiraeume-ld.1424815. Zugegriffen: 25. März 2023.

Merz, M. (2002). *E-Commerce und E-Business.* dpunkt.

Müller-Hagedorn, L., Toporowski, W., & Zielke, S. (2012). *Der Handel.* Kohlhammer.

Nathusius, K. (2001). *Grundlagen der Gründungsfinanzierung.* Gabler.

Naumann, S. (2018). *Verbundgruppen: Viele Strategien, ein Ziel.* https://www.internetworld.de/tec hnik/e-commerce/verbundgruppen-strategien-ziel-1620824.html. Zugegriffen: 20. Febr. 2019.

Noack, J., Mehmanesh, H., Mehmaneche, H., & Zendler, A. (2000). Architekturen für Network Computing. *Wirtschaftsinformatik, 1,* 5–14.

Olbrich, R., Schultz, C., & Holsing, C. (2015). *Electronic Commerce und Online-Marketing. Ein einführendes Lehr- und Übungsbuch.* Springer Gabler.

Olfert, K. (2013). *Finanzierung.* Kiehl NWB.

Opuchlik, A. (2005). *E-Commerce-Strategie.* Books on Demand.

Peters, R. (2010). *Internet-Ökonomie.* Springer.

Picot, A., Reichwald, R., & Wigand, R. T. (2003). *Die grenzenlose Unternehmung.* Gabler.

Porter, E. (2015). *Alibaba's World.* Pan Macmillan.

Randler, S. (2018). *So profitieren stationäre Händler von der Zalando-Kooperation.* https://neuhan deln.de/so-profitieren-stationaere-haendler-von-der-zalando-kooperation/. Zugegriffen: 18. Febr. 2019.

Reinecke, S. (2020). Marketing-Entscheidungen - Der Einfluss Künstlicher Intelligenz auf den Management-Entscheidungsprozess. In M. Bruhn, C. Burmann, & M. Kirchgeorg (Hrsg.), *Marketing Weiterdenken* (S. 437–452). Springer Gabler.

Reiss, M. (2014). Von Entrepreneuring zu X-Preneuring. *WISU, 11,* 1343–1348.

Ritter Sport. (2016). *Stellungnahme zur RITTER SPORT Einhorn.* https://www.ritter-sport.de/blog/ 2016/11/17/stellungnahme-zur-ritter-sport-einhorn/. Zugegriffen: 18. Febr. 2019.

Ritzer, W. (2015). *Local Commerce: Internet-Schaufenster für Händler.* https://www.internetw orld.de/e-commerce/multichannel/local-commerce-internet-schaufenster-haendler-917460.html. Zugegriffen: 10. März 2019.

Sanz Grossón, U. (2019). *Seller oder Vendor - welches Amazon-Konzept lohnt sich?* https://etailm ent.de/news/stories/vendor-seller-amazon-20685. Zugegriffen: 3. März 2019.

Scheer, A. W., Erbach, F., & Schneider, K. (2002). Elektronische Marktplätze in Deutschland: Status quo und Perspektiven. *WISU, 7,* 946–950.

Scheffler, H. (2020). Markenführung als multioptionale Synthese. In M. Bruhn, C. Burmann, & M. Kirchgeorg (Hrsg.), *Marketing Weiterdenken* (S. 577–596). Springer Gabler.

Schneider, D., & Schnetkamp, G. (2000). *E-Markets – B2B-Strategien im Electronic Commerce.* Springer.

Schoder, D., & Fischbach, K. (2002). Die Bedeutung von Peer-to-Peer-Technologien für das Electronic Business. In R. Weiber (Hrsg.), *Handbuch Electronic Business* (S. 99–115). Gabler.

Schramm-Klein, H. (2019). City-Marketing vor dem Hintergrund von Leerständen in den Innenstädten. In G. Heinemann, H. M. Gehrckens, & T. Täuber (Hrsg.), *Handel mit Mehrwert* (S. 297–317). Springer Gabler.

Schuster, M. (2001). Corporate Venture Capital. *WISU, 10,* 1288–1292.

Shapiro, C., & Varian, H. R. (1999). *Information rules: A strategic guide to the network economy.* Harvard Business School Press.

Siemon, C. (2005). Bootstrapping. *WISU, 11,* 1365.

Stelzer, D. (2000). Digitale Güter und ihre Bedeutung in der Internet-Ökonomie. *WISU, 6,* 835–842.

Täuber, T. (2019). Lösungsansätze zur digitalen Transformation - erweitertes Produktportfolio, integrierte Marktplätze, neu ausgerichtete Betriebsmodelle. In G. Heinemann, H. M. Gehrckens, & T. Täuber (Hrsg.), *Handel mit Mehrwert* (S. 71–104). Springer Gabler.

The Platform Group. (2023). *Schuhe günstig online kaufen bei SCHUHE24.DE.* https://schuhe24.de. Zugegriffen: 1. April 2023.

Thommen, J.-P., & Achleitner, A.-K. (2012). *Allgemeine Betriebswirtschaftslehre.* Springer Gabler.

Tripp, C. (2019). *Distributions- und Handelslogistik.* Springer Gabler.

Vetter, T., & Morasch, R. (2019). Integrierte Plattformen im Handel. In G. Heinemann, H. M. Gehrckens, & T. Täuber (Hrsg.), *Handel mit Mehrwert* (S. 312–343). Springer Gabler.

Vinted. (2023). *Kommerzielles Verkaufen.* https://www.vinted.de/help/1120-kommerzielles-verkaufen?access_channel=hc_topics. Zugegriffen: 31. März 2023.

Volk, M., Staegemann, D., & Turowski, K. (2020). Big Data. In T. Kollmann (Hrsg.), *Handbuch Digitale Wirtschaft* (S. 1037–1053). Springer Gabler.

Volkmann, C., & Tokarski, K. (2006). *Entrepreneurship.* Lucius & Lucius.

Wahl, S. (2002). Die Finanzierung junger Unternehmen. *WISU, 2,* 195–198.

Wamser, C. (2001). *Strategisches Electronic Commerce.* Vahlen.

Wilhelm, S. (2018). *Schuhe24.de verkauft lokale Sortimente - und keiner merkts.* https://etailment.de/news/stories/Schuhhandel-Schuhe24.de-verkauft-lokale-Sortimente-und-keiner-merkts-21298. Zugegriffen: 20. Febr. 2019.

Winand, U., Frankfurth, A., & Schnellhase, J. (2007). Content Management. *WISU, 10,* 1304–1314.

Wirth, S. (2009). *Einmaliges von der Stange.* https://www.welt.de/welt_print/wirtschaft/article4630619/Einmaliges-von-der-Stange.html. Zugegriffen: 18. Febr. 2019.

Wirtz, B. W. (2001). *Electronic Business.* Gabler.

Wirtz, B. W., & Mathieu, A. (2001a). Internet-Ökonomie und B2B-Marktplätze. *WISU, 6,* 825–830.

Wirtz, B. W., & Mathieu, A. (2001b). B2B-Marktplätze – Erscheinungsformen und ökonomische Vorteile. *WISU, 10,* 1332–1344.

Wöhe, G., & Döring, U. (2013). *Einführung in die Allgemeine Betriebswirtschaftslehre.* Vahlen.

Zalando. (2023a). *Auf dem Weg zum Starting Point for Fashion: Zalando gewinnt neue Kund*innen und baut Plattform 2022 weiter aus.* https://corporate.zalando.com/de/finanzen/zalando-jahresergebnis-22. Zugegriffen: 1. April 2023.

Zalando. (2023b). *Herzlich willkommen bei Lounge by Zalando: Deine Lieblingsmarken zu günstigen Preisen.* https://www.zalando-lounge.de/aboutus/#/. Zugegriffen: 8. Febr. 2023.

Zalando. (2023c). *Deine Stadt. Dein Zalando Outlet.* https://www.zalando-outlet.de/outlets/. Zugegriffen: 8. Febr. 2023.

Zalando Corporate. (2023). *Aktionärsstruktur.* https://corporate.zalando.com/de/investor-relations/aktionaersstruktur. Zugegriffen: 14. März 2023.

Ziegler, J., & Loepp, B. (2020). Empfehlungssysteme. In T. Kollmann (Hrsg.), *Handbuch Digitale Wirtschaft* (S. 717–741). Springer Gabler.

Zimmer, D. (2019). *Next-Generation-ERPs: Grundstein für den digitalen Handel.* https://www.internetworld.de/technik/erp/next-generation-erps-grundstein-digitalen-handel-1678327.html. Zugegriffen: 10. März 2019.

Zoll, S., & Marks, S. (2016). Mönchengladbach bei eBay - Wie Online-Marktplätze dem Handel helfen, den digitalen Wandel zu meistern. In G. Heinemann, H. M. Gehrckens, & U. J. Wolters (Hrsg.), *Digitale Transformation oder digitale Disruption im Handel* (S. 201–222). Springer Gabler.

Erlösformen und Erlösgenerierung im E-Commerce

3

Lernziele

Ein profitables E-Commerce-Geschäftsmodell manifestiert sich in einer stabilen Umsatzgenerierung über marktrobuste Erlösmodelle. In diesem Kapitel wird ein fundiertes Basiswissen geschaffen über:

- Die Herleitung des Proof of Concept als Nachweis einer tragfähigen Geschäftsidee für die Ansprache und Gewinnung von Investoren und Kapitalgeber
- Die Differenzierung zwischen transaktionsabhängigen und transaktionsunabhängigen Erlösformen
- Die Ausprägungen und Gestaltungsmöglichkeiten von Formen der direkten und indirekten Erlösgenerierung

3.1 Proof of Concept

Ausgangspunkt jedweder ökonomischen Betätigung ist die Frage nach der wirtschaftlichen Tragfähigkeit einer Geschäftsidee. In einem Ertragsmodell muss dargelegt werden, mit welcher Produkt-Leistungskombination ein Start-up Umsatzerlöse generiert, welche Kosten zu veranschlagen sind und ab welchem Zeitpunkt Gewinne erzielt werden können. In der Gründungsphase ist der **Proof of Concept** als Machbarkeitsnachweis ein wesentlicher Bestandteil von Businessplänen, um Investoren und Partner zu überzeugen (Kollmann, 2016, S. 480). Potenzielle Eigen- oder Fremdkapitalgeber müssen bewerten, ob ein finanzielles Engagement unter Berücksichtigung einer adäquaten Verzinsung und Wertsteigerung des Investments zu vertreten ist. Bei innovativen Geschäftsmodellen in neuen Märkten ist ohne Erfahrungswerte von Pionierunternehmen der Proof of

Concept schwierig herzuleiten und muss auf realistischen Annahmen über das Markt-potenzial und plausiblen Prognosen über die zu erwartenden Erlöse beruhen. Über eine valide Marktforschung mit Konsumentenbefragungen zur Erwartungshaltung, Kauf- und Zahlungsbereitschaften sowie erfolgreichen Markttests mit Prototypen (**Minimum Viable Products**) kann ein Nachweis der Machbarkeit verargumentiert werden. Die plausible Herleitung der zeitnahen Erreichung des **Break Even Point** (Zeitpunkt der Deckung der fixen und variablen Kosten durch den Umsatz) oder ein **positiver Cash-Flow** (Netto-Zufluss liquider Mittel) sind bestimmende Faktoren für die wirtschaftliche Tragfähigkeit des Geschäftsmodells (Kollmann, 2016, S. 480). Wie Abb. 3.1 darstellt, sind an der **Gewinnschwelle** (Break Even Point) die Gesamtkosten deckungsgleich mit dem erzielten Umsatz. Gewinn wird erst erzielt, wenn der Umsatz die Gesamtkosten übersteigt. Aber auch die Schwelle, wo der Umsatz zumindest schon die Fixkosten deckt, ist ein erster Meilenstein und kann als eine Indikation für die Tragfähigkeit des Geschäftskonzeptes gewertet werden.

Im E-Commerce können verschiedene **Erlössystematiken** unterschieden werden (vgl. Kollmann, 2020, S. 31 f.; Skiera & Spann, 2002, S. 691 ff.). In einem **Advertising-Modell** werden Einnahmen durch die Bereitstellung von Werbeflächen generiert. Bei einem **Transaction-Modell** werden im Eigenhandelsgeschäft direkte Umsätze über den Verkauf von Produkten und Dienstleistungen erzielt. Ein **Provisionsmodell** basiert auf einer Vergütung für erfolgreiche Vermittlungen von Transaktionen zwischen Ange-bot und Nachfrage auf Online-Marktplätzen. In einem **Subscription-Modell** werden

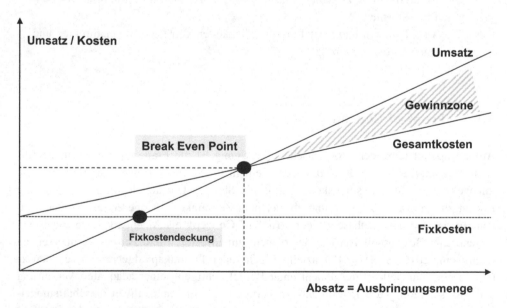

Abb. 3.1 Break Even Point. (Eigene Darstellung)

über Abonnements regelmäßige Einnahmen für die Lieferung von Produkten oder die Bereitstellung von Leistungen generiert. In einem **Gebührenmodell** werden Erlöse aus Zugangs-, Bereitstellungs-, Registrierungs- oder Aufnahmegebühren als einmalige oder regelmäßige Zahlungen für die Nutzung von Leistungsangeboten erzielt. Die Erlössystematiken finden ihre unternehmensindividuelle Ausgestaltung in Erlösformen. Durch die Wahl der Erlösform legt der Anbieter fest, mit welchen Einnahmequellen er sein Produkt-Leistungsangebot über die erfolgreiche Vermarktung in den Zielmärkten monetarisieren wird (Picot et al., 2003, S. 366). E-Commerce-Geschäftsmodelle sind durch unterschiedliche Erlösformen für die **Monetarisierung** des Angebots von digitalen und/oder physischen Produkten gekennzeichnet. Dabei ist zwischen transaktionsabhängiger und transaktionsunabhängiger Erlösgenerierung zu differenzieren. Innerhalb dieser Dimensionen können Erlöse direkt als **Kernleistung** oder indirekt als **Nebenleistung** erzielt werden (Kollmann, 2009, S. 45). Daraus ergeben sich vier Formen der Erlösgenerierung, die häufig kombiniert zum Einsatz gebracht werden (vgl. Picot et al., 2003, S. 368).

3.2 Transaktionsabhängige Erlösformen

3.2.1 Direkte Erlösgenerierung

Transaktionsabhängig und direkt bedeutet, dass das Leistungsangebot als Kernleistung vertrieben wird und eine direkte Abrechnung zwischen Käufer und Verkäufer erfolgt (Picot et al., 2003, S. 367; Kollmann, 2009, S. 45 ff.). **Transaktionserlöse** generieren Onlineshops im Eigenhandelsgeschäft über den direkten **Produktverkauf.** Als eine Alternative zum Produktkauf bieten viele Online-Händler den Bezug von **Geschenkgutscheinen** oder Wertgutscheinen an, die sich als bequemes Geschenk einer großen Beliebtheit erfreuen. Gutscheine können online über **Gutscheinportale** oder direkt über die Website des Onlineshops bezogen werden. **Gutschein Cards** mit unterschiedlichen Geldbeträgen werden auch über den filialisierten Einzelhandel angeboten. Ein Gutschein minimiert die Unsicherheit des Schenkenden über die treffsichere Wahl eines passenden Geschenkes, denn der Beschenkte wählt mit der Einlösung des Gutscheines sein Wunschgeschenk selbst aus. Geschenkgutscheine können auch als **Erlebnisgutscheine** (Rundflug, Fallschirmspringen, Gourmet-Restaurant, Whisky-Tasting) angeboten werden. Als **Geschenkbox** (https://www.mydays.de/magicbox) können sie aus einer kombinativen Bündelung verschiedener Leistungsbausteine aus einer Erlebniskategorie zusammengesetzt sein, beispielsweise Städtetrips (An- und Abreise, Hotelübernachtung, Abendessen) oder Wellnesswochenenden. Geschenkgutscheine können als gedruckte Gutschein Card persönlich überreicht werden. Eine eher unpersönliche Variante wäre die Versendung des Gutscheins über den Anbieter direkt an den Beschenkten. Gutscheine sind mit ihrer Einlösung zeitlich begrenzt gültig, häufig sind es großzügig bemessene Zeitfenster der Gültigkeit von mehreren Jahren. Für den Onlineshop bedeuten Gutscheine einen sofortigen Umsatz bei einer zeitverzögert zu erbringenden Leistung.

Erlöse aus der Vermarktung von **Abonnements** können über die Erlössystematik des Subscription-Modells auf den regelmäßigen Bezug physischer Gebrauchs- oder Verbrauchsgüter (Kochboxen, Kaffeekapseln, Socken, Windeln, Toilettenpapier) angewendet werden (siehe auch Abschn. 5.3.4). **Mietmodelle** adressieren eine temporäre Nutzung meist hochwertiger Tech-Produkte und sprechen Konsumenten an, die für eine limitierte Nutzungsdauer kein Produkt erwerben wollen. Die Mietgebühren variieren nach Produktwert und Laufzeit. Je länger die Mietdauer, desto geringer die monatliche Belastung. Flexibel anpassbare Mietmodelle bieten für technikaffine Zielgruppen den Vorteil eines schnellen Upgrades auf neue Produktversionen im Bereich Consumer Electronics, ohne ein hochpreisiges Neuprodukt mit der direkten Zahlung des vollen Kaufpreises unmittelbar erwerben zu müssen. Zielgruppen mit geringem Budget für kostspielige Neuanschaffungen (Studenten, Auszubildende, Rentner) können darüber angesprochen werden. Finanzielle Engpässe für den Kauf eines hochwertigen Produktes können durch die Miete überbrückt werden und das Produkt zum späteren Zeitpunkt bei höherer Liquidität erworben werden. Anbieter wie Grover (https://www.grover.com/de) bieten Mietmodelle für hochwertige Tech-Produkte wie Smartphones, Drohnen, Digitalkameras, Notebooks, Fernseher, Playstations und E-Scooter mit einer Mindestmietdauer und unterschiedlichen Mietlaufzeiten, die auch flexibel verlängert werden können.

Mietmodell für Unternehmen: Grover Business

Mit Grover Business können Unternehmen temporär benötigtes Tech-Equipment flexibel mieten. Nach der Mindestmietdauer werden die Produkte zurückgeschickt oder die Mietdauer verlängert. Unternehmen sparen sich den Kauf der kompletten Ausstattung. Neben der Rücksendung ist nach Ablauf der Mietdauer auch ein Kauf möglich (Grover, 2023).◄

„Produktausleihe" im Online-Handel

Ein rechtswidriges „Mieten" ohne Gegenleistung im Sinne einer „Produktausleihe" **(Retail Borrowing)** resultiert aus den Missbrauchsmöglichkeiten des kundenfreundlichen Rückgaberechts im Online-Handel. Die Bestellung von hochwertigen Produkten für einen besonderen Anlass (Smoking, Abendkleid, Uhren, Schmuck) und die unmittelbare Rücksendung nach einmaligem Gebrauch ist in Abschn. 1.6.5 thematisiert.◄

Bei der Vermarktung digitaler Güter finden sich verschiedene Abrechnungsmodelle für die Monetarisierung von Leistungsdauer und Nutzungsintensität (Picot et al., 2003, S. 366). Bei **Pay-per-Use** können Messgrößen wie Zeiteinheiten, übertragenes Datenvolumen, Anzahl der Zugriffe auf Informationen, Anzahl gelieferter Datensätze oder

Verbindungsdauer einer nutzungsbasierten Abrechnung zugrunde gelegt werden (Schmidt, 2007, S. 212). Konsumenten präferieren Pay-per-Use, wenn eine unregelmäßige, einmalige und/oder spontane Nutzung von digitalen Produkten erwünscht ist (Schmidt, 2007, S. 213). Das Konzept einer **Paywall** (digitale Bezahlschranke) in Kombination mit einem Abonnement oder gegen eine Gebühr **(Content Delivery Fee)** findet sich bei digitalen Informationsangeboten von Tageszeitungen, Fachzeitschriften und Online-Portalen mit fachspezifischem Content. Bei einer **Hard Paywall** liegt der komplette Inhalt für Nicht-Abonnenten hinter der Bezahlschranke. Dies kann zu hohen Absprungraten bei Informationssuchenden führen (IONOS, 2022; Laudon & Traver, 2015, S. 629 f.). Hard Paywalls eignen sich für anerkannt hochwertigen Journalismus, wie ihn Zeitungen und Magazine wie die New York Times oder das Wall Street Journal bieten (Wick, 2023). Eine **Soft Paywall** kombiniert für alle Nutzer kostenlos zugängliche Informationsangebote mit einem kostenpflichtigen **Premium Content.** Als Premium Content gekennzeichnete Beiträge sind nur für zahlende Kunden abrufbar (IONOS, 2022; Laudon & Traver, 2015, S. 629 f.). Dynamische **Metered Paywalls** stellen nutzerindividuell über ein Cookie-Tracking ein festes Artikelkontingent pro Monat kostenfrei zur Verfügung. Nach Überschreiten des Freikontingentes werden weitere Beiträge gesperrt und können nur noch gegen ein Abonnement oder eine Gebühr aufgerufen werden (IONOS, 2022). Hinter einer Paywall verborgene Artikel werden häufig mit einigen lesbaren Zeilen angeteasert und verblassen mit den nächstfolgenden Zeilen zunehmend bis zur Unleserlichkeit. Mit dem Anteasern von Artikeln kann Neugierde auf das hinter der Paywall liegende Informationsangebot geweckt werden.

Online-Abonnementmodell der New York Times

Der Zeitungsverlag New York Times (NYT) setzte 2022 mit Online-Abonnements 978 Mio. US$ gegenüber 574 Mio. US$ mit Print-Abonnements um. Auch die Umsätze mit digitaler Werbung übertreffen die Erlöse aus dem klassischen Anzeigengeschäft über Printmedien. 8,8 Mio. Kunden nutzen das Digitalangebot der 1851 erstmals erschienenen Zeitung. Über die Vermarktung der Online-Abonnements konnte das Durchschnittsalter des Kundenstamms gesenkt werden, da auch junge Zeitungsleser für die New York Times gewonnen werden konnten (vgl. Cuofano, 2023).◄

Bei **Pay-per-Volume** zahlt der Nutzer für das heruntergeladene Datenvolumen. Die Nutzungsdauer kann mit einem zeitlich befristeten Nutzungsrecht **(Pay-per-Time)** verbunden sein, d. h. der Nutzer wird mit der Freischaltung einer erworbenen Nutzungslizenz **(Usage Fee)** in die Lage versetzt, ein digitales Angebot für eine befristete Zeit (beliebig oft) nutzen zu können (Schmidt, 2007, S. 213). Online-Broker zeigen bis auf wenige Ausnahmen Börsenkurse meist um 15 min zeitverzögert an. Bei der Consorsbank (https://www.consorsbank.de) sind kostenlose **Realtime-Kursabfragen** auf eine feste Anzahl pro

Tag begrenzt. Mit gebührenpflichtigen **Kurs-Abonnements** können aktive Kunden unlimitiert Realtime Kursabfragen und Kursaktualisierungen abrufen. Musikstreamingdienste wie Deezer und Spotify oder Videostreaming wie Netflix, Amazon und Apple basieren auf Abonnements als **Pauschalgebühren** für eine unbegrenzte Nutzung digitaler Inhalte über den vertraglich fixierten Zeitraum. Das Kunstwort **Freemium** (Free + Premium) steht für eine Kombination aus kostenfreier Basisleistung und gebührenpflichtiger Nutzung von Zusatzfunktionen (Clement & Schreiber, 2016, S. 190). Für die Zusatzfunktionen im **Premiumpaket** muss der Nutzer einen regelmäßigen Betrag als Monats-, Quartals- oder Jahresrechnung entrichten. Business-Netzwerke wie Xing (https://www.xing.com) und LinkedIn (https://www.linkedin.com) sowie Datingportale und Partnervermittlungsbörsen sind Beispiele für Freemium-Erlösmodelle (siehe dazu auch Abschn. 4.1.2.4). Durch die Nutzung einer kostenlosen, aber funktional eingeschränkten Basisversion sollen Interessenten animiert werden, auf das **Premiummodell** mit erweiterten Nutzungsmöglichkeiten umzusteigen.

3.2.2 Indirekte Erlösgenerierung

Transaktionsabhängig und indirekt bedeutet, dass der Kauf eines Produktes oder die Inanspruchnahme einer kostenpflichtigen Leistung zwischen zwei Marktpartnern von einem Dritten vermittelt wird (Kollmann, 2013, S. 57). Dies stellt die Kernleistung der Erlösgenerierung von neutralen Marktplatzbetreibern wie beispielsweise eBay (https://www.ebay.com) oder Sharing-Economy-Plattformen wie beispielsweise Airbnb (https://www.airbnb.com) dar. Dem Marktplatzbetreiber ist für jedes über seine Online-Plattform verkaufte Produkt eine **Provision** oder für die Vermittlung einer Dienstleistung eine **Vermittlungsgebühr** zu zahlen. Die Provision ist ein prozentualer Anteil vom erlösten Verkaufspreis der Ware, es kann aber auch eine fixe Provision für jede vollzogene Transaktion verlangt werden. Die Rechtfertigung zur Einforderung einer Provision oder Vermittlungsgebühr zieht der Marktplatzbetreiber aus der Bereitstellung und Pflege seiner Plattform und der erfolgreichen Kontaktanbahnung zwischen Käufer und Verkäufer. Die Provision ist also eine erfolgsabhängige Vergütung. Marktplatzbetreiber können ihr Provisionsmodell mengen- oder wertorientiert staffeln. Powersellern auf Marktplätzen kann bei Überschreiten eines Mindesttransaktionsvolumens pro definierter Zeiteinheit die zu zahlende Provision reduziert werden. Eine Provision kann einseitig oder zweiseitig erhoben werden. Bei einer **unilateralen Provision** muss entweder der Verkäufer oder der Käufer den Geldbetrag zahlen. Airbnb verlangt als **bilaterale Provision** sowohl vom Leistungsanbieter (Vermieter) wie auch vom Leistungsempfänger (Mieter) eine unterschiedlich gestaffelte Vermittlungsgebühr. **Affiliate-Partnerprogramme** (siehe dazu Abschn. 8.3) basieren in Analogie zum Vertriebsmodell eines freien Handelsvertreters auf die Akquisition von Neukunden **(Pay-per-Lead)** und die Vermittlung von Umsätzen **(Pay-per-Sale).** Der Affiliate Partner verweist über verlinkte Werbebanner auf das Angebot seines Vertriebspartners. Wird über den Link ein Verkauf generiert, so erhält der Affiliate Partner eine

Umsatzprovision für seine Vermittlungsleistung (Lammenett, 2017, S. 57 f.; Kreutzer, 2018, S. 250 ff.).

3.3 Transaktionsunabhängige Erlösformen

3.3.1 Direkte Erlösgenerierung

Transaktionsunabhängig und direkt bedeutet, dass Einnahmen über **Gebühren- und Beitragsmodelle** generiert werden (vgl. Kollmann, 2009, S. 42 ff.). Ein Marktplatzbetreiber kann unabhängig von den Transaktionen eine einmalige **Einrichtungsgebühr** oder **Grundgebühr** oder **Aufnahmegebühr** für eine Registrierung und Freischaltung zur Nutzung der Plattform verlangen. Die Nutzung einer Plattform kann auch an einen **Mitgliedsbeitrag** gebunden werden. Gebühren können einmalig oder regelmäßig zu entrichten sein. Für das Einstellen eines Angebotes auf einer Auktionsplattform kann eine **Einstellungsgebühr** verlangt werden, unabhängig davon, ob das eingestellte Produkt während der Auktionslaufzeit verkauft wird. Über eine monatlich kündbare Gebührenzahlung von 2,99 € (Stand April 2023) an **Contentpass** (https://www.contentpass.net/) wird Websitebesuchern die werbefreie Nutzung von mehr als 200 Websites und Portalen ermöglicht. Die Contentpass-Einnahmen werden anteilig aus der Anzahl der Seitenaufrufe aller Contentpass-Nutzer an die teilnehmenden Online-Dienste verteilt. Damit bieten sie den Teilnehmern ein Äquivalent für die entgangenen Werbeinnahmen. Transaktionsunabhängig und direkt sind **Service-Pauschalgebühren** (Service-Fee) für die flexible und nicht volumenbegrenzte Inanspruchnahme von Dienstleistungen. So können versandkostenfreie Lieferservices von registrierten Kunden gegen die Zahlung einer fixen Pauschalgebühr für einen festgelegten Zeitraum (Amazon Prime, Zalando Plus) in Anspruch genommen werden (vgl. Tripp, 2019, S. 106).

3.3.2 Indirekte Erlösgenerierung

Werbeerlösmodelle sind als indirekt und transaktionsunabhängig zu bezeichnen. Über die Bereitstellung von Werbeflächen für Bannerwerbung und Promotions können Werbeeinnahmen generiert werden. Die Höhe der Erlöse richtet sich nach der Attraktivität des Werbeflächenanbieters, diese wird bestimmt durch die Bekanntheit der Website und die Höhe seiner Besucherfrequenz. Gängige Abrechnungsmodelle sind der Tausenderkontaktpreis als **Cost per Mille** (Preis pro Tausend Ad Impressions) oder **Cost per Click** auf ein Werbemittel. Weitere Formen der indirekten Erlösgenerierung sind **Sponsoring** und **Data Mining.** Data-Mining-Erlöse werden durch den Verkauf von Nutzer- bzw. Nutzungsdaten erzielt (Picot et al., 2003, S. 367). Dem sind allerdings durch den Schutz personenbezogener Daten (DSGVO) sehr enge Grenzen gesetzt. Ausreichend anonymisierte Daten unterliegen nicht dem personenbezogenen Datenschutz, wenn sie so anonymisiert wurden, dass eine Reidentifizierung von Personen ausgeschlossen ist (siehe dazu auch DSGVO in Abschn. 1.6.1). Diese können unter Auflagen für statistische Auswertungen oder Forschungszwecke weitergegeben werden. Mit **Sponsored Listings** können Marktplatzbetreiber wie Amazon, Zalando, Otto und eBay, analog zu den Werbekostenzuschüssen im Einzelhandel, vordere Plätze bei Ergebnisanzeigen von Produktsuchen über verschiedene Anzeigenformate vermarkten. Amazon bietet seinen professionellen Sellern Sponsored Listings in Form von **Sponsored Product Ads** oder **Sponsored Brand Ads,** um bezahlte Anzeigen an exponierten Stellen im Amazon Marketplace zu positionieren. Voraussetzung für die Schaltung von Sponsored Product Ads ist der Besitz der Amazon Buy Box (siehe dazu ausführlicher Abschn. 2.3.2.1). Ein Sponsoring kann auch digitale Informationsangebote wie Online-Magazine unterstützen, indem das Logo der Sponsoren auf der Startseite platziert wird, redaktionelle Beiträge der Sponsoren veröffentlicht werden oder der Sponsorpartner in E-Mail-Werbekampagnen eingebunden wird. Abb. 3.2 fasst noch einmal in einer grafischen Übersicht die Erlösformen des E-Commerce zusammen.

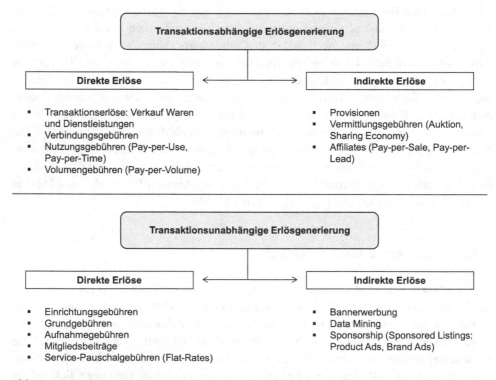

Abb. 3.2 Erlösformen im E-Commerce. (Adaptiert nach Deges, 2020, S. 68; mit freundlicher Genehmigung von © Springer Fachmedien Wiesbaden Gmbh 2020. All Rights Reserved)

Lernkontrolle

1. Benennen Sie die vier grundlegenden Formen der Erlösgenerierung im E-Commerce.
2. Als welche Erlösform können Pauschalgebühren wie beispielsweise eine Flatrate für gebührenfreie Lieferservices (Amazon Prime) charakterisiert werden?
3. Wodurch unterscheiden sich Hard, Soft und Metered Paywalls?
4. Aus welchen Komponenten besteht ein Freemium-Modell?
5. Wie differenzieren sich unilaterale und bilaterale Provisionsmodelle?

Literatur

Clement, R., & Schreiber, D. (2016). *Internet-Ökonomie*. Springer Gabler.
Cuofano, G. (2023). Die Geschäftsmodellanalyse der New York Times. https://fourweekmba.com/de/Das-Gesch%C3%A4ftsmodell-der-New-York-Times/. Zugegriffen: 4. April 2023.
Deges, F. (2020). *Grundlagen des E-Commerce. Strategien, Modelle, Instrumente*. Springer Gabler.
Grover. (2023). Miete Tech für dein Business. Flexibel, sorgenfrei und zu günstigen Monatspreisen. https://www.grover.com/business-de/for-business. Zugegriffen: 4. April 2023.
IONOS. (2022). Was ist eine Paywall? https://www.ionos.de/digitalguide/online-marketing/verkaufen-im-internet/paywall/. Zugegriffen: 4. April 2023.
Kollmann, T. (2009). *E-Business*. Gabler.
Kollmann, T. (2013). *Online-Marketing*. Kohlhammer.
Kollmann, T. (2016). *E-Entrepreneurship*. Springer Gabler.
Kollmann, T. (2020). Grundlagen der Digitalen Wirtschaft. In T. Kollmann (Hrsg.), *Handbuch Digitale Wirtschaft* (S. 21–52). Springer Gabler.
Kreutzer, R. (2018). *Praxisorientiertes Online-Marketing*. Springer Gabler.
Lammenett, E. (2017). *Praxiswissen Online-Marketing*. Springer Gabler.
Laudon, K. C., & Traver, C. G. (2015). *E-commerce 2015: Business, technology, society*. Pearson.
Picot, A., Reichwald, R., & Wigand, R. T. (2003). *Die grenzenlose Unternehmung*. Gabler.
Schmidt, S. (2007). *Das Online-Erfolgsmodell digitaler Produkte*. Deutscher Universitäts Verlag.
Skiera, B., & Spann, M. (2002). Flexible Preisgestaltung im Electronic Business. In R. Weiber (Hrsg.), *Handbuch Electronic Business* (S. 687–707). Gabler.
Tripp, C. (2019). *Distributions- und Handelslogistik*. Springer Gabler.
Wick, J. (2023). Paywall: Modelle und Anbieter im Überblick. https://blog.hubspot.de/marketing/paywall. Zugegriffen: 4. April 2023.

Kaufprozess und Kaufverhalten im E-Commerce

4

Lernziele

Im E-Commerce hat sich durch die immense Produktvielfalt, verbunden mit der Preis- und Anbietertransparenz, das Kaufverhalten der Konsumenten nachhaltig verändert. Dieses Kapitel thematisiert die Implikationen des Online-Handels auf die Kaufentscheidung und das Kaufverhalten und vermittelt ein fundiertes Basiswissen über:

- Die Differenzierung der Güterkategorien im Online-Handel und die ökonomischen Besonderheiten der Produktion und des Vertriebs digitaler und digitalisierter Güter
- Ansätze zur Typologisierung und Segmentierung von Käufern und Konsumenten
- Die Arten von Kaufentscheidungen und die Phasen des Kaufprozesses im E-Commerce
- Die Ausprägungsformen eines multioptionalen Kaufverhaltens
- Die Systematisierung von Customer Touchpoints und deren Steuerung im ganzheitlichen Konzept der Customer Journey

---

4.1 Güterkategorien im E-Commerce

Wirtschaftsgüter sind Erzeugnisse aus einem Produktions-, Herstellungs- und Bereitstellungsprozess und stehen der Nachfrage nicht in unbegrenzter Menge zur Verfügung. Für den privaten Konsum produzierte und bereitgestellte **Konsumgüter** dienen Wirtschaftssubjekten (private Haushalte) als **materielle Güter** oder **physische Güter** (Realgüter, Sachgüter) der individuellen Bedürfnisbefriedigung. Das Komplement zu materiellen

© Springer Fachmedien Wiesbaden GmbH, ein Teil von Springer Nature 2023
F. Deges, *Grundlagen des E-Commerce*,
https://doi.org/10.1007/978-3-658-41357-6_4

Gütern sind **immaterielle Güter** als Dienstleistungen und Rechte. Durch die Digitalisierung sind mit dem neuen Vertriebsweg E-Commerce an der Schnittstelle von Materialität und Immaterialität neue Güterarten und Gütervarianten entstanden. Durch digitale Produktionsprozesse können materielle Güter nach ihrer Produktbeschaffenheit einen unterschiedlichen Digitalisierungsanteil aufweisen. So ist eine Audio-CD als Outputgut ihrer Produktion ein gegenständliches physisches Produkt, aber im Kern mit einem hohen Digitalisierungsanteil, da die auf die CD gebrannten Musikstücke ein digitales Basisformat darstellen. Diese werden als **semi-digitale Güter** klassifiziert (Leimeister, 2015, S. 332 f.). Die Digitalisierung ermöglicht die parallele Bereitstellung eines Wirtschaftsgutes sowohl in einer materiellen Form (ein literarisches Werk als papiergebundene Ausgabe) wie auch in einer digitalen Form (ein literarisches Werk als E-Book). **Digitale Güter** sind als Güterkategorie erst durch die Digitalisierung entstanden. Ihr Produktkern ist rein digital und in dieser entmaterialisierten Form auch gar nicht mehr physisch distribuierbar, sondern werden als immaterielle Güter über eine **Online-Distribution** als Download zum Konsum bereitgestellt. Digitale Güter prägt im Gegensatz zu materiellen Gütern die ökonomische Besonderheit, dass ihnen als Wirtschaftsgut durch die unbegrenzt mögliche Vervielfältigung das konstitutive Merkmal der Knappheit fehlt.

Güterkategorisierung am Beispiel von Buch und Musik

Physische Güter: Bücher als papiergebundene Ausgabe (Hardcover, Softcover). Musik als Schallplatte
    Semi-digitale Güter (physischer und digitaler Anteil): Hörbuch-CD, Musik-CD
    Digitale Güter (kein physischer Anteil): E-Book (als PDF-Download für den PC oder als E-Book Reader-Format), MP3-Musikdatei, Musikstreaming◄

4.1.1 Physische Güter

Physische Güter als gegenständliche Produkte weisen keine digitalen Produktbestandteile auf (Leimeister, 2015, S. 333). Diese werden in Produktions- und Konsumgüter unterschieden. Konsumgüter sind nach ihrem Verwendungszweck (einmalige oder mehrmalige Verwendung) und ihrer zeitlichen (Ab)Nutzungsdauer in Gebrauchsgüter und Verbrauchsgüter zu unterscheiden (Kirchgeorg, 2018). Mittel- bis langlebige **Gebrauchsgüter** (Consumer Electronics, Haushaltsgeräte, Bekleidung, Schuhe, Möbel) nutzen sich je nach Produktlebensdauer im Zeitverlauf ab und verschleißen. **Verbrauchsgüter** (Lebensmittel, Getränke, Hygieneartikel, Kosmetika) sind kurzlebig und werden durch ihre je nach Produkt einmalige oder mehrmalige Nutzung zeitnah komplett aufgebraucht. Der substanzielle Produktbegriff bezieht sich auf das Sachgut als ein Bündel physikalisch-technischer Bestandteile und Eigenschaften zur Befriedigung funktionaler Kundenbedürfnisse (Homburg, 2020, S. 599). Die Betriebswirtschaftslehre versteht als erweiterten Produktbegriff die mit einem Sachgut verbundenen ergänzenden (Dienst)Leistungen wie Garantie, Gewährleistung und Wartung. Produkte sind durch einen Kernnutzen und einen Zusatznutzen charakterisiert. Aus der Kundenperspektive steht der **Kernnutzen** als funktionales Nutzenversprechen im Fokus der Bedürfnisbefriedigung (Homburg, 2020, S. 601). Der **Zusatznutzen** zielt über die Gebrauchs- und Funktionseigenschaften hinaus auf die Befriedigung emotionaler Bedürfnisse, die sich aus dem **Prestige** des Produktes sowie einer Selbstbestätigung und sozialen Anerkennung durch den Produktbesitz ableiten (Homburg, 2020, S. 601). Konsumenten sehen das Produkt als ein **Nutzenbündel** aus dem Verbund einer funktionalen und psychischen Bedürfnisbefriedigung.

Konsumgüter werden im **Residenzhandel** über den stationären Handel und im E-Commerce als **Distanzhandel** über Onlineshops und Online-Marktplätze vertrieben. Wird ein physisches Produkt im Residenzhandel gekauft, so übernimmt der Käufer durch die direkte Warenmitnahme den Transport des Gutes von der Einkaufsstätte zu seinem Aufbewahrungs- oder Verwendungsort. Wird ein physisches Produkt über den Onlinevertrieb angeboten, so spricht man auch von einem **semi-physischen Gut** (Clement & Schreiber, 2016, S. 25; Leimeister, 2015, S. 332). Das Produkt ist zwar rein physisch, jedoch werden einzelne Stufen des Transaktionsprozesses wie Auswahl, Bestellung und Bezahlung digital vollzogen. Die Zustellung muss über klassische Transportwege und Transportsysteme erfolgen (Kollmann, 2013, S. 39). Physische Produkte jedweder Handelskategorie können über den Onlinevertrieb vermarktet werden, sofern deren Transaktion keinerlei Restriktionen der Ein- und Ausfuhrbestimmungen eines Landes (z. B. Antiquitäten oder Jagdsouvenirs) oder gesetzlichen Regularien (z. B. Waffen oder verschreibungspflichtige Medikamente) unterliegt.

4.1.2 Digitale Güter

Digitale Güter sind immaterielle Güter zur Bedürfnisbefriedigung, die in Form eines Codes von Binärdaten dargestellt, abgelegt, übertragen und verarbeitet werden (Clement & Schreiber, 2016, S. 24). Diese können in digitale Produkte, digitale Informationen und digitale Dienstleistungen oder Services unterschieden werden. Eine Sonderform digitaler Güter sind **virtuelle Güter,** die als Objekte nur in einer virtuellen Welt, beispielsweise im Bereich von MMOGs (**Massive Multiplayer Online Games**), einen Tauschwert für virtuelle Interaktionen und Transaktionen haben (vgl. Frieling, 2011, S. 14 ff.). Beim Vertrieb von digitalen Gütern kann der Transaktionsprozess ohne Medienbruch vollständig über internetbasierte Übertragungswege vollzogen werden (Barth et al., 2015, S. 183; Olbrich et al., 2015, S. 22). Digitale Güter bedürfen keiner physischen

Zustellung, damit entfallen **Distributionskosten,** die sich aus der Lagerung, Kommissionierung und räumlichen Zustellung einer Warensendung ergeben. Das digitale Gut wird erst mit dem Kauf als Download dupliziert und kann nach Abschluss des Downloadvorgangs sofort zur Konsumption genutzt werden. Reproduktion und Distribution erfolgen simultan und nahezu verzögerungsfrei (Laudon et al., 2010, S. 597). Das digitale Gut kann in seiner Ursprungsform ohne Abnutzung des Originals in unbegrenzter Menge kopiert und vervielfältigt werden (Clement & Schreiber, 2016, S. 27). Es nutzt sich auch durch häufige Nutzung nicht ab (Barth et al., 2015, S. 183). Damit ist der Kauf eines digitalen Gutes typischerweise ein Erst- bzw. Einmalkauf, da kein verschleißbedingter **Ersatzkauf** notwendig ist (Peters, 2010, S. 5). Digitale Güter entfalten ihren vollständigen Nutzen erst durch die Interaktion mit einem komplementären physischen Produkt (Clement & Schreiber, 2016, S. 27). So wird für die Nutzung eines E-Books ein systemkompatibles Abspielgerät (E-Book Reader) benötigt. Digitale Güter werden nach dem Ort der Speicherung in Verbindung mit der Zugriffs- und Nutzungsart in zwei Kategorien differenziert. **Digitale Offline-Produkte** werden vom Käufer nach ihrem Erwerb heruntergeladen und auf dem eigenen Rechner abgespeichert oder installiert. Nach dem Download ist für die Nutzung des digitalen Gutes eine Internetverbindung zum Server des Anbieters nicht mehr notwendig (Laudon et al., 2010, S. 697 f.). **Digitale Online-Produkte** sind zentral auf den Servern des Leistungsanbieters gespeichert und können vom Nutzer nicht per Download abgespeichert werden. Der Anbieter gewährt seinen Kunden über Streaming den Zugriff als Nutzungsrecht auf die serverseitig bereitgestellten digitalen Produkte. **Streamingdienste** wie Netflix, Amazon Prime Video, Disney +, Apple TV + oder Spotify werden ausschließlich digital zur Verfügung gestellt und konsumiert (Homburg, 2020, S. 1080). Da die Freischaltung zur Nutzung der Dienstleistung an eine kostenpflichtige Registrierung gebunden und häufig über flexible Abo-Modelle mit an den Laufzeiten angepassten Preismodellen vermarktet werden, können digitale Dienstleistungen auch als **Access-Based-Dienstleistungen** charakterisiert werden.

Digitale Online- und Digitale Offline-Produkte in der Musikvermarktung

Über Streamingdienste wie Spotify, Deezer oder Apple Music wird Musik als digitales Online-Produkt mit dem Zugriff auf einen Server abgerufen. Der Kauf und Download eines MP3-Musikstücks über einen Onlineshop ist als digitales Offline-Produkt zu charakterisieren.◄

Viele digitale Güter sind erst aus der Digitalisierung eines physischen Gutes hervorgegangen (Peters, 2010, S. 1). Sie sind somit digitale Duplikate von originär physischen Produkten (Leimeister, 2020, S. 45). So wird aus einem papiergebundenen Buch ein E-Book, aus einer Musik-CD wird eine dematerialisierte MP3-Datei. Digitalisierte Güter sind von ihrem ursprünglichen Trägermedium entbunden. Damit bietet die Digitalisierung physischer Produkte eine Vielzahl neuer Produktvariationen. Die Umwandlung physischer

Produkte in digitale Güter wird auch als **Dematerialisierung** bezeichnet. Ohne ein physisches Trägermedium wie beispielsweise eine Schallplatte oder CD ist ein Musikstück als Download seiner Schwerkraft enthoben **(Zero Gravity)** (Kreutzer, 2016, S. 9 und S. 110). Digitale Güter sind auch bei intensiver Nutzung typischerweise nicht von einem Wertverfall wie physische Produkte betroffen. Während es für viele Produkte nach ihrer Erstverwertung bei immer noch gutem Gebrauchszustand (Autos) noch die Option der Zweitvermarktung über Second-Hand-Märkte gibt (Gebrauchtwagenmarkt), existieren für digitale Güter keine Zweitmärkte (Leimeister, 2020, S. 47).

▶   **Merke!** Die Digitalisierung ermöglicht eine erhebliche Ausweitung eines ursprünglich physischen Produktangebotes als digitale und semi-digitale Produktvarianten.

Leistungsangebote der **Medienindustrie** verschieben sich zunehmend vom physischen auf ein digitales Gut. So substituieren Streamingdienste für Musik und Film zunehmend den Produktkauf als CD und DVD. Mit der disruptiven Konsequenz, dass sich die Anzahl der Videotheken in den letzten Jahren massiv verringert hat und der stationäre Einzelhandel Umsatzeinbußen in der Warenkategorie CD/DVD zu kompensieren hat. Digitale Güter können leicht und einfach aktualisiert, erweitert oder begrenzt werden. Ebenso sind sie als Gesamtpaket in kleinere Einheiten unterteilbar und vermarktbar. So lassen sich im Musikdownload auch einzelne Stücke statt ganzer Alben vermarkten. Ebenso können Fachbücher kapitelweise angeboten werden, wenn ein Käufer nur an einem bestimmten Abschnitt eines Fachbuches interessiert ist.

Der deutsche Buchhandel 2021

Die Verfügbarkeit digitaler Güter führt zu einer Veränderung des Nutzerverhaltens, so zum Beispiel bei den Lesegewohnheiten mit der zunehmenden Verbreitung von E-Books. Nach Marktanalysen des Börsenvereins des Deutschen Buchhandels wurden 2021 insgesamt 38 Mio. E-Books an 3,4 Mio. Leser in Deutschland verkauft. Das Verhältnis von 3,4 Mio. Käufern zu 38 Mio. Downloads belegt eine hohe Kauffrequenz und Nutzungsintensität der E-Book-Fans. Der Absatz steht für eine Umsatzsteigerung von 3,2 % im Vergleich zum Vorjahr 2020. Damit wurden 2021 5,7 % des Buchumsatzes am Publikumsmarkt mit E-Books realisiert (Börsenverein des Deutschen Buchhandels, 2022).◀

Semi-digitale Güter haben sowohl einen physischen wie auch digitalen Anteil. Ein semi-digitales Sachgut als solches ist digital, es wird aber auf einem Trägermedium (Datenträger) verkauft. Man benötigt ein Speichermedium für den Transfer (wie Musik auf CD, Video auf DVD, Software auf Datenträgern). Tab. 4.1 stellt anhand verschiedener Kriterien einen digitalen und semi-digitalen Produktvergleich für die Vermarktung von Musik gegenüber.

Tab. 4.1 Digitaler und semi-digitaler Produktvergleich in der Musikvermarktung. (Adaptiert nach Deges, 2020, S. 74; mit freundlicher Genehmigung von © Springer Fachmedien Wiesbaden GmbH 2020. All Rights Reserved)

Kriterium	Digital (mp3)	Semi-digital (CD)
Herstellung Basisprodukt	Programmierung als digitales Format (First Copy)	Pressung des digitalen Formates auf eine CD als physisches Trägermedium
Trägermedium	Kein Trägermedium	Beschaffung (Produktion oder Zukauf) des Trägermediums. Gestaltung und Druck des CD-Covers. Beschriftung CD-Rohlinge
Versand	Download aus dem Onlineshop	Physischer Produktversand über klassische Transportwege und -systeme
Vertriebskosten	Keine direkten Versandkosten	Kommissionierungs-, Verpackungs- und Transportkosten
Verfügbarkeit	Sofortige Verfügbarkeit nach dem Download	Verfügbarkeit nach Lieferung des Produktes. Abhängig von Lieferzeit und erfolgreicher Zustellung
Bevorratung	Keine Bevorratung erforderlich. Unbegrenzt mögliche Vervielfältigung der First Copy	Vorratsproduktion und nachfrageorientierte Lagerung. Risiko „Out of Stock" bei Fehleinschätzung der Nachfrage und Fehlplanung der Produktionsmengen
Lagerkosten	Keine Lagerkosten. First Copy wird durch Download reproduziert	Lagerhaltungskosten für die versandfertigen CDs und Verpackungsmaterial

4.1.2.1 Kostenstruktur digitaler Güter

Die Bereitstellung eines digitalen Gutes weist hohe Fixkosten in der Entwicklung und Programmierung bis zur Erstellung einer ersten duplizierfähigen Vorlage auf. Diese Fixkosten werden als **First Copy Costs** (Kosten der ersten Kopie) bezeichnet (Clement, 2001, S. 1178; Peters, 2010, S. 3; Leimeister, 2015, S. 334). Den hohen Fixkosten stehen nur geringe variable Kosten der Vervielfältigung und Distribution gegenüber (Laudon et al., 2010, S. 598). Einmal als duplizierfähiges Gut bereitgestellt, tendieren die **Grenzkosten** (Reproduktions- und Absatzkosten) als mannigfach mögliche Vervielfältigung einer First Copy im Extremfall gegen Null (Leimeister, 2020, S. 47). Denn die anschließende „Produktion" eines vollständig digitalen Gutes besteht in der reinen Reproduktion der First Copy und den „Absatz" seines digitalen Produkts realisiert der Anbieter in der **Online-Distribution** nahezu kostenneutral über die Bereitstellung einer Download-Funktion. Wenn hohen First Copy Costs nur marginal geringe Kosten der Reproduktion gegenüberstehen, so reduziert jede weitere Reproduktion der First Copy die **Durchschnittskosten** (fixe und variable Kosten pro Stück in Relation zur Ausbringungsmenge) des digitalen Gutes (Hutter, 2000, S. 1660). Je höher die Ausbringungsmenge, desto geringer die Durchschnittskosten. Bei zunehmendem Absatz kommt es somit zu einem enormen

Stückkostendegressionseffekt mit endlos fallenden Durchschnittskosten (Laudon et al.,
2010, S. 598). Dies ermöglicht es einem Anbieter in der Verwertung seiner digitalen
Produkte hohe Skaleneffekte **(Economies of Scale)** zu realisieren (Wirtz, 2013a. S. 50).

Die hohen Skaleneffekte wirken sich auf das Wettbewerbsgefüge und Marktgleichgewicht aus. Denn die **Stückkosten** eines marktdominierenden Anbieters sinken bei
steigender Absatzmenge schneller als die Stückkosten seiner Wettbewerber (Laudon et al.,
2010, S. 598). Dem dominierenden Anbieter ergeben sich nun zwei Optionen, entweder er realisiert höhere Gewinne oder er senkt durch seine gegenüber dem Wettbewerb
günstigere Kostenstruktur seine Absatzpreise deutlich schneller, als es den Konkurrenten
möglich ist (Stelzer, 2000, S. 838; Laudon et al., 2010, S. 598 f.). Mit der Durchsetzung von Preissenkungen wird der dominierende Anbieter seine Absatzmenge weiter
steigern und sein **Marktanteil** wird sich zu Lasten der Wettbewerber weiter erhöhen.
Dies wiederum führt dazu, dass auch seine Stückkosten weiter überproportional sinken
werden, was seine Marktstellung nochmals verbessert. Der dominierende Anbieter profitiert von positiven Netzwerkeffekten (siehe auch Abschn. 2.3.1.1). Dieser Zusammenhang
wird als Ökonomie steigender Grenzerträge oder **Increasing Returns** bezeichnet (Arthur,
1996). Increasing Returns können im Verbund mit Netzwerk- und Lock-in-Effekten zur
Herausbildung von **Quasi-Monopolen** führen (Arthur, 1996, S. 100 ff.). Netzwerk- und
Lock-in-Effekte entstehen, wenn der marktdominierende Anbieter mit seinem überlegenen
digitalen Produkt einen **De-Facto-Standard** setzt, dem kein Wettbewerber ein vergleichbares Produkt gegenüberstellen kann. So erreicht Google in vielen Ländern eine hohe
Marktdurchdringung und monopolähnliche Marktkonstellation durch seinen gegenüber
dem Wettbewerb überlegeneren Suchalgorithmus. Microsoft beherrscht seit vielen Jahren
den Markt für Desktop-PC-Betriebssysteme. Im Jahr 2013 lag der Marktanteil noch bei
90,96 %, über die letzten Jahre wurden jedoch Marktanteile an Apple und Linux verloren.
Im Jahr 2022 sind es mit einem Marktanteil von 75 % immer noch 3 von 4 Personen,
die ein Microsoft Betriebssystem nutzen (Dirscherl, 2022). First Copy Costs gehen insbesondere bei sehr komplexen digitalen Produkten wie beispielsweise einer Software mit
einem hohen finanziellen Risiko einher. Bei einem Misserfolg sind die First Copy Costs
irreversible Kosten **(sunk costs)**. Fehlinvestitionen, die in der Forschungs- und Entwicklungsphase angefallen sind, können rückwirkend nicht mehr beeinflusst oder rückgängig
gemacht werden (Wirtz, 2013a, S. 51). Je höher und unsicherer die Kalkulation der zu
erwartenden First Copy Costs, desto eher kann das Risiko einer möglichen Fehlinvestition
als **Markteintrittsbarriere** für potenzielle Anbieter wirken (Wirtz, 2013a, S. 51).

> **Verhältnis fixe und variable Kosten: Softwareentwicklung und deren digitale Vermark-
> tung**
>
> Für die Entwicklung einer Software fallen je nach Leistungs- und Funktionsumfang
> hohe Forschungs- und Entwicklungskosten (Fixkosten) über mehrere Monate oder
> Jahre an, bis die erste duplizierfähige Version (First Copy) für die Vermarktung und

den Absatz bereitsteht (Leimeister, 2020, S. 45). Wird die Software rein digital vermarktet, indem der Kauf, der Download und die Lizensierung über einen Onlineshop
erfolgt, so sind die Produktions- und Distributionskosten pro Kopie marginal. Sie tendieren in der Onlinedistribution nahezu gegen Null, da sich jede weitere Einheit durch
den Download selbst reproduziert (Stelzer, 2000, S. 837).◄

Lock-in-Effekte bilden sich insbesondere in der langjährigen Nutzung kostenpflichtig
erworbener Standardsoftware wie beispielsweise bei Microsoft-Office-Produkten heraus.
Die Entscheidung, ein anderes Softwareprodukt zu nutzen, führt zu materiellen und/oder
immateriellen Wechselkosten. **Materielle Wechselkosten** ergeben sich durch die Anschaf-
fungsinvestition in die neue Software, wenn diese nicht als kostenlose Version vermarktet
wird. Damit verbunden sind **Opportunitätskosten,** die durch den entgangenen Nutzen
entstehen, da das ursprüngliche Produkt nicht mehr verwendet wird (Laudon et al., 2010,
S. 601). **Immaterielle Wechselkosten** ergeben sich durch den zeitlichen und kognitiven
Aufwand, der mit der Einarbeitung in eine neue Software verbunden ist. Je höher die
materiellen und immateriellen Wechselkosten sind, desto geringer ist die Präferenz des
Nutzers für einen Systemwechsel auf ein neues Produkt ausgeprägt. Der Anbieter kann
sich sogar in einer geringen Toleranzgrenze ein schlechteres Preis-Leistungsverhältnis als
seine Wettbewerber erlauben (Laudon et al., 2010, S. 602). Kunden scheuen den Wechsel
auf ein neues Produkt und bleiben trotz eingeschränkter Zufriedenheit an das gewohnte
System gebunden. Dies kann dazu führen, dass sich inferiore Güter lange am Markt halten, obwohl bessere und leistungsfähigere (superiore) Produkte verfügbar sind (Laudon
et al., 2010, S. 602).

**Immaterielle Wechselkosten als Opportunitätskosten: Fotobuch Konfigurationssoft-
ware**

Jeder Anbieter stellt seinen Kunden eine eigenentwickelte Konfigurationssoftware für
die Erstellung eines Fotobuches bereit. Der Initialaufwand für die erstmalige Erstellung eines Fotobuches ist trotz intuitiv bedienbarer Software erheblich zeitintensiver
als für die nächstfolgenden Fotobücher. Der Wechsel zu einem anderen Anbieter
würde keine materiellen Wechselkosten verursachen, da die Nutzung der Konfigurationssoftware kostenlos ist. Allerdings müsste das aufgebaute Erfahrungswissen auf
die Konfigurationssoftware des anderen Anbieters übertragen werden. Die immateriellen Wechselkosten hängen von der individuellen Einschätzung des Nutzers ab, ob
sich der Wechsel mit dem Initialaufwand der Einarbeitung in die andere Konfigurationssoftware lohnt, beispielsweise durch dauerhaft günstigere Preise des neuen im
Vergleich zum bisherigen Anbieter. Fotobuchanbieter versuchen Stammkunden des
Wettbewerbers von einem Wechsel zu überzeugen, indem sie ihnen als Neukunden
attraktive Rabatte für die Erstbestellung eines Fotobuches anbieten. Damit versucht
der Wettbewerber, die immateriellen Wechselkosten mit einem geldwerten Vorteil zu
kompensieren.◄

4.1.2.2 Informationsgüter

Informationsgüter finden sich in vielfältigen Erscheinungsformen und können sachlicher, bildender oder unterhaltender Natur sein. Informationen werden aus der Erhebung, Verdichtung, Analyse und Bewertung von Daten gewonnen und für die Rezeption in verschiedenen Contentformaten textuell, visuell oder audiovisuell aufbereitet und bereitgestellt. Ein contentzentriertes digitales Geschäftsmodell besteht aus der Sammlung, Selektion, Systematisierung, Versionierung und Bereitstellung von Content auf einer Informationsplattform (Wirtz, 2013a, S. 725). Wie Abb. 4.1 aufzeigt, wird im digitalen Kontext bei Informationen von **E-Information**, bei Bildung von **E-Education** und bei Unterhaltung von **E-Entertainment** gesprochen werden. Eine Mischform aus informierendem und unterhaltendem Content stellt das **E-Infotainment** dar (Wirtz, 2013a, S. 696). Die spielerische und unterhaltende Vermittlung von Wissen wird als **E-Edutainment** bezeichnet.

Informationsgüter können nach Sach- und Unterhaltungsinformationen differenziert werden. **Sachinformationen** (Zweckinformationen) werden aus pragmatischen Gründen gezielt abgerufen. Sie sind sachlich fundiert und vermitteln Fakten und Erkenntnisse in versionierten Formen von Basis-, Hintergrund- und Expertenwissen. Sie dienen als **Gebrauchsinformationen** einem bestimmten Zweck, beispielsweise der Wissensaneignung und dem Wissensaufbau (E-Information und E-Education). Gebrauchsinformationen verlieren erst dann an Wert, wenn Fakten veralten und neue Erkenntnisse das bisherige Wissen auf ein aktuelleres Niveau hieven. Sachinformationen werden für Entscheidungsfindungen herangezogen, um beispielsweise die Expertise aus redaktionell hochwertigen Inhalten (Unternehmensanalysen und Aktienbewertungen) für den Wertpapiererwerb zu nutzen (vgl. Lord, 2012, S. 330). Für die Wissenserweiterung werden Sachinformation als Lehr- und Weiterbildungsangebote, Webinare, Glossare, Lexikoneinträge, Fachbeiträge, Studien oder Statistiken bereitgestellt. Sachinformationen dienen einer ausgewogenen Meinungsbildung, indem sich Expertenkommentare, Reportagen, Rezensionen

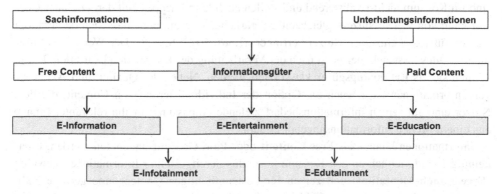

Abb. 4.1 Informationen und Informationsgüter. (Eigene Darstellung)

und Bewertungen fundiert und kritisch mit einem Sachverhalt auseinandersetzen. Weitere Formen von Sachinformationen dienen als Instruktionen in Form von Installations- und Gebrauchsanleitungen oder Kochrezepten der Anweisung und Unterrichtung und werden von Informationssuchenden bedarfsorientiert abgerufen. **Verbrauchsinformationen** befriedigen ein zeitpunktbezogenes Informationsbedürfnis nach tagesaktuellen News, Wetterabfrage, Pollenflug, Regenvorhersage oder Staumeldungen. Ihr Informationswert ist nur für den Zeitpunkt der Abfrage relevant. Sie veralten schnell und müssen fortlaufend aktualisiert werden (vgl. Hutter, 2000, S. 1660). **Unterhaltungsinformationen** (Entertainmentformate: Film, Musik, TV, Comics, Belletristik) befriedigen ein subjektives und emotionales Unterhaltungsbedürfnis nach Zerstreuung und Ablenkung. Diese unterliegen in der Einschätzung ihrer Unterhaltungsqualität dem individuellen Geschmack jedes einzelnen Konsumenten und können in der Breite des Zielpublikums in ihren Urteilen erheblich differieren. (vgl. Lord, 2012, S. 330). Als digitales Gut werden in der Internetökonomie Informationsgüter medienungebunden zur Konsumption bereitgestellt. **Medienungebundenheit** bedeutet die Trennung des Contents von einem physischen Trägermedium wie beispielsweise Zeitung, Zeitschrift, Magazin oder Buch. Daraus ergeben sich verschiedene Optionen der digitalen und analogen Vermarktung von Informationen.

▶   **Merke!** Tagesaktuelle Informationen der Zeitungsverlage sind als Online-Informationsangebot dematerialisiert vom physischen Medium der gedruckten Zeitung. Für ihren Abruf und ihre digitale Rezeption wird jedoch ein materielles Gut in Form eines physischen mobilen oder stationären Devices benötigt. Als materielle Printausgabe findet eine parallele Vermarktung des Informationsangebotes für diejenigen Leser statt, die eine papiergebundene Rezeption von tagesaktuellen Informationen bevorzugen.

Informationsgüter können prinzipiell als öffentliche Güter gekennzeichnet werden. Diese sind im Konsum nicht-rivalisierend und stellen auch kein knappes Gut dar. Digitaler Content kann von vielen Nutzern gleichzeitig verarbeitet werden, ohne dass sich dadurch der Nutzen für jeden einzelnen Nutzer verringert (Lord, 2012, S. 328). Der Wert eines Informationsgutes lässt sich meist erst nach der Verarbeitung der Information beurteilen. Damit können sie als **Erfahrungsgüter** klassifiziert werden. Neben der Qualität und Aktualität von Informationen ist es auch die Option der Individualisierung von Content, die dem Nutzer eine auf seinen Informationsbedarf zielende Anpassung für ihn relevanter Inhalte aus einem breiten Informationsangebot erlaubt.

Informationen können als **Free Content** oder **Paid Content** angeboten werden. Internetnutzer sind vielfach an den Konsum kostenlos bereitgestellter Informationen gewöhnt **(Free-Lunch-Mentalität)** und zeigen für kostenpflichtigen Content eine geringe **Zahlungsbereitschaft** (vgl. Lord, 2012, S. 329). Mit Paid Content ist die kostenpflichtige

Nutzung von über das Internet bereitgestellten digitalen Inhalten gemeint. Paid-Content-Einnahmequellen sind insbesondere für Informationsbroker und Verlage essenziell, um das Kerngeschäft der Produktion, Bündelung und Bereitstellung von Informationen zu finanzieren (Lord, 2012, S. 329). Die Durchsetzung von Paid Content ist dann erfolgsversprechend, wenn die aufbereiteten Informationen einen Zeitvorsprung durch Exklusivität oder eine hohe Güte und Qualität aufweisen (Lord, 2012, S. 331). Bei einer anerkannten redaktionellen Integrität und hochwertigem, seriös recherchierten Content, wie er bei Medienangeboten wie der Frankfurter Allgemeinen Zeitung (FAZ), der Süddeutschen Zeitung (SZ), dem Handelsblatt, Wall Street Journal oder Financial Times bereitgestellt wird, ist aufgrund der Aktualität und Qualität der Beiträge und der erwarteten **Nutzenstiftung** beim Zielpublikum von einer positiven Zahlungsbereitschaft für eine kostenpflichtige Nutzung auszugehen. Im publizistischen Wettbewerb um die Aufmerksamkeit der Rezipienten können die marktetablierten und allseits bekannten Printpublikationen ihre hohe Reputation mit einem **Imagetransfer** auf den Onlinekanal übertragen.

Die Enzyklopädie Wikipedia als Free Content

Die 2001 gegründete Wissensplattform Wikipedia ist ein global abrufbares und gebührenfrei bereitgestelltes Informationsangebot, welches jedem Websitebesucher ohne Zugangsbeschränkung offensteht. Der Content wird durch freiwillige und ehrenamtliche Autoren erstellt und aktualisiert. Wikipedia wird von der gemeinnützigen Wikimedia Foundation betrieben und über Spenden finanziert. Ein Großteil der Spenden wird durch eine jährliche Spendenkampagne eingenommen (Wikipedia, 2023).◄

4.1.2.3 Dienstleistungen und Services

Viele Dienstleister positionieren sich mit Plattformen zwischen Angebot und Nachfrage und bieten digitale Dienste und Services (**E-Service**) an, die sowohl Anbietern wie auch Nachfragern Support offerieren, um sie bei der Erledigung von Standardaufgaben zu unterstützen oder bei bürokratischen Pflichten zu entlasten. Die Palette digitaler Services und Dienste ist breit gefächert. Neben den rein auf Dienste und Services spezialisierten Online-Plattformen bieten auch Informationsportale und die Unternehmen selbst auf ihren Websites neben ihrem Produkt- und Leistungsangebot ergänzende Services an. Manche der digitalen Geschäftsmodelle basieren auf einer Mischform von E-Information und E-Service.

Leistungsbereitstellungsdienste bieten onlinebasierte **Cloud-Storage-Dienste** an. Diese stellen Nutzern über ihre eigenbetriebenen Rechenzentren Speicherplatz zur Verfügung. Als bequeme Alternative zur Datenspeicherung auf externe physische Datenträger wie USB-Sticks und mobile Festplatten ist über die Cloud ein weltweit ortsunabhängiger Zugriff auf die gespeicherten Dateien und Daten (Fotos, Videos, Musiksammlung, Textdokumente) jederzeit mit einer Internetverbindung möglich. Dienste wie Dropbox oder Google Drive, Microsoft One Drive oder Apple iCloud unterstützen neben der Datenspeicherung auch den unkomplizierten Austausch von Daten zwischen mehreren Personen. Für den Nutzer sind Cloud-Storage-Dienste sehr praktisch. Ein Verlust oder eine Beschädigung nur lokal gespeicherter Daten (Diebstahl oder Defekt des Devices, Datensperren durch Ransomware von Cyberkriminellen, versehentliche lokale Datenlöschung) wird durch den externen Cloud-Speicher kompensiert. Der spontane Zugriff auf wichtige Dokumente während einer Urlaubsreise ist von großem Vorteil. Aber auch die für die Privatnutzung kostenlose Bereitstellung kollaborativer **Remote-Dienste** für Teamwork und Online-Meetings wie MS Teams, Google Meet, Webex oder Teamviewer war in den Jahren der Corona-Pandemie und ist nun auch darüber hinaus als New-Work-Komponente eine stark nachgefragte und intensiv genutzte Dienstleistung aus dem Homeoffice heraus.

Customer Self Services stellen eine Kundenintegration in Form einer Selbstbedienung zur eigenständigen Ausführung auch vormals analoger personengebundener Dienstleistungen dar. **Vermittlungsdienste** positionieren sich als bequeme Kommunikationsalternative zu den oft aufgrund von mangelnder oder nur eingeschränkter Erreichbarkeit als lästig empfundenen Termin- oder Veranstaltungsbuchungen per Telefon. **Online-Reservierungsdienste** wie OpenTable (https://www.opentable.de) und Quandoo (https://www.quandoo.de) ersparen in der Planung eines Restaurantbesuchs die telefonische Reservierungsanfrage. Sie entlasten die kooperierenden Gastronomiebetriebe, die gerade in den Stoßzeiten am Mittag und am Abend mit Essenszubereitung und Gästebedienung ausgelastet sind. Über die Reservierungsdienste sind schnell bestätigte Reservierungen auch außerhalb der Öffnungszeiten rund um die Uhr möglich. Online-Terminvereinbarungsdienste entlasten mit Anwendungen wie Doctolib (https://www.doctolib.de) die telefonischen Bereitschaftskapazitäten der Arztpraxen. Öffentliche Einrichtungen wie Zulassungsstellen und Bürgerämter profitieren von Online-Terminvereinbarungen, ebenso wie die Buchung von Test- und Impfterminen während der Corona-Pandemie das Procedere sowohl für Impfzentren wie auch für die Impfwilligen erheblich vereinfachte. **Online-Ticketbörsen** von autorisierten Erstmarkthändlern wie CTS Eventim (https://www.eventim.de) oder Ticket Online (https://www.ticketonline.de) garantieren einen bequemen und seriösen Kauf von Eintrittskarten für Kulturveranstaltungen und Sportevents. Ticketbörsen wie viagogo.de bedienen einen C2C-Zweitmarkt, also den Privatverkauf und -kauf von bereits georderten Tickets, die der Erwerber selber nicht nutzen kann oder möchte. Hier besteht jedoch das Risiko, dass personalisierte Tickets unbrauchbar sind, wenn die Personalisierung mit einer Identitätsprüfung vor Ort verknüpft ist. **Online-Datingportale** (Singlebörsen, Partnerschaftsbörsen) wie Tinder, Finya, Badoo, Parship oder ElitePartner sind die digitalen Nachfolger von printbasierten Kontaktanzeigen. Sie adressieren „Singles" und bieten über ihre Portale eine Partnerschaftsvermittlung, indem auf Basis von Persönlichkeitsprofilen sich ähnelnde Personen zusammengeführt („gematched") werden und entscheiden können, ob sie miteinander in Kontakt treten. Das **Online-Banking** bietet dem Nachfrager die Möglichkeit, kontaktlos Dienstleistungen eigen- und selbstständig situativ und zeitsouverän in Anspruch zu nehmen und hat einen starken Verbreitungsgrad und eine hohe Kundenakzeptanz gefunden. Nach einer YouGov-Studie nutzen 86 % der Deutschen Funktionen und Services des Online-Banking (Gillner, 2021). Mit der Folge, dass durch die zunehmende digitale Leistungsinanspruchnahme das Filialnetz an Zweigstellen bei vielen Bankhäusern kontinuierlich verkleinert wird, zum Nachteil einer wenig onlineaffinen Klientel, die gerade bei Geldgeschäften über Onlinekanäle Sicherheitsrisiken sieht und eine persönliche Betreuung über ein dichtes Zweigstellennetz schätzt. Die Geschäftsmodelle der **Online-Jobvermittlungsdienste** substituieren als digitales Pendant die printbasierte Stellenausschreibung in Tageszeitungen. Neben dem Jobvermittlungsportal der Arbeitsagenturen haben sich viele Vermittlungsportale wie Monster, Stepstone, Indeed oder Jobware positioniert. Auch die beruflich orientierten sozialen Netzwerke wie Xing und LinkedIn sehen sich als Karrierenetzwerke und bieten Funktionen der Stellenausschreibung und Jobvermittlung. Spezialisierte **Jobbörsen** wie freelance.de oder **Dozentenportale** fokussieren sich auf eine bestimmte Berufsgruppe oder ein bestimmtes Tätigkeits- und Kompetenzprofil wie beispielsweise freiberufliche IT-Experten, Trainer oder Lehrende. **Online-Übersetzungstools** wie DeepL, Google Translate oder Apple iTranslate ermöglichen per Text- oder Spracheingabe in ihrer mobilen Nutzung auf Reisen spontane Verständigungen und lösen Sprachbarrieren durch mangelnde Fremdsprachenkenntnisse auf. **Online-Sprachlerndienste** wie Babbel ersetzen Präsenzsprachkurse und bieten ein selbstbestimmtes und eigenorganisiertes Erlernen einer Fremdsprache. **Online-Steuererklärungen** werden zunehmend mit Elster oder WISO Steuer erstellt und ohne Papierausdruck bequem über das Internet an die Finanzämter versendet. Weitere digitale Services bieten webbasierte interaktive Formularlösungen für die rechtssichere Erstellung von Patientenverfügungen, Vorsorgevollmachten, Sorgerechts- und Bestattungsverfügungen und die Testamenterstellung.

4.1.2.4 Preismodelle für die Vermarktung digitaler Güter

Wie mit den Skalen- und Netzwerkeffekten in Abschn. 4.1.2.1 dargestellt, sinken bei digitalen Gütern die Stückkosten umso stärker, je mehr Anwender ein digitales Gut nutzen. Zur Bestimmung eines marktadäquaten Preises ist daher das klassische Modell einer **kostenorientierten Preisgestaltung** (siehe dazu auch Abschn. 6.2.2.1) ökonomisch nicht angeraten. Um die Skalen- und Netzwerkeffekte bestmöglich zu nutzen, sind die Preise für Informationsprodukte so festzulegen, dass eine hohe Absatzmenge und damit eine möglichst breite und tiefe Marktdurchdringung erreicht wird (vgl. Laudon et al., 2010, S. 601). Da die Bereitstellungs- und Verbreitungskosten von digitalen Gütern marginal sind, kann sich die Preisbestimmung an markt-, wettbewerbs-, nachfrage- und nutzenorientierten Kalkülen einzeln oder auch im Verbund orientieren. Digitale Informationsgüter lassen sich leicht auf die individuellen Bedürfnisse der Nutzer oder Nutzergruppen personalisieren und versionieren (vgl. Leimeister, 2020, S. 46). Die **Personalisierung** von Informationen zielt auf das individuelle Informationsbedürfnis jedes einzelnen Nutzers ab und stellt nutzerindividuellen Content aus verschiedenen Informationspaketen zusammen. Kunden und Kundengruppen mit unterschiedlichen **Zahlungsbereitschaften** können mit einer **Produkt-Preis-Differenzierung** angesprochen werden, das Versioning und das Windowing sind dabei spezielle Formen einer Produktdifferenzierung für digitale Güter (Wirtz, 2013a, S. 757).

Mit einem **Windowing** wird Content über zeitverzögerte Verwertungsfenster **(Profit-Windows)** im gleichen oder auf verschiedenen Verbreitungskanälen angeboten (vgl. Zerdick et al., 2001, S. 70 f.). Ein zeitverzögerter Zugriff auf Content im gleichen Verbreitungskanal ist der kostenpflichtige Zugriff auf **Echtzeitinformationen** (Real-Time-Aktienkurse) bei Börseninformationsdiensten als Alternative zu einer zeitversetzten Börsenkursaktualisierung bei einem kostenfreien Zugriff auf die Website (Wirtz, 2013a, S. 757). Ein schon seit vielen Jahren etabliertes mehrstufiges Windowing über verschiedene Verbreitungskanäle wird in der Vermarktung von Blockbustern praktiziert. Nach der Erstverwertung über Kinos erfolgt eine zeitversetzte Zweitverwertung über DVD, Streaming und PayTV, bevor es in der Letztverwertung zu einer Filmausstrahlung im Free TV kommt (Wirtz, 2013a, S. 757; Linde, 2008, S. 214).

Mit einem **Versioning** wird Content in verschiedenen Varianten an Informationsdichte und Funktionalitäten zur Nutzung bereitgestellt. So lässt sich bei Online-Spieleplattformen oftmals eine kostenlose **Trial-Version** mit eingeschränktem Funktionsumfang erproben, um das Interesse an einer kostenpflichtigen Nutzung der Vollversion zu wecken (Wirtz, 2013a, S. 757). Die Versionierung eröffnet dem Anbieter Vermarktungsoptionen durch eine gezieltere individuelle Nutzenansprache, um je nach Aktualität und Detaillierung der Informationen unterschiedliche Zahlungsbereitschaften abzuschöpfen. So wählt der Nachfrager aus den verschiedenen Versionen eines Softwareproduktes die ihm als geeignet erscheinende Variante selbst aus (Shapiro & Varian, 1999, S. 61 f.). Bei nur zwei Alternativen entscheiden sich Nachfrager meistens für die preisgünstigere Variante (Linde, 2008, S. 211). Daher werden häufig **drei Versionen** angeboten, da in dieser Entscheidungskonstellation Konsumenten die billigste und die teuerste Variante meiden und eher das mittlere (und damit auch mittelpreisige) Angebot wählen. Das Angebot einer dritten hochpreisigen Version zielt somit gar nicht primär auf den Abverkauf hoher Stückzahlen, stattdessen soll die Wahrnehmung des Nachfragers auf die mittelpreisige Produktvariante gelenkt werden (Linde, 2008, S. 211). Eine versionierte Produktdifferenzierung ist dann erfolgversprechend, wenn Nutzer die Unterschiede im Leistungsumfang zwischen den Versionen deutlich wahrnehmen und bewerten können (Linde, 2008, S. 211; Wirtz, 2013a, S. 757). Abstufungen können nach Aktualität, Funktionsumfang, Geschwindigkeit, Bedienungskomfort und Nutzersupport vorgenommen werden (Wirtz, 2013a, S. 757). Beim Nutzersupport können sich die Versionen im Umfang der Servicefunktionalität differenzieren. Bei einer Basisversion wird nur ein eingeschränkter **Basissupport** angeboten, bei einer Premiumversion ein höherer Servicelevel mit einem **Premiumsupport.** Sowohl die Personalisierung wie auch die Versionierung zielen auf eine **Selbstselektion** des Nachfragers (Laudon et al., 2010, S. 606). Vorteil für den Anbieter: Über eine funktionierende Produktdifferenzierung wird mit der Selbstselektion die **Entscheidungssouveränität** des Nachfragers gestärkt und seine Zahlungsbereitschaft erlösmaximierend abgeschöpft. Eine

weitere Vermarktungsoption digitaler Güter als Softwareprodukte ist das **Bundling** (Bündelung) verschiedener Anwendungsprogramme zu einem Gesamtpaket (beispielsweise
das Microsoft Office-Softwarepaket). Der Gesamtpaketpreis ist dabei wesentlich geringer als die Summe der aufaddierten Einzelpreise aller im **Bundle** zusammengefassten
Softwareprodukte (Clement, 2001, S. 1180). Für das Bundling spricht das Potenzial zur
Absatzsteigerung. Konsumenten erwerben über ein preisattraktives Bundle neben dem
eigentlich gewünschten Produkt weitere Produkte, die sie einzeln gar nicht gekauft hätten. Für die Anbieter digitaler Güter ist das Bundling attraktiv, da die Grenzkosten der
Reproduktion digitaler Informationsgüter marginal sind (vgl. Linde, 2008, S. 211).

Digitale Güter lassen sich über ein Follow the Free oder ein Freemium Erlösmodell
vermarkten. **Follow the Free**-Pricing ist eine Extremform der **Penetrationspreisstrategie**
(Marktdurchdringungsstrategie). Das zu vermarktende Gut wird in seiner Einführungs-
phase allen Interessenten kostenlos offeriert (Clement, 2001, S. 1178). Das Ziel ist eine
schnelle Produktverbreitung, der anfängliche Verzicht auf Umsätze stellt jedoch ein hohes
betriebswirtschaftliches Risiko dar (Laudon et al., 2010, S. 601). Der Nutzer sammelt
Erfahrungen mit dem Produkt, einer Anwendung oder einem Service, ohne dafür ein
Entgelt entrichten zu müssen. Durch die kostenlose Bereitstellung des Informationspro-
duktes soll sich mit der schnellen Verbreitung über Netzeffekte ein **(Quasi-)Standard**
herausbilden und Lock-in-Effekte die Nutzer an das Produkt binden (Clement, 2001,
S. 1178). Mit zeitlicher Verzögerung erfolgt im zweiten Schritt eine Refinanzierung der
Fixkosten, indem **Komplementärleistungen** (Upgrades) oder mit einem Versioning neue
leistungsfähigere Versionen kostenpflichtig angeboten werden (Clement, 2001, S. 1178;
Laudon et al., 2010, S. 601). Freemium ist ein Kofferwort aus Free und Premium. Ein
Freemium-Erlösmodell basiert als Strategie der Produkt- und Leistungsdifferenzierung
ebenfalls auf einer Versionierung anhand des Leistungs- und Funktionsumfangs. In der
Abgrenzung zu Follow the Free werden kostenfreie Basisdienste und kostenpflichtige
Added Value Services nicht zeitverzögert, sondern schon in der Markteinführungsphase
parallel angeboten. Schon lange praktiziert findet sich dieses Erlösmodell bei Maildiensten
mit einem **Freemail-Account** und einem **Premium-Account.** Über die niedrigschwel-
lige Free-Option können Nutzer gewonnen werden, die für kostenpflichtige Leistungen
nur ein geringe bis gar keine Zahlungsbereitschaft aufweisen. Mit einer hohen Zahl
an Free-Nutzern kann zügig eine **kritische Masse** erreicht werden, um über die daraus resultierenden Netzwerk- und Skaleneffekte weiteres Wachstum zu befördern. Erst
die kritische Masse macht die Website mit einer hohen Reichweite attraktiv für Wer-
bepartner und generiert Werbeerlöse für den Freemium-Anbieter. Free-Nutzer werden
zu Premium-Nutzern, wenn die Differenzierung des Leistungsangebotes auf einen klar
erkennbaren **Mehrwert** beruht. Der Erfolg eines Freemium-Modells beruht somit darauf,
dass die Nutzer der kostenlosen Basisversion durch attraktiv erscheinende Zusatzleistungen von einer kostenpflichtigen Premium-Mitgliedschaft überzeugt werden können.
Als kritische Erfolgskennzahl kann das Verhältnis der zahlenden zu den frei nutzenden

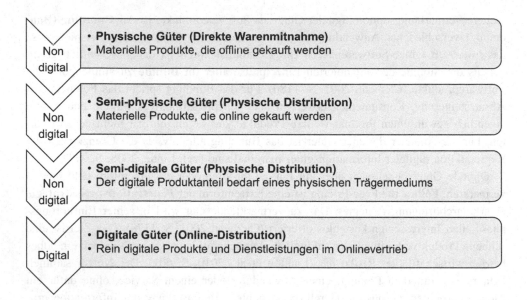

| Non digital | • **Physische Güter (Direkte Warenmitnahme)**
• Materielle Produkte, die offline gekauft werden |

| Non digital | • **Semi-physische Güter (Physische Distribution)**
• Materielle Produkte, die online gekauft werden |

| Non digital | • **Semi-digitale Güter (Physische Distribution)**
• Der digitale Produktanteil bedarf eines physischen Trägermediums |

| Digital | • **Digitale Güter (Online-Distribution)**
• Rein digitale Produkte und Dienstleistungen im Onlinevertrieb |

Abb. 4.2 Güterkategorien im E-Commerce. (Aus Deges, 2020, S. 74; mit freundlicher Genehmigung von © Springer Fachmedien Wiesbaden GmbH 2020. All Rights Reserved)

Anwendern in Bezug auf die Gesamtgröße der Teilnehmerzahl gesehen werden. Beispiele für Freemium-Geschäftsmodelle sind die Karrierenetzwerke Xing und LinkedIn. Zusammenfassend visualisiert Abb. 4.2 noch einmal die verschiedenen Güterkategorien im E-Commerce (Illik, 2002, S. 25 ff.).

4.2   Der Kaufentscheidungsprozess im E-Commerce

4.2.1   Initial Trust und Institutional Trust

Der Kauf und Verkauf von Produkten und Dienstleistungen über den Distanzhandel des E-Commerce basiert auf **Vertrauen** zwischen einander persönlich unbekannten Marktpartnern. Aus ökonomischer Perspektive dient Vertrauen der Reduktion von Unsicherheit in komplexen Entscheidungssituationen (vgl. Luhmann, 1989, S. 20 ff.; Blomqvist, 1997, S. 283; Friedman et al., 2000, S. 34). Als ein **interpersonales Vertrauen** zwischen natürlichen Personen ergibt sich die Vertrauenserwartung des Vertrauensgebers aus seiner subjektiven Einschätzung der Vertrauenswürdigkeit des Vertrauensnehmers (vgl. Ripperger, 1998, S. 99). Da sich im E-Commerce die interagierenden Personen nicht real begegnen, muss sich das Verbrauchervertrauen auf die Institution des Online-Handels übertragen. Ein **Systemvertrauen** in den E-Commerce verfestigt sich durch wiederholt positive Erfahrungen mit dem Onlinekauf von Produkten (vgl. Luhmann, 1989, S. 54 ff.;

Lewis & Weigert, 1985, S. 973 f.). Der Einfluss der gewonnenen Erfahrung ist dabei umso größer, je ähnlicher die aktuelle **Vertrauenssituation** einer in der Vergangenheit bereits erlebten vergleichbaren Situation ist (vgl. Petermann, 1996, S. 19 ff.; Riemer & Klein, 2001, S. 711).

Systemvertrauen und interpersonales Vertrauen

Während sich nach mehrmaligen positiven Erfahrungen mit der Sharing-Plattform Airbnb ein Systemvertrauen in die Plattform und den Plattformbetreiber manifestiert, ist jede neue Unterkunftsbuchung bei einem unbekannten Gastgeber ein Vertrauensvorschuss in sein die Erwartungen bestätigendes interpersonales Verhalten (vgl. Gandini, 2020, S. 18). Eine Unsicherheitsreduktion in der Entscheidungskomplexität bieten positive Kundenbewertungen als Vertrauenssignale.◄

Die Anbieter übermitteln durch ihre Werbung und mit ausführlichen Produkt- und Leistungsbeschreibungen vertrauensaufbauende und kaufentscheidungsrelevante Botschaften **(Signaling),** die Nachfrager sind sich in ihrem **Screening** (Informationssuche und Informationsaufnahme) jedoch unsicher, ob allein die anbieterseitigen Signale ihnen eine ausreichende oder gar vollständige Transparenz für eine valide **Kaufentscheidung** bieten (vgl. Deges, 2021, S. 5). Liegen noch keinerlei Erfahrungen mit dem Produkt oder dem Anbieter vor, so muss sich ein Vertrauen zunächst als Vertrauensvorschuss **(Initial Trust)** aufbauen (McKnight et al., 2002, S. 297 ff.). Diese Situation wird als **Kaltstartproblem** oder **Newcomer-Dilemma** bezeichnet (Möhlmann & Teubner, 2020, S. 26). Wird dem initialen Vertrauen des Verbrauchers durch eine zufriedenstellende Transaktion entsprochen, so bestätigt sich der Vertrauensvorschuss durch eine positive Erfahrung. Wie Abb. 4.3 darstellt, verfestigen sich regelmäßige Transaktionen durch Folge- und Wiederholungskäufe auf der Zeitachse zu einer stabilen Vertrauensbasis zwischen Anbieter und Nachfrager **(Institutional Trust),** während eine schlechte Erfahrung beim Erstkauf die Gewährung einer „zweiten Chance" durch den enttäuschten Konsumenten eher unwahrscheinlich erscheinen lässt.

Mit einer stabilen Vertrauensbasis bildet sich eine **Reputation,** die im Kaufentscheidungsprozess unsicherheitsreduzierend und damit transaktionsfördernd wirkt (vgl. Bearden & Shimp, 1982, S. 230 f.). Aus der Perspektive des Nachfragers ist die Reputation ein hochwertiges Signal für Vertrauen, wenn vor dem Kauf keine Qualitätsprüfung von Vertrauens- und Erfahrungsgütern stattfinden kann (vgl. Fombrun & Shanley, 1990, S. 237). Durch ihre Signalfunktion kann sie auch als Informationssubstitut bezeichnet werden (Adler, 1998, S. 344). Die Reputation erweitert sich im virtuellen Raum des Internets zu einer **digitalen Reputation** oder **Online-Reputation,** die sich über Netzwerkeffekte aus dem öffentlichen Meinungsbild vieler Internetnutzer bildet und über Social Media verbreitet. Insbesondere für die rein onlinebasierten Geschäftsmodelle der **Internet Pure**

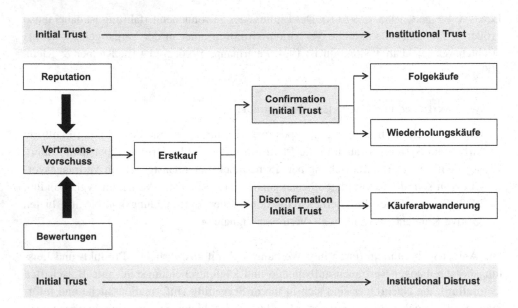

Abb. 4.3 Initiales und Institutionales Vertrauen in einen Leistungsanbieter. (Aus Deges, 2021, S. 35; mit freundlicher Genehmigung von © Springer Fachmedien Wiesbaden GmbH 2021. All Rights Reserved)

Player ist es existenziell, eine vertrauenswürdige Identität aufzubauen, die für ein seriöses Geschäftsgebaren, eine Verlässlichkeit in der Erfüllung des Leistungsversprechens und für die Qualität der angebotenen Produkte steht. Denn Onlinekäufer orientieren sich am Ruf des Online-Händlers und erwarten ein dieser digitalen Reputation entsprechendes Verhalten ihnen gegenüber. Die Reputation des Anbieters in Verbindung mit positiven Kundenbewertungen und Empfehlungen sind **Trustsignale** für den Aufbau von initialem Vertrauen in den Erstkauf und daher von hoher Bedeutung für die **Neukundengewinnung.**

4.2.2 Arten von Kaufentscheidungen

Wie Abb. 4.4 veranschaulicht, differenziert die Kaufverhaltens- und Werbewirkungsforschung nach dem Grad des Involvements und der Art, Beschaffenheit und des Preisniveaus von Produkten vier Arten von Kaufentscheidungen.

Extensive Kaufentscheidungen
Extensive Kaufentscheidungen sind durch ein hohes kognitives Involvement gekennzeichnet und verursachen durch den Zeitaufwand für die Informationsrecherche hohe **Transaktionskosten** (Homburg, 2020, S. 114). Extensive Kaufentscheidungen betreffen hochwertige und damit häufig auch hochpreisige Güter, die, wie beispielsweise der Kauf eines PKW,

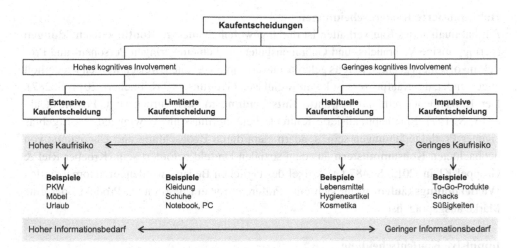

Abb. 4.4 Arten von Kaufentscheidungen. (Aus Deges, 2021, S. 36; mit freundlicher Genehmigung von © Springer Fachmedien Wiesbaden GmbH 2021. All Rights Reserved)

Möbel oder Consumer Electronics, seltener gekauft werden und durch ihre Produktlebensdauer eine **langfristige Kaufentscheidung** darstellen. Je unsicherer die Konsumenten sind, desto mehr Zeit wird in die Informationsrecherche investiert. Produkttests, Bewertungen und Empfehlungen spielen eine wichtige Rolle bei extensiven Kaufentscheidungen.

Limitierte Kaufentscheidungen
Ein limitiertes Kaufverhalten ist durch eine selektive Wahrnehmung und Verarbeitung von Informationen gekennzeichnet. Die **Ersatzbeschaffung** von Verbrauchsgütern (Schuhe, Kleidung) oder die **Neuanschaffung** eines bereits bekannten Produktes (Notebook, Smartphone, Rasierer) orientiert sich an Schlüsselinformationen wie dem Preis und die Produktqualität. Die Entscheidung wird meist innerhalb des **Evoked Set** mit der Präferenz für bestimmte Marken und bereits bekannte Anbieter, mit denen der Konsument schon positive Erfahrungen verbindet, getroffen (vgl. Wiltinger & Fischer, 2008, S. 703; Homburg, 2020, S. 112 f.).

▶ **Evoked Set** Als Evoked oder Relevant Set wird die Menge an Marken und Produkten bezeichnet, die aus Konsumentensicht bereits in einer Vorauswahl des Kaufentscheidungsprozesses gesetzt sind. Dabei ist das Evoked Set umso größer, je komplexer das Produkt und je geringer die bisherigen Erfahrungen des potenziellen Käufers in der entsprechenden Waren- oder Produktkategorie sind (Homburg, 2020, S. 112).

Habitualisierte Kaufentscheidungen
Ein habitualisiertes Kaufverhalten ist durch gewohnheitsmäßige **Routineentscheidungen** (geringpreisige Verbrauchs- und Gebrauchsgüter) und einem geringen Personen- und Produktinvolvement geprägt. Bereits gelernte und erprobte Verhaltensweisen werden wiederholt angewendet, der Kaufprozess ist kognitiv entlastet (Trommsdorff & Teichert, 2011, S. 287). Der Konsument greift auf bewährte **Entscheidungsmuster** zurück (vgl. Foscht et al., 2015, S. 167). Eine habitualisierte Kaufentscheidung muss nicht zwingend das Ergebnis eigener Produkterfahrungen sein, sondern kann durch Beobachtung und Übernahme von beobachteten **Konsummustern** aus dem sozialen Umfeld befördert sein (Kroeber-Riel & Gröppel-Klein, 2013, S. 487 f.). Artikel des täglichen Bedarfs werden zu automatisierten **Wiederholungskäufen,** wenn sich eine Präferenz für ein bestimmtes Produkt oder eine Marke ausgeprägt hat.

Impulsive Kaufentscheidung
Bei einem impulsiven Kaufverhalten, auch als Impuls-, Spontan- oder Affektkauf bezeichnet, liegt keine bewusste Kaufabsicht vor (Trommsdorff & Teichert, 2011, S. 298 f.). Ein Bedürfnis wird geweckt oder entsteht spontan durch einen **Mangelzustand.** Mit dem Kauf des Produktes erfolgt eine unmittelbare reizgesteuerte Reaktion (vgl. Wiltinger & Fischer, 2008, S. 703). Die impulsive Kaufentscheidung zeichnet sich durch ein geringes Involvement aus und findet vornehmlich bei geringpreisigen Produkten sowie Gütern des täglichen Bedarfs Anwendung (vgl. Foscht et al., 2015, S. 167).

4.2.3   Phasenmodelle der Kaufentscheidung

Der Erklärungsansatz der theoretischen Konstrukte von **Prozessmodellen** (Howard & Sheth, 1969; Engel et al., 1968; Engel et al., 1978) ist die Darstellung der Kaufentscheidung als eine Abfolge von Phasen, die aufeinanderfolgend durchlaufen werden (Freundt, 2006, S. 210 f.; Kotler & Bliemel, 1995, S. 309 ff.). Ein idealtypischer Kaufentscheidungsprozess durchläuft in der Vorkaufphase **(Pre-Sales)** die Bedarfswahrnehmung, Informationssuche und Alternativenbewertung, die anschließend zum Kauf **(Sales)** führt und durch ein Nachkaufverhalten **(After-Sales)** geprägt ist (Foscht et al., 2015, S. 183 ff.; Meffert et al., 2015, S. 132 ff.).

Phase 1: Wahrnehmung des Bedarfs
Ein Konsument identifiziert ein Bedürfnis((**Need Recognition)** als einen subjektiv empfundenen Mangel. Mit dem Bewusstwerden des Mangels wird eine Diskrepanz zwischen Idealzustand und Ist-Zustand wahrgenommen (vgl. Homburg, 2020, S. 2; Töpfer, 2020, S. 153). Aus dem Bedürfnis wird ein Bedarf, wenn der Konsument über die Kaufkraft verfügt, das bedürfnisbefriedigende Produkt zu erwerben (Homburg, 2020, S. 2). Auslöser

einer Need Recognition können neben aktivierenden Motiven, Einstellungen, Werten und Normen externe (z. B. Werbung) und/oder interne Stimuli (die Notwendigkeit des Ersatzes eines verbrauchten oder abgenutzten Produktes) sein (Meffert et al., 2019, S. 125).

Phase 2: Informationssuche

Die Intensität der Informationssuche nach Produkten zur Bedürfnisbefriedigung hängt von den **Transaktionskosten** der Recherche (vgl. Homburg, 2020, S. 84) und dem erwarteten Informationsnutzen ab (Meffert et al., 2015, S. 133). Dabei werden je nach Käuferdisposition und Art des Produktes Informationen selektiv aufgenommen und verarbeitet (Kortum, 2017, S. 34). Interne Informationsquellen sind Erfahrungswerte aus früheren Kaufprozessen und gespeicherte Informationen zu Produkten (**Produktpräferenz**) und Anbietern (**Anbieterpräferenz**). Externe Quellen werden herangezogen, wenn Testberichte oder die Meinung Dritter (Empfehlungen von Familienangehörigen, Freunden und Personen des sozialen Umfelds) die Wahrnehmung ergänzt, aufwertet und bereichert. Das Ausmaß der Informationssuche wird davon beeinflusst, ob es sich um die erstmalige oder wiederholte Anschaffung eines Produktes handelt. Die Intensität des rationalen und/oder emotionalen Engagements in der Informationssuche, Informationsaufnahme und Informationsverarbeitung ist durch das **Involvement** (Ich-Beteiligung) geprägt (Wiltinger & Fischer, 2008, S. 700). Bei hochpreisigen Produkten (**High Involvement**) empfindet der Konsument in extensiven Kaufentscheidungen ein höheres Kaufrisiko, dieses versucht er abzubauen, indem er aktiv vertrauenswürdige **Sachinformationen** über die Produktmerkmale und Produkteigenschaften sucht, die ihm mehr Wissen und damit mehr Sicherheit über die Folgen des Kaufs geben (Kroeber-Riel & Gröppel-Klein, 2013, S. 483 und 600). Ein **Low Involvement,** insbesondere bei niedrigpreisigen Produkten (beispielsweise Artikel des täglichen Gebrauchs), verkürzt den Entscheidungsprozess durch eine selektive Aufnahme von Informationen (Trommsdorff & Teichert, 2011, S. 222).

Phase 3: Bewertung von Alternativen

Die Informationen werden verarbeitet, Alternativen gegenübergestellt und nach persönlich relevanten Kriterien abgewogen (vgl. Kotler et al., 2007, S. 298 ff.). Bei einem **High Involvement** wird Zeit und Energie in die Alternativenbewertung investiert, es erfolgt eine intensive kognitive Auseinandersetzung mit der zu treffenden Kaufentscheidung (Meffert et al., 2015, S. 109). Eine hohe **Variantenvielfalt** steigert die **Komplexität** der Alternativenbewertung vor allem dann, wenn sich Produktvarianten nur geringfügig unterscheiden. Umgekehrt gilt: je stärker sich die Produktvarianten in ihrer Funktionalität und ihrem Preis-Leistungsverhältnis unterscheiden, desto leichter lassen sich diese voneinander abgrenzen und bewerten (vgl. Souren & Buchholz, 2013, S. 204 f.). Aus der Menge der wahrgenommenen Produktalternativen werden zunächst die generell infrage kommenden Alternativen (**Consideration Set**) herausgefiltert. Ein weiterer Filterprozess führt dann zu einem **Choice Set** mit der Gegenüberstellung von gegebenenfalls nur zwei Produkten.

Phase 4: Kaufentscheidung
Die abgeschlossene Alternativenbewertung führt mit der Auswahl des Produktes und des Vertriebskanals zu einer Kaufentscheidung. Der Konsument kauft das Produkt in der von ihm gewünschten Spezifikation und Menge bei dem von ihm ausgewählten Anbieter.

Phase 5: Verhalten in der Nachkaufphase
Die Bewertung der Transaktion in der Nachkaufphase setzt eine direkte **Produkterfahrung** voraus, die bei komplexen Produkten, die erst installiert, aufgebaut und ausprobiert werden müssen, mehrere Tage in Anspruch nehmen kann. Je nach Erfüllungsgrad der Erwartungshaltung **(Expectancy)** des Kunden führt dies in seiner Folge **(Outcome)** zu Zufriedenheit **(Konsonanz)** oder Unzufriedenheit **(Dissonanz)**. Zufriedenheit verstärkt die positive Einstellung zum Produkt, erhöht die Wahrscheinlichkeit zum Wiederkauf und schlägt sich in Weiterempfehlungen nieder. Eine **kognitive Dissonanz** nach dem Kauf bildet sich aus einer nachträglichen Gegenüberstellung der Kaufalternativen und offenbart eine vorteilhaftere Beurteilung der in der Pre-Sales-Phase verworfenen Produktvarianten. Kognitive Dissonanzen lösen einen **Regret** (Bedauern) aus und die Wahrscheinlichkeit eines Wiederkaufs verringert sich.

Dieser idealtypische Kaufentscheidungsprozess bedarf im E-Commerce einer differenzierteren Betrachtung (Freundt et al., 2015, S. 93 und S. 98; Yadav & Pavlou, 2014, S. 28). Wie Abb. 4.5 zeigt, reichern onlinebasierte Dienste und Anwendungen die Phasen des Kaufentscheidungsprozesses an und werten sie für den Informationssuchenden auf.
 Die **Informationssuche** (Phase 2) und die **Bewertung von Alternativen** (Phase 3) überlappen sich im E-Commerce und verschmelzen zunehmend. Digitalaffine Konsumenten können beide Phasen ins Internet verlagern und bequem von zu Hause oder unterwegs mit dem Smartphone durchführen. **Universalsuchmaschinen** wie Google, Bing und Yahoo sind meist die erste Anlaufstelle, sie schaffen Orientierung und filtern Informationen der Produktsuche. Der Preisvergleich ist ein internalisierter Bestandteil des Kaufentscheidungsprozesses und prägt nahezu ausnahmslos das Onlinekaufverhalten der Konsumenten. **Preisagenten** und **Preisvergleichsportale** ermöglichen durch die Gegenüberstellung von Angeboten eine hersteller- und händlerneutrale Transparenz über das Preis-Leistungsverhältnis eines Produktes und bieten Konsumenten einen hohen Nutzen durch die Senkung ihres Suchaufwands (vgl. Heinemann, 2018, S. 53 und S. 67). In den letzten Jahren haben **Online-Marktplätze** wie beispielsweise Amazon mit seinem universellen Produktangebot immer mehr eine Zusatzfunktion als **Produktsuchmaschine** übernommen. Authentische **Kundenbewertungen** im Internet sowie Empfehlungen von Social-Media-Influencern gelten als unabhängige, authentische und vertrauensbildende Quellen der **Informationsrecherche** und Alternativenbewertung. Insbesondere Social-Media-Influencer filtern produktrelevante Informationen und beeinflussen die Alternativenbewertung ihrer Follower (Deges, 2018, S. 1 ff.). Somit werden Suche, Vergleich und Bewertung von Produkten und Anbietern zu einem integrierten Recherchevorgang

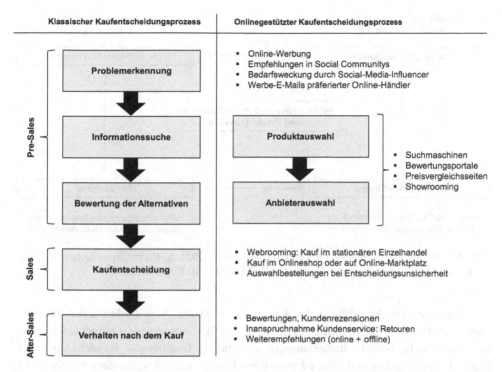

Abb. 4.5 Klassischer und Onlinegestützter Kaufentscheidungsprozess. (Adaptiert nach Deges, 2020, S. 76; mit freundlicher Genehmigung von© Springer Fachmedien Wiesbaden GmbH 2020. All Rights Reserved)

verdichtet. Hersteller- und Händlerwerbung verliert an Vertrauenswürdigkeit und wird durch **AdBlocker** ausgeblendet. Auf die Produktauswahl folgt die Anbieterauswahl (Heinemann, 2018, S. 53), wobei die Informationsrecherche bereits das Aufsuchen präferierter Onlineshops beinhaltet. Onlineshops unterstützen mit **Filtermechanismen** die Eingrenzung der individuellen Suche nach Angeboten mit spezifischen Produktmerkmalen und Eigenschaften. Testberichte von Verbraucherorganisationen ergänzen die Händlerinformationen und über **Recommendation Engines** können Online-Händler Cross- und Up-Selling in die Alternativenbewertung integrieren. Wie Abb. 4.6 aufzeigt, können anbieter- und kundengenerierte Informationsquellen im Verbund mit herstellerneutralen Informationen Vergleich und Bewertung von Produkten und Anbietern zu einem integrierten Recherchevorgang verdichten.

In ihrer Finalisierung der **Kaufentscheidung** (Phase 4) suchen viele Internetnutzer noch einmal gezielt nach Rabatten. Websites von Gutschein-Publishern (**Couponing-Publisher**) haben ihr Geschäftsmodell auf die Bereitstellung von aktuellen, unmittelbar einlösbaren und zeitlich befristeten Gutscheinen, Coupons oder Aktionscodes ausgerichtet. Ein Preisnachlass über ein Couponing dient als **Responseverstärker** und manifestiert noch einmal die Kaufbereitschaft. Mit dem Online-Kanal und dem Offline-Kanal stehen

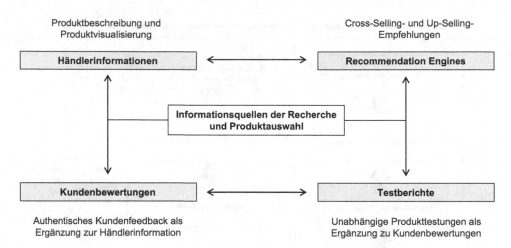

Abb. 4.6 Informationsquellen der Recherche. (Aus Deges, 2021, S. 48; mit freundlicher Genehmigung von © Springer Fachmedien Wiesbaden GmbH 2021. All Rights Reserved)

zwei Optionen für den Vollzug des Kaufes zur Auswahl. Vom traditionellen Handelskäufer über den selektiven Online/Offline-Käufer bis zum reinen Onlinekäufer haben sich individuelle **Kaufverhaltensmuster** ausgeprägt. Traditionelle Handelskäufer tätigen gewohnheitsmäßig seit vielen Jahren ihren Kauf primär im stationären Einzelhandel, indem sie sich vor Ort einen Überblick über die Sortimente verschaffen, Produkte und Preise im Regal und in der Auslage vergleichen und dann ihren Kauf tätigen. Dieser klassische Kaufprozess mit der Übereinstimmung des „Point of Decision" mit dem „Point of Sale" verändert sich durch E-Commerce. „Der Point of Decision" löst sich vom **„Point of Sale",** indem er sich immer mehr in die Pre-Sales-Phase verlagert (Heinemann, 2018, S. 53). Anders als im stationären Einzelhandel, wo die Ware vor der Zahlung im Geschäft begutachtet wird, erfolgt im Online-Handel erst Tage nach der Bestellung mit der physischen Zustellung der Warenlieferung der erste sensorische Kontakt mit dem bestellten Produkt (Wirtz, 2013b, S. 71). Das **Verhalten in der Nachkaufphase** (Phase 5) ist unter anderem durch die Bestätigung oder nachträgliche Revidierung der Kaufentscheidung geprägt. Während die Rücknahme eines in der Filiale gekauften Produktes eine Kulanzleistung des stationären Händlers darstellt, ist durch den Onlinekauf ein 14-tägiges **Rückgaberecht** garantiert (siehe dazu auch Abschn. 1.6.5). Die Kauferfahrungen finden nun gegebenenfalls einen Niederschlag in positiven Weiterempfehlungen oder negativen Kommentaren in Bewertungsportalen und Social Media.

4.3 Käufer- und Konsumententypologien

Die unterschiedliche Nutzung von Begriffen wie Käufer, Konsument, Kunde, Nutzer und Verbraucher in empirischen Studien macht es erforderlich, diese einmal voneinander abzugrenzen (vgl. Steffenhagen, 2008, S. 25 ff.). Die Begriffsverwendung **Verbraucher** leitet sich aus der Güterklassifizierung nach Verbrauchs- und Gebrauchsgütern und dem damit zugrunde liegenden Vorgang des Verbrauchs oder Gebrauchs von Waren und Produkten zur **Konsumption** ab. In diesem Sinne ist ein Konsument auch der Verbraucher eines Produktes. Oft ist dann vom **Endkonsument** oder **Endverbraucher** die Rede. Ein **Käufer** ist im rechtlichen Sinne mit dem Abschluss eines Kaufvertrags der Erwerber von Sachen und Rechten. Die Gleichsetzung von Konsument und Käufer trifft zu, wenn ein erworbenes Gut zum Eigenkonsum genutzt wird. Der Käufer muss aber nicht zwangsläufig auch der Verbraucher oder Konsument sein. Er kann das erworbene Gut verschenken, es anderen Haushaltsmitgliedern zum Konsum überlassen oder das Gut wird innerhalb der Familie oder einer Bezugsgruppe einer gemeinschaftlichen Konsumption unterzogen. Der käufliche Erwerb eines Produktes im E-Commerce transformiert den Käufer zum identifizierten **Kunden** eines Anbieters (vgl. Meffert et al., 2019, S. 49). Der Begriff **Nutzer** findet in der Internetökonomie häufig seine Auslegung als **Internetnutzer** oder **Onlinenutzer.** Im Kontext des E-Commerce wird gleichwohl von Käufern, Kunden, Konsumenten, Verbrauchern und Nutzern gesprochen. Diese bilden das Grundgerüst zur **Marktsegmentierung,** die dem Marketing zur Ableitung zielgruppenadäquater Marketingstrategien dient. Der wichtigste Schritt zur **Clusterung** ist die Auswahl der typenbildenden Variablen, Kriterien und Merkmale. Ein gängiger Typologisierungsansatz unterscheidet nach soziodemografischen, psychografischen und verhaltensbezogenen Merkmalen. Gütekriterien von Studien zur Einstellungs- und Verhaltensmessung sind **Repräsentativität** (Abbildungstreue), **Validität** (Gültigkeit) und **Reliabilität** (Verlässlichkeit). Eine statistische Repräsentativität liegt vor, wenn aus einer Zufalls- oder Quotenstichprobe allgemeine Aussagen über die zugrunde gelegte **Grundgesamtheit** abgeleitet werden können. Dafür muss die Stichprobe in ihrem Ausschnitt eine ähnliche Struktur wie die Grundgesamtheit aufweisen (vgl. Grunwald, 2016, S. 937). Repräsentative Stichproben werden in der Online Markt- und Verbraucherforschung vor allem bei Umfragen zu Einstellungen, Meinungen und Verhaltensweisen von Käufern und Konsumenten gezogen. Reine Online-Befragungen können ihre Repräsentativität nur auf den Kreis der Onlinenutzer **(Online-Repräsentativität)** beziehen (Grunwald, 2016, S. 938). Es liegt somit statistisch gesehen eine systemimmanente Stichprobenverzerrung **(Sample Bias)** vor. Die Unterschiede einer Online-Repräsentativität zu einer Repräsentativität über die gesamte Population sind jedoch aufgrund der hohen Internetpenetration in den hochentwickelten EU-Volkswirtschaften marginal (vgl. Grunwald, 2016, S. 938). Grundsätzlich gilt für die Interpretation von Studienergebnissen, dass sie nach Stichprobengröße, Güte und Qualität des Studiendesigns zwar verallgemeinernde Aussagen statistisch begründen, diese Aussagen aber nur bedingt mit Studien anderer Forschungsträger kombinierbar sind, wenn sie

nicht auf dem gleichen Studiendesign beruhen. Eine gute Vergleichbarkeit bieten Langzeitstudien, die jährlich aktualisierte Daten nach dem gleichen Datenmuster erheben und
auswerten.

4.3.1 Soziodemografische Kriterien

Demografische (Nationalität, Geschlecht, Alter, Familienstand, Haushaltsgröße, Religion)
und sozioökonomische Kriterien (Ausbildung, Beruf, Einkommen) verknüpfen sich zum
Segmentierungsansatz der **Soziodemografie.** Mit der Erhebung, Auswertung und Analyse
soziodemografischer Kriterien wird versucht, Käufer- und Konsumentenverhalten innerhalb einer Grundgesamtheit, beispielsweise bezogen auf die Bevölkerung eines Landes
zu erklären. Eine in der frühen Entwicklungsphase der Kommerzialisierung des Internets
gängige und einfache **Segmentierung** war zunächst die Differenzierung der Bevölkerung
in Digital Natives und Digital Immigrants. Das Cluster der Digital Natives erweiterte
sich mit der zunehmenden mobilen Internetnutzung über Smartphones und Tablets in den
Begriff Smart Natives.

▶ **Digital Natives, Smart Natives und Digital Immigrants** Digital Natives oder auch
Smart Natives (Born Digital) sind in eine bereits informationstechnologisch geprägte,
digitalisierte Welt hineingeboren und sind im Internet „always on" (Scholz, 2014, S. 96).
Als Antonym zu Digital Natives umfasst der Begriff Digital Immigrants Personen, die
erst im Erwachsenenalter die Nutzung eines Computers und den Umgang mit den neuen
Informations- und Kommunikationstechnologien erlernt haben.

Digital Natives sind schon in jungen Jahren mit Informationstechnologien in Berührung
gekommen, haben schnell den Umgang mit neuen Medien internalisiert und setzen diese
souverän und selbstbestimmt auf vielfältige Weise ein (vgl. Vodanovich et al., 2010,
S. 712). Sie sind neugierig und zeichnen sich durch **Experimentierfreude** aus, wenn
es um neue Anwendungen und Nutzungsmöglichkeiten geht (vgl. Prensky, 2001, S. 1).
Die soziale Interaktion steht im Vordergrund, es geht um **„Connectedness"** im privaten
wie auch im beruflichen Umfeld (vgl. Vodanovich et al., 2010, S. 712). **Digital Immigrants** waren eher skeptisch und zurückhaltend im Umgang mit neuen Technologien.
Die initiale Adaption erfolgte nicht immer aus eigenem Antrieb, sondern meist aus einer
beruflich bedingten Notwendigkeit, so war die erste Mailadresse der Digital Immigrants
häufig eine geschäftliche. Die Polarisierung in Digital Natives und Digital Immigrants
ist längst nicht mehr relevant. Heute steht das altersunabhängige **Digitalwissen** und die
Digitalkompetenz im Vordergrund von Klassifizierungsansätzen und führt eher zu groben
Unterscheidungen in technikaffine und weniger technikaffine Nutzer oder onlineaffine und
offlineaffine Konsumenten (vgl. Prensky, 2009, S. 1). So sind es heute schon vornehmlich
Digital Natives, die im Berufsleben stehen und damit immer mehr die Digital Immigrants,

deren frühe Vertreter bereits im Rentenalter sind oder kurz vor der Rente stehen, ersetzen (vgl. Kruse, 2011, S. 1617).

Heute werden in den meisten Studien Befragungsergebnisse in einer altersklassifizierenden Zuordnung nach Zehnerschritten aufbereitet, meist mit dem Beginn einer **Altersdekade.** Denn es ist weniger das Alter einer **Geburtskohorte** (alle Personen, die in einem Kalenderjahr geboren wurden), sondern die Zusammenfassung mehrerer aufeinanderfolgender Geburtskohorten in eine **Alterskohorte,** die durch ähnliche Interessen, Einstellungen und Verhaltensmuster geprägt ist. So wird beispielsweise von der Altersgruppe der 20- bis 29-Jährigen oder 60- bis 69-Jährigen gesprochen. Dabei unterscheiden sich repräsentative Studien auch in ihrer Grundgesamtheit der zugrunde gelegten **Population,** d. h. in welcher Altersspanne (Mindestalter und Höchstalter) eine Erhebung oder Befragung durchgeführt wurde. Nicht den Zehnerschritten in der Altersgruppenbildung folgend sind es in einem generalisierenden Ansatz die **Generationenkonzepte,** anhand derer das Informations- und Kaufverhalten einer durch Geburtsjahrgänge geclusterten Generation zu erklären versucht wird. Als **Generation** wird in der Genealogie eine Gruppe von Personen bezeichnet, die aus einer identischen alterseingegrenzten Zeitspanne kommen (Scholz, 2014, S. 15). Die Generationenkonzepte sind als **Kohorten** durch Zeitintervalle von ca. 15 Jahren klassifiziert und dienen als Erklärungsansatz für Verhaltensmuster, die durch in der Kindheit und Jugend geprägte Werte, Normen, Einstellungen und Erfahrungen determiniert sind (Scholz, 2014, S. 14 ff.). Die Generationenkonzepte liefern trotz ihrer verallgemeinernden Klassifizierung wichtige Tendenzaussagen über Werte und Einstellungen innerhalb einer Generationenkohorte.

Baby-Boomer

Zwischen 1950 und 1964 geborene Personen, deren Generationsbezeichnung sich aus der erhöhten Geburtenrate in der Zeit des Wirtschaftswunders mit der Steigerung des allgemeinen Wohlstands nach dem Ende des Zweiten Weltkriegs ableitet. Die Baby-Boomer sind mit analogen Medien aufgewachsen und als Digital Immigrants erst spät mit Informationstechnologien in Berührung gekommen. Mittlerweile ist ein Großteil der Baby-Boomer im Ruhestand oder steht kurz davor.

Generation X

Die den Baby-Boomern folgende Generation X (Gen X) wurde zwischen 1965 und 1979 geboren. Der Begriff leitet sich aus dem gleichnamigen Roman „Generation X" von Douglas Coupland ab (Coupland, 1991). Die Gen X ist ohne digitale Technologien aufgewachsen und entspricht wie die Baby Boomer dem Cluster der Digital Immigrants. Sie zeichnet sich durch ein hohes akademisches Bildungsniveau aus. Ehrgeiz und Individualismus sind ihr zugeschriebene Charaktereigenschaften. Ihr ausgeprägtes Konsumverhalten ist durch eine hohe Markenaffinität und Markentreue geprägt. Die Gen X befindet sich noch mitten im Berufsleben.

Generation Y
Zwischen 1980 und 1994 geborene Personen (Synonyme: **Millenials**, Digital Natives), deren späte Vertreter schon im digitalen Zeitalter herangewachsen sind (Scholz, 2014, S. 87). Die Gen Y zeichnet eine „technologie-affine Lebensweise" (Klaffke, 2014, S. 65) aus. Sie handhabt ungezwungen digitale Technologien und ist es gewohnt, dass Informationen zu jeder Zeit und überall verfügbar sind (Scholz, 2014, S. 96 f.). Die Gen Y unterhält eine Vielzahl von Beziehungen in den sozialen Netzwerken, ein ständiges Feedback über das Leben und den Alltag wird über die digitale Interaktion untereinander und miteinander kultiviert (Klaffke, 2014, S. 65).

Generation Z
Zwischen 1995 und 2009 in eine bereits digitalisierte Welt hineingeborene Personen (Synonyme: Digital Natives, Smart Natives). Die spielerische Nutzung digitaler Kommunikationstechnologien wurde früh habitualisiert (Klaffke, 2014, S .70). Die Gen Z ist in der digitalen Welt omnipräsent (Scholz, 2014, S. 96). Insbesondere Social Media wird intensiv für den Aufbau und die Pflege sozialer Kontakte genutzt (Scholz, 2014, S. 29 f.). Das Streben nach Anerkennung, Aufmerksamkeit und Selbstverwirklichung im Privatleben wirkt als Treiber einer **Selbstinszenierung,** insbesondere mit **User Generated Content** in den sozialen Netzwerken (Klaffke, 2014, S. 70).

Als **Generation Alpha** werden alle ab 2010 geborenen Erdenbürger gezählt (McCrindle, 2010). Ab dem Geburtsjahr 2025 wird es dann die **Generation Beta** sein. Im Jahr 2022 nutzten laut ARD/ZDF-Onlinestudie 67 Mio. Personen in Deutschland das Internet (ARD/ZDF-Onlinestudie, 2022). Dies entspricht 95 % der deutschsprachigen Bevölkerung ab 14 Jahren. Mit 57 Mio. sind es 4 von 5 Personen (80 %), die das Internet täglich nutzen (Beisch & Koch, 2022, S. 460). Über alle Altersgruppen der 14- bis 69-Jährigen liegt der Anteil an Personen, die das Internet zumindest selten nutzen, zwischen 95 und 100 % (Beisch & Koch, 2022, S. 461). In der Generation der über 70-Jährigen liegt der Anteil der gelegentlichen Internetnutzer bei 80 % (ARD/ZDF-Onlinestudie, 2022).

Digital Detox

Die bewusste Einschränkung der Nutzung digitaler Medien oder eine temporäre „Auszeit" vom Internet wird als Digital Detox (digitale „Entgiftung") bezeichnet. Nach der ARD/ZDF-Onlinestudie 2022 haben 41 % der deutschsprachigen Bevölkerung ab 14 Jahren zumindest schon einmal oder häufiger ihre Internetnutzung bewusst eingeschränkt. 15 % schränken ihre Nutzungszeit „regelmäßig" ein (Beisch & Koch, 2022, S. 466).◄

Da die Finanz- und Kaufkraft mit zunehmendem Alter tendenziell steigt, sind „**Best Ager**" (Senf, 2008, S. 17), „**Silver Surfer**" (die 50- bis 59-Jährigen meist noch Berufstätigen) und **Senioren** im Rentenalter zu einer in der Frühphase der Kommerzialisierung eher vernachlässigten und mittlerweile hochattraktiven Zielgruppe geworden. Im Jahr 2022 waren in Deutschland nur noch 3,6 Mio. der deutschsprachigen Bevölkerung ab 14 Jahren „**Offliner**" (Beisch & Koch, 2022, S. 461). Am größten war der Anteil derer, die das Internet noch nie genutzt haben, in der Altersgruppe der über 70-Jährigen, hier sind es 20 % Offliner (Beisch & Koch, 2022, S. 461). In der Altersgruppe der 55- bis 64-Jährigen hatten 8 % das Internet noch nie genutzt. In den Altersgruppen unter 55 Jahren gibt es nur noch 3 % Offliner (Destatis, 2022). Soziodemografische Segmentierungskriterien für sich alleine besitzen meist eine geringe Verhaltensrelevanz und gewinnen erheblich an Aussagekraft, wenn sie mit psychografischen Merkmalen verknüpft werden.

4.3.2 Psychografische Kriterien

Psychografische Merkmale als nicht beobachtbare, sondern nur zu erfragende Konstrukte klassifizieren Personen nach ihren Grundbedürfnissen, Motiven, Einstellungen, Ansichten, Meinungen, Werten und ihrem Lebensstil (vgl. Meffert et al., 2019, S. 228 ff.). In Verbindung und Ergänzung mit den soziodemografischen Kriterien lassen sich aus den Merkmalskombinationen Erklärungen für das Kaufverhalten ableiten. **Umweltbewusstsein,** Ressourcenschonung und **Nachhaltigkeit** verfestigen sich in den letzten Jahren immer stärker im Einstellungs- und Meinungsbild der Konsumenten, diese bewerten Online-Händler zunehmend nach ihrem auch „gelebten" Bekenntnis zur Nachhaltigkeit in der Produktion und in der Lieferkette. Die Gen Z achtet beim Onlinekauf von Bekleidung, Kosmetik und Lebensmitteln auf **umweltfreundliche Verpackungen,** ökologisch abbaubare Produkte oder **ressourcenschonende Produktion.** Mehr als die Hälfte der Onlinekäufer (54 %) sieht mit dem Wachstum des E-Commerce ein gravierendes Problem für die Umwelt und achtet auf umweltfreundliche oder materialreduzierte Verpackungen. 78 % der deutschen Konsumenten sind der Meinung, dass das Verpackungsmaterial vollständig recycelbar sein sollte und 67 % glauben, dass zu viel **Verpackungsmaterial** für den Versand ihrer Bestellungen verwendet wird (Sendcloud, 2022, S. 47). Allerdings würden nur 8 % eine Bestellung stornieren, wenn keine umweltfreundliche CO_2-neutrale Lieferung möglich ist (Sendcloud, 2022, S. 46). Nach dem diesjährigen Consumer Trends Report des Capgemini Research Institute sind 43 % der deutschen Verbraucher bereit, einen höheren Preis für Konsumgüter wie Lebensmittel, Consumer Electronics und Mode aus **nachhaltiger Produktion** zu bezahlen. Das ist ein deutlicher Rückgang im Vergleich zu früheren Ergebnissen: Im Jahr 2020 gaben noch 57 % an, dass sie überdurchschnittlich hohe Preise für nachhaltige Produkte zahlen würden (Capgemini, 2023).

Die Akzeptanz für die Übernahme der **Versandkosten** korreliert mit dem Bestellwert. Je höher der Bestellwert, desto eher sind Onlinekäufer bereit, für den Warenversand zu

zahlen. Jedoch sind 40 % der europäischen Verbraucher nicht zur Versandkostenübernahme bereit, wenn ihr Bestellwert die Schwelle von 150 € übersteigt (Sendcloud, 2022,
S. 13). Ein **Mindestbestellwert** für den kostenlosen Versand gilt als akzeptables Kriterium. Dies führt dazu, dass 69 % der europäischen Onlinekäufer (Deutsche 61 %)
ein weiteres Produkt in ihren Warenkorb legen würden, um die Schwelle für den kostenlosen Versand zu erreichen (Sendcloud, 2022, S. 15). Im Distanzhandel gilt bei den
europäischen Verbrauchern die **Liefergeschwindigkeit** als kritischer Erfolgsfaktor. Fast
jeder zweite Verbraucher in Europa (44 %) bricht den Transaktionsprozess ab, wenn ihm
die avisierte Lieferzeit nicht zusagt. Bei einer Standardlieferung erwarten europäische
Verbraucher, dass ihre Bestellung in etwa 3 Tagen geliefert wird, während sie maximal
5 Tage darauf zu warten bereit sind (Sendcloud, 2022, S. 16). Somit sind die Versandkosten mit 91 % und die **Lieferzeit** mit 78 % zwei Parameter, die einen erheblichen Einfluss
auf die Wahl eines Online-Händlers ausüben (Sendcloud, 2022, S. 22). Die **Retourenstrategie** und die Frage der Übernahme der **Rücksendekosten** für eine Retoure ist ein
weiteres prägnantes Auswahlkriterium für den Onlinekauf. 74 % der europäischen Verbraucher möchten nicht in einem Onlineshop bestellen, wenn sie die Rücksendekosten
selbst tragen müssen (Sendcloud, 2022, S. 37).

In 2023 blicken 64 % der Verbraucher in Deutschland angesichts der **Inflation** und
steigender Lebenshaltungskosten besorgt auf ihre finanzielle Situation. Bei Millennials
(68 %) ist diese Sorge am stärksten ausgeprägt (Capgemini, 2023). Fast die Hälfte der
Verbraucher (45 %) möchte ihre Gesamtausgaben reduzieren, indem sie gezielt preisgünstige Alternativen suchen und den Kauf von Luxusartikeln auf bessere Zeiten verschieben
wollen (Capgemini, 2023).

4.3.3   Verhaltensorientierte Merkmale

Messbare verhaltensorientierte Merkmale umfassen Kriterien wie den Produktbesitz, die
Einkaufsstättenwahl, die Preisorientierung, die Markentreue, die Medien- und Devicenut-
zung, das Involvement, das Einkaufsvolumen, die Kaufintensität sowie die Einkaufsge-
wohnheiten. Einstellung und Konsumverhalten zeigen sich nicht kongruent, wenn es um
die allgemeine Bejahung gesellschaftlich als relevant erachteter Werte geht, aber diese
Einstellung nicht im einzelindividuellen **Verhaltensmuster** internalisiert ist. So wird in
Befragungen ein Gesundheits-, Ökologie- und Umweltbewusstsein als kollektivistischer
Wert bejaht, aber in der Verfolgung einzelindividueller Interessen nicht umgesetzt (vgl.
Balderjahn, 2013, S. 199). Klimaschutz, Ressourcenschonung und Abfallvermeidung konterkariert sich in einem hohen Volumen an Auswahlbestellungen in Mode-Onlineshops,
die zwangsläufig zu einem hohen Retourenaufkommen führen und dadurch die Umwelt
belasten. Die **Diskrepanz** zwischen Einstellung und Verhalten kann auf eine mangelnde Bereitschaft zurückzuführen sein, bei Kaufentscheidungen für ökologische oder
nachhaltige Produkte höhere Preise zu zahlen. Nach der **Low-Cost-Hypothese** ist die

Internalisierung (Adaption) individueller Überzeugungen (Gesundheitsbewusstsein) und kollektiver Werte (Umweltbewusstsein) auf das eigene Konsumverhalten umso einfacher, je geringer die (subjektiven) Kosten für die Verhaltensänderung sind (vgl. Diekmann & Preisendörfer, 2003, S. 443; Hoffmann & Akbar, 2016, S. 197).

80 % der 16- bis 74-Jährigen in Deutschland haben schon einmal Waren und Dienstleistungen über das Internet bestellt, dies entspricht knapp 49 Mio. Menschen. Am häufigsten kauften sie Kleidung, Schuhe, Accessoires und Sportartikel. Den höchsten Anteil an Onlinekäufern gibt es mit 91 % in der Altersklasse der 25- bis 44-Jährigen. Von den 16- bis 24-Jährigen haben schon 87 % online bestellt, bei den 45- bis 64-Jährigen liegt der Anteil bei 78 %. Von den 65- bis 74-Jährigen kauften 55 % über das Internet ein (Destatis, 2021). Je jünger die Konsumenten, desto intensiver die **mobile Internetnutzung**. 92 % der 18- bis 39-Jährigen nutzen ein Smartphone für den Internetzugang. Bei den über 40-Jährigen sind es 80 %. In den letzten Jahren ist wieder eine steigende Bedeutung der stationären Internetnutzung zu konstatieren. 53 % der unter 40-Jährigen nutzen einen **Desktop-PC** für die Internetzugang, vor einem Jahr waren es noch 50 % (Postbank, 2022). Im Bundesdurchschnitt bevorzugt mit 58 % mehr als die Hälfte der Deutschen den Desktop-PC für den Onlinekauf (Klarna, 2022a). 20,2 h pro Woche surfen die Deutschen im Durchschnitt mit ihrem mobilen Device. Die unter 40-Jährigen verwenden das Smartphone für den Internetzugang durchschnittlich 31,8 h pro Woche (Postbank, 2022). Als **Cross Device** wird die situations- und kontextbezogene wechselweise Nutzung unterschiedlicher Internetzugriffsgeräte bezeichnet. So wird eine Informationsrecherche gerne tagsüber, mobil und unterwegs mit dem Smartphone durchgeführt, während der Kauf am Abend in heimischer Ruhe vor dem Desktop-PC abgeschlossen wird. Als **Prime Time** für den Onlinekauf gilt in Deutschland der Sonntagabend um 21 Uhr (trotz der hohen TV-Reichweite der ARD „Tatort"-Ausstrahlungen von 20.15 bis 21.45 Uhr). Aber auch die späteren Abendstunden bis 23 Uhr zeigen eine hohe **Kauffrequenz** (Klarna, 2022a). So werden vor dem Start in die neue Arbeitswoche Käufe finalisiert, die losgelöst von der Hektik eines Wochenalltags in Ruhe an den freien Wochenendtagen als Kaufentscheidung gereift sind. Neben dem Sonntag hat sich der Montag ab 18 Uhr als ein beliebter Tag für Onlinekäufe etabliert (Klarna, 2022b). Online-Marktplätze sind der dominierende **Vertriebskanal**. 93 % der Deutschen kaufen auf Online-Marktplätzen und 67 % in Onlineshops (Sendcloud, 2022, S. 60). Der **durchschnittliche Bestellwert** beträgt 152,10 €. Millennials geben mit einem durchschnittlichen Bestellwert von 233,10 € deutlich mehr aus (Sendcloud, 2022, S. 60). 30 % der deutschen Konsumenten bestellen Produkte im grenzüberschreitenden E-Commerce bei internationalen Online-Händlern. Der Großteil der vornehmlich national bestellenden Konsumenten sehen in der internationalen Transaktion negative Aspekte wie hohe Versandkosten, längere Lieferzeiten, Zollgebühren und einen höheren Aufwand bei einer grenzüberschreitenden Rücksendung von Retouren (Sendcloud, 2022, S. 61).

4.4   Multioptionales Kaufverhalten

Durch E-Commerce hat sich der individuelle Konsum gewandelt. Das Kaufverhalten ist nicht mehr konsistent, d. h. eindimensional und einheitlich (Liebmann & Zentes, 2001, S. 133). Ein multioptionales Kaufverhalten manifestiert sich in differierenden **Kaufver-haltensmustern** (Passenheim, 2003, S. 70 f.). Das Bedürfnis nach Abwechslung wird in der Konsumentenpsychologie als **Variety Seeking** bezeichnet und führt zu einer gerin-geren Marken- und Geschäftstreue (Kroeber-Riel et al., 2009, S. 472 f.). Online- und Offline-Vertriebskanäle werden beliebig gewechselt. Die **Kanalwahl** wird vor allem durch den wahrgenommenen Nutzen des jeweiligen Vertriebskanals beeinflusst. Demnach wählt der Konsument den Kanal im Kaufprozess, der ihm in einer spezifischen Situation den höchsten **Nutzen** stiftet (Gensler & Böhm, 2006, S. 31). Mit dem Akronym **ROPO** wer-den zwei Ausprägungen des selektiven Kaufverhaltens unterschieden. Der ROPO-Effekt steht einerseits für „Research Online – Purchase Offline" als auch für „Research Off-line – Purchase Online". Eine prägnantere Abgrenzung bieten, wie Abb. 4.7 illustriert, die Begriffe Showrooming und Webrooming.

Showrooming (Research Offline – Purchase Online) beschreibt ein opportunistisches Verhalten, welches vom Einzelhandel plakativ als „Beratungsklau" tituliert wird (Hei-nemann & Gaiser, 2016, S. 259). Konsumenten lassen sich in der Informationsphase des Kaufentscheidungsprozesses zunächst im stationären Geschäft beraten und begut-achten die angebotenen Produkte. Der Kauf wird jedoch nicht in der Filiale vor Ort, sondern in einem Onlineshop vollzogen. Dabei kann differenziert werden in Loyal und Competitive Showrooming, je nachdem, ob der Kauf im Onlineshop des gleichen oder eines konkurrierenden Anbieters erfolgt (Schneider, 2019, S. 40). **Webrooming** (Research Online – Purchase Offline) markiert das entgegengesetzte Verhalten. Kon-sumenten besuchen zunächst Websites von Online-Händlern, um sich über Produkte und Dienstleistungen zu informieren, bevor sie den Kaufprozess im stationären Handel abschließen (Schramm-Klein & Wagner, 2016, S. 440) Auch hier kann zwischen Loyal und Competitive Webrooming unterschieden werden (Schneider, 2019, S. 42).

Der Wechsel zwischen Vertriebskanälen wird als **Channel-Hopping** bezeichnet (Ahlert et al., 2018, S. 370). Insbesondere die digitalaffinen Smart Natives kennen durch ihre intuitive Internetnutzung die Vorteile und Nachteile der verschiedenen Absatzwege und zeigen keine ausgeprägte Präferenz für einen Vertriebskanal. Die Befriedigung des Bedürfnisses steht im Vordergrund, ob dieses besser online oder offline erfüllt werden kann, wird situativ entschieden. Die Gründe für den beliebigen Wechsel zwischen den Kanälen sind vielschichtig. Die Recherche nach günstigen Preisen verleitet dazu, nach einer Informationssuche im stationären Handel in einem Onlineshop zu bestellen, während der Kauf in einer stationären Geschäftsstelle den Vorteil birgt, unmittelbar eine **Produkt-inspektion** durchführen zu können und das Produkt direkt mitzunehmen. Aufgrund der multiplen Zugriffsmöglichkeiten mit verschiedenen Endgeräten ist im E-Commerce die Frage nach dem **First Screen** und **Cross Device** relevant. Der Kaufprozess verteilt sich

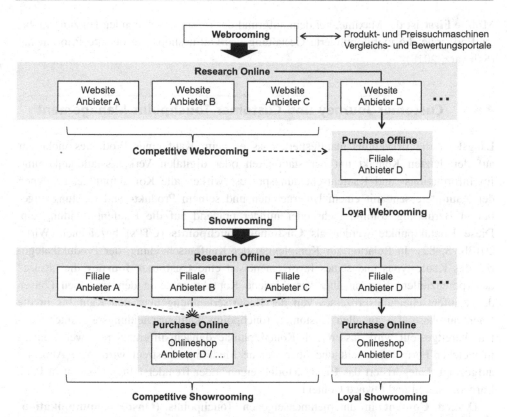

Abb. 4.7 Webrooming und Showrooming. (Aus Deges, 2020, S. 78; mit freundlicher Genehmigung von © Springer Fachmedien Wiesbaden GmbH 2020. All Rights Reserved)

immer häufiger auf die situationsspezifische Verwendung mehrerer Devices (Endgeräte). Wichtig für ein einheitliches Einkaufserlebnis ist deswegen eine nahtlose Nutzererfahrung über alle Endgeräte hinweg (Heinemann, 2018, S. 11). Wer tagsüber mobil mit dem Smartphone recherchiert, bevorzugt gegebenenfalls am Abend zu Hause den Abschluss des Kaufes mit dem Tablet auf der Couch oder lieber am hochauflösenden Bildschirm des mit dem W-LAN vernetzten Fernsehers. Mobilaffine Verbraucher nutzen vermehrt Smartphones und Tablets als First Screen zur mobilen Produktsuche und auch vermehrt zum mobilen Kauf. Dies impliziert, dass Mobile Commerce nicht mehr nur als verlängerter Arm des E-Commerce und eine App nur als mobile Zugriffsvariante auf den Onlineshop als Zusatzfeature betrachtet werden kann (Heinemann, 2018, S. 11). Die Optimierung des Onlineangebotes auf mobile Devices muss dem sich ändernden Nutzungsverhalten Rechnung tragen. Dabei geht es nicht nur im Sinne einer „**Mobile Friendlyness**" um ein Responsive Design, sondern um **Added Values** (Mehrwerte), die ihre Vorteile insbesondere in der ortsunabhängigen mobilen Nutzung ausspielen (Heinemann, 2018, S. 11).

Mobile First ist die Maxime, bei dem aufgrund der rasant zunehmenden Nutzung mobiler Endgeräte die mobiloptimierte Gestaltung des Onlineshops die oberste Priorität hat (Schwarz, 2018).

4.5   Customer Journey und Customer Touchpoint Management

Längst ist die Erkenntnis manifestiert, dass es beim Kauf eines Produktes nicht nur auf den letzten Kontakt mit der stationären oder digitalen Verkaufsstätte ankommt. Im Informations- und Kaufentscheidungsprozess wirken alle Kontaktpunkte, an denen der Kaufinteressent mit einem Unternehmen und seinem Produkt- und Leistungsangebot in Berührung kommt, mehr oder minder prägend auf die Kaufentscheidung ein. Diese Kontaktpunkte werden als **Customer Touchpoints** (CTPs) bezeichnet (Wirtz, 2013b, S. 82). In Relation zur Komplexität der Kaufentscheidung, der Produktkategorie, des Käufertypus und seines Involvements ist eine **Customer Journey** die „Reise" des (potenziellen) Kunden über verschiedene Kontaktpunkte in den einzelnen Phasen des Kaufentscheidungsprozesses von der Bedarfserkennung über den Kauf bis in die Nachkaufphase. Da an allen Customer Touchpoints kaufentscheidungsrelevanter Content bereitgestellt wird, lassen sich Kontaktpunkte danach differenzieren, wer Content in welcher Form bereitstellt und über welche Medien er gestreut wird. Wie Abb. 4.8 aufgezeigt, kategorisiert das **PESO-Modell** eigen- oder fremderstellten Content in Paid, Earned, Shared und Owned Content.

   Owned Content in unternehmenseigenen Touchpoints (**Onsite-Kommunikation**) bedeutet, dass das Unternehmen den Content selbst gestaltet und über die Form und den Zeitpunkt seiner Veröffentlichung autonom entscheidet. Unternehmensfremde Touchpoints (**Offsite-Kommunikation**) wie Social Media, Foren, Blogs, Communitys, Vergleichs- und Bewertungsportale entziehen sich einer aktiven Beeinflussung und Steuerung durch das Unternehmen. Sie haben aber einen erheblichen Einfluss auf die Kaufentscheidung, da an diesen Touchpoints **User Generated Content** bereitsteht, dem potenzielle Käufer situativ eine höhere Relevanz als dem unternehmenserstellten Owned Content zusprechen können. Mit **Earned Content** wird eine Medienpräsenz und Aufmerksamkeit erzielt, für die das Unternehmen keine monetäre Gegenleistung in Form von Werbeaufwendungen als **Paid Content** verbuchen muss (Kreutzer, 2018, S. 385). Earned Content als positive Information über das Unternehmen durch Dritte (Social-Media-Beiträge, Kundenbewertungen, journalistische Berichterstattung, Produkttests unabhängiger Institutionen) ist besonders wertvoll und zeichnet sich durch eine hohe **Glaubwürdigkeit** aus. Während die Bereitstellung und Streuung von Paid und Owned Content durch das Unternehmen kontrolliert wird, kann Earned Content auch negative Inhalte transportieren. **Shared Content** stellt sich als eine ergänzende und erweiterte Form von Earned Content dar. In Social Media sowie auf Vergleichs- und Bewertungsportalen wird als hochwertig erachteter Content von Usern mit ihrer Community geteilt.

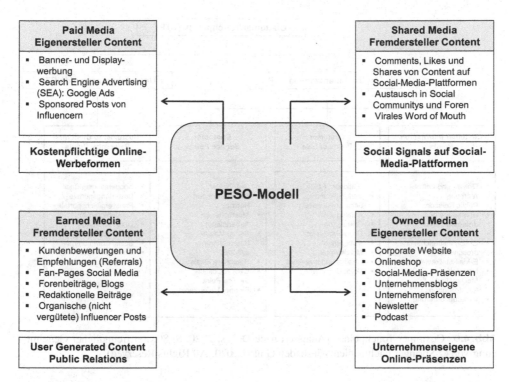

Paid Media
Eigensteller Content

- Banner- und Display-werbung
- Search Engine Advertising (SEA): Google Ads
- Sponsored Posts von Influencern

Kostenpflichtige Online-Werbeformen

Shared Media
Fremdersteller Content

- Comments, Likes und Shares von Content auf Social-Media-Plattformen
- Austausch in Social Communitys und Foren
- Virales Word of Mouth

Social Signals auf Social-Media-Plattformen

PESO-Modell

Earned Media
Fremdersteller Content

- Kundenbewertungen und Empfehlungen (Referrals)
- Fan-Pages Social Media
- Forenbeiträge, Blogs
- Redaktionelle Beiträge
- Organische (nicht vergütete) Influencer Posts

User Generated Content
Public Relations

Owned Media
Eigensteller Content

- Corporate Website
- Onlineshop
- Social-Media-Präsenzen
- Unternehmensblogs
- Unternehmensforen
- Newsletter
- Podcast

Unternehmenseigene
Online-Präsenzen

Abb. 4.8 PESO-Modell. (Eigene Darstellung)

Neben Earned Content kann auch Owned Content als wertvoll erachtet und geteilt, bewertet und kommentiert werden. Shared Content basiert auf der digitalen Mundpropaganda (**Word-of-Mouth Marketing**) einer viralen Streuung von Inhalten durch die User selbst.

Ein das PESO-Modell ergänzende Differenzierung ist die Unterscheidung nach unternehmenseigenen und unternehmensfremden bzw. unternehmensfernen Kontaktpunkten (Kreutzer, 2016, S. 40). Unternehmenseigene Touchpoints sind gängigerweise mit Owned Content bespielt, während in unternehmensfremden Touchpoints primär Paid, Shared oder Earned Content bereitgestellt wird. **Unternehmensfremde Touchpoints** befinden sich außerhalb der unmittelbar durch das Unternehmen beeinflussbaren Sphäre (Kreutzer, 2016, S. 40). Wie Abb. 4.9 veranschaulicht, können unternehmenseigene CTPs in **Customer Information Points** (CIP), **Customer Points of Sale** (CPOS) und **Customer Service Points** (CSP) unterschieden werden (Wirtz, 2013b, S. 82 ff.).

Aufgabe der CIP ist die Informationsbereitstellung für Kunden, wohingegen die Absatzfunktion die primäre Aufgabe der CPOS repräsentiert. Die CSP widmen sich der Erbringung von Pre-Sales- und vor allem After-Sales-Service-Leistungen. Alle drei Kategorien der CTP können unmittelbar durch das Unternehmen gesteuert werden (Wirtz, 2013b, S. 83). Daneben existieren **Customer to Customer Reference Points** (CCRP), die

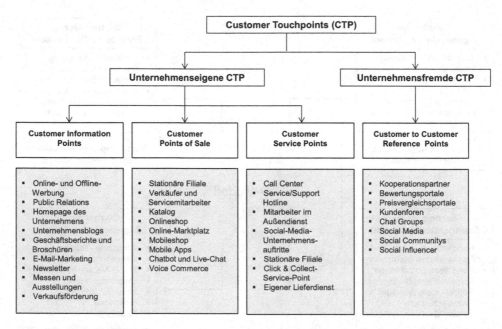

Abb. 4.9 Customer Touchpoints. (Adaptiert nach Deges, 2020, S. 80; mit freundlicher Genehmigung von © Springer Fachmedien Wiesbaden GmbH 2020. All Rights Reserved)

sich auf den Informationsaustausch und die Kommunikation zwischen den Konsumenten beziehen und durch das Unternehmen als unternehmensferne Touchpoints nur bedingt beeinflussbar sind (Wirtz, 2013b, S. 84). Customer Touchpoints sind aus Unternehmens- und/oder Konsumentenperspektive durch folgende Wahrnehmungswirkungen geprägt:

- **bewusster oder unbewusster Kontakt:** der Konsument sucht gezielt die Filiale oder den Onlineshop des Unternehmens auf oder bemerkt im öffentlichen Raum unbewusst ein Werbeplakat an einer Bushaltestelle.
- **direkter oder indirekter Kontakt:** ein direkter Kontakt bildet das Beratungsgespräch mit einem Verkäufer in der Filiale, während ein indirekter Kontakt durch den Paketboten des beauftragten Logistikdienstleisters an der Haustür des Kunden bei der Zustellung der Lieferung entsteht.
- **kognitive Information oder emotionale Botschaft:** der Konsument sucht rational nach informativen Produktbeschreibungen und fundierten Bewertungen oder rezipiert einen provokanten Werbespot, der Emotionen auslöst.
- **Online- oder Offline-Kontakt:** ein Offline-Kontakt entsteht durch die postalische Zusendung eines Kataloges. Online-Kontakte ergeben sich durch die Informationsrecherche über Suchmaschinen, Vergleichsportale und Social Media.

- **analoger oder digitaler Kontakt:** ein Kontakt mit einer Unternehmensanzeige kann analog über ein Printmedium in einer gedruckten Zeitschrift oder digital über die elektronische Version der Printausgabe entstehen. Im Folgenden werden relevante Touchpoints nach analog und digital klassifiziert vorgestellt:

4.5.1   Analoge Touchpoints

Analoge Touchpoints sind als physisch reale, materielle, personelle oder gegenständliche Berührungs- und Kontaktpunkte zu verstehen. Im stationären Vertrieb ist die **Filiale** oder Vertriebsniederlassung als Verkaufs- und Beratungsstätte ein zentraler Touchpoint für den Kauf von Produkten. Mit Instrumenten der **analogen Werbung** (Offline-Werbung) können Konsumenten im öffentlichen oder im privaten Raum zuhause angesprochen werden. Über die Rezeption von Werbebotschaften in Streumedien der Print-, Beilagen-, Plakat-, Hörfunk- und TV Werbung ist gegebenenfalls in der Pre-Sales-Phase ein Anreiz für den Besuch einer Filiale gesetzt worden. Dabei eröffnen sich auch für analoge Offline-Touchpoints Möglichkeiten der Digitalisierung. Bei der Belegung von **City Light Poster**-Werbeflächen können Werbeplakate durch die Integration eines QR-Codes als **Window Shopping** (siehe auch Abschn. 7.1.1) mit einer Verkaufsfunktion oder Zusatzinformationen zu den dargestellten Produkten aufgewertet werden.

▶ **City-Light-Poster** Im öffentlichen Raum vornehmlich an stark frequentierten Plätzen wie Fußgängerzonen und ÖPNV-Haltestellen platziert, sind City-Light-Poster ein Werbeträger der Außenwerbung. Hinter Glas geschützt entfalten Sie in den Abendstunden eine hohe Aufmerksamkeit durch ihre Hinterleuchtung.

In der Filiale unterstützen **Verkaufsberater** mit einer kompetenten Beratungsleistung den Produktauswahlprozess und die Bewertung von Produktalternativen. Als personeller Touchpoint ermöglicht die gegenseitige Kontaktaufnahme eine synchrone Kommunikation. Verkaufsberater können dezidiert auf die Bedürfnisse des Kaufinteressenten eingehen und den Kaufentscheidungsprozess positiv beeinflussen. In der After-Sales-Phase sind es **Servicemitarbeiter** im Außendienst oder **Kundenberater** im eigenbetriebenen **Call Center,** die ebenfalls auf der personellen Ebene für eine bilaterale Kommunikation zwischen Unternehmen und Kunden stehen und mit einer kundenzentrieren Problemlösung einen erheblichen Einfluss auf die Kundenzufriedenheit ausüben. Ein eigener **Lieferdienst,** gegebenenfalls erweitert um Serviceleistungen wie die Montage von Möbeln, den Anschluss von Elektrogeräten oder die Installation und Konfiguration von Consumer Electronics steht für einen realen Kundenkontakt. Die überwiegende Zahl analoger Kontakt- und Berührungspunkte sind unternehmenseigene Touchpoints. Lediglich in der Zustelllogistik der letzten Meile werden im Distanzhandel überwiegend externe **KEP-Dienstleister** (siehe Abschn. 9.7.4) eingesetzt, die durch eine persönliche Übergabe der bestellten Lieferung ebenfalls einen Kontaktpunkt darstellen, der in der indirekten Wirkung meist noch als direkter Touchpoint des Online-Händlers wahrgenommen wird. In einer Werbekooperation mit Unternehmen primär digital agierende **Social-Media-Influencer** (siehe Abschn. 8.4.1) können situativ auch einen unternehmensexternen analogen Kontaktpunkt darstellen, wenn sie sich im Auftrag des Unternehmens im öffentlichen Raum präsentieren, beispielsweise auf Messen, Ausstellungen und Kundenevents.

4.5.2 Digitale Touchpoints

Digitale Kundenkontaktpunkte können unternehmenseigen oder unternehmensfremd in unterschiedlichen Erscheinungsformen Einfluss auf den Kaufentscheidungsprozess aus-üben. Im Zentrum der unternehmenseigenen digitalen Touchpoints stehen die eigen-betriebenen Onlineauftritte wie die **Homepage** des Unternehmens, **Landingpages** diverser Marketingaktionen sowie der **Onlineshop** als virtuelle Vertriebsstätte. Im Onlineshop können dialogbasierte Informations- und Kommunikationsanwendungen wie ein **Chatbot** oder ein **Live Chat** integriert werden. Aber auch die **Social-Media-Unternehmensauftritte** auf Plattformen wie Facebook, Instagram, Pinterest, Snapchat oder TikTok stellen wichtige Kontaktpunkte dar, die der Information und der Kommuni-kation dienen. Gegebenenfalls wird auch ein eigener **YouTube-Unternehmenskanal** für die Bewegtbildkommunikation betrieben. Unternehmensgesteuerte **Corporate Blogs** und **Kundenforen** werden als dialogstimulierende Informations- und Kommunikationskanäle wahrgenommen, um einerseits über das Unternehmen selbst zu informieren, aber auch um neue Produkte und Dienstleistungen zu präsentieren (Laudon et al., 2010, S. 592).

▶ **Blog (Weblog)** Ein Blog ist eine Website, die eine Reihe von chronologischen, nach ihrer Aktualität aufwärts sortierten Einträgen eines Verfassers (Bloggers) sowie Links zu thematisch verwandten Websites enthält (Laudon 2010, S. 591; Hettler, 2010, S. 43). In den meisten Blogs können Leser Kommentare zu den Blogeinträgen einstellen und eine interaktive Kommunikation anstoßen.

Corporate Blogs und Kundenforen ermöglichen auch einen Austausch mit (potenziellen) Kunden. Aus kritischen Kundendiskussionen können Anregungen für eine Qualitäts-steigerung der Produkte und Verbesserungen der Serviceleistungen gezogen werden. Zunehmend werden auch **Unternehmenspodcasts** als Touchpoint für die Verbraucher-kommunikation eingesetzt und mit unternehmens- und/oder produktbezogenem Content bespielt.

▶ **Podcast** Der Begriff Podcast ist ein Kunstwort, welches sich aus Pod für „play on demand" (spielen auf Abruf) und cast für Broadcast (Rundfunk) zusammensetzt. Ein **Pod-cast** ist eine Serie von abonnierbaren Audiosendungen, die in regelmäßiger Folge über das Internet bereitgestellt und mit **Podcatcher Apps** abgerufen werden. Die primäre Nutzung über das Smartphone ermöglicht einen ubiquitären Abruf der Sendungen. Die einzelnen Beiträge sind gespeichert und können auch zeitversetzt nach der Live-Ausstrahlung gehört werden.

Unmittelbar kaufauslösende digitale Kontaktpunkte können mit **Contextual Commerce** auch außerhalb der originären Sales-Touchpoints Onlineshop oder Online Marktplatz bereitgestellt werden. Sofortige Kaufoptionen können mit **Buy-Buttons** in Mails, Newsletter, Blogs oder **Buyable Pins** in Social-Media-Plattformen wie Facebook, Pinterest oder Instagram integriert werden (Henkel, 2017). Ein kontextuelles Einkaufserlebnis verlagert und verkürzt Customer Journeys um die Bestellung über die Warenkorbfunktionalität im Onlineshop, indem Warenkörbe auch außerhalb des Onlineshops präsent sind.

Das Amazon-Experiment Dash Buttons

Die zu Beginn des Jahres 2019 abgeschalteten **Dash Buttons** von Amazon schafften einen manuell bedienbaren Touchpoint als mit dem W-LAN verbundenen Bestellknopf. Jeder Dash Button war mit einem spezifischen Produkt gekoppelt. Bei manueller Betätigung (One Touch – One Click) des Dash Buttons wurde automatisch eine Nachbestellung des Produktes (**Dash Replenishment**) ausgelöst. Die Nachbestellung konnte dirckt am Ort des festgestellten Mangels ausgelöst werden, beispielsweise mit einem an der Waschmaschine befestigten Dash Button für Waschpulver. Das Oberlandesgericht München hat Ende 2018 den Onlinevertrieb über Dash Buttons aufgrund der Intransparenz des Bestellvorgangs, insbesondere die nicht über den Button darstellbare Visibiliät des zu zahlenden Preises, in Deutschland verboten (Lewanczik, 2019). Amazon entschied sich daher zur Einstellung der Vermarktung seiner Dash Buttons.◄

Mit **Conversational Commerce** (Siri von Apple, Amazon Echo mit Alexa, Cortana von Microsoft, Google Home) löst sich die Fixierung auf die Screen-to-Screen-Kommunikation für die digitale Interaktion zwischen Unternehmen und Kunden auf (Heinemann, 2019, S. 21). Mit **Smart Speaker** (Lautsprecher mit integriertem intelligenten Sprachassistenten) können Nutzer über ein **Conversational User Interface** (Sprachschnittstelle) mit **Invocations** (eine Phrase oder ein einzelnes Wort) auf natürliche Art mit Sprachassistenten interagieren, ohne dabei eine Tastatur benutzen zu müssen (Paluch & Wittkop, 2020, S. 509). Die Sprachschnittstelle ermöglicht eine wesentlich schnellere Interaktion als die schriftliche Kommunikation. Eine **explizite Invocation** ist eine eindeutig formulierte Aufforderung („spiele das Musikstück x von Interpret y"). Eine **implizite Invocation** ist eine Handlungsaufforderung in einem inhaltsspezifischen Kontext („spiele Lounge Music"). Nach dem **„Ähnlichkeits-Attraktions-Paradigma"** empfinden sich Personen im Umgang miteinander umso attraktiver, je ähnlicher sie sich sind (vgl. Byrne, 1971). Dieses Paradigma auf die sprachbasierte Mensch-Maschine-Interaktion übertragen stellt aufgrund der einem Smart Speaker fehlenden „Persönlichkeit" seine Stimme als sympathie- und vertrauensbildendes Element in den Vordergrund. Einheitliche mechanisch klingende Standardstimmlagen bauen keine empathische Beziehung auf. Idealerweise passt sich die Stimmlage an den Nutzer, seine Persönlichkeit und die Art

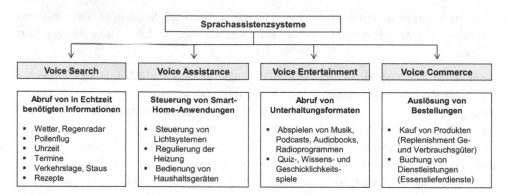

Abb. 4.10 Digitale Sprachassistenzsysteme. (Eigene Darstellung)

der Kommunikation an. Wie Abb. 4.10 aufzeigt, entfalten sich die Einsatzmöglichkeiten und Anwendungsbereiche digitaler Sprachassistenzsysteme in vier Kategorien.

Voice Search dient der Suche nach und dem Abruf von allgemeinen Informationen (Uhrzeit, Wettervorhersage, Sportergebnisse, Nachrichten, Verkehrslage). Mit **Voice Assistance** können vernetzte Smart-Home-Anwendungen (Steuerung von Lichtsystemen, Regulierung der Heizung, Bedienung von Haushaltsgeräten wie Staubsauger oder Kaffeemaschine) per Sprachbefehl bedient werden (Paluch & Wittkop, 2020, S. 512). Mit **Voice Entertainment** wird vornehmlich Musik abgespielt. Als **Voice Commerce** können über die Smart Speaker Käufe von Produkten per Invocation ausgelöst werden (Kolbrück, 2018; Melchior, 2019). Voice Commerce wird dadurch zu einem additiven alternativen Einkaufskanal (Sales Touchpoint) in der Customer Journey. In Ergänzung zum Voice Commerce können über ein **Voice Marketing** personalisierte Werbebotschaften kommuniziert werden. Mit **Audio Branding** lässt sich über den Hörsinn eine audiobasierte Markenidentität aufbauen (Paluch & Wittkop, 2020, S. 514).

Unternehmensfremde digitale Touchpoints
Im digitalen Kontext finden sich erheblich mehr unternehmensfremde Touchpoints als in der analogen Perspektive. Neben den Social-Media-Unternehmensaccounts als Owned Content steht **Social Media** auch als unternehmensfremder Touchpoint für den Abruf von Produktinformationen und Empfehlungen insbesondere durch junge Konsumenten für deren Orientierung und Inspiration in der Customer Journey. Der über Social-Media-Plattformen bereitgestellte **User Generated Content** steht für eine hohe Relevanz, da den eigenkreierten Beiträgen von Usern oft eine hohe Authentizität und Glaubwürdigkeit attestiert wird. Sowohl freie und unabhängige **Blogger** wie auch nicht im Unternehmensauftrag postende neutrale **Social-Media-Influencer** testen Produkt-Leistungsprogramme, bewerten diese positiv oder negativ und leiten aus ihrem Urteil Empfehlungen für ihre Communitys ab. Social-Media-Influencer, die mit Unternehmen kooperieren, posten gesponserte Beiträge, integrieren

Buy-Buttons oder verlinken ihre Produktempfehlungen mit den Onlineshops ihrer Kooperationspartner. User Generated Content steht auch in den Touchpoints von nutzergeführten Social-Media-Communitys, Chatgroups, neutralen Kundenforen und unabhängigen **Bewertungsportalen** (siehe Abschn. 9.4.2.5) zur Rezeption von Kundenmeinungen und zur Validierung eigener Kaufentscheidungen bereit. Unternehmensfremde Touchpoints repräsentieren auch die Produkt- und Preisvergleichsportale sowie die **Suchmaschinen** (siehe Abschn. 8.2). Bei digitalen Touchpoints muss beachtet werden, dass junge Konsumenten den mobilen Zugriff mit Smartphones und Tablets gegenüber dem PC-Desktop-Zugriff präferieren. Dies impliziert aber nicht, dass sich Unternehmen nur auf die mobilen digitalen Touchpoints konzentrieren sollten. Auf ein konsistentes desktopbasiertes Kauferlebnis muss gleichermaßen geachtet werden. An jedem analogen oder digitalen, physischen wie realen, unternehmenseigenen oder unternehmensfremden Touchpoint entlang der Customer Journey müssen Kunden positive Erfahrungen sammeln, unabhängig davon, wo sie sich aufhalten und welches Zugriffsgerät sie gerade nutzen. Denn sie erwarten kanalübergreifend relevanten und personalisierten Content in jeder Phase ihres Kaufentscheidungsprozesses.

4.5.3 Customer Journey und Customer Touchpoint Management

Verbindet man die einzelnen Kontaktpunkte mit den Phasen des Kaufentscheidungsprozesses, so entsteht von der ersten Kontaktaufnahme über den Abschluss des Kaufvertrags bis zum Empfang des bestellten Produktes eine **Customer Journey** (Kundenreise). Diese erweitert sich über den Kaufabschluss hinaus durch die Inanspruchnahme von After-Sales-Serviceleistungen und den (positiven oder negativen) Erfahrungen mit der Retournierung von Warensendungen. Die Länge und Intensität einer Customer Journey ist vom individuellen Kaufverhalten und der spezifischen Kaufsituation abhängig. Bei Spontankäufen oder habitualisierten Bedarfskäufen wie Lebensmittel oder Drogerieartikel ist sie gegebenenfalls nur durch einen oder wenige Kontaktpunkte gekennzeichnet. Bei High-Involvement-Produkten im hochpreisigen Segment, beispielsweise Produkte der Unterhaltungselektronik (Smartphones, Fernseher), kann sich die Reise über mehrere unterschiedlich intensiv in Anspruch genommene Kontaktpunkte über einen Zeitraum von mehreren Tagen oder Wochen erstrecken.

Der Marketingansatz zur Steuerung und Beeinflussung einer Customer Journey führt zum **Customer Touchpoint Management.** Voraussetzung dafür ist die Schaffung von Transparenz mit einer meist aufwandsintensiven Identifizierung, Kategorisierung und Bewertung aller denkbaren Kundenkontaktpunkte. Mit einem **Customer Journey Mapping** werden prototypische Customer Journeys pro Kundensegment abgeleitet und grafisch visualisiert. Jeder Touchpoint kann auf seinen Beitrag für die Auslösung einer gewünschten Zielhandlung analysiert und optimiert werden. Das Unternehmen baut durch die intensive Auseinandersetzung mit dem Customer Touchpoint Management eine **Touchpoint Experience** auf (vgl. Esch et al., 2019, S. 945). Mit den Erkenntnissen einer Touchpoint-Analyse können Maßnahmen der Kundenzentrierung ganzheitlich auf die Bedürfnisse der Zielgruppen abgestimmt werden. Ziel ist es, den Kunden in den Mittelpunkt zu stellen und ihn auf seiner Customer Journey nicht zu verlieren. Je nach Beitrag und Bedeutung für den Kaufabschluss können Marketing-Budgets für die optimierte Ausgestaltung der Touchpoints zielführender allokiert werden. Die Vielzahl von Customer Touchpoints muss auf ein zufriedenstellendes Kundenerlebnis (**Customer Experience**) vor, während und nach dem Kauf ausgerichtet werden, damit die Eindrücke der Konsumenten an allen Kontaktpunkten ein überzeugendes Erscheinungsbild des Unternehmens vermitteln.

4.6   Information Overload und Consumer Confusion

Konsumenten stehen einem vielfältigen und variantenreichen Produkt- und Dienstleistungsangebot gegenüber. Die Vielzahl an Auswahl- und Bezugsmöglichkeiten führt zu einer **Reizüberflutung** und **Desorientierung** im Kaufentscheidungsprozess. Die Informationsflut und die Angebotsvielfalt überfordert unsichere Konsumenten. Sie haben Mühe, trotz Navigation, Suchfunktionalität und detaillierter Produktbeschreibung das passende Produkt zu finden und eine dissonanzfreie Kaufentscheidung zu treffen. Es kommt zu einem **Information Overload** (Informationsüberlastung), wenn eine geringe Urteilsfähigkeit und mangelnde Entschlusskraft zu zeitintensiven und aufwändigen Recherchen führt. Die kognitive und emotionale Überlastung mündet in eine **Consumer Confusion** (Konsumentenverwirrtheit). Die Consumer Confusion ist eine durch die Vielfalt der ähnlichen oder widersprüchlichen Informationsangebote und Reize ausgelöste bewusste oder unbewusste **Wahrnehmungsstörung,** die zu suboptimalen Kaufentscheidungen führen kann (vgl. Walsh, 2002, S. 46). Ein Produktüberangebot mit kaum unterscheidbaren Produktvarianten lässt wenig Differenzierungsmerkmale in der Produktgegenüberstellung erkennen. Eine Informationsvielfalt bereichert nicht zwangsläufig die Alternativenbewertung, mit zunehmender Informationsverarbeitung kann sich die Consumer Confusion eher noch verstärken, wenn sich in der Preisstellung den nur geringfügig unterscheidbaren Produktvarianten auch unübersichtliche Gebühren-, Konditionen- und Tarifsysteme (Versicherungen, Mobilfunktarife, Streamingdienste) gegenüberstehen (Schaper, 2013, S. 665). Es kommt zu einem Vertrauensverlust in die eigene Entscheidungsfähigkeit. Der Kaufprozess wird als Last empfunden. Der Information Overload führt im online-, wie auch im stationärbasierten Kaufprozess zu einem **Choice Overload,** wenn das Angebot vieler Varianten eines Artikels in ein **Auswahlparadoxon** mündet (vgl. Deges, 2021, S. 23 f.).

Auswahlparadoxon

Das Auswahlparadoxon (Paradoxe of Choice, Choice Overload) umschreibt eine Ausprägung des Kaufverhaltens in Entscheidungssituationen bei hoher Produktvielfalt.
Viele Produktalternativen mit nur geringer Differenzierung erschweren die Entschei-
dungsfindung und wirken verkaufshemmend (Völster, 2015, S. 49). Ein unter dem
Begriff **Marmeladen-Paradoxon** bekanntes verhaltenswissenschaftliches Experiment
in einem kalifornischen Supermarkt zeigte, dass eine größere Auswahl an Marmeladen-
sorten zu einer Reduzierung der Kauflust bei den Probanden führte. Eine große
Auswahl mit vielen sich nur geringfügig unterscheidenden Optionen führt zu einem
Information Overload, sodass anstelle einer falschen tendenziell eher keine Entscheidung getroffen wird. Die durch das Experiment verallgemeinerten Erkenntnisse
lassen darauf schließen, dass das Eliminieren von Wahlmöglichkeiten die Angst vor
einem Fehlkauf reduziert oder eine Differenzierung mit klar unterscheidbaren Pro-
duktabgrenzungen den komplexen Auswahlprozess vereinfacht (vgl. Völster, 2015,
S. 49).◄

Dem Information Overload steht eine limitierte **Aufmerksamkeit** und begrenzte kognitive Verarbeitungskapazität als **knappe Ressource** gegenüber (vgl. Clement & Schreiber,
2016, S. 194; Kreutzer, 2018, S. 11 f.). Der Konsument kann die Informationsvielfalt
nicht mehr ohne **Selektion** bewältigen und wendet bewusst oder unbewusst Techni-
ken zur Reduzierung des Information Overflow und zur Minimierung seiner Consumer
Confusion an. Bei einer hohen Kaufkraft prägt sich ein habitualisiertes Kaufverhalten
auch bei höherpreisigen Produkten aus. Der Preis als objektiver Qualitätsindikator führt
dazu, höherpreisige Markenprodukte als hochwertiger gegenüber anderen Produktalternativen einzuordnen (Schaper, 2013, S. 666). Markentreue und Anbietertreue vermeiden ein
bewusstes Auseinandersetzen mit Alternativen. Da beim Onlinekauf nur eingeschränkte
Möglichkeiten einer individuellen Kaufberatung gegeben sind, übernehmen **Kundenbewertungen** die Funktion einer Auswahlhilfe. Insbesondere in Social Media führt die
Suche nach Produktalternativen zu einer Orientierung an Meinungsführern wie Bloggern
und Social-Media-Influencern (Deges, 2018, S. 1 ff.). Der Fokus auf Kundenbewertungen und Empfehlungen ist eine Form der selektiven Wahrnehmung und ein Schutz vor
der Informationsflut des Internets (Kreutzer, 2018, S. 10). Authentische Bewertungen und
glaubwürdige Empfehlungen können den **Choice Overload** reduzieren, wenn dadurch
Unterschiede bei sich ähnelnden Produktvarianten klarer offenbar werden und sich aus
den Bewertungen eine Präferenz der Mehrzahl der Kunden für ein bestimmtes Produkt
herauslesen lässt (Deges, 2021, S. 24).

Lernkontrolle

1. Wodurch unterscheiden sich digitale von semi-digitalen Gütern?
2. Skizzieren Sie die fünf idealtypischen Phasen eines klassischen Kaufentscheidungsprozesses.
3. Grenzen Sie die Begriffe Showrooming und Webrooming voneinander ab.
4. Unterscheiden Sie unternehmenseigene von unternehmensfremden Customer Touchpoints.
5. Differenzieren Sie materielle und immaterielle Wechselkosten am Beispiel einer Neuanschaffung von Software.

Literatur

Adler, J. (1998). Eine informationsökonomische Perspektive des Kaufverhaltens. *WiST, 7*, 341–347.
Ahlert, D., Kenning, P., & Brock, C. (2018). *Handelsmarketing*. Springer Gabler.
ARD/ZDF-Onlinestudie. (2022). 57 Millionen Menschen sind täglich im Internet. https://www.tagesschau.de/inland/ard-zdf-onlinestudie-103.html. Zugegriffen: 22. Febr. 2023.
Arthur, W. B. (1996). Increasing returns and the new world of business. *Harvard Business Review, 4*, 100–109.
Balderjahn, I. (2013). *Nachhaltiges Management und Konsumentenverhalten*. UTB.
Barth, K., Hartmann, M., & Schröder, H. (2015). *Betriebswirtschaftslehre des Handels*. Springer Gabler.
Bearden, W. O., & Shimp, T. A. (1982). The use of extrinsic cues to facilitate product adoption. *Journal of Marketing Research, 2*, 229–239.
Beisch, N., & Koch, W. (2022). ARD/ZDF-Onlinestudie: Vier von fünf Personen in Deutschland nutzen täglich das Internet. *Media Perspektiven, 10*, 460–470.
Blomqvist, K. (1997). The many faces of trust. *Scandinavian Journal of Management, 3*, 271–286.
Börsenverein des Deutschen Buchhandels. (2022). E-Book-Markt 2021: Wachstum in zweitem Pandemiejahr gebremst. https://www.boersenverein.de/presse/pressemitteilungen/detailseite/e-book-markt-2021-wachstum-in-zweitem-pandemiejahr-gebremst/. Zugegriffen: 10. Febr. 2023.
Byrne, D. E. (1971). *The attraction paradigm*. Academic.
Capgemini. (2023). Consumer Trends Report 2023: Sechs von zehn Verbrauchern sind besorgt über ihre finanzielle Situation. https://www.capgemini.com/de-de/news/pressemitteilung/consumer-trends-studie-2023/. Zugegriffen: 26. Febr. 2023.
Clement, R. (2001). Preis- und Erlösstrategien auf elektronischen Märkten. *WISU, 8–9*, 1176–1181.
Clement, R., & Schreiber, D. (2016). *Internet-Ökonomie*. Springer Gabler.
Coupland, D. (1991). *Generation X: Tales for an accelerated culture*. St. Martin´s Press.
Deges, F. (2018). *Quick Guide Influencer Marketing*. Springer Gabler.
Deges, F. (2020). *Grundlagen des E-Commerce. Strategien, Modelle, Instrumente*. Springer Gabler.
Deges, F. (2021). *Bewertungssysteme im E-Commerce. Mit authentischen Kundenbewertungen Reputation und Umsatz steigern*. Springer Gabler.

Destatis. (2021). 49 Millionen Menschen in Deutschland kaufen online. https://www.destatis.de/DE/ Presse/Pressemitteilungen/2021/12/PD21_578_63.html. Zugegriffen: 21. Febr. 2023.

Destatis. (2022). Jeder 20. Mensch im Alter von 16 bis 74 Jahren in Deutschland ist offline. https:// www.destatis.de/DE/Presse/Pressemitteilungen/Zahl-der-Woche/2022/PD22_14_p002.html. Zugegriffen: 21. Febr. 2023.

Diekmann, A., & Preisendörfer, P. (2003). Green and greenback. The behavioral effects of environmental attitudes in low-cost and high-cost situations. *Rationality and Society, 4,* 441–472.

Dirscherl, H.-C. (2022). Windows verliert 17 Prozent Marktanteil – vor allem dieser Konkurrent profitiert davon. https://www.pcwelt.de/article/1203883/windows-verliert-17-prozent-marktanteil-vor-allem-dieser-konkurrent-profitiert-davon.html. Zugegriffen: 10. Febr. 2023.

Engel, J. F., Kollat, D. T., & Blackwell, R. D. (1968). *Consumer behavior.* Holt, Rinehart & Winston.

Engel, J. F., Blackwell, R. D., & Kollat, D. T. (1978). *Consumer behavior.* The Dryden Press.

Esch, F.-R., Kochann, D., & Tabellion, J. (2019). Customer Touchpoint Management: Kontaktpunkte marken- und kundenspezifisch deklinieren. In F.-R. Esch (Hrsg.), *Handbuch Markenführung* (S. 941–958). Springer Gabler.

Fombrun, C., & Shanley, M. (1990). What is in a name? Reputation building and corporate strategy. *Academy of Management Journal, 2,* 233–258.

Foscht, T., Swoboda, B., & Schramm-Klein, H. (2015). *Käuferverhalten.* Springer.

Freundt, T. C. (2006). *Emotionalisierung von Marken.* Deutscher Universitäts-Verlag.

Freundt, T. C., Lehmann, S., & Zimmermann, L. (2015). Spontankäufer, Neu- und Bestandskunden – Der erweiterte Kauftrichter. *Marketing Review St. Gallen, 6,* 89–98.

Friedman, B., Kahn, P. H., & Howe, D. C. (2000). Trust online. *Communications of the ACM, 12,* 34–40.

Frieling, J. (2011). Virtuelle Güter: Grundlagen, Eigenschaften und Monetarisierung. *MedienWirtschaft, 2,* 14–21.

Gandini, A. (2020). Auf der Jagd nach Sternen: Rolle und Wert der digitalen Reputation. *NIM Marketing Intelligence Review, 2,* 18–22.

Gensler, S., & Böhm, M. (2006). Kanalverhalten von Kunden in einem Multikanalumfeld. *Marketing Review St. Gallen, 4,* 31–36.

Gillner, S. (2021). YouGov Studie. 86 Prozent der Deutschen nutzen Online-Banking. https://www. internetworld.de/payment/mobile-payment/86-prozent-deutschen-nutzen-online-banking-269 5474.html. Zugegriffen: 20. Jan. 2023.

Grunwald, G. (2016). Online-Marktforschung: Repräsentativität und Datenqualität. *WISU, 8–9,* 935–941.

Heinemann, G. (2018). *Der neue Online-Handel.* Springer Gabler.

Heinemann, G. (2019). Zukunft des Handels und Handel der Zukunft – treibende Kräfte, relevante Erfolgsfaktoren und Game Changer. In G. Heinemann, H. M. Gehrckens, & T. Täuber (Hrsg.), *Handel mit Mehrwert* (S. 3–41). Springer Gabler.

Heinemann, G., & Gaiser, C. (2016). Location-based Services – Paradebeispiel für die digitale Adoption im stationären Einzelhandel. In G. Heinemann, H. M. Gehrckens, & U. J. Wolters (Hrsg.), *Digitale Transformation oder digitale Disruption im Handel* (S. 241–257). Springer Gabler.

Henkel, M. (2017). Contextual Commerce und die Sache mit den Buy-Buttons. https://www.tec htag.de/digitalisierung/omnichannel/contextual-commerce-und-die-sache-mit-den/. Zugegriffen: 19. Febr. 2019.

Hettler, U. (2010). *Social Media Marketing.* Oldenbourg.

Hoffmann, S. & Akbar, P. (2016). *Konsumentenverhalten. Konsumenten verstehen – Marketingmaßnahmen gestalten.* Springer Gabler.

Homburg, C. (2020). *Marketingmanagement.* Springer Gabler.

Howard, J. A., & Sheth, J. N. (1969). *The theory of buyer behavior*. Wiley.

Hutter, M. (2000). Besonderheiten der digitalen Wirtschaft – Herausforderungen an die Theorie. *WISU, 12,* 1659–1665.

Illik, A. (2002). *Electronic Commerce*. Oldenbourg.

Kirchgeorg, M. (2018). Gütertypologie. https://wirtschaftslexikon.gabler.de/definition/guetertypolo gie-34393/version-257896. Zugegriffen: 1. Apr. 2021.

Klaffke, M. (2014). Millennials und Generation Z - Charakteristika der nachrückenden Arbeitnehmer-Generationen. In M. Klaffke (Hrsg.), *Generationen-Management* (S. 57–82). Springer Gabler.

Klarna. (2022a). Online-Shopping ungebremst: Deutsche noch vor USA auf Platz 3. https://www.kla rna.com/international/press/online-shopping-ungebremst-deutsche-noch-vor-usa-auf-platz-3/. Zugegriffen: 21. Febr. 2023.

Klarna. (2022b). Conversion Kalender: Wann und was shoppen die Deutschen am liebsten? https:// www.klarna.com/de/blog/conversion-kalender-wann-und-was-shoppen-die-deutschen-am-lie bsten/. Zugegriffen: 21. Febr. 2023.

Kolbrück, O. (2018). Digitale Assistenten: Hier gibt Voice Commerce schon den Ton an. https://eta ilment.de/news/stories/beispiele-voice-commerce-handel-marken-21488. Zugegriffen: 19. Febr. 2019.

Kollmann, T. (2013). *Online-Marketing*. Kohlhammer.

Kortum, C. (2017). Determinanten des Konsumentenverhaltens im Kaufprozess. In L. Hierl (Hrsg.), *Mobile Payment* (S. 31–47). Springer Gabler.

Kotler, P., & Bliemel, F. (1995). *Marketing-Management*. Schäffer-Poeschel.

Kotler, P., Keller, K. L., & Bliemel, F. (2007). *Marketing-Management. Strategien für wertschaffen-des Handeln*. Pearson.

Kreutzer, R. (2016). *Online-Marketing*. Springer Gabler.

Kreutzer, R. (2018). *Praxisorientiertes Online-Marketing*. Springer Gabler.

Kroeber-Riel, W., Weinberg, P., & Gröppel-Klein, A. (2009). *Konsumentenverhalten*. Vahlen.

Kroeber-Riel, W., & Gröppel-Klein, A. (2013). *Konsumentenverhalten*. Vahlen.

Kruse, B. (2011). Digital Natives. *WISU, 12,* 1614–1618.

Laudon, K. C., Laudon, J. P., & Schoder, D. (2010). *Wirtschaftsinformatik. Eine Einführung*. Pearson.

Leimeister, J. M. (2015). *Einführung in die Wirtschaftsinformatik*. Springer.

Leimeister, J. M. (2020). *Dienstleistungsengineering und -management*. Springer.

Lewanczik, N. (2019). Rechtskonform, aber absurd: Amazons Dash Buttons in Deutschland verbo-ten. https://onlinemarketing.de/news/rechtskonform-absurd-amazons-dash-buttons-deutschland-verboten. Zugegriffen:19. Febr. 2019.

Lewis, J. D., & Weigert, A. (1985). Trust as a social reality. *Social Forces, 4,* 967–985.

Liebmann, H.-P., & Zentes, J. (2001). *Handelsmanagement*. Vahlen.

Linde, F. (2008). Pricing-Strategien bei Informationsgütern. *WISU, 2,* 208–214.

Lord, S. (2012). Paid Content im Internet. *WISU, 3,* 327–332.

Luhmann, N. (1989). *Vertrauen. Ein Mechanismus der Reduktion sozialer Komplexität*. Enke.

McCrindle, M. (2010). *The ABC of XYZ: Understanding the global generations*. University of New South Wales Press.

McKnight, D. H., Kacmar, C., & Choudhury, V. (2002). The impact of initial consumer trust on intentions to transact with a web site: A trust building model. *The Journal of Strategic Information Systems, 3–4,* 297–323.

Meffert, H., Burmann, C., & Kirchgeorg, M. (2015). *Marketing*. Springer Gabler.

Meffert, H., Burmann, C., Kirchgeorg, M., & Eisenbeiß, M. (2019). *Marketing. Grundlagen markt-orientierter Unternehmensführung*. Springer Gabler.

Melchior, L. (2019). Die 5 wichtigsten Begriffe zu Voice Commerce. https://www.internetw
orld.de/e-commerce/sprachassistent/5-wichtigsten-begriffe-zu-voice-commerce-1672785.html.
Zugegriffen: 5. März 2019.

Möhlmann, M., & Teubner, T. (2020). Sterne als Navigationshilfe: Wie in der Sharing Economy
Vertrauen entsteht. *NIM Marketing Intelligence Review, 2,* 23–27.

Olbrich, R., Schultz, C. D., & Holsing, C. (2015). *Electronic Commerce und Online-Marketing. Ein
einführendes Lehr- und Übungsbuch.* Springer Gabler.

Paluch, S., & Wittkop, T. (2020). Voice Marketing – Die Stimme der Zukunft. In M. Bruhn, C.
Burmann, & M. Kirchgeorg (Hrsg.), *Marketing Weiterdenken* (S. 509–520). Springer Gabler.

Passenheim, O. (2003). Multi-Channel-Retailing. Rainer Hampp.

Petermann, F. (1996). *Psychologie des Vertrauens.* Hogrefe.

Peters, R. (2010). *Internet-Ökonomie.* Springer.

Postbank. (2022). Das Smartphone wird immer mehr zum Internet-Tool der Deutschen. https://
www.postbank.de/unternehmen/medien/meldungen/2022/april/das-smartphone-wird-immer-
mehr-zum-internet-tool-der-deutschen.html. Zugegriffen: 21. Febr. 2023.

Prensky, M. (2001). Digital natives, digital immigrants part 1. *On the Horizon, 5,* 1–6.

Prensky, M. (2009). H. Sapiens digital: From digital immigrants and digital natives to digital wisdom. *Innovate, 3,* 1–9.

Riemer, K., & Klein, S. (2001). E-Commerce erfordert Vertrauen. *WISU, 5,* 710–717.

Ripperger, T. (1998). *Ökonomik des Vertrauens. Analyse eines Organisationsprinzips.* Mohr Siebeck.

Schaper, T. (2013). Consumer Confusion. *WISU, 5,* 663–668.

Schneider, A. (2019). *Showrooming im stationären Einzelhandel.* Springer Gabler.

Scholz, C. (2014). *Generation Z.* Wiley-VCH.

Schramm-Klein, H., & Wagner, G. (2016). Disruption im Mehrkanalhandel: Transformation von
Multi- über Cross- zu Omni-Channel-Retailing. In G. Heinemann, H. M. Gehrckens, & U. J. Wol-
ters (Hrsg.), *Digitale Transformation oder Digitale Disruption im Handel* (S. 425–448). Springer
Gabler.

Schwarz, N. (2018). Mobile first – Es ist Zeit umzudenken. https://www.meltwater.com/de/blog/mob
ile-first/. Zugegriffen: 17. Apr. 2019.

Sendcloud. (2022). E-Commerce-Lieferkompass 2021/2022. https://www.sendcloud.de/wp-content/
uploads/2021/09/DE-E-Commerce-Lieferkompass-2021-2022.pdf. Zugegriffen: 14. Febr. 2023.

Senf, Y. (2008). *Best Ager als Best Targets? Betrachtung der Zielgruppe 50plus für das Marketing.*
Diplomica.

Shapiro, C., & Varian, H. R. (1999). *Information rules: A strategic guide to the network economy.*
Harvard Business School Press.

Souren, R., & Buchholz, M. (2013). Vielfalt von Produktvarianten. *WISU, 2,* 202–208.

Steffenhagen, H. (2008). *Marketing.* Kohlhammer.

Stelzer, D. (2000). Digitale Güter und ihre Bedeutung in der Internet-Ökonomie. *WISU, 6,* 835–842.

Töpfer, A. (2020). *Strategische Positionierung und Kundenzufriedenheit.* Springer Gabler.

Trommsdorff, V., & Teichert, T. (2011). *Konsumentenverhalten.* Kohlhammer.

Vodanovich, S., Sundaram, D., & Myers, M. D. (2010). Digital natives and ubiquitous information
systems. *Information Systems Research, 4,* 711–723.

Völster, J. (2015). Irrationaler Kunde – Effekte verstehen und nutzen. *Marketing Review St. Gallen,
2,* 46–52.

Walsh, G. (2002). *Konsumentenverwirrtheit als Marketingherausforderung.* Gabler.

Wikipedia. (2023). Wikipedia: Spenden. https://de.wikipedia.org/wiki/Wikipedia:Spenden. Zugegriffen: 11. Febr. 2023.

Wiltinger, A., & Fischer, B. (2008). Das Involvement des Konsumenten. *WISU, 5,* 700–705.

Wirtz, B. W. (2013a). *Medien- und Internetmanagement.* Springer Gabler.

Wirtz, B. W. (2013b). *Multi-Channel-Marketing*. Springer Gabler.
Yadav, M. S., & Pavlou, P. A. (2014). Marketing in computer-mediated environments: Research synthesis and new directions. *Journal of Marketing, 1,* 20–40.
Zerdick, A., et al. (2001). *Die Internet-Ökonomie. Strategien für die digitale Wirtschaft*. Springer.

Betriebstypen und Geschäftsmodelle im E-Commerce

5

Lernziele

Im E-Commerce haben sich verschiedene Betriebstypen und Geschäftsmodelle herausgebildet, deren Charakteristika und Erscheinungsformen im Folgenden dargestellt und erläutert werden. Diese Kapitel vermittelt ein fundiertes Basiswissen über:

- Die Differenzierung von onlinebasierten Geschäftsmodellen nach Nutzenversprechen, Architektur der Wertschöpfung und Ertragsmodell
- Die Charakteristika ausgewählter Geschäftsmodelle im E-Commerce und deren Erfolgsfaktoren
- Die Einsatzmöglichkeiten des Social Commerce und von Livestream Shoppingformaten
- Das Funktionsprinzip von Online-Auktionen in Bezug auf verschiedene Auktionsformate und Bieterverfahren zur Preisbildung der Auktionsgüter

5.1 Betriebstypen des Online-Handels

Die Differenzierung nach Betriebstypen fußt auf Systematisierungsansätzen der Handelsbetriebslehre. Demnach ist ein **Betriebstyp** eine Kategorie von Handelsbetrieben mit gleicher oder ähnlicher Kombination von Merkmalen. Unterscheidungsmerkmale sind das Sortiment, die Betriebsgröße, die Verkaufsfläche, das Kontaktprinzip, die Art der Preisstellung und der Kundenkreis (vgl. Müller-Hagedorn et al., 2012, S. 62 f.). Nach dem Prinzip der Kontaktanbahnung ist der Online-Handel neben dem klassischen

© Springer Fachmedien Wiesbaden GmbH, ein Teil von Springer Nature 2023
F. Deges, *Grundlagen des E-Commerce*,
https://doi.org/10.1007/978-3-658-41357-6_5

Versandhandel als eine **Betriebsform** (unternehmensübergreifende Systematik von Handelsformen) des Distanzhandels zu charakterisieren (vgl. Ahlert et al., 2018, S. 126). Im Online-Handel werden mit dem Onlineshop und dem Online-Marktplatz zwei grundlegende Betreibermodelle unterschieden, innerhalb derer Start-ups, etablierte Händler, Hersteller sowie Dienstleister unterschiedliche Ausprägungen und Merkmalskombinationen als E-Commerce betreiben. In den folgenden Abschnitten wird eine daraus abgeleitete Klassifizierung nach fünf Betriebstypen vorgestellt (vgl. Heinemann, 2018, S. 117 ff.).

5.1.1 Pure Online-Handel

Die Betreiber eines reinen Online-Handels (Internet Pure Player, Internet Only Player) nutzen ausschließlich oder nahezu überwiegend das Internet als einzigen Vertriebskanal **(Single Channel)**. Anstelle eines eigenbetriebenen Onlineshops oder in Ergänzung dazu besteht die Option, das Produkt- und Leistungsprogramm auch über Online-Marktplätze anzubieten und zu vertreiben. Dabei sind zwei Erscheinungsformen zu beobachten:

- Kleinbetriebliche Anbieter, die sich in einer **Nische** als meist hochspezialisierte Händler mit tiefem Sortiment in einer Warenkategorie positionieren (Heinemann, 2018, S. 119). Hier findet sich eine Vielzahl kleiner Onlineshops, die nur geringe, aber existenzsichernde Umsätze erwirtschaften und mit ihrem Nischendasein zufrieden sind. In einigen Warenkategorien, wie z. B. im Online-Weinhandel, gibt es eine Vielzahl solcher kleinbetrieblicher hochspezialisierter Onlineshops.
- Ambitionierte Unternehmensgründer, die bereits mit dem Einstieg in den Pure Online-Handel die Unternehmensvision einer Expansion vorantreiben. Dies kann neben der Ausweitung des Produktportfolios und der Internationalisierung auch mit der Diversifizierung der Vertriebskanäle durch den späteren Aufbau von stationären Filialen einhergehen.

Einstieg in den Online-Handel als Internet Pure Player

Auch Amazon (als Online-Buchhändler) und Zalando (als Online-Schuhhändler) sind ursprünglich als Internet Pure Player in nur einer Warenkategorie gestartet, ehe sie in den Folgejahren mit der Umsetzung von Wachstumsstrategien durch die Internationalisierung ihren Aktionsradius erweiterten, ihre Onlineshops mit Partnerprogrammen zu Plattformökonomien weiterentwickelten und nun mit dem Aufbau und Betrieb stationärer Filialen einen Multi-Channel-Handel betreiben.◄

Internet Pure Player realisieren im Vergleich zum stationären Handel Kostenvorteile, da sie kein personalintensives Filialnetz aufbauen. Kostenintensiv ist die Startphase dennoch.

Der Onlineshop muss eingerichtet und im Markt bekannt gemacht werden. Hohe Marketingbudgets sind einzuplanen, um das Start-up gegen Wettbewerber zu positionieren und Kunden zu gewinnen. Internet Pure Player können nach Händler- und Herstellerpositionierung unterschieden werden (Stallmann & Wegner, 2015, S. 17). Internet Pure Player mit **Herstellerpositionierung** stellen Produkte selbst her und vertreiben diese über E-Commerce an Endkunden, diese werden zunehmend auch als D2C-Geschäftsmodelle (siehe Abschn. 2.1.5) bezeichnet. Internet Pure Player mit **Händlerpositionierung** betreiben Handel im klassischen Sinne als Ankauf von Handelswaren von Herstellern und Großhändlern und Verkauf dieser Waren ohne Be- oder Weiterverarbeitung auf eigene Rechnung über einen Onlineshop (Stallmann & Wegner, 2015, S. 17).

Internet Pure Player konzentrieren sich bewusst auf nur einen Vertriebskanal und versuchen diesen mit hoher Logistik- und Serviceexzellenz zu beherrschen (Heinemann, 2018, S. 119 ff.). Finanzielle Ressourcen werden allein auf die Optimierung dieses einen Vertriebskanals allokiert. Damit sprechen sie allerdings auch nur onlineaffine Zielgruppen an. Traditionelle Handelskäufer, die sich dem Medium Internet verweigern, werden vom Anteil zwar geringer, können aber über den Pure Online-Handel nicht erreicht werden. Das Ziel des Internet Pure Players ist der schnelle Aufbau eines stabilen Kundenstamms, indem Erstkäufer zu regelmäßigen Wiederholungskäufern transformiert werden. Dadurch lassen sich mit der Konzentration auf einen Vertriebskanal auch mit nur einer Warenkategorie hohe Umsätze generieren. Die Internet Pure Player sind die Treiber von Veränderungen in einzelnen Branchen (**Branchentransformationen:** siehe dazu Abschn. 1.4.2). Sie zwingen etablierte Marktpartner, ihre Vertriebsstrategie zu überdenken und, falls noch nicht realisiert, ebenfalls in den Online-Handel zu diversifizieren. Die Zuordnung von Unternehmensbeispielen zum Betriebstyp Internet Pure Player ist nur ein zeitpunktbezogener Status Quo. Die Dynamik des E-Commerce ermöglicht eine Weiterentwicklung des Geschäftsmodells hin zu einem kooperativen Handel als Online-Marktplatz oder die Weiterentwicklung zum Multi-Channel-Händler mit dem Aufbau eines stationären Filialsystems. Tab. 5.1 zeigt ausgewählte Beispiele von Internet Pure Playern.

5.1.2 Multi-Channel-Handel

Als Mehrkanalsystem oder Multichannel-Retailing wird der parallele Betrieb mehrerer Vertriebskanäle bezeichnet, die ein Kunde ausschließlich oder wahlweise nutzen kann, um Leistungen eines Anbieters nachzufragen (Barth et al., 2015, S. 105). Die Entwicklung zum Multi-Channel-Handel mit dem Aufbau, der Gestaltung und Steuerung multipler Vertriebskanäle zur Optimierung der Zielgruppenansprache und Distribution (Wirtz, 2002, S. 678) ist sowohl bei Internet Pure Playern, wie auch bei stationären Händlern festzustellen:

Tab. 5.1 Internet Pure Player. (Adaptiert nach Deges, 2020a, S. 87; mit freundlicher Genehmigung von Springer Fachmedien Wiesbaden GmbH 2020. All Rights Reserved)

Warenkategorie	Onlineshop
Tierfutter und Artikel zur Tierhaltung, Tierpflege	https://www.zooplus.de; https://www.petshop.de
Lebensmittel	https://www.gourmondo.de; https://www.gustini.de
Bekleidung	https://www.hutshopping.de; https://www.asos.de
Sportartikel	https://www.sportlaedchen.de
Gebrauchtwaren	https://www.rebuy.de; https://www.momox.de
Wein	https://www.vindor.de; https://www.vinatis.de

[Online-Recherche nach Beispielen für den Betriebstyp Pure Online-Handel im Mai 2023]

Stationäre Einzelhändler mit ergänzendem Online-Handel
Der früher rein stationär ausgerichtete Einzelhandel erweitert seine Vermarktungsstrategie um Onlineshops, was auf die stetig wachsende Akzeptanz des Internets als Verkaufskanal für alle Bevölkerungsschichten zurückzuführen ist. Damit reagieren stationäre Einzelhändler auf die Veränderung des Kaufverhaltens ihrer Konsumenten, aber auch auf das preisaggressive Auftreten der Internet Pure Player. Filialisierten Einzelhändlern bietet sich die Option, beide Vertriebskanäle miteinander zu kombinieren, anstatt nur parallel zu betreiben. Die Weiterentwicklung des Multi-Channel-Handels zu Cross- bzw. Omni-Channel-Handel ist in Abschn. 7.1.2 thematisiert.

Internet Pure Player mit ergänzenden stationären Verkaufsstätten
Internet Pure Player gehen zunehmend dazu über, stationäre Präsenzen aufzubauen. Ihr Vorteil ist, dass sie mit einem „Blueprint" ihre Filialisierung von Grund auf nach eigenen Vorstellungen hinsichtlich Lage, Geschäftsausstattung und Vermarktungsstrategie konzipieren können. Dabei experimentieren sie mit unterschiedlichen Formaten wie Concept Stores, Outletstores und Pop-up Stores (siehe dazu vertiefend Abschn. 7.2). Mit einer Filialisierung geben Internet Pure Player bewusst ihren Kostenvorteil der rein internetbasierten Vermarktung ihres Produkt- und Leistungsprogramms auf. Ziel ist es, mit einer „physischen" Präsenz Aufmerksamkeit für den „virtuellen" Online-Handel zu schaffen, die Kundenbindung zu stärken und nicht onlineaffine Zielgruppen (traditionelle Handelskäufer) ansprechen zu können.

▶ **Merke!** Die Grenzen zwischen reinen Offline- und Online-Geschäftsmodellen lösen sich zunehmend auf. Traditionelle Händler erweitern ihren Vertrieb auf den Online-Kanal, Internet Pure Player gehen in die Fläche und experimentieren mit stationären Vertriebskonzepten.

Nach der Studie „E-Commerce Markt Deutschland" sind mehr als die Hälfte der Top-1000-Onlineshops dem Multi-Channel-Vertriebsmodell zuzuordnen (EHI, 2022). Denn 544 von ihnen betreiben stationäre **Ladengeschäfte** mit unterschiedlichen Store-Konzepten.

5.1.3   Hybrider Online-Handel

Die klassischen Versandhändler hatten in der frühen Entwicklungsphase des E-Commerce schnell erkannt, dass sie mit ihren Erfahrungen aus dem papiergebundenen **Katalog-geschäft** wesentliche Vorteile für die Erweiterung ihrer Distanzhandelsaktivitäten in Richtung Online-Handel mitbringen. Versandhändler, die neben dem Kataloggeschäft auch Online-Handel betreiben, sind zwar auch Multi-Channel-Händler, die Vertriebswege werden aber nicht unabhängig voneinander betrieben, sondern der etablierte **Distanz-handelskanal** wird parallel für das Katalog- wie auch das Onlinegeschäft genutzt (Heinemann, 2018, S. 123). Die bereits vor dem Boom des Online-Handels ausgeprägten Stärken des Versandhandels liegen insbesondere in folgenden Aspekten:

- Kompetenzen in der Produktdarstellung, Produktbeschreibung und Produktinszenie-rung aus der papiergebundenen Katalogkonzeption und Katalogerstellung
- Die jahrzehntelange Erfahrung mit der Vorwärts- und Rückwärtslogistik in einem Distanzhandelskanal
- Der Umgang mit Retouren und dem auch schon für das klassische Versandgeschäft relevanten Retourenmanagement
- Erfahrungen in der Zustellung von Warenlieferungen auf der letzten Meile
- Prozessexzellenz (Personaleinsatz und Automatisierung) in der Kommissionierung, auch zu Peak-Zeiten wie bspw. Weihnachten
- Kompetenzen im Distanzkundenmanagement sowie Erfahrungen im Aufbau und Betrieb von Kundendatenbanken (demografische und kaufverhaltensbezogene Daten)
- Erfahrungen mit dem Kundenservice auf Distanz (Telefonberatung)

Der klassische Versandhandel ist in die Betriebstypen Universalversandhandel, Fach-versandhandel und Spezialversandhandel unterteilt (vgl. Müller-Hagedorn et al., 2012., S. 96). Ein **Universalversandhändler** führt ein breites und tiefes warenhausähnliches Sortiment in mehreren Warenkategorien, während ein **Fachversandhändler** ein relativ schmales, aber tiefes Sortiment (z. B. Erotik, Bikes) anbietet. Ein **Spezialversandhändler** führt nur einen begrenzten Ausschnitt aus dem Fachversand in einer meist sehr tiefen Sor-timentsdimensionierung, beispielsweise in der Warenkategorie Bekleidung/Accessoires nur Krawatten (vgl. Dorner, 1999, S. 19; Call, 2002, S. 1535). Von den großen Universal-versendern des 20. Jahrhunderts (Otto, Quelle, Neckermann) ist einzig Otto als gelungenes Beispiel für die Transformation eines klassischen Versenders zu einem erfolgreichen

Hybrid-Online-Händler geblieben. Quelle und Neckermann, die ja wie Otto ähnlich gute Voraussetzungen für diese Transformation hatten, haben den Weg in den Online-Handel nicht konsequent genug vollzogen und mussten **Insolvenz** anmelden. Nachdem sich Otto mittlerweile zu einem Online-Marktplatz entwickelt hat, ist der Katalogversand mit den umfangreichen Sommer- und Winterkatalogen nun Geschichte.

Einstellung des Hauptkatalogs bei Otto

Im Dezember 2018 wurde der letzte Hauptkatalog mit dem Frühjahr-/Sommer-Sortiment 2019 versendet. Nach 68 Jahren verabschiedete sich Otto aus dem klassischen Kataloggeschäft als Printmedium, die aufwands- und kostenintensive Produktion und Distribution von Katalogen wurde eingestellt. Der gedruckte Katalog hat als Vertriebsmedium ausgedient und erfüllte zuletzt als Marketinginstrument eher eine Zubringerfunktion in den Onlineshop. Im Jahr 2018 waren bereits über 95 % der Otto-Kunden Digitalbesteller (Otto, 2018). Im Geschäftsjahr 2021/2022 zählte das Unternehmen 11,5 Mio. aktive Kunden und https://www.otto.de ist der zweitgrößte Online-Marktplatz Deutschlands und Europas (Otto, 2022). Die sequenzielle Transformation des Geschäftsmodells Universalhandel vollzog sich bei Otto im ersten Schritt vom klassischen Versandhändler zum Hybrid-Online-Händler. Mit der Einstellung des Kataloggeschäftes gelang ein weiterer Transformationsschritt vom Hybrid- zum reinen Online-Händler. Und mit der Ausweitung des Onlineshops zu einem Online-Marktplatz ist der nächste Transformationsschritt in nur wenigen Jahren erfolgreich vollzogen. Mit 3500 in den Marktplatz integrierten Partnern erweiterte sich das Sortiment von 2018 bis 2022 von 1 Mio. Artikel auf nun über 10 Mio. Produkte (Otto, 2022).◄

Auch der 1925 gegründete Spezialversender und heutige Otto-Tochtergesellschaft Baur (https://www.baur.de) hat 2022 seinen Katalogdruck und den Versand an 120.000 Kunden eingestellt und damit die Transformation zum reinen Online-Händler vollzogen. Auch viele Spezialversender haben sich zu hybriden Online-Händlern entwickelt. Diese haben nicht, wie die großen Universalversender, zweimal im Jahr allumfassende Hauptkataloge, sondern mehrmals im Jahr erheblich kleindimensioniertere Spezialkataloge versendet. Tab. 5.2 gibt einen Überblick über einige auf dem deutschen Markt aktive Spezialversender, die einen hybriden Online-Handel betreiben. Allen Unternehmen gemeinsam ist, dass die heute im Onlinevertrieb stark nachgefragten Warenkategorien Mode und Möbel bzw. Einrichtungsgegenstände bereits vor dem Internetzeitalter Sortimentsschwerpunkte im Distanzhandel waren.

Das Handelsgeschäft über papiergebundene Kataloge bleibt auch in Zeiten des E-Commerce ein Verkaufsförderungs- und Kundenbindungsinstrument (Ahlert et al., 2018, S. 362), wenngleich nicht mehr als Vollsortimentkatalog, sondern als kleinvolumigere, themen- und zielgruppenspezifische Spezialkataloge. Mittlerweile sind die klassischen Katalogkonzepte zu **Magalogen** aufgewertet, die eine Mischung aus themenspezifischem

Tab. 5.2 Spezialversender im hybriden Online-Handel. (Adaptiert nach Deges, 2020a, S. 90; mit freundlicher Genehmigung von © Springer Fachmedien GmbH 2020. All Rights Reserved)

Unternehmen	Sortimentsschwerpunkte
Klingel Gründung: 1920	https://www.klingel.de Mode, Wohnen, Technik, Sport, Schmuck und Uhren
Bader Gründung: 1929	https://www.bader.de Mode, Consumer Electronics, Möbel, Schmuck, Haushaltsgeräte
Heine Gründung: 1951	https://www.heine.de Mode, Accessoires, Möbel, Haushaltsgeräte
Lands End Gründung: 1963	https://www.landsend.de Mode, Einrichtungsgegenstände
Pro Idee Gründung: 1985	https://www.proidee.de Mode, Heimtextilien, Technik, Wein, Küchenzubehör

[Online-Recherche nach Beispielen für Spezialversender des Betriebstyps Hybrider Online-Handel im Mai 2023]

Magazin mit redaktionellen Beiträgen und einem klassischen Versandkatalog darstellen (Ahlert et al., 2018, S. 362). Sie dienen weniger als Vertriebsweg, sondern sollen Inspirationen vermitteln und **Kaufimpulse** auslösen. Produktvorstellungen in Magalogen verweisen mit Webadresse oder **QR-Codes** auf detailliertere Produktbeschreibungen und die Bestellfunktion im Onlineshop. Somit dient ein papiergebundener eher kleinvolumiger Katalog oder Magalog als ein unternehmenseigener **Customer Touchpoint** für die Kundenbindung und die Zielgruppenansprache. Der Katalog wird meist auch im **Digitalformat** auf der Website zum Download bereitgestellt. Die zunehmend digitale Rezeption von Katalogen zeigt neben einem positiven Nachhaltigkeitsaspekt auch eine Kostenersparnis durch eine niedrigere Druckauflage. Auch der Möbelhändler IKEA hat nach 70 Jahren im Dezember 2020 die Produktion und Distribution seines Jahreskataloges an alle Haushalte in Deutschland eingestellt. Der letzte noch gedruckte IKEA-Katalog 2021 mit der Darstellung des nahezu kompletten Sortiments konnte als physisches Exemplar online bestellt oder in den Filialen zur Auslage mitgenommen werden. IKEA setzt nun auf themen- und warengruppenspezifische Broschüren im Digitalformat (z. B. Küchen, Badezimmer, Schlafzimmer, Kleiderschränke).

Lufthansa-WorldShop-Katalog

Lufthansa nutzt einen zweimal jährlich im Frühjahr und im Herbst erscheinenden gedruckten Produktkatalog als Kundenbindungsinstrument und Verkaufskanal. Dieser wird an Abonnenten des Miles & More-Vielfliegerprogramms per Post versendet. Im Katalog werden 3500 Reise- und Lifestyle-Artikel von 400 Premium-Marken mit ihren aktuellen Preisen vorgestellt. Das große Manko einer Preisabbildung in einem für ein halbes Jahr gültigen Katalog wird mit dem Hinweis ergänzt, dass die abgedruckten

Preise eine Momentaufnahme zum Druckzeitpunkt darstellen und diese regelmäßig aktualisiert werden, sodass ein Produkt bei der Bestellung über den Onlineshop (https://www.worldshop.eu) günstiger oder teurer als der genannte Katalogprcis geworden sein kann. Neben dem Onlineshop können die Produkte in Worldshop Airport Stores an ausgewählten Flughäfen in einer durch die Fläche begrenzten Sortimentsauswahl erworben werden. Mit dem Cash & Miles-Prinzip können die Produkte mit gesammelten Meilen, in Euro oder in einer Kombination von Meileneinlösung und Eurozahlung erworben werden.◄

▶ **Merke!** Der Katalog bleibt auch im E-Commerce ein Marketinginstrument mit Verkaufsförderungsfunktion, der Konsumenten anspricht, die einen papiergebundenen Katalog als Informationsmedium schätzen.

5.1.4 Kooperativer Online-Handel

Eine Kooperation ist eine vertragliche Vereinbarung über die freiwillige und zweckgerichtete Zusammenarbeit von rechtlich selbstständigen Unternehmen (Thommen & Achleitner, 2012, S. 92 ff.). Kooperationen unterscheiden sich hinsichtlich ihrer Ziele, des Grades der gemeinsamen Zusammenarbeit und der zeitlichen Dauer. Sie können auf verschiedenen Funktionsebenen ansetzen, beispielsweise Beschaffung, Einkauf, Marketing, Vertrieb. Die häufigste Form des kooperativen B2C-Online-Handels ist die **Vertriebskooperation.** Aus einer kooperativen Zusammenarbeit in der Vermarktung muss ein Nutzen für alle Beteiligten entstehen, sonst besteht kein Anreiz für eine Beteiligung (Barth et al., 2015, S. 108). Ein Vorteil kann die Stärkung der Wettbewerbsfähigkeit jedes einzelnen durch den Verbund sein. Bei Vertriebskooperationen spricht man von **horizontalen Kooperationen,** da sich Partner auf der gleichen Wertschöpfungsstufe (Vertrieb) zusammenschließen (Thommen & Achleitner, 2012, S. 92). In einer Kooperation unterstellen sich die Partner freiwillig bestimmten **Regeln,** die aber im kooperativen Handel nicht im Sinne einer Konsensbildung von allen Partnern gemeinsam erstellt wurden, sondern die der Betreiber der Vertriebsplattform vorgibt. Sind die Voraussetzungen nicht erfüllt, so wird der sich bewerbende Partner nicht aufgenommen oder bei Verletzung der Regeln und **Richtlinien** der Zusammenarbeit von der Kooperation wieder ausgeschlossen.

Aufnahmekriterien bei Etsy

Die Registrierung als Verkäufer auf der Community-Plattform Etsy (https://www.etsy.com) ist an die Art und Beschaffenheit der handelbaren Produkte gebunden. Handgefertigte Produkte, Spezialanfertigungen und Unikate, Vintage-Artikel (mindestens 20 Jahre alt) und Kreativbedarf (Material & Werkzeug zum Selbermachen) dürfen bei

Etsy mit der Einrichtung eines eigenen Shops angeboten werden. Ein Verhaltenskodex und eine Verkäuferrichtlinie regeln Rechte und Pflichten und legen den Service-Level fest, den die 1,8 Mio. registrierten Verkäufer (Stand März 2023) zu erfüllen haben (Etsy, 2022, 2023).◄

Kooperativer Online-Handel wird über Online-Marktplätze als zentrale Vertriebsplattform betrieben. Gemeinsam, also kooperativ, ist dabei nur das Commitment zur gemeinsamen Nutzung einer Plattform, auf der Plattform selber stehen die Anbieter in einem Wettbewerbsverhältnis, insbesondere dann, wenn mehrere Partner komplementäre Leistungsangebote vermarkten.

Folgende Formen des Online-Handels können als kooperativ charakterisiert werden:

- **Kooperativer Handel über Branchenportale.** Aufnahmekriterien: Warenkategorien und Branchenzugehörigkeit (siehe Abschn. 2.3.3)
- **Kooperativer Handel über eine Lead-Händler geführte Handelsplattform (Partnerprogramme).** Aufnahmekriterien: Erweiterung/Ergänzung der Produktpalette des Lead-Händlers. Vertriebsplattform für externe komplementäre oder substituierende Anbieter unter der Federführung eines Online-Händlers als Betreiber (Eigentümer) der Plattform (siehe Abschn. 2.3.2)
- **Kooperativer Handel über City Portale (Local Commerce).** Aufnahmekriterien: lokaler bzw. regionaler Betriebsstandort (siehe Abschn. 2.3.4)
- **Kooperativer Handel über Community-Portale.** Aufnahmekriterien: Artikelbeschaffenheit. Handelsportale mit Fokus auf nicht-gewerbliche oder auch kommerzielle Anbieter (siehe Abschn. 2.3.5)

5.1.5 Vertikaler Online-Handel

Produktionsunternehmen, vor allem Markenartikelhersteller, betreiben einen vertikalisierten Online-Handel, indem sie ihre Produkte direkt an den Endkonsumenten ohne Zwischenschaltung eines Absatzmittlers absetzen (Wirtz, 2013a, S. 24). Der Direktabsatz, der sich ja auch vor dem Online-Handel schon im Betrieb von herstellereigenen **Flagship-Stores** und **Outletstores** (Werksverkauf, Fabrikverkauf) etabliert hat, birgt die Vorteile der vollständigen Kontrolle über die Warenpräsentation, die Markenpflege, die direkte Kommunikation mit Endverbrauchern und die Sammlung von Kundendaten (Bolz & Höhn, 2019, S. 198).

Flagship-Stores

Global agierende Markenartikelhersteller wie beispielsweise Apple, Nike oder Adidas betreiben mit Flagship-Stores eigene selektive Stationärhandelskonzepte. Die meist prestigeträchtigen Objekte sind in exponierten 1 A-Standortlagen angesiedelt. Sie stechen durch eine extravagante Architektur, eine außergewöhnliche Innenausstattung und innovative Produktinszenierungen hervor. Ihre primäre Funktion neben Verkauf und Service besteht in der Festigung des Markenimages. Flagship-Stores dienen Herstellern auch als Experimentierfeld für den Einsatz digitaler Technologien am POS. Ein Cross-Channel-Retailing (siehe Abschn. 7.1.1) soll eine nahtlose Customer Experience durch ein unterhaltendes Einkaufserlebnis befördern.◄

Der **Direktvertrieb** ist eine Alternative zur ausschließlichen Distribution über den Einzelhandel, er verringert die Abhängigkeit zu **Absatzmittlern,** wobei viele Herstellermarken nach wie vor auf eine flächendeckende Distribution über den filialisierten stationären Einzelhandel angewiesen sind (Barth et al., 2015, S. 2). Neben den reinen Herstellern mit insgesamt nur geringen Direktvertriebsanteilen am Gesamtumsatz finden sich auch vertikal integrierte Konzerne (Zara/Inditex, H&M, Esprit, Benetton, Mango), die mit der Produktentwicklung, der Herstellung, Logistik und auch der Distribution alle Stufen der Wertschöpfungskette in Eigenregie steuern (Wirtz, 2013a, S. 54; Jäger, 2016, S. 5). Diese Hersteller/Händler in Personalunion betreiben ihr eigenes Filialnetz, setzen Produkte aber auch selektiv über den stationären Einzelhandel ab. Die Ausschaltung des Einzelhandels als Absatzmittler in der Distributionskette wird als **Disintermediation** bezeichnet.

▶ **Disintermediation und Reintermediation** Im vertikalen Vertrieb von Konsumgütern kennzeichnet die **Disintermediation** die Ausschaltung von Handelsbetrieben als Absatzmittler (Intermediäre). Ein Hersteller umgeht den Großhandel und stationären Einzelhandel, wenn er seine Produkte direkt an Endkonsumenten absetzt (Wamser, 2001, S. 51 ff.). Der Begriff **Reintermediation** beschreibt die Wiedereinführung von (neuen) Absatzmittlern (Wamser, 2001, S. 56; Wirtz, 2013a, S. 28) in die Distributionskette. So kann beispielsweise die Ausschaltung stationärer Einzelhändler über Vertriebspartnerschaften mit Internet Pure Playern oder Online-Marktplätzen als neue Absatzmittler kompensiert werden.

Durch die Vertikalisierung kommt es zu Strukturveränderungen in den Vertriebskanälen des Herstellers. Dadurch entstehen **Absatzkanalkonflikte** mit den etablierten, oft langjährigen Handelspartnern (Wirtz, 2013a, S. 77). Diese Konflikte muss der Hersteller austarieren, damit seine strategische Partnerschaft mit den wichtigsten Absatzmittlern nicht gefährdet wird (Wirtz, 2013a, S. 81). Denn nach wie vor erfüllt der Handel für die Hersteller eine erfolgskritische „**Gatekeeper-Funktion**" bei der flächendeckenden Distribution seiner Produkte (Meffert et al., 2015, S. 47). Der Direktabsatz soll die Absatzmittler nicht ersetzen, sondern den Herstellervertrieb ergänzen. Konflikte entstehen vor allem dann, wenn der Einzelhändler den Onlineshop des Herstellers als unmittelbare Konkurrenz ansieht. Dies ist der Fall, wenn es bei identischen Produkten zu einem direkten Preiswettbewerb kommt, da der Hersteller ohne die Mehrkosten des Vertriebs über eine Zwischenhandelsstufe günstigere Endverbraucherpreise anbieten kann. Subventioniert der Hersteller seinen Onlineshop durch Preisnachlässe, wird es zu **Kannibalisierungseffekten** kommen, bei denen der stationäre Handel Umsatzverluste erleidet und seine Marktstellung gefährdet sieht (Wirtz, 2013a, S. 77). Im Extremfall kann der Kanalkonflikt zur (gegebenenfalls bis zu einer Schlichtung nur temporären) **Auslistung** der Herstellerprodukte im Einzelhandel führen. Konflikte können gemindert werden, wenn über den Hersteller-Onlineshop nicht im Einzelhandel distribuierte Produkte, Ware mit geringfügigen Fabrikationsfehlern, exklusive Sondereditionen oder aussortierte Saisonartikel angeboten werden (vgl. Tripp, 2019, S. 184). Die stationären Einzelhändler bleiben ein attraktiver Handelspartner, wenn sie über die **virtuelle Regalverlängerung** in ihren eigenen Onlineshops den Herstellern zusätzliche Vermarktungspositionen einräumen, indem sie ihr Online-Sortiment um Nischenprodukte des Herstellers erweitern, die sie aufgrund eines bescheidenen Umsatzpotenzials nicht auf der begrenzten Regalfläche ihrer stationären Einheiten anbieten können.

Den Herstellern bieten sich für die direkte und indirekte Onlinevermarktung verschiedene Optionen:

- **Direktvertrieb über eigene Onlineshops:** der eigenbetriebene Onlineshop bietet neben dem Vorteil der markengerechten Gestaltung des Onlineshops die komplette Kontrolle über das Sortiment, den Preis und den Transaktionsprozess.
- **Eigenbetriebene Markenshops auf Online-Marktplätzen:** in einem eigenbetriebenen Markenshop auf einem Online-Marktplatz kann der Hersteller den Marktpreis selber festlegen (Bolz & Höhn, 2019, S. 197). Online-Marktplätze wie eBay bieten Markenartikelherstellern die Einrichtung und eigenständige Führung eines Markenshops auf ihrer Vertriebsplattform.
- **Indirekter Vertrieb über die Onlineshops der Absatzmittler:** dies können Internet Pure Player oder Multi-Channel-Händler sein, die einen Filial- und Onlinevertrieb betreiben. Internet Pure Player differenzieren sich primär über den Preis, dies konterkariert die Bemühungen der Hersteller nach einer stärkeren Preiskontrolle auch über die indirekten Absatzkanäle (Heinemann, 2019, S. 164).
- **Indirekter Vertrieb über Online-Marktplätze:** ein hohes Umsatzpotenzial generiert die Belieferung von Plattformbetreibern, die Markenartikel im Eigenhandelsgeschäft verkaufen. Dadurch wurde Amazon für viele Markenartikelhersteller der größte Absatzpartner (Heinemann, 2019, S. 166). Über die Plattformökonomien erschließen sich schnell internationale wie globale Vermarktungsperspektiven, wenn Hersteller für eine Expansion in den asiatischen Raum mit Plattformen wie Alibaba, JD.com oder Tencent kooperieren.

Konflikte im indirekten Onlinevertrieb ergeben sich aus Herstellersicht im unautorisierten Vertrieb, im kaum kontrollierbaren Problem der **Markenpiraterie,** der eingeschränkten **Markenpflege** und in der Verwässerung des **Preisimages.** Ein Hersteller ist beim indirekten Vertrieb grundsätzlich bestrebt, die Endverbraucherpreisstellung gerade bei hochpreisigen Markenartikeln zu beeinflussen, am liebsten verbindlich vorzugeben. Die Image- und Preispflege der Hersteller wird aber vor allem durch preisgünstige Angebote auf Online-Plattformen untergraben, wenn mit algorithmusgesteuerten automatisierten Preisanpassungen gerade bei Markenartikeln von einer **Preiserosion** gesprochen werden muss (Heinemann, 2019, S. 166). Dies kann seitens der Hersteller zur Aufkündigung von Partnerschaften und dem Untersagen des Verkaufs von Markenartikeln führen, obwohl der Vertrieb über Plattformökonomien bei hohen Besucherfrequenzen ein attraktives Umsatzpotenzial garantiert.

Im Rahmen **selektiver Vertriebssysteme** wird versucht, eine Vertriebskooperation auf ausgewählte Händler einzugrenzen, die sich auf die Einhaltung und Umsetzung bestimmter Vorgaben der Marken- und Produktpräsentation, Vermarktung und Preisstellung verpflichten. Ein selektiver Vertrieb dient insbesondere bei hochpreisigen Markenartikeln der Markenpflege, Markenprofilierung und des Qualitäts-/Preisimages (Tripp, 2019, S. 183). Viele Hersteller haben den Preisverfall auf Online-Marktplätzen lange toleriert, nun versuchen sie durch nachträglich eingerichtete selektive Vertriebssysteme dem entgegenzuwirken (Heinemann, 2019, S. 165). Dem selektiven Vertrieb sind durch die Rechtsprechung Grenzen gesetzt worden. Herstellern ist es nur bedingt erlaubt, Online-Händlern und Online-Marktplätzen restriktive Vorgaben für den Onlinevertrieb ihrer Markenartikel, vor allem in Bezug auf den Preis, zu unterbreiten (Tripp, 2019, S. 182). Tab. 5.3 listet einige Beispiele von Markenartikelherstellern mit vertikalisiertem Online-Handel auf.

5.2   Ansätze zur Differenzierung von Geschäftsmodellen

Seit dem Beginn der Kommerzialisierung des Internets in den 1990er Jahren sind durch innovative Start-ups eine Vielzahl neuer Geschäftsmodelle entwickelt worden. Durch ein Geschäftsmodell (**Business Model**) wird in aggregierter und stark vereinfachter Form abgebildet, mit welchem Ressourceneinsatz über innerbetriebliche Geschäftsprozesse und kooperative Wertschöpfung ein Unternehmen Produkte und/oder Dienstleistungen erstellt, vermarktet und vertreibt (Wirtz, 2011, S. 65 ff.; Wirtz, 2013b, S. 267; Gersch & Goeke, 2004, S. 1532). Ein Geschäftsmodell besteht aus mehreren **Partialmodellen,** die unterschiedliche Aspekte der Geschäftstätigkeit als Teilkonstrukte abbilden. Im Einzelnen sind dies das Markt-, das Beschaffungs-, das Leistungserstellungs-, das Leistungsangebots-, das Distributions- und das Kapitalmodell, welches sich aufspaltet in Finanzierungs- und Erlösmodell (Wirtz, 2013b, S. 268 ff.).

Tab. 5.3 Markenartikelhersteller mit vertikalisiertem Online-Handel. (Adaptiert nach Deges, 2020a, S. 95; mit freundlicher Genehmigung von © Springer Fachmedien Wiesbaden GmbH 2020. All Rights Reserved)

Warenkategorie	Hersteller mit Onlineshops
Lebensmittel	Frosta: https://www.frostashop.de Milka: https://www.milka.de Haribo: https://www.haribo.com/de-de
Körperpflege	Beiersdorf: https://www.nivea.de
Reisegepäck, Koffer, Taschen	Samsonite: https://www.samsonite.de Bree: https://www.bree.com
Spielzeug	Lego: https://www.lego.com/de.de
Schreibmaterial, Stifte und Füller	Faber Castell: https://www.faber-castell.de
Consumer Electronics	Bang & Olufsen: https://www.bang-olufsen.com/de/de
Bekleidung	Hugo Boss: https://www.hugoboss.com/de/home
Sportartikel	Adidas: https://www.adidas.de Nike: https://www.nike.com/de/

[Online-Recherche nach Beispielen des Betriebstyps Vertikaler Online-Handel im Mai 2023]

In der Internetökonomie können mit dem **4 C-Net-Business-Modell** die B2C-Basisgeschäftsmodelltypen Content, Commerce, Context und Connection unterschieden werden (Wirtz, 2013b, S. 276 ff.), welchem mit Communication noch ein fünfter C-Modelltyp angegliedert ist (Kollmann, 2013 S. 53). Innerhalb dieser Geschäftsmodelltypen gibt es unterschiedliche Ausprägungen in der Kombination des Leistungsangebotes als Geschäftsmodellvarianten. Das **Geschäftsmodell Content** zielt auf die Sammlung, Auswahl, Systematisierung und Bereitstellung von allgemeinen und personalisierten Inhalten, die informierender, unterhaltender oder bildender Natur sein können (Wirtz, 2011, S. 41, 2013c, S. 725). Das Erlösmodell basiert sowohl auf digitalen Abonnementerträgen bzw. Nutzungsgebühren als auch auf Werbeerträgen (Bannerwerbung). Das Geschäftsmodell Content bedienen unter anderem Infomediäre und die Onlineformate von Medienunternehmen (Verlage und Fernsehanstalten). Im **Geschäftsmodell Commerce** werden Transaktionen über Onlineshops und Online-Marktplätze abgewickelt. Mit dem **Geschäftsmodell Context** werden über die Klassifizierung, Systematisierung und Zusammenführung von im Internet verfügbaren Informationen Orientierungshilfen (Suche und Navigation) zur Verfügung gestellt (Wirtz, 2011, S. 41). Suchmaschinen, Metasuchmaschinen, Web-Verzeichnisse, Bewertungsportale und Vergleichsportale sind Ausprägungsformen dieses Geschäftsmodells. In Abgrenzung zum Geschäftsmodell Content handelt es sich hier nicht um eigenerstellte Inhalte. Das Ziel der Context-Geschäftsmodelle liegt in der Komplexitätsreduktion durch eine Informationsstrukturierung und Informationsverdichtung. Erlöse werden direkt über Gebühren für die Aufnahme und Platzierung von Inhalten oder indirekt über Werbung generiert (Kollmann, 2009, S. 43). Das **Geschäftsmodell**

Connection organisiert die Interaktion von Akteuren in Datennetzen und fokussiert auf die Schaffung von technologischen, kommerziellen und kommunikativen Verbindungen in Netzwerken und Communitys (Wirtz, 2011, S. 41). Es sind sowohl direkte Erlösmodelle (Verbindungsgebühren, Freemium als Kombination von kostenlosen Basis- und kostenpflichtigen Premiummitgliedschaften) als auch indirekte Erlösmodelle (Werbung) möglich. Netzwerke sind auch dem Geschäftsmodell Communication zuzuordnen, insofern ist die Abgrenzung zwischen Connection und Communication nicht überschneidungsfrei. Im **Geschäftsmodell Communication** wird die Interaktion von Akteuren über Netzwerke ermöglicht und unterstützt (Kollmann, 2013 S. 55). Als Beispiele dienen soziale Netzwerke oder Singlebörsen.

5.3   Geschäftsmodelle im E-Commerce

Im Folgenden werden marktetablierte Geschäftsmodelle der Basisgeschäftsmodelltypen **Commerce** und **Connection** skizziert. Die Beschreibung dieser Geschäftsmodelle basiert auf den drei Komponenten Nutzenversprechen, Architektur der Wertschöpfung und Ertragsmodell (Stähler, 2002, S. 42 ff.):

- **Nutzenversprechen:** fußt mit der Marktsicht **(Market Based View)** auf der Beschreibung des Nutzens für Kunden und Wertschöpfungspartner. Die Definition des Geschäftsmodells über das Nutzenversprechen fokussiert die Bedürfnisbefriedigung als prägenden Erfolgsfaktor einer Kundenzentrierung (Stähler, 2002, S. 43). Leistungsversprechen und Leistungsangebot müssen punktgenau auf die Bedürfnisse der Zielgruppe zugeschnitten sein. Das Produkt sollte mit einer **Unique Selling Proposition** (USP) Konkurrenzprodukten überlegen sein.
- **Architektur der Wertschöpfung:** beschreibt als **Value Creation,** wie der Kundennutzen in der Kombination interner und externer Ressourcen **(Resource Based View)** generiert und wie die Leistung effektiv und effizient über die Wertschöpfungsstufen und/oder über Kooperationen in Wertschöpfungsnetzwerken (Network Strategy) entwickelt und vermarktet wird (Stähler, 2002, S. 43 ff.). Eine überlegene Wertschöpfung ist durch Mitarbeiter- und Führungskompetenz, Know-how, organisatorische Exzellenz, Markt- und Kundenzentrierung und Innovationsstärke geprägt (vgl. Müller & Rasche, 2013, S. 806).
- **Ertragsmodell:** beschreibt, welche Einnahmequellen und welche direkten und indirekten Erlöse das Unternehmen aus seiner Vertriebsstrategie und seinen Vermarktungskonzepten schöpfen kann. Denn nur die Fähigkeit, dauerhaft zufriedenstellende Gewinne zu erwirtschaften, ist der Beleg für die Nachhaltigkeit des Geschäftsmodells (Stähler, 2002, S. 47).

5.3.1 Mass Customization

Zitat

„Jeder Kunde kann seinen Wagen beliebig lackieren lassen, wenn der Wagen nur schwarz ist" (Ford, 1923, S. 83). Henry Ford zu seinen Verkäufern, als diese ihn auf individuelle Kundenwünsche nach Sonderausstattungen der Automobile hinwiesen.◄

Das Produktionsprinzip zu Beginn der Industrialisierung war durch die **Massenproduktion** der Fließbandfertigung in der zum Beginn des 20. Jahrhunderts boomenden Automobilindustrie gekennzeichnet (Piller, 2001, S. 72). Auf die Berücksichtigung individueller Kundenwünsche war die Massenfertigung (noch) nicht ausgerichtet. Ein neuentwickeltes Automobil wurde in Serie vorproduziert, derweil die Verkäufer mit Unterstützung des Marketings der Zielgruppe die Vorzüge des neuen Modells anpriesen (Piller, 2001, S. 137). Verfehlte eine neue Serienproduktion ihr Absatzziel, so standen die vorproduzierten Automobile auf Halde und mussten mit erheblichen Preisnachlässen abgestoßen werden. Heute ist mit dem Einsatz komplexer Steuerungssoftware, Just-in-Time-Komponentenanlieferung und hochflexiblen Montagestraßen jedes Fahrzeug in der Fließbandfertigung eine individuell zusammengestellte Komposition aus einer Vielzahl an Individualisierungskomponenten, die jeder Automobilkäufer einfach und bequem von zu Hause über eine **Konfigurationssoftware** (Produktkonfigurator) zusammenstellen kann. Die Zusammenführung der scheinbaren Gegensätze Massenproduktion und **Individualisierung** hat durch die Automatisierung der Produktion und die kommerzielle Vermarktung über das Internet eine neue Form von Geschäftsmodellen hervorgebracht, die als Mass Customization bezeichnet wird.

► **Mass Customization** Mass Customization (kundenindividuelle Massenproduktion) kennzeichnet die Produktion von individuell konfigurierbaren Gütern und Leistungen mit den Fertigungsprinzipien einer effizienten Massenproduktion (Piller, 2001, S. 206; Piller & Zanner, 2001, S. 88). Durch die Einbindung des Konsumenten in den Gestaltungsprozess (Co-Design) entsteht eine wechselseitige Interaktion mit dem Produzenten (Reichwald & Piller, 2000, S. 367 und S. 372).

Mass Customization kennzeichnet eine Strategie der Produkt- und Leistungsdifferenzierung (Slamanig, 2011, S. 122 und 129). Die Vielfalt an möglichen Individualisierungskomponenten und deren Kombinationsmöglichkeiten lässt jedes gefertigte Produkt als **Unikat** erscheinen (Piller, 2001, S. 265). Neben etablierten Industrien wie dem Automobilsektor besetzen vor allen Start-ups Nischen, indem sie sich auf die individuelle Konfiguration nur eines Basisproduktes (Müsli oder Schokolade) konzentrieren. Die Vermarktung kann kennzeichnenderweise über eine **My-Domain-Adressierung** (mymuesli) unterstützt werden. Der traditionelle Einzelhandel sieht sich durch Mass Customization einer **Disintermediation** ausgesetzt, wenn beispielsweise ein Sportschuhhersteller über die Individualisierung von Fußballschuhen kaufkräftige Nachfrage auf sich kanalisiert. Wie Abb. 5.1 veranschaulicht, findet sich Mass Customization sowohl in Food- wie auch in Non-Food-Warenbereichen.

Nutzenversprechen

Der Kunde erstellt und personalisiert ein Produkt, das seinen individuellen Bedürfnissen entspricht (Piller, 2001, S. 79). Die zunehmende Individualisierung des Konsums spiegelt den Konsumentenwunsch nach Abhebung von der Masse durch einen zur Persönlichkeit passenden Lebensstil (Piller, 2001, S. 81). Dabei stellt der Prozess der gestalterischen Kreation eines individuellen Produktes über die interaktive Bedienung eines Konfigurators, wie beispielsweise die Erstellung eines Fotobuches, bereits ein begeisterndes Kundenerlebnis dar und zahlt auf eine positive **User Experience** ein. Grundsätzlich gilt, dass in der Abwägung der kundenseitigen Transaktionskosten der erwartete Nutzen aus der **Individualisierung** und **Personalisierung** eines Produktes deutlich höher sein muss als der wahrgenommene kognitive und zeitliche Aufwand zur Produktkonfiguration (Piller & Zanner, 2001, S. 91). So ist der Kauf eines hochpreisigen Neuwagens eine extensive Kaufentscheidung und die kundenindividuelle Konfiguration der Ausstattung rechtfertigt einen hohen kognitiven und

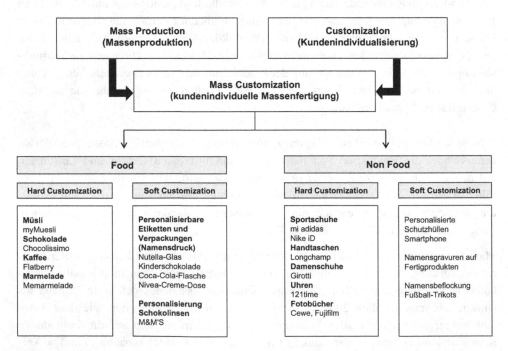

Abb. 5.1 Formen der Mass Customization. (Adaptiert nach Deges, 2020a, S. 98; mit freundlicher Genehmigung von © Springer Fachmedien Wiesbaden GmbH 2020. All Rights Reserved)

zeitlichen Aufwand über eine mehrtägige oder auch mehrwöchige **Customer Journey**. Auch die erstmalige Erstellung eines Fotobuchs bedarf zunächst einer Einarbeitung in die Konfigurationssoftware und ist mit einem erheblichen höheren Zeitaufwand verbunden als die Produktkonfiguration eines Müslis. Mit Wiederholungskäufen stellt sich schnell ein **Lerneffekt** ein, der zukünftige Bestellungen mit einer höheren Zeiteffizienz durchführen lässt.

Architektur der Wertschöpfung

Die **Kundenintegration** in die Produkt-Leistungskonfiguration ist das konstituierende Merkmal der Mass Customization (Piller & Zanner, 2001, S. 91). Ausgangspunkt ist ein **Co-Design-Prozess** über eine Konfigurationssoftware (Slamanig, 2011 S. 160 f.). Über den **Produktkonfigurator** entsteht ein direkter, wenngleich auch nur digitaler Kontakt zwischen Anbieter und Besteller (Piller & Zanner, 2001, S. 90). Während der Anbieter eine Vielzahl an Individualisierungskomponenten bereitstellt, obliegt dem Kunden die „Qual der Wahl" durch die individuelle Kreation seines einzigartigen Produktes. Der Produktkonfigurator muss als **Kundenschnittstelle** einfach zu handhaben sein und darf keine Überforderung oder Frustration während des schöpferischen Gestaltungsprozesses hervorrufen (Piller, 2001, S. 283). Denn eine persönliche Beratung während des sich selbsterklärenden Produktkonfigurationsprozesses ist nicht vorgesehen. Insbesondere bei niedrigpreisigen Angeboten sollte es nur weniger Schritte bedürfen, um die Produktkonfiguration schnell durchführen zu können. Die **Modularität** der Individualisierung basiert auf einem **Plattformprinzip** mit konfigurierbaren Basismodulen (Piller, 2001, S. 229). Die Wahl des optimalen Vorfertigungsgrades liegt im Spannungsfeld zwischen Standardisierung und Individualisierung (Piller, 2001, S. 234). Wie Abb. 5.2 darstellt, werden am Kundenentkopplungspunkt (COPD = **Customer Order Decoupling Point**) zwei logistische Steuerkreise getrennt (Piller, 2001, S. 233). Ein **kundenauftragsneutraler Regelkreis** steuert die kundenanonyme Vorratsproduktion oder Bevorratung (built-to-stock) der einzelnen Individualisierungskomponenten (Teile, Module, Varianten), während am COPD der folgende **kundenbezogene Regelkreis** durch die auftragsbezogene Zuordnung der bevorrateten Komponenten zu einem Kundenauftrag erst den individuellen Fertigungsauftrag auslöst (Piller, 2001, S. 232; Grabner, 2015, S. 1333).

Die Güter können somit erst nach Eingang einer Kundenbestellung produziert werden (Grabner, 2015, S. 1336). Eine **Vorratsfertigung** von Endprodukten ist aufgrund der Vielzahl möglicher Kombinationsmöglichkeiten aus dem Modulbaukasten weder möglich, noch wäre sie wirtschaftlich sinnvoll. In der Mass Customization von mymuesli sind rein rechnerisch aufgrund der freien Kombinationsmöglichkeiten von 4 Basiskomponenten und 80 Zutaten mehr als 566 Billiarden Müsli-Mix-Variationen möglich (Wittrock, 2007; mymuesli, 2023). Die Komponenten und Module müssen durch Bedarfs- und Absatzprognosen so bevorratet werden, dass sie für eine unmittelbar nach Auftragseingang startende **Endfertigung** sofort zur Verfügung stehen (Grabner, 2015, S. 1335). Je mehr Individualisierungsmöglichkeiten bestehen, desto komplexer gestaltet sich die

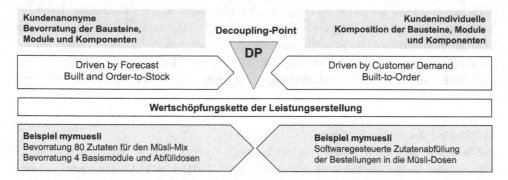

Abb. 5.2 Customer Order Decoupling Point Mass Customization. (Eigene Darstellung)

Vorratsproduktion und Bevorratung. Bereits eine einzelne nicht vorrätige Komponente kann dazu führen, dass der Besteller den Konfigurationsprozess abbricht, wenn diese für ihn einen unabdingbaren Produktbestandteil darstellt. Das Angebot einer **Hard Customization** (built-to-order) greift mit der auftragsbezogenen Fertigung eines individuellen Produktes in den Wertschöpfungsprozess der Produktion ein. Die **Soft Customization** (match-to-order) hingegen integriert den Kunden erst nach der Produktfertigung in die Wertschöpfung (Reichwald & Piller, 2000, S. 369). Als **Self Customization** ist es die vom Kunden selber am Endprodukt vorgenommene Individualisierung von Einstellungen oder der Konfiguration von Features wie beispielsweise bei der Smartphonekonfiguration oder den individuellen Einstellungen bei einer Standardsoftware. Als **Point of Delivery Customization** wird eine Individualisierung am Endprodukt durch den Vertriebspartner vorgenommen, beispielsweise durch eine Personalisierung der Packungsgestaltung oder eine Produktgravur.

Ertragsmodell
Die Mass Customization adressiert eine kaufkräftige Zielgruppe, die sich durch eine höhere **Zahlungsbereitschaft** für individualisierte Produkte gegenüber Standardprodukten auszeichnet. Durch die Individualisierung entgeht der Anbieter einer direkten Preisvergleichbarkeit und entzieht sich der Preistransparenz des Internets. Die **Preishöhe** beeinflusst der Kunde durch die realisierte **Individualisierungstiefe** (Piller, 2001, S. 166). Je mehr Individualisierungskomponenten ausgewählt werden, um so höher sind die Preisaufschläge gegenüber einem Standardprodukt der gleichen Warenkategorie. Wettbewerbsvorteile ergeben sich durch **Lock-in-Effekte**, wenn mit der wiederholt erfolgreichen Nutzung des Produktkonfigurators die Kundenbindung erhöht wird. Denn ein Anbieterwechsel würde **Transaktionskosten** im Sinne der Einarbeitung in eine neue Konfigurationssoftware nach sich ziehen. Bei individualisierten Produkten, die auf Kundenwunsch hergestellt werden, sieht das **Fernabsatzgesetz** kein Rückgaberecht vor, es sei denn, das Produkt wurde beschädigt geliefert oder die Kundenspezifikationen sind fehlerhaft umgesetzt. Daher zeichnet sich

das Geschäftsmodell Mass Customization durch tendenziell niedrige Retourenquoten aus. Eine Wettbewerbsdifferenzierung ist möglich, wenn vom Anbieter dennoch eine kulante Rückgabemöglichkeit eingeräumt wird.

5.3.2 Curated Commerce

Die Angebotsvielfalt in Onlineshops überfordert unsichere Konsumenten. Sie haben Mühe, trotz Navigation, Suchfunktionalität und detaillierter Produktbeschreibung das passende Produkt zu finden, die dazu angebotenen Produktvarianten zu bewerten und eine dissonanzfreie Kaufentscheidung zu treffen (Deges, 2020b). Die zeitintensiven und aufwändigen Recherchen und eine mangelnde Entschlusskraft führen entweder zum Abbruch des Kaufvorgangs oder zur aus der Perspektive des Retourenhandlings unerwünschten **Auswahlbestellung** mehrerer Produkte in verschiedenen Varianten und Ausführungen. **Verhaltensmuster** zur Vereinfachung der Kaufentscheidung und zur Reduzierung kognitiver Dissonanzen bestehen in der Inanspruchnahme einer persönlichen Beratung, die in komplexen Auswahlsituationen vor allem einen Vorteil des stationären Facheinzelhandels darstellt (Heinemann, 2018, S. 229). Geschäftsmodelle des Curated Commerce kombinieren die Vorzüge einer persönlichen Beratung mit dem Komfort des Onlinekaufs (Jakob, 2015).

▶ **Curated Commerce** Curated Commerce (betreutes Einkaufen) ist ein vornehmlich auf Bekleidung und Accessoires ausgerichtetes E-Commerce Geschäftsmodell. Eine vom Anbieter präsentierte Vorauswahl an Produkten sorgt für eine Angebotsreduzierung und vereinfacht die Kaufentscheidung. Mit der Zuordnung eines festen Ansprechpartners entsteht eine persönlich direkte Kundenbeziehung.

Nutzenversprechen
Die Reduzierung des **Choice Overload** basiert auf einer onlinegestützten und persönlichen Stilberatung mit der Zusammenstellung eines individuell-passenden Outfits (vgl. Bischof & Rudolph, 2020, S. 12). Kunden, die mit der Angebotsvielfalt kaum unterscheidbarer Produktvarianten überfordert sind, schätzen die durch die **Kuratierung** geleistete Unterstützung und Hilfestellung, da es die **Komplexität** der Kaufentscheidung reduziert und die Vorauswahl die Angebotsdichte verkleinert (Bischof & Rudolph, 2020, S. 12). Dabei besteht der **Mehrwert** nicht in der singulären Zusammenstellung beliebiger Einzelstücke, sondern in einer stimmigen **Kombination** von Schuhen, Hosen, Hemden, Pullovern, Jacken und Accessoires. Adressiert werden Kundengruppen, die wenig Zeit und Muße für den Bekleidungskauf aufbringen und mit der Reduzierung des Angebots auf eine Vorauswahl an passenden Produktvarianten eine bequeme und schnelle Lösung anstelle der aufwändigen Eigenrecherche bevorzugen (Deges, 2020b). Des Weiteren adressiert ein Curated-Commerce-Angebot

unentschlossene Konsumenten, die zwar über ein ausreichendes Zeitbudget verfügen, sich aber ihres Kleidungsstils unsicher sind und auch beim Einkauf im stationären Einzelhandel eine Fachberatung bevorzugen.

Architektur der Wertschöpfung

Die Architektur der Wertschöpfung ist durch einen kostenintensiven **Personaleinsatz** gekennzeichnet (Fröhlich, 2017). Beim Kauf von Bekleidung wird jeder Kunde von einem **Stilberater** betreut, dessen **Kompetenzprofil** durch Modebewusstsein und eine selbstsichere Einschätzung der Kundenwünsche mit der darauf basierenden Auswahl der **Outfits** geprägt sein muss (vgl. Möhlenbruch et al., 2015, S. 263). Im ersten Schritt füllt der Kunde einen detaillierten **Fragebogen** mit Angaben zum individuellen Stil, Körpergröße, Passform, Konfektionsgröße, präferierten Marken und Lieblingsfarben aus. Auch NoGo's, also Marken oder Produkte, die nicht gewünscht sind, werden zur Ausgrenzung abgefragt. Anschließend kann die Kontaktaufnahme mit einem Stilberater erfolgen, der sich mit der Auswertung des Fragebogens ein persönliches Bild des Kunden verschafft (Deges, 2020b). Die Zusammenstellung der Outfits erfolgt aus einer Kombination von automatisierten Vorschlägen auf der Basis von Software-Algorithmen sowie einer persönlichen Auswahl des Stilberaters (Heinemann, 2018, S. 229). Der Kunde erhält eine Lieferung mit mehreren Outfits und kann bei Nichtgefallen das komplette Outfit oder einzelne Teile zurücksenden. Die Auswertung der **Retourengründe** verfeinert wiederum das individuelle **Kundenprofil,** sodass mit jeder folgenden Lieferung dem Kundengeschmack besser entsprochen wird und in der Folge das **Retourenaufkommen** verringert werden kann (Jakob, 2015; Fröhlich, 2017).

Zwei Varianten der Auswahlpräsentation können differenziert werden (vgl. Möhlenbruch et al., 2015, S. 263). Als **virtuelles Angebot** kann die nach den Kundenpräferenzen individuell zusammengestellte Produktauswahl über die Plattform des Anbieters oder per Mail vorgestellt werden. Dieser entscheidet anschließend, welche dieser Produkte er zugestellt bekommen möchte. Als **materielles Angebot** erhält der Kunde die Produktauswahl als Überraschungspaket nach Hause geschickt. Die Kleidungsstücke können in aller Ruhe zuhause anprobiert werden. Artikel, die nicht gefallen oder nicht passen, werden bei beiden Varianten innerhalb der Rücksendefrist an den Versender retourniert (Möhlenbruch et al., 2015, S. 263). Eine Kombination aus einer Artikelvorschau (virtuelles Angebot) und anschließender Zusendung an die angegebene Lieferadresse (materielles Angebot) betreibt Outfittery. In diesem Fall ist die zugesendete Box kein Überraschungspaket, sondern eine abgestimmte Vorauswahl.

Curated Commerce bei Outfittery

Der 2012 in Berlin gegründete und auf Herrenmode spezialisierte Curated-Commerce-Anbieter Outfittery (https://www.outfittery.de) stellt nach den im ersten Schritt über ein fragebogengestütztes Stilprofil angegebenen Größen, Passform, Präferenzen, Vorlieben und Wünschen der Kunden Bekleidungsoutfits zusammen. Die Auswahl ist auf den individuellen Stil des Kunden und seinen Budgetvorgaben abgestimmt. Ergänzend besteht auf Kundenwunsch die Möglichkeit der individuellen Beratung per telefonischem Kontakt mit einem Stilberater. Vor dem Versand sieht der Besteller eine Artikelvorschau seiner Box und kann einzelne Teile austauschen. Der Versand und auch der Rückversand retournierter Ware ist kostenfrei. Der Kunde entscheidet nach der Zustellung, welche Artikel er nach Anprobe und Begutachtung behalten möchte und sendet die ihm nicht gefallenden und/oder nicht passenden Artikel als Retoure zurück. Im Jahr 2019 fusionierte Outfittery mit dem 2011 gegründeten Konkurrenten Modomoto. Von den 450 Beschäftigten sind die meisten Mitarbeiter als Stylisten tätig (Outfittery, 2019).◄

Ertragsmodell
Die Vermarktung basiert auf der Ansprache einer kaufkräftigen Klientel, denn die zusammengestellten Outfits sind in den meisten Fällen hochwertige Markenartikel. Curated Commerce adressiert Nachfrager, die Wert auf Qualität legen und eine höhere **Zahlungsbereitschaft** mitbringen, die durch die Senkung von Transaktionskosten begründet sein kann (Skiera, 2000, S. 124). Zeitsouveränität und Bequemlichkeit sind bei einem eingeschränkten Zeitbudget wertgeschätzte Vorteile gegenüber der aufwändigen eigenständigen Produktrecherche (Deges, 2020b). Ein wesentlicher Erfolgsfaktor liegt im Aufbau von Stammkunden und deren möglichst langfristiger **Kundenbindung.** Je ausgeprägter die Kaufhistorie, desto valider wird die Datenbasis für die Zusammenstellung der Boxen (Fröhlich, 2017). Hohe Wertbeiträge pro Kunde sind im Rahmen der **Customer Lifetime** (siehe Abschn. 10.3.1) möglich, wenn es gelingt, dauerhaft die Kundenbedürfnisse zu befriedigen.

5.3.3   Re-Commerce

E-Commerce steht seit seiner frühen Entwicklungsphase auch für den Kauf und Verkauf von Gebrauchtwaren als onlinebasierter Second-Hand-Handel (**Resale**). Dieser ist vor allem durch C2C-Online-Auktionsplattformen wie eBay (https://www.ebay.de) befördert worden, die den unkomplizierten Verkauf nicht mehr benötigter Güter zum Geschäftsmodell auserkoren hatten. Während der Besuch von **Flohmärkten** zeit- und aufwandsintensiv ist, kann über Online-Plattformen ein bequemer Verkauf von zu Hause initiiert werden (Lommer, 2018). Die zunehmende Kommerzialisierung des **Gebrauchtwarenhandels** hat neben den Online-Auktionen das Geschäftsmodell des Re-Commerce hervorgebracht. Der Kauf und Verkauf von gebrauchten Gütern rückt immer stärker in den Fokus der Gesellschaft und gewinnt eine breite Verbraucherakzeptanz. Die Verlängerung der Produktlebensdauer durch mehrfach übertragenen Besitz führt zu positiven ökologischen

Effekten (Clement, 2015, S. 956). Geschäftsmodelle im Re-Commerce profitieren somit von einem positiven Image in der Gesellschaft.

▶ **Re-Commerce** Der Begriff Re-Commerce kennzeichnet als C2B-Marktform Geschäftsmodelle, die den Handel (Ankauf und Verkauf) gebrauchter Produkte über eine onlinebasierte Plattform zum Gegenstand haben.

Eine Vielzahl von Anbietern versucht sich in diesem Geschäftsfeld zu etablieren. Als Pioniere des Re-Commerce gelten Momox (https://www.momox.de) und reBuy (https://www.rebuy.de). Das Angebot an handelbaren Warenkategorien ist vielfältig. Bücher, CDs und DVDs, Computerspiele, Consumer Electronics (Digitalkameras, Smartphones, Computer und Tablets) und auch Bekleidung werden an- und wiederverkauft.

Re-Commerce-Anbieter reBuy

Der Re-Commerce-Anbieter reBuy (https://www.rebuy.de) ist auf den An- und Verkauf gebrauchter Medien- und Elektronikartikel spezialisiert. Artikel werden auf Basis der vom Verkäufer angegebenen Klassifizierung des Gebrauchtzustands zu einem Festpreis angekauft. Anschließend werden die an reBuy versendeten Produkte auf ihren Gebrauchtzustand verifiziert und in einem **„Refurbishment-Prozess"** generalüberholt und nach hohen Qualitätsstandards professionell aufbereitet, gereinigt und getestet. Sollte der reale Gebrauchtzustand nicht mit den Kundenangaben übereinstimmen, so kommt es zu einer nachträglichen Anpassung des zuvor abgegebenen Festpreisgebotes. Die aufgewerteten Artikel werden mit Gewährung einer 36-monatigen Garantie auf Elektronikartikel auf der gleichen Plattform zum Kauf angeboten (reBuy, 2019). Während der Ankauf gebrauchter Artikel von Privatpersonen als C2B-Interaktion zu kennzeichnen ist, ist es beim Verkauf derselben Artikel an Privatpersonen eine B2C-Interaktion.◀

Insbesondere der Kauf professional aufbereiteter Elektronikartikel bei Re-Commerce-Anbietern wie Back Market (https://www.backmarket.de) oder Refurbed (https://www.refurbed.de) erfreut sich einer wachsenden Beliebtheit. Verbraucher sehen im Second-Hand-Handel eine Möglichkeit, einerseits Geld zu sparen, gleichzeitig aber auch nachhaltig zu konsumieren. Die Geldersparnis gewinnt gerade in Zeiten hoher Inflation und Kaufkraftverlust nochmal ein besonderes Gewicht.

Re-Commerce-Anbieter Refurbed

Der Wiener Gebrauchtartikel-Marktplatz Refurbed bietet seit 2017 gebrauchte Artikel der Warenkategorie Consumer Electronics wie Smartphones, Tablets, Laptops und Smartwatches an. Inzwischen hat sich das Geschäftsmodell auf weitere Warenkategorien wie Küchengeräte und E-Bikes skaliert. Die gebrauchten Artikel sind professionell in bis zu 40 Schritten aufbereitet. 2022 ist das Refurbed-Prinzip auch auf den B2B-Bereich ausgeweitet worden, damit Unternehmen ihren Bedarf an Firmenlaptops, Smartphones und Tablets ebenfalls günstiger und nachhaltiger als Gebrauchtware beziehen können.◄

Nutzenversprechen

Das Geschäftsmodell adressiert eine höhere **Bequemlichkeit** und **Zeitersparnis** als Online-Auktionen. Es wird ein sofortiger Ankauf eines Produktes anstelle einer länger laufenden Auktion mit unvorhersehbarem Ausgang geboten (Deges, 2020c). Der Kundenvorteil ist der einfach durchzuführende Verkauf beliebig vieler Produkte in einem Vorgang und damit die Möglichkeit, anstelle eines Flohmarktbesuches oder des aufwändigen Einstellens einzelner Anzeigen für jedes Produkt einen schnellen Verkaufserfolg zu realisieren (Lommer, 2018). Den Vorteilen der **Convenience** und Zeitersparnis steht der Nachteil von gegebenenfalls niedrigeren Verkaufserlösen als beim eigeninitiierten Verkauf über Flohmärkte, Kleinanzeigen und Online-Auktionen gegenüber. Da gebrauchte Consumer-Electronics-Produkte selbst bei nur sehr geringen Gebrauchsspuren (beispielsweise kleinen, kaum wahrnehmbaren Kratzern am Gehäuse eines Smartphones) schon extrem preisvergünstigt angeboten werden, sind die Nachfrager neben den grundsätzlich preisbewussten Konsumenten vor allem auch Haushalte mit geringer Kaufkraft, die sich einen **Markenartikel** zum Neupreis nicht leisten können.

Architektur der Wertschöpfung

Die Architektur der Wertschöpfung basiert derzeit noch auf einem reinen Onlinevertriebsmodell ohne stationäre Ankauf- oder Verkaufsstellen. Wie im Curated Commerce ist auch dieses Geschäftsmodell personalintensiv. Jeder angekaufte Artikel muss auf seine Beschaffenheit und seinen Abnutzungsgrad geprüft und bewertet werden. Vor dem Ankauf muss der Verkäufer den **Artikelzustand** einschätzen, dafür werden Kategorien an **Standardzuständen** wie beispielsweise „gebraucht-wie neu", „gebraucht-sehr gut", „gebraucht-gut" oder „gebraucht akzeptabel" vorgegeben. Auch wenn der Aufkäufer mit einer Kategorienbeschreibung eine Hilfestellung zur realistischen Eigenbewertung gibt. Es kommt gegebenenfalls zu nachträglichen **Ankaufspreisanpassungen,** wenn allzu optimistische Kundeneinschätzungen nicht mit dem realen Produktzustand übereinstimmen. Beide Modelle, der Ankauf und der Verkauf, sind in einer Plattform integriert. Die Preisbildung für den Ankauf folgt einem softwareautomatisierten **Algorithmus,** der basierend auf Erfahrungswerten sowie Angebot und Nachfrage unmittelbar nach Eingabe der Produktkennzeichnung und Produktbeschaffenheit einen **Ankaufpreis** errechnet (Deges, 2020c). Die angekaufte Ware wird erst nach ihrer physischen Einlagerung zum Kauf angeboten. So kann es nicht zu einer Out-of-Stock-Situation durch eine mangelnde Lagerbevorratung kommen.

Ertragsmodell

Die Vermarktung ist auf die zügige und gewinnbringende Veräußerung der angekauften Produkte ausgerichtet. Dafür bedarf es einer scharfen Kalkulation des Ankaufspreises unter Einrechnung einer adäquaten Marge für den Weiterverkauf (Deges, 2020c). Eine hohe **Lagerumschlagsgeschwindigkeit** ist ein wesentlicher Erfolgsfaktor (Lommer, 2018). Risiken bestehen in der Fehleinschätzung der Nachfrage, beispielsweise nach Gebrauchtversionen von schnelllebigen Consumer-Electronics-Produkten wie Smartphones und Tablets. In allen angebotenen Produktkategorien gilt es, über einen ausgefeilten Algorithmus die **Verkaufswahrscheinlichkeit** einzelner Produkte valide zu prognostizieren, sonst droht ein überfülltes Lager, welches mit seiner hohen Kapitalbindung die Profitabilität des Re-Commerce-Anbieters belastet.

Zunehmend entdecken auch Markenartikelhersteller und marktetablierte Online-Händler die Potenziale des Re-Commerce und implementieren Second-Hand-Produktverwertungs- und Vermarktungsstrategien. Dies geht mit der Erkenntnis einher, dass Aspekte der nachhaltigen Produktnutzung bei Konsumenten einen immer höheren Stellenwert einnehmen und sich in der Folge lukrative Märkte etablieren, die es zu besetzen gilt. Das neue Denken in einer zirkulären Kreislaufwirtschaft wird als **Circular Economy** bezeichnet. Markenartikelhersteller können mit dem Aufbau, dem Betrieb und der Steuerung von **Zweitmärkten** das Markenimage auch in der **Zweitverwertung** ihrer Produkte besser kontrollieren. Auch das Unternehmensimage profiliert sich durch die Verantwortung für Ressourcenschonung mit einem nachhaltigen Beitrag für die Gesellschaft.

▶ **Kreislaufwirtschaft** Die Kreislaufwirtschaft (Circular Economy) ist ein Modell der Produktion und des Verbrauchs, bei dem bestehende Materialien und Produkte so lange wie möglich geteilt, geleast, wiederverwendet, repariert, aufgearbeitet und recycelt werden. Auf diese Weise wird der Lebenszyklus der Produkte verlängert (Europaparlament, 2023).

Für den Markteintritt in die Circular Economy bieten sich Unternehmen zwei Optionen. Entweder bearbeiten sie Zweitmärkte in **Eigenregie** oder koordinieren die Zweitverwertung über Kooperationen mit spezialisierten Drittpartnern. Dabei geht es um die Gestaltung der Prozesse der Produktrücknahme, der Wiederaufbereitung (**Refurbishing**) und des Wiederverkaufs. Ein **Resale** in Eigenregie kann über den eigenen Onlineshop realisiert werden, wobei dann mit Neukauf und Gebrauchtkauf zwei preislich stark differierende Optionen für den Verbraucher gegenüberstehen und die Gefahr einer **Kannibalisierung** des Neuwarengeschäftes besteht. Andererseits können über die Resale-Angebote auch Neukunden mit geringerer Zahlungsbereitschaft gewonnen werden.

Hersteller wie Apple nehmen ihre Altgeräte bei einem Neukauf in Zahlung (**Apple Trade In**) und differenzieren sich mit der Gutschrift über einen rabattierten Neukauf durch günstigere Preise im Wettbewerb. Auch unabhängig von einem Neukauf können **Altgeräte** abgegeben werden und der Restwert wird ausgezahlt (Apple, 2023). Gerade bei Consumer

Electronics sind nicht wiederverkaufbare Altgeräte von Nutzen für die **Kreislaufwirtschaft.** Sie können in Eigenregie oder über einen Partner recycelt werden und dadurch
wertvolle Rohstoffe und wiederverwertbare Materialien für die Produktion zurückge-
winnen. Mit spezialisierten Second-Hand-Plattformen können Kooperationen geschlossen
werden, indem die an den Markenartikelhersteller zurückgegebenen Produkte über die
Partner als vom Hersteller wiederaufbereitete und autorisierte Markenware, gegebenenfalls mit einem **Refurbed-Qualitätssiegel** und Garantie versehen, neuverkauft werden.
Neben Consumer Electronics ist es vor allem Mode und Bekleidung, deren Produkte
eine für den Resale attraktive Warenkategorie darstellen. Nicht nur die Hersteller, auch
die Online-Händler bieten in ihren Onlineshops und Online-Marktplätzen Second-Hand-
Artikel zum Ankauf und Verkauf oder vermitteln zwischen Angebot und Nachfrage.
Zalando hat zwar seine C2C-Second-Hand-Plattform Zalando Zircle im November 2022
eingestellt, bietet aber weiterhin Second-Hand-Artikel über die **Pre-owned-Kategorie**
an (Spötter, 2022). About You (Second Love) und Asos (Asos Marketplace) bedienen
ebenfalls den Second-Hand-Markt in Eigenregie oder integrieren Partnershops in ihre
Plattform.

5.3.4 Abo-Commerce

In den letzten Jahren haben Geschäftsmodelle des Abo-Commerce (Abonnement-
Ökonomie), auch als **Subscription-based E-Commerce** bezeichnet, in Deutschland
immer mehr Marktpräsenz und Kundenakzeptanz gewonnen. Dabei galten klassische Abo-
Modelle, welche schon lange vor dem Internetzeitalter für Zeitungen, Zeitschriften, Buch-
clubs und Fitnessclubs betrieben wurden, als restriktiv und unflexibel (Wilhelm, 2013).
Gerade Fitnessclubs profitierten bei starren Abo-Modellen von langen **Vertragslaufzei-
ten** bei nach kurzer Zeit häufig nachlassendem Trainingselan der Mitglieder. Mittlerweile
hat das starre Abo-Modell mit langen Laufzeiten und unflexiblen **Kündigungsfristen** bei
vielen Abo-Anbietern längst ausgedient.

▶ **Abo-Commerce** Die Vermarktung eines Abonnements beinhaltet den regelmäßigen
Bezug von Gütern (z. B. die Zusendung eines Produktes wie der Tageszeitung) oder die
Einräumung der regelmäßigen Inanspruchnahme eines bereitgestellten Leistungsangebo-
tes (z. B. die Nutzung eines Fitnessstudios). Ein Abo ist an feste Laufzeiten gebunden. Die
Höhe der zu entrichtenden Abo-Gebühren ist laufzeitabhängig. Je länger die Bindungsfrist
(z. B. ein Jahres-Abo), desto günstiger die Gebühren.

Start-ups haben dem Abo-Geschäftsmodell eine neue Inspiration und Dynamik gegeben,
indem sie den starren Abonnements mit festen Laufzeiten ein **Soft-Subscription-Modell**
mit flexiblen Laufzeiten und jederzeit individuell anpassbarem Leistungsumfang entgegensetzen. Diese senken die **Hemmschwelle** für den Abschluss eines Abonnements,

sodass auch „Abo-Muffel" als Kunden gewonnen werden können. Abo-Modelle können in zwei Ausprägungen der Leistungsinanspruchnahme unterschieden werden:

- **Abonnements digitaler Güter mit virtueller Leistungsinanspruchnahme:** reine Online-Abonnements wie Musik- und Video-Streamingdienste mit individuell skalierbarem Leistungsumfang (Netflix, Apple TV +, Disney +, Paramount + und Spotify, Apple Music und Deezer)
- **Abonnements materieller Güter mit physischer Leistungsinanspruchnahme:** das Abo wird online abgeschlossen, ein oder mehrere Produkte werden geliefert oder die Nutzung einer Dienstleistung erfordert einen Ortswechsel des Abonnenten zum Standort des Anbieters wie beispielsweise das Aufsuchen eines Fitnessstudios

Aufgrund der mancherorts noch negativ konnotierten Bewertung eines starren und unflexiblen Abo-Modells sollten Einstiegsbarrieren so niedrig wie möglich gehalten sein. Neben einem attraktiven Produkt-Leistungsprogramm sind es vor allem die Parameter Lieferintervall, Laufzeit, Zahlungs- und Kündigungsmodalitäten, die subjektiv wahrgenommene Kaufhemmnisse überwinden. Kurze Laufzeiten, flexible Kündigungsfristen und individuelle Intervallanpassungen vermindern das wahrgenommene Kaufrisiko (Deges, 2020d). Neben reinen Abo-Commerce-Anbietern integrieren auch Onlineshops mit Eigenhandelsgeschäft Abo-Modelle als leistungsergänzenden Service. Die angebotenen Warenkategorien in den Abo-Modellen sind vielfältig. Wie die Beispiele in Tab. 5.4 zeigen, lassen sich diese generell in Food- und Non-Food-Warenkategorien klassifizieren.

Besonders dynamisch entwickelt sich seit Jahren der Markt der **Kochboxen** mit der Vermarktung von durch den Anbieter zusammengestellten Lebensmittellieferungen. Mit

Tab. 5.4 Abo-Commerce-Geschäftsmodelle. (Adaptiert nach Deges, 2020a, S. 104; mit freundlicher Genehmigung von © Springer Fachmedien Wiesbaden GmbH 2020. All Rights Reserved)

Non-Food-Warenkategorien	Food-Warenkategorien
https://www.morninglory.com (Rasierklingen)	https://www.hellofresh.de (Kochboxen)
https://www.blacksocks.com/de/ (Socken)	https://www.lagourmetbox.com/de/ (Delikatessen)
https://www.soxinabox.de (Socken)	https://www.vegan-box.de (Vegane Lebensmittel)
https://www.lillydoo.com/de/ (Windeln)	https://bauerntuete.de (Bio-Obst und Gemüse)
https://www.glossybox.de (Beauty, Pflege, Kosmetik)	https://www.vernaschediewelt.com (Süßigkeiten)
https://www.birchbox.com (Beauty, Pflege, Kosmetik)	https://www.lindtchocoladenclub.de (Schokolade)
[Online-Recherche nach Abo-Commerce Geschäftsmodellen im Mai 2023]	

detaillierten Schritt-für-Schritt-Anleitungen können Mahlzeiten für eine oder mehrere Personen zubereitet werden. Die Food-Abo-Modelle differenzieren sich durch ihre qualitative Warenkorbzusammensetzung und durch die Begrenzung oder den Ausschluss von Zutaten oder Inhaltsstoffen bei Produkten (vegan, vegetarisch, laktosefrei, Bio-Produkte). Die Angebotspalette reicht von Kochboxen mit Mahlzeiten für die ganze Woche über Gourmetpakete mit exklusiven Produkten, Wein und Delikatessen bis hin zu Obst- und Snackboxen (Deges, 2020d). **Überraschungsboxen** als **Surprise Subscriptions** dienen einer erlebnisorientierten Kundeninspiration, um den Erfahrungshorizont mit neuen und gegebenenfalls im Einzelhandel (noch) nicht gelisteten Produkten zu bereichern (vgl. Bischof & Rudolph, 2020, S. 3 und 14). Mit dem Abonnement von Überraschungsboxen soll Neugierde auf neue und unbekannte Produkte geweckt werden. Mit einem Abo auf **Beauty-Boxen** erhalten Kunden monatlich auf sie zugeschnittene Zusammenstellungen von Kosmetikprodukten, in denen bewährte Produkte mit ausgewählten Neuerscheinungen und Proben kombiniert werden (Täuber, 2019, S. 85). Bei sogenannten **Predefined Subscriptions** wählt der Abonnent den Leistungsumfang aus dem gelisteten Produktangebot (Bischof & Rudolph, 2020, S. 11). Viele Abo-Modelle adressieren die Automatisierung von habitualisierten Wiederholungskäufen *(**Replenishment**)* von Gebrauchs- und Verbrauchsgütern des täglichen Bedarfs (Descloux & Remo, 2020, S. 386). Sie bedienen die Convenience in Form von Bequemlichkeit und Zeitersparnis als Vorteilsargumente für alle diejenigen, für die regelmäßige **Versorgungskäufe** mit geringer Entscheidungskomplexität wie beispielsweise Socken, Rasierklingen, Windeln und Toilettenpapier eine unbequeme Last darstellen (Täuber, 2019, S. 89).

Abo-Commerce-Anbieter Blacksocks

Das Ursprungsangebot des 1999 gegründeten Abo-Commerce-Anbieters Blacksocks (https://www.blacksocks.com) fokussierte die Vermarktung eines „Socken Abonnements". Im Laufe der Zeit wurde das Sortiment sukzessive um Unterwäsche-, T-Shirts- und Hemden-Abos erweitert. Kunden aus über 100 Ländern nutzen die Abo-Modelle, die jederzeit kündbar und individuell auf einen persönlichen Lieferzyklus angepasst werden können (Blacksocks, 2023). Diese bieten eine pragmatische Entlastung von notwendigen Bedarfskäufen, die nicht unbedingt für Freude und Einkaufserlebnis stehen und meistens schnell und emotionslos erledigt werden.◄

Nutzenversprechen
Die **Convenience** beim Abo-Modell der Kochboxen besteht in dem Angebot eines ausgewogenen Ernährungsplans durch abwechslungsreiche Gerichte, die in einem kurzen Zeitfenster zubereitet werden können. Dies spricht Haushalte an, denen der Lebensmitteleinkauf eine zeitraubende Last ist, wenn beide Partner berufstätig sind und wenig freie gemeinsam nutzbare Zeit verfügbar ist. Der kognitive und emotionale Aufwand der eigenständigen Auswahl und Zusammenstellung von Produkten für den wöchentlichen Lebensmittelkauf

entfällt. Die **Nutzenwahrnehmung** durch den Abonnenten wird durch ein stimmiges Preis-Leistungsverhältnis geprägt (Deges, 2020d). Ein wesentlicher Vorteil ist die **Flexibilisierung** des Abo-Modells mit kurzen Kündigungsfristen oder auch flexiblen Ruhephasen des Abonnements, wenn eine Geschäftsreise oder Urlaub eine Aussetzung der Lieferung erfordern. Bei **Replenishment-Abo-Modellen** kann der Eigenbedarf überschätzt werden, wenn der reale Verbrauch geringer ist und sich mit der Zeit ein überdimensionierter Produktvorrat anhortet. Verbraucher sollten die **Abo-Gesamtausgaben** im Blick behalten. Eine Vielzahl von Abos, auch mit jeweils nur geringen Beiträgen, mag zwar den Vorteil der Bequemlichkeit bedienen, führt aber in der Addition der jeweiligen Monatsbeiträge gegebenenfalls zu einem unterschätzt hohen Posten fester Monatsausgaben.

Architektur der Wertschöpfung
Durch die festen **Auslieferungsrhythmen** ist eine auftragsbezogene flexible Beschaffung der Produkte mit nur kurzer Zwischenlagerung zur Kommissionierung der Pakete möglich, was nur geringe Lagerkosten verursacht (Deges, 2020d). Eine höhere Komplexität bereiten die **Food-Abo-Modelle.** Für die Kochboxen müssen Lebensmittel frisch eingekauft werden und bei der Lieferung kommt es auf die lückenlose Einhaltung der **Kühlkette** und auf eine hohe Zuverlässigkeitsrate bei der Zustellung der Boxen an. Da viele berufstätige Abonnenten erst am Abend erreichbar sind, stellt dies hohe Anforderungen an eine kundenorientierte Touren- und Routenplanung.

Ertragsmodell
Die Basis für ein profitables Abo-Commerce-Geschäftsmodell ist der Aufbau und die Etablierung langfristiger Kundenbeziehungen. Die **Kundenbindungsrate** belegt den Geschäftserfolg des Anbieters in der konstanten Befriedigung der Kundenbedürfnisse (Bischof & Rudolph, 2020, S. 26). Langfristige Kundenbeziehungen bedeuten reliabel prognostizierbare Umsätze. Der Ertrag basiert somit zum einen auf dem steten Ausbau eines Kundenstamms und zum anderen auf einer hohen durchschnittlichen Vertragslaufzeit pro Abonnent (Deges, 2020d). Die **Abwanderungsrate** (Kündigungsrate) oder **Absprungrate** ist mit einem überzeugenden Preis-Leistungsangebot so gering wie möglich zu halten. Durch zu kurze Abo-Laufzeiten können die hohen **Akquisitionskosten** nicht kompensiert werden, zumal häufig mit hochrabattierten Einsteigerangeboten die **Neukundengewinnung** subventioniert wird (vgl. (Descloux & Remo 2020, S. 398). Neben der Neukundengewinnung ist die Optimierung der Kundenbindungsrate und die Erzielung eines attraktiven **Customer Lifetime Value** (siehe Abschn. 10.3.1) essenziell. Erst mit einer längeren Laufzeit werden in der **Einzelkunden-Deckungsbeitragsrechnung** kostendeckende Erlöse erwirtschaftet. Der Customer Lifetime Value als kunden- oder auch kundengruppenspezifischer **Deckungsbeitrag** ist die kritische Erfolgskennzahl (Bischof & Rudolph, 2020, S. 43). Die durchschnittliche **Warenkorbgröße** pro Abonnent kann nach einer erfolgreichen Marktetablierung erhöht werden, indem neben dem Ursprungsprodukt weitere Warenkategorien in das Angebotsprogramm integriert werden. So bietet es sich für ein

Rasierklingen-Abo an, weitere Kosmetikartikel zur Bart- oder Hautpflege in das Angebots-programm aufzunehmen. Oder ein Abo für Toilettenpapier kann um weitere Hygieneartikel ergänzt werden.

Kombination Abo-Modell und Mass Customization bei der Lindt & Sprüngli Group

Der 1845 gegründete Schokoladenhersteller Lindt ermöglicht sowohl die individuelle Zusammenstellung von Schokoladen aus einem Sortiment ausgewählter Zutaten in Kombination mit einer persönlichen Grußbotschaft auf der Verpackung (www.lindt. de/produkte/individuell/eigene-tafel-kreieren/) wie auch verschiedene Abo-Modelle als Lindt-Genießer-Box-Kollektionen (www.lindtchocoladenclub.de). Das Nutzenverspre-chen adressiert zum einem den persönlichen Genuss durch den Eigenverzehr exklusiver Spezialitäten und zum anderen inspiriert es die Suche nach einer Geschenkidee.◄

5.3.5 Sharing Economy

Als Sharing Economy (Shared Economy, Collaborative Economy, Access Economy, Peer Economy) werden Geschäftsmodelle bezeichnet, die das organisierte Tauschen und Tei-len von langlebigen Konsumgütern und die temporäre, auch gegenseitige Überlassung von Besitz und Eigentum vornehmlich unter Privatpersonen zum Gegenstand haben (vgl. Steinmetz, 2019, S. 230). Die Sharing Economy stellt unter dem Motto „**Teilen statt Besitzen**" (Kollmann, 2016, S. 253) den gemeinschaftlichen bzw. partizipativen Konsum (**Collaborative Consumption**) als einen Beitrag zur nachhaltigen Schonung von Res-sourcen, Umweltverträglichkeit und sozialem Verantwortungsbewusstsein dar (Clement & Schreiber, 2016, S. 290 und 297). Anbieter führen ihre nicht ausgelasteten Ressourcen und Güter über Sharing-Plattformen einer temporären Nutzung durch Dritte zu (Kathan et al., 2016, S. 664; Katz et al., 2014, S. 63). Für Privatpersonen hat dies den Vorteil, dass sie ihr Eigentum als **Einnahmequelle** wertschöpfend nutzen (Weiber & Lichter, 2020, S. 811). Das Teilen und Tauschen ist nicht mehr auf den persönlichen Bekan-tenkreis beschränkt, über Sharing-Plattformen sind es einander unbekannte Personen, die eine Tauschbeziehung eingehen (vgl. Lichter & Weiber, 2019, S. 314). Mit dem Plattform-betreiber, den Ressourcenbereitstellern und Ressourcennutzern sind es drei Akteure, die auf Sharing-Plattformen interagieren (Weiber & Lichter, 2020, S. 810). Die Attraktivität einer Sharing-Plattform bedingt eine möglichst hohe Anzahl an **Ressourcenbereitstel-lern.** Je größer die Auswahl, desto vielfältiger gestalten sich die Wahlmöglichkeiten für die **Ressourcennutzer.** Dies gilt auch spiegelbildlich. Je höher die Anzahl der registrier-ten Ressourcennutzer, desto größer ist das Potenzial erfolgreicher Transaktionen für die Ressourcenbereitsteller (Weiber & Lichter, 2020, S. 803). Der **Gemeinschaftskonsum** hat aus Sicht der Nachfrager einen eigentumsersetzenden und aus Sicht der Anbieter einen eigentumsbasierten Effekt (vgl. Clement & Schreiber, 2016, S. 296):

- **Eigentumsersetzender Effekt:** aus Sicht der Nachfrager als **Ressourcennutzer** ist die temporäre Nutzung von durch Privatpersonen oder kommerziellen Verleihern bereitgestellte Güter eigentumsersetzend, da entgeltlich oder unentgeltlich statt des Eigentums an einem Konsumgut ein zeitlich begrenztes Nutzungsrecht erworben wird. Das Mietobjekt geht nach der temporären Nutzung an den Eigentümer zurück und kann anschließend wieder selbst genutzt oder anderen Nachfragern zur Verfügung gestellt werden (Clement & Schreiber, 2016, S. 296).
- **Eigentumsbasierter Effekt:** aus Sicht des Anbieters als **Ressourcenbereitsteller** verbleibt das Gut während der Nutzung durch Andere in seinem Eigentum, nach der vereinbarten Nutzung erhält er die Verfügungsgewalt darüber zurück. Während Privatanbieter das Sharing auf eine eher gelegentliche temporäre Überlassung ausrichten, steht bei kommerziellen Anbietern das Teilen von Konsumgütern als ertragsbasiertes Geschäftsmodell im Fokus (Clement & Schreiber, 2016, S. 296).

Der Trend zum nachhaltigen Konsum durch eine kollaborative Nutzung von Wirtschaftsgütern ist ein zentraler Treiber der Sharing Economy. Das Streben nach Eigentum verliert zugunsten des Strebens nach einem flexiblen und bedarfsgerechten Zugang (**Access**) zu Ressourcen an Bedeutung und verändert das **Konsumverhalten** (Weiber & Lichter, 2020, S. 792 f.). Durch eine intensivere Nutzung von Wirtschaftsgütern lassen sich die Bedürfnisse einer größeren Zahl von Konsumenten mit weniger Ressourcen befriedigen (Günther & Plewnia, 2016, S. 329). Die ökologischen **Nettoeffekte** sind jedoch differenziert zu bewerten. Mehr gemeinschaftlicher Konsum impliziert zwar weniger Eigentum, kann aber an anderer Stelle zu Mehrkonsum führen und damit in einer Gesamtbilanz eben nicht zur Ressourcenschonung beitragen (Clement, 2015, S. 956). Dieser als **Rebound-Effekt** (Bumerang-Effekt) titulierte Zusammenhang sagt aus, dass Konsumenten das durch einen gemeinschaftlichen Konsum eingesparte Einkommen wiederum für andere Güter ausgeben (**finanzieller Rebound**). In dieser Konstellation wird nicht unbedingt weniger, sondern lediglich anders konsumiert, es kommt somit zu einer Verschiebung im Konsumentenverhalten (Clement, 2015, S. 956). Die **Ressourceneinsparungen** an der einen Stelle werden mit einer intensiveren Bedürfnisbefriedigung an anderer Stelle wieder neutralisiert, wenn Carsharing zu einer verstärkten Automobilnutzung zu Lasten der Inanspruchnahme öffentlicher Verkehrsmittel führt (Günther & Plewnia, 2016, S. 311). Sharing-Geschäftsmodelle differenzieren sich, wie Abb. 5.3 am Beispiel des **Carsharings** illustriert, in Corporate und Private Sharing, wobei auch Mischformen von Corporate und Private Sharing betrieben werden können (vgl. Weiber & Lichter, 2020, S. 811).

Im **Corporate Sharing** als B2C- oder B2B-Geschäftsmodell sind es Unternehmen, die Ressourcen für die temporäre Nutzung an Privatpersonen oder gewerbliche Nachfrager bereitstellen. Plattformbetreiber im **Private Sharing** sind dadurch charakterisiert, dass

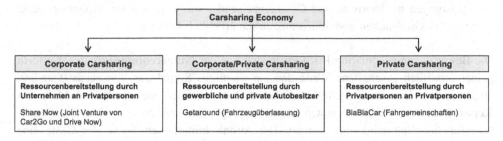

Abb. 5.3 Corporate und Private Carsharing. (Eigene Darstellung)

sie selber keine eigenen Produkte anbieten, sondern ihre Marktleistung auf die Vermittlung von Angebot und Nachfrage fokussiert ist (Weiber & Lichter, 2020, S. 802). Als Intermediäre erleichtern sie das Matching von Angebot und Nachfrage und senken die **Transaktionskosten** für die Teilnehmer (Zervas et al., 2017, S. 687). Im Private Sharing werden Transaktionen ausschließlich unter Privatpersonen, also von privat zu privat vermittelt (Weiber & Lichter, 2020, S. 811). Im C2C-Sharing können bereitgestellte Ressourcen simultan und gemeinsam genutzt werden. So werden auf **Pooling-Plattformen** von Online-Mitfahrdiensten wie Blablacar Fahrer und Mitfahrer zu einer Fahrgemeinschaft zusammengeführt. Der oder die Mitfahrer entrichten für die Erbringung der Transportleistung ein Entgelt an den Fahrer, der wiederum für die gemeinsame Fahrt sein Fahrzeug als gemeinsam genutzte Ressource bereitstellt (Lukesch, 2019, S. 20). Als ein Produkt- oder Objektsharing ist es die sequenzielle Gebrauchs- und Nutzungsüberlassung von langlebigen Konsumgütern unter Privatpersonen (C2C oder P2P = Peer-to-Peer bzw. Person-to-Person) oder über professionelle „Verleiher" als C2P (**Company-to-Person**) in Form von B2C- oder B2B-Plattformen (Hoffmann & Akbar, 2016, S. 200; Meffert et al., 2019, S. 142). Sharing-Geschäftsmodelle finden sich vor allem im Car- und Bike-Sharing, dem Homesharing, aber auch in der temporären Überlassung von Parkplätzen, Designermode, Werkzeug, Rasenmäher, Bohrmaschinen und Kinderspielzeug. Als **Social Sharing** wird die meist unentgeltliche Überlassung von verfallbaren Produkten wie beispielsweise Lebensmittel (https://www.foodsharing.de) bezeichnet.

Home-Sharing-Plattform Airbnb

Das 2008 gegründete US-amerikanische Unternehmen Airbnb (https://www.airbnb.de) ist ein Marktplatz für die Vermittlung von Zimmern, Apartments und Häusern als zeitlich befristete Nutzung von Privatunterkünften. Die Gastgeber zahlen eine Provision (**Gastgeber-Service-Gebühr**) von 3 % für jede erfolgreiche Vermittlung. Gäste zahlen eine **Gäste-Service-Gebühr,** die durch verschiedene Faktoren wie Buchungssumme, Länge des Aufenthalts und Art der Unterkunft bestimmt wird (Airbnb, 2023a). Ursprünglich als C2C-Geschäftsmodell gedacht, vermarkten immer mehr Mieter und Eigentümer ihren Wohnraum überwiegend oder gar ausschließlich über zeitliche

Befristungen an Touristen und Geschäftsreisende, was den privaten Wohnungsmarkt gerade in Großstädten und Tourismuszentren erheblich belastet.◄

Die Bewertungen auf Sharing-Plattformen sind von der **Nutzercommunity** der Plattform gemeinschaftlich geschaffene Werte und ein wichtiges Signal des Vertrauens (Gandini, 2020, S. 18). Das Buchungsverhalten bei Airbnb orientiert sich in hohem Maße am **Reputationswert** des unbekannten Gastgebers (vgl. Gandini, 2020, S. 18). Die Bewertungsfunktionalität wird rege genutzt. Bei Airbnb hinterlassen 70 % der Gäste eine Bewertung ihres Gastgebers und 79 % der Gastgeber bewerten ihre Gäste (Holtz & Fradkin, 2020, S. 37). Der **Initial Trust** (siehe Abschn. 4.2.1) ist gerade bei den Erfahrungs- und Vertrauensgütern der Sharing-Plattformen ein sehr wichtiges Element. Ohne **Bewertungen** ist auch keine Reputation nachweisbar. Dies mag dazu führen, dass bei vergleichbaren Angeboten ein Anbieter mit Reputation einem Anbieter ohne Bewertungen bevorzugt wird, auch wenn dieser einen höheren Vermietungspreis aufruft.

Airbnb-Gastgeberauszeichnung Superhost

Superhosts sind von Airbnb ausgezeichnete erfahrene Gastgeber, die ein gutes Vorbild für andere Gastgeber sind und ihren Gästen ein außergewöhnliches Erlebnis bieten. Alle drei Monate wird der Superhost-Status anhand folgender Kriterien in Bezug auf das vergangene Jahr überprüft und vergeben oder auch wieder aberkannt (Airbnb, 2023b):

- Eine Gesamtbewertung von mindestens 4,8 Sternen
- Eine Beherbergungsquote von mindestens 10 Gastaufenthalten oder an mindestens 100 Nächten bei mindestens drei Aufenthalten
- Eine Stornierungsquote bei bereits bestätigten Buchungen <1 %
- Eine Antwortrate von 90 % bei neuen Nachrichten innerhalb von 24 h◄

Nutzenversprechen

Das Ausleihen oder Mieten ist für Nutzer mit geringer **Kaufkraft** günstiger als der Besitz und das Eigentum an Gütern mit hohen Anschaffungs- und Unterhaltskosten. Somit erhalten auch Verbraucher mit geringem Einkommen einen temporären Zugang zu hochwertigen Gütern, die sie sich als feste Anschaffung nicht leisten können (Clement, 2015, S. 955). Verzichten Konsumenten auf den Eigentumserwerb, so entfallen auch die damit verbundenen Folgekosten, beispielsweise durch Wartung und Reparaturen (Clement, 2015, S. 955). Für den Privatanbieter bedeutet es eine Einnahmequelle, die er aus selber temporär nicht genutztem Eigentum als **Zusatzeinkommen** generiert (Steinmetz, 2019, S. 240).

Architektur der Wertschöpfung
Der Plattformbetreiber muss mit seinen **Nutzungsbedingungen** und einem **Verhaltenscodex** für die Seriosität von Angebot und Nachfrage Sorge tragen. Denn nur auf vertrauenswürdigen Plattformen sind miteinander nur virtuell bekannte Teilnehmer bereit, temporäre Eigentums- und Nutzungsrechte zu übertragen. Je höher ein Gut persönlich bewertet wird, um so stärker ist die Befürchtung eines nicht sachgemäßen und verantwortungslosen Umgangs mit fremdem Eigentum (Clement & Schreiber, 2016, S. 296). Dies gilt insbesondere im **Homesharing,** wenn vollmöbliertes Wohneigentum fremder Nutzung zur Verfügung gestellt wird. Ein persönlicher Kontakt findet erst mit der Schlüsselübergabe des Eigentums an den Ressourcennutzer statt. In der auf einer gegenseitigen Vertrauenswürdigkeit basierenden Geschäftsbeziehung der temporären Überlassung von Eigentum bedarf es daher einer verlässlichen **Projektion** des bisherigen Verhaltens der Marktpartner auf ihr zukünftiges Verhalten (Clement & Schreiber, 2016, S. 296 f.). Ein integriertes Reputationssystem mit gegenseitiger Bewertung steht für den Vertrauensaufbau zwischen den Akteuren. So bauen beide Marktpartner **Reputation** und Ansehen innerhalb des Netzwerks auf (Clement & Schreiber, 2016, S. 296 f.). Für die Lösung von Konflikten zwischen Anbietern und Nachfragern muss der Plattformbetreiber eine **Moderation** oder **Schlichtung** über ein Hilfecenter anbieten.

Ertragsmodell
Der Erfolg von Sharing-Plattformen basiert auf **Netzeffekten,** indem die Gewinnung und Bindung einer Vielzahl von Anbietern und Nachfragern eine Skalierung des Geschäftsmodells bis hin zu einer weltweit globalen Vermarktung erlaubt (Clement & Schreiber, 2016, S. 295). Das Ertragsmodell basiert auf Bereitstellungs- bzw. Einstellungs- und Provisionsgebühren. Bereitstellungsgebühren werden für das Nutzungsrecht der Plattform erhoben, während **Provisionszahlungen** für das erfolgreiche Vermitteln von Angebot und Nachfrage eingezogen werden. Die Provision kann beidseitig erhoben werden, sodass sowohl Anbieter wie auch Nachfrager eine Vermittlungsgebühr zu leisten haben.

5.3.6 Social Commerce und Livestream Shopping

Social-Media-Plattformen positionieren sich als zusätzlicher Onlinevertriebskanal zur direkten und unmittelbaren Umsatzgenerierung. Der Kauf von Produkten über Social-Media-Plattformen als eine Form des **Instant Shopping** wird als **Social Commerce** bezeichnet und erfreut sich einer wachsenden Popularität.

▶ Instant Shopping Die Auslösung eines Onlinekaufs außerhalb des eigenen Onlineshops wird als **Instant Shopping** (Sofortkauf oder Expresskauf) bezeichnet und eignet sich besonders für Produktbewerbungen in Social Media. Mit einem „Sofort kaufen"-

oder „Sofort Bestellen"-Link werden potenzielle Käufer direkt über die Produktdetailseite zum Checkout (Zahlungsfunktion) geleitet und bestätigen den Kauf (HDE, 2022,
S. 44).

Die reichweitenstarken Social-Media-Plattformen wie Instagram, Pinterest, Snapchat und
TikTok sind die Treiber und Nutznießer der Bereitstellung von Shopping-Funktionalitäten.
Sie intendieren die komplette Customer Journey von der Inspiration über die Pro-
duktinformation bis zum Produktkauf in ihrem Geschäftsmodell abzubilden. Damit
positionieren sie sich als attraktiver Sales-Touchpoint (**Social-First-Shoppping**). Mit dem
hohen Anteil an Social-Media-Nutzern wird Social Commerce auch immer mehr von
B2C-Markenartikelunternehmen als attraktiver Vertriebsweg wahrgenommen. Diese experimentieren mit innovativen Shoppingformaten und adressieren mit den Millennials und
der Gen Z (siehe dazu auch Abschn. 4.3.1) ein junges Zielpublikum, welches Social
Media intensiv und versiert für Information, Kommunikation, Interaktion und Unterhaltung nutzt. Neben der direkten Verkaufsfunktion über **Shopping-Links** etabliert sich
das vor allem im asiatischen Raum stark genutzte Shoppingformat des **Live-Streaming**
(Livestream-Shopping) als Echtzeit-Einkaufserlebnis für eine junge Social Media-affine
Zielgruppe. Unternehmen können auf Social-Media-Plattformen ihren eigenen Verkaufs-
kanal einrichten und über diesen ihre Liveshopping-Formate ausstrahlen. Aber auch
Online-Marktplätze bieten ihren Partnern Livestream-Social-Commerce-Lösungen als
additive Marktplatzfunktion. Und dann sind es auch die Unternehmen selbst, die in ihren
Onlineshops oder über ihre Apps eigenproduzierte **Liveshopping-Formate** ausstrahlen.

Teleshopping als Vorläufer des Livestream-Shopping

Teleshopping (Homeshopping) ist ein aus den USA stammender und mit den Anfängen des Privatfernsehens seit Mitte der 1980er Jahre auch in Deutschland etablierter
B2C-Vertriebskanal und zählt als Betriebsform zum Distanzhandel (Versandhandel).
Über das Medium Fernsehen werden in Verkaufsshows Produkte präsentiert, die über
verschiedene Kontaktwege unmittelbar bestellt werden können. Daher wird Teleshopping als eine Form des DRTV (**Direct Response Television**) charakterisiert. Zuschauer
werden zu Impulskäufen animiert, häufig sind es erklärungsbedürftige Produkte, die
von einem Propagandisten ausführlich vorgestellt werden. Durch eine oft exklusive
Vermarktung von Produkten und Produktneuheiten wird ein Preisvergleich erschwert.
Typischerweise sinken die Preise mit zunehmender Dauer der Sendung oder werden
durch ein Bundleangebot oder Mengenrabatt preislich attraktiver. Um eine schnelle
Kaufentscheidung zu forcieren, läuft ein Zähler mit der Aktualisierung der noch liefer-
baren Bestände nach jeder eingehenden Bestellung. Umgekehrt kann es auch ein Zähler
sein, der die bereits realisierte Bestellmenge aufaddiert, um über den Ausweis hoher
Absatzzahlen die Beliebtheit des präsentierten Produktes zu demonstrieren. Bekannte
Teleshoppinganbieter sind QVC, HSE24 und 1–2–3.tv.◄

Der ansonsten eher nüchterne Transaktionsprozess des Produktkaufs in Onlineshops und auf Online-Marktplätzen erfährt mit einem Livestream-Format eine Aufwertung in Richtung eines **Shopatainments** (Shoppen als Entertainment) mit einer unterhaltsamen Produktpräsentation und Live-Vorführung durch Verkäufer, die es im virtuellen Raum verstehen, ihr anonymes Publikum zu begeistern und einzubinden. Produkte werden ausführlich vorgestellt, erklärt und ihre Nutzung und Handhabung auf anschauliche Weise demonstriert. Livestream-Shopping soll als **interaktives Shoppingerlebnis** in einem kurzweiligen Unterhaltungsformat das Zielpublikum inspirieren und Neugierde wecken. Das Hauptzugriffsgerät ist bei dieser mobilaffinen Zielgruppe das Smartphone. Kaufinteressenten können sich mobil jederzeit und von jedem Ort in ein Liveshopping-Event aufschalten. Mit einer **Live-Chat-Funktion** können Teilnehmer während des Livestreams kommunizieren, Fragen stellen und die Produkte kommentieren. Verfestigt sich ein **Kaufimpuls,** so werden die Produkte direkt in den Warenkorb der App gelegt und unmittelbar erworben. Viele Livestreams sind nach der Live-Ausstrahlung im Archiv gespeichert und können als Aufzeichnung auch zeitversetzt abgerufen werden.

Live Shopping bei dmLIVE

Die 1973 gegründete Drogeriemarktkette dm-drogerie markt GmbH verbindet seit 2022 Entertainment und Produktinformationen mit einer direkten Kaufmöglichkeit über das Liveshopping-Format dmLIVE. Ausschließlich über die dm-App werden Liveshows mit der Präsentation von Marken und Produkten durch Markenbotschafter und Influencer ausgestrahlt. Für die Teilnahme ist neben der Installation der App die Einrichtung eines Kundenkontos erforderlich. In ausgewählten dmLIVE-Shows ist ein exklusiver Vorteilscoupon erhältlich. Die Rabatte sind an das Live-Format gebunden, da sie nur innerhalb der Sendung ausgespielt und von den Zuschauern aktiviert werden können. Bereits ausgestrahlte Sendungen sind über eine Verlinkung zum nachträglichen zeitversetzten Aufruf einer verpassten Live-Sendung hinterlegt (dm, 2023).◄

Vornehmlich sind es Produkte der Warenkategorien Fashion, Beauty und Lifestyle, die über Liveshopping-Formate vermarktet werden. Nach der letzten Shopping-Pulse-Studie des Zahlungsdienstleisters Klarna hat nahezu die Hälfte der Deutschen (47 %) bereits ein Produkt auf einer Social-Media-Plattform gekauft (Klarna, 2022). Besonders die Gen Z sucht und findet Inspirationen auf Social Media. So sind es 61 % der Gen Z-Befragten, die mindestens einmal ein Produkt gekauft haben, nachdem es ihnen in Social Media präsentiert wurde (Klarna, 2022). 67 % der Gen Z gaben an, für ihre Käufe Instagram zu bevorzugen, gefolgt von TikTok (42 %) und Youtube (37 %).

5.3.7 Online-Auktionen

Die Durchführung von Auktionen (Versteigerungen) ist keine Innovation der Internet-ökonomie. Als **Präsenzauktionen** (Realauktionen) blicken Auktionsmodelle auf eine lange Geschichte mit ihren Anfängen im 5. Jahrhundert vor Christi in Mesopotamien zurück (vgl. Ressler, 2022). Auktionen sind Marktveranstaltungen, bei denen in einem zeitlich befristeten Bietverfahren der Preis für das Versteigerungsgut durch die individuell maximale Zahlungsbereitschaft der Nachfrager bestimmt wird (Kollmann, 2013, S. 135). Auktionen können von Kauf- oder Verkaufsinteressenten initiiert werden. Zwischen Angebot und Nachfrage steht als neutraler Intermediär der **Auktionator.** Bei einer Auktion bildet sich von einem Startpreis ausgehend in einer **einseitig dynamischen Preisbildung** aus der Konkurrenz aufgerufener Gebote in Bietergefechten der finale Preis eines Versteigerungsgutes (Reichwald et al., 2000, S. 542; Kollmann, 2009, S. 431).

5.3.8 Das Funktionsprinzip von Online-Auktionen

Mitte der 1990er Jahre entwickelten sich im Kontext der rasanten Kommerzialisierung des Internets mit dem Geschäftsmodell reiner Online-Auktionen digitale Versteigerungsformate. Online-Auktionen werden über eine neutrale Plattform durchgeführt, welche eine automatisierte **Auktionatorfunktion** übernimmt (Peters, 2010, S. 128). Während bei klassischen **Präsenzauktionen** die zu versteigernden Gegenstände vor Beginn der Auktion persönlich in Augenschein genommen und begutachtet werden, sind Online-Versteigerungen durch das Manko der fehlenden physischen, haptischen und nur eingeschränkten visuellen Vorabprüfung geprägt (vgl. Popp & Weintz, 2020, S. 646 f.). Die vorherige Beurteilung der Güte und Qualität eines Versteigerungsgutes ist somit nur begrenzt möglich, der visuelle Eindruck kann jedoch durch hochauflösende Fotos mit Zoomfunktionalität sowie **3D-Ansichten** realitätsnäher gestaltet werden (Popp & Weintz, 2020, S. 646 f.). Trotz Einschränkungen einer physischen Vorabprüfung der Versteigerungsobjekte verringern Online-Auktionen die **Transaktionskosten** gegenüber Präsenzauktionen, da die Akteure nicht körperlich präsent sein müssen, sondern ihre Gebote weltweit über das Internet von jedem beliebigen Ort abgeben (Bakos, 1998, S. 35; Einav et al., 2018, S. 179). Die Internetökonomie hat mit dem Geschäftsmodell der Online-Auktionen die altbewährte Marktform der Präsenzauktion nicht abgelöst, sie stellt aber durch ihr Onlineformat eine Erweiterung oder Ergänzung des Geschäftsmodells traditioneller Auktionshäuser dar, die nun bei Kunstauktionen neben Präsenzauktionen auch Online-Auktionen durchführen und damit ein onlineaffines Publikum ansprechen.

Online-Only-Kunstauktionen bei Van Ham und Kunsthaus Lempertz

Seit 2018 finden wöchentlich auf https://www.van-ham.com kuratierte Online-Only-

Auktionen (https://www.van-ham.com/auktionen/online-only.html) statt. Aber auch die nicht körperliche Teilnahme an Präsenzauktionen (Live-Auktionen) wird durch die Option einer Online-Gebotsabgabe ermöglicht. Auch das 1845 gegründete Kunsthaus Lempertz (https://www.lempertz.com/de/live-bieten-lempertz.html) bietet seit mehreren Jahren Online-Only-Kunstauktionen und über Live-Stream ein Live-Bidding bei Präsenzauktionen.◄

Neben der klassischen Versteigerung haben sich im Rahmen von Onlineauktionen auch Festpreisangebote als **Sofort-Kaufen-Preise** (buy-now prices) etabliert. Diese ermöglichen es Käufern, das Produkt zu einem vorab festgelegten Festpreis zu erwerben und damit die Auktion vorzeitig zu beenden. Diese Option des sofortigen Zuschlags entspricht dem Konsumentenwunsch nach schnelleren Kaufabschlüssen (Einav et al., 2018, S. 212). Damit wandelt sich das Geschäftsmodell einer reinen Online-Auktionsplattform zu einer Handelsplattform mit integriertem Auktionsformat (Einav et al., 2018, S. 190).

Das Geschäftsmodell eBay

Das 1995 gegründete US-amerikanische Unternehmen eBay hat mit seiner globalen Auktionsplattform die Versteigerung privater und gebrauchter Gegenstände jedweder Warenkategorien einem breiten Publikum bekanntgemacht und damit kontinuierlich über die Jahre eine marktbeherrschende Stellung für B2C- und C2C-Auktionen aufgebaut. Jeder Internetnutzer kann Waren versteigern und ersteigern. Mit der steten Zunahme von Festpreisangeboten als Alternative zum Versteigerungsformat wurden im Jahr 2009 erstmals überwiegend Festpreisgeschäfte (**Posted Prices**) auf der Plattform abgeschlossen (Einav et al., 2018, S. 190).◄

Online-Auktionen sind wie viele digitale Geschäftsmodelle in ihrer Marktdurchdringung von angebots- und nachfrageseitigen **Netzwerkeffekten** geprägt. Für Anbieter wird eine Auktion umso interessanter, je mehr Nachfrager sich an einer Auktion beteiligen. Auf der anderen Seite freuen sich die Nachfrager, wenn möglichst wenige Bieter an der Auktion teilnehmen, sodass sie nicht in intensiven **Bietergefechten** ihre maximale Zahlungsbereitschaft ausreizen müssen (Reichwald et al., 2000, S. 550). Für den Betreiber der Auktionsplattform gilt die Maxime: je mehr Nachfrager an Auktionen teilnehmen, desto attraktiver wird die Teilnahme für neue Anbieter. Geschäftsmodellen für Online-Auktionen muss es daher gelingen, sowohl auf Angebots- wie auch auf Nachfrageseite Kreisläufe des positiven Feedbacks zu stimulieren, um die Attraktivität der Auktionsplattform zu erhöhen und die Marktstellung im **Wettbewerb** zu festigen. Auch in diesem Geschäftsfeld sind es marktdominierende Anbieter, die langfristig die besten Erfolgsaussichten haben und kleinere Auktionsplattformen aus dem Markt drängen oder übernehmen. Das Erlösmodell von Online-Auktionsplattformen basiert auf der Einnahme von Gebühren und Provisionen für erfolgreich durchgeführte Transaktionen. Das **Provisionsmodell** kann ein- oder zweiseitig aufgesetzt sein, je nachdem, ob Verkäufer und/oder Käufer eine Provision zahlen müssen (Popp & Weintz, 2020, S. 636).

Das Auktionsende ist meist auf einen festen Zeitpunkt fixiert **(Hard-Close Auction).** Je länger die Laufzeit, desto eher werden Bieter zum Ende der Auktion in den letzten Minuten aktiv. Dieses Verhalten wird als **„Sniping"** bezeichnet (Roth & Ockenfels, 2002, S. 1093 f.). Bei intensiven Bietergefechten kommt es bei einem hohen Involvement zu schnellen und impulsiven Überbietungen, bis am Ende der Auktion gegebenenfalls ein Preis gezahlt werden muss, der weit über der maximalen Zahlungsbereitschaft des Auktionsgewinners liegt. So kann es vorkommen, dass nicht der Bieter mit der höchsten Zahlungsbereitschaft die Auktion gewinnt, sondern derjenige, der zum Auktionsende gerade das höchste Gebot abgegeben hat (Onur & Tomak, 2006, S. 1838). Bei einer **Soft-Close-Auktion** kommt es nicht zu einem abrupten Ende. Der Auktionator fordert zu weiteren Geboten auf und beendet eine Auktion erst nach einem aufwärtszählenden **Countdown** („zum Ersten, zum Zweiten, zum Dritten"). Die Soft-Close-Auktion läuft solange weiter, bis kein Bieter mehr bereit ist, ein höheres Gebot abzugeben. Empirische Studien belegen, dass Soft-Close-Auktionen meist zu höheren Erlösen als Hard-Close-Auktionen führen (Onur & Tomak, 2006, S. 1839).

Bei C2C-Auktionen steht des Öfteren mehr als die reine Ersteigerung eines Gutes im Vordergrund. Für Privatpersonen haben Auktionen auch einen **Unterhaltungswert** und versetzen Bieter in einen emotionalen Erregungszustand, je näher das Ende einer Auktion rückt. Es geht ihnen darum, aus einem Bietergefecht als „Sieger" hervorzugehen. Die **„Freude am Gewinnen"** wiegt stärker als der „Frust des Verlierens" (Adam et al., 2015). Der auch als Glückskomponente bezeichnete **Endowment-Effekt** (Besitzeffekt) bezieht sich darauf, dass der Besitz eines Gutes höher eingeschätzt wird als sein objektiver Wert. Dies erklärt Bietergefechte, wo für geringwertige Güter ein realitätsferner hoher Auktionspreis erzielt wird, der sich dadurch erklärt, dass der Käufer den ersteigerten Gegenstand niemand anderem überlassen wollte. (Hofmann, 2010, S. 1464). Dies führt zu kuriosen Auktionen mit **irrationalen Kaufentscheidungen,** wenn beispielsweise ein 30 € Gutschein für 50 € ersteigert wird.

Sowohl der Anbieter als auch die Nachfrager definieren vor Beginn einer Auktion ihre individuelle Preisschwelle als **Reservationspreis** (Reservation Price). Für den Anbieter ist der Reservationspreis der **Mindestpreis,** zu dem er bereit ist, seine Ware zu verkaufen (Gilkeson & Reynolds, 2003, S. 539). Wird der Mindestpreis nicht erreicht, kommt keine Transaktion zustande. Mit dem **Startpreis** (Starting Bid oder Starting Price) wird festgelegt, wie hoch das erste Gebot sein muss, um die Versteigerung beginnen zu können (Popp & Weintz, 2020, S. 638). Der Startpreis (Starting Bid oder Starting Price) entspricht daher in den meisten Fällen dem Reservationspreis des Verkäufers. Auf Nachfragerseite ist der Reservationspreis der **Höchstpreis,** den jeder Bieter für sich aus seiner maximalen Zahlungsbereitschaft ableitet (Popp & Weintz, 2020, S. 638). Der **Zuschlagspreis** ist nach Beendigung der Auktion die Summe, die der Höchstbietende für den Gewinn

der Auktion zu zahlen hat. Mit **Winner´s Curse** (Fluch des Gewinners) wird das Phänomen bezeichnet, dass derjenige, der das höchste Gebot abgegeben hat, auch derjenige ist,
der den individuellen Wert des Auktionsobjektes von allen Bietern am höchsten bewertet
hat. Kognitive Dissonanzen können die Folge sein, wenn sich beim Gewinner der Auktion in der Nachkaufphase der Eindruck verfestigt, dass er sich im Wert des ersteigerten
Gegenstandes verschätzt hat (Reichwald et al., 2000, S. 546).

5.3.9 Online-Auktionsformate und Bieterverfahren

Zur Erklärung der Wirkmechanismen von Auktionen dienen zwei Modelle (McAfee &
McMillan, 1987, S. 699 ff.). Das **independent-private-values-model** impliziert, dass
jeder Bieter eine genaue Vorstellung über den für ihn subjektiven Wert einer Ware
(**private value**) entwickelt. Die persönliche Bewertung kommt unabhängig von den subjektiven Bewertungen der anderen Bieter (**independent value**) zustande, da sich die
Bieter nicht kennen und als Konkurrenten in einem Bietergefecht natürlich nicht austauschen. Dieses Modell dient als Erklärungsansatz für die Versteigerung von Antiquitäten
und Kunst (vgl. Reichwald et al., 2000, S. 546). Das **common-value-model** impliziert,
dass die Ware einen objcktiven, für alle Bieter gleichen Wert (**common value**) hat, der
weder dem Verkäufer, noch den Kaufinteressenten bekannt ist. Basis für die Gebote
sind individuelle Schätzungen des Wertes eines Auktionsobjektes durch die einzelnen
Bieter (Reichwald et al., 2000, S. 546). Eine hohe Unsicherheit besteht, wenn sich
in der Versteigerung von Raritäten kein objektiver Marktwert herleiten lässt und dieser von Sammlern sehr unterschiedlich geschätzt wird (Reichwald et al., 2000, S. 542).
Wie Abb. 5.4 darstellt, können Online-Auktionen in unterschiedlichen Bieterverfahren
durchgeführt werden (Kotler & Armstrong, 2014, S. 345; Skiera et al., 2005, S. 290 f.):

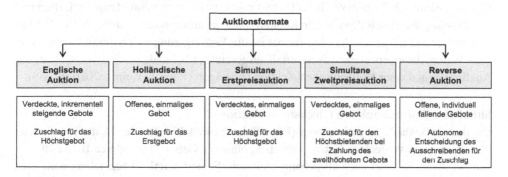

Abb. 5.4 Auktionsformate. (Eigene Darstellung)

Englische Auktion

In dieser bei eBay praktizierten Auktionsform werden, basierend auf einem Einstiegspreis (dem vom Anbieter festgesetzten Mindestpreis oder Startpreis), von den Auktionsteilnehmern Gebote innerhalb vorgegebener minimaler Erhöhungsschritte (**Inkrement**) abgegeben, bis am Ende der Auktionslaufzeit der Höchstbietende den Zuschlag zu seinem letztgenannten Preis erhält (Brandtweiner 2000, S. 124; Picot et al., 2003, S. 345). Unter den Annahmen des **independent-private-values-model** ist es denkbar, dass der Höchstbietende den Zuschlag zu einem Preis erhält, der unter seiner subjektiven, als seine maximale Zahlungsbereitschaft anzunehmenden Bewertung der Ware liegt. Denn solange das **Bietergefecht** noch unterhalb des Preises seiner maximalen Zahlungsbereitschaft ausgetragen wird, bietet er mit, bis der letzte noch verbliebene Bieter ausgestiegen ist. Die Differenz zwischen seiner maximalen Zahlungsbereitschaft und der maximalen Zahlungsbereitschaft des zweithöchsten Bieters verbleibt dem Höchstbietenden als **Konsumentenrente** (vgl. Reichwald et al., 2000, S. 546). Das recht einfache Funktionsprinzip Englischer Auktionen erfreut sich großer Beliebtheit und erhöht die Attraktivität der Versteigerung auch bei alltäglichen Gütern niedrigen Wertes (Reichwald et al., 2000, S. 550). Im Gegensatz zu Präsenzauktionen laufen Englische Auktionen online meist über mehrere Tage. Die Laufzeit der Auktion legt der Anbieter fest. Bei klassischen Präsenzauktionen sind es häufig Kunst und Antiquitäten, die über das Format einer Englischen Auktion versteigert werden.

Holländische Auktion

Diese ist als Gegenstück zur Englischen Auktion eine im B2B-Bereich praktizierte Auktionsform, bei der vom Auktionator, startend mit einem Höchstpreis, schrittweise in festgelegten Zeitintervallen absteigende Preise ausgerufen werden. Den Zuschlag erhält der Kaufinteressent, der als erster den aufgerufenen Preis akzeptiert (Picot et al., 2003, S. 346). Bietergefechte sind ausgeschlossen, da die **erste Gebotsabgabe** die Auktion beendet, ohne dass andere Auktionsteilnehmer darauf nochmal mit einem **Gegengebot** reagieren können (Popp & Weintz, 2020, S. 639). Jeder Bieter muss versuchen, das **Nachfrageverhalten** und die **Zahlungsbereitschaften** seiner Konkurrenten zu antizipieren (Peters, 2010, S. 134). Namensgebend für dieses Auktionsformat ist die Versteigerung von Schnittblumen. Aber auch Waren, die einem starken Preisverfall ausgesetzt sind (Tabak, Fisch), werden über das Auktionsformat einer Holländischen Auktion versteigert (Popp & Weintz, 2020, S. 639).

Simultane Erstpreisauktion (Höchstpreisauktion)

Bei der simultanen Erstpreisauktion (**First Price Sealed Bid Auction**) kann jeder Bieter nur ein einziges verdecktes Gebot einreichen, ohne die Gebote der anderen Bieter zu kennen, weshalb diese Art auch als geheime Auktion (**Sealed Auction**) bezeichnet wird. Den Zuschlag erhält der Bieter mit dem höchsten Gebot und er muss für die ersteigerte Ware den von ihm gebotenen Preis zahlen, daher auch die Bezeichnung **Höchstpreisauktion** (Reichwald et al., 2000, S. 548). Das eingereichte Gebot eines Bieters entspricht somit seiner individuellen Zahlungsbereitschaft (Popp & Weintz, 2020, S. 639). Die Gebotshöhe eines

Bieters ist auch durch seine vermuteten Annahmen über das **Bieterverhalten** der anderen Teilnehmer geprägt. Um den Zuschlag zu erhalten, wird ein Bieter sein Gebot umso höher setzen, je wichtiger ihm die Ersteigerung der auktionierten Ware ist (Reichwald et al., 2000, S. 548).

Simultane Zweitpreisauktion (Vickrey Auction)

Die simultane Zweitpreisauktion (**Second Price Sealed Bid Auction**) entspricht mit der einmaligen verdeckten Abgabe von Geboten dem Versteigerungsprinzip der simultanen Erstpreisauktion, allerdings zahlt hier der erfolgreiche Bieter als Preis das Gebot, das der Bieter mit dem zweithöchsten Gebot abgegeben hat (Peters, 2010, S. 133; Clement & Schreiber, 2016, S. 179). Der Ökonom William Vickrey als Namensgeber dieser Auktionsform konnte nachweisen, dass es bei diesem Auktionsformat im Interesse jedes einzelnen Bieters liegt, ein **Gebot** exakt auf der Höhe seiner individuellen Bewertung abzugeben (Reichwald et al., 2000, S. 548). Damit würde jedes Gebot der maximalen **Zahlungsbereitschaft** des Bieters entsprechen. Die Abgabe eines noch über der maximalen Zahlungsbereitschaft liegenden Gebotes erhöht zwar die Chance, die Auktion zu gewinnen. Wenn aber der Preis des dann zu zahlenden zweithöchsten Gebots über der eigenen Zahlungsbereitschaft liegt, so entsteht dem Auktionsgewinner ein Verlust in Form von höheren, als seinen ursprünglich vorgesehenen Ausgaben (Popp & Weintz, 2020, S. 639). Elemente des Vickrey-Auktionsformates werden bei der Preisbildung im **Keyword-Advertising** von Suchmaschinen eingesetzt (Peters, 2010, S. 128). Der Werbeinteressent nennt verdeckt den Preis, den er für eine Anzeigenplatzierung zu zahlen bereit ist. Die Auktion gewinnt allerdings nicht zwangsläufig der Höchstbietende, da Google neben dem Preisgebot auch die Relevanz der Website mit einem **AdRank** bewertet (siehe dazu ausführlicher Abschn. 8.2.3.2).

Reverse Auction (Umgekehrte Auktion)

Der Kaufinteressent initiiert den Auktionsprozess, indem er eine Dienstleistung ausschreibt und den maximalen Preis festsetzt, den er dafür zu zahlen bereit wäre (Clement & Schreiber, 2016 S. 172 f.). Die Interessenten unterbieten sich gegenseitig, um den Auftrag zu erhalten (Kotler & Armstrong, 2014, S. 345; Skiera et al., 2005, S. 290 f.). Diese Auktionsform wird häufig bei **Ausschreibungen** im B2B-Bereich eingesetzt. Aber auch Endkonsumenten können Ausschreibungen initiieren, wenn es um die Inanspruchnahme von individuellen Dienstleistungen geht. Privatpersonen können beispielsweise auf der C2B-Plattform MyHammer (https://www.my-hammer.de) **Handwerkerleistungen** ausschreiben.

Lernkontrolle

1. Ordnen Sie ausgewählten Beispielen die korrekte Betriebstypenbezeichnung zu.

2. Grenzen Sie die Begriffe Disintermediation und Reintermediation voneinander ab.
3. Kennzeichnen Sie Unterschiede zwischen Hard und Soft Customization anhand von Beispielen aus der Food- und Non-Food-Warenkategorie.
4. Charakterisieren Sie das Re-Commerce-Geschäftsmodell.
5. Welches Auktionsformat hat sich für C2C-Online-Aktionen etabliert?

Literatur

Adam, M. T. P., Krämer, J., & Müller, M. B. (2015). Auction fever! How time pressure and social competition affects bidders' arousal and bids in retail auctions. *Journal of Retailing, 3,* 468–485.
Ahlert, D., Kenning, P., & Brock, C. (2018). *Handelsmarketing.* Springer Gabler.
Airbnb. (2023a). Airbnb-Servicegebühren. https://www.airbnb.de/help/article/1857. Zugegriffen: 8. Mai 2023.
Airbnb. (2023b). So wirst du Superhost. https://www.airbnb.de/help/article/829/. Zugegriffen: 8. Mai 2023.
Apple. (2023). Apple Trade In. Mach das Gerät, das du hast, zu dem, das du willst. https://www.apple.com/de/trade-in/?afid=S.238%7CsVDVpbIz4-dc_mtid_187079nc38483_pcrid_561755 626731_pgrid_100356619846_pntwk_g_pchan__pexid__&cid=aos-de-kwgo-Tradein--slid---product. Zugegriffen: 8. März 2023.
Bakos, Y. (1998). A strategic analysis of electronic marketplaces. *MIS Quarterly, 3,* 855–907.
Barth, K., Hartmann, M., & Schröder, H. (2015). *Betriebswirtschaftslehre des Handels.* Springer Gabler.
Bischof, S. F., & Rudolph, T. (2020). *Subskriptionsmodelle im Handel. Wie Subskriptionen den Konsum automatisieren.* Springer Gabler.
Blacksocks. (2023). Die Geschichte von Blacksocks. https://www.blacksocks.com/de/seit1999. Zugegriffen: 31. März 2023.
Bolz, J., & Höhn, J.-F. (2019). Die Digitalisierung des Vertriebs in der Konsumgüterindustrie. In G. Heinemann, H. M. Gehrckens, & T. Täuber (Hrsg.), *Handel mit Mehrwert* (S. 183–209). Springer Gabler.
Brandtweiner, R. (2000). *Differenzierung und elektronischer Vertrieb digitaler Informationsgüter.* Symposion Publishing.
Call, G. (2002). Versandhandel und E-Commerce: Kannibalisierung oder Ergänzung? *WISU, 12,* 1535–1540.
Clement, R. (2015). Sharing Economy: Die Ökonomie des Teilens. *WISU, 8–9,* 952–957.
Clement, R., & Schreiber, D. (2016). *Internet-Ökonomie.* Springer Gabler.
Deges, F. (2020a). *Grundlagen des E-Commerce. Strategien, Modelle, Instrumente.* Springer Gabler.
Deges, F. (2020b). Curated Commerce. https://wirtschaftslexikon.gabler.de/definition/curated-commerce-12813/version-373408. Zugegriffen: 14. März 2023.
Deges, F. (2020c). Re-Commerce. https://wirtschaftslexikon.gabler.de/definition/re-commerce-12806/version-373410. Zugegriffen: 19. Apr. 2023.
Deges, F. (2020d). Abo-Commerce. https://wirtschaftslexikon.gabler.de/definition/abo-commerce-12807/version-373409. Zugegriffen: 17. Mai 2023.

Descloux, R., & Rumo, E. (2020). Online-Abonnement-Vermarktung. In J. Schellinger, K. O. Tokarski, & I. Kissling-Näf (Hrsg.), *Digitale Transformation und Unternehmensführung* (S. 383–405). Springer Gabler.

dm. (2023). dmLIVE-Shopping. https://www.dm.de/services/kundenprogramme-services/dmliveshopping. Zugegriffen: 20. Febr. 2023.

Dorner, B. (1999). *Versandhandelsmarketing*. Gabler.

Einav, L., Farronato, C., Levin, J., & Sundaresan, N. (2018). Auction versus posted prices in online markets. *Journal of Political Economy, 1*, 178–215.

EHI. (2022). E-Commerce 2021: Zeit des Wachstums. https://www.ehi.org/presse/e-commerce-2021-zeit-des-wachstums/. Zugegriffen: 6. Apr. 2023.

Etsy. (2022). Verkäuferrichtlinie (Gültig ab 1. Dezember 2022). https://www.etsy.com/de/legal/sellers/. Zugegriffen: 11. März 2023.

Etsy. (2023). Erreiche Millionen von Käufern in Deutschland und auf der ganzen Welt. https://www.etsy.com/de/sell?ref=ftr. Zugegriffen: 11.März 2023.

Europaparlament. (2023). Kreislaufwirtschaft: Definition und Vorteile. https://www.europarl.europa.eu/news/de/headlines/economy/20151201STO05603/kreislaufwirtschaft-definition-und-vorteile. Zugegriffen: 7. März 2023.

Ford, H. (1923). *Mein Leben und Werk*. Paul List.

Fröhlich, C. (2017). Curated Shopping: Einführen oder einstellen? https://www.internetworld.de/technik/curated-shopping/curated-shopping-einfuehren-einstellen-1195366.html. Zugegriffen: 20. Febr. 2019.

Gandini, A. (2020). Auf der Jagd nach Sternen: Rolle und Wert der digitalen Reputation. *NIM Marketing Intelligence Review, 2*, 18–22.

Gersch, M., & Goeke, C. (2004). Entwicklungsstufen des E-Business. *WISU, 12*, 1529–1534.

Gilkeson, J. H., & Reynolds, K. (2003). Determinants of internet auction success and closing price: An exploratory study. *Pschology and Marketing, 6*, 537–566.

Grabner, T. (2015). Der Kundenentkopplungspunkt. *WISU, 12*, 1332–1337.

Günther, E., & Plewnia, F. (2016). Sharing Economy und Nachhaltigkeit. *WISU, 3*, 328–332.

HDE. (2022). Online-Monitor 2022. https://einzelhandel.de/index.php?option=com_attachments&task=download&id=10659. Zugegriffen: 5. Apr. 2023.

Heinemann, G. (2018). *Der neue Online-Handel*. Springer Gabler.

Heinemann, G. (2019). Konsumerisation von B2B – Angleichung des gewerblichen Online-Kaufs an den B2C-E-Commerce. In G. Heinemann, H. M. Gehrckens, & T. Täuber (Hrsg.), *Handel mit Mehrwert* (S. 153–170). Springer Gabler.

Hoffmann, S., & Akbar, P. (2016). *Konsumentenverhalten. Konsumenten verstehen – Marketingmaßnahmen gestalten*. Springer Gabler.

Hofmann, G. R. (2010). Qualität und Preisbildung im E-Commerce. *WISU, 11*, 1461–1464.

Holtz, D., & Fradkin, A. (2020). Wie du mir, so ich dir? Die Herausforderungen zweiseitiger Bewertungssysteme. *NIM Marketing Intelligence Review, 2*, 34–40.

Jäger, R. (2016). *Multi-Channel im stationären Einzelhandel*. Springer Gabler.

Jakob, N. (2015). Curated Shopping: Erfolg mit Beratung. https://www.internetworld.de/e-commerce/curated-shopping/curated-shopping-erfolg-beratung-1055298.html. Zugegriffen: 20. Febr. 2019.

Kathan, W., Matzler, K., & Veider, V. (2016). The sharing economy: Your business model's friend or foe? *Business Horizons, 6*, 663–672.

Katz, M. D., Fitzek, F. H. P., Lucani, D. E., & Seeling, P. (2014). Mobile clouds as the building blocks of shareconomy: Sharing resources locally and widely. *IEEE Vehicular Technology Magazine, 3*, 63–71.

Klarna. (2022). Klarna Shopping Pulse: Zwei von drei Deutschen bevorzugen den Einkauf im Laden. https://www.klarna.com/international/press/klarna-shopping-pulse-zwei-von-drei-deutsc hen-bevorzugen-den-einkauf-im-laden/. Zugegriffen: 20. Febr. 2023.

Kollmann, T. (2009). *E-Business*. Gabler.

Kollmann, T. (2013). *Online-Marketing*. Kohlhammer.

Kollmann, T. (2016). *E-Entrepreneurship*. Springer Gabler.

Kotler, P., & Armstrong, G. (2014). *Principles of marketing*. Pearson.

Lichter, D., & Weiber, R. (2019). Kooperative Dienstleistungen als Wertsteigerungsinstrument im Private Sharing – Eine empirische Untersuchung am Beispiel des Carsharing. In M. Bruhn & K. Hadwich (Hrsg.), *Kooperative Dienstleistungen* (S. 311–342). Springer Gabler.

Lommer, I. (2018). Re-Commerce: Der Trend mit Second-Hand-Ware. https://www.internetw orld.de/e-commerce/online-handel/re-commerce-trend-second-hand-ware-1597263.html. Zugegriffen: 20. Febr. 2019.

Lukesch, M. (2019). *Sharing Economy in der Logistik. Ein theoriebasiertes Konzept für Online-Mitfahrdienste*. Springer Gabler.

McAfee, R. P., & McMillan, J. (1987). Auctions and bidding. *Journal of Economic Literature, 2*, 699–738.

Meffert, H., Burmann, C., & Kirchgeorg, M. (2015). *Marketing*. Springer Gabler.

Meffert, H., Burmann, C., Kirchgeorg, M., & Eisenbeiß, M. (2019). *Marketing. Grundlagen marktorientierter Unternehmensführung*. Springer Gabler.

Möhlenbruch, D., Georgi, J., & Kohlmann, A. (2015). Curated Shopping. *WISU, 3*, 263–264.

Müller, H. E., & Rasche, C. (2013). Innovative Geschäftsmodelle. *WISU, 6*, 805–809.

Müller-Hagedorn, L., Toporowski, W., & Zielke, S. (2012). *Der Handel*. Kohlhammer.

Mymuesli. (2023). DIE MYMUESLI STORY. https://www.mymuesli.com/ueber-uns/story. Zugegriffen: 14. März 2023.

Onur, I., & Tomak, K. (2006). Impact of ending rules in online auctions. The case of Yahoo.com. *Decision Support Systems, 3*, 1835–1842.

Otto. (2018). Pressemeldung vom 9. Juli 2018. „Tschüss“: Im Winter erscheint der letzte OTTO-Hauptkatalog. https://www.otto.de/unternehmen/de/newsroom/news/2018/Letzter-OTTO-Hau ptkatalog.php. Zugegriffen: 17. Febr. 2019.

Otto. (2022). Geschäftsjahr 2021/22. OTTO steigert Umsatz um 13 Prozent. https://www.otto.de/unt ernehmen/de/news-presse/otto-steigert-umsatz-um-13-prozent. Zugegriffen: 11. März 2023.

Outfittery. (2019). Outfittery verstärkt nach Fusion mit Modomoto Management um weitere Schlüsselpositionen. https://www.outfittery.de/approved/1_website/press/press-releases/de/2019/190 826_pressemitteilung---outfittery-verstarkt-management-um-weitere-schlusselpositionen.pdf. Zugegriffen: 7. März 2023.

Peters, R. (2010). *Internet-Ökonomie*. Springer.

Picot, A., Reichwald, R., & Wigand, R. T. (2003). *Die grenzenlose Unternehmung*. Gabler.

Piller, F. T. (2001). *Mass Customization*. Deutscher Universitäts-Verlag.

Piller, F., & Zanner, S. (2001). Mass Customization und Personalisierung im Electronic Business. *WISU, 1*, 88–96.

Popp, B., & Weintz, D. (2020). Online-Auktionsmarktplätze. In T. Kollmann (Hrsg.), *Handbuch Digitale Wirtschaft* (S. 631–652). Springer Gabler.

reBuy (2019). reBuy Story. http://jobs.rebuy.de/wer-wir-sind/geschichte. Unternehmensfakten. http://presse.rebuy.de/unternehmensfakten.html. Zugegriffen: 17. Febr. 2019.

Reichwald, R., Hermann, M., & Bieberbach, F. (2000). Auktionen im Internet. *WISU, 4*, 542–552.

Reichwald, R., & Piller, F. T. (2000). Mass Customization-Konzepte im Electronic Business. In R. Weiber (Hrsg.), *Handbuch Electronic Business* (S. 359–382). Gabler.

Ressler, O. H. (2022). Eine kleine Kulturgeschichte der Auktion. www.kunstmarkt.com/pageswis/kunst/_id38597-/geschichte_berichte.html?_q=%20. Zugegriffen: 31. März 2023.

Roth, A. E., & Ockenfels, A. (2002). Last-minute bidding and the rules for ending second price auctions: Evidence from eBay and amazon auctions on the internet. *American Economic Review, 4,* 1093–1103.

Skiera, B. (2000). Preispolitik und Electronic Commerce – Preisdifferenzierung im Internet. In C. Wamser (Hrsg.), *Electronic Commerce* (S. 117–130). Vahlen.

Skiera, B., Spann, M., & Walz, U. (2005). Erlösquellen und Preismodelle für den Business-to-Consumer-Bereich im Internet. *Wirtschaftsinformatik, 4,* 285–293.

Slamanig, M. (2011). *Produktwechsel als Problem im Konzept der Mass Customization.* Gabler.

Spötter, O. (2022). Zalando stoppt Zircle. https://fashionunited.de/nachrichten/business/zalando-stoppt-zircle/2022111849174. Zugegriffen: 8. März 2023.

Stähler, P. (2002). *Geschäftsmodelle in der digitalen Ökonomie.* Josef Eul.

Stallmann, F., & Wegner, U. (2015). *Internationalisierung von E-Commerce Geschäften.* Springer Gabler.

Steinmetz, N. (2019). Sharing Economy – Modelle und Empfehlungen für ein verändertes Konsumverhalten. In G. Heinemann, H. M. Gehrckens, & T. Täuber (Hrsg.), *Handel mit Mehrwert* (S. 229–255). Springer Gabler.

Täuber, T. (2019). Lösungsansätze zur digitalen Transformation – erweitertes Produktportfolio, integrierte Marktplätze, neu ausgerichtete Betriebsmodelle. In G. Heinemann, H. M. Gehrckens, & T. Täuber (Hrsg.), *Handel mit Mehrwert* (S. 71–104). Springer Gabler.

Thommen, J.-P., & Achleitner, A.-K. (2012). *Allgemeine Betriebswirtschaftslehre.* Springer Gabler.

Tripp, C. (2019). *Distributions- und Handelslogistik.* Springer Gabler.

Wamser, C. (2001). *Strategisches Electronic Commerce.* Vahlen.

Weiber, R., & Lichter, D. (2020). Share Economy: Die „neue" Ökonomie des Teilens. In T. Kollmann (Hrsg.), *Handbuch Digitale Wirtschaft* (S. 789–822). Springer Gabler.

Wilhelm, S. (2013). Abo-Commerce: Regelmäßige Geschäfte. *Online Handel, 1,* 14–15.

Wirtz, B. W. (2002). Multi Channel-Management – Struktur und Gestaltung multipler Distribution. *WISU, 5,* 676–682.

Wirtz, B. W. (2011). *Business Model Management. Design-Instruments-Success Factors.* Gabler.

Wirtz, B. W. (2013a). *Multi-Channel-Marketing.* Springer Gabler.

Wirtz, B. W. (2013b). *Electronic Business.* Springer Gabler.

Wirtz, B. W. (2013c). *Medien- und Internetmanagement.* Springer Gabler.

Wittrock, M. (2007). 566 Billiarden Müslis: Der Rechenweg. https://www.mymuesli.com/blog/2007/05/01/566-billiarden-muslis-der-rechenweg/. Zugegriffen: 7. März 2023.

Zervas, G., Proserpio, D., & Byers, J. W. (2017). The rise of the sharing economy: Estimating the impact of airbnb on the hotel industry. *Journal of Marketing Research, 5,* 687–705.

Markt- und Wettbewerbsstrategien im E-Commerce

6

Lernziele

Die erfolgreiche Etablierung eines E-Commerce-Geschäftsmodells basiert auf der Definition ökonomischer Ziele, deren stringente Verfolgung sich in Markt- und Wettbewerbsstrategien ausprägt. Dieses Kapitel vermittelt ein fundiertes Basiswissen über:

- Die Marktpositionierung als Kernelement der Differenzierung des Leistungsangebotes
- Die Abgrenzung vom Wettbewerb mit einer kundenzentrierten Ausgestaltung der Sortiments- und Preisstrategien
- Das Timing einer Markterschließung und die Bewertung der Chancen und Risiken eines frühen oder späten Markteintritts
- Die Skalierung von Geschäftsmodellen durch organisches und anorganisches Wachstum
- Die Erfolgspotenziale einer Internationalisierung und Globalisierung

6.1 Ziele und Strategien

Ziele sind Aussagen mit normativem Charakter, die einen von einem Entscheidungsträger gewünschten zukünftigen Zustand beschreiben, den er durch seine Aktivitäten erreichen möchte (Hauschildt, 1977, S. 9). Unternehmensziele leiten sich aus der Vision ab, die den Zweck der ökonomischen Betätigung zum Ausdruck bringt und beschreibt, für welche Werte das Unternehmen steht und welche Position es in seinen Märkten erreichen möchte.

Unternehmensvision Jeff Bezos Amazon

Die Vision eincs Unternehmensgründers kann bereits mit einem prägnant formulierten Statement die zukünftige Wachstumsstrategie transportieren: die Absicht des Amazon-Gründers Jeff Bezos war zunächst der Aufbau des Unternehmens als „earth's biggest bookstore". Im Laufe des kontinuierlichen Unternehmenswachstums änderte er die Vision in „earth's biggest anything store" (Volkmann & Tokarski, 2006, S. 411).◄

Ökonomische Ziele (Erfolgsziele) wie Gewinn und Rentabilität stehen an oberster Stelle einer Zielhierarchie, sie sichern die Existenz und Überlebensfähigkeit des Unternehmens (Thommen & Achleitner, 2012, S. 110 f.). **Marktziele** beschreiben, welche Märkte das Unternehmen mit seinem Produkt-Leistungsprogramm bearbeitet und wie diese Märkte zu erschließen und auszubauen sind (Ahlert et al., 2018, S. 87 ff.). Ökonomische Ziele und Marktziele sind in Strategien zu transformieren, die in steuerbare Maßnahmen hinsichtlich Inhalt, Ausmaß, Segmentbezug und Zeitbezug zu operationalisieren sind (Meffert et al., 2015, S. 21 f.). Die Transformation der Marktziele in Markt- und Wettbewerbsstrategien ist durch drei Handlungsfelder bestimmt (Hutzschenreuter, 2000, S. 212 ff.):

- Die Positionierung am Markt (Produkt-Leistungsprogramm)
- Der Zeitpunkt des Marktzugangs (Pionier oder Folger)
- Die Geschwindigkeit der Markteroberung (Generierung von Marktanteilen)

Michael Porter differenziert drei Wettbewerbsstrategien (Porter, 2014, S. 34 ff.). **Kostenführerschaft** oder Preisführerschaft beschreibt die Strategie eines Unternehmens, durch geringere Kosten einen Wettbewerbsvorteil zu erlangen. Werden die geringeren Kosten als Preisvorteil an die Konsumenten weitergegeben, so stellt dies einen Vermarktungsansatz dar, den margenstarke Online-Händler über **Kostendegressionseffekte** realisieren können. Unter einer **Differenzierungsstrategie** versteht man die Positionierung eines sich von der Konkurrenz abhebenden überlegeneren Produkt-Leistungsprogramms über besondere Produkteigenschaften, hohe Qualität und überdurchschnittliche Serviceleistungen. Eine **Nischenstrategie** (auch Strategie der Konzentration auf Schwerpunkte) bedeutet eine **Fokussierung** auf bestimmte Kundensegmente oder geografische Märkte. Dabei wird das Konzept der Kosten- bzw. Preisführerschaft oder Differenzierung auf einen Teilmarkt angewendet (Porter, 2014, S. 38 ff.). Die folgenden Abschnitte, wie Abb. 6.1 im Überblick aufzeigt, behandeln Ansätze, mit welchem Produkt- und Leistungsprogramm (Marktpositionierung), wann (Timing) und in welcher Geschwindigkeit (Wachstum) ökonomische Ziele und Marktziele in der Internetökonomie realisiert werden können. Hervorzuheben ist, dass langfristige strategische Zielsetzungen und die Notwendigkeit kurzfristiger Veränderungen einen flexiblen Anpassungsprozess erfordern. Die **Dynamik** im E-Commerce erfordert regelmäßige Ziel- und Strategierevisionen.

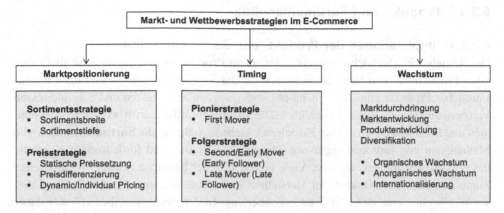

Abb. 6.1 Markt- und Wettbewerbsstrategien im E-Commerce. (Adaptiert nach Deges, 2020, S. 113; mit freundlicher Genehmigung von © Springer Fachmedien Wiesbaden GmbH 2020. All Rights Reserved)

6.2 Marktpositionierung: Sortiments- und Preisstrategien

Die Marktpositionierung wird durch die Festlegung der **Produkt-Markt-Kombination** determiniert. Mit der **Sortimentsstrategie** legt ein Online-Händler sein Produkt- und Leistungsprogramm fest und mit der **Sortimentspolitik** wird die operative Umsetzung sortimentsstrategischer Entscheidungen gesteuert (vgl. Barth et al., 2015, S. 181 und 186 f.). Das Sortiment ist nicht das alleinige, sondern erst in Kombination mit dem Preis das ausschlaggebende Kriterium für die Anbieterwahl der Konsumenten. Die **Preispolitik** umfasst sämtliche Entscheidungen in Bezug auf das vom Käufer zu entrichtende Entgelt und wirkt auf die Mengen- wie auch auf die Wertkomponente des Umsatzes ein (Meffert et al., 2015, S. 441). Die primäre Fixierung der Konsumenten auf den Preis schränkt den preispolitischen Spielraum im E-Commerce erheblich ein und Online-Händler müssen sich im intensiven **Online-Preiswettbewerb** an den Wettbewerbspreisen orientieren (vgl. Ahlert et al., 2018, S. 279). Bei einer Vielzahl an gleichartigen Angeboten und Anbietern geraten Online-Händler schnell in eine **Austauschbarkeitsfalle** (Heinemann, 2018, S. 67), dieser muss durch eine differenzierende Positionierung zur Abgrenzung von der Konkurrenz (**Differenzierungsstrategie**) entgegengewirkt werden (Heinemann, 2018, S. 67, Ahlert et al., 2018, S. 91). Denn bei einer fehlenden Differenzierung droht ein „**stuck in the middle**" (Porter, 2014, S. 34 ff.), d. h. ein Profilverlust durch mangelnde Akzentuierung von Wettbewerbsvorteilen (Ahlert et al., 2018, S. 90; Hutzschenreuter, 2000, S. 48).

6.2.1   Produkt- und Sortimentspolitik

6.2.1.1   Implikationen der Produkt- und Sortimentspolitik

Die Betriebswirtschaftslehre versteht unter einem **Produkt** ein materielles Gut als Output eines Produktions- und Herstellungsprozesses. Das **Sortiment** kennzeichnet das Angebot sämtlicher Produkte eines Unternehmens, diese werden auf direkten und/oder indirekten Vertriebswegen dem Absatz zugeführt. Die **Produktpolitik** betrifft sämtliche Maßnahmen und Entscheidungen auf der Einzelproduktebene, während die **Sortimentspolitik** alle Maßnahmen und Entscheidungen zur Planung, Realisation und fortlaufenden Kontrolle des gesamten Sortiments umfasst. Viele Online-Händler betreiben Handel im klassischen Sinne mit dem Warenankauf bei Herstellern und Großhändlern und dem Verkauf dieser Waren ohne eine Be- oder Weiterverarbeitung. In der Regel betreiben Händler daher keine eigenen Produktionsstätten und selbst ihre **Handelsmarken** werden meist in Lohnfertigung von Partnern hergestellt. Aus der Vielzahl und Vielfalt der Herstellerangebote muss der Händler entscheiden, welche Produkte und Artikel in seinem Sortiment gelistet werden. Eine große **Variantenvielfalt** erweitert die Produktauswahl innerhalb einer Warenkategorie, sie erhöht aber auch die Komplexität der Kaufentscheidung. Dies gilt insbesondere dann, wenn sich Produktvarianten kaum oder nur geringfügig voneinander unterscheiden (Souren & Buchholz, 2013, S. 206). Sortimentsplanung, Sortimentsgestaltung, Sortimentssteuerung und Sortimentscontrolling sind essenzielle Aufgaben eines Online-Händlers. Dabei geht es einerseits um die Aufnahme neuer Produkte ins Sortiment (**Produktlistung** und **Sortimentsvariation**), andererseits um die Bereinigung des Sortiments (**Produktelimination** und **Sortimentskontraktion**), wenn veraltete, die Umsatzvorgaben nicht erfüllende oder retourenanfällige Produkte nicht mehr angeboten werden, um die Kosteneffizienz und das Erlöspotenzial des Onlineshops zu optimieren (vgl. Stops, 1997, S. 453). **Komplementärgüter** sind Produkte, die im Verbund nachgefragt werden, weil sie sich ergänzen oder in der Nutzung gegenseitig bedingen (Füllfederhalter und Tinte oder Drucker und Druckpatronen). **Substitutionsgüter** sind gleichwertige Ersatzprodukte für einen bestimmten Verwendungszweck. Sie entsprechen sich in ihren wesentlichen Produkteigenschaften und sind auf Artikelebene durch eine funktionale Austauschbarkeit gekennzeichnet (Füllfederhalter und Kugelschreiber). Komplementär- und Substitutionseffekte müssen in der **Sortimentsplanung** berücksichtigt werden, um den Konsumenten ein abgerundetes Warenangebot innerhalb einer Warenkategorie anzubieten (vgl. Stops, 1997, S. 454).

6.2.1.2   Sortimentsdimensionierung

Die Ausgestaltung des Sortiments mit ergänzenden Services und Sachdienstleistungen ist der zentrale Ansatzpunkt zur Leistungsdifferenzierung (Ahlert et al., 2018, S. 217). Produkte als materielle Güter werden in der Handelsbetriebslehre in die hierarchische Ordnung einer **Sortimentspyramide** gruppiert (Seyffert, 1972, S. 65; Ahlert et al., 2018, S. 218 ff.):

- **Sorte:** die kleinste Einheit der Sortimentspyramide. Bei Sorten handelt es sich um eine spezifische Ausprägung eines Artikels beispielsweise nach Farbe, Größe, Gewicht.
- **Artikel:** bei einem sehr tiefen Sortiment umfassen Artikel als Ausprägung eines Produkttyps eine Vielzahl verschiedener Sorten.
- **Warenart/Artikelgruppe:** die Zusammenfassung von ähnlichen Artikeln, zumeist nach ihrem physisch-technischen Charakter, wird als Artikelgruppe bezeichnet.
- **Warengattung/Warengruppe:** mehrere Artikelgruppen bilden eine Warengattung oder auch Warengruppe.
- **Warenbereich:** ist eine Warengattungsgruppe.
- **Sortiment:** die Aggregation der Warenbereiche als das Gesamtangebot des Händlers.

Das Sortiment eines Textilfachmarktes umfasst beispielsweise im Warenbereich Schuhe die Warengruppen Herrenschuhe, Damenschuhe und Kinderschuhe. Eine Artikelgruppe der Herrenschuhe bilden Sportschuhe. Ein spezifischer Sportschuh ist ein Artikel, der in unterschiedlichen Größen und Farben die Sorten des Artikels bildet. Die zwischen Hersteller und Händler koordinierte Sortimentssteuerung wird als **Category Management** bezeichnet (Müller-Hagedorn et al., 2012, S. 521). In einer engen Begriffsauslegung ist Category Management mit dem Bereich der kunden- und renditeorientierten Gestaltung von Warengruppen gleichgesetzt (Barth et al., 2015, S. 122; Ahlert et al., 2018, S. 227), die Begriffe Warengruppe und Category finden somit häufig eine synonyme Verwendung. Die Bedarfsorientierung ist das wesentliche Element der Warengruppen- und Artikelaggregation im Category Management (Ahlert et al., 2018, S. 229). Die Optimierung der warengruppenbezogenen Vermarktung soll die Umsätze und die Wertschöpfung eines an Kundenbedürfnissen ausgerichteten Sortiments verbessern (Barth et al., 2015 S. 176 f.). Dabei stellen positive **Verbundeffekte** (Nachfrageverbund, Bedarfsverbund, Kaufverbund) das akquisitorische Potenzial, um den durchschnittlichen Warenkorbwert zu beeinflussen (Ahlert et al., 2018, S. 234).

Die Sortimentsgestaltung ist durch die Dimensionen Sortimentsbreite und Sortimentstiefe charakterisiert. Die **Sortimentsbreite** ist durch die Anzahl der Warengruppen bestimmt. Eine Warengruppe setzt sich aus thematisch zusammengehörenden und dadurch im Verbund stehenden Artikelgruppen, Artikeln und Sorten zusammen (vgl. Müller-Hagedorn et al., 2012, S. 547 ff.). Bietet ein Unternehmen nur eine Warengruppe an, so wird das Sortiment als schmal bezeichnet. Besteht das Sortiment aus einer Vielzahl von Warengruppen, so spricht man von einem breiten Sortiment. Die **Sortimentstiefe** charakterisiert die Anzahl der Artikel und Sorten innerhalb einer Warengruppe (Müller-Hagedorn et al., 2012, S. 552 ff.). Ist diese flach, so werden innerhalb der Warengruppe nur wenige Artikelgruppen und Artikel angeboten. Die Sortimentstiefe ist immer warengruppenspezifisch zu betrachten, d. h. ein Geschäft kann in einzelnen Warengruppen ein sehr tiefes Sortiment anbieten und gleichzeitig in anderen Warengruppen ein sehr flaches Sortiment führen (Barth et al., 2015, S. 52). Im Sortiment stehen die Artikel in einer **ertragswirtschaftlichen Verbundbeziehung** (Ahlert et al., 2018, S. 234 f.). Mit der Sortimentsbreite bietet sich die Möglichkeit, unterschiedliche Bedarfe innerhalb eines Einkaufsvorgangs zu befriedigen, während die Sortimentstiefe eine Auswahl alternativer Kaufmöglichkeiten innerhalb eines Bedarfes schafft. Auf diese Weise determinieren die Sortimentsdimensionen additive und alternative Kaufmöglichkeiten (vgl. Barth et al., 2015, S. 51 f.). Die Gliederung in Kern- bzw. Grundsortiment und Rand- bzw. Zusatzsortiment erfolgt, um die Verteilung der Umsätze auf die verschiedenen Sortimente zu kennzeichnen (Ahlert et al., 2018, S. 219). Das **Kernsortiment** umfasst alle Waren, die dauerhaft im Sortiment gelistet sind. Sie stellen die **Sortimentsmitte** dar. Mit dem Kernsortiment wird der Hauptumsatz getätigt. Artikel im **Randsortiment** runden das Kernsortiment ab, sie tragen nur einen geringen Anteil am Gesamtumsatz und werden geführt, um Verbundkäufe auszulösen. Als **Zusatzsortiment** werden bedarfsorientiert (z. B. Saisonwaren) für ein begrenztes Zeitfenster gelistete Aktionsartikel bezeichnet, die das Kernsortiment ergänzen. Eine weitere Differenzierung unterscheidet nach Spezial- und Vollsortiment. Während ein **Vollsortiment** in der Warenkategorie Sport ein breites und tiefes Produktangebot zur Ausübung verschiedener Sportarten abdecken kann, ist ein **Spezialsortiment** auf eine engere Ziel- oder Bedarfsgruppe ausgerichtet, beispielsweise ausschließlich auf den Skisport (Bedarf) und Skisportler (Zielgruppe).

6.2.1.3 Ausgestaltung der Sortimentsstrategie

Dem Online-Handel bietet sich mit der **virtuellen Regalverlängerung** die Option einer unbegrenzten Sortimentsvielfalt (Heinemann, 2018, S. 78 und 187). Im **Long Tail** als das lange Ende der Nachfragekurve wird es attraktiv, Produkte mit geringer Nachfrage (Rand- bzw. Nischensortiment) in das Angebot aufzunehmen, insbesondere dann, wenn über die Internationalisierung ein breitgestreutes Absatzgebiet bedient werden kann. Je mehr **Nischenprodukte** abgesetzt werden, um so attraktiver ist der kumulierte Umsatzanteil des Randsortiments am Gesamtumsatz des Online-Händlers. Die von Anderson postulierte Maxime des „**Selling less of more**" als Erfolgsfaktor des E-Commerce belegte durch Marktanalysen (Amazon, iTunes und Netflix), dass die Masse an Nischenprodukten höhere Umsätze als die Summe der **Verkaufshits** (Kernsortiment) generieren kann (Anderson, 2004, S. 170 ff.). Der Long Tail macht durch die Produktvielfalt die Attraktivität des E-Commerce für Anbieter und Nachfrager aus. Mit der Analyse von Kaufverhaltensmustern können Online-Händler Nischenprodukte über ein Cross-Selling und Produktempfehlungen offensiv vermarkten. Der Long Tail ist somit die Umschreibung einer extremen **Sortimentstiefe,** die, wie Abb. 6.2 verdeutlicht, das lange Ende der Nachfragekurve bedient (Anderson, 2004, S. 170 ff.).

Nur im **Body** (Kernsortiment) besteht eine direkte Konkurrenzsituation zum stationären Handel. Denn dieser muss sich aufgrund seiner räumlich begrenzten Verkaufs- und Regalfläche zwangsläufig auf umsatzstarke Produkte (Hits) konzentrieren, für selten nachgefragte Nischenprodukte ist kein Platz im Regal (Kollmann, 2016, S. 42). Die Konzentration des Einzelhandels auf umsatzstarke Produkte basiert auf der 80:20-Regel des **Pareto-Prinzips,** welches besagt, dass in der Regel mit 20 % der Produkte 80 %

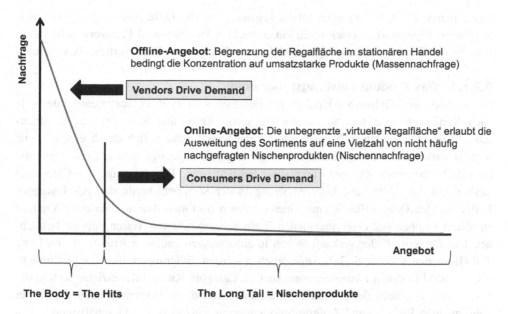

Abb. 6.2 Virtuelle Regalverlängerung im Long Tail. (Aus Deges, 2020, S. 115; mit freundlicher Genehmigung von © Springer Fachmedien Wiesbaden GmbH 2020. All Rights Reserved)

des Gesamtumsatzes oder des Gewinns erzielt werden. Der stationäre Handel ist bei einer konstant bleibenden Regalfläche zur fortwährenden **Sortimentsvariation** (Ahlert et al., 2018, S. 224) gezwungen, um umsatzschwache Produkte (**Ladenhüter**) gegen potenzielle Hits auszutauschen. Reine Substitutionseffekte im Sortiment spielen im E-Commerce aufgrund des unbegrenzten virtuellen Regalplatzes grundsätzlich keine Rolle, es sei denn, ein häufig wegen Qualitätsmängel retournierter Artikel führt zu dessen Auslistung.

Markenartikel mit ihrem Markenimage eines qualitativ hochwertigen Produktes haben als **Orientierungsanker** eine hohe Bedeutung für die Beurteilung des Preis-Leistungsniveaus von Produkten in einer Warenkategorie (vgl. Ullrich & Esch, 2019, S. 712). In der Vergangenheit gesammelte positive Erfahrungen mit einer Marke verankern sich im Gedächtnis der Konsumenten und reduzieren das Kaufrisiko auf Produktebene (vgl. Ullrich & Esch, 2019, S. 712). Eine **Markenpräferenz** geht einher mit einer höheren Zahlungsbereitschaft, wenn der Preis als Qualitätsindikator positiv auf den Markenwert wirkt (Meckes & Reinhardt, 2019, S. 1366). Die Listung von Markenartikeln erhöht somit die Attraktivität des Sortiments. Große Online-Händler adaptieren die **Handelsmarkenpolitik** des stationären Einzelhandels (Ahlert et al., 2018, S. 165 ff.) und treten zunehmend auch als Hersteller auf oder beauftragen Hersteller mit der Produktion von ihnen konzipierter **Eigenmarken.** Neben der Profilierung über ein attraktives **Markenportfolio**

(Heinemann, 2018, S. 78) unterstützen Eigenmarken die Differenzierung des Produkt-angebotes. Eigenmarken erschweren einen direkten Produkt- und Preisvergleich. Damit betreibt ein Händler über die Eigenproduktentwicklung eine aktive Sortimentsgestaltung.

6.2.1.4 Das Produkt-Leistungsprogramm

Onlineshops und Online-Marktplätze positionieren sich in ihrer Sortimentsstrategie je nach Sortimentsbreite und Sortimentstiefe sowie Kern- und Randsortiment in unter-schiedlichen Dimensionen. Nahezu alle Onlineshops zeichnen sich durch eine extreme Sortimentstiefe aus, da sie durch die virtuelle Regalverlängerung nicht auf eine verkaufs-raumflächenbegrenzte Produktpräsentation limitiert sind. Die Auswahl der Categories stellt somit die wesentliche Differenzierung in der Sortimentsbreite dar. Als **Category Killer** werden Online-Händler mit einer extremen Sortimentsbreite, also einer Vielzahl an Warengruppen bei einer maximalen Tiefe in ausgewählten Warengruppen bezeich-net. Der Category Killer verkauft Waren in einer nahezu endlosen Artikeltiefe im Long Tail (Heinemann, 2018, S. 78). Angesprochen werden Zielgruppen, die eine größtmögli-che Auswahl in einem Bedarfssegment suchen. Category Killer differenzieren sich in der Sortimentsbreite nach der Anzahl der Categories und deren Verbundbeziehungen. Einer konsequenten Bedarfs- und Zielgruppenorientierung entspricht das Geschäftsmodell von Globetrotter (https://www.globetrotter.de), welches alles rund um den Bedarf Outdoor-sport für die Zielgruppe Sportler zusammenfasst. Weitere Beispiele für Category Killer sind Onlineshops für Tiernahrung und Tierbedarf (https://www.zooplus.de), Consumer Electronics (https://www.notebooksbilliger.de; https://www.cyberport.de), Musikinstru-mente (https://www.thomann.de) und Baumärkte (https://www.hagebau.de). Eine nahezu allumfassende Abbildung von Warenkategorien erreichen nur die Online-Marktplätze als **Universalanbieter** (Amazon, Otto, Zalando, Alibaba, JD.com), die auch nicht bedarfsorientiert zusammenhängende Warenkategorien unter einem gemeinsamen Dach vermarkten und sich als nachfrage- und kaufverbundorientierte Anlaufstelle für nahezu alle Kaufvorgänge (**One-Stop-Shopping**) positionieren.

Eine extreme Sortimentstiefe charakterisieren als Gegenpol zum Category Killer die Special Shops, die sich auf nur eine Produktkategorie konzentrieren (Heinemann, 2018, S. 78). Der **Specialshop** ist auf ein bedarfs- und/oder zielgruppenspezifisches Sorti-ment ausgerichtet. Asos (https://www.asos.com) fokussiert sich durch die Auswahl seiner Warenkategorien und Artikelgruppen im Mode- und Bekleidungsbereich auf Fashion/Lifestyle. MyTheresa (https://www.mytheresa.com) ist auf Damen Luxusmode aus inter-nationalen Designer-Kollektionen und exklusiven Designer-Kollaborationen spezialisiert. Babymarkt (https://www.babymarkt.de) adressiert werdende und junge Familien mit einer extremen Tiefe an Produkten für Baby- und Kinderausstattung. Hutshopping (https://www.hutshopping.de) bietet ein Sortiment von 10.000 Hüten, Caps und Mützen. Das Unternehmen Chronext (https://www.chronext.de) fokussiert sich auf den Markt für Luxusuhren und Sammlerstücke. Special Shops finden sich je nach Anzahl der Catego-ries in vielfältigen Ausprägungen. Die Mehrzahl der eigenbetriebenen kleinbetrieblichen

Onlineshops sind hochspezialisierte Anbieter, die sich innerhalb einer Warenkategorie (z. B. Wein) nochmals auf ausgewählte Artikelgruppen (z. B. Bio-Rotweine eines speziellen Anbaugebietes aus einem Land) als **Nischenshop** positionieren. In der Nische kann eine **Differenzierung** realisiert werden, wenn die Sortimentstiefe noch umfassender als im Specialshop ist. In der Warenkategorie Lebensmittel besetzen Start-ups Nischen, indem sie sich nur auf eine Produktkategorie mit einem sehr tiefen Sortiment konzentrieren. Es sind meist kaufkräftige Konsumenten, die Wein, Spirituosen, Gewürze, Olivenöl, Pasta und Müsli in Special- oder Nischenshops kaufen und für diese eine hochattraktive Kundenklientel repräsentieren. Allerdings ist über eine hochkonzentrierte Nische auch nur ein eher begrenzter Interessentenkreis ansprechbar, wie beispielsweise Onlineshops für indische Lebensmittel (https://spicelands.de; https://www.indische-lebensmittel-online.de), Gewürze (https://www.ankerkraut.de; https://www.zauberdergewuerze.de) oder mallorquinisches Olivenöl und Käse (https://www.fetasoller.com). Abb. 6.3 strukturiert die unterschiedlichen **Sortimentsstrategien** in ihrer Dimensionierung nach Breite und Tiefe mit ausgewählten Beispielen aus dem Online-Handel.

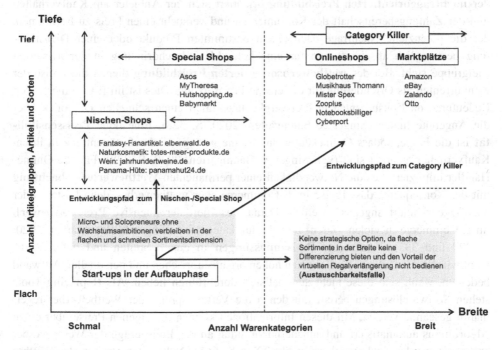

Abb. 6.3 Ausgestaltung der Sortimentsstrategie im E-Commerce. (Adaptiert nach Deges, 2020, S. 118; mit freundlicher Genehmigung von © Springer Fachmedien Wiesbaden GmbH 2020. All Rights Reserved)

6.2.2   Preispolitik und Preisgestaltung

6.2.2.1   Implikationen der Preispolitik im E-Commerce

Die Preispolitik umfasst alle Entscheidungen und Maßnahmen einer attraktiven Preissetzung für das Produkt-Leistungsprogramm. Es gilt das **Preisoptimum** zu ermitteln, zu dem Nachfrager bereit sind, einen Kauf oder eine Buchung zu tätigen. Die Preisattraktivität im Preisoptimum bestimmt sich aus der Angemessenheit der Preishöhe in Verbindung mit dem Leistungs- und Qualitätsversprechen des Produktes oder der Dienstleistung. Preise können kostenorientiert, nachfrageorientiert oder wettbewerbsorientiert festgelegt werden. Bei einer **kostenorientierten Preisbildung** wird durch die Addition eines Gewinnaufschlags (Gewinnmarge) auf die mit der Herstellung des Produktes im betrieblichen Leistungserstellungsprozess anfallenden Kosten (Selbstkosten) der Verkaufspreis gebildet. Lässt sich die kalkulierte Gewinnmarge in einem wettbewerbsintensiven Marktumfeld nicht durchsetzen, so ist die **Preisuntergrenze** (PUG) das **Preisminimum,** um die Wirtschaftlichkeit des Unternehmens nicht zu gefährden. Eine langfristige PUG muss die fixen und variablen Kosten decken, eine kurzfristige PUG zumindest die variablen Kosten. Bei der **nachfrageorientierten Preisbildung** orientiert sich der Anbieter am Kaufverhalten und der Zahlungsbereitschaft der Konsumenten und versucht einen Preis zu bestimmen, der die potenzielle Nachfrage nach einem bestimmten Produkt oder einer Dienstleistung bestmöglich abschöpft und für eine hohe Marktdurchdringung in der avisierten Zielgruppe steht. Bei der **wettbewerbsorientierten Preisbildung** dienen die Preise der Konkurrenten als Orientierung für die eigene Preissetzung. Dies ist im E-Commerce von Bedeutung, da Konsumenten in Preisvergleichsportalen einen schnellen Überblick über die Angebote finden (Singer & Baumgarten, 2020, S. 328). Eine hohe **Preissensibilität** ist die Folge, sodass Onlinekäufer durch eine geringe Einkaufsstättentreue in ihrem Kaufverhalten geprägt sind (vgl. Singer & Baumgarten, 2020, S. 328). Für die Online-Händler impliziert dies die Notwendigkeit einer permanenten **Wettbewerbsbeobachtung** mit der Konsequenz, dass Preise im E-Commerce eher wettbewerbs-, denn kosten- oder nachfrageorientiert angepasst werden. Daraus resultiert der intensive **Preiswettbewerb** im E-Commerce in vielen Waren- und Produktkategorien (Singer & Baumgarten, 2020, S. 329 und 333). Permanente **Preisanpassungen** in einem breiten und tiefen Sortiment würden für Online-Händler einen hohen organisatorischen und personellen Aufwand bedeuten, wenn sich diese nicht automatisiert durchführen ließen. Als **Repricing Tools** stehen Softwarelösungen bereit, mit denen die Verkaufspreise der Wettbewerber regelmäßig gescannt werden. Mit diesen Informationen können die eigenen Preise über einen Algorithmus automatisiert und annähernd simultan an das Preisgefüge der Wettbewerber angepasst werden (vgl. Vomberg et al., 2020, S. 665). Neben den Preisen der Wettbewerber fließen in die Algorithmen der Repricing Tools auch betriebsinterne Daten der Produkt-Preis-Kalkulation wie die Selbstkosten und die Preisuntergrenzen ein. Denn eine rein wettbewerbsorientierte Preisbildung kann ohne die Berücksichtigung betriebsinterner

Daten dazu führen, dass über automatisierte Preisanpassungen kein **Margenminimum** realisiert wird oder gar die Preisuntergrenzen unterschritten werden.

Grundsätzlich erfolgt die Preisbildung im Distanzhandel des B2C-E-Commerce nicht anders als im Residenzhandel der stationären Einzelhändler (Heinemann, 2018, S. 80; Kollmann, 2013, S. 122). Auch der Online-Händler ist bestrebt, seine Waren mit einem angemessenen Aufschlag auf den Einkaufspreis **(Handelsspanne)** gewinnbringend zu verkaufen. Gegenpole der preisstrategischen Differenzierung sind die Hochpreis- und die Niedrigpreisstrategie (Meffert et al., 2015, S. 461 ff.). Eine **Hochpreisstrategie** muss wegen der Preissensitivität der Onlinekonsumenten mit einem überzeugenden Qualitätsversprechen einhergehen (Meffert et al., 2015, S. 462). Im E-Commerce ist bei vergleichbaren Standardprodukten eher eine **Niedrigpreisstrategie** die Regel, denn niedrige Preise stellen ein wesentliches Verkaufsargument des Online-Handels dar (Kollmann, 2013, S. 122). Bei der **Preisführerschaft** ist der Preis das dominante Positionierungs- und Marketinginstrument (Diller, 2008, S. 261). Es wird eine direkte Konfrontation mit den Konkurrenten gesucht, daher muss sich Preisführerschaft durch günstige **Beschaffungskonditionen** rechnen (Barth et al., 2015, S. 152 f.). Warengruppen wie Bücher sind von einer individuellen Preisgestaltung ausgeschlossen. Durch die gesetzlich regulierte **Buchpreisbindung** unterscheiden sich die Buchpreise im Online-Buchhandel nicht von denen des stationären Buchhandels. Im **B2B-E-Commerce** kommt der individuellen Preisabsprache mit direkten **Preisverhandlungen** aufgrund der persönlichen und meist langjährigen Kundenbeziehungen zwischen den Geschäftspartnern eine hohe Bedeutung zu. Kundenindividuelle Preise sind über den personalisierten Zugang zum **B2B-Onlineshop** einfacher zu realisieren, da vereinbarte Preisstaffelungen und Mengenrabatte auch nur für den jeweiligen Kunden sichtbar sind.

6.2.2.2 Statische Preissetzung und Preisparität

Die preispolitischen Implikationen müssen in einem B2C-Multi-Channel-Handel die grundlegende Frage nach einheitlicher oder unterschiedlicher Preissetzung in den einzelnen Vertriebskanälen thematisieren (Jäger, 2016, S. 8). In einem **Mono-Channel-Vertrieb** stellt sich diese Frage nicht. Ausschließlich stationäre Anbieter oder Internet Pure Player können ihr Preisoptimum rein auf den einen Vertriebskanal ausrichten. Ein Multi-Channel-Händler muss in der Kombination von Filialgeschäft und Onlinegeschäft entscheiden, ob er seine Produkte mit paritätischen, also identischen Preisen **(Online-Offline-Preiskonsistenz)** oder unterschiedlichen Preisen **(Online-Offline-Preisdifferenzierung)** in den Vertriebskanälen offeriert (Vomberg et al., 2020, S. 667). Differierende Preisstellungen bergen das Risiko von **Kanalkonflikten** und können zu **Kannibalisierungseffekten** zwischen den Absatzwegen führen (Wirtz, 2013 S. 220 f.). Mit einer kanalübergreifenden Mischkalkulation könnten mit einer **Preisparität** einheitliche Preise in allen Vertriebskanälen angeboten werden und damit ein interner Wettbewerb zwischen den Kanälen und die daraus resultierenden **Kanalkonflikte** vermieden werden (Ziehe & Schüren-Hinkelmann,

2020, S. 289). Aus der Kundenperspektive kommt der Einschätzung einer **Preisfairness** eine hohe Bedeutung zu. Eine Kundenverärgerung oder Kundenverwirrung entsteht, wenn differierende Preisstellungen nicht nachvollzogen werden können und Kunden sich getäuscht sehen (Eckert & Wolk, 2011, S. 51; Krämer et al., 2016, S. 30). Dies gilt vor allem dann, wenn Kunden nach dem Produktkauf in einer Filiale feststellen, dass sie das Produkt im Onlineshop preisgünstiger hätten erwerben können. Die Kunden erwarten vom Händler prinzipiell die gleichen Preise, egal ob sie in seinem Onlineshop oder in seiner Filiale kaufen. Dies gilt allerdings nicht für die Berücksichtigung von **Kaufnebenkosten.** Beim Onlinekauf sind Versand- und mögliche Rücksendekosten einzukalkulieren, falls das Unternehmen über den Onlinevertriebskanal keine versandkostenfreie Zustellung anbietet. Die **Versandkosten** nehmen Konsumenten als Preisaufschlag zum eigentlichen Produktpreis wahr (vgl. Singer & Baumgarten, 2020, S. 327; Ziehe & Schüren-Hinkelmann, 2020, S. 293) Für den Konsumenten ist nicht der Produktpreis allein, sondern der insgesamt zu zahlende Gesamtbetrag die kaufentscheidungsrelevante Größe. Der Konsument nimmt durch die Versandkosten eine **Preisinkonsistenz** wahr.

Durch die hohe Preistransparenz im Internet sind Preisunterschiede schnell wahrgenommen. Das Suchergebnis, gerade auch in einer mobilen Preisrecherche am Point of Sale kann neben den Wettbewerberangeboten auch kanalspezifische **Preisdifferenzen** des Multi-Channel-Händlers ausweisen. Es gilt aber auch zu berücksichtigen, dass die Handlungskosten im Residenzhandel höher sind als im Online-Handel. Bei einer rein kostenorientierten Preisbildung müsste dies zu höheren Preisen in der Filiale und damit zu einer vertriebskanalspezifischen Preisdifferenzierung führen (vgl. Ziehe & Schüren-Hinkelmann, 2020, S. 289). Es entsteht ein **Multichannel-Pricing-Dilemma,** wenn der Multi-Channel-Händler im Onlinevertriebskanal mit den niedrigen Preisen der Internet Pure Player konkurrieren muss, aber im Offlinevertriebskanal durch eine andere **Kostenstruktur** nur schwer die Preise nach der Wettbewerborientierung der reinen Online-Händler ausrichten kann (Homburg et al., 2019, S. 597 ff.; Vomberg et al., 2020, S. 658 f.).

Ein differenziert einsetzbares Preisinstrument sind **Rabattaktionen,** die nur in einem Vertriebskanal durchgeführt werden und für die Dauer des Aktionsverkaufs zu einer Preisinkonsistenz im Multi-Channel-Handel führen (Vomberg et al., 2020, S. 668). Über eine Rabattaktion kann **Saisonware,** die aus den Beständen der Filiale geräumt werden muss, eine **temporäre Preisdifferenz** zum Onlineangebot darstellen. Werden Preise über den Loyalitätsstatus eines Kunden rabattiert, indem er für seine **Kundentreue** einen Voucher zum vergünstigten Warenbezug bei seiner nächsten Bestellung erhält, so kann dieser an einen bestimmten Kanal gebunden sein (beispielsweise die Einlösung nur in der Filiale oder nur im Onlineshop). Üblich sind darüber hinaus **Rabattangebote** für Neukunden als eine auch für die Bestandskunden sichtbare Preisdifferenzierung (Vomberg et al., 2020, S. 671). Preisinkonsistenzen können abgefedert werden, wenn der Anbieter eine **Preisgarantie** nicht nur in seinen eigenen Vertriebskanälen, sondern darüber hinaus auch in Bezug auf Wettbewerberpreise ausspricht. **Händlerversprechen** dieser Art basieren darauf, dass der Anbieter sich seiner Preisgünstigkeit sehr sicher ist. Dem Kunden wird die Erstattung der Preisdifferenz garantiert, wenn er in einem definierten Zeitraum (beispielsweise zwei Wochen) das gekaufte Produkt bei einem anderen Händler preisgünstiger erwerben könnte. Eine solche Preisgarantie kann kognitive Dissonanzen des Käufers über den günstigsten Preis reduzieren, bedeutet jedoch für den Händler das Risiko nachträglicher **Kauferstattungsbeträge** oder **Gutschriften** auf den Kundenkonten.

Forderungen nach Preisparität können sich auch im reinen Onlinevertrieb ergeben, wenn eigen- und fremdbetriebene Vertriebskanäle miteinander kombiniert sind. Dies wäre der Fall, wenn ein Online-Händler seine Produkte über seinen eigenbetriebenen Onlineshop und parallel auch über einen fremdbetriebenen Online-Marktplatz absetzt. Der **Marktplatzbetreiber** fordert Preisparität, damit sein Marktplatz gegenüber dem Onlineshop des Marktpartners nicht benachteiligt ist. Nachdem das Bundeskartellamt, 2013 gegen Amazon ein Verfahren angestrengt hatte, werden Forderungen nach Preisparität nicht mehr erhoben. Da Amazon auf seinem Marketplace mit dem Eigenhandelsgeschäft in einem unmittelbaren Wettbewerbsverhältnis zu seinen Marktpartnern steht, sind **Preisvorgaben** an die direkten Wettbewerber nicht zu rechtfertigen (Bundeskartellamt, 2013).

6.2.2.3   Preisdifferenzierung

Die **Preisangabenverordnung** (PAngV) legt fest, dass der Handel in der Gestaltung seiner Verkaufspreise frei agieren kann. Preise müssen weder für alle Nachfrager gleich sein, noch müssen sie für einen bestimmten Zeitraum konstant bleiben. Eingeschränkt wird dieser Gestaltungsspielraum durch **Diskriminierungsverbote** hinsichtlich Rasse, Herkunft, Geschlecht und Alter. Die PAngV eröffnet Unternehmen einen breitgefächerten Spielraum für Preisanpassungen. Unter **Preisdifferenzierung** wird ein Instrument der Preispolitik verstanden, welches die maximale Zahlungsbereitschaft der Nachfrager (einzelne Kunden oder Kundengruppen) in unvollkommenen und dadurch bedingt häufig informationsasymmetrischen Märkten über unterschiedliche Preissetzungen abzuschöpfen versucht (Laudon et al., 2010, S. 604). Das Instrument der Preisdifferenzierung wird eingesetzt, um unterschiedliche Preise für gleiche, gleichartige oder geringfügig sich unterscheidende Produkte und Dienstleistungen zu verlangen (Skiera & Spann, 2000, S. 543). Dies impliziert, dass Kunden oder Kundengruppen für eine bestimmte Leistung unterschiedlich hohe Zahlungsbereitschaften haben und diese auch abgeschöpft werden können (Zentes & Swoboda, 2001, S. 435; Brandtweiner, 2000, S. 88 ff.). Die Abschöpfung unterschiedlicher Zahlungsbereitschaften (**willingness to pay**) führt mit höheren Preisen bei konstanten Kosten nicht zu einer Erhöhung der **Konsumentenrente,** sondern zu einer Steigerung der **Produzentenrente** (Clement, 2001, S. 1179; Laudon et al., 2010, S. 603).

▶ **Konsumentenrente und Produzentenrente** In der Volkswirtschaftslehre wird bei einem Marktgleichgewicht und flexiblen Preisen davon ausgegangen, dass Nachfrager eine Konsumentenrente (**Käufervorteil**) erzielen, wenn sie bereit gewesen wären, einen höheren als den angebotenen Preis für ein Wirtschaftsgut zu bezahlen. Anbieter, die auch zu einem niedrigeren als dem offerierten Preis verkauft hätten, erzielen eine Produzentenrente (**Verkäufervorteil**). Eine Preisdifferenzierung kann somit in unterschiedlichen Konstellationen mal die Konsumenten-, mal die Produzentenrente erhöhen (Bofinger, 2015, S. 71 f.).

Von einer **Preisdifferenzierung ersten Grades** als modelltheoretisch perfekter Preisdifferenzierung wird gesprochen, wenn ein Anbieter von jedem einzelnen Nachfrager seine individuelle Zahlungsbereitschaft abschöpfen kann (Laudon et al., 2010, S. 604). Dies setzt jedoch voraus, dass das Unternehmen die unterschiedlichen Nachfragekurven eines jeden Kunden exakt ermitteln kann. Die **Preisdifferenzierung zweiten Grades** geht von einer eher die ökonomische Realität spiegelnden mangelnden Kenntnis der individuellen Zahlungsbereitschaften und Präferenzen der Konsumenten aus. Die Nachfrager wählen über eine Selbstselektion aus einem differenzierten Preis-, Mengen- und/oder Produkt-Leistungsangebot das für sie passende Angebot und lassen dadurch indirekt auf ihre Zahlungsbereitschaft schließen (Laudon et al., 2010, S. 605). Eine **Preisdifferenzierung dritten Grades** entspricht einer soziodemografischen (Alter, Geschlecht, Wohnort, Einkommen, Kaufkraft) und psychografischen (Wahrnehmungen, Einstellungen, Präferenzen) Segmentierung der Nachfrager in Cluster mit kausal angenommenen unterschiedlichen Zahlungsbereitschaften (Laudon et al., 2010, S. 605). Im E-Commerce lassen sich Preisdifferenzierungen nach erstem, zweitem und drittem Grad in folgenden Formen durchsetzen:

Personenbezogene Preisdifferenzierung
Kundenindividuell unterschiedliche Preise können in Form von Gutscheinen, Rabatten, einem zeitlich befristeten Erlass oder der Reduzierung von Gebühren für Neukunden sowie über **Kundenkarten** und **Loyalty-Programmen** für Bestandskunden gewährt werden (Diller, 2008, S. 236; Simon & Fassnacht, 2016, S. 502). Auch Gruppenzugehörigkeiten wie Rabatte für Schüler, Studenten, Rentner oder Berufstätige (Hotel Businesstarife bei HRS) bieten eine personenbezogene Differenzierung als Preisdifferenzierung dritten Grades (Skiera & Spann, 2000, S. 549). Eine personenbezogene Preisdifferenzierung kann sich in einem Bundle als **Mehrpersonen-Pricing** auf eine Bezugsgruppe mehrerer Personen, beispielsweise einen Familienhaushalt (Familientarife der Mobilfunkanbieter) oder in einem Partnerrabatt ausdrücken. Der **Kundenbindungseffekt** erhöht sich, da nicht nur eine Einzelperson, sondern eine Personengruppe von dem Bundle profitiert.

Regionale (räumliche) Preisdifferenzierung
Das Produkt wird in verschiedenen Regionen zu unterschiedlichen Preisen angeboten (Wirtz, 2013, S. 211; Kollmann, 2013, S. 127). International agierende E-Commerce-Anbieter mit länderspezifischen Onlineshops orientieren die Preissetzung an Kaufkraft und Zahlungsbereitschaften der regionalen Zielgruppen. Auch hier findet sich eine Preisdifferenzierung

dritten Grades nach dem soziodemografischen Segmentierungskriterium des Wohn- bzw. Kaufortes.

Mengenbezogene (quantitative) Preisdifferenzierung
Bei der quantitativen Preisdifferenzierung wird dasselbe Gut je nach Absatzmenge zu unterschiedlichen Preisen verkauft (Simon & Fassnacht, 2016, S. 503 f.). **Mengenrabatte** (z. B. drei Hemden für den Preis von zwei Hemden) oder exklusive Gebindegrößen sind mögliche Ausprägungen (Skiera & Spann, 2000, S. 550 f.). Bei einer Preisbündelung (**Paketangebote**) werden mehrere Produkte zu einem **Gesamtangebot** zusammengestellt und mit einem **Bündelpreis** versehen (Ahlert et al., 2018, S. 295; Simon & Fassnacht, 2016, S. 504 f.). In der Regel ist dabei der Bündelpreis niedriger als die Summe der Einzelpreise aus dem **Bundle.** Dies erschwert den singulären **Preisvergleich** einzelner Produkte des Bundles mit den Preisstellungen der Mitbewerber. So ist im Online-Musikhandel der Download einzelner Musikstücke in der Relation teurer als der Download des kompletten Albums. Die **Preisbündelung** stellt eine Form der Preisdifferenzierung zweiten Grades dar (Laudon et al., 2010, S. 606). Durch eine geschickte Bündelung kann der Absatz gesteigert werden. Konsumenten, die nur ein einzelnes Produkt erwerben wollen, kaufen bei einem attraktiven Bündelpreis gleich mehrere Produkte zum Paketpreis. Damit erwerben sie auch Produkte, die sie einzeln nicht gekauft hätten (Linde, 2008, S. 211).

Leistungsbezogene (qualitative) Preisdifferenzierung
Bei der qualitativen oder leistungsbezogenen Preisdifferenzierung liegt der prägnante Unterschied in differierenden **Qualitätsstufen** oder Ausstattungsmerkmalen der Produktvariationen (Kollmann, 2013, S. 128). Eine qualitative Preisdifferenzierung ist insbesondere in der Warenkategorie Consumer Electronics durch eine Versionierung (**Versioning**) der technischen Produkte mit Zusatzfunktionen möglich (Clement & Schreiber, 2016, S. 185; Meffert et al., 2015, S. 480). Das Ziel der qualitativen Preisdifferenzierung liegt darin, den **Produktleistungsumfang** so zu konzipieren, dass einerseits die kundenindividuellen Anforderungen optimal erfüllt werden und andererseits der Produktpreis möglichst exakt die Zahlungsbereitschaft der Konsumenten trifft (Wirtz, 2013, S. 761).

Zeitbezogene (temporäre) Preisdifferenzierung
Gleiche Produkte werden in einem limitierten Zeitfenster (Tage, Wochen oder Jahreszeit) zu unterschiedlichen Preisen angeboten (Skiera & Spann, 2000, S. 552 f.; Simon & Fassnacht, 2016, S. 500 f.). Bei Produktneueinführungen wird durch eine **Skimmingstrategie** mit einem hohen **Einführungspreis** die Zahlungsbereitschaft kaufkräftiger Kunden abgeschöpft (Diller, 2008, S. 289 f.), ehe zu einem späteren Zeitpunkt der Preis gesenkt wird, um niedrigere Zahlungsbereitschaften zu bedienen (Meffert et al., 2015, S. 464). Saisonale Preisdifferenzierungen sind, wie auch im stationären Handel, durch Sonder- oder Rabattverkäufe von **Saisonartikeln** wie beispielsweise im Sommer- und Winterschlussverkauf möglich.

Im E-Commerce haben sich auf internationaler Ebene feste Tage des Jahres als globale **Shoppingevents** mit erheblichen Preisnachlässen für die Dauer von meist 24 h etabliert.

Singles' Day

Der **Singles' Day** oder Junggesellentag am 11.11. gilt in China als der Tag für Alleinstehende, da das Datum nur aus Einsen besteht. Seit 1993 wird dieser Tag mit Single Partys als Anti-Valentinstag für Alleinstehende zelebriert. Anfangs tauschten alleinstehende Studenten untereinander kleine Geschenke aus (Kemper, 2021). Im Jahr 2011 gab es den Singles' Day des Jahrhunderts, da das Datum 11.11.11 aus sechs Einsen bestand. Im Dezember 2012 sicherte sich die Alibaba Group die Markenrechte am Singles' Day (Kemper, 2021). Alibaba nimmt seitdem mit seinen Online-Plattformen Taobao und Tmall diesen Tag zum Anlass für erhebliche Rabatte im Online-Handel. Mittlerweile nutzen zahlreiche Unternehmen in Asien den Singles' Day für Rabattaktionen. Der Singles' Day gilt als das weltweit größte Shoppingevent und ist mittlerweile auf 11 Tage ausgedehnt worden, beginnend nach wie vor mit dem 11.11. als dem eigentlichen Singles' Day.◄

Black Friday

Der Freitag nach Thanksgiving wird in den USA als **Black Friday** bezeichnet. Da Thanksgiving immer auf den vierten Donnerstag im November fällt, wird der Freitag von vielen Arbeitnehmern als Brückentag genutzt. Das lange Wochenende gilt als Beginn des Weihnachtsgeschäftes. Viele Einzelhandelsunternehmen bieten Rabatte und Sonderaktionen. Auch Online-Händler profitieren vom Image des Black Friday. Sie gewinnen mit Rabattaktionen Neukunden und realisieren hohe Umsätze.◄

Cyber Monday

Der **Cyber Monday** ist der dem Thanksgiving-Wochenende folgende Montag. Der Cyber Monday ist das virtuelle Pendant zum Black Friday. Online-Händler bieten an diesem Tag erhebliche Rabatte, mittlerweile nutzen auch im europäischen Raum Online-Händler den Cyber Monday, da insbesondere Amazon diesen Tag in Deutschland und Europa für Verkaufsförderungsaktionen nutzt. Gelegentlich wird auch von einer Cyber Week gesprochen, wenn Online-Händler den Cyber Monday um weitere Verkaufstage verlängern.◄

Im Zuge der sich in der Gesellschaft verändernden Konsumeinstellungen mit dem Fokus auf Nachhaltigkeit, Ressourcenschonung und Umweltschutz haben sich in jüngster Zeit Gegenveranstaltungen zu den hochkommerziellen Shoppingevents gebildet. Diese prangern die **Rabattschlachten** an und verurteilen den impulsiven Konsum. So ist ein Green Friday als Gegenpool zum Black Friday ins Leben gerufen worden. Weitere **Aktionstage**

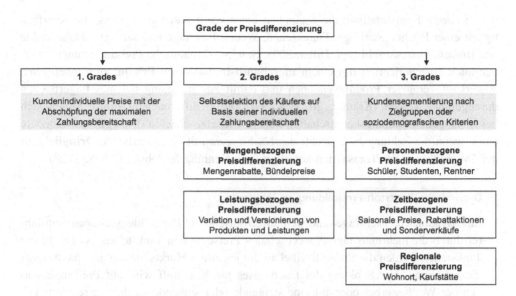

Abb. 6.4 Grade und Formen der Preisdifferenzierung. (Eigene Darstellung)

sind der White Monday, Giving Tuesday oder als extremster Gegenpol der „Kauf-dir-nix"-Tag Abb. 6.4 stellt in einer zusammenfassenden Übersicht noch einmal die verschiedenen Grade und Formen der Preisdifferenzierung mit Relevanz für den Online-Handel dar.

6.2.2.4 Dynamische Preisbildung

Bei der dynamischen Preisbildung (**Dynamic Pricing**) handelt es sich im Kern um eine temporäre Preisdifferenzierung (Kotler & Armstrong, 2014, S. 345 f.; Simon & Fassnacht, 2016, S. 525). Preise werden über softwaregesteuerte **Preisbildungsmechanismen** minutiös an die aktuelle Marktsituation von Angebot und Nachfrage angepasst (Diller, 2008, S. 453; Clausen, 2018; Meffert et al., 2015, S. 480). Mit integrierten **Forecasting-Tools** kann die Pricing Software Preisänderungseffekte in ihrem Umsatzpotenzial sekundenschnell simulieren (Singer & Baumgarten, 2020, S. 330). Beim **zeitbasierten Pricing** richtet sich die Preisgestaltung nach Angebot und Nachfrage. Bei einem konstanten Angebot steigen die Preise bei erhöhter Nachfrage, sie sinken mit einem Abflachen der Nachfrage. Variable Komponenten bei dieser in Deutschland am häufigsten eingesetzten Form des Dynamic Pricing sind zum einen die Häufigkeit (**Frequency**), zum anderen das Ausmaß (**Range**) der Preisänderungen sowie die **Gültigkeitsdauer** (Stunden, Minuten, Sekunden) einer aktualisierten Preissetzung (vgl. Vomberg et al., 2020, S. 665 und S. 657; Kenning & Pohst, 2016, S. 1127). In Erweiterung zu der primär wettbewerbsorientierten Preisbildung über **Repricing Tools** können die komplexen Algorithmen des Dynamic Pricing neben den Wettbewerbspreisen auch andere Faktoren einer sequenziellen Preisbildung zugrunde legen. Diese können der Zeitpunkt des Einkaufs,

das bisherige Kaufverhalten, die Knappheit eines verfügbaren Angebotes, die Kurzfris-
tigkeit einer Buchungsanfrage, Jahreszeiten, Wetter, Feiertage und saisonale Höhepunkte
wie Brauchtumsfeste sein (vgl. Diller, 2008, S. 453). Dynamische Preisanpassungen können auch kostenorientiert mit einem **merchandisingbasierten Pricing** zum rabattierten
Abverkauf veralteter Produktversionen und damit zur Räumung belegter Lagerflächen
durchgeführt werden (Krämer, 2020, S. 99). Durch differenzierte Preise lassen sich
bei heterogenen Zahlungsbereitschaften höhere Umsätze erzielen. Dies gilt insbesondere
dann, wenn die Zahlungsbereitschaft des Nachfragers mit einer zeitlichen **Dringlichkeit**
der Durchführung der Transaktion korreliert (vgl. Kenning & Pohst, 2016, S. 1128).

Dynamische Kraftstoff-Preisbildung an Tankstellen

Eine dynamische nachfrage- und wettbewerbsorientierte Preisbildung erleben Autofahrer durch die mehrmals täglich wechselnden Preise an den Tankstellen. Aus Sicht der
Tankstellen werden die Preise flexibel an die jeweilige Marktsituation angepasst. Über
die Erhöhung oder Senkung des Literpreises für Kraftstoff wird auf Preisanpassungen der Wettbewerber oder auf eine steigende oder sinkende Nachfrage reagiert. Die
Preise werden meistens erhöht, wenn beispielsweise zu Ferienbeginn oder langen Fei-
ertagswochenenden mit einer erhöhten Nachfrage zu rechnen ist, und Autofahrer keine
andere Wahl haben und tanken müssen. Über die Abschöpfung der Konsumentenrente
wird der Gewinn der Kraftstoffkonzerne erhöht.◄

Dynamic Pricing kann sowohl die Konsumenten- wie auch die Produzentenrente bedienen.
Bei einem knappen Angebot und hohen Preisen wie bei Restplätzen auf gut gebuch-
ten Flugstrecken erhöht sich die Produzentenrente, wenn der Flug trotz eines höheren
Preises vom Nachfrager gebucht wird. Bei einem schlecht ausgelasteten Flug kann
eine kurzfristige Preissenkung mit dem Ziel, eine höhere Auslastung des Fluges zu
realisieren, zu einer Steigerung der Konsumentenrente führen. Dieses seit den 1970er
Jahren als **Revenue Management** (vgl. Weatherford & Bodily, 1992, S. 833) oder **Yield
Management** (vgl. Klein & Steinhardt, 2008, S. 6) bekannte Konzept wird zur **Ertrags-
optimierung** in der Dienstleistungsbranche, vornehmlich von Fluggesellschaften und
Hotels praktiziert (vgl. Klein & Steinhardt, 2008, S. 6). Unter Einsatz softwaregestütz-
ter Informationssysteme erfolgt eine dynamische **Preis-Mengen-Steuerung,** die zu einer
gewinnoptimalen Nutzung vorhandener Restkapazitäten führen soll (vgl. Vomberg et al.,
2020, S. 665). Beim Revenue oder Yield Management geht es primär um die optimale
Auslastung der Ressourcen, während das Dynamic Pricing auch ohne Berücksichtigung
von **Ressourcenknappheiten** ein temporäres **Preisoptimum** durchzusetzen versucht (vgl.
Kenning & Pohst, 2016, S. 1127). Onlinenutzer kennen bei der Buchung von Flugrei-
sen die minutenschnell wechselnden Preissetzungen in den Online-Buchungsportalen der
Fluggesellschaften und der Reisebranche. Auch Flixbus (https://www.flixbus.de) reagiert
mit kurzfristigen **Preisanpassungen** auf eine hohe oder geringe Nachfrage. Da in aller

Regel die Nachfrage kurz vor den Abfahrtsterminen steigt, kann es in den Tagen davor zu häufigen Preissprüngen kommen (Singer & Baumgarten, 2020, S. 335). Denn für jede Fahrt muss eine optimale Auslastung der Sitzplätze erreicht werden. Unbesetzte Plätze können nach Abfahrt des Busses nicht mehr verkauft werden und schmälern den Deckungsbeitrag der Fahrt.

Aus Verbrauchersicht wird durch Dynamic Pricing die Preistransparenz eingeschränkt (vgl. Hosell, 2019, S. 20). Damit erhöht sich der Beobachtungs- und Vergleichsaufwand, da es an **Referenzpreisen** als Orientierungspunkt für Kaufentscheidungen mangelt (vgl. Krämer, 2020, S. 90). Mit **Preistracker-Apps** oder **Preisalarm-Apps** können Konsumenten die Produktpreise automatisiert verfolgen und einen Alarm einstellen, der auf einen günstigen Zeitpunkt zum Kauf hinweist (Hosell, 2019, S. 25). Die Nachverfolgung der **Preishistorie** eines Produktes zeigt die Spanne von **Preisdifferenzierungen** und gibt Anhaltspunkte für einen günstigen Kaufzeitpunkt. Abzugrenzen ist das Dynamic Pricing als häufige Preisanpassung für alle Konsumenten von individualisierten Preisen auf Einzelkundenebene.

6.2.2.5   Personalisierte Preisbildung

Während beim Dynamic Pricing eine Preisanpassung in dem jeweils gültigen Zeitfenster gleichermaßen für alle Konsumenten gilt, ist die personalisierte einzelkundenindividuelle Preisbildung darauf ausgerichtet, jedem Käufer einen seiner Zahlungsbereitschaft entsprechenden individuellen Preis in **Echtzeit** zu offerieren und damit das Preisoptimum bestmöglich abzuschöpfen (Krämer, 2020, S. 94; Hosell, 2019, S. 20). Personalisierte Preise entsprechen einer Preisdifferenzierung ersten Grades. Da die individuelle Zahlungsbereitschaft eines Onlinekäufers nicht bekannt ist, werden aus verfügbaren Informationen **Indikatoren** abgeleitet, die auf die Zahlungsbereitschaft schließen lassen (Vomberg et al., 2020, S. 658). Dafür muss der Online-Händler systemtechnisch in der Lage sein, aus **Big Data Analytics** (siehe Abschn. 2.5.3) kundenspezifische Informationen zu generieren, die eine Verdichtung der Daten zu einem aussagekräftigen **Kundenprofil** ermöglichen und eine Einschätzung des **Kundenverhaltens** in Bezug auf seine individuelle Zahlungsbereitschaft erlauben. Für die Ableitung von Einzelkundenprofilen können soziodemografische und psychografische Merkmale in der Kombination mit kaufverhaltensrelevanten Daten herangezogen werden. Alter, Geschlecht, Ausbildung, Beruf und Wohnort können auf differierende Zahlungsbereitschaften schließen lassen. Auch nicht-personenbezogene Daten können für eine personalisierte Preisbildung genutzt werden. Als **deviceorientiertes Pricing** kann die Verwendung des Zugriffsgerätes (Smartphone, Tablet, Laptop, Notebook, Desktop-PC) für eine Produkt-Preis-Recherche Aufschluss darüber geben, wie zeitintensiv eine Suche durchgeführt wird. Es wird davon ausgegangen, dass Smartphone-Nutzer aufgrund der kleinformatigen Bildschirmgröße weniger **Preisvergleiche** durchführen und Personen in teuren Wohnvierteln über eine höhere Kaufkraft verfügen und mehr zu zahlen bereit sind als Schnäppchenjäger in Wohngegenden mit geringer Kaufkraft. Der Besitz

eines hochpreisigen Smartphones der neuesten Produktgeneration lässt eine höhere Kaufkraft vermuten, die sich bei der Kaufentscheidung hochpreisiger **Qualitätsprodukte** in
geringerer Preissensibilität und damit auch höherer Zahlungsbereitschaft ausdrücken kann
(Kenning & Pohst, 2016, S. 1127). Ein intensives Such- und Informationsverhalten über
Preissuchmaschinen lässt auf eine geringere Zahlungsbereitschaft des Kaufinteressenten
schließen. Weitere Faktoren beziehen sich auf die Uhrzeit des Einkaufs, die Kaufhistorie
abgeschlossener Transaktionen, den Kundenstatus (Neukunde oder Stammkunde), Kun-
denkartenbesitz und Teilnahme an Loyalty-Programmen, die Häufigkeit und Dauer des
Besuchs einer Website und ihren Produktdetailseiten, die Suchhistorie, der Referrer, das
Betriebssystem des Devices oder den Browserzugriff.

Personalisierte Preise im Gebrauchtwagenhandel

Gebrauchtwagenhändler wie https://www.wirkaufendeinauto.de ermitteln für den
Ankauf von Fahrzeugen anhand einer vom Verkäufer vorzunehmenden Einschätzung
des Gebrauchtwagenzustandes sowie der Fahrzeugdaten einen Ankaufspreis, der dem
objektiven Restwert des Fahrzeugs bestmöglich entsprechen sollte. Mit der Abgabe
des Fahrzeugs an den Händler wird der Kaufvertrag unterzeichnet und der Kaufpreis
überwiesen.◄

Auch kundenindividuelle Preise unterliegen der Beurteilung einer **Preisfairness**. Diese
Einschätzung orientiert sich an einem vergleichbaren **Referenzpreis,** den der Kunde
über seine Recherche herauszufinden versucht. Deckt sich der Referenzpreis mit der
kundenindividuellen Preiseinschätzung, so wird ein personalisierter Preis als fair emp-
funden und akzeptiert (Bolton et al., 2007; Xia et al., 2004). Abweichungen zwischen
Kauf- und Referenzpreis müssen nicht zwangsläufig als unfair empfunden werden
(Vomberg et al., 2020, S. 661). Nach dem **Dual-Entitlement-Prinzip** haben Kunden einen
Anspruch auf Konditionen einer vergleichbaren Referenztransaktion und Anbieter einen
Anspruch auf einen **Referenzgewinn** (Kahnemann et al., 1986). Die Rahmenbedingungen der **Referenztransaktion** können sich durch höhere Selbstkosten des Unternehmens
(aktuell beispielsweise durch höhere Beschaffungskosten infolge der Inflation oder durch
gestörte Lieferketten) ändern. Eine **Preiserhöhung** erscheint Konsumenten als gerechtfer-
tigt, wenn der Referenzgewinn des Unternehmens durch verschärfte Marktbedingungen
(beispielsweise die Intensivierung des Wettbewerbs) oder **Kostensteigerungen** gefährdet ist (Kahnemann et al., 1986). Ein kundenindividueller Preis kann bei einem ansonsten
konstanten Basispreis eines Produktes auch über den Einsatz personalisierter Coupons und
Vouchers realisiert werden (Vomberg et al., 2020, S. 667). Kunden sehen individualisierte
Coupons als Wertschätzung ihrer Kundenloyalität und nehmen diese gegenüber individualisierten Preisen als legitimer wahr (Vomberg et al., 2020, S. 667). Abb. 6.5 visualisiert
noch einmal zusammenfassend die unterschiedliche Abschöpfung von Umsatzpotenzialen
bei der statischen, dynamischen und individuellen Preissetzung.

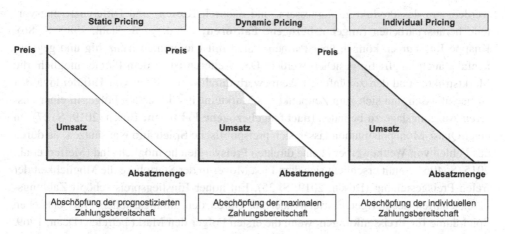

Abb. 6.5 Statische, dynamische und individuelle Preissetzung. (Eigene Darstellung)

6.3 Markteintrittsstrategien

Mit dem Markteintritt entscheidet ein Unternehmen, sein Produkt- und Leistungsprogramm in einem geografisch definierten Markt seiner avisierten Zielgruppe anzubieten. Ziel ist es, diesen Markt zu erschließen und das Marktpotenzial abzuschöpfen. Angesichts der Kurzlebigkeit von Wettbewerbsvorteilen im E-Commerce kommt dem Zeitpunkt des Markteintritts (Timing) eine hohe Bedeutung zu (Porter, 1980, S. 232). Unter Timing wird die Planung und Realisation des konkreten Markteintrittszeitpunktes verstanden (Meffert & Remmerbach, 1988, S. 334). Bei den **zeitorientierten Markteintrittsstrategien** stehen sich mit der Pionierstrategie (Abschn. 6.3.1) und der Folgerstrategie (Abschn. 6.3.2) zwei Pole gegenüber.

6.3.1 Pionierstrategie: First Mover

Start-ups der Internetökonomie erschließen etablierte Märkte mit einer neuen Produkt-Leistungskombination, indem sie als erste den internetbasierten Vertriebsweg in einer überwiegend durch traditionelle Vertriebswege geprägten Branche etablieren (Wamser, 2001, S. 81). Als Pioniere versuchen First Mover mit der frühen **Markteinführung** eines neuen Produktes oder eines neuen Services einen **Wettbewerbsvorteil** in Form eines zeitlichen Vorsprungs, dem **First Mover Advantage** aufzubauen (Karakaya & Stahl, 1989, S. 86). Dieser entsteht, wenn dem eigenen Angebot noch kein vergleichbares Angebot gegenübersteht und der First Mover sich in einer **Quasi-Monopolstellung** befindet (Remmerbach, 1988, S. 58). Ein First Mover Advantage baut sich aus angebots- und nachfragebezogenen Faktoren auf (Busch, 2019, S. 17). Der **Zeitvorsprung** kann genutzt werden, um das Produkt zu verbessern, und dadurch Kosten- und Differenzierungsvorteile herauszuarbeiten (**angebotsbezogene Faktoren;** Karakaya & Stahl, 1989, S. 86). Knappe Ressourcen können über Partnerschafen mit Lieferanten frühzeitig und gegebenenfalls auch langfristig gesichert werden. Des Weiteren ist es dem Pionier möglich, die Marktstruktur und den zukünftigen Wettbewerb durch den Aufbau von **Kundenloyalität** zu beeinflussen, um sich zum Zeitpunkt des Markteintritts der ersten Folger in einer besseren Ausgangslage zu befinden (**nachfragebezogene Faktoren;** Busch, 2019, S. 27). In einer Quasi-Monopolsituation lassen sich preispolitische **Spielräume** ausnutzen, da durch das Fehlen von Wettbewerbern keine direkten Preisvergleiche möglich sind (Meffert et al., 2015, S. 406). Somit erschließt sich dem First Mover in der Startphase die Möglichkeit der freien Preisgestaltung (Busch, 2019, S. 35). Ein hoher Einstiegspreis schöpft Zahlungsbereitschaften neugieriger Erstverwender ab. Durch den anfangs hohen Preis entstehen Spielräume für **Preissenkungen,** wenn die ersten Folger den Markt betreten (Dean, 1969, S. 174 f.).

First Mover erarbeiten sich einen Informationsvorteil gegenüber Folgern, da sie während ihrer **Alleinstellungsphase** Erkenntnisse über den Markt und die Konsumentenbedürfnisse sammeln (Busch, 2019, S. 34). Mit dem schnellen Aufbau von **Kundenbeziehungen** und einer nachhaltigen Kundenbindung werden **Markteintrittsbarrieren** geschaffen (Porter, 1980, S. 7 ff.; Remmerbach, 1988, S. 58). Mit technologischen Innovationen kann ein **Technikpionier** Image- und Reputationsvorteile aufbauen, wenn sich sein Produkt schnell als ein (Quasi-)Standard etabliert. **Lock-in-Effekte** basieren darauf, dass ein Kunde nur dann das Produkt wechselt, wenn der (erwartete) Nutzengewinn aus diesem Wechsel größer ist als der durch den Wechsel entstehende **Nutzenverlust** (Lieberman & Montgomery, 1988, S. 46). **Wechselbarrieren** müssten vom nachfolgenden Wettbewerber durch eine **Subventionierung,** beispielsweise in Form eines Startguthabens, einer Gebührenreduzierung oder niedrigeren Preisen abgebaut werden. Der First Mover geht ein hohes unternehmerisches Risiko ein, denn er kann sich nicht an erfolgreichen Wettbewerbern orientieren. Die Wahrscheinlichkeit eines möglichen Scheiterns in einem noch unbekannten oder noch nicht erschlossenen Markt ist hoch, wenn sich **Marktprognosen** als zu optimistisch erweisen, sich die erwartete Nachfrage nicht einstellt oder das Budget nicht ausreicht, um das neue Angebot intensiv zu bewerben.

6.3.2 Folgerstrategie: Second und Late Mover

Der Folger betritt einen Markt, der bereits durch mindestens ein Unternehmen bearbeitet wird (Wamser, 2001, S. 81). Nach dem Zeitpunkt des Markteintritts und dem Grad der Imitation oder Modifikation lassen sich Folger klassifizieren nach:

- **Frühe (Second Mover) und späte Folger (Late Mover):** Folger werden nach der seit dem Markteintritt des Pioniers verstrichenen Zeit als Early Follower oder Late Follower charakterisiert (Lieberman & Montgomery, 1988, S. 51). Frühe Folger betreten den Markt in seiner Entwicklungsphase, sie erkennen schnell das Potenzial des neuen Marktes und stellen sich bei meist noch geringen Markteintrittsbarrieren zeitnah mit einem Konkurrenzangebot dem Pionier entgegen (Schnaars, 1986, S. 30; Remmerbach, 1988, S. 61). Late Mover werden meist erst in der Wachstumsphase des Marktes aktiv, wenn sich das Geschäftsmodell des Pioniers bereits nachhaltig etabliert hat (Wamser, 2001, S. 81 f.; Volkmann & Tokarski, 2006, S. 224).
- **Imitierende versus modifizierende Folger:** Ein imitierender Folger ahmt das Produkt- und Leistungsangebot des Pioniers nahezu identisch nach. Ein modifizierender Folger grenzt sich dagegen bewusst vom Pionier ab, indem er eine ausgereiftere Produkt-Leistungskombination auf den Markt bringt (Volkmann & Tokarski, 2006, S. 225; Meffert et. al., 2015, S. 407). Die Abgrenzung vom First Mover kann durch Produktdifferenzierung, höhere Qualität, günstigere Preise oder durch einen überlegeneren Kundenservice erreicht werden.

Als härtester Konkurrent des Pioniers wird der erste Folger (**Second-to-Market**) angesehen, seine Ausgangssituation ist der des Pioniers am ähnlichsten (Busch, 2019, S. 21). Der erste Folger profitiert von der Marktaufbauleistung des Pioniers (**Free-Rider-Effekt;** Lieberman & Montgomery, 1988, S. 47) und partizipiert an den nun erkennbaren Marktpotenzialen (Remmerbach, 1988, S. 63; Schnaars, 1986, S. 33). Frühe Folgerstrategien im E-Commerce basieren häufig auf der Imitation eines Geschäftsmodells. Imitierende Start-ups werden auch als **Copycats** bezeichnet. Mit dem aus dem anglo-amerikanischen Sprachraum adaptierten Begriff werden Unternehmen oder Geschäftskonzepte bezeichnet, die eine reine **Nachahmung** bzw. eine fast mit dem Original übereinstimmende **Kopie** eines bereits im Zielmarkt erfolgreichen Unternehmens darstellen. Eine Geschäftsidee ist kaum vor Nachahmung geschützt, wenn sie nicht auf der Vermarktung einer patentierten Technologie oder auf einem nur schwer nachzuahmenden **Produktionsvorteil** basiert (Tönnesmann, 2012). Die Transparenz im Internet erleichtert es, neue Geschäftsideen schnell zu identifizieren. Der Onlineshop des Pioniers ist für Wettbewerber genauso offen wie für Kunden. Aufbau, Struktur und Design des Onlineshops können ebenso wie das Produkt- und Leistungsprogramm, Preis- und Servicestrategie auf Stärken und Schwächen analysiert werden. Probebestellungen werden durchgeführt, um die Lieferqualität und Lieferzuverlässigkeit zu prüfen. Erkannte Schwächen sind der Ansatz, um die **Imitation** mit einem besseren **Leistungsversprechen** zu positionieren. Der Onlineshop des Copycats gleicht dem des Pioniers in vielerlei Hinsicht. Kontakt- und Serviceelemente orientieren sich am Original, es sind die gleichen Gütesiegel integriert, AGBs und Datenschutzerklärung werden übernommen. Selbst der Aufbau und das Design der Website ist kaum vom Original zu unterscheiden. Die Copycat-Imitationsstrategie kann in zwei Ausprägungen differenziert werden:

- **Pionier und Copycat im gleichen Markt:** das Copycat tritt in direkte Konkurrenz zum Pionierunternehmen in dessen Heimatmarkt und greift dieses unmittelbar an.

- **Pionier und Copycat in getrennten Märkten:** das Copycat ist dem Geschäftsmodell eines erfolgreichen Pioniers in dessen Heimatmarkt entlehnt und wird als Kopie auf einen neuen Zielmarkt übertragen, sofern die Onlinenutzungsgewohnheiten und Onlinekaufpräferenzen der Konsumenten beider Länder vergleichbar sind. Für Zalandos Markteintrittsstrategie in den Online-Schuhhandel galt das US-amerikanische Unternehmen Zappos mit seiner ausgeprägten Kundenzentrierung als „Blue Print". Der Pionier erleidet keinen direkten Schaden, sofern er mit seiner **Internationalisierungsstrategie** nicht auch den Zielmarkt des imitierenden Unternehmens im Visier hat. Stellt das aus einem ausländischen Markt kopierte Geschäftsmodell ein neues Angebot im Heimatmarkt dar, dann wird das Copycat zu einem Pionier, wie Zalando für die Entwicklung des Online-Schuhhandels in Deutschland. Häufig werden erfolgreiche Geschäftskonzepte aus den USA als **„Inspiration"** für eine Imitation auf den deutschen Markt herangezogen.

Imitative-Copycat-Strategien werden kontrovers diskutiert. Copycats profitieren als **„Trittbrettfahrer"** vom Potenzial eines sich gerade entwickelnden Marktes, ohne dass sie das Risiko des ungewissen ersten Schrittes tragen mussten. Dabei sorgen Imitatoren ebenso für Wachstums- und Beschäftigungseffekte wie Innovatoren (vgl. Tönnesmann, 2012). Innovative Produkte von Folgerunternehmen führen den Pionier in ein **„Innovator's Dilemma"** (Christensen, 1997, S. 187 ff.), wenn er mit seinem Leistungsangebot oder seiner Ressourcenausstattung sich ändernde Kundenwünsche nicht mehr optimal bedienen kann. Dem späten Folger bietet sich durch eine disruptive Innovation die Option, Entwicklungsschritte des Pioniers und der frühen Folger zu überspringen (**Leapfrogging** = Bockspringen; Fudenberg et al., 1983, S. 3 ff.), und ein technologisch überlegeneres Produkt zu entwickeln (Schnaars, 1986, S. 33). Aus dem First Mover Advantage des Pioniers wird so ein **Fast Mover Advantage** (Kirchgeorg & Beyer, 2016, S. 413) des agil und flexibel reagierenden Folgers.

Fast Mover Advantage Google

Folger sind erfolgreicher, wenn es ihnen gelingt, das Ursprungsprodukt des Pioniers deutlich zu verbessern (Tönnesmann, 2012). Als die Google-Gründer 1996 ihre Suchmaschine (noch unter dem Namen BackRub, ab 1998 unter dem Namen Google) ins Internet stellten, nutzte die Mehrheit Lycos, Yahoo und Altavista für Online-Recherchen. Google entwickelte jedoch mit der PageRank-Technologie einen ausgefeilteren Algorithmus, der relevantere Ergebnisse als die etablierten Suchmaschinen lieferte (Volkmann & Tokarski, 2006, S. 91; Ramge, 2015, S. 116).◄

Während ein **angebotsorientiertes Leapfrogging** vor allem bei der Produktentwicklung im technologischen Umfeld aufgrund kurzer Innovationszyklen im Bereich Consumer Electronics zu beobachten ist, ergibt sich ein **nachfrageorientiertes Leapfrogging** durch das Überspringen von Hardware- und Software-Versionen, indem der Kauf eines weiterentwickelten neuen Smartphones oder eines Fernsehgerätes verschoben wird. Konsumenten sind sich der schnellen technologischen Weiterentwicklungen in bestimmten Produktkategorien bewusst und warten gezielt auf nachfolgende Generationen von Neuproduktentwicklungen (Boos & Peters, 2016, S. 133).

Late Mover Advantage Facebook in Deutschland

Die 2004 in den USA gegründete Social-Media-Plattform Facebook startete 2008 als Late Mover mit seinem deutschsprachigen Angebot. Zu diesem Zeitpunkt hatte das 2005 gegründete Social-Media-Netzwerk StudiVZ bereits eine etablierte Marktposition in Deutschland aufgebaut und mit seinen Ablegern SchülerVZ und meinVZ 8 Mio. registrierte Nutzer gewonnen (Schmidt, 2008). In den Folgejahren verloren die VZ-Netzwerke kontinuierlich Reichweite an Facebook und rückläufige Umsätze führten das Unternehmen 2017 in die Insolvenz. Der Fokussierung auf eher soziale Bezugsgruppen (Schüler, Studenten) bei den VZ-Netzwerken antwortete Facebook mit Internationalität, Kundenorientierung und einer ausgeprägten User Experience (Wohlert, 2011).◄

6.4   Wachstumsstrategien

Zitat

„Wenn Größe das entscheidende Kriterium wäre, müßten die Dinosaurier heute noch leben" (Wendelin Wiedeking in: Der Spiegel, 1999, S. 91).◄

Das Streben nach Wachstum und Größe manifestiert sich im E-Commerce in einem rasanten **Geschwindigkeitswettbewerb.** Hohe Investitionen in der Anfangsphase, der Wunsch von Risikokapitalgebern nach einer schnellen Monetarisierung des Investments und der frühe Markteintritt von agilen Folgern zwingen zu einer schnellen **Skalierung** des Geschäftsmodells (Gehrckens, 2019, S. 46). Wachstum zielt in der Entwicklungs- und Aufbauphase bei finanzstarken Start-ups auf **Umsatzsteigerung** als alles bestimmende Größe. Überleben wird das Start-up aber nur, wenn mit der sukzessiven **Amortisation** der hohen Investitionen das Geschäftsmodell über die Etablierung einer marktbeherrschenden Stellung in die Profitabilität geführt werden kann. Wachstumsstrategien können nach Ansoff in vier **Produkt-Markt-Kombinationen** (Marktfelder) differenziert werden, die auch kombiniert miteinander zum Einsatz kommen können (Ansoff, 1966, S. 132 ff.):

- **Marktdurchdringung** (Marktpenetration): mit dem gegenwärtigen Produkt- und Leistungsprogramm soll der Marktanteil im bestehenden Markt gesteigert werden. Dies erfordert eine intensivere Marktbearbeitung durch Marketingmaßnahmen, indem bisherige Nichtverwender zur Produktnutzung animiert, neue Kunden durch Abwerbung von der Konkurrenz gewonnen und/oder der Absatz bei Bestandskunden erhöht wird (Becker, 2009, S. 149 f.).
- **Marktentwicklung:** mit dem gegenwärtigen Produkt- und Leistungsprogramm werden neue geografische Märkte und Zielgruppen erschlossen (vgl. Meffert et al., 2015, S. 255). Die Marktentwicklung wird meist von Unternehmen forciert, die in ihrem gesättigten Kernmarkt die Marktführerschaft erreicht haben (Ahlert et al., 2018, S. 88).
- **Produktentwicklung:** im bestehenden Markt werden neue Produkte oder Produktvarianten eingeführt. Dabei kann es sich um Produkt- oder Serviceinnovationen handeln, aber auch um Innovationen im Sinne echter Marktneuheiten oder eine Programmerweiterung durch Entwicklung zusätzlicher Produktvarianten (Meffert et al., 2015, S. 255). Ein Online-Händler treibt Produktinnovationen voran, indem er Eigenmarken kreiert und produziert (beispielsweise Amazon Kindle E-Book-Reader, Amazon Fire TV Stick und Echo Smart Speaker).
- **Diversifikation:** neue Produkte und Leistungen werden für neue Märkte entwickelt. Dabei kann zwischen **horizontaler Diversifikation** (Erweiterung in der Breite des Leistungsprogramms), **vertikaler Diversifikation** (Erweiterung in vorgelagerte = Rückwärtsintegration oder nachgelagerte Wertschöpfungsstufen = Vorwärtsintegration) oder **lateraler Diversifikation** (Vorstoß in völlig neue Produkt- und Marktsegmente) unterschieden werden (Meffert et al., 2015, S. 256). Amazon diversifizierte erfolgreich in den B2B-Bereich, indem man sich als IT-Dienstleister (Amazon Web Services) positionierte. Mit der Übernahme von Whole Foods im Jahre 2017 realisierte das Unternehmen eine laterale Diversifikation in den ihm bis dato unbekannten stationären Lebensmitteleinzelhandel.

Im dynamischen Wettbewerbsumfeld des E-Commerce wird exponentielles Wachstum von ehrgeizigen Start-ups häufig mit der zeitnahen Umsetzung mehrerer der oben beschriebenen Strategieansätze in schnell getakteter Abfolge realisiert. Marktdurchdringung, Markt- und Produktentwicklung und Diversifikation werden nahezu synchron oder in schneller sequentieller Folge vorangetrieben. Sortimente werden erweitert, neue Services kreiert und parallel neue Märkte und Zielgruppen erschlossen. Eine wesentliche Komponente der Wachstumsstrategie ist aufgrund der weltweiten Verfügbarkeit des Internets die **Internationalisierung** und als Königsweg die anschließende **Globalisierung.** Ein ehrgeiziges Wachstum geht mit hohem **Kapitaleinsatz** einher, denn dies erfordert großzügige Marketingbudgets für die Marktdurchdringung und Marktentwicklung. Verluste werden von finanzkräftigen Investoren in Kauf genommen, um mit der wachsenden Unternehmensgröße **Skaleneffekte** zu realisieren. Dieses „Wachstum um jeden Preis" **(Get-Big-Fast-Strategie)** zielt auf den schnellen Aufbau und die Festigung einer dominierenden Marktposition über ein hohes Umsatzvolumen. Ein rasantes Wachstum ist allerdings mit schwer kalkulierbaren **Risiken** verbunden. Die Unternehmensorganisation muss in ihrer Führungs- und Kommunikationsstruktur mitwachsen und gleichzeitig flexibel bleiben. Shulman und Stallkamp plädieren für die **Getting-Bigger-by-Growing-Smaller-Strategie,** indem mit Strategic Entrepreneurial Units von Mitarbeitern geführte Start-ups als kleine und agile Einheiten aus starren und schwerfälligen Konzernstrukturen herausgelöst werden, um dadurch neue **Marktchancen** schneller ergreifen zu können (Shulman & Stallkamp, 2004). Wachstumsstrategien können in der Internetökonomie organisch als internes Wachstum und/oder anorganisch als externes Wachstum vorangetrieben werden.

▶   **Merke!** Ambitionierte Start-ups mit ausreichend finanziellen Mitteln versuchen in aller Schnelle eine hohe Kundenbasis aufzubauen. Die Anzahl der Kunden und der realisierte Umsatz sind die entscheidenden Steuerungsgrößen. Auf Profitabilität wird in der alleinigen Konzentration auf Wachstum und Expansion zunächst verzichtet.

6.4.1   Organisches Wachstum

Organisches Wachstum erfolgt als internes Wachstum aus dem Unternehmen heraus, indem das Produkt- und Leistungsprogramm erweitert sowie neue Märkte und Zielgruppen erschlossen werden (Thommen & Achleitner, 2012, S. 89). Das organische Wachstum wird mit der Ausschöpfung unternehmensinterner **Ressourcen** über die bestehenden **Wertschöpfungsstrukturen** und **Wertschöpfungsprozesse** realisiert (Volkmann & Tokarski, 2006, S. 397). Dafür muss Kapital zur Verfügung stehen, welches entweder aus dem operativen Ergebnis des laufenden Geschäftes erwirtschaftet oder in Form von Krediten und Darlehen fremdfinanziert wird. Ein organisches Wachstum beansprucht einen längeren **Zeithorizont,** kann dadurch aber nachhaltiger umgesetzt werden. Als quantitative Größe manifestiert sich das Unternehmenswachstum in der kontinuierlichen Steigerung der Umsätze. Dafür sind **Investitionen** erforderlich, indem mit Werbung die **Neukundengewinnung** intensiviert und über die sukzessive Erweiterung des Sortiments der durchschnittliche Bestellwert pro Kunde erhöht wird. Im E-Commerce kann **Umsatzwachstum** über die Erweiterung der Vertriebswege mit dem Aufbau stationärer Filialen und über die Strategie der Plattformökonomie umgesetzt werden. Durch die Erweiterung des Onlineshops zu einem Online-Marktplatz wird das Sortiment durch Partnerprogramme (siehe Abschn. 2.3.2) ausgebaut. Aus einer gefestigten Position im **Kernmarkt** kann das organische Wachstum durch die Internationalisierung forciert werden. Mit dem Umsatzwachstum einhergehen muss eine optimale Ausschöpfung der internen Ressourcen und der Ausbau von Ressourcen durch die Erhöhung der Mitarbeiterzahl und

Anpassungs- bzw. Erweiterungsinvestitionen, beispielsweise der Auf- und Ausbau einer unternehmenseigenen **Logistik** oder die Erhöhung der **Produktionskapazität.**

Automatisierung der Mass-Customization-Produktion

Während die ersten Müsli-Bestellungen beim 2007 gegründeten Start-up mymuesli noch von Hand gemixt wurden, folgte im Januar 2012 die Inbetriebnahme einer über drei Jahre entwickelten vollautomatisierten Müsli-Mix-Abfüllanlage in der Passauer Manufaktur und damit eine erhebliche Rationalisierung des Produktionsprozesses (mymuesli, 2023).◄

Abb. 6.6 zeigt die aufeinanderfolgenden Schritte eines organischen Wachstumspfades und demonstriert am Unternehmensbeispiel Zalando, wie dort ein expansives Wachstum in den ersten vier Jahren von der Unternehmensgründung im Oktober 2008 bis 2012 umgesetzt wurde.

6.4.2   Anorganisches Wachstum

Das anorganische Wachstum fokussiert die Umsetzung der Expansionsstrategie auf den **Zukauf** von Wettbewerbern (mehrheitliche Übernahme), die **Beteiligung** an Unternehmen (Minderheitsbeteiligung), den Aufbau von **Joint Ventures** (Risikoteilung) oder die **Fusion** mit einem Wettbewerber (Volkmann & Tokarski, 2006, S. 397 ff.; Thommen & Achleitner, 2012, S. 89 f.). Durch das anorganische Wachstum können **Wachstumsziele** schnell und sprunghaft erreicht werden. Die Übernahme von oder die Kooperation mit einem Wettbewerber erspart eine fortwährende, mit hohem Ressourceneinsatz verbundene Marktauseinandersetzung mit dem Konkurrenten. Das anorganische Wachstum der Übernahme von Wettbewerbern ist kapitalintensiv und daher eher die strategische Ausrichtung von Unternehmen mit ausreichender Finanzkraft. Anorganisches Wachstum setzt darauf, den **Unternehmenswert** schnellstmöglich zu steigern. Mit einer anorganischen Wachstumsstrategie können folgende Vorteile realisiert werden (Volkmann & Tokarski, 2006, S. 399; Thommen & Achleitner, 2012, S. 90 f.):

- Erzielung von Synergieeffekten: Erwerb komplementärer Ressourcen oder Effizienzsteigerung durch den Zukauf kombinierbarer Ressourcen. Ausgleich knapper eigener Ressourcen
- Übernahme qualifizierter Mitarbeiter des Wettbewerbers, sprunghafte Gewinnung von Know-how
- Konsolidierung des Umsatzes bei einer mehrheitlichen Unternehmensübernahme
- Nutzung von Netz(werk)effekten und Erfahrungskurveneffekten

Startsortiment (schmal/flach) in einer Warenkategorie in einem Kernmarkt
- Bekanntmachung. Erzielung einer hohen Besuchsfrequenz durch intensive Werbung
- Conversion: Konvertierung Besucher zu Erstkäufern
- Wiederkaufrate: Konvertierung Erstkäufer zu Stammkunden

Beispiel Zalando: Start Oktober 2008 als Online-Schuhhändler. Erweiterung des Startsortiments in Breite und Tiefe, Platzierung Markenartikel. 2009 Beginn der TV-Werbekampagne „Schrei vor Glück"

Sortimentsausbau, Sortimentserweiterung
- Diversifikation: Ausweitung des Sortiments auf weitere Warenkategorien und Artikelgruppen
- Gewinnung von Neukunden im Kernmarkt
- Conversion: Erhöhung durchschnittlicher Bestellwert pro Kunde durch Warengruppenverbundeffekte

Beispiel Zalando: 2010: Erweiterung des Sortiments um Mode, Sports und Beauty. 2011: Ausbau des Sortiments mit der Kategorie Zalando Wohnen

Expansion im Kernmarkt: Aufbau einer dominanten Marktposition
- Affiliate-Programme. Kundenbindung: Ausbau Services
- Investitionen in Logistik und Ausbau der Vertriebskanäle
- Erweiterung des Onlineshops zur Marktpatz-Plattformökonomie

Beispiel Zalando: 2010: Zalando Lounge. Zalando Fashion Magazin. 2012: Inbetriebnahme des ersten Logistikzentrums in Erfurt. 2012: Eröffnung erster Outletstore in Berlin

Geografische Expansion
- Internationalisierung
- Globalisierung

Beispiel Zalando: 2010: Niederlande, Frankreich. 2011: Großbritannien, Österreich und Schweiz. 2012: Spanien, Polen, Belgien, Schweden, Norwegen, Finnland und Dänemark

Abb. 6.6 Organischer Wachstumspfad Zalando 2008–2012. (Adaptiert nach Deges, 2020, S. 131; mit freundlicher Genehmigung von © Springer Fachmedien Wiesbaden GmbH 2020. All Rights Reserved)

- Schneller Zugang zu Märkten, Stärkung der Marktpräsenz und des Marktanteils, Überwindung von Markteintrittsbarrieren, Erweiterung der Produktpalette

Risiken bestehen in der meist zeit- und aufwandsintensiven Integration des akquirierten Unternehmens in die Organisation des eigenen Unternehmens. Dies betrifft nicht nur eine Vereinheitlichung und **Integration** der IT-Systeme, sondern auch die Überwindung von Widerständen der übernommenen Mitarbeiter bei der Integration in die Führungskultur. Übernahmegerüchte befeuern auch die Fantasien der Aktienanleger. So war das im Januar 2019 in der medialen Öffentlichkeit kolportierte Gerücht eines Interesses von Alibaba an einer Übernahme von Zalando Auslöser von Kurssprüngen an der Börse (Pohlgeers, 2019).

Tab. 6.1 Beispiele anorganisches Wachstum durch Zukäufe. (Aus Deges, 2020, S. 133; mit freundlicher Genehmigung von © Springer Fachmedien Wiesbaden GmbH 2020. All Rights Reserved)

Jahr	Übernahme	Volumen und Strategie
2016	Microsoft übernimmt LinkedIn (Postinett, 2016)	26,2 Mrd. $. Diversifikation in Social Media. LinkedIn-User als Zielgruppe für Microsoft Produkte
2014	Facebook übernimmt WhatsApp (Lindner, 2014)	19 Mrd. $ (4 Mrd. $ Cash + Facebook Aktien). Ausbau des Messenger-Angebotes. WhatsApp als Ergänzung zum Facebook Messenger
2012	Facebook übernimmt Instagram (Lindner, 2012; Mortsiefer, 2012)	1 Mrd. $ (300 Mio. $ Cash + Facebook Aktien). Erweiterung des Social-Media-Angebotes von Facebook
2011	Microsoft übernimmt Skype (Wilkens, 2011)	8,5 Mrd. $. Diversifikation in den Markt der Internet-Telefonie
2006	Google übernimmt YouTube (Berchem, 2006)	1,6 Mrd. $. Diversifikation in den Online-Video-Markt. Ausbau YouTube als Werbemodell

---

Übernahme Alando durch eBay

Die anorganische Übernahme der Online-Auktionsplattform Alando durch eBay markierte im Jahr 1999 den Start von eBay in Deutschland. Alando war erst im Frühjahr 1999 als eBay-Copycat in Deutschland gegründet worden. Noch im gleichen Jahr kaufte der US-Konzern den drei Gründern das Unternehmen für einen zweistelligen Millionenbetrag ab, um die Erschließung des deutschen Marktes auf dem Fundament von Alando aufzusetzen (Klostermeier, 1999).◄

Wie Tab. 6.1 zeigt, sind es vor allem kapitalstarke US-amerikanische Global Player oder Großunternehmen der Internetökonomie, die durch Zukäufe anorganisches Wachstum realisieren. Als börsennotierte Aktiengesellschaften haben sie die Option, neben einer **Barabfindung** den Anteilseignern des zu übernehmenden Unternehmens auch **Aktien** oder **Aktienoptionen** anbieten zu können.

6.4.3   Internationalisierung und Globalisierung

Ein Unternehmen agiert international, wenn es seine Produkte auf einem oder mehreren ausländischen Märkten bis hin zu einer weltweit globalen Vermarktung anbietet (Barth et al., 2015, S. 158). Ziel der **Internationalisierung** ist die systematische Erweiterung der Absatzmärkte, um in neuen Märkten außerhalb des originären Kernmarktes **Umsatzpotenziale** abzuschöpfen. Dies geschieht, wenn beispielsweise der Heimatmarkt gesättigt ist und Umsatzsteigerungen nur über die Ausweitung des geografischen Absatzgebietes zu erreichen sind. Die höchste Entwicklungsstufe einer konsequenten Internationalisierung stellt mit der Globalisierung die Transformation eines im regionalen Heimatmarkt gestarteten Unternehmens zum **Global Player** dar, der seine Produkte und Leistungen rund um den Globus anbietet. Die grenzüberschreitende Wettbewerbsdynamik im E-Commerce erlaubt eine schnelle Internationalisierung, wenn ausreichend finanzielle Mittel für die Expansion zur Verfügung stehen. Bei der **Wasserfallstrategie** werden die **Auslandsmärkte** sukzessive nacheinander, mit der **Sprinklerstrategie** mehrere Auslandsmärkte gleichzeitig und nahezu zeitsynchron erschlossen (Ohmae, 1985, S. 33 und S. 44). Eine Internationalisierung über die Wasserfallstrategie erstreckt sich somit über einen längeren Zeitraum als die Sprinklerstrategie (Wirtz, 2013, S. 811). Ein Vorteil des sukzessiven Vorgehens ist der zeitlich versetzte Ressourcenbedarf. Das Unternehmen konzentriert seine begrenzten Ressourcen erst dann auf den nächsten Auslandsmarkt, wenn der vorherige erschlossen ist. Konträr dazu ist der Nachteil der Sprinklerstrategie bei einem simultanen Markteintritt in mehrere Länder in seinem hohen **Ressourcenaufwand** und dem komplexeren Organisations- und **Koordinationsaufwand** begründet (Wirtz, 2013, S. 811 f.). Beide Strategien können kombiniert oder im Wechsel zum Einsatz kommen (Stallmann & Wegner, 2015, S. 250 ff.). So können beispielsweise mit einer Sprinklerstrategie als ähnlich wahrgenommene Märkte zeitgleich erschlossen werden, während der Markteintritt in Länder mit abweichenden Charakteristika über eine Wasserfallstrategie zeitlich versetzt erfolgt (Wirtz, 2013, S. 813 f.).

Als **polyzentrische Wachstumsstrategie** erfolgt die Internationalisierung mit einer hohen Entscheidungsautonomie der Tochtergesellschaften und einer an den regionalen Gegebenheiten ausgerichteten Führung mit lokalem Personal (Engelhard, 2018a). Die **geozentrische Wachstumsstrategie** ist dadurch gekennzeichnet, dass eine zentrale Steuerung mit einem hohen Grad an Standardisierung bei nur geringer Autonomie der ausländischen Tochtergesellschaften eine hohe globale Effizienz der **Auslandsexpansion** sicherstellt (Engelhard, 2018b). Die Erschließung ausländischer Märkte ist aufwändig. Allerdings geht es im E-Commerce nicht um den kapitalintensiven Aufbau von Produktionsstätten wie bei internationalisierenden Produktionsbetrieben, oder dem Aufbau einer stationären Filialstruktur wie bei internationalisierenden Handelsbetrieben. Online-Händler profitieren davon, dass ihr Geschäftsmodell innerhalb kürzester Zeit über Ländergrenzen hinweg skalierbar ist (Bolz & Höhn, 2019, S. 193). Extrem wachstumsfokussierte Geschäftsmodelle warten nicht ab, bis der Heimatmarkt gesättigt oder im Kernmarkt der **Break Even** erreicht ist. So investierte das mit **Risikokapital** finanzierte Start-up Zalando bereits ein Jahr nach der Gründung in die Erschließung ausländischer Märkte, während der Heimatmarkt Deutschland noch operative Verluste schrieb. Kostenintensiv wird eine fortschreitende Internationalisierung durch die Notwendigkeit, ab einer gewissen Ausdehnung der Internationalisierung in den Auslandsmärkten logistische Kapazitäten aufzubauen. Bei einer geografisch begrenzten Internationalisierung in unmittelbar benachbarte Auslandsmärkte kann die **Logistik** noch aus den Zentral- oder Regionallagern des Heimatmarktes bedient werden. Je volumenintensiver die Internationalisierung voranschreitet, um so eher muss die Logistik dezentralisiert werden.

Die **Skalierung** des Geschäftsmodells auf internationale Märkte bedarf in der Frontend-Kundenschnittstelle der Adaption des Onlineshops auf unterschiedliche Länderversionen, indem neben Sprache auch Sortiment und Preise, Zahlungsarten und Lieferbedingungen angepasst werden. Des Weiteren sind rechtliche Anforderungen, die Charakteristika der Zielgruppe, Werbe- oder Vertriebsverbote für bestimmte Produkte, landesspezifische Besonderheiten und kulturelle Unterschiede zu berücksichtigen (Stallmann & Wegner, 2015, S. 210 ff.). Daraus erwächst eine zunehmende „virtuelle Filialisierung" durch länderspezifische Onlineshops, die sich in einer **Multi-Shop-Strategie** niederschlägt. Im grenzüberschreitenden E-Commerce versuchen Online-Händler über **Geoblocking** den Zugriff ihrer Kunden auf die länderspezifischen Onlineshops zu kanalisieren und, basierend auf der IP-Kennung ihres Standortes, auf den Onlineshop umzuleiten, der dem lokalen Aufenthaltsort des zugreifenden Nutzers entspricht (Schulz & Zdanowiecki, 2018). Das EU-Parlament sah darin eine grenzüberschreitende „Diskriminierung". Die im Dezember 2018 in Kraft getretene **Geoblocking-Verordnung** regelt, dass Kunden innerhalb der EU gleichbehandelt werden müssen. Sie dürfen nicht an einem Produktkauf in einem der ausländischen Onlineshops des Anbieters durch technische Barrieren wie dem automatischen **IP-Adressen-Routing** gehindert werden (Schulz & Zdanowiecki, 2018).

Lernkontrolle

1. Differenzieren Sie Wachstumsstrategien nach ihrer Produkt-Markt-Kombination.
2. Skizzieren Sie die verschiedenen Formen der Preisdifferenzierung.
3. Grenzen Sie die Begriffe polyzentrische und geozentrische Wachstumsstrategie voneinander ab.
4. Welche Dimensionen der Sortimentsgestaltung werden unterschieden?
5. Wodurch unterscheidet sich ein anorganisches von einem organischen Wachstum?

Literatur

Ahlert, D., Kenning, P., & Brock, C. (2018). *Handelsmarketing*. Springer Gabler.
Anderson, C. (2004). The long tail. *Wired Magazine, 10,* 170–177.
Ansoff, H. I. (1966). *Management-Strategie*. Verlag Moderne Industrie.
Barth, K., Hartmann, M., & Schröder, H. (2015). *Betriebswirtschaftslehre des Handels*. Springer Gabler.
Becker, J. (2009). *Marketing-Konzeption*. Vahlen.
Berchem, A. (2006). Google kauft youTube. https://www.zeit.de/online/2006/41/google-tube. Zugegriffen: 18. März 2019.

Bofinger, P. (2015). *Grundzüge der Volkswirtschaftslehre - Eine Einführung in die Wissenschaft von Märkten*. Pearson.

Bolton, R. N., Grewal, D., & Levy, M. (2007). Six strategies for competing through service: An agenda for future research. *Journal of Retailing, 1*, 1–4.

Bolz, J., & Höhn, J.-F. (2019). Die Digitalisierung des Vertriebs in der Konsumgüterindustrie. In G. Heinemann, H. M. Gehrckens, & T. Täuber (Hrsg.), *Handel mit Mehrwert* (S. 183–209). Springer Gabler.

Boos, P., & Peters, C. (2016). Digitales Wachstum in China am Beispiel von Alibaba. In G. Heinemann, H. M. Gehrckens, & U. J. Wolters (Hrsg.), *Digitale Transformation oder digitale Disruption im Handel* (S. 127–151). Springer Gabler.

Brandtweiner, R. (2000). *Differenzierung und elektronischer Vertrieb digitaler Informationsgüter*. Symposion Publishing.

Bundeskartellamt. (2013). Amazon gibt Preisparität endgültig auf. https://www.bundeskartellamt. de/SharedDocs/Meldung/DE/Meldungen%20News%20Karussell/26_11_2013_Amazon.html. Zugegriffen: 25. Febr. 2019.

Busch, S. (2019). *Pionier-Vorteile am Beispiel der Internet-Ökonomie*. Springer Gabler.

Christensen, C. M. (1997). *The innovator's dilemma*. Harvard Business Review Press.

Clausen, G. (2018). Dynamisches Pricing. https://wirtschaftslexikon.gabler.de/definition/dynamisches-pricing-53646/version-276718. Zugegriffen: 19. Febr. 2023.

Clement, R. (2001). Preis- und Erlösstrategien auf elektronischen Märkten. *WISU, 8–9*, 1176–1181.

Clement, R., & Schreiber, D. (2016). *Internet-Ökonomie*. Springer Gabler.

Dean, J. (1969). Pricing pioneering products. *The Journal of Industrial Economics, 3*, 165–179.

Deges, F. (2020). *Grundlagen des E-Commerce. Strategien, Modelle, Instrumente*. Springer Gabler.

Spiegel, D. (1999). „Die Welt tickt zu einseitig". Porsche-Vorsitzender Wendelin Wiedeking über das weltweite Fusionsfieber, reines Profitstreben und die soziale Verantwortung des Unternehmers. *Spiegel, 3*, 90–91.

Diller, H. (2008). *Preispolitik*. Kohlhammer.

Eckert, C., & Wolk, A. (2011). Different channel – different price? Investigating the practice of multi-channel-price-differentiation. *GfK MIR, 2*, 50–53.

Engelhard, J. (2018a). polyzentrisch. https://wirtschaftslexikon.gabler.de/definition/polyzentrisch-44314. Zugegriffen: 31. März 2019.

Engelhard, J. (2018b). geozentrisch. https://wirtschaftslexikon.gabler.de/definition/geozentrisch-36628. Zugegriffen: 31. März 2019.

Fudenberg, D., Gilbert, R., Stiglitz, J., & Tirole, J. (1983). Preemption, leapfrogging and competition in patent races. *European Economic Review, 1*, 3–31.

Gehrckens, H. M. (2019). Das Transformationsdilemma im Einzelhandel. In G. Heinemann, H. M. Gehrckens, & T. Täuber (Hrsg.), *Handel mit Mehrwert* (S. 43–70). Springer Gabler.

Hauschildt, J. (1977). *Entscheidungsziele*. Mohr Siebeck.

Heinemann, G. (2018). *Der neue Online-Handel*. Springer Gabler.

Homburg, C., Lauer, K., & Vomberg, A. (2019). The multichannel pricing dilemma: Do consumers accept higher offline than online prices? *International Journal of Research in Marketing, 4*, 597–612.

Hosell, S. (2019). Individualisierte Preise und Dynamic Pricing im Internet. Eine Betrachtung aus Konsumentensicht. In L. Winnen, A. Rühle, & A. Wrobel (Hrsg.), *Innovativer Einsatz digitaler Medien im Marketing* (S. 19–27). Springer Gabler.

Hutzschenreuter, T. (2000). *Electronic Competition*. Gabler.

Jäger, R. (2016). *Multi-Channel im stationären Einzelhandel*. Springer Gabler.

Kahnemann, D., Knetsch, J. L., & Thaler, R. (1986). Fairness as a constraint on profit seeking: Entitlements in the market. *American Economic Review, 4*, 728–741.

Karakaya, F., & Stahl, M. (1989). Barriers to entry and entry market decisions in consumer and industrial goods markets. *Journal of Marketing, 2,* 80–91.

Kemper, F. (2021). 10 Dinge, die Sie zum „Singles Day" wissen müssen. https://www.sazsport.de/handel/e-commerce/zehn-dinge-singles-day-wissen-2709095.html. Zugegriffen: 17. Mai. 2023.

Kenning, P., & Pohst, M. (2016). Dynamic Pricing. *WISU, 10,* 1125–1130.

Kirchgeorg, M., & Beyer, C. (2016). Herausforderungen der digitalen Transformation für die markt-orientierte Unternehmensführung. In G. Heinemann, H. M. Gehrckens, & U. J. Wolters (Hrsg.), *Digitale Transformation oder digitale Disruption im Handel* (S. 399–422). Springer Gabler.

Klein, R., & Steinhardt, C. (2008). *Revenue Management: Grundlagen und mathematische Methoden.* Springer.

Klostermeier, J. (1999). Ebay übernimmt Online-Auktionshaus Alando.de. https://www.zdnet.de/2047925/ebay-uebernimmt-online-auktionshaus-alando-de/. Zugegriffen: 17. Febr. 2019.

Kollmann, T. (2013). *Online-Marketing.* Kohlhammer.

Kollmann, T. (2016). *E-Entrepreneurship.* Springer Gabler.

Kotler, P., & Armstrong, G. (2014). *Principles of marketing.* Pearson.

Krämer, A., Kalka, R., & Ziehe, N. (2016). Personalisiertes und dynamisches Pricing aus Einzelhandels- und Verbrauchersicht. *Marketing Review St. Gallen, 6,* 28–37.

Krämer, A. (2020). Dynamische und individuelle Preise aus Unternehmens- und Verbrauchersicht. In R. Kalka & A. Krämer (Hrsg.), *Preiskommunikation* (S. 89–106). Springer Gabler.

Laudon, K. C., Laudon, J. P., & Schoder, D. (2010). *Wirtschaftsinformatik. Eine Einführung.* Pearson.

Lieberman, M., & Montgomery, D. (1988). First-mover advantages. *Strategic Management Journal Special Issue: Strategy Content Research* (9), 41–58.

Linde, F. (2008). Pricing-Strategien bei Informationsgütern. *WISU, 2,* 208–214.

Lindner, R. (2012). Facebook kauft Fotodienst Instagram. https://www.faz.net/aktuell/wirtschaft/milliardenuebernahme-facebook-kauft-fotodienst-instagram-11712630.html. Zugegriffen: 18. März 2019.

Lindner, R. (2014). Facebook kauft Whatsapp. Mark Zuckerbergs Mega-Deal. https://www.faz.net/aktuell/wirtschaft/agenda/facebook-kauft-whatsapp-mark-zuckerbergs-mega-deal-12811209.html. Zugegriffen: 18. März 2019.

Meckes, R., & Reinhardt, I. (2019). Preis als multifunktionales Instrument der Markenführung. In F.-R. Esch (Hrsg.), *Handbuch Markenführung* (S. 1365–1376). Springer Gabler.

Meffert, H., Burmann, C., & Kirchgeorg, M. (2015). *Marketing.* Springer Gabler.

Meffert, H., & Remmerbach, K.-U. (1988). Marketingstrategien in jungen Märkten. *Die Betriebswirtschaft, 3,* 331–346.

Mortsiefer, H. (2012). Facebook kauft Instagram. Eine Milliarde Dollar für eine Idee. https://www.tagesspiegel.de/wirtschaft/facebook-kauft-instagram-eine-milliarde-dollar-fuer-eine-idee/6493154.html. Zugegriffen: 18. März 2019.

Müller-Hagedorn, L., Toporowski, W., & Zielke, S. (2012). *Der Handel.* Kohlhammer.

mymuesli. (2023). Die mymuesli story. https://www.mymuesli.com/ueber-uns/story. Zugegriffen: 14. März 2023.

Ohmae, K. (1985). *Die Macht der Triade.* Gabler.

Pohlgeers, M. (2019). Könnte Alibaba bald Zalando übernehmen? https://www.onlinehaendler-news.de/online-handel/haendler/130271-alibaba-zalando-uebernehmen. Zugegriffen: 24. Febr. 2019.

Porter, M. E. (1980). *Competitive strategy: Techniques for analyzing industries and competitors.* Free Press.

Porter, M. E. (2014). *Wettbewerbsvorteile. Spitzenleistungen erreichen und behaupten.* Campus.

Postinett, A. (2016). Microsoft kauft Linkedin. https://www.handelsblatt.com/finanzen/maerkte/aktien/microsoft-kauft-linkedin-analysten-sehen-uebernahme-als-notausstieg/13731390.html. Zugegriffen: 18. März 2019.

Ramge, T. (2015). Der Kampf der Copycats. *BrandEins, 1*, 114–123.

Remmerbach, K.-U. (1988). *Markteintrittsentscheidungen*. Gabler.

Schmidt, H. (2008). Deutsches Facebook ist gestartet. https://blogs.faz.net/netzwirtschaft-blog/2008/03/01/deutsches-facebook-ist-gestartet-215/. Zugegriffen: 17. Febr. 2019.

Schnaars, S. (1986). When entering growth markets, are pioneers better than poachers? *Business Horizons, 2*, 27–36.

Schulz, E., & Zdanowiecki, K. (2018). Wenn das Geoblocking wegfällt: Was Onlinehändler jetzt beachten müssen. https://etailment.de/news/stories/Recht-Wenn-das-Geoblocking-wegfaellt-Was-Onlinehaendler-jetzt-beachten-muessen-21132. Zugegriffen: 25. Febr. 2019.

Seyffert, R. (1972). *Wirtschaftslehre des Handels*. Westdeutscher Verlag.

Shulman, J. M., & Stallkamp, T. T. (2004). *Getting bigger by growing smaller. A new growth model for corporate America*. FT Prentice Hall.

Simon, H., & Fassnacht, M. (2016). *Preismanagement*. Springer Gabler.

Singer, P., & Baumgarten, S. (2020). Die Rolle der Preisdarstellung im eCommerce. In R. Kalka & A. Krämer (Hrsg.), *Preiskommunikation* (S. 325–338). Springer Gabler.

Skiera, B., & Spann, M. (2000). Flexible Preisgestaltung im Electronic Business. In R. Weiber (Hrsg.), *Handbuch Electronic Business* (S. 539–557). Gabler.

Souren, R., & Buchholz, M. (2013). Vielfalt von Produktvarianten. *WISU, 2*, 202–208.

Stallmann, F., & Wegner, U. (2015). *Internationalisierung von E-Commerce Geschäften*. Springer Gabler.

Stops, M. (1997). Sortimentscontrolling: Optimale Sortimentsgestaltung im Handel. *WISU, 5*, 453–455.

Thommen, J.-P., & Achleitner, A.-K. (2012). *Allgemeine Betriebswirtschaftslehre*. Springer Gabler.

Tönnesmann, J. (2012). Copycats sind besser als ihr Ruf. https://www.wiwo.de/erfolg/gruender/start-ups-copycats-sind-besser-als-ihr-ruf/6503838.html. Zugegriffen: 18. Febr. 2019.

Ullrich, S., & Esch, F.-R. (2019). Markenkommunikation im Internet. In F.-R. Esch (Hrsg.), *Handbuch Markenführung* (S. 711–734). Springer Gabler.

Volkmann, C., & Tokarski, K. (2006). *Entrepreneurship*. Lucius & Lucius.

Vomberg, A., Lauer, K., & Weitkämper, K. (2020). Dynamic Pricing: Preisfindung auf elektronischen Marktplätzen. In T. Kollmann (Hrsg.), *Handbuch Digitale Wirtschaft* (S. 653–677). Springer Gabler.

Wamser, C. (2001). *Strategisches Electronic Commerce*. Vahlen.

Weatherford, L. R., & Bodily, S. E. (1992). A taxonomy and research overview of perishableasset revenue management, yield management, overbooking, and pricing. *Operations Research, 5*, 831–844.

Wilkens, A. (2011). Microsoft bestätigt Übernahme von Skype. https://www.heise.de/newsticker/meldung/Microsoft-bestaetigt-Uebernahme-von-Skype-1240838.html. Zugegriffen: 18. März 2019.

Wirtz, B. W. (2013). *Medien- und Internetmanagement*. Springer Gabler.

Wohlert, N.-V. (2011). VZ-Netzwerke: Rettet der Relaunch den einstigen Giganten vor dem Untergang? https://www.gruenderszene.de/allgemein/vz-netzwerke-relaunch?interstitial. Zugegriffen: 17. Febr. 2019.

Xia, L., Monroe, K. B., & Cox, J. L. (2004). The price is unfair! A conceptual framework of price fairness perceptions. *Journal of Marketing, 4*, 1–15.

Zentes, J., & Swoboda, B. (2001). *Grundbegriffe des Marketing*. Schäffer-Poeschel.

Ziehe, N., & Schüren-Hinkelmann, A. (2020). Preiskommunikation und Preisfairness im Multi-Channel-Handel. In R. Kalka & A. Krämer (Hrsg.), *Preiskommunikation* (S. 287–305). Springer Gabler.

Cross-Channel und Omni-Channel im E-Commerce

7

> **Lernziele**
>
> Online- und Offline-Vertriebsmodelle können sich gewinnbringend ergänzen. Unternehmen versuchen dem durch eine enge Verzahnung der Kommunikationskanäle und Absatzwege zu entsprechen, indem sie die Vorzüge der stationären mit der virtuellen Geschäftspräsenz verbinden. In diesem Kapitel wird ein fundiertes Basiswissen geschaffen über:
>
> - Die Ausgestaltung einer Cross-Channel- oder Omni-Channel-Strategie als Option des stationären Einzelhandels zu seiner Existenzsicherung
> - Die Möglichkeiten der Aufwertung stationärer Filialen des Einzelhandels durch die Integration von digitalen Technologien und Anwendungen auf der Verkaufsfläche
> - Die Beweggründe originärer Internet Pure Player, stationäre Verkaufsflächen mit unterschiedlichen Filialformaten aufzubauen

7.1 Optionen des stationären Einzelhandels

Der stationäre Einzelhandel befindet sich in einer prekären Lage und sieht sich, wie Abb. 7.1 anhand des „Five-Forces-Modell" veranschaulicht (vgl. Porter, 1995, S. 26; Porter, 2008, S. 25 ff.), Herausforderungen durch Markt- und Wettbewerbskräfte von mehreren Seiten ausgesetzt.

Das selektive **Konsumentenverhalten** und auch der zunehmende Direktabsatz der Konsumgüterhersteller über eigenbetriebene Onlineshops führt zu rückläufigen Umsätzen des stationären Einzelhandels auf der Fläche. Neben dem Online-Handel erwächst

© Springer Fachmedien Wiesbaden GmbH, ein Teil von Springer Nature 2023
F. Deges, *Grundlagen des E-Commerce,*
https://doi.org/10.1007/978-3-658-41357-6_7

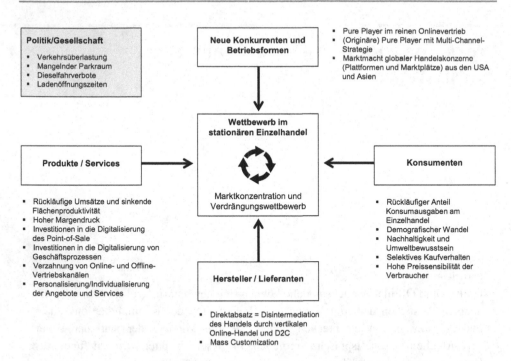

Abb. 7.1 Herausforderungen für den stationären Einzelhandel. (Adaptiert nach Deges, 2020a, S. 140; mit freundlicher Genehmigung von © Springer Fachmedien Wiesbaden GmbH. All Rights Reserved)

eine **Konkurrenz** durch die zunehmende Filialisierung originärer Internet Pure Player in hochfrequentierten Einkaufslagen. Großbetriebe des Einzelhandels versuchen zwar durch Konzentration **Wettbewerbsvorteile** in Form von **Economies of Scale** zu realisieren, allerdings sind kleinbetriebliche Händler dem Kampf um günstige **Einkaufskonditionen** und in der Konsequenz daraus niedrigen Endverbraucherpreisen kaum gewachsen. Zu den absatzeinschränkenden **Ladenöffnungszeiten** gesellen sich Verkehrsprobleme, Parkraum-not und das Damoklesschwert der Dieselfahrverbote, was die Attraktivität des stationären Einkaufs in Innenstädten zusätzlich einschränkt. Der stationäre Einzelhandel hat spät rea-lisiert, dass es mit der Einrichtung eines Onlineshops als zusätzliche (virtuelle) Filiale alleine nicht getan ist. Das nur parallele Betreiben mehrerer Vertriebskanäle berücksichtigt nicht, dass eine mehrstufige Customer Journey (siehe Abschn. 4.5.3) ein integriertes Ein-kaufserlebnis mit dem jederzeitigen Wechsel zwischen Online- und Offline-Touchpoints fordert. Langfristig wird nur die Transformation des stationärbasierten Geschäftsmodells hin zu einem Online/Offline-integrierendem **Hybrid-Modell** die Zukunftsfähigkeit des Residenzhandels sichern. Ein erster Ansatz ist die Verzahnung von Onlineshop und Filiale über Cross-Channel-Services.

7.1.1 Cross-Channel-Integration Onlineshop und Filiale

Während der Begriff Multi-Channel auf das parallele Betreiben und Steuern mehrerer **Vertriebskanäle** fokussiert (Homburg & Krohmer, 2009, S. 844; Winkelmann, 2012, S. 468), erweitert der Begriff Cross-Channel den Blickwinkel um eine absatzstimulierende und crossmediale Verknüpfung der Vertriebskanäle. Voraussetzung dafür ist, dass sich im Unternehmen beide Vertriebskanäle nicht konkurrierend gegenüberstehen. Dies wäre in einer Filialstruktur der Fall, wenn die **Filialleiter** eine an den Umsatz gekoppelte variable Vergütung erhalten und keine Motivation zeigen, ihre Stammkunden auf den Onlineshop aufmerksam zu machen, da sie dadurch stationäre Umsatzanteile verlieren könnten. Die Cross-Channel-Integration funktioniert nur dann, wenn auch die Vertriebsorganisation darauf ausgerichtet wird, sich zu ergänzen und gegenseitig zu unterstützen, indem sie den Gesamterfolg des Unternehmens über die Einzelerfolge der jeweiligen Vertriebskanäle stellen. Eine Cross-Channel-Integration aus der Perspektive des impulsgebenden Kanals bedeutet:

- **Store-to-Web:** in der Filiale müssen Anreize geschaffen werden, um stationäre Kunden zum Besuch des Onlineshops zu animieren.
- **Web-to-Store:** im Onlineshop müssen Anreize für den Besuch der Filiale integriert werden, insbesondere dann, wenn die Onlinerecherche zur Vorbereitung eines stationären Kaufes dient.

Sowohl im Store als auch im Web müssen Cross-Channel-Services plakativ kommuniziert werden, damit sie Konsumenten bewusst werden. Abb. 7.2 stellt die beiden Vertriebskanäle Filiale und Onlineshop gegenüber und zeigt etablierte Cross-Channel-Services auf, die im Folgenden erläutert werden.

Virtuelle Regalverlängerung im Onlineshop
Der Onlineshop sollte nicht nur das stationäre Sortiment 1:1 abbilden, sondern das Angebot um Produkte erweitern, die auf der begrenzten Regalfläche aufgrund zu geringer stationärer Umsätze keinen Platz finden (Anderson, 2004, S. 170 ff.). Dies können Übergrößen, selten nachgefragte Schnitte, Passformen, Farben oder das Kernsortiment der Filiale ergänzende Produkte sein. Prominent in der Verkaufsfläche platzierte Hinweise auf weitere Kontingente im Onlineshop helfen, dass sich bei einer örtlichen Out-of-Stock-Situation der stationäre Kunde informieren kann, ob das gewünschte, aber in der Filiale nicht mehr vorrätige Produkt auch online bestellt (Instore Order) oder für eine spätere Abholung in die Filiale geliefert werden kann **(Store Pick Up).**

Instore Order und Home Delivery
Mit einer **Instore Order** (Order-in-Store) wird eine im Sortiment gelistete, aber aufgrund der begrenzten Ausstellungsfläche im Regal nicht verfügbare Ware in der Filiale vor Ort

	Store-to-Web ⇄	**Web-to-Store**
Produkt-präsentation	• Verkaufsfläche und Regale: Hinweise auf die virtuelle Regalverlängerung im Onlineshop (Zusatzartikel, Übergrößen)	• Bewerbung von Themenwelten und Kundenevents in den Filialen. Bewerbung des Kundenerlebnisses am POS (Digital In-Store)
Suche und Auswahl	• Performantes W-LAN • Bestell-Terminals (In-Store Online Order) • Prüfung der kurzfristigen Lieferbarkeit von auf der Fläche ausverkauften Produkten durch das Verkaufspersonal	• Online-Abruf von Warenverfügbarkeiten in den Filialen • Hinweis auf Sonderverkäufe nur in den Filialen • Hinweis auf Beratungskompetenz des Verkaufspersonals in den Filialen
Bestellung	• QR-Code Window Shopping (Verkauf auch außerhalb der Ladenöffnungszeiten) • Verkäufer bestellt gemeinsam mit dem Kunden Ware aus dem Onlineshop	• Bewerbung Click & Collect-Service
Bezahlung	• Hinweis auf Onlineshop auf dem Rechnungsbon • Kassierpersonal weist auf den Onlineshop hin • Plakat am Ausgang: Hinweis auf Onlineshop	• Bewerbung Click & Reserve-Service
Lieferung	• Home Delivery Service • Store Pick-up und Bezahlung online bestellter Ware bei Abholung	• Shop-Finder/Store-Finder zur Auswahl einer Wunschfiliale für die Abholung der Ware
After-Sales	• Retourenrücknahme online gekaufter Ware • Beigabe eines Gutscheins für einen Einkauf im Onlineshop	• Bewerbung der Retourenrückgabe in Filialen • Online-Gutschein für einen Einkauf in Filialen

Abb. 7.2 Cross-Channel-Integration Store-to-Web und Web-to-Store. (Adaptiert nach Deges, 2020a, S. 142; mit freundlicher Genehmigung von © Springer Fachmedien Wiesbaden GmbH 2020. All Rights Reserved)

bestellt und aus dem Zentrallager an den Kunden geliefert. Die Bezahlung der Ware oder die Abbuchung des Rechnungsbetrags erfolgt erst bei der Zustellung der Lieferung. Der Filialservice **Home Delivery** ist eine Alternative zum **Eigentransport** einer im Ladengeschäft gekauften Ware. Die Ware wird in der Filiale bezahlt und anstelle der direkten Warenmitnahme dem Kunden nach Hause geliefert (Rock, 2018, S. 120).

Ship from Store

Mit dem Logistikkonzept **Ship from Store** (In-Store-Fulfillment) werden die Ladengeschäfte zu den Warenbestand eines Zentrallagers ergänzenden Distributionseinheiten. Aus den Filialen werden Onlinebestellungen versendet, diese werden dadurch in Ergänzung zu ihrem Kerngeschäft des Verkaufs zu vielen räumlich verteilten kleinflächigen **Logistikknotenpunkten.** Eine Reaktanz der Filialleiter zur Integration eines Ship from Store wird abgefedert, wenn der Online-Umsatz der versendenden Filiale gutgeschrieben wird. Voraussetzung für Ship from Store ist ein **Order-Management-System** mit einer über alle Filialen aktuellen **Lagerbestandsführung** in Echtzeit. Über einen Softwarealgorithmus können die eingehenden Onlinebestellungen zeitnah bestandsführenden Filialen zugewiesen werden. Der große Vorteil ist die Erhöhung der Lieferbereitschaft. Ist ein online bestellter Artikel nicht mehr im Zentrallager verfügbar (**Out of Stock**), springt eine Filiale ein und verhindert somit einen **Umsatzverlust** durch eine nicht ausführbare Bestellung.

Click & Collect

Die Möglichkeit, Ware online zu bestellen und innerhalb der nächsten Tage in einer Filiale abzuholen, spricht insbesondere Kundengruppen an, die tagsüber schlecht erreichbar sind, um eine Lieferung online bestellter Waren in Empfang zu nehmen. Befindet sich eine Filiale in Nähe des Wohnortes oder auf dem Weg zur Arbeitsstätte, so ist Click & Collect eine flexible Alternative. Voraussetzung ist ein perfekt funktionierender **Store-Finder** im Onlineshop zur Lokalisierung einer **Wunschfiliale** und aktuelle **Bestandsinformationen** jeder Filiale in Echtzeit. Denn der Worst Case wäre die Nichtverfügbarkeit des Artikels zum Zeitpunkt der Abholung, was eine erhebliche Kundenverärgerung zur Folge hätte. Idealerweise ist die Click & Collect-Abholstation von der **Kassenzone** separiert, um die Abholung unter Umgehung von Warteschlangen bequem und zeitsparend zu gestalten (Batschkowski, 2017, S. 95). Click & Collect bietet den Vorteil der Frequenzgenerierung und Umsatzpotenzial durch **Zusatzkäufe** während des Abholvorgangs (Jahn, 2016, S. 47; Tripp, 2019, S. 192). Ein wesentlicher Vorteil von Click & Collect liegt in der unmittelbaren **Produktinspektion.** Gefällt der Artikel nicht, so kann er sofort retourniert und in einen Ersatzartikel umgetauscht werden (Jahn, 2016, S. 44). Das physische Aufsuchen einer Filiale optioniert zudem die Chance, mit dem Kunden aktiv ins Gespräch zu kommen und ihn mit **Cross-Selling** auf bedarfsergänzende Komplementärprodukte hinzuweisen.

Click & Reserve (Click2Reserve)

Während bei Click & Collect die Onlinebestellung auch direkt im Onlineshop bezahlt wird, werden bei Click & Reserve die bestellten Waren erst bei der Abholung in der Filiale bezahlt (Rock, 2018, S. 119 f.). Dies entspricht dem klassischen **Zug-um-Zug-Prinzip** mit der simultan erbrachten Leistung (Übergabe des Produktes) und Gegenleistung (direkte Bezahlung). Dieser Service spricht Onlinekunden an, die dem Bezahlvorgang im Internet skeptisch gegenüberstehen. Die Abholung in der Filiale wird für Kunden attraktiv, wenn dadurch Versandkosten eingespart werden. Idealerweise wird auch die Bezahlung an der Abholstation ermöglicht, um dem Abholer den Umweg zur Kasse zu ersparen (Batschkowski, 2017, S. 96).

Retourenrückgabe in der Filiale (Instore Return)

An der Click & Collect-Abholstation kann auch die Option der Retourenrückgabe (**Instore Return**) angeboten werden. Dies kann dem Kunden Retourenrücksendekosten ersparen. Der Händler hat den Vorteil, bei der Rückgabe der Retoure in der Filiale die **Rückgabegründe** erfragen zu können. Die Rückgabe kann zur Unterbreitung eines Alternativangebotes genützt werden, sodass ein Ersatzkauf den Umsatzverlust durch die Retoure kompensiert. Instore Return sorgt ebenso wie Click & Collect und Click & Reserve für eine Frequenzerhöhung mit dem Potenzial für **Zusatzumsätze** (Tripp, 2019, S. 192). Als **Return Anywhere** ist die Retourenrückgabe nicht nur in ausgewählten, sondern grundsätzlich in allen Filialen möglich.

Online-Terminvereinbarung zur Reservierung von Beratungsleistungen (Click & Meet)
Das Verkaufspersonal in den Filialen ist aufgrund seiner **Fachkompetenz** in der zeitintensiven **Einzelkundenberatung** von erklärungsbedürftigen Produkten im Dauereinsatz und kaum für spontane Kundenfragen greifbar. Insbesondere in Bau- und Heimwerkerfachmärkten, Möbelhäusern und Consumer-Electronics-Fachmärkten wird ein Filialbesuch auch durch die Aussicht einer fachkundigen **Produktberatung** motiviert. Der absehbare Kundenwunsch nach einer Beratungsleistung kann über eine Online-Terminvereinbarung **(Click & Meet)** bereits im Vorfeld sicherstellen, dass es beim Filialbesuch nicht zu langen Wartezeiten auf der Suche nach einem ansprechbaren Verkaufsberater mit passendem Kompetenzprofil (z. B. für die Küchenplanung in einem Möbelhaus) kommt (vgl. Stummeyer, 2020, S. 310).

QR-Code Window Shopping
Ein **Quick Response Code** (QR-Code) ist eine grafische Darstellung von gepixelten Datenelementen, welche über die Kamera eines mobile Devices eingescannt werden und den Abruf von Informationen ermöglichen (Kreutzer, 2018, S. 158). Damit kann nach Ladenschluss und an Feiertagen schaufensterbummelnden Passanten die Möglichkeit gegeben werden, Produkte aus der **Schaufensterauslage** über einen QR-Code zu bestellen und damit Spontankäufe zu tätigen. Plakate mit der Anordnung der Waren wie in der Regalplatzierung oder interaktive Touchscreen-Displays ermöglichen die virtuelle Ausweitung der Ladenöffnungszeiten. Das QR-Code Window Shopping schafft damit einen **Sales Touchpoint** außerhalb der begehbaren Ladenfläche.

Gutscheine
Rabattaktionen haben im Online-Handel aufgrund der hohen Preistransparenz und der vielen Preisvergleichsportale einen hohen Stellenwert. Das **Couponing-Marketing** über Gutscheincodes mit zeitraum- oder mengenbezogenen Rabatten und Vergünstigungen erzeugt eine hohe Aufmerksamkeit, wenn es sich um **Sonderverkaufsaktionen** („20 % auf alles") oder den Ausverkauf von Saisonware handelt. Gutscheine stehen für eine hohe **Einlösungsquote.** Die Einlösung kann an einen **Mindestbestellwert** gekoppelt sein, dieser darf jedoch keine große Hürde für Konsumenten mit knappen Einkaufsbudgets darstellen. **Anreize** können sowohl Web-to-Store wie auch Store-to-Web befördern. Stationären Kunden werden Gutscheine mit einem Rabattangebot für den meist zeitlich limitierten Kauf im Onlineshop mitgegeben. Onlineshop-Besucher können mit einem Online- oder Mobile Coupon zum Besuch der Filiale bewegt werden. Mit einer konsequent gelebten Cross-Channel-Integration spielt es weniger eine Rolle, wo der Umsatz, sondern vor allem, dass Umsatz in einem der unternehmenseigenen Kanäle generiert wird.

7.1.2 Omni-Channel und Seamless Customer Experience

Das Kaufverhalten im **Multi-Channel** ist durch die alternative Nutzung parallel betriebener Vertriebskanäle geprägt und basiert auf der Annahme, dass ein Transaktionsprozess auch nur in einem der bereitgestellten Vertriebskanäle nahezu vollständig durchgeführt wird (Schramm-Klein & Wagner, 2016, S. 429). Die Weiterentwicklung zum **Cross-Channel** kennzeichnet die integrative Nutzung mehrerer Vertriebskanäle, wobei sich einzelne Schritte des Transaktionsprozesses je nach Bedarf und Situation auf unterschiedliche **Customer Touchpoints** verteilen. Der Wechsel zwischen den Kanälen ist während des gesamten Transaktionsprozesses möglich (Schramm-Klein & Wagner, 2016, S. 429). Die Ausgestaltung eines Cross-Channel-Retailing ist, wie die Beispiele in Abschn. 7.1.1 illustriert haben, im Kern auf die wechselseitige Vertriebsunterstützung von Filiale und Onlineshop ausgerichtet. Der **Kanalwechsel** während des Transaktionsprozesses soll innerhalb der unternehmenseigenen Absatzwege erfolgen und nicht zu einem Kaufabbruch führen, weil vom Kunden präferierte Cross-Channel-Services nicht angeboten werden. Die auf Cross-Channel folgende Integrationsstufe geht über **Omni-Channel** (Omni = ganz, jeder, alles) hin zu einer **Seamless Customer Experience** als vertriebskanalunabhängige nahtlose Kundenerfahrung. Mobile Devices und die rasant steigende Nutzung des Mobile Commerce sind die Treiber dieser Entwicklung. Sie bieten mit dem mobiloptimierten Zugriff in allen Phasen des Transaktionsprozesses ein konsistentes kanalübergreifendes **Kundenerlebnis** mit einem Höchstmaß an Individualisierung und Personalisierung. Das bereits allgegenwärtige Omni-Channel-Kundenverhalten zeigt, dass die Evolution zu einer Seamless Customer Experience eine zwingende Notwendigkeit ist. Die Umsetzung geht dabei weit über die Fokussierung auf das **Frontend** (der unmittelbaren Schnittstelle zwischen Kunde und Unternehmen) hinaus, in dem es explizit auch die nahtlose Integration aller Backendprozesse für das **Kundendatenmanagement** mitberücksichtigt (Schramm-Klein & Wagner, 2016, S. 430). Dies muss sich auch in der Unternehmensphilosophie und Unternehmenskultur niederschlagen. Es geht um den Aufbau einer kundenorientierten Organisation, ein alle Kanäle integrierendes CRM-System (**Customer Relationship Management**), eine Digitalisierung aller kundenbezogenen Unternehmensprozesse und vor allem um den Wandel im Selbstverständnis der Mitarbeiter. Das angestammte und über viele Jahre verankerte „Silo-Denken" in Vertriebskanälen muss im Unternehmen überwunden werden, wenn die Kundenzentrierung als oberste Leitmaxime auch konsequent gelebt werden soll. Während individuelle Customer Journeys über digitale Touchpoints gut verfolgt werden können, fehlt es vielfach noch an einer **Synchronisierung** von digital erfassten Kundendaten mit filialbezogenem Kundenverhalten. **Kundendaten** sollten idealerweise über alle online- und offlinebasierten Vertriebskanäle erfasst, verknüpft und analysiert werden (Zimmermann & Westermann, 2020, S. 8).

▶ **Merke!** Abgrenzung der Begriffe Multi-Channel, Cross-Channel und Omni-Chanel nach dem Grad der Kanalintegration: **Multi-Channel** bedeutet, dass ein Unternehmen mehrere Vertriebskanäle betreibt. Diese können unabhängig voneinander organisiert sein. **Cross-Channel** verzahnt zwei Absatzwege in der Form, dass während des Transaktionsprozesses zwischen den Vertriebskanälen gewechselt werden kann. **Omni-Channel** erweitert den Cross Channel um die kanalübergreifende Integration aller Touchpoints mit konsistenten Zugriffsmöglichkeiten über verschiedene Devices, insbesondere Smartphones und Tablets für einen optimierten mobilen Zugriff.

7.1.3 Digital In-Store am Point of Sale

Eine konsequente Omni-Channel-Orientierung muss auch die klassischen Ladenkonzepte stationärer Filialen einer Digitalisierung (Digital In-Store) unterziehen. Darunter ist der Einsatz digitaler informations-, kommunikations- und transaktionsbezogener Technologien am POS **(Point of Sale)** zu verstehen (Spreer, 2014, S. 237). Diese verändern die **Ladengestaltung,** indem sich analoge und digitale Warenpräsentation auf der Verkaufsfläche zu einem inspirierenden Einkaufserlebnis ergänzen (Metter, 2018, S. 63). Ziel ist es, eine moderne **Einkaufsatmosphäre** zu schaffen (Ahlert et al., 2018, S. 313) und ein personalisiertes **Einkaufserlebnis** zu bieten (Gandharve, 2016). Die Inszenierung von Produkt- und Themenwelten soll den Besuch des POS über den reinen Produktkauf hinaus emotional aufwerten und die Kundenbindung und Kundenzufriedenheit stärken (Ahlert et al., 2018, S. 308). Mittlerweile gibt es eine Vielzahl an Digital-In-Store-Lösungen. Zu unterscheiden sind dabei mit der Ladeneinrichtung gekoppelte Lösungen sowie beweglich-mobile Assistenzsysteme. Abb. 7.3 gibt einen Überblick über bereits im Einsatz erprobte Anwendungen, die im Folgenden erläutert werden.

Die mobile appgesteuerte **In-Store-Navigation** unterstützt Kunden bei der Orientierung und Optimierung der Wegeführung gerade in großflächigen Ladeneinheiten und hilft mit **Indoor-Maps** bei der Produktortung (vgl. Wild, 2018, S. 31). So kann auf Basis einer Einkaufsliste eine individuelle Wegenavigation durch den Laden erstellt werden. Über **Digital Signage** (das Einspielen digitaler Plakate auf vernetzte Monitore oder Monitorwände) werden werbliche Informationen wie Hinweise auf Sonderaktionen und Sonderangebote aktionsorientiert ausgespielt (Spreer, 2014, S. 237). Die personalintensive manuelle Preisauszeichnung kann durch ein **Electronic Shelf Labeling** ersetzt werden. Dabei erfolgt die Preisauszeichnung an den Verkaufsregalen über elektronisch gesteuerte digitale LCD (Liquid Crystal Display)-Preisschilder. Die Ausstattung der Regale mit elektronischen Preisschildern ermöglicht damit auch dem stationären Handel ein **Dynamic Pricing.** Preise können in Sekundenschnelle aktualisiert und den Wettbewerberpreisen angepasst werden. Preisänderungen an den Displays müssen über

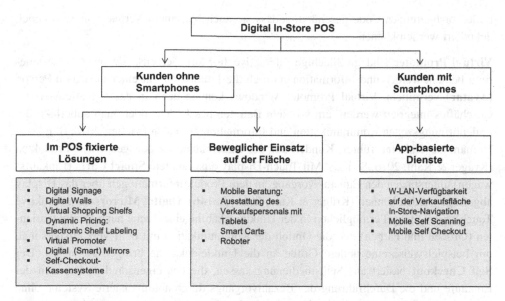

Abb. 7.3 Digital In-Store am Point-of-Sale. (Adaptiert nach Deges, 2020a, S. 146; mit freundlicher Genehmigung von © Springer Fachmedien Wiesbaden GmbH 2020. All Rights Reserved)

ein Preisverwaltungssystem in Echtzeit mit dem Kassensystem synchronisiert werden, sodass Preisauszeichnungen an den Regalen jederzeit mit den Preisinformationen im Kassensystem identisch sind. **Digital Walls** sind interaktive Kommunikations- und Interaktionsangebote über klein- oder großflächige Monitor- und Terminallösungen. Anders als bei Digital Signage ermöglicht die eigenständige Steuerung per Touchscreen mit Such- und Filterfunktionen eine individuelle Informationsselektion und personalisierte Informationsabrufe (Spreer, 2014, S. 238). Lageplan, Wegesysteme und Produktortungen können abgefragt werden. **Regal-Displays** ermöglichen über Touchscreen-Funktion oder das Scannen von QR-Codes den Abruf von Zusatzinformationen zu den dort ausgestellten Produkten. In die Verkaufsfläche integrierte **Beratungsterminals** bieten Kunden auch ohne Smartphonenutzung eine touchscreengesteuerte Eigenrecherche nach Produkten und Produktinformationen. Über ein W-LAN konnektiert mit dem Onlineshop und mit einer integrierten Bestellfunktionalität ausgestattet können die Terminals neben der Recherche auch für eine Online-Produktbestellung von in der Filiale nicht vorrätigen Produkten aus dem Sortiment der virtuellen Regalverlängerung genutzt werden.

▶ **QR-Codes (Quick Response Codes)** Ein zweidimensionaler Code, der im Jahr 1994 zur Markierung von Baugruppen und Komponenten für die Logistik in der Automobilproduktion entwickelt wurde. Das quadratische Format des QR-Codes besteht aus einer Vielzahl von schwarzen und weißen Punkten, in denen die Informationen gespeichert sind. Quadrate in drei der vier Ecken geben die Orientierung vor. Die Daten sind durch einen fehlerkorrigierenden Code geschützt, sodass sie auch bei einem Verlust von 30 % noch dekodiert werden können.

Virtual Promoter sind großflächige interaktive In-Store Screens, die per Gestensteuerung bedient werden und Informationen durch die Interaktion mit einer virtuellen Person (**Avatar**) vermitteln. Virtual Promoter Windows können auch in das Schaufenster des Geschäftes integriert werden, um vor dem Betreten des Ladens oder auch außerhalb der Ladenöffnungszeiten Kommunikation und Information zu bieten (Metter, 2018, S. 62 ff.). Humanoide **Roboter** führen Kunden auf der Ladenfläche zu den gesuchten Produkten (Krüger & Kahl, 2016, S. 145). Mit Touch-Display ausgestattete **Smart Carts** (Einkaufswagen) unterstützen den Einkaufsvorgang, in dem Produktinformationen über das Display abgefragt werden können (Krüger & Kahl, 2016, S. 146). **Digital Mirrors** als interaktive Touchscreen-Spiegel ermöglichen in der Umkleidekabine eine Suche nach Produktvarianten (Größen und Farben) und die Option der Kommunikation mit dem Verkaufspersonal, um beispielsweise eine andere Größe an die Umkleidekabine bringen zu lassen. Der **Self Checkout** basiert auf Selbstbedienungskassen, die das eigenständige Scannen der Einkäufe und die Durchführung des Bezahlvorgangs durch automatisierte Systeme ohne Kassenpersonal unterstützt. Damit wird der Checkout beschleunigt und das als lästig empfundene Anstehen an den personalbesetzten Kassen entfällt. Mit **Mobile Payment** (mobile appbasierte Zahlungsverfahren) und **Contactless Payment** (kontaktloses Bezahlen über mit sichtbarem Mikrochip und unsichtbarer Funkantenne ausgestattete Giro- oder Kreditkarten) wird mit **Near Field Communication** (NFC) eine Übertragungstechnik zum kontaktlosen Datenaustausch zwischen dem Lesegerät des Kassensystems und der Payment-App des Smartphones oder der Giro-/Kreditkarte innerhalb einer Reichweite von 4 cm ermöglicht (Stummeyer, 2020, S. 314). Der papierbasierte Kassenbon kann durch eine **Digitale Quittung** substituiert werden, die dem Kunden als PDF an seine hinterlegte Mailadresse zugesendet wird (Stummeyer, 2020, S. 314). Unter **Seamless Payment** (Seamless Check-Out, Grab and Go) versteht man das kassenlose Einkaufen, indem mit **Mobile Self Scanning** (Appbasiertes Scannen der Produkte) der Warenerfassungsprozess (Batschkowski, 2017, S. 106 und S. 110) und die gleichfalls appbasierte Bezahlung (**Mobile Checkout**) noch auf der Verkaufsfläche initiiert wird (Wild, 2018, S. 35).

Zur Digitalisierung des POS gehört auch ein die digitalen Medien souverän beherrschendes Filialpersonal, welches mit Smartphones oder Tablets ausgestattet eine kompetente persönliche Beratung anbietet. **Mobile Assistenzsysteme** integrieren den Verkäufer in eine digitalunterstützte Kundeninteraktion. So kann dem Informationsvorsprung der digitalaffinen Käufer, die ihren Filialbesuch online vorbereitet haben, durch die schnelle und direkte Vorort-Recherche des Verkaufspersonals über Produktdetails, Warenverfügbarkeiten und Alternativangebote eine Interaktion auf Augenhöhe gegenübergestellt werden. Mit Kartenlesegeräten ausgestattet kann der Kauf direkt beim Verkaufspersonal bezahlt werden.

REWE Pick & Go Stores

Der Lebensmitteleinzelhändler REWE testet mit einem neuen Store-Konzept das kassenlose Einkaufen. Kunden checken sich im Eingangsbereich einer Filiale über die REWE **Pick & Go**-App mit einem QR-Code Scan ein. Kameras und Sensoren erfassen und registrieren die nun folgende Warenkorbbefüllung. Nach Vollendung seines Kaufvorgangs findet der Kunde wenige Minuten nach Verlassen des Stores den Kassenbon in seiner REWE Pick & Go-App und der Einkauf wird automatisch abgebucht (REWE, 2023). In den Stores mit **Scan & Go** wird neben dem klassischen Einkauf mit der Bezahlung an einer personalbesetzten Kasse die Option des Self Checkout über Selbstscannerkassen angeboten.◄

Virtual Stores ohne Personal sind schon über die Erprobungsphase hinausgewachsen. Tesco (https://www.tesco.com) gilt als Vorreiter mit dem Betrieb virtueller Supermärkte in Seoul, die ein QR-basiertes Einkaufen in real anmutender Ladenatmosphäre ermöglichen. Auch in Deutschland werden seit einigen Jahren Pilotprojekte mit virtuellen Stores von EDEKA (Tiny-Stores) und Tegut (Teo) realisiert. Das Vertriebskonzept der Virtual Stores könnte eine Option gegen weitere Filialschließungen der Lebensmitteleinzelhändler in den Randlagen und dünnbesiedelten Regionen sein, in denen sich ein personalintensiver Filialbetrieb nicht mehr rentiert.

Würth Store

Die Adolf Würth GmbH (https://www.wuerth.com) ist ein Handelsunternehmen für Montage- und Befestigungsmaterial und betreibt mit dem **Würth Store** im bayerisch-schwäbischen Vöhringen einen kassenlosen Markt, der 24 h von Montag bis Samstag außerhalb der gewohnten Öffnungszeiten ohne Personal geführt wird. Kunden können mit der Würth App via QR-Code-Autorisierung durch eine Schleuse das Geschäft betreten, dabei ist sichergestellt, dass sich immer nur eine Person im Markt aufhält. Beim Checkout legt der Kunde alle Produkte auf einen Tunnelscanner, der sie erfasst und entsichert. Am Ende druckt das System den Lieferschein und der Kunde verlässt den Laden durch die Schleuse (Scholz, 2018).◄

Der Grad der **Digitalisierung** der Filialen muss unternehmensindividuell entschieden und zielgruppenspezifisch am POS ausgestaltet werden. Mit der Umgestaltung der Filialen sind Investitionen in den Auf- oder Ausbau einer technischen **Infrastruktur** verbunden. Ein leistungsstarkes W-LAN ist nicht nur ein Kundenservice, sondern auch für den Betrieb und die Steuerung der digitalen und mobilen In-Store-Services notwendig (Stummeyer, 2020, S. 314). Digital In-Store-Lösungen müssen sich gut in die räumlichen Gegebenheiten einer begrenzten **Ladenfläche** integrieren lassen und eine einfache und intuitive Bedienbarkeit garantieren. Damit kann die Stärke des Facheinzelhandels, die persönliche

Beratungsdienstleistung, in der Kundeninteraktion durch digitale Technologien beglei-
tet und aufgewertet werden. Dem **Filialkonzept** wird ein frisches und modernes **Image**
verliehen.

▶   **Merke!** Nicht die Technologie, sondern die Kunden mit ihrem differen-
       zierten Konsumentenverhalten sind die Treiber notwendiger Veränderungen,
       die sich in der Konsequenz daraus in den Digital In-Store-Anwendungen
       niederschlagen.

7.1.4 Location-based Services

Mobile Commerce verzeichnet kontinuierlich hohe Wachstumsraten. Insbesondere junge
Zielgruppen sind sehr mobilaffin und nutzen Smartphones und Tablets unterwegs zur
mobilen Informationsrecherche und zum mobilen Einkauf. Dabei suchen Smartphone-
Nutzer gezielt nach Angeboten und Preisen im räumlichen Umfeld ihres gegenwärtigen
Aufenthaltsortes. Über **Location-based Services** (standortbezogene Dienste) können sol-
che Personen gezielt angesprochen werden, wenn sie sich in der Nähe einer stationären
Präsenz aufhalten (Lammenett, 2017, S. 404).

▶ **Location-based Services** Location-based Services (LBS) sind Dienste im Format einer
auf das Smartphone zu installierenden App (Applikation) mit Lokalisierungsfunktion.
Über GPS, Mobilfunkzellen und/oder WLAN können ortsbezogene Informationen an
für die Ortung durch den Nutzer freigeschaltete mobile Endgeräte gesendet werden
(Heinemann & Handt, 2019, S. 263).

Die Ansprache (potenzieller) Kunden in Kombination mit standortbezogenen Diensten
birgt großes Potenzial für die Generierung von **Besucherfrequenz** im Residenzhandel.
Stationäre Händler können Location-based Services insbesondere für lokal ausgerichtete
Marketingaktionen nutzen. Passanten, die sich in unmittelbarer räumlicher Nähe zum
Ladengeschäft aufhalten, können mit Nachrichten über Angebote oder Rabattaktionen
(**Mobile Couponing**) Kaufimpulse erhalten und zum spontanen Besuch der Filiale ani-
miert werden (Ahlert et al., 2018, S. 366; Jahn, 2016, S. 44). Voraussetzung dafür ist,
dass der Nutzer vorab seine Einwilligung für den Empfang von **Push-Nachrichten** auf
Basis der GPS-Ortung seiner Standortkoordinaten erteilt und im mobilen Device aktiviert
hat (Kreutzer, 2016, S. 111).
     LBS werden in reaktive und proaktive Dienste unterschieden. Unter **reaktiven Diens-
ten** (Pull-Prinzip) versteht man die eigeninitiative Anforderung von standortbezogenen
Informationen durch den Nutzer (Kreutzer, 2016, S. 111). Reaktive Dienste deshalb, da

der Service erst auf eine konkrete Anforderung hin reagiert. Informationen aus **proakti-
ven Diensten** (Push-Prinzip) werden dem Nutzer automatisch zugestellt. Sobald sich ein
Passant in der Nähe einer Filiale befindet, bekommt er auf seinem Smartphone ein passendes Angebot, beispielsweise die Freischaltung eines Rabattgutscheins oder Coupons,
angezeigt. (vgl. Kreutzer, 2016, S. 11 f.). Das Einzugsgebiet der Informationsaussendung
(**Geofencing**) wird vom Unternehmen festgelegt. Von einer hohen Nutzerakzeptanz kann
ausgegangen werden, wenn die standortbezogenen Informationen einen Mehrwert bieten,
beispielsweise der Hinweis auf eine zeitlich begrenzte Rabattaktion. **Beacons** (Funkba-
ken, Leuchtfeuer) sind Funksender, die im Ladengeschäft installiert sind und auf Basis
der Bluetooth Low Energy (BLE) oder der Bluetooth-Smart-Technologie Signale aussen-
den, die die Identifikation von und Interaktion mit Smartphones ermöglichen, sofern diese
Bluetooth aktiviert haben (Leukert & Gläß, 2016, S. 201). Im Umkreis der Reichweite
des Senders können somit Push-Nachrichten und Informationen versendet und empfangen
werden (Gandharve, 2016). Innerhalb der Filiale können Beacons die Indoor-Navigation
der Kunden unterstützen und Produktvorschläge unterbreiten (Leukert & Gläß, 2016,
S. 202; Gandharve, 2016).

7.2   Stationäre Filialisierung der Internet Pure Player

Die Grenzen zwischen digitalem und stationärem Handel verschwimmen auch bei den
Internet Pure Playern. Online- und Offline-Vertriebskanäle werden zunehmend komple-
mentär genutzt (Kollmann, 2016, S. 344). Die Internet Pure Player geben damit sukzessive
Kostenvorteile des rein onlinebasierten Vertriebs auf, indem sie Verkaufsraum, Ware und
Personal vorhalten müssen. Die Filialisierung ist auch eine Reaktion auf den stationären Einzelhandel, der erfolgreich eigene Onlineshops betreibt und damit die Internet
Pure Player in ihrem originären Vertriebsmodell angreift. Internet Pure Player wagen
sich mit einer stationären Filialisierung auf ihnen bisher unbekanntes Terrain. Dabei
erfinden sie den klassischen stationären Einzelhandel nicht neu, aber sie unterscheiden
sich bewusst von **traditionellen Ladenkonzepten.** Ihre Ausgangsposition ist auch eine
andere. Während der stationäre Einzelhandel überlegen muss, wie er seine bestehenden
Filialen durch Integration digitaler Präsentations- und Interaktionselemente modernisiert,
kann der Internet Pure Player mit seinen aus dem Onlinevertrieb gewonnenen Erfahrungen stationäre **Verkaufsflächen** von vornherein aus einer **Digitalisierungsperspektive**
konzipieren. Und damit verknüpft er von Beginn an viel konsequenter die Offline- mit
der Onlinewelt. Für die originären Internet Pure Player sind die stationären Präsenzen
auch **Abverkaufsflächen,** sie wollen aber vor allem die Vernetzung mit dem Onlinevertrieb in den Vordergrund stellen und nutzen die Filialflächen auch als **Showroom** zur
Demonstration ihrer **digitalen Kompetenz** und zur Steigerung ihrer Bekanntheit.

    Mit der stationären Filialisierung realisieren originäre Internet Pure Player ebenso
wie der stationäre Einzelhandel Cross-Channel-Vorteile wie Click & Collect und Instore

Return. Es geht aber um mehr als eine reine Cross-Channel-Verknüpfung. Mit ihrer bereits internalisierten Omni-Channel-Philosophie geht es um die Etablierung eines zusätzlichen **Customer Touchpoints,** der auf die Inszenierung emotionaler **Einkaufserlebnisse** zielt und einen Vertrauensaufbau durch die „reale Präsenz" bedient. Die **Kundenbindung** kann durch kompetente Beratungsleistungen gestärkt werden und nicht onlineaffine Zielgruppen werden angesprochen. Die Filialisierung basiert auch auf der Erkenntnis, dass Kunden auf das multisensorische Einkaufserlebnis, das ihnen der stationäre Handel bietet, nicht gänzlich verzichten möchten. Die Internet Pure Player setzen auf attraktive, gut frequentierte Innenstadtlagen (**1 A-Lagen**) und auf eine **Einzelhändleragglomeration** in Einkaufszentren (**Shopping Center** oder **Shopping Malls**) und treten so in direkte Konkurrenz zum eingesessenen Einzelhandel. Die Filialisierung der originären Internet Pure Player belebt primär die urbanen Ballungsräume und Metropolregionen, sie kompensieren bei weitem nicht die durch den Online-Handel verursachten Geschäftsaufgaben kleinbetrieblicher Einzelhändler in kleineren Städten sowie ländlichen und dörflichen Regionen.

Eine Alternative oder Ergänzung zum Aufbau eigenbetriebener stationärer Niederlassungen oder auch als Vorstufe einer späteren Filialisierung werden **Offline-Partnerschaften** mit etablierten Einzelhändlern eingegangen (Heinemann, 2018, S. 25). Start-ups machen mittlerweile etablierten Marken den **Regalplatz** streitig und setzen Herstellermarken in ihren Konditionsverhandlungen mit den einkaufsstarken Handelsketten unter Druck. So sind die Standardprodukte von mymuesli seit 2012 auch als **indirekter stationärer Vertrieb** in Supermärkten gelistet. Auch andere Start-ups wie Ankerkraut (https://www.ankerkraut.de) und Just Spices (https://www.justspices.de) finden als **Nischenmarken** zunehmend Regalplatz im Einzelhandel und verdrängen Markenartikel auf der Verkaufsfläche, da sich über das stationäre Angebot trendiger Start-up-Produkte der Einzelhandel auch bei onlinekaufaffinen **Zielgruppen** profilieren kann. Eine weitere Option für eine stationäre Präsenz ist die Vertriebskooperation mit dem Einzelhandel über **Shop-in-Shop**-Flächen bei den großflächigeren Einzelhändlern wie beispielsweise Kauf- und Warenhäusern. Ohne den kapitalintensiven Aufbau eigener Filialen werden auf diese Weise **Sales Touchpoints** in hochfrequentierten Betriebstypen des Einzelhandels geschaffen. In den folgenden Abschnitten werden von Internet Pure Playern betriebene Filialkonzepte vorgestellt.

7.2.1 Concept Stores und Outletstores

Concept Stores sind lifestyle- und erlebnisorientiert gestaltete Verkaufsstätten. Es findet sich ein ausgewähltes Sortiment mit einem hochwertigen Produkt- und Markenmix, die ein Cross-Selling befördern und damit kleinflächigen Fachgeschäften oder Boutiquen ähneln. Die originären Internet Pure Player kreieren für ihre stationären Konzepte auch alternative Store-Bezeichnungen. Im vom Curated-Commerce-Anbieter Outfittery in

Berlin-Kreuzberg betriebenen **Showroom** können sich Kunden mit ihrem persönlichen Style-Berater verabreden, ausgewählte Mode-Outfits in einer entspannten Wohnzimmeratmosphäre anprobieren und sich persönlich beraten lassen (Outfittery, 2023). Zalando eröffnete 2018 seine erste **Beauty Station** in Berlin. Das Produktprogramm ist auf ein ausgewähltes Sortiment an Beauty-Produkten ausgerichtet.

Mister Spex Stores

Der 2008 gegründete Online-Brillenhändler Mister Spex (https://www.misterspex.de) eröffnete 2016 einen ersten Concept Store. Mittlerweile betreibt das Unternehmen 70 Mister Spex Stores in Europa (Stand März 2023). Neben einem ausgewählten Kernsortiment an Brillen, Sonnenbrillen und Kontaktlinsen kann im Store auf das gesamte Online-Sortiment zugegriffen werden. In hochwertigen Ladenausstattungen wird Fachberatung mit kostenlosen Services wie Brillenanpassungen und Sehtests kombiniert. Digitale Technologien am POS sorgen für eine Integration von Offline- und Onlinewelt (Mister Spex, 2023).◄

Der Betriebstyp **Outletstore** (Fabrikverkauf, Werkverkauf) kennzeichnet eine werksnahe Verkaufsstelle, in der Hersteller ihre eigenproduzierten Produkte zu meist reduzierten Preisen direkt an den Endverbraucher verkaufen (Müller-Hagedorn et al., 2012, S. 97). Häufig wird bei Kollektionswechseln nicht verkaufte Saisonware, teilweise auch mit Fabrikationsfehlern, preisreduziert abgegeben. Mittlerweile haben sich auch Handelsunternehmen den Begriff Outlet zu eigen gemacht, wenn es darum geht, erheblich preisreduzierte Ware zu veräußern.

Zalando Outletstores

Zalando (https://www.zalando.de) eröffnete 2012 seinen ersten Outletstore am Firmenstandort Berlin. Mittlerweile betreibt das Unternehmen 13 Outletstores (Stand März 2023), vornehmlich in zentralen Großstadtlagen. Das täglich wechselnde Produktangebot wird mit Rabatten von bis zu 70 % gegenüber der unverbindlichen Preisempfehlung vermarktet und adressiert Schnäppchenjäger. Angeboten wird Ware mit kleinen Mängeln und im Onlineshop nicht mehr angebotene Saisonware. Somit stellt der Outletstore einen komplementären Vertriebskanal im Rahmen eines Multi- und weniger eines Cross-Channel-Konzeptes dar (Zalando, 2023).◄

7.2.2   Fachmärkte und Fachgeschäfte

Ein **Fachmarkt** ist ein großflächiges Einzelhandelsgeschäft, dessen Sortiment auf eine bestimmte Branche, Bedarfsgruppe oder Warenbereich (z. B. Bekleidung, Möbel, Consumer Electronics) ausgerichtet ist. Das breite und auch tiefe Sortiment befindet sich auf einem niedrigen bis mittleren Preisniveau (Müller-Hagedorn et al., 2012, S. 92). Ein **Fachgeschäft** bietet je nach Ladengröße ein sehr tief gegliedertes Sortiment einer bestimmten Branche oder eines Warenbereiches, beispielsweise Spielwaren, Schreibutensilien, Sport oder Mode auf einem mittleren bis gehobenen Preisniveau. Das Sortiment wird mit umfangreichen Dienstleistungen, wie fachkundige Beratung, Lieferung und Reparaturen verbunden. Die intensive Verkaufsberatung erfordert eine hohe fachliche Qualifikation und Spezialisierung des Verkaufspersonals (Müller-Hagedorn et al., 2012, S. 91). Von den Fachgeschäften können **Spezialgeschäfte** abgegrenzt werden, deren Sortiment sich nur auf einen Teil des Angebots einer Warengruppe beschränkt, teilweise dies jedoch in einer tiefen Sortierung. Die Beratungs- und Serviceintensität ist meist noch umfangreicher ausgeprägt als die der Fachgeschäfte (Barth et al., 2015, S. 92). Fachmarktkonzepte von Online/Offline Multi-Channel-Retailern finden ihre Realisierung beispielsweise bei Baby- und Kinderausstattung (https://www.babymarkt.de) mit derzeit fünf Filialen in NRW (Stand Mai 2023) und in der Warenkategorie Consumer Electronics mit den originären Internet Pure Playern Cyberport (9 Stores: Stand Mai 2023) und Notebooksbilliger (7 Stores: Stand Mai 2023).

Fachmärkte Cyberport und Notebooksbilliger

Die Consumer Electronics Online-Händler **Cyberport** (https://www.cyberport.de) und **Notebooksbilliger** (https://www.notebooksbilliger.de) betreiben Fachmärkte mit einem breiten und tiefen Sortiment in meist großflächigen Standorten in Ballungsgebieten. Bei beiden Anbietern können online bestellte Produkte bei entsprechender Warenverfügbarkeit sofort in der Wunschfiliale abgeholt werden oder zur versandkostenfreien Abholung an einen der Stores geliefert werden (Click & Collect und Click & Reserve).◄

---

mymuesli: Rückbesinnung auf den Onlinevertrieb nach Erfahrungen mit einem Filialkonzept

Den Charakter eines Fach- bzw. Spezialgeschäftes für Lebensmittel zeigten die mymuesli-Filialen mit ihrem Kernsortiment Müsli und artverwandten Produkten. Der 2007 gegründete Mass-Customization-Anbieter mymuesli (https://www.mymuesli. com) eröffnete bereits zwei Jahre nach seiner Gründung einen ersten Laden am Firmenstandort in Passau. Eine expansive Filialisierungsstrategie führte in den Folgejahren bis 2016 zum Aufbau von 50 Filialen in Deutschland, Österreich und der Schweiz.

Die Filialen wurden jedoch zunehmend zum Kostenfaktor. Rückläufige Kundenzahlen und verfehlte Umsatzziele führten ab 2018 zu einer sukzessiven Bereinigung des Filialnetzes. Nur die Geschäfte in Passau, München und Geisslingen werden derzeit weitergeführt (Sinnwell, 2021).◄

Im B2C-Bereich experimentierte Amazon mehrere Jahre mit verschiedenen Multi-Channel-Konzepten. 2015 wurde der erste **Amazon Book Store** in Seattle eröffnet, in den Folgejahren wuchs die Zahl der Book Stores auf 24 Filialen. Mit filialisierten Buchhandlungen realisierte Amazon genau das Ladenkonzept, welches das Unternehmen vor 20 Jahren mit seinem Online-Buchhandel angegriffen hatte. Damit positionierte sich Amazon nicht nur als Online-Konkurrenz für die angestammten Buchhändler, sondern auch als deren Konkurrent im stationären Filialgeschäft. In den sogenannten **4-Sterne-Läden** wurden Bestseller aus Warenkategorien wie Spielzeug, Haushaltswaren und Elektroartikel verkauft. 2016 wurde in Seattle mit **Amazon Go Store** ein erster kassenloser stationärer Supermarkt zuerst nur für Mitarbeiter und 2018 auch für den Publikumsverkehr geöffnet. Nach einer steten Expansion wurden im April 2023 acht Filialen wieder geschlossen, 20 Filialen sollen weitergeführt werden (Schlosser, 2023). 2017 erfolgte der Einstieg in den stationären Lebensmittelhandel mit der Übernahme der US-amerikanischen Bio-Supermarktkette **WholeFoods.** Der Lebensmittellieferdienst **Amazon Fresh** ist nur auf Prime Mitglieder ausgerichtet. 2021 wurde eine erste dem Amazon-Go-Filialkonzept ähnelnde Fresh-Filiale in London eröffnet. 2022 verkündete Amazon eine **Neuausrichtung seiner Retailstrategie.** Im Zuge der folgenden **Filialbereinigungen** kam es zu mehr als 65 Filialschließungen bei den Book Stores, 4-Sterne-Läden und den Pop-up Stores. Künftig möchte Amazon seine Lebensmittelmärkte Amazon Fresh und Amazon Go stärker voranbringen und sich auf den Modehandel fokussieren. Ein erstes Modeladengeschäft wurde 2022 in Los Angeles unter der Marke **Amazon Style** eröffnet.

Wie die aufgeführten Beispiele demonstrieren, machen die originären Internet Pure Player unterschiedliche Erfahrungen mit dem Stationärvertrieb. Während die einen eine stetige Expansion vorantreiben, bereinigen andere ihr Filialkonzept und konzentrieren sich wieder stärker auf den Online-Vertriebskanal. Dies zeigt, dass sich nicht für jedes Online-Geschäftsmodell eine zwingende Notwendigkeit zu einer stationären Filialisierung ableiten lässt.

7.2.3   Pop-up Stores

Pop-up Stores (to pop up: plötzlich auftauchen) sind zeitlich befristet betriebene Ladenformate, die auf eine **Inszenierung** von Produkten und Marken fokussieren und eine unmittelbare Interaktion zwischen Marke und Konsument ermöglichen (Niehm et al., 2006, S. 2). Dabei stellt der Pop-up Store auf einer meist nur provisorisch hergerichteten Präsentationsfläche das multisensorische Erlebnis mit Themen- oder **Markenwelten** in den Mittelpunkt (Pine & Gilmore, 2000, S. 36) und fungiert meist nicht in erster Linie als reiner Point of Sale mit dem Abverkauf und der direkten Mitnahme der ausgestellten Produkte (Niehm et al., 2006, S. 25). Mit einem Storekonzept als Showroom ohne unmittelbare Produktmitnahme können Besucher die präsentierte Ware haptisch begutachten und noch vor Ort über den Scan von **QR-Codes** ordern. Vertriebsorientierte Pop-up Stores sollen bei Mode und Bekleidung den Absatz von **Saisonware** stimulieren. Dies kann sowohl den Abverkauf von Kollektionen zum Saisonstart wie auch das Saisonende mit dem rabattierten Angebot von Restlagerbeständen befeuern. Der Pop-up Store ergänzt für einen begrenzten Zeitraum die etablierten Vertriebskanäle des Online-Händlers und schafft einen zusätzlichen **Customer Touchpoint** (Deges, 2020b). Die Fristigkeit der Pop-up-Store-Präsenzen variiert stark, diese kann einige wenige Tage, vielleicht nur ein Wochenende, bis hin zu mehreren Wochen umfassen (Kastner, 2015, S. 2). Neben der zeitlichen Befristung steht auch die Limitierung des Warenangebotes für die **Exklusivität** und **Einmaligkeit** der Pop-up-Store-Aktion (Deges, 2020b). Die Konzentration auf ein selektiertes Warenangebot bietet Möglichkeiten einer außergewöhnlichen Inszenierung der Produkte mit **Eventcharakter.** Besonders geeignet sind vorübergehend leerstehende Geschäftsräume, die kurzfristig und flexibel angemietet werden können (Deges, 2020b). Aufgrund zeitlich begrenzter Miet- und Betriebskosten kommt es für den Online-Händler zu einer geringen finanziellen Mittelbindung (Hurth & Krause, 2010, S. 38). Pop-up Stores können auch als temporäre **mobile Verkaufsstätten,** beispielsweise bei Messen, Volksfesten, Sportveranstaltungen oder City Events aufgebaut und schnell wieder abgebaut werden. Über eine **Social-Media-Kommunikation** soll die meist erst kurzfristig angekündigte Eröffnung einen **Überraschungseffekt** auslösen und die Neugierde für eine **virale Verbreitung** in den sozialen Netzwerken sorgen (Hurth & Krause, 2010, S. 38; Kastner, 2015, S. 51). Pop-up Stores unterstützen mit ihrer stationären Präsenz die **Bekanntmachung** des Unternehmens und generieren **Traffic** für den Onlineshop (Deges, 2020b). Internet Pure Player können auf experimentellem Weg Erkenntnisse über den stationären Handel gewinnen und in einen persönlichen Kontakt mit ihren Zielgruppen treten (Kastner, 2015, S. 31). Produktinszenierungsformate, aber auch unterschiedliche Standortlagen können unter realen Bedingungen getestet werden, bevor eine langfristige Investition in eine stationäre Filialisierung getätigt wird. Der Pop-up Store dient somit als ein **Testmarkt** für den Einstieg in den stationären Handel (Deges, 2020b). Städte und Gemeinden, aber auch Immobilieneigentümer stehen den Pop-up-Storekonzepten positiv gegenüber. Der Gewerbeimmobilienmarkt profitiert von Mieteinnahmen über Kurzzeitvermietungen, Leerstand wird zumindest kurzfristig aufgehoben. Pop-up Stores schaffen **Aufmerksamkeit** für die ansonsten leerstehende Immobilie und werten die Angebote der im unmittelbaren räumlichen Einzugsgebiet angesiedelten Geschäfte auf. Einzelhandel und Gastronomie profitieren von der **Besucherfrequenz** des Pop-up Stores (Deges, 2020b).

Pop-up-Store-Präsenzen im Weihnachtsgeschäft

Als Vorreiter für temporär betriebene Ladenkonzepte in der Weihnachtszeit gilt ein Pop-up Store von eBay (https://www.ebay.com) in Form einer **Container-Box** am ersten Weihnachtsgeschäftswochenende vom 30. November bis 2. Dezember 2012 am hochfrequentierten Covent Garden in London. 150 Produkte wurden ausgestellt, der Einkauf erfolgte mobil mit Smartphones über das Scannen eines QR-Codes (Marsden, 2012). Amazons (https://www.amazon.de) Pop-up Store vom 12. bis 24. November 2017 in Soho London sollte mit ausgewählten Produkten wie Elektronik, Spielzeug, Schmuck und Kosmetik auf den anstehenden Black Friday aufmerksam machen. Der Einkauf der ausgestellten Produkte war über eine App möglich (Shead, 2017). Am Berliner Kudamm betrieb Amazon vom 22. bis 27. November 2018 einen temporären Laden unter dem Motto „Home of Christmas" als Einstimmung auf das Weihnachtsgeschäft. Die mehr als 500 ausgestellten Produkte konnten per Einscannen von QR-Codes in der Amazon-App direkt vor Ort bestellt werden (Gassmann, 2018).◄

Lernkontrolle

1. Stellen Sie die Entwicklung von Multi-Channel über Cross-Channel zu Omni-Channel dar.
2. Welche Cross-Channel-Services befördern Web-to-Store und Store-to-Web?
3. Erklären Sie den Unterschied zwischen Click & Collect und Click & Reserve.
4. Welche Einsatzmöglichkeiten bieten sich stationären Einzelhändlern durch den Einsatz von Location-based Services?
5. Welche Formen der stationären Filialisierung von originären Internet Pure Playern können unterschieden werden?

Literatur

Ahlert, D., Kenning, P., & Brock, C. (2018). *Handelsmarketing.* Springer Gabler.

Anderson, C. (2004). The long tail. *Wired Magazine, 10,* 170–177.

Barth, K., Hartmann, M., & Schröder, H. (2015). *Betriebswirtschaftslehre des Handels.* Springer Gabler.

Batschkowski, T. (2017). Kassenzone der Zukunft – Anforderungen an den Handel. In L. Hierl (Hrsg.), *Mobile Payment* (S. 93–127). Springer Gabler.

Deges, F. (2020a). *Grundlagen des E-Commerce. Strategien, Modelle, Instrumente.* Springer Gabler.

Deges, F. (2020b). *Pop-up Store.* https://wirtschaftslexikon.gabler.de/definition/pop-store-122664/version-378821. Zugegriffen: 13. März 2023.

Gandharve, A. (2016). *Digital trifft stationär: Die Zukunft von Cross Channel.* https://www.intern etworld.de/e-commerce/online-handel/digital-trifft-stationaer-zukunft-cross-channel-1168796. html. Zugegriffen: 20. Feb. 2019.

Gassmann, M. (2018). *Nur für eine Woche – Amazon eröffnet Shop in Deutschland.* https://www. welt.de/wirtschaft/article183495772/Amazon-Online-Haendler-eroeffnet-Weihnachts-Pop-up-Store-am-Berliner-Kudamm.html. Zugegriffen: 18. Feb. 2019.

Heinemann, G. (2018). *Der neue Online-Handel.* Springer Gabler.

Heinemann, G., & Handt, F. (2019). Mehrwert im Handel durch Location-based Platforms am Beispiel von Bonial. In G. Heinemann, H. M. Gehrckens, & T. Täuber (Hrsg.), *Handel mit Mehrwert* (S. 257–274). Springer Gabler.

Homburg, C., & Krohmer, H. (2009). *Marketingmanagement.* Gabler.

Hurth, J., & Krause, M. (2010). Ortswechsel: Pop-up-Stores als innovativer Betriebstyp. *Transfer, Werbeforschung & Praxis, 1,* 33–40.

Jahn, M. (2016). Einzelhandel in Läden – Ein Auslaufmodell? Chancen und Risiken in einer strukturellen Umbruchphase. In R. Gläß & D. Leukert (Hrsg.), *Handel 4.0* (S. 25–50). Springer Gabler.

Kastner, O. (2015). *Erfolgsfaktoren von Pop-up Stores.* Springer Gabler.

Kollmann, T. (2016). *E-Entrepreneurship.* Springer Gabler.

Kreutzer, R. (2016). *Online-Marketing.* Springer Gabler.

Kreutzer, R. (2018). *Praxisorientiertes Online-Marketing.* Springer Gabler.

Krüger, A., & Kahl, G. (2016). Der technologische Fortschritt im Handel getrieben durch Erwartungen der Kunden. In R. Gläß & D. Leukert (Hrsg.), *Handel 4.0* (S. 129–156). Springer Gabler.

Lammenett, E. (2017). *Praxiswissen Online-Marketing.* Springer Gabler.

Leukert, B., & Gläß, R. (2016). Herausforderungen und Chancen für die Digitalisierung von Handelsunternehmen. In R. Gläß & D. Leukert (Hrsg.), *Handel 4.0* (S. 193–211). Springer Gabler.

Marsden, P. (2012). *Social commerce. Ebay's London pop-up shop: A vision of social commerce tomorrow?* https://digitalwellbeing.org/ebays-london-pop-up-shop-a-vision-of-social-com merce-tomorrow/. Zugegriffen: 18. Feb. 2019.

Metter, A. (2018). Mit Virtual Promoter zum Point of Experience. In M. Knoppe & M. Wild (Hrsg.), *Digitalisierung im Handel* (S. 59–78). Springer Gabler.

Mister Spex. (2023). *Mister Spex erreicht mit der Eröffnung seines insgesamt 70. Stores in Dresden den nächsten Meilenstein.* https://corporate.misterspex.com/de/press-releases/mister-spex-err eicht-mit-der-eroeffnung-seines-insgesamt-70-stores-in-dresden-den-naechsten-meilenstein/. Zugegriffen: 11. März 2023.

Müller-Hagedorn, L., Toporowski, W., & Zielke, S. (2012). *Der Handel.* Kohlhammer.

Niehm, L. S., Fiore, A. M., Jeong, M., & Kim, H.-J. (2006). Pop-up retail's acceptability as an innovative business strategy and enhancer of the consumer shopping experience. *Journal of Shopping Center Research, 2,* 1–30.

Outfittery (2023). *OUTFITTERY Showroom Berlin.* https://www.outfittery.de/showroom. Zugegriffen: 11. März 2023.

Pine, B. J., & Gilmore, J. H. (2000). *Erlebniskauf.* Econ.

Porter, M. E. (1995). *Wettbewerbsstrategie.* Campus.

Porter, M. E. (2008). The five competitive forces that shape strategy. *Harvard Busines Review, 1,* 25–40.

REWE. (2023). *REWE Pick&Go.* https://www.rewe.de/service/pick-and-go/. Zugegriffen: 11. März 2023.

Rock, S. (2018). Services im durch die Digitalisierung beeinflussten Handel – Eine kundenorientierte Sichtweise. In M. Knoppe & M. Wild (Hrsg.), *Digitalisierung im Handel* (S. 115–136). Springer Gabler.

Schlosser, K. (2023). *Amazon closing eight Amazon Go convenience stores in latest tightening of its physical retail.* https://www.geekwire.com/2023/amazon-closing-eight-amazon-go-convenience-stores-in-latest-tightening-of-its-physical-retail/. Zugegriffen: 12. März 2023.

Scholz, H. (2018). *Im Baumarkt nachts um halb eins.* https://zukunftdeseinkaufens.de/im-baumarkt-nachts-um-halb-eins/. Zugegriffen: 18. Feb. 2019.

Schramm-Klein, H., & Wagner, G. (2016). Disruption im Mehrkanalhandel: Transformation von Multi- über Cross- zu Omni-Channel-Retailing. In G. Heinemann, H. M. Gehrckens, & U. J. Wolters (Hrsg.), *Digitale Transformation oder digitale Disruption im Handel* (S. 425–448). Springer Gabler.

Shead, S. (2017). *Amazon has opened a pop-up store in London's Soho Square.* https://www.businessinsider.de/amazon-has-opened-a-pop-up-store-in-londons-soho-2017-11. Zugegriffen: 18. Feb. 2019.

Sinnwell, K. (2021). *Mymuesli schließt fast alle Läden – und macht trotz Corona Gewinn.* https://www.handelsblatt.com/unternehmen/handel-konsumgueter/einzelhandel-mymuesli-schliesst-fast-alle-laeden-und-macht-trotz-corona-gewinn/27278940.html. Zugegriffen: 20. Jan.2023.

Spreer, P. (2014). Erfolgreich mit digitalem In-Store-Marketing. In K. Gutknecht, D. Funck, & J. Stumpf (Hrsg.), *Innovationsmanagement im Handel* (S. 202–243). Kastner.

Stummeyer, C. (2020). Digitalisierung im Möbelhandel. In L. Fend & J. Hofmann (Hrsg.), *Digitalisierung in Industrie-, Handels- und Dienstleistungsunternehmen* (S. 305–320). Springer Gabler.

Tripp, C. (2019). *Distributions- und Handelslogistik.* Springer Gabler.

Wild, M. (2018). Seamless Shopping – komplett digital, über alle Kanäle hinweg – ein Fallbeispiel. In M. Knoppe & M. Wild (Hrsg.), *Digitalisierung im Handel* (S. 29–39). Springer Gabler.

Winkelmann, P. (2012). *Vertriebskonzeption und Vertriebssteuerung.* Vahlen.

Zalando (2023). *Zalando Outlet.* https://www.zalando-outlet.de/outlets/. Zugegriffen: 11. März 2023.

Zimmermann, R., & Westermann, A. (2020). Omnichannel-Retailing – Kundenorientierte Verknüpfung der Online- und Offline-Kanäle. In M. Terstiege (Hrsg.), *Digitales Marketing – Erfolgsmodelle aus der Praxis* (S. 3–16). Springer Gabler.

Frequenzgenerierung und Absatzförderung 8

Lernziele

Mit zielgruppenspezifischem Online- und Offline-Marketing muss der Onlineshop bekanntgemacht und das Produkt-Leistungsangebot verkaufsfördernd beworben werden. Dieses Kapital schafft ein fundiertes Basiswissen über:

- Den Stellenwert einer einprägsamen Adressierung des Onlineshops und die Herausforderungen der Findung und Registrierung von Domainnamen
- Die Bedeutung der Suchmaschinen zur Frequenzgenerierung und die Möglichkeiten der Einflussnahme auf eine hochrangige Platzierung in den Suchergebnissen der User durch das Suchmaschinenmarketing
- Die Schaffung unternehmensfremder Customer Touchpoints über den Einsatz und die Steuerung von Affiliate-Programmen
- Die Instrumente des Online- und Offline-Marketings und die Potenziale ihrer crossmedialen Verknüpfung für die personalisierte Zielgruppenansprache

Die Generierung von Besucherfrequenz ist die Basis für Kundengewinnung und Kundenbindung. Potenzielle Kunden müssen auf das Angebot aufmerksam werden und den Onlineshop im Informationsdschungel des Internets finden. Aus neugierigen Besuchern werden Kunden, wenn der Onlineshop mit seinem Produkt-Leistungsangebot überzeugt. Eine hohe Frequenz ist dabei kein Garant für die Erzielung befriedigender Umsätze. Dem Anbieter muss es gelingen, seine Besucher in wenigen transparenten Schritten durch den Transaktionsprozess zu führen und zum Kauf eines Produktes oder der Inanspruchnahme einer Leistung zu überzeugen. Eine einprägsame Adressierung des Onlineshops über den Domainnamen (Abschn. 8.1) und die gute Auffindbarkeit in Suchmaschinen

© Springer Fachmedien Wiesbaden GmbH, ein Teil von Springer Nature 2023
F. Deges, *Grundlagen des E-Commerce*,
https://doi.org/10.1007/978-3-658-41357-6_8

(Abschn. 8.2) befördern die Frequenzgenerierung. Mit einem Affiliate-Programm werden aufmerksamkeitsstarke Customer Touchpoints außerhalb des Onlineshops geschaffen (Abschn. 8.3). Der zielgerichtete Einsatz von Online- und Offline-Marketing fördert die Bekanntmachung des Onlineshops (Abschn. 8.4). Im Onlineshop stehen Gütesiegel (siehe Abschn. 8.5) für den Aufbau von Vertrauen in die Seriosität des Online-Händlers.

8.1   Domainkonzept und Domainmanagement

8.1.1   Funktion und Nutzen von IP-Adressen und Domains

Internetnutzer navigieren durch das **World Wide Web,** indem sie ihre Zielseiten über die direkte Eingabe von Webadressen ansteuern oder den Hyperlinks auf Websites folgen. Die weltweite Identifizierung und Lokalisierung von Onlinediensten erfolgt technisch über eine IP (Internet-Protocol)-Adresse als mehrstellige Zahlen- und Zeichenfolge. Das **Internet-Protocol** ist die Basis jedweder Kommunikation und Interaktion im Internet. Jedem mit dem Internet verbundenen **Webserver** und den Devices, mit denen Nutzer mobil oder standortgebunden auf das World Wide Web zugreifen, ist eine individuelle **IP-Adresse** zugewiesen (Deges, 2020a, S. 2). Durch sie ist jeder in der Internet-Infrastruktur integrierte Rechner eindeutig und unverwechselbar gekennzeichnet (Fritz, 2001, S. 32). Über die IP-Adressen identifizieren sich der informationsbereitstellende und der informationsabrufende Rechner gegenseitig und stellen eine Verbindung her (Wurster, 2001). Eine klassische IP-Adresse besteht aus vier Bytes, daraus leitet sich der Name Internet Protocol Version 4 **(IPv4)** ab. Jedes Byte wird durch eine Dezimalzahl dargestellt, die Werte von 0 bis 255 annehmen kann. Die Bytes sind jeweils durch einen Punkt voneinander getrennt, wie dies als Beispiel die **IPv4-Adresse** des Springer Verlages (195.128.8.134) illustriert. Die IPv4-Systematik stammt aus den 1980er Jahren und ermöglicht circa 4 Mrd. IP-Adressen (DENIC, 2019). Diese nur 32 Bit langen Adressen verknappten mit der exponentiellen Ausbreitung des Internets immer schneller den zur Verfügung stehenden Adressraum. Aus diesem Grund wurde 1998 von der **Internet Engineering Task Force** (IETF) eine neue Version des Internet Protokolls **(IPv6)** entwickelt. In diesem Modell stehen für die IP-Adresse nicht mehr vier, sondern 16 Byte zur Verfügung, was eine 128 Bit lange Adresse ermöglicht und die technische Variation der Adressierung von Onlinediensten massiv erweiterte (DENIC, 2019).

Aus **Nutzerperspektive** ist der Aufruf von Websites über die Eingabe von kryptischen IP-Adressen alles andere als nutzerfreundlich und wenig praktikabel (Kollmann, 2009, S. 307). Zum einen lässt sich aus der reinen Kenntnis der IP-Adresse keinerlei Hinweis auf das dahinterliegende Inhaltsangebot ableiten. Zudem ist die Eingabe einer komplexen numerischen Zahlen- und **Zeichenfolge** fehleranfälliger als die Eingabe eines beschreibenden Namens, der sich ohnehin leichter einprägt. Um die Identifikation und

Lokalisierung von Webdiensten zu vereinfachen, entwickelte das Technologieunternehmen Sun Microsystems in den frühen 1980er Jahren das **Domain Name System** (DNS) als einen nach einem einheitlichen Prinzip aufgebauten Verzeichnisdienst, mittels dessen eine Zuordnung von beschreibenden Namen zu IP-Adressen möglich ist (Heinzmann, 2000, S. 66). Damit entstand eine weltweit eindeutige **Namensstruktur,** die jedem an das Internet angeschlossenen Rechner einen hierarchisch auflösbaren Namen als **Domain** zuweist (Fritz, 2001, S. 32). Die Domain ist ein integraler Bestandteil der Information, Kommunikation und Interaktion in der Onlinewelt. Als Wegweiser leitet sie den Informationssuchenden zu den gewünschten Onlinepräsenzen und ist idealerweise prägnant auf die Zielgruppe und das Produkt- und Leistungsangebot ausgerichtet. Ebenso wie die IP-Adresse ist auch eine Domain eindeutig identifizierbar, da jeder **Domainname** nur einmal vergeben werden kann. Domains fungieren als Adresse einer Website oder allgemeiner als **Webadresse** (Kollmann, 2009, S. 306 f.). Sie haben schnell eine überragende **Verkehrsgeltung** im Internet erlangt, da sich ein durchschnittlicher Internetnutzer eines numerischen Systems der IP-Adressen kaum bewusst ist, geschweige denn eine IP-Adresse zum direkten Aufruf einer Website verwenden würde. Eine verbaleinprägsame wie auch aussagekräftige Domain ist somit die unabdingbare Voraussetzung, dass ein Internetnutzer eine auf sein Suchbedürfnis zielende Website in der Vielzahl der Onlineangebote schnell und einfach finden und aufrufen kann. Die Konnektierung der Domain mit der dazugehörigen Website erfolgt automatisiert über sogenannte **Nameserver,** welche die Domain in die für die Lokalisierung der Website relevante IP-Adresse auflösen und an den **Webbrowser** übermitteln, damit dieser die aufgerufene Website anzeigen kann (Deges, 2020a, S. 4 f.). Domainnamen sind ein wichtiger Baustein der **Marketingstrategie** der Unternehmen, insbesondere für die Vermarktung ihres Produkt-Leistungsangebotes über Onlineshops und Online-Marktplätze. Marketingaktivitäten zielen darauf ab, den Domainnamen bekannt zu machen, um damit die **Besucherfrequenz** zu steigern.

8.1.2 Der Aufbau von Domains

Domains sind weltweit hierarchisch nach einem einheitlichen Prinzip aufgebaut, dem **Domain Name System** (DNS). Die mit einer Website konnektierte Domain entspricht in Analogie zu einem physisch-stationären Geschäft der „postalischen Adresse" eines Websitebetreibers im Internet und besteht in umgekehrter Lesereihenfolge von rechts nach links aus einer Top-, Second- und Third-Level-Domain (Kollmann, 2009, S. 306; Kreutzer, 2018, S. 125). Der vollständige Name, bestehend aus Top-, Second- und Third-Level-Domain wird als **Fully Qualified Domain Name** (FQDN) bezeichnet. Die Gesamtlänge der FQDN darf 255 Zeichen nicht überschreiten.

Top-Level Domain
Die **Top-Level-Domain** (TLD) ist in zwei Bereiche kategorisiert (vgl. Deges, 2020a, S. 20 ff.):

- **Länderspezifische Top-Level-Domains** (cc = country code TLDs). Weltweit existieren über 200 ccTLDs, jedes Land ist durch einen zweibuchstabigen Code gekennzeichnet, zum Beispiel **.de** für Deutschland. Länderspezifische TLDs stehen für den geografischen Herkunftsnachweis. Dieser ist allerdings zweckentfremdet, wenn die Registrierung einer Länderdomain nicht an eine Residenz in dem entsprechenden Land gebunden ist. Die **.me** TLD für Montenegro ist attraktiv für die Adressierung personalisierter Internetangebote, indem Internetadressen wie beispielsweise love.me, buy.me oder contact.me gebildet werden. Die TLD **.vc** für den Karibikstaat St. Vincent und die Grenadinen kann für die Adressierung des Angebotes von Venture-Capital-Gesellschaften nützlich sein.
- **Generische Top-Level-Domains** (g = generic TLDs). Diese dienen einer inhaltlichen Kennzeichnung des Angebots und können frei zugänglich oder an die Zugehörigkeit zu einer bestimmten Organisation gebunden sein. Die frei zugängliche Endung **.com** (commercial) ist die meist registrierte gTLD mit ca. 160,5 Mio. registrierten Domains (Stand Dezember 2022, Verisign, 2023). Die generische Endung **.gov** (government) dürfen nur Regierungsorgane der USA, die generische Endung **.edu** (education) nur akkreditierte Bildungseinrichtungen und die generische Endung **.travel** nur Unternehmen der Reisebranche und Tourismusindustrie verwenden.

Für eine **restricted Domain** muss der Anmelder Voraussetzungen für die Registrierung erfüllen. So ist es beispielsweise für die Registrierung der **.fr**-Endung für Frankreich notwendig, dass der Anmelder seinen Wohnsitz oder einen Firmensitz in Frankreich nachweist. An die Registrierung einer **unrestricted Domain** wie beispielsweise **.info** sind keine Vorgaben geknüpft. Während die generischen TLDs von internationalen Organisationen verwaltet werden, ist die Vergabe von länderspezifischen Domains hoheitliche Aufgabe der Länder (Heinzmann, 2000, S. 68). Die Regeln für die Namensregistrierung unterhalb der ccTLDs legen Vergabestellen (NIC = Network Information Center) fest. In Deutschland ist die DENIC (**Deutsches Network Information Center**) die hoheitliche Registrierungsstelle.

Die deutsche Domain-Registrierungsstelle DENIC

Die DENIC eG (https://www.denic.de mit Sitz in Frankfurt am Main wurde 1996 gegründet. Ihre Aufgaben sind der Betrieb und die Verwaltung der „.de"-TLD. Über einen **Whois-Service** kann eine Domainabfrage zur Identifizierung freier Domains durchgeführt werden. Seit dem 25. Mai 2018 ist durch die Datenschutzbestimmungen der DSGVO die Domainabfrage für Dritte limitiert, bei bereits registrierten Domains werden personenbezogene Daten zum Domaininhaber nicht mehr angezeigt. Derzeit sind bei der DENIC über 17,5 Mio. Domains mit einer de-Endung registriert (Stand Mai 2023).◄

Second-Level-Domain

Eine **Second-Level-Domain** (2nd Level Domain) wird immer nur in Kombination mit einer TLD vergeben. Der Domainname kann unter Einhaltung der Restriktionen in der Namenskreation, welche die **Domain Name Registries** vorgeben, frei gestaltet und durch Buchstaben, Ziffern, Umlaute, Sonderzeichen und Bindestrich gebildet werden (vgl. Deges, 2020a, S. 30 f.). Ob eine **Wunschdomain** nutzbar ist, hängt davon ab, dass sie noch nicht von einem Dritten registriert wurde (Kreutzer, 2018, S. 126). Die Second-Level-Domain ist die eigentliche Adresse, zum Beispiel der Name des Unternehmens (beiersdorf.de), einer Marke (nivea.de) oder einer Produktlinie (niveamen.de). Second-Level-Domains können neben dem Unternehmens-, Marken- oder Produktnamen auch einen das Informations- oder Leistungsangebot beschreibenden oder umschreibenden Domainnamen charakterisieren. **Generische Second-Level-Domains** mit einer beschreibenden Adresse wie kaffee.de, schuhe.de oder moebel.de sind attraktiv, da sie eine **Sortimentskategorie** bzw. **Warengruppe** in ihrem Namen tragen. Damit eignen sich solche Domains insbesondere zum Aufbau von Onlineshops oder Online-Marktplätzen mit einem eindeutigen Sortimentsschwerpunkt (vgl. Deges, 2020a, S. 31). Eine solche die Sortiments- oder Produktkategorie repräsentierende Domain wird auch als **Category Killer Domain** bezeichnet (Schwartz, 2012). Problematisch wird es, wenn genau diese **Category** im Zuge einer späteren Ausweitung des Geschäftsmodells nur noch einen Teil des Produkt- und Leistungsprogramms repräsentiert. Für Zalando wäre es in der Vorgründungsphase kaum zielführend gewesen, mit seinem originären Geschäftsmodell eines Online-Schuhhandels einen Domainnamen in Kombination mit dem **Keyword** Schuhe zu kreieren, da sich das **Geschäftsmodell** über die Jahre hinweg in einen Online-Marktplatz für ein breitgefächertes und tiefes Sortiment in den Warenkategorien Fashion, Beauty und Kosmetik, Lifestyle und Accessoires transformiert hat. Auch der Amazon-Gründer Jeff Bezos hätte mit einem Domainnamen, der das Startsortiment eines Online-Bookstores umschrieben hätte, einen für den stetig erfolgten Ausbau seines Onlineshops zu einem universellen Marketplace viel zu engen Namen gewählt. Häufig ist die Entscheidung, ob ein deutsch- oder anderssprachiger Domainname gewählt wird, daran gekoppelt, ob nur eine nationale, oder auch internationale Vermarktung Intention der Gründer ist. Fakt ist, dass sich eine **Internationalisierung** mit einem sperrigen deutschsprachigen Domainnamen erschwert. Daher achten expansiv denkende Gründer bei der Namensgebung in der **Vorgründungsphase** auf einen auch international einsetzbaren Domainnamen. **Anglizismen** stellen schon einmal sicher, dass der Unternehmens- bzw. Markenname im englischsprachigen Bevölkerungsraum in seiner Wortbedeutung intuitiv verstanden werden müsste (Deges, 2020a, S. 32). Ein geeigneter Name ist unverwechselbar sowie klar und prägnant auf die Zielgruppe ausgerichtet. Je kürzer der Domainname, um so einprägsamer (Kollmann, 2013, S. 229).

Third-Level-Domain

Domains auf der dritten Ebene werden als Third-Level-Domains oder Subdomains bezeichnet. Die **Third-Level-Domain** kennzeichnet den Dienst, unter dem die Website betrieben wird oder als sogenannte Subdomain eine von der Hauptdomain separat ansprechbare, aber mit ihr verbundene Unteradresse. Der am weitesten verbreitete Dienst ist www für World Wide Web und adressiert die Websites, Webservices und Onlineshops, ftp steht für Dateitransfer, m für mobile Angebote sowie mail/smtp/pop3/imap für Mailserver (Deges, 2020a, S. 34). Eine **Subdomain** ist in der Hierarchie des DNS unterhalb der Second-Level-Domain angesiedelt. Subdomains erkennt man daran, dass sie getrennt mit einem Punkt direkt vor dem Second-Level-Domainnamen stehen. Die Einrichtung von Subdomains bietet vielfältige Optionen, eine zentrale Website weiter zu untergliedern, um verschiedene Inhalte dieser Website separat ansprechen zu können (Kollewe & Keukert, 2016, S. 396; Stallmann & Wegner, 2015, S. 216). Vorteilhaft ist, dass Subdomains nicht über die Domain Name Registries als eigene Domainnamen registriert werden müssen. Sie können unter der bereits registrierten Second-Level-Domain eigenständig eingerichtet werden, denn die für das Domain Name System prioritäre Weiterleitung wird über die Second-Level-Domain gesteuert (Kollewe & Keukert, 2016, S. 109). Die Strukturierung der Website in Subdomains verhindert somit auch ein quantitatives Ausufern der Anzahl registrierter Second-Level-Domains im Domainportfolio. Abb. 8.1 stellt noch einmal zusammenfassend die Strukturierung einer Domainadressierung dar.

8.1.3 Arten von Domains

Die Möglichkeiten der Gestaltung von Second-Level-Domainnamen unter einer TLD sind vielfältig. Es gibt zahlreiche Variationen aus den von den **Domain Name Registries** vorgegebenen Buchstaben-, Zahlen- und Zeichenkombinationen. Dabei sind Gestaltungsparameter wie beispielsweise die **Längenrestriktion** oder die Verwendung und Positionierung von Sonderzeichen zu berücksichtigen.

Personen- und Familienname
Die Registrierung einer Domain als Personenname ist attraktiv für den Aufbau einer digitalen Präsenz von Personen des öffentlichen Lebens (Sportler, Musiker, Künstler, Autoren, Entertainer, Testimonials, Politiker), freiberuflich agierenden Einzelunternehmern oder Privatpersonen, die eine eigene Website pflegen, indem sie ihren Hobbys, Interessen, Einstellungen und Meinungen eine Onlinepräsenz verleihen. Auch **Künstlernamen** und **Pseudonyme** können als Domain registriert werden. Heute lässt sich bei Neugründungen in der Internetökonomie eher eine Abwendung von **Familiennamen** als gleichlautende Firmennamen konstatieren, da einerseits bürgerliche Familiennamen vielfach als Domains bereits belegt sind und es über den alleinstehenden Familiennamen schwerfällt, eine unverwechselbare und prägnante **Marke** aufzubauen, anders als es im 19. und 20. Jahrhundert mit Familiennamen wie Siemens, Henkel, Haniel, Bosch oder Krupp noch global realisiert werden konnte (Deges, 2020a, S. 45 f.).

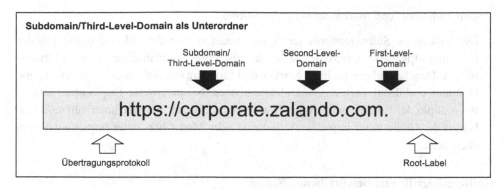

Abb. 8.1 Hierarchische Struktur von Domains. (Aus Deges, 2020a, S. 33; mit freundlicher Genehmigung von © Springer Fachmedien Wiesbaden GmbH 2020. All Rights Reserved)

Unternehmens- und Markenname
Aus der **Marketingperspektive** ist die Domain als Marken-, Produkt- und Unternehmensname die eindeutigste Kennzeichnung eines Onlineangebotes im World Wide Web und daher häufig die Idealform einer prägnanten und unverwechselbaren Adressierung über den Domainnamen (Deges, 2020a, S. 44). Mit einer **Einzelmarkenstrategie** wird jedes Produkt bzw. jede Leistung einer Marke zugeordnet (Kollmann, 2016, S. 190). Dabei können **Dienstleistungsmarken** (eventim.de, airbnb.de) oder **Produktmarken** (cocacola.de, haribo.com/de) unterschieden werden (Kreutzer, 2018, S, 129). Von einer **Markenfamilie- bzw. Dachmarkenstrategie** wird gesprochen, wenn mehrere Produkte oder Leistungen unter einer gemeinsamen Marke vertrieben werden (Kollmann, 2016, S. 191). Bei Markenfamilien und Dachmarken separiert das Unternehmen seine Vermarktung über mehrere produktspezifische Domainnamen. Somit leiten sich mit der Registrierung des Unternehmensnamens, unter deren namensidentischer Domain in den meisten Fällen die Corporate Website zu finden ist, weitere Registrierungsbedarfe aus den Marken- und Produktnamen des Unternehmens ab, um diese mit eigenständigen Onlinepräsenzen zu führen, wie das folgende Beispiel zeigt (Deges, 2020a, S. 46 f.).

Der italienische Süßwarenhersteller Ferrero findet sich in Deutschland online mit der Domain (https://www.ferrero.de) namensidentisch unter seinem angestammten Firmennamen. Daneben führen wichtige Marken und Produkte des Süßwarenherstellers eigene Domains und damit auch eigene Onlinepräsenzen, beispielsweise Duplo unter https://www.duplo.de, Nutella unter https://www.nutella.com.de, Hanuta unter https://www.hanuta.de, Giotto unter https://www.giotto.de oder Mon Cheri unter https://www.mon cheri.de.◄

Gattungsbegriffe und beschreibende Namen

Beschreibende Domainnamen können verkehrsgebräuchliche Gattungsbegriffe für Waren- oder Produktkategorien wie fluege.de, reisen.de, buch.de, computer.de, kaffee.de, bier.de, wein.de oder versicherung.de sein. Generische Begriffe haben den großen Vorteil, dass sie einen unverkennbaren Rückschluss auf die Produkte zulassen, die über die damit konnektierte Website präsentiert und vermarktet werden (Kollewe & Keukert, 2016, S. 107).

Kunst- und Fantasienamen

Viele Start-ups kreieren **Kunstnamen,** deren Bezeichnung das Leistungsangebot des Onlineshops oder die Herkunft des Unternehmens zwar nicht widerspiegelt, aber eine einheitliche Registrierung in allen gewünschten Top-Level-Domains ermöglicht (Kollmann, 2013, S. 230). Der Trend zur Bildung von Kunst- und **Fantasienamen,** nicht nur bei Unternehmens-, sondern auch bei Marken- und Produktnamen, hat sich mit der exponentiell wachsenden Verdichtung des Onlineangebotes durch die enorme Vielzahl von Websites enorm verstärkt. Unterscheiden kann man generisch angelehnte oder aus einem generisch ableitbaren Wortstamm gebildete Kunstnamen von rein abstrakten Kunst- bzw. Fantasienamen ohne sich unmittelbar erschließender Bedeutung (Samland, 2001). Bei generisch angelehnten oder abgeleiteten Kunstnamen ist in einer gewissen Deutungsinterpretation erkennbar, um welche Art von Angebot es sich bei der entsprechenden Domain handelt. So lassen angebots- und zielgruppenorientierte Kunstnamen (Kreutzer, 2018, S. 130) wie eli tepartner.de und parship.de auf eine Partnervermittlung schließen, der Kunstname tinder.de auf den ersten Blick eher weniger.

Das Wort googol ist ein mathematischer Ausdruck für die größte Zahl der Welt: 10^{100} (eine 1 mit 100 Nullen) und inspirierte den Suchmaschinendienst Google zur Namensfindung. Für den Google-Gründer Larry Page war dies der ideale Unternehmensname für eine Suchmaschine, da dieser die nahezu unvorstellbare Weite des Internets zum Ausdruck brachte (Dashevsky, 2021).◄

Das markenrechtliche Konfliktpotenzial ist bei Kunst- oder Fantasienamen wesentlich geringer, diese lassen sich im Gegensatz zu Gattungsbegriffen und generisch-beschreibenden Namen leichter als Wortmarke schützen. Trotz oder gerade wegen ihrer fehlenden Bedeutung oder ihrem nicht direkt nachvollziehbaren Bedeutungszusammenhang sind sie in einer einfachen und prägnanten Formulierung global einsetzbar, da sie sprachlich universell sind (Deges, 2020a, S. 52). Kunstnamen werden häufig aus **Anglizismen, Latinismen** (dem altsprachlichen Latein entlehnt) oder **Hispanismen** (spanische und lateinamerikanische Herkunft) gebildet (Deges, 2020a, S. 52 f.). Tab. 8.1 veranschaulicht Beispiele für die Kreation von Kunstnamen ohne direkt erkennbaren Produkt-, Leistungs- oder Unternehmensbezug.

Namensfindung Amazon

Mitte der 1990er Jahren war es Start-up-Unternehmensgründern wichtig, einen Unternehmensnamen zu kreieren, der in den alphabetisch geordneten Verzeichnissen, Webkatalogen und Listen weit vorne zu finden war (Dashevsky, 2021; Gottschalck, 2015). Die Suchmaschinen hatten zu der Zeit noch nicht die Bedeutung als Gatekeeper der Informationsrecherche. Für den Amazon-Gründer Jeff Bezos erschien der Name Amazon mit dem Bezug zum weltgrößten, sich weit verzweigenden Fluss als eine passende Analogie zur Unternehmensvision (Gottschalck, 2015). Der Name hatte zudem den Vorteil, dass er auch für eine künftige Internationalisierung sehr geeignet erschien. Das heutige Amazon-Logo verbindet mit dem Pfeil unter dem Schriftzug die Buchstaben A und Z und symbolisiert damit in seiner grafischen Gestaltung auch den Charakter des Universal-Warenhauses, in dem alles von „A bis Z" zu finden ist (Dashevsky, 2021).◄

Tab. 8.1 Kunstnamen ohne selbsterklärenden Produkt-Leistungsbezug. (Eigene Darstellung)

Domainname	Produkt- und Leistungsprogramm
https://www.quandoo.de	Reservierungsplattform für Restaurants
https://www.trivago.de	Hotelsuche und Preisvergleich
https://www.swoodoo.com	Buchungsportal Flüge, Hotels, Mietwagen
https://www.opodo.de	Buchungsportal Flüge, Hotels, Mietwagen
https://www.limango.de	Shopping-Community für Markenprodukte
https://www.tirendo.de	Reifen, PKW- und Motorrad-Zubehör
https://www.avandeo.de	Möbel und Einrichtungsaccessoires
https://www.smava.de	Vergleichsportal für Ratenkredite

(Online-Recherche nach Kunstnamen im Mai 2023)

8.1.4 Domainhandel

Domains sind keine materiellen Güter, sie repräsentieren jedoch einen hohen Wert, wenn es sich um attraktive Domainnamen handelt. Sie stellen ein übertragbares Wirtschaftsgut dar und können als immaterielle Vermögensgegenstände gehandelt werden. Unter **Domainhandel** versteht man den gewerblichen Handel mit Domains. Als legitimes **Rechtsgeschäft** wird auf diesem Weg gegen die Zahlung eines Kaufpreises die Inhaberschaft an einer Domain von einem Verkäufer auf einen Käufer übertragen (Deges, 2020a, S. 104). Beim Domainhandel geht es ausschließlich um die Rechte an einer Domain. Die mit der Domain verknüpfte Website ist nicht Gegenstand eines „reinen" Domainhandelsgeschäftes. Soll nicht nur die Domain, sondern auch der dazugehörende Onlineshop veräußert werden, so ist die Domain als Bestandteil des Onlineshops zu betrachten. Beide **Assets,** die Domain und der Onlineshop, können dann zu einem **Gesamtwert** zusammengefasst werden. Dann geht es nicht nur um einen Domainkauf, sondern um die Veräußerung eines Unternehmens (Deges, 2020a, S. 105). Wird ein **Insolvenzverfahren** eröffnet, so verliert der Gemeinschuldner die Befugnis, über sein Vermögen zu verfügen. Dieses Recht geht auf den **Insolvenzverwalter** über. Nahezu jedes insolvente Unternehmen verfügt über eine mehr oder weniger hohe Anzahl an Domains. Domains können als **Einzelwert** auch losgelöst vom Unternehmen veräußert werden. Bei der Aussicht auf einen substanziellen Erlös wird ein Insolvenzverwalter eine gesonderte Veräußerung in Betracht ziehen und die Domains Dritten zum Erwerb anbieten (vgl. Thiele, 2003).

Domains aus der Insolvenzmasse von Air Berlin

Im Jahr 2017 wurde das Insolvenzverfahren Air Berlin eröffnet. Zur Insolvenzmasse zählten neben 180 geschützten Begriffen und Wortmarken auch rund 1000 Domains. Darunter waren beschreibende Domains, die ohne unmittelbaren Bezug zu Air Berlin auch unter einer neuen Inhaberschaft frei von Vergangenheitsbelastungen weitergeführt werden konnten, beispielsweise luftfahrtbezogene Domains wie „JustFly", „airbistro", „we-fly-europe.com", „mallorca-shuttle.com" oder „city-shuttle.com", aber auch branchenneutrale Domains, wie beispielsweise „jubelpreise.com". Die vollständige Liste aller zum Verkauf stehenden Domains konnten Bieter mit unterschriebener Vertraulichkeitserklärung einsehen. Die mit dem Verkauf beauftragte Unternehmensberatung hatte gezielt Kontakt zu Investoren aufgenommen, bei denen ein potenzielles Interesse an den Domains vermutet wurde (Schobelt, 2018).◄

Die Veräußerung der Rechte an einer Domain in einem Insolvenzfahren kann durch den Insolvenzverwalter mit einem **Bieterverfahren** befördert werden, um durch ein **Bietergefecht** mehrerer Interessenten eine attraktive Monetarisierung von nachgefragten Domains zu erlösen. Dabei geht es bei bekannten Unternehmen häufig nicht nur um die Domain, sondern auch um die Marke, Markenrechte, das Logo und die Adress- bzw. Kundendaten, die aus der **Insolvenzmasse** erworben werden wollen. Dies ist der Fall, wenn der Käufer hinter dem Domainnamen trotz der **Reputationsbelastung** durch die Insolvenz ein **Vermarktungspotenzial** sieht, weil der Markenname einen hohen **Bekanntheitsgrad** in sich trägt (Deges, 2020a, S. 113). Wird das insolvente Unternehmen nicht mehr fortgeführt, so können der Kauf und die Weiterverwendung der Domains für ein anderes Unternehmen attraktiv sein, wenn diese Domain eine Marke mit einer treuen **Stammkundenklientel** repräsentiert und bei den Verbrauchern mit positiven **Assoziationen** verbunden ist. So erlebt das ehemalige Warenhaus Hertie unter https://www.hertie.de ebenso eine virtuelle **Wiedergeburt** wie die insolvente Praktiker-Baumarktkette unter https://www.praktiker.de. Die Sicherung der Namensrechte an altbekannten Marken kann für Start-ups, aber auch für etablierte Unternehmen ein Vorteil sein, wenn sie unter der bewährten Marke ein ähnliches Produkt- und Leistungsprogramm neu aufsetzen (Deges, 2020a, S. 113 f.).

> **Was ist aus den Versandhändlern Neckermann (neckermann.de) und Quelle (quelle.de) geworden?**
>
> Der Universalsender Neckermann ging 2012 in die Insolvenz. Aus der Insolvenzmasse erwarb der Konkurrent Otto die Rechte an der Marke neckermann.de in Deutschland und deren Eigenmarken sowie die Rechte an deren Internetauftritten (Hofmann, 2012). Von 2013 bis 2022 führte der Otto-Versand einen Onlineshop unter neckermann.de. Nach der Insolvenz des Universalversenders Quelle im Jahr 2009 erwarb Otto ebenfalls die Markenrechte (Reidel, 2009). Damit wollte Otto unter anderem verhindern, dass Amazon die Markenrechte an Quelle erwerben könnte. Seit 2013 wird quelle.de unter der 2013 gegründeten Quelle GmbH als Tochterunternehmen der Otto Group weitergeführt.◄

Anders als gewerbliche **Domainhändler,** die im Eigengeschäft Domains auf ihren Websites zum Kauf offerieren, führen auf Provisionsbasis agierende Handelsplattformen als Dienstleister Verkäufer und Käufer von Domains gezielt auf ihrem Marktplatz zusammen. Diese **Domainhandelsplattformen** bedienen sich meistens der Vermarktungsform einer **Auktion**, aber es werden auch Handelsgeschäfte mit **Festpreisgeboten** vermittelt. International bekannte und weltweit führende Handelsplattformen sind Sedo (https://www.sedo.com) sowie der US-amerikanische Domainregistrar und Webhoster GoDaddy (https://de.auctions/godaddy.com). Daneben gibt es noch eine Vielzahl weiterer Anbieter, von kleineren spezialisierten bis hin zu international agierenden Domainhandelsplattformen (Deges, 2020a, S. 114). Beschreibende Domains sind besonders begehrt und erzielen hohe Preise bei einer Veräußerung.

8.1.5 Domainstrategien der Internationalisierung

Mit der Gründung eines Start-ups in Deutschland wird versucht, die **.de** ccTLD und idealerweise auch die**.com** gTLD unter der gleichen Namenskonvention zu registrieren. Damit wäre im ersten Schritt eine kommerzielle Adressierung und ein geografischer **Herkunftsnachweis** hinterlegt. Soll nicht nur Deutschland, sondern der erweiterte deutschsprachige Raum adressiert werden, empfiehlt sich die Registrierung der **Länderdomains** der DACH-Region, also neben der .de-ccTLD auch die .at-ccTLD für Österreich und die .ch-ccTLD für die Schweiz. Bei der **Namensfindung** muss geprüft werden, ob der gegebenenfalls zuerst nur für den deutschen Markt kreierte Name internationalisierungsfähig ist. Im internationalen Kontext negative Konnotationen, Assoziationen oder Verballhornungen des Domainnamens sollten vorab überprüft werden. Die spätere Änderung eines bereits im Markt etablierten Namens ist mit finanziellem und organisatorischem Aufwand verbunden.

Fehleinschätzung der Internationalisierungsfähigkeit des Domainnamens

Im Jahr 2006 erfolgte die Umbenennung des Community-Netzwerks OpenBC (Open Business Club) in Xing. Der ursprüngliche Name eignete sich nur begrenzt für die Expansion in andere Kultur- und Sprachräume. Zudem wurde „BC" häufig als „Before Christ" interpretiert und damit in einen anderen Bedeutungszusammenhang gestellt. Die Bezeichnung als Business Club entsprach nicht mehr den Nutzerprofilen und erschwerte die Zielgruppenansprache. Der Begriff „Xing" steht im chinesischen Sprachraum für eine optimistische „can do"-Einstellung (Xing, 2006). Im Jahr 2019 erfolgte eine Umbenennung der Unternehmensholding in New Work SE, wobei das Community-Netzwerk unter dem Namen Xing weitergeführt wird (Xing, 2019).◄

Im Rahmen der Internationalisierung ist die Adressierung der Ländershops festzulegen. Wie Abb. 8.2 veranschaulicht, können mit der Multidomainstrategie, Single-Domainstrategie und Subdomainstrategie drei grundlegende Domainstrategien unterschieden werden (Stallmann & Wegner, 2015, S. 215 ff.).

Bei der **Multidomainstrategie** steht jede länderspezifische Website als **„Einzelkämpfer-Modell"** für sich (Hövener, 2018). Ist die Unternehmensvision auf eine künftige Internationalisierung ausgerichtet, so werden bei einer Multidomainstrategie weitere Länderendungen für die potenziellen Absatzmärkte registriert, damit der Onlineshop unter einem einheitlichen Domainnamen international vermarktet werden kann (Kollmann, 2016, S. 193). Schwierig wird es, wenn das Unternehmen feststellt, dass ein Dritter, ein Wettbewerber oder ein Domaingrabber den Domainnamen in einigen Ländern bereits registriert hat und nutzt. Bei der Singledomain- und der Subdomainstrategie profitieren die länderspezifischen Unterseiten von der Attraktivität der Hauptdomain mit

---

Multidomain (länderspezifische Websites)

Für jedes Zielland wird eine eigene länderspezifische Domain registriert
- Vorteil: dezentrale Steuerung; individuellere Gestaltung der Onlineshops
- Nachteil: hoher administrativer Pflegeaufwand; Einzelregistrierung der Länderdomains

Beispiel Zalando:
www.zalando.fr; www.zalando.it; www.zalando.at; www.zalando.se; .....

Singledomain (zentrale Website mit länderspezifischen Unterverzeichnissen)

Über eine Hauptdomain werden Länderversionen über Folder (Unterordner) gesteuert
- Vorteil: höherer Kontrollgrad durch zentrale Steuerung, einheitliches Design
- Nachteil: geringerer Anpassungsgrad an regionale und lokale Besonderheiten

Beispiel Ikea:
www.ikea.com/fr; www.ikea.com/it; www.ikea.com/at; www.ikea.com/se; .....

Subdomain (zentrale Website mit zugeordneten länderspezifischen Websites)

Länderversionen werden über ein unternehmenseigenes DNS gesteuert
- Vorteil: zentrale Steuerung, einfache Administration, zentrales Hosting
- Nachteil: geringerer Anpassungsgrad an regionale und lokale Besonderheiten

Beispiel Tommy Hilfiger:
fr.tommy.com; it.tommy.com; at.tommy.com; se.tommy.com; .....

Abb. 8.2 Domainstrategien der Internationalisierung. (Aus Deges, 2020b, S. 164; mit freundlicher Genehmigung von © Springer Fachmedien Wiesbaden GmbH 2020. All Rights Reserved)

seinen vielen externen Verlinkungen. Bei einer international **standardisierten Markt-bearbeitungsstrategie** bietet sich die Single- oder Subdomainstrategie an, um auch die Onlineauftritte zentral und einheitlich zu steuern. Für eine die regionalen Besonder-heiten sowie die soziodemografischen und kulturellen Unterschiede berücksichtigenden **differenzierten Marktbearbeitungsstrategie** bietet sich eher die Multidomainstrategie an, wenn Produkte oder Produktprogramme auch spezifisch auf einzelne Ländermärkte modifiziert angeboten werden. Die drei Strategien schließen sich nicht aus und können auch in einer „**Hybrid-Lösung**" zum Einsatz gebracht werden. Für den Kernmarkt nutzt man eine länderspezifische Hauptdomain, beispielsweise die. de-ccTLD für den Hauptabsatzmarkt Deutschland. Die anderen Märkte werden mit einer.com-gTLD über eine Singledomain- oder Subdomainstrategie gebündelt (Hövener, 2018).

8.2   Suchmaschinen

8.2.1   Funktion und Nutzen von Suchmaschinen

Ein Großteil der Informationsrecherche im World Wide Web findet über Internet-Suchmaschinen statt. Diese liefern zu einem Suchbegriff eine geordnete Liste themen- und inhaltsrelevanter Websites (Peters, 2010, S. 91). Suchmaschinen schaffen Struktur und Transparenz in der Informationsvielfalt des Internets und dienen Internetnutzern als Orientierung, Filter und Wegweiser. Als Startseite eingerichtet, sind sie bei jedem Aufruf des Browsers der zentrale Ausgangspunkt für die Suche nach Informationen.

▶ **Suchmaschine** Eine Suchmaschine recherchiert, ordnet und katalogisiert Inhalte eines Datenpools nach verschiedenen Kriterien und stellt diese in einer sortierten Ergeb-nisanzeige Informationssuchenden zur Verfügung. **Webcrawler** (Spider, Robots) oder **Searchbots** durchsuchen fortlaufend das World Wide Web nach neuen Websites und indexieren/indizieren den Content nach **Keywords** (Suchbegriffen und Schlüsselwörtern). Herzstück ist ein komplexer und gut gehüteter Suchalgorithmus, der die Ausprägung einer Vielzahl von Einzelkriterien in eine kumulierte Gesamtbewertung einfließen lässt. Mit der Eingabe eines Suchbegriffs in die Suchleiste ordnen sie in Sekundenschnelle den indizier-ten Inhalt und zeigen eine nach Relevanz geordnete Trefferliste (SERP = **Search Engine Result Page**) an. Die Suchergebnisse sind mit den auf sie verweisenden Websites oder Landingpages verlinkt und ermöglichen durch den Click auf den Link einen direkten Aufruf der dort hinterlegten Informationen (Kreutzer, 2018, S. 129; Olbrich et al., 2015, S. 78).

Suchmaschinen sind häufig der **Starting Point** einer Customer Journey. Die Suchinten-tion des Nutzers drückt sich in unterschiedlichen Formen aus. Bei der **informativen Suche** geht es um eine Recherche nach Informationen oder Hintergrundwissen zu einem allgemeinen oder spezifischen Thema. Bei der **navigationalen Suche** werden mit Ober-begriffen oder Gattungsbegriffen passende Websites identifiziert, die für den Abschluss einer Transaktion infrage kommen können. Beim **transaktionalen Suchen** geht es um den gezielten Kauf eines Produktes oder Buchung einer Dienstleistung. Ist ein Online-Händler im Markt noch unbekannt, so ist eine gute **Suchmaschinenplatzierung** für die Gene-rierung von Besucherfrequenz und die Gewinnung von Neukunden essenziell. Auf den stationären Einzelhandel übertragen sind Internet-Suchmaschinen mit stark frequentier-ten Einkaufsstraßen mit hoher Einzelhandelsdichte in dichtbesiedelten Ballungsgebieten vergleichbar. Die Ergebnisanzeige auf den vorderen Plätzen in den Suchmaschinen stellt für Onlineshops somit einen zentralen Standortfaktor dar und ein hohes **Ranking** kann als 1 A-Lage bezeichnet werden (Heinemann, 2018, S. 84). Das 2004 in den Duden aufgenommene Verb „googlen" wird von vielen Internetnutzern als Synonym für die Informationssuche im Internet gesehen. Google erreicht in Deutschland einen Marktanteil von über 90 % (80,8 % bei der Desktop-Suche und 95,7 % bei der mobilen Suche) und ist damit weit vor der nächstplatzierten Suchmaschine Bing von Microsoft (4,53 %) der **Gatekeeper** für den Großteil der über Universalsuchmaschinen durchgeführten Informationsrecherchen (Seo-Summary, 2022). Da Google auch weltweit (außer in China, dort ist Baidu die führende Suchmaschine) eine marktbeherrschende Stellung einnimmt, muss ein Online-Händler seine Maßnahmen für eine gute Platzierung bei Universalsuchmaschinen primär auf Google ausrichten. Die permanente Optimierung der „**Visibility**" (Sichtbarkeit im World Wide Web) und „**Findability**" (Auffindbarkeit im World Wide Web) in den für den Onlineshop relevanten Suchmaschinen ist keine einmalige Projektaufgabe, sondern bedarf eines regelmäßigen Monitorings und der Steuerung und Feinjustierung von Maßnahmen. In der Organisation sind dafür verbindliche Strukturen zu schaffen und Arbeitsabläufe zu definieren. Ein **Monitoring** kennzeichnet die regelmäßige Überprüfung der Search Engine Result Pages in Bezug auf die relevanten Keywords, unter denen der Onlineshop idealerweise immer unter den ersten Ergebnissen platziert sein sollte.

8.2.2 Arten von Suchmaschinen

Universalsuchmaschinen (Universal Search) liefern ein breitgefächertes Suchergebnis aus ihrer eigenen Indizierung und kombinieren dieses mit zusätzlichen Informationen wie Bilder, Fotos, Videos, Bücher, News, Maps und Produkten aus anderen Datenbanken. Als **Volltextsuchmaschinen** oder indexbasierte Suchmaschinen verweisen sie in ihren Suchergebnissen auf alle relevanten neuen oder zwischenzeitlich aktualisierten Inhalte und Dokumente, die der Webcrawler gefunden und analysiert hat. Neben den Universalsuchmaschinen wie Google, Bing und Yahoo sind **Preissuchmaschinen** und **Preisvergleichsportale** wie idealo.de, billiger.de, guenstiger.de, check24.de, geizhals.de, preis.de, schottenland.de und preisvergleich.de auf die Recherche und den Vergleich von Produktpreisen ausgerichtet (Lammenett, 2017, S. 265 ff.). Indem sie Nutzern zu einem gesuchten Produkt eine nach Preisen sortierte Anbieterliste anzeigen, reduzieren sie die **Suchkosten** einer singulären Preisrecherche in Onlineshops und schaffen eine Orientierung über das ungefähre Preisniveau eines Produktes (vgl. Peters, 2010, S. 105). Die **Informationsqualität** der Preissuchmaschinen ist geprägt von einer möglichst vollständigen **Marktübersicht.** In einer fortgeschrittenen Customer Journey sind Preissuchmaschinen von hoher Relevanz, wenn es schon eine ausgeprägte Produktpräferenz gibt und für den Abschluss der Transaktion der preisgünstigste Anbieter identifiziert werden soll. In den letzten Jahren haben Online-Marktplätze immer mehr eine Zusatzfunktion als **Produktsuchmaschinen** übernommen (Lammenett, 2017, S. 265). Durch das universelle Produktangebot bei Amazon startet die **Produktrecherche** häufig direkt dort, die Reihenfolge der Suchergebnisse auf der Trefferliste klassifiziert der Amazon-Ranking-Algorithmus nach dem realisierten Verkaufserfolg des Produktes, denn hohe Conversion-Rates lassen auf Relevanz und Kaufwahrscheinlichkeit schließen

(Lammenett, 2017, S. 138 und S. 251 ff.). **Webkataloge** (Webverzeichnisse) sind redaktionell zusammengestellte themenspezifische und auch alphabetisch sortierte Sammlungen von Websites. Kommerzielle **Webverzeichnisse** können die Eintragung in das Verzeichnis an einmalige oder regelmäßige Gebührenzahlungen knüpfen. Allesklar (https://www.allesklar.de) ist nach eigenen Angaben der größte deutsche Webkatalog mit Adressverzeichnissen verschiedener Kategorien und Branchen. **Lieferantensuchmaschinen** wie Kompass (https://de.kompass.com), Industrystock (https://www.industrystock.de/de) oder Europages (https://www.europages.de) sind auf die B2B-Anbieterrecherche spezialisiert. Die in Deutschland führende Lieferantensuchmaschine „Wer liefert was" (https://www.wlw.de) erleichtert die Suche nach geeigneten Beschaffungspartnern. 640.000 Anbieter aus 11 Branchen (Stand April 2023) listen 350.000 Produkte und Leistungsangebote auf dieser Lieferantensuchmaschine. **Branchensuchmaschinen** wie chemie.de und holz.net sind meist breitgefächerte branchenspezifische Informationsportale mit Unternehmensprofilen und einer integrierten Produkt-Lieferantensuche. **Metasuchmaschinen** wie MetaGer oder Startpage (ehemals Ixquick) pflegen keinen eigenen Index und verfügen auch nicht über eigene Datenbestände. Sie sammeln zu einer Suchanfrage die Ergebnisse anderer indexbasierter Suchmaschinen und erstellen Ergebnislisten nach eigenen Bewertungs- und Rankingkriterien.

8.2.3 Suchmaschinenmarketing

Das Suchmaschinenmarketing (Kreutzer, 2018, S. 230 ff.; Lammenett, 2017, S. 133 ff.) wird unterteilt in SEA (Search Engine Advertising = **Suchmaschinenwerbung**) und SEO (Search Engine Optimization = **Suchmaschinenoptimierung**). Während es bei SEA, welches auch als **Keyword-Advertising** bezeichnet wird (Lammenett, 2017, S. 143 f.), um die prominente und kostenpflichtige Platzierung von Anzeigen geht, ist SEO darauf ausgerichtet, die zum Teil bekannten Rankingfaktoren des **Google-Suchalgorithmus** durch die Programmierung, Konfiguration und Gestaltung des Onlineshops optimal zu bedienen, um ein hohes organisches Ranking zu erzielen (Kreutzer, 2018, S. 279 ff.; Lammenett, 2017, S. 179 ff.). Während für das Keyword-Advertising direkte Kosten für die Anzeigenplatzierung anfallen, sind mit der Suchmaschinenoptimierung indirekte Kosten verbunden, die daraus resultieren, dass bei der Gestaltung der Website gegebenenfalls auf externes Know-how zugegriffen werden muss, wenn **SEO-Agenturen** mit der Optimierung der Website auf relevante Keywords beauftragt werden. Ein **organisches Suchergebnis** (Organic Listing) verweist in seinen Trefferlisten auf Websites, die vom Google-Algorithmus als relevant für die Befriedigung des über die Sucheingabe zum Ausdruck gebrachten Informationsbedürfnisses gewertet werden. Das erste organische Suchergebnis entspricht somit der Zielseite, die nach dem Algorithmus die Suchanfrage am besten beantworten müsste. Eine bezahlte Platzierung mit einer geschalteten Anzeige über SEA ist hingegen ein **anorganisches Suchergebnis** (Paid Listing). Als „**Sponsored Links**" gekennzeichnet, sind sie in den Ergebnislisten über den organischen Suchergebnissen platziert.

8.2.3.1 Suchmaschinenoptimierung

Die Suchmaschinenoptimierung zielt auf ein gutes Listing bei den organischen Suchergeb-nissen. Dabei geht es um die technische, gestalterische und inhaltliche Optimierung der Website in Bezug auf relevante Suchbegriffe, um die **Sichtbarkeit** in den Ergebnislis-ten der Suchmaschinen zu erhöhen. Das Ranking in den Trefferlisten basiert auf einem komplexen Algorithmus, der regelmäßig optimiert, aktualisiert und an veränderte Rah-menbedingungen des Suchverhaltens und den Erwartungen der Nutzer angepasst wird. Der **PageRank-Algorithmus** mit mehr als 200 Faktoren bildet den Kern der Google-Indizierung. Grundlegende Änderungen werden über **Google-Updates** kommuniziert, wenngleich der Algorithmus als Ganzes ein wohlbehütetes Betriebsgeheimnis ist. Hin-tergrundwissen zum Verständnis der Funktionsweise des Algorithmus und des Rankings bieten die von Google editierten **Google-Guidelines.** Die Suchmaschinenoptimierung wird in Onpage-Optimierung und Offpage-Optimierung unterteilt (Kreutzer, 2016, S. 93; Lammenett, 2017, S. 205 ff.; Olbrich et al., 2015, S. 81).

Die **Onpage-Optimierung** hat einen technischen (Onsite-Optimierung) und einen inhaltlichen Fokus. Die Begriffe Onpage- und Onsite-Optimierung werden häufig syn-onym genutzt, da sich nicht alle Maßnahmen einer eindeutig inhaltlichen oder einer eindeutig technischen Komponente zuordnen lassen und beide Aspekte gleichwertig berücksichtigt werden müssen. Inhaltlich steht der Content der Website in seiner Aktua-lität, Qualität und seinem Mehrwert, seiner Strukturierung (Textlänge, Überschriften und Zwischenüberschriften, Absätze, Listen, Aufzählungen, websichere und leserfreund-liche Schrifttypografie) sowie seiner Gliederung und Formatierung im Zentrum der Onpage-Optimierung. **Unique Content** hat eine höhere Relevanz als **Duplicate Con-tent** (Mehrfachverwertung von Inhalten oder Integration fremdproduzierter Inhalte in die Website). Technische Aspekte der Onsite-Optimierung betreffen die Quellcode-Programmierung (fehlerfreier Code), die Performance, Ausfallsicherheit und Ladezeit, die Navigationsstruktur und Menüführung, die interne Linkstruktur, Sicherheitsprotokolle zur Verschlüsselung der Datenübertragung (HTTPS) und die Auslesbarkeit von Metadaten (Meta-Tags). Die **Offpage-Optimierung** betrifft relevanzsteigernde Maßnahmen außer-halb der Website. Die wichtigsten Qualitätsindikatoren sind Backlinks (Rückverweise) und Social Signals. Die Onpage-Optimierung ist die Voraussetzung für das **Linkbuilding.** Mit einer Vielzahl von Backlinks erwächst eine **Linkstruktur** mit themenspezifischen Informationen und Mehrwertdiensten, die das eigene Angebot ergänzen. Eine hohe **Link-popularität** wird weniger von der Quantität, sondern von der Qualität der Backlinks beeinflusst. Thematisch das eigene Angebot ergänzende Websites sollten aktiv als Link-partner gewonnen werden, wobei ein gegenseitiger **Linktausch** keine Relevanz für das Suchmaschinenranking hat. Zur Offpage-Optimierung zählen nach Expertenmeinungen auch **Social Signals,** die aus der Interaktion der Nutzer in sozialen Netzwerken durch

Beiträge, Kommentare, Likes, Shares und Links entstehen. Neben der reinen Anzahl der geteilten Links ist die sogenannte **„Social Authority"** (Anzahl der Kontakte, Interaktions- und Aktivitätsgrad) der in den Netzwerken agierenden Personen entscheidend für die Ausprägung dieses Rankingsignals.

Google stellt seit mehreren Jahren immer pointierter die User Experience als Search Experience Optimization ins Zentrum des Rankings. Zahlreiche Anpassungen des Algorithmus betrafen in den letzten Jahren die **Mobile Friendliness** der Websites. Die **Mobile-First-Indexierung** als Rankingfaktor fokussiert die zunehmende Bedeutung der mobilen Suche gegenüber der Desktop-Suche. Mobile Friendliness ist somit eine elementare Bedingung dafür, dass der Mobile-First-Index zu einem hochwertigen Ranking der Website führt. Im Mai 2021 wurde die **Page Experience** als neuer Rankingfaktor der Website-Performance eingeführt. Die Page Experience addiert sich im Verbund mit den Metriken der **Core Web Vitals** zu einem kumulierten Benchmark für die Nutzerfreundlichkeit einer Website. Die Interaktivität der Website (**First Input Delay**) misst die Zeit von der ersten Nutzerinteraktion bis zur Verarbeitung und Darstellung der Interaktionsergebnisse. Die Ladezeit (**Largest Contentful Paint**) misst die Zeit, bis das größte Element einer Website geladen ist und die visuelle Stabilität der Website (**Cumulative Layout Shift**) misst die Verschiebung des Layouts beim Ladevorgang. Mit dem 2022 ausgerollten **Helpful Content Update** sollen originäre und hochwertige Inhalte höher gewichtet werden als automatisiert erstellter, rein suchmaschinenoptimierter Content. Mit dem Ende 2021 verkündeten **Product Reviews Update** werden nun auch authentische Kundenbewertungen und aussagekräftige Rezensionen beim Website-Ranking stärker berücksichtigt.

8.2.3.2   Keywords Advertising

Das Keyword-Advertising erreicht den Nutzer in seiner kontextbezogenen Suche nach themenspezifischen Informationen und ist daher ein intensiv genutztes Online-Marketinginstrument, um eine prominente Platzierung bei relevanten Keywords in einem wettbewerbsintensiven Umfeld zu erreichen. Anzeigen werden zu gebuchten Keywords ausgespielt, wenn diese als Suchbegriff in die Suchleiste eingegeben werden. Mit einem **Keyword-Targeting** müssen relevante Keywords und Keyword-Kombinationen identifiziert und auf ihre erwartbare Conversion analysiert werden. **Keyword-Tools** unterstützen die Unternehmen bei der Festlegung der Keywords. Google unterstützt seine Werbekunden mit dem **Keyword Planner.** Mit **Google Ads** (früher Google Adwords) steht für die Werber ein Tool für die Kampagnensteuerung des Keyword-Advertising bereit. Das Abrechnungsmodell des Keyword-Advertising basiert auf **Cost-per-Click**, nicht die Einblendung der Anzeige, sondern ein Klick auf die eingeblendete Anzeige ist kostenpflichtig. Der Preis wird bei jeder Suchanfrage in automatisierten **Google-Ads-Auktionen** neu berechnet. Die Preise differieren teils erheblich, abhängig ist dies von der Attraktivität des Keywords (Häufigkeit seiner Eingabe in die Suchleiste) und von der Wettbewerbssituation um die Anzeigenplätze. Werbekunden geben mit dem **Gebotsbetrag** den maximalen Preis an, den sie pro Klick auf ihre Anzeige zu zahlen bereit sind. Meist liegt der tatsächlich zu zahlende Betrag jedoch unter dem Maximalpreis (Google, 2023). Der **Grenzwert** ist der Mindestpreis für eine Anzeige. Liegt das Gebot unter dem Grenzwert, wird die Anzeige nicht ausgeliefert. Das Gebot wird mit einem von Google berechneten Qualitätsfaktor (**Quality-Score**) multipliziert. Auf einer numerischen Skala von 1–10 entspricht ein Quality-Score von 10 dem bestmöglichen Wert. Der Qualitätsfaktor setzt sich aus verschiedenen Komponenten zusammen: die Anzeigenrelevanz als Kongruenz des Anzeigentextes mit der Suchanfrage, die zu erwartende Klickrate auf die Anzeige und die Contentrelevanz aus den bisherigen Erfahrungen der User mit der Zielseite (Google, 2023). Der **Anzeigenrang** entscheidet, ob eine Anzeige ausgeliefert wird und auf welcher Position sie erscheint. Die Anzeige mit dem höchsten Anzeigenrang erscheint an erster Position. So erhält nicht automatisch das höchste Gebot den ersten Anzeigenrang. Über einen höheren Qualitätsfaktor als seine Wettbewerber kann ein Werber mit niedrigerem Gebot als der Höchstbietende eine bessere **Anzeigenposition** erhalten. Abb. 8.3 fasst die wesentlichen Aspekte und Komponenten des Suchmaschinenmarketings noch einmal zusammen (Kreutzer, 2018, S. 230 ff.; Lammenett, 2017, S. 133 ff.).

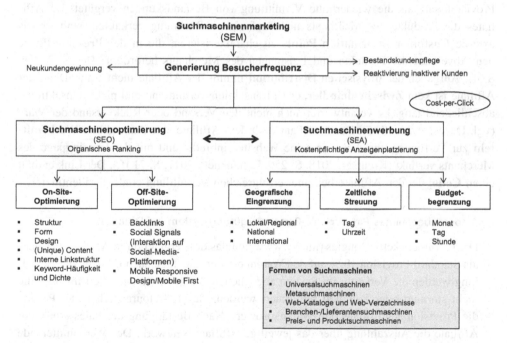

Abb. 8.3 Komponenten des Suchmaschinenmarketings. (Adaptiert nach Deges, 2020b, S. 167; mit freundlicher Genehmigung von © Springer Fachmedien Wiesbaden GmbH 2020. All Rights Reserved)

8.3   Affiliate-Programme

8.3.1   Das Funktionsprinzip

Affiliate-Programme (affiliate = anschließen, angliedern, verbinden) sind Vertriebspartnerschaften, bei denen ein Online-Händler (Merchant oder Advertiser) externe Partner
(Affiliates oder Publisher) in seine Vertriebsstrategie einbindet und bei einer erfolgreichen
Vermittlung einer Transaktion durch umsatzabhängige Provisionen (**Pay-per-Sale**) vergütet (Kollmann, 2013, S. 200 f.; Kreutzer, 2018, S. 250 ff.). Durch die Zusammenarbeit
mit Affiliates baut der Merchant ein **virtuelles Vertriebsnetz** an Kooperationspartnern auf
(Olbrich et al., 2015, S. 61). Affiliates sorgen für eine Sichtbarkeit und Bekanntmachung
des Angebotes außerhalb der eigenbetriebenen Onlinepräsenzen des Unternehmens, sie
schaffen Aufmerksamkeit für die beworbene Leistung, generieren Besucherfrequenz und
stehen für eine effektive Form der **Neukundengewinnung** (Kreutzer, 2016, S. 84 f.).
Der Affiliate fungiert wie ein selbstständiger Handelsvertreter, der ausschließlich über
Erfolgsbeteiligungen vergütet wird, ohne dabei eine fixe Vergütung zu erhalten (Kreutzer,
2018, S. 252). Die Generierung von Neukunden wird in der Regel mit einem höheren
Provisionssatz als die wiederholte Vermittlung von Bestandskunden vergütet. Da Affiliates die Produkte des Merchants nicht auf eigene Rechnung verkaufen, sind sie als
externe **Customer Information Points** zu charakterisieren, die in der **Pre-Sale-Phase**
den Abverkauf der Produkte und Leistungen des Merchants befördern (Deges, 2020c,
S. 4). Aufgaben der **physischen Distribution** nimmt der Affiliate nicht wahr. Denn der
Affiliate ist kein **Zwischenhändler,** er ist transaktionsvermittelnd und nicht transaktions-
abschließend tätig. Er verantwortet auch nicht den Versand oder Rückversand der Ware
(vgl. Deges, 2020c, S. 5). Der Merchant stellt dem Affiliate eine Auswahl an **Werbemit-
teln** zur Verfügung, die dieser in seine Website einbindet und mit der Landingpage des
Merchants verlinkt (Kreutzer, 2018, S. 250; Lammenett, 2017, S. 71 ff.). Der Link enthält
einen **Code,** der den Affiliate bei einer erfolgreichen Vermittlung eindeutig identifiziert.

Retourenbereinigtes Pay-per-Sale-Partnervergütungssystem bei Douglas

Die Parfümeriekette Douglas (https://www.douglas.de) vergütet ihren Affiliate-Partnern
als Standard-Provision 10 % auf den Warenkorbwert. 30 Tage nach Eingang der Bestellung werden die Verkäufe im System abgeglichen. Vergütet werden alle Einkäufe, die
nicht storniert oder komplett retourniert wurden. Bei Teilretouren erhält der Partner
die Provision anteilig auf den Warenkorbwert. Nach Bestätigung der Sales erhält der
Affiliate die Auszahlung über das jeweilige Affiliate-Netzwerk. Der Werbemittelcode
und die passenden Werbemittel können bequem mit einem Deeplinkgenerator in den
Onlineauftritt des Partners integriert werden (Douglas, 2023).◄

Die Kriterien für die Identifizierung und Auswahl möglicher Affiliates bestimmt der Merchant, indem er zuerst seine Ziele und Anforderungen definiert, die er dem Partnerprogramm zugrunde legt (Warschburger & Jost, 2001, S. 176 ff.). Dies kann fokussiert sein auf

- eine möglichst breite Streuung der Werbemittel, um Aufmerksamkeit zu generieren und die Besucherfrequenz zu erhöhen (**streuendes Partnerprogramm**)
- ein unternehmensübergreifendes Cross-Selling durch die Verlinkung auf Affiliate-Websites mit ergänzendem Leistungsangebot (**leistungsergänzendes Partnerprogramm**)
- eine Verbindung zu Websites mit thematischem Bezug (**contentspezifisches** bzw. **contextsensitives Partnerprogramm**). Werbemittel für Pflegeprodukte können bei einem Beauty Influencer, Werbemittel für Küchenutensilien bei einem Food Blogger platziert werden
- die Streuung von Rabattgutscheinen über Gutscheinportale wie mydealz.de (**bonusorientiertes Partnerprogramm**). Rabatte und Promotions sind besonders für Impulskäufe geeignet, ein zeitlich begrenzter Preisvorteil schafft einen kurzfristigen Kaufanreiz

Bei komplexen Kaufentscheidungsprozessen über mehrere Tage werden verschiedene Touchpoints auch wiederholt aufgesucht, bis ein Kauf final ausgelöst wird. Während in einem **Last Interaction Model** nur der kaufauslösende Link (**Last Cookie wins**) eine Vergütung erhält, wird heute vielfach über eine **dynamische Provisionierung** eine Gewichtung des Beitrags der einzelnen Touchpoints vorgenommen, um eine gerechtere Umsatzbeteiligung nach dem Anteil verschiedener Affiliates an der Kaufentscheidung zu realisieren (Olbrich et al., 2015, S. 74). Die Auszahlung der Provision ist abhängig vom Status eines nicht mehr revidierbaren Kaufs, der erst mit dem Ablauf der **Retourenfrist** als ergebniswirksam verbucht werden kann. Bei Zugrundelegung der gesetzlich vorgeschriebenen Mindestfrist bedeutet dies, dass eine Provision nach frühestens 14 Tagen an den Affiliate ausgezahlt werden kann. Bietet ein Online-Händler verlängerte Rückgabefristen, so verschiebt sich der Auszahlungsanspruch. Eine Auszahlung erst nach Ablauf der Retourenfrist reduziert das Risiko überhöhter **Provisionszahlungen** bei **Scheinbestellungen,** wenn Produkte nach der Überweisung der Provision noch innerhalb der Rückgabefrist zurückgesendet werden. Bei extrem langen Rückgabefristen muss ein Kompromiss gefunden werden. Merchants können aus ihrem **Retourencontrolling** ableiten, bis zu welchen Tagen einer verlängerten Rückgabefrist der Großteil der Retouren zurückgeschickt wird. Die Wahrscheinlichkeit, bei 100 Tagen Rückgabefrist eine Retoure erst am 99. Tag zurückzuerhalten, ist wohl eher gering. So könnte die Provisionsauszahlung nach 60 Tagen erfolgen, um die Affiliates nicht als Leidtragende einer äußerst kulanten Merchant-Retourenstrategie zu demotivieren (vgl. Deges, 2020c, S. 79).

▶   **Merke!** Auch wenn der indirekte Vertrieb über Affiliates auf scheinbar
    unkompliziertem Wege Potenziale der Frequenzgenerierung und Umsatz-
    steigerung verspricht, das primäre Ziel im Konzert aller Online-Marketing-
    Maßnahmen ist und bleibt es, die Zielgruppen möglichst direkt in die eigenen
    Onlinepräsenzen zu führen. Das Partnerprogramm sollte eine flankierende und
    nicht eine den eigenen Absatz dominierende Vertriebsoption sein (Kreutzer,
    2018, S. 262).

8.3.2   Organisationsformen

Merchants bieten sich mit dem Inhouse-Modell und dem Outsourcing-Modell zwei
Möglichkeiten des Aufbaus und der Steuerung eines Affiliate-Programms, die auch
miteinander kombiniert werden können. Bei der Steuerung des Affiliate-Programms in
Eigenregie (**Inhouse-Modell**) hat der Merchant die vollständige **Kontrolle** über sein Part-
nerprogramm und kann dieses individuell auf seine Anforderungen zuschneiden. Alle
Entscheidungen können autonom getroffen werden (Kollewe & Keukert, 2016, S. 470).
Die Steuerung in Eigenregie erfordert die Schaffung geeigneter **Strukturen** und die
Ausgestaltung von **Abläufen.** Finanzielle, personelle und zeitliche Ressourcen müssen
bereitgestellt werden (Deges, 2020c, S. 111). Auf der **Homepage** des Merchants muss
eine Rubrik für das Partnerprogramm eingerichtet werden, in der das Provisionsmodell,
die AGBs, Rahmenbedingungen und Teilnahmevoraussetzungen erläutert werden. Alternativ kann auch eine eigene Website für das Partnerprogramm gestaltet und mit der
Homepage verlinkt werden. Kontaktmöglichkeiten müssen eingerichtet und Ansprechpart-
ner benannt werden, damit sich potenzielle Affiliates beim Merchant für eine Teilnahme
am Partnerprogramm bewerben. Im laufenden Betrieb muss das Partnerprogramm admi-
nistriert und gesteuert werden. Dafür empfiehlt sich die Einrichtung eines **Affiliate**
Managers, der auch die Partnerschaftspflege koordiniert (vgl. Deges, 2020c, S. 114).
Affiliate-Netzwerke als externe Dienstleister (**Outsourcing-Modell**) führen als Intermediäre Merchants und Affiliates auf ihren Plattformen zusammen und fungieren als Mittler
zwischen Angebot und Nachfrage (Opuchlik, 2005, S. 165). Awin (https://awin.com/de)
ist mit 270.000 Affiliates und 16.500 Advertisern (Stand April 2023) eines der größten Affiliate-Netzwerke. Die Suche nach passenden Affiliate-Netzwerken unterstützt die
Rechercheplattform und Suchmaschine 100partnerprogramme.de (https://www.100partne
rprogramme.de/affiliate-netzwerke/).

Finanzierungsmodell und Einnahmenstruktur der Affiliate-Netzwerke

Die Einnahmenstruktur der Affiliate-Netzwerke basiert neben Set-up-Fees für die
Registrierung eines Merchants auf laufenden Nutzungsgebühren und einer Beteiligung an den auszuzahlenden Provisionen für jede über das Netzwerk vermittelte

Transaktion. Je mehr Merchants akkreditiert und je mehr Transaktionen generiert werden, um so attraktiver sind die Provisionseinnahmen für den Netzwerkbetreiber. Affiliate-Netzwerke stehen natürlich auch untereinander im Wettbewerb um attraktive Partnerprogramme, daher finden sich auch Netzwerkbetreiber, die keine Set-up-Fees und nur geringe Nutzungsgebühren verlangen.◄

Merchants entscheiden sich häufig für ein **kombiniertes Betreibermodell.** Affiliate Marketing kann in Eigenregie gestartet werden, wenn man zunächst in einem klein-dimensionierten Partnerprogramm mit wenigen Affiliates zusammenarbeiten möchte. Mit einer Skalierung des Partnerprogramms kann die Vielzahl kleinerer Affiliates effizi-enter über einen **Dienstleister** gesteuert werden, während ausgewählte Affiliates mit hohem Umsatzpotenzial direkt betreut werden. Umgekehrt kann der Einstieg zunächst über ein Affiliate-Netzwerk erfolgen. Mit zunehmender Erfahrung wird ein Teil des Partnerprogramms in Eigenregie fortgeführt (vgl. Deges, 2020c, S. 118 f.). Abb. 8.4 visualisiert in einer zusammenfassenden Übersicht noch einmal das Funktionsprinzip des Affiliate-Programms mit Merchant, Affiliate und Affiliate-Netzwerk.

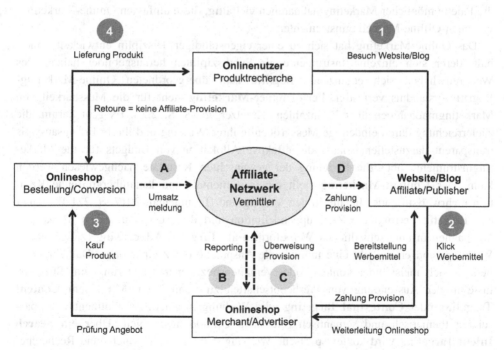

Abb. 8.4 Funktionsprinzip der Affiliate-Programme. (Aus Deges, 2020b, S. 170; mit freundlicher Genehmigung von © Springer Fachmedien Wiesbaden GmbH 2020. All Rights Reserved)

8.4   Online- und Offline-Marketing

Das Marketing zielt darauf ab, latente **Bedürfnisse** potenzieller und aktiver Kunden zu stimulieren, deren Bedürfnisbefriedigung mit dem Abverkauf der Waren einhergeht (Ahlert
et al., 2018, S. 320). Alle Marketingaktivitäten sind darauf ausgerichtet, die **Vermarktung**
der Produkte und Leistungen des Unternehmens in seinen **Absatzmärkten** in Bezug auf
die Produkt- und Sortimentspolitik, Preispolitik, Distributionspolitik und Kommunikati-
onspolitik zu optimieren, um den höchstmöglichen Umsatz zu generieren (Meffert et al.,
2019, S. 10 ff.). Die Bekanntmachung des Onlineshops spielt für die **Besucherfrequenzgenerierung** im wettbewerbsintensiven Marktumfeld des E-Commerce eine essenzielle
Rolle. Insbesondere die durch Risikokapital mit finanziellen Ressourcen ausgestatteten
Start-ups investieren in der Start- und Entwicklungsphase massiv in das Marketing. In der
Wachstumsphase steht neben der **Neukundengewinnung** auch die **Kundenbindung** mit
der Pflege der Bestandskunden als prioritäres Marketingziel. Ohne eine breite Bekanntmachung des Produkt- und Leistungsprogramms in der zielgruppenrelevanten Öffentlichkeit
sind ambitionierte **Umsatzziele** nicht zu erreichen, daher ist das Marketing ein integraler Bestandteil der Vermarkungsstrategien im E-Commerce. Wie Abb. 8.5 illustriert, ist
die Palette möglicher Marketingmaßnahmen vielfältig, diese umfassen Online-Marketing-
wie auch Offline-Marketinginstrumente.

Das Online-Marketing hat sich zu einer eigenständigen Disziplin entwickelt, inner-
halb derer sich einzelne Instrumente als Subdisziplinen herausgebildet haben. Des
Weiteren haben sich ergänzende Begriffe zum übergeordneten Online-Marketing-
Begriffsverständnis verfestigt. **Performance-Marketing** steht für die Messbarkeit von
Marketingmaßnahmen über Kennzahlen (Kreutzer, 2018, S. 222). Es geht darum, die
Zielerreichung durch eindeutige Messgrößen in ihrer Wirkung und ihrem Erfolgsausweis
transparent darzustellen, sodass die effektive Allokation von Budgets für die Marketinginstrumente über die Erzielung der gewünschten Resultate nachgewiesen werden
kann. Das **Content-Marketing** stellt die instrumental- und kanalübergreifende Kreation mehrwertstiftender Inhalte in den Vordergrund (Lammenett, 2017, S. 271 ff.). Über
ein **Targeting** erfolgt die Zielgruppendefinition und die Ausspielung von Marketingkampagnen in unterschiedlichen Werbeformen als **Targeted Advertising** (zielgerichtete
Werbung) und ermöglicht eine individuelle Ansprache der Zielpersonen. Das Targeting
bedient sich meist einer kontext- oder verhaltensbezogenen Clusterung, um Streuver-
luste in der Aussendung von Werbebotschaften zu minimieren. Mit einem **Content
Targeting** oder **Contextual Targeting** wird Werbung in einem zur Onlinenutzung passenden thematisch und semantisch relevanten Umfeld ausgespielt. Über ein **Search
Intent Targeting** wird kontextspezische Werbung während eines Such- und Recherche-
vorgangs ausgespielt. Mit einem **Behavioral Targeting** können zielgruppenspezifische
Inhalte ausgespielt werden, die sich am erfassten Nutzerverhalten (Such-, Transaktions-
und Interaktionsverhalten) orientieren. Bei einem **Predictive Behavioral Targeting** werden anonymisierte Profile (Personas) aus dem Surfverhalten von Nutzern in Kombination

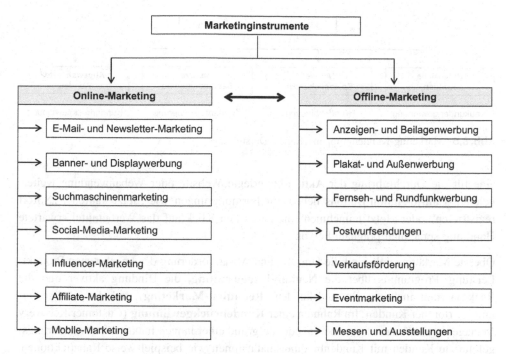

Abb. 8.5 Online- und Offline-Marketing. (Aus Deges, 2020b, S. 171; mit freundlicher Genehmigung von © Springer Fachmedien Wiesbaden GmbH 2020. All Rights Reserved)

mit Segmentierungsattributen (soziodemografische und psychografische Merkmale) gebildet. Werbemittel werden nun auf Basis statistischer Prognosen an diejenigen Nutzer ausgespielt, bei denen eine Zugehörigkeit zu einem anonymisierten Nutzerprofil angenommen und ein Interesse an den Werbebotschaften als wahrscheinlich vermutet wird. Mit einem **Retargeting** werden Anzeigen zu vorangegangenen Suchanfragen oder nicht abgeschlossenen Transaktionen mit gezielt wiederholten Werbebannereinblendungen über mehrere Tage/Wochen ausgespielt. Beim statischen Retargeting zielen die Werbemittel eher allgemein auf die Website des zuvor besuchten Online-Händlers ab, während beim dynamischen Retargeting die Werbung gezielt auf das zuvor recherchierte Produkt ausgespielt wird (Kotodziejska, 2017). Werbebotschaften müssen eine eindeutige Handlungsaufforderung **(Call-to-Action)** beinhalten, damit Websitebesucher zum Klick animiert werden. **Responseverstärker** wie Coupons mit Preisvorteilen, exklusive oder limitierte Angebote oder die Teilnahme an einer Verlosung stimulieren eine unmittelbare Reaktion des Adressaten.

▶ **Call-to-Action** Call-to-Action ist eine prägnant formulierte Handlungsaufforderung, die zu einer direkten und unmittelbaren Aktion der Adressaten einer Marketingkampagne führen soll. Im Online-Marketing werden Internetnutzer über **Call-to-Action-Buttons** auf

Abb. 8.6 Marketing-Kundengruppen. (Eigene Darstellung)

eine für die Durchführung der Aktion hinterlegte Website oder Webanwendung weitergeleitet. Call-to-Action-Buttons heben mit Formulierungen wie „Jetzt kaufen", „Sofort
registrieren" oder „Jetzt teilnehmen" die durch den Klick auf das Werbemittel erwartete
Handlung sprachlich prägnant hervor.

Oberste Marketingziele sind die Umsatz- und Absatzförderung des angebotenen Produkt-
Leistungs-Programms über die **Neukundengewinnung,** die Bindung aktiver und die
Reaktivierung inaktiver Bestandskunden (**Retention-Marketing**) und die Rückgewin-
nung verlorener Kunden. Im Rahmen einer **Kundenrückgewinnung** (Customer Recovery
Management) können abgewanderte oder aufgrund einer langen Inaktivität abwanderungs-
gefährdete Kunden mit Kundenbindungsmaßnahmen wie beispielsweise Rabattaktionen,
Bonusprogrammen, Serviceleistungen und Treuegeschenken gezielt angesprochen wer-
den (Ahlert et al., 2018, S. 354). Der Onlineshop steht im Zentrum der Werbeaktivitäten
zur Frequenzgenerierung. Zur Erreichung der Ziele werden Online- wie auch Offline-
Marketinginstrumente einzeln oder kombiniert zum Einsatz gebracht. Abb. 8.6 verbindet
die verschiedenen Marketing-Kundengruppen mit den ihnen zuzuordnenden prioritären
Marketingansätzen.

  Neben den bereits in den beiden vorangegangenen Kapiteln thematisierten Instrumenten des Suchmaschinen- und Affiliate-Marketing werden im Folgenden weitere für den
E-Commerce relevante Online- und Offline-Marketinginstrumente vorgestellt.

8.4.1 Instrumente des Online-Marketings

E-Mail- und Newsletter-Marketing als Permission Marketing
Der Begriff **Permission Marketing** steht für Werbemaßnahmen, die nur mit expliziter
Einwilligung der Empfänger ausgespielt werden dürfen (Deges, 2018a), dies betrifft vornehmlich das **E-Mail- und Newsletter-Marketing** (Kreutzer, 2018, S. 315 ff.; Lammenett,
2017, S. 89 ff.). Das **Double-Opt-in** mit zwei unmittelbar aufeinanderfolgenden Regis-
trierungsschritten hat sich als rechtskonformes Verfahren für den Nachweis elektronisch
einzuholender Einwilligungen etabliert (Deges, 2018b). Der Interessent erhält nach seiner Registrierung (meist über ein Anmeldeformular auf einer Landingpage) eine E-Mail

mit einem **Aktivierungslink.** Mit einem Klick auf den Link verifiziert er noch einmal seine bei der Registrierung hinterlegte Mailadresse. Die Permission gilt beim Double-Opt-in erst mit der zweiten Bestätigung als ausdrücklich erteilt (Deges, 2018b). E-Mail- und Newsletter-Marketing sind intensiv genutzte Onlinemarketinginstrumente. Durch den Versand von E-Mails können je nach Größe des Adressverteilers eine Vielzahl von Interessenten und Kunden schnell und zeitgleich mit kaufentscheidungsrelevanten Informationen versorgt werden. Innerhalb der Werbe-E-Mail kann nur kurz angeteaserter Content auf Landingpages weiterverlinken, damit der vollständige Beitrag gelesen oder auch direkt eine Produktbestellung ausgelöst werden kann (Deges, 2018c). Das E-Mail- und Newsletter-Marketing kann sowohl zur **Bestandskundenpflege** wie auch zur **Neukundengewinnung** eingesetzt werden. Gewinnspiele, Sonderverkäufe und Rabattaktionen sorgen für Kaufimpulse und befördern spontane Abverkäufe. Informationen über neue Produkte stimulieren den Absatz in der Phase der Markteinführung. Ebenso können allgemeine Unternehmensnachrichten, Tipps und Ratschläge zum Gebrauch von Produkten sowie Hinweise auf Serviceleistungen oder die zeitliche Begrenzung eines Angebotes Inhalte von Werbekampagnen sein (Deges, 2018c).

Bannerwerbung als Display Advertising
Die Bannerwerbung (Display-Werbung, Display Advertising) gehört ebenso wie das E-Mail- und Newsletter-Marketing zu den langjährig etablierten Instrumenten des Online-Marketings. Banner sind grafische Werbemittel, die in unterschiedlichen Formaten und Größen auf zielgruppenrelevanten Websites und reichweitenstarken Portalen platziert werden. Werbebanner sind über **Hyperlinks** mit Landingpages verknüpft, so führt ein Banner mit Produktwerbung den Interessenten mit einem Klick auf das Banner direkt auf die **Produktdetailseite** im Onlineshop. Die Performance der Bannerwerbung ist über die **Click Through Rate** (CTR) messbar. Bannerwerbung dient somit primär der Bekanntheitssteigerung und Frequenzgenerierung. Mit einem **Programmatic Advertising** (Real Time Advertising) können personalisierte Banner automatisch auf die zeitsynchrone Recherche des Internetnutzers angepasst werden.

Social-Media-Marketing
Kaufentscheidungen werden auch durch Empfehlungen in Social Media beeinflusst. In sozialen Netzwerken nehmen die Netzwerkmitglieder eine aktive und selbstbestimmte Rolle ein. Sie kreieren **User Generated Content** als Text-, Bild-, Audio- und Videoinhalte und empfehlen Produkte in Blogs und Social-Media-Communitys. Eigenproduzierte Inhalte erzeugen Kommunikation und Interaktion. Es entsteht ein wechselseitiger Informations- und Kommunikationsfluss, indem jedes Netzwerkmitglied gleichermaßen als **Informationssender** und **Informationsempfänger** fungiert (Hettler, 2010, S. 16 ff.). Das Social-Media-Marketing bedient sich reichweitenstarker Social-Media-Plattformen wie Facebook, Instagram, Pinterest und Snapchat zur Information, Kommunikation und Interaktion mit den Nutzern der Plattformen. Die zielgruppenspezifische Auswahl der zu bespielenden

Social-Media-Kanäle unterstützen die Plattformbetreiber mit detaillierten **Insights** über die Nutzerdemografie und das Nutzerverhalten. Marketingmaßnahmen beziehen sich zum einen auf die Schaltung von Werbeanzeigen und zum anderen auf die Pflege einer eigenen **Unternehmenspage.** Mit dem Aufbau einer Social-Media-Community schafft das Unternehmen außerhalb seines Onlineshops eine Kommunikations- und Interaktionsplattform. Sonderverkäufe, Rabattaktionen, Gewinnspiele und Verlosungen stehen für aufmerksamkeitsstarke Kampagnen, die mit Hyperlinks die Social-Media-Nutzer direkt in den Onlineshop führen. Social-Media-Plattformen werden zunehmend auch für **Social Commerce** genutzt (siehe Abschn. 5.3.6). Kreativer und mehrwertstiftender Content profitiert in der Streuung der Werbebotschaft durch sich selbst tragende Effekte der viralen Verbreitung durch die Social-Media-Nutzer. Kampagnen, die auf den Weiterleitungseffekt der Social-Media-Community zielen, zählen zum **Viralen Marketing.** Die Ziele für ein Social-Media-Engagement reichen von der Steigerung des Bekanntheitsgrades über Image- und Markenpflege, Employer Branding und Recruiting, Optimierung des Kundenservice, Frequenz- und Leadgenerierung bis zur Absatzförderung und Umsatzsteigerung.

Influencer-Marketing

In den sozialen Netzwerken sind es insbesondere **Social-Media-Influencer,** die produktrelevante Informationen filtern und mit Produkttests die Alternativenbewertung in der Kaufentscheidung ihrer **Follower** beeinflussen (Deges, 2018d, S. 1 ff.). Die Reputation der Influencer als **Multiplikatoren** begründet sich aus der hohen Reichweite innerhalb ihrer Community. **Meinungsführer** sind sie, da Sie in Social Media durch die Qualität ihrer Kommunikation und Argumentation und durch eine hohe Aktivität einen stärkeren sozialen Einfluss als andere Netzwerkmitglieder ausüben.

▶ **Social-Media-Influencer** Als Influencer werden Personen bezeichnet, die aus eigenem Antrieb Inhalte (Text, Bild, Audio, Video) zu einem Themengebiet in hoher und regelmäßiger Frequenz veröffentlichen und damit eine soziale Interaktion initiieren. Dies erfolgt über internetbasierte Kommunikationskanäle wie Blogs und soziale Netzwerke wie Facebook, Instagram, YouTube, Snapchat oder Twitter. Influencer ragen aus der Masse der Social-Media-Nutzer heraus, da sie mit Ihrer Tätigkeit hohe Reichweiten erzielen. Wenn solche Personen ausschließlich durch Ihre digitale Präsenz Einfluss gewonnen haben, werden sie im engeren Sinn auch als Digital, Social oder Social-Media-Influencer bezeichnet (Deges, 2017, S. 582).

Das mittlerweile von vielen Unternehmen praktizierte **Influencer-Marketing** ist die Planung, Steuerung und Kontrolle des gezielten Einsatzes von Social-Media-Meinungsführern und Multiplikatoren, um durch deren **Empfehlungen** die Wertigkeit und Glaubwürdigkeit von **Markenbotschaften** zu steigern und den Kaufentscheidungsprozess positiv zu beeinflussen (vgl. Deges, 2018d, S. 34 ff.). Der positive Effekt besteht darin, dass nicht das Unternehmen, sondern der Influencer Absender einer Empfehlung ist.

Dadurch sieht die **Community** die Botschaft nicht als direkte Werbung, sondern vielmehr als die Meinungsäußerung eines neutralen Dritten. Je mehr Personen den Informationen des Empfehlenden vertrauen, umso größer ist sein Referenz- bzw. Empfehlungspotenzial (Helm, 2000, S. 30). Auch wenn eine Empfehlung als „**Sponsored Post**" ihren Werbecharakter offenbart, so erscheinen die Bewertungen der Social-Media-Influencer ihrer Community als glaubwürdige Referenz und authentische Quelle. Das primäre Ziel ist eine **Umsatz-/Absatzsteigerung.** Empfiehlt der Influencer ein Produkt, so kann sich dies in zeitlich enger Relation zur Veröffentlichung des Posts in einem Anstieg der Besucherzahlen und einer höheren **Conversion Rate** im Onlineshop niederschlagen. Ein direkter Einfluss auf die Absatz-/Umsatzsteigerung kann über die Verlinkung des beworbenen Produktes mit der Produktdetailseite des Onlineshops oder über eingelöste Rabatt- oder Promotion Codes nachgewiesen werden. Der **Bekanntheitsgrad** von Marken oder Produkten kann über die **Reichweite** der Influencer gesteigert werden. Die Zusammenarbeit mit reichweitenstarken Influencern kann für junge Unternehmen interessant sein, die ein neues Produkt ohne den Einsatz kostenintensiver Werbeformate wie TV-Werbung auf den Markt bringen. Influencer können mit einer viralen Verbreitung für eine schnelle Bekanntheit sorgen. In einigen Branchen haben Influencer bereits heute mit Ihren Empfehlungen einen signifikanten Einfluss auf die Vermarktung von Produkten und Dienstleistungen. Dies betrifft insbesondere den Fashion- und Beauty-Bereich, aber auch Lifestyle, Reisen, Fitness und Food. Teilweise kommt es bei Produktempfehlungen zu einer hohen Nachfrage bis hin zum schnellen Ausverkauf der Produkte, insbesondere dann, wenn das Angebot limitiert ist.

Mobile-Marketing
Die gezielte Aussendung von Werbebotschaften (**Mobile Advertising**) auf mobile Endgeräte (**Mobile Display Advertising**) wird als Mobile-Marketing bezeichnet. Dabei geht es darum, die Zielgruppe in ihrer ortsungebundenen Mobilität jederzeit zu erreichen und mit personalisierten Marketingmaßnahmen gezielt anzusprechen. Mit einem **Geo-Targeting** können Smartphonenutzer lokalisiert und mit standortbezogener Werbung (**Location-based Services**) angesprochen werden. Ein **Mobile Couponing** mit attraktiven Rabatten generiert für stationäre Geschäfte eine spontane Frequenz und Umsatz (**Mobile Added Value**). Unternehmenseigene Apps in mobilen Devices dienen als Owned Media Customer Touchpoint für Marketing, Vertrieb und Service. Über aktivierte Push-Nachrichten (**In-App-Notifications**) können Informationen und Angebote an den Smartphonenutzer gesendet werden. Mit **In-App-Advertising** werden Anzeigen in Apps von externen Anbietern geschaltet (vgl. Bhave et al., 2013, S. 64). Unabhängig von einer App-Nutzung bieten mobile Devices über ihren integrierten **Mobile Browser** den Zugriff auf Informationen, Angebote und Services auf Websites, die als unabdingbare Voraussetzung auch mobiloptimiert gestaltet sein müssen.

8.4.2 Instrumente des Offline-Marketings

Die nationale Ausstrahlung von Werbespots über **TV-Werbung** steht für eine aufmerksamkeitsstarke Kombination visueller und akustischer Signale und bietet die Ansprache eines breiten Massenpublikums. Medienunternehmen wie ProSiebenSAT1 Media und die RTL Group bieten kostenfreie Medialeistungen gegen eine Unternehmens- oder eine Umsatzbeteiligung. Die Beteiligungsmodelle **Media for Equity** und **Media for Revenue** sind auf die Bereitstellung von Werbezeiten für Start-ups ausgerichtet und bieten diesen in ihrer Startphase eine aus Eigenmitteln kaum finanzierbare Option der werblichen Ansprache über ein reichweitenstarkes **Massenmedium.** Eine starke TV-Präsenz steht für eine schnelle Steigerung des Bekanntheitsgrades und unterstützt die Marken- und Imagepflege. **Hörfunk** ist ein flüchtiger Alltagsbegleiter und gilt als Nebenmedium mit einer reduzierten Aufmerksamkeitswirkung, da neben dem Radiohören meist parallel andere mobile oder stationäre Aktivitäten (Fortbewegung, Sport, Haushaltspflege, Kochen) verrichtet werden. Als ein rein akustisches Medium muss die Hörfunkwerbung **(Radiowerbung)** mit Sprache, Stimme, Geräuschen und Musik Aufmerksamkeit erregen. Lokal ausgestrahlte Radiowerbung kann mit attraktivem zielgruppenspezifischem Content ein Impulsgeber insbesondere für regional agierende Online-Händler mit Filialgeschäft sein. **Plakatwerbung** als eine Form der Außenwerbung (**Out-of-Home Media** oder **Outdoor Media**) spricht im öffentlichen Raum ein breites Zielpublikum mit Textbotschaften und Bildinformationen an (vgl. Meffert et al., 2019, S. 665). Inhaltlich und grafisch auffällig gestaltete **Werbeplakate** erregen auf großflächigen **Werbeträgern** eine hohe Aufmerksamkeit und können national, regional oder lokal gestreut werden. An infrastrukturell stark frequentierten **Knotenpunkten** (Bahnhöfen, Bushaltestellen, Hauptverkehrsstraßen, Kreuzungen) platziert, werden viele Passanten und Verkehrsteilnehmer erreicht. Je höher **Werbetafeln** platziert sind, desto effektvoller müssen die meist großflächigen Plakatwände gestaltet sein, um auch bei einem flüchtigen Blick mit einer prägnanten Werbebotschaft aufzufallen. Plakatwerbung auf **Augenhöhe** fördert eine spontane Interaktion. Durch die Integration eines **QR-Codes** in das Plakat können als messbare Response weiterführende Informationen abgerufen oder ein direkter Kontakt und damit eine spontane Frequenzgenerierung in den Onlineshop ermöglicht werden. **Postwurfsendungen** erfreuen sich insbesondere bei den Lebensmittellieferdiensten eines lokal gestreuten Einsatzes. Mit Flyern können **Sonderangebote** lanciert werden. Die Integration eines QR-Codes mit der codierten Webadresse ermöglicht auch hier eine direkte Kontaktaufnahme, die spontan oder auch zeitversetzt erfolgen kann. Postwurfsendungen können als lästig wahrgenommen werden, daher vergrößert der prominent auf den ersten Blick auffallende Hinweis eines geldwerten Vorteils die Chance, dass eine Postwurfsendung nicht sofort im Papierkorb landet. **Printgutscheine** können in **Werbeanzeigen** der Printwerbung (Zeitungen, Zeitschriften, Magazine) integriert oder als Flyer und Broschüren den Versandpaketen (**Paketbeileger**) hinzugefügt auf Verkaufsförderungsaktionen hinweisen und mit Probierpackungen auf neue Produkte aufmerksam machen. Als eine Komponente des **Affiliate-Marketing** über Partnerprogramme können auch Flyer kooperierender Unternehmen dem Paket beigefügt sein. Diese sind mit einer **Partner-ID** bedruckt, welche den Affiliate bei der Einlösung des Coupons als das zuführende **Streumedium** identifiziert. Merchants können sich mit Printgutscheinaktionen gegenseitig unterstützen. Der Weinhändler legt seinen Warensendungen Printgutscheine eines Delikatessenhändlers bei und umgekehrt. Printgutscheine können so konzipiert sein, dass sie sowohl online wie auch offline oder nur in einem der beiden **Vertriebskanäle** einlösbar sind. Die Beilage von Printgutscheinen zeitigt auch einen positiven **Imageeffekt** für den Versender. Dieser wird als großzügig wahrgenommen, wenn gleich mehrere Gutscheine mit attraktiven Rabatten der Paketsendung beigelegt sind. Klassische Marketinginstrumente wie Verkaufsförderungsaktionen, Konferenzen, Events, Sponsoring von Sport- und Kulturveranstaltungen sowie Fachmessen und Publikumsausstellungen bieten insbesondere Internet Pure Playern die Möglichkeit einer sonst kaum realisierbaren direkten **Face-to-Face-Zielgruppenkommunikation** mit den Zielen der Neukundengenerierung, der Bestandskundenpflege und einer Leadgenerierung für das E-Mail- und Newslettermarketing.

8.4.3 Crossmediales Marketing

Marketingkampagnen müssen so entwickelt und aufgesetzt werden, dass sie passgenau auf die Erreichung der Ziele und die zu adressierende Zielgruppe ausgerichtet sind. Im operativen Marketing ist der Einsatz der Online- und Offline-Marketinginstrumente nicht isoliert voneinander, sondern inhaltlich und zeitlich so auszugestalten, dass die übergeordneten Kommunikations- und Marketingziele bestmöglich durch den kombinierten Instrumenteneinsatz erreicht werden (Meffert et al., 2019, S. 892). Denn zwischen den einzelnen Instrumenten bestehen Interdependenzen, die es auszunutzen gilt, da sie die Effektivität und Effizienz des **Marketing-Mix** befördern (Meffert et al., 2019, S. 892). Die Interdependenzen sind vor allem durch komplementäre Beziehungen geprägt, indem sich Online- und Offline-Kommunikation in ihrer Wirkung ergänzen (Meffert et al., 2019, S. 893 f.). **Marketingbudgets** können aus einer vernetzten Perspektive zielgerichteter allokiert werden. Diese werden dann in **crossmedialen Kampagnen** so miteinander verknüpft, dass klassische Offline-Werbung die Online-Kommunikation ergänzt, um die Stärken der einzelnen Medien zielgruppenspezifisch ausspielen zu können (vgl. Lammenett, 2017, S. 408). Der Einsatz des Online-Marketings erfordert den Aufbau internen Know-hows und/oder die Kooperation mit spezialisierten Dienstleistern. Die Kompetenzentwicklung von **Digital Capabilities** (Bolz & Höhn, 2019, S. 200 f.) innerhalb der Organisation ist eine wichtige Voraussetzung für die strategische und operative Inhouse-Steuerung des Marketings. Je mehr Aufgaben unternehmensintern erledigt werden können, umso weniger müssen externe Kapazitäten hinzugezogen und vergütet werden. Im Unternehmen sollte das Offline- und Online-Marketing zur Bündelung von

Kompetenzen und zur Schöpfung von **Synergien** auch organisatorisch eng miteinander verzahnt sein. Dies schafft im Unternehmen ein integriertes Marketingdenken.

8.5   Gütesiegel im E-Commerce

Gütesiegel, die auch als **Prüfzeichen** oder **Zertifikate** bezeichnet werden, sind ein sichtbares Element der Orientierung im Onlineshop, um im E-Commerce Vertrauen aufzubauen und die Seriosität des Online-Händlers zu garantieren. **Kognitive Dissonanzen** hinsichtlich der Reputation des Anbieters und der Sicherheit der Website können minimiert und Kaufbarrieren abgebaut werden (Deges, 2020d). Gütesiegel sind als institutionalisierte Vertrauenssymbole **(Trustsignale)** in die Startseite integriert. Onlineshopbetreiber erhoffen sich durch Gütesiegel eine **Umsatzsteigerung** über die Erhöhung ihrer **Conversions.** Dies bedingt jedoch neben dem Gütesiegel auch eine inhaltlich und grafisch optimierte Website, ein attraktives Produkt- und Leistungsangebot und eine überzeugende User Experience (siehe dazu Abschn. 9.1). Die **Gütesiegel-Zertifizierung** hat insbesondere für kleinbetriebliche Onlineshopbetreiber den Vorteil, dass ihre Website auf **Rechtskonformität** geprüft und die Anfälligkeit für Abmahnungen verringert wird. Die Kenntnis der Schwächen und Unzulänglichkeiten helfen, den Onlineshop auf gängige **Qualitätsstandards** und Benchmarks zu optimieren.

▶ **Gütesiegel** Ein Gütesiegel ist ein grafisches Signum in Form eines Logos, welches dem Websitebesucher signalisiert, dass dieser Onlineshop spezifische Qualitäts- und Sicherheitsstandards erfüllt, die von der das Gütesiegel verleihenden Institution durch einen Zertifizierungsprozess überprüft und bestätigt wurden (Deges, 2020d).

Es gibt eine Vielzahl an geschützten Gütesiegeln, die bekanntesten werden von Trusted Shops (https://www.trustedshops.de/), TÜV Süd (https://www.tuvsud.com/de) und vom EHI Retail Institute (https://www.ehi.org/) vergeben. **Gütesiegelverleiher** unterscheiden sich hinsichtlich ihrer Qualitätsstandards, ihres Prüfprocederes sowie den Gebühren für die Verleihung und Führung des Gütesiegels. **Prüfkriterien** beziehen sich auf die Rechtskonformität, Servicequalität, Daten- und Verbraucherschutz, Website-Usability sowie die Transparenz und Sicherheit des Bestellprozesses und Zahlungsvorgangs. Eine Zertifizierung muss vom Onlineshopbetreiber beauftragt werden, je nach Prüfsiegel sind dabei umfangreiche Zertifizierungsprüfungen zu absolvieren. Die Prüfergebnisse decken Schwachstellen auf und müssen vom Unternehmen vor der **Prüfsiegelvergabe** beseitigt werden. Die Berechtigung zur Führung eines Gütesiegels wird in festgelegten Intervallen durch eine erneute Prüfung verlängert (Deges, 2020d).

▶   Mit einer **Gütesiegel-Zertifizierung** durch den TÜV (TÜV Süd „s@fershopping")
    erhält der Online-Händler eine kompetente Beratungsleistung und, in Analo-
    gie zur TÜV-Prüfung eines Fahrzeugs, eine gründliche Überprüfung relevanter
    Funktionen des Onlineshops. Ein externer, fachlich versierter Blick findet oftmals
    Schwachstellen, die dem Onlineshopbetreiber nicht bewusst sind. Die Ausmer-
    zung der Schwachstellen vor der Prüfsiegelvergabe kann negativen Kundenerfah-
    rungen und damit auch negativen Shopbewertungen vorbeugen. Es ist wohl alle-
    mal besser, wenn zuerst einem Prüfer, und nicht den Kunden eine Schwachstelle
    auffällt.

Gütesiegelverleiher können danach unterschieden werden, ob sie „nur" ein reines Prüf-
zertifikat als Qualitätssignum anbieten oder ob die Führung des Gütesiegels mit einer
Kundenbewertungsfunktionalität kombiniert ist. Mit der Integration einer Bewertungsfunktionalität verstärkt sich das über das Gütesiegel ausgestrahlte **Trustsignal**. Gütesiegel
mit Bewertungsfunktionalität sind meist über ein **Widget** in die Website des Onlineshops
integriert (Deges, 2021, S. 192)

▶ **Widget** Ein Widget (das Silbenkurzwort für **Window Gadget**) wird als kleinformatiges
On-Screen-Tool zur Präsentation von Informationen verwendet (Kreutzer, 2018, S. 253).
Widgets sind immer in ein grafisches Fenstersystem eingebunden und aktualisieren ihre
Informationen dynamisch über Schnittstellen aus korrespondierenden Programmen oder
auch aus anderen Widgets.

Über das Widget werden neben dem Signum des Gütesiegelverleihers weitere Informationen wie die Anzahl der abgegebenen Bewertungen, die Durchschnittsbewertung und meist
auch eine aktuelle Kundenbewertung eingeblendet (siehe zu Bewertungen Abschn. 9.4.2).
Mit dem Klick auf das Widget können alle gespeicherten Bewertungen aufgerufen und
eingesehen werden. (Deges, 2021, S. 192 f.). Bei Trusted Shops kann jeder Online-
Händler die Kombination aus Gütesiegel und Bewertungsfunktionalität nutzen. Man kann
sich aber auch nur für das Bewertungssystem oder nur für die Führung des Gütesiegels
entscheiden. Das Trusted-Shops-Gütesiegel findet sich mit oder ohne Bewertungssystem
bei über 30.000 Onlineshops (Trusted Shops, 2023a). Das Trusted-Shops-Gütesiegel ist
mit einem Käuferschutz versehen. Mit der kostenlosen Anmeldung für Trusted Shops
Käuferschutz Basic ist ein Bestellwert bis 100 € pro Einkauf automatisch abgesichert.
Darüber hinaus können Verbraucher für 9,90 € im Jahr den Trusted Shops **Käuferschutz
Plus** nutzen und sind bis 20.000 € pro Einkauf abgesichert (Trusted Shops, 2023b).

▶   **Merke!** Nur die Onlineshops mit einem integrierten Gütesiegel profitieren
    vom Trusted-Shops-Käuferschutz. In einem Onlineshop, der nur das Bewer-
    tungssystem nutzt, kann der Käuferschutz nicht aktiviert werden, da der
    Onlineshop nicht von Trusted Shops zertifiziert ist.

Lernkontrolle

1. Aus welchen Komponenten setzt sich ein Fully-Qualified-Domain-Name zusammen?
2. Unterscheiden Sie eine Multidomainstrategie von einer Singledomainstrategie und Subdomainstrategie.
3. Benennen und beschreiben Sie die zwei Teilbereiche des Suchmaschinenmarketings.
4. Grenzen Sie die Begriffe Website und Webseite, Homepage und Landingpage voneinander ab.
5. Erläutern Sie das Funktionsprinzip eines Affiliate-Partnerprogramms.

Literatur

Ahlert, D., Kenning, P., & Brock, C. (2018). *Handelsmarketing*. Springer Gabler.

Bhave, K., Jain, V., & Roy, S. (2013). Understanding the orientation of gen Y toward mobile applications and in-app advertising in India. *International Journal of Mobile Marketing, 1*, 62–74.

Bolz, J., & Höhn, J.-F. (2019). Die Digitalisierung des Vertriebs in der Konsumgüterindustrie. In G. Heinemann, H. M. Gehrckens, & T. Täuber (Hrsg.), *Handel mit Mehrwert* (S. 183–209). Springer Gabler.

Dashevsky, E. (2021). So kamen Bluetooth, eBay, Amazon & Co. zu ihren Namen. https://www.pcwelt.de/article/1146832/so_kamen_bluetooth__ebay__amazon___co-_zu_ihren_namen-markennamen.html. Zugegriffen: 27. Sept. 2023.

Deges, F. (2017). Influencer Marketing. *WISU, 5*, 582–588.

Deges, F. (2018a). Permission-Marketing. https://wirtschaftslexikon.gabler.de/definition/permission-marketing-119010. Zugegriffen: 02. Apr. 2019.

Deges, F. (2018b). Double-Opt-in. https://wirtschaftslexikon.gabler.de/definition/double-opt-119008/version-367739. Zugegriffen: 23. März 2023.

Deges, F. (2018c). E-Mail-Marketing. https://wirtschaftslexikon.gabler.de/definition/e-mail-marketing-119012/version-367735. Zugegriffen: 23. März 2023.

Deges, F. (2018d). *Quick Guide Influencer Marketing*. Springer Gabler.

Deges, F. (2020a). *Domainmanagement. Wie Sie optimale Domainnamen finden und effektiv nutzen.* Springer Gabler.

Deges, F. (2020b). *Grundlagen des E-Commerce. Strategien, Modelle, Instrumente.* Springer Gabler.

Deges, F. (2020c). *Affiliate Marketing. Wie Sie mit Vertriebspartnerschaften Bekanntheit und Umsatz steigern.* Springer Gabler.

Deges, F. (2020d). Onlineshop-Gütesiegel. https://wirtschaftslexikon.gabler.de/definition/onlineshop-guetesiegel-122675. Zugegriffen: 29. Apr. 2023.

Deges, F. (2021). *Bewertungssysteme im E-Commerce. Mit authentischen Kundenbewertungen Reputation und Umsatz steigern.* Springer Gabler.

DENIC. (2019). Wie sind die Internetadressen (IP-Adressen) aufgebaut? https://www.denic.de/fragen-antworten/allgemeine-faqs/#code-16. Zugegriffen: 7. Nov. 2019.

Douglas. (2023). Affiliate Partnerprogramm. https://www.douglas.de/de/cp/affiliate-partnerprogr amm/affiliate-partnerprogramm. Zugegriffen: 27. Sept. 2023.

Fritz, W. (2001). *Internet-Marketing und Electronic Commerce*. Gabler.

Google. (2023). Anzeigenrang. https://support.google.com/google-ads/answer/1752122?hl=de. Zugegriffen: 10. Apr. 2023.

Gottschalck, A. (2015). Amazon, Ikea & Co. Wo kommen bloß die Namen der Weltfirmen her? https://www.manager-magazin.de/unternehmen/industrie/die-herkunft-der-firmennamen-von-google-co-a-1049708.html. Zugegriffen: 27. Sept. 2023.

Heinemann, G. (2018). *Der neue Online-Handel*. Springer Gabler.

Heinzmann, P. (2000). Internet – Die Kommunikationsplattform des 21. Jahrhunderts. In R. Weiber (Hrsg.), *Handbuch Electronic Business* (S. 59–89). Gabler.

Helm, S. (2000). *Kundenempfehlungen als Marketinginstrument*. Gabler.

Hettler, U. (2010). *Social Media Marketing*. Oldenbourg.

Hövener, M. (2018). Internationale SEO-Präsenz: Domain-Strategie als Basis. https://www.intern etworld.de/seo-sea-und-performance/seo/internationale-seo-praesenz-domain-strategie-basis-1553256.html. Zugegriffen: 27. Sept. 2023

Hofmann, A. (2012). Otto kauft Neckermann-Online-Marke. https://www.gruenderszene.de/allgem ein/otto-neckermann-marke. Zugegriffen: 18. Febr. 2019.

Kollewe, T., & Keukert, M. (2016). *Praxiswissen E-Commerce*. O'Reilly.

Kollmann, T. (2009). *E-Business*. Gabler.

Kollmann, T. (2013). *Online-Marketing*. Kohlhammer.

Kollmann, T. (2016). *E-Entrepreneurship*. Springer Gabler.

Kotodziejska, M. (2017). Dynamisches Remarketing mit Google AdWords einfach erklärt. http://www.projecter.de/blog/sem/dynamisches-remarketing-mit-google-adwords-einfach-erklaert.html. Zugegriffen: 2. März 2020.

Kreutzer, R. (2016). *Online-Marketing*. Springer Gabler.

Kreutzer, R. (2018). *Praxisorientiertes Online-Marketing*. Springer Gabler.

Lammenett, E. (2017). *Praxiswissen Online-Marketing*. Springer Gabler.

Meffert, H., Burmann, C., Kirchgeorg, M., & Eisenbeiß, M. (2019). *Marketing. Grundlagen marktorientierter Unternehmensführung*. Springer Gabler.

Olbrich, R., Schultz, C., & Holsing, C. (2015). *Electronic Commerce und Online-Marketing. Ein einführendes Lehr- und Übungsbuch*. Springer Gabler.

Opuchlik, A. (2005). *E-Commerce-Strategie*. Books on Demand.

Peters, R. (2010). *Internet-Ökonomie*. Springer.

Reidel, M. (2009). Otto übernimmt Quelle-Markenrechte. https://www.horizont.net/marketing/nac hrichten/-Otto-uebernimmt-Quelle-Markenrechte-88297. Zugegriffen: 18. Febr. 2019.

Samland, B. M. (2001). Namefinding für E-Brands. https://www.absatzwirtschaft.de/namefinding-fuer-e-brands-185750/. Zugegriffen: 27. Sept. 2023

Schobelt, F. (2018). Wortmarken und Internetdomains. Marken von Air Berlin werden verkauft. https://www.wuv.de/marketing/marken_von_air_berlin_werden_verkauft. Zugegriffen: 4. Nov. 2019.

Schwartz, R. (2012). Category Killer Domain Names…Defined. Premium Domains…Remain Undefined and Less Than Premium. https://www.ricksblog.com/2012/11/category-killer-dom ain-namesdefined-premium-domainsremain-undefined-and-less-than-premium/#.XjHrx0qzXIU. Zugegriffen: 29. Jan. 2020.

Seo-Summary. (2022). Suchmaschinen Marktanteile Deutschland 2022: Entwicklung und Marktanteile der beliebtesten Suchmaschinen in Deutschland. https://seo-summary.de/suchmaschinen/. Zugegriffen: 8. Apr. 2023.

Stallmann, F., & Wegner, U. (2015). *Internationalisierung von E-Commerce Geschäften.* Springer Gabler.

Thiele, C. (2003). Internet Domains in der Insolvenz. https://eurolawyer.at/wp-content/uploads/pdf/Domains_Insolvenz.pdf. Zugegriffen: 27. Sept. 2023

Trusted Shops. (2023a). Online-Shopping mit Trusted Shops. https://www.trustedshops.de. Zugegriffen am 11. Apr. 2023.

Trusted Shops. (2023b). Der Trusted Shops Käuferschutz. https://www.trustedshops.de/kaeufersc hutz/. Zugegriffen: 11. Apr. 2023.

Verisign. (2023). Domain names. The domain name industry brief Q4 2022. https://www.verisign.com/en_US/domain-names/dnib/index.xhtml?section=executive-summary. Zugegriffen: 11. Apr. 2023.

Warschburger, V., & Jost, C. (2001). *Nachhaltig erfolgreiches E-Marketing.* Vieweg & Sohn.

Wurster, B. (2001). Persönlichkeitsrechtsverletzungen im Internet. https://www.jurpc.de/jurpc/show?id=20010249. Zugegriffen: 27. Sept. 2023.

Xing. (2006). Pressemeldung: OpenBC wird Xing. https://corporate.xing.com/de/newsroom/presse mitteilungen/meldung/openbc-wird-xing/. Zugegriffen: 18. Febr. 2019.

Xing. (2019). Pressemeldung: Die XING SE wird zur New Work SE. https://www.new-work.se/de/newsroom/pressemitteilungen/meldung/die-xing-se-wird-zur-new-work-se/. Zugegriffen: 30. Jan. 2020.

Der Transaktionsprozess im Onlineshop 9

9.1 Usability und User Experience

Die Norm ISO 9241 ist ein internationaler Standard, der Richtlinien, ergonomische Anforderungen und praktische Gestaltungsoptionen der **Mensch-System-Interaktion** beschreibt. Als europäische und deutsche Normen sind daraus Interaktionsprinzipien als

© Springer Fachmedien Wiesbaden GmbH, ein Teil von Springer Nature 2023   303
F. Deges, *Grundlagen des E-Commerce,*
https://doi.org/10.1007/978-3-658-41357-6_9

Grundsätze der Dialoggestaltung (DIN EN ISO 9241-110:2020-10), Anforderungen an die Gebrauchstauglichkeit von Systemen (DIN EN ISO 9241-11:2018) und Empfehlungen zur Gestaltung von Benutzungsschnittstellen für das World Wide Web (DIN EN ISO 9241-151:2008-09) abgeleitet. Die **Usability** als Gebrauchstauglichkeit im Sinne von Bedienbarkeit und Benutzerfreundlichkeit ist nach der Norm DIN EN ISO 9241-11:2018 der Grad der Erfüllung der Erwartungshaltung, die ein Anwender an die Nutzung einer interaktiven Anwendung stellt. Sie ist dadurch gekennzeichnet, dass die Ziele des Anwenders effektiv, effizient und zufriedenstellend erreicht werden (Gast, 2018, S. 13). Das Kriterium der **Effektivität** bezieht sich darauf, dass das vom Nutzer gesetzte Ziel in der Nutzung einer Anwendung inhaltlich korrekt, wirksam und vollständig erfüllt wird. Das Kriterium der **Effizienz** erhebt den Anspruch, dieses Ziel in einer angemessenen Zeit zu erreichen. Das subjektiv geprägte Kriterium der **Zufriedenheit** bezieht sich auf das emotionale Empfinden, die Durchführung einer Anwendung als angenehm zu werten (vgl. Süss, 2016, S. 27; Schüle, 2007, S. 1093). Während die Usability vornehmlich auf die Zielerreichung während der Nutzung einer Anwendung abzielt, bezieht die **User Experience** zum einen die Erwartungshaltung vor der Anwendung sowie die Reflexion der erlebten Interaktion nach der Anwendungsphase mit ein (Gast, 2018, S. 15).

▶ **User Experience nach DIN EN ISO 9241-210:2020-03** „Wahrnehmungen und Reaktionen einer Person, die aus der tatsächlichen und/oder der erwarteten Benutzung eines Produkts, eines Systems oder einer Dienstleistung resultieren. […] Dies umfasst alle Emotionen, Vorstellungen, Vorlieben, Wahrnehmungen, physiologische und psychologische Reaktionen, Verhaltensweisen und Leistungen, die sich vor, während und nach der Nutzung ergeben."

Die User Experience hat eine emotional-subjektive (**Erlebnis**) und eine rational-objektive (**Ergebnis**) Komponente. Auf der emotional-subjektiven Komponente führt das Erleben einer Anwendung zu non-verbalen oder verbalen Reaktionen. Als **verbale Reaktion** ist es vor allem bei schlechter Usability der spontan während der Anwendung allein oder öffentlich geäußerte Unmut als eine spontane Kommentierung des Eindrucks von der Anwendung. Die **non-verbale Reaktion** ist ein Ausdruck von Emotionen (Ekman & Friesen, 1986, S. 160). Das Erlebnis in Form positiver (Freude) wie auch negativer (Ärger) Emotionen drückt sich durch physiologische Veränderungen wie Körperhaltung, Mimik und Gestik aus (Fischer & Wiswede, 2009, S. 354 f.; Meffert et al., 2015, S. 110 f.). Die rational-objektive Komponente ist der wahrgenommene Nutzen (**Utility**) aus der Interaktion im E-Commerce (vgl. Weichert et al., 2018, S. 22), indem das gewünschte Produkt schnell und einfach gefunden wird und das Ergebnis einer Informationsrecherche (**Usefulness**) für den Informationssuchenden verwertbar ist (Kreutzer, 2018, S. 149). Im Fokus der Gestaltung des Onlineshops steht die **Website Usability.** In der Anwendungsentwicklung spricht man von **Website Usability Engineering,** bei der Ausgestaltung von User-Experience-Komponenten vom **UX-Design.** In einer differenzierten Abgrenzung der Begriffe bezieht sich der Begriff **Customer Experience** (CX) auf die Kundenerfahrungen

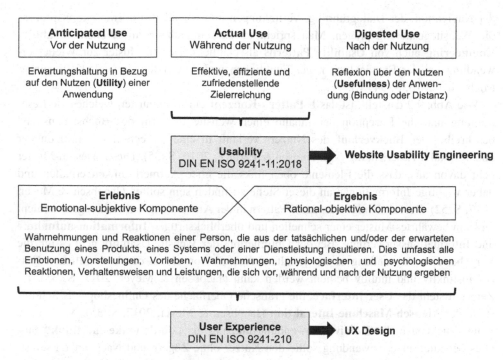

Abb. 9.1 Usability und User Experience. (Adaptiert nach Gast, 2018, S. 14; mit freundlicher Genehmigung von © Springer Fachmedien Wiesbaden GmbH 2018. All Rights Reserved)

über alle Customer Touchpoints hinweg und der Begriff User Experience (UX) allgemein auf den Nutzer einer Internetanwendung. Abb. 9.1 setzt noch einmal grafisch die beiden Begriffe Usability und User Experience in Beziehung zueinander.

9.1.1 Usability Standards und Konventionen

Jeder Websitebesucher bringt unterschiedliche **Erwartungen** an die erstmalige und auch wiederholte Nutzung einer Anwendung mit. Seine bisher gesammelten **Erfahrungen** prägen eine Erwartungshaltung in bekannte Grundfunktionalitäten von Websites, die der Besucher dann auch beim erstmaligen Aufruf eines neuen Onlineshops in ähnlicher Form erwartet. Aus dieser Anforderung leiten sich bewährte **Konventionen** und etablierte **Standards** in Form von Gestaltungsregeln und Normen ab, die im Webdesign als Sollvorgaben berücksichtigt werden sollten, weil sie die im Internet erlernten **Nutzungsmuster** bedienen und damit für eine schnelle Vertrautheit und Sicherheit in der Nutzung einer Anwendung sorgen (vgl. Mädche et al., 2012, S. 1074). Typische Konventionen und Standards betreffen mit dem grundlegenden Layout und Design das optische Erscheinungsbild einer Website. Des Weiteren sollten Konventionen und Standards hinsichtlich der Navigation, der Dialogführung, Verlinkungen und vor allem im Transaktionsprozess die Websitegestaltung prägen. Man spricht im Zusammenhang mit **Website Usability Engineering** auch von **Usability Patterns** als etablierte Design-Muster zur Wiederverwendung bei der Entwicklung neuer Funktionen und Anwendungen (vgl. Kollmann & Michaelis, 2013, S. 349 f.).

Wie Abb. 9.2 darstellt, ist das **F-Pattern-Konzept** ein Blickmuster, welches die Leserichtung und die Rezeption der Inhalte einer Website in Form des Buchstabens „F" beschreibt. Der **Blickverlauf** des Nutzers verläuft in einem Wechsel von horizontaler und vertikaler Leserichtung (vgl. Nielsen & Pernice, 2010, S. 35). Dieses Design-Muster geht davon aus, dass die Elemente oben links die erste Aufmerksamkeit erhalten und daher wichtige Informationen an dieser Stelle zu finden sein sollten (Jacobsen & Meyer, 2017, S. 52). Berücksichtigt man das F-Pattern in der Anwendungsentwicklung, so bedient dies ein bewährtes Muster einer schnellen und überblicksartigen **Informationsaufnahme** und Informationsverwertung. Bei der Optimierung der Website Usability geht es um die Vorgabe, eine Anwendung so zu gestalten, dass sie von einem durchschnittlichen Nutzer instinktiv und intuitiv bedient werden kann (Jacobsen & Meyer, 2017, S. 33). Im Zentrum steht das **User-Interface,** die grafische Oberfläche des Onlineshops als Schnittstelle der **Mensch-Maschine-Interaktion** (Jacobsen & Meyer, 2017, S. 35). Nach Steve Krug drückt sich die intuitive Anwendungsnutzung als **„don't make me think"** aus. Dies bedeutet, eine Anwendung sollte den Nutzer ohne Zögern und Nachdenken selbsterklärend durch die jeweils zu vollziehenden Schritte führen, um das Höchstmaß einer perfekten Usability zu erreichen (vgl. Krug, 2014, S. 20). Standards und Konventionen versuchen abstrahierende Regeln für ein perfektes Website-Design zu entwickeln, wobei diese nicht als zwingende Vorgaben, sondern vielmehr als Anregungen für das Webdesign zu betrachten sind. So war beispielsweise die um die Jahrtausendwende aufgestellte **Drei-Klick-Regel** lange Zeit ein Mantra der Benutzerfreundlichkeit. Sie besagt, dass jeder Websitebesucher sein Ziel mit maximal drei Klicks erreichen sollte. Seinerzeit eine nachvollziehbare Usability-Argumentation, da mit niedrigen **Bandbreiten** und geringer **Performance** jedes Laden einer Website im Vergleich zu heute mit einem erheblichen Zeitaufwand verbunden war, der schnell zur Unzufriedenheit der Anwender führte. Heute ist diese Regel nicht mehr zeitgemäß. Grundsätzlich sollte natürlich jeder Nutzer so schnell wie möglich sein Ziel erreichen. Empirische Untersuchungen haben jedoch ergeben, dass aus **Nutzerperspektive** die reine Anzahl der Links eine untergeordnete Rolle spielt und ein postuliertes Limit notwendiger Klicks nicht zwangsläufig als **Pain Point** („Schmerzgrenze") den Abbruch eines Websitebesuches nach sich zieht. Viel wichtiger ist die stringente Führung des Nutzers durch die Website über eine klare Navigation, sodass dieser unabhängig von der rein numerischen Anzahl der Klicks sein Ziel auf direktem Wege erreicht.

Jede Website spricht differenzierte **Nutzerwünsche** an und sollte daher vorrangig auf eine zielgruppenoptimierte Gestaltung aller Anwendungen und Funktionen ausgerichtet

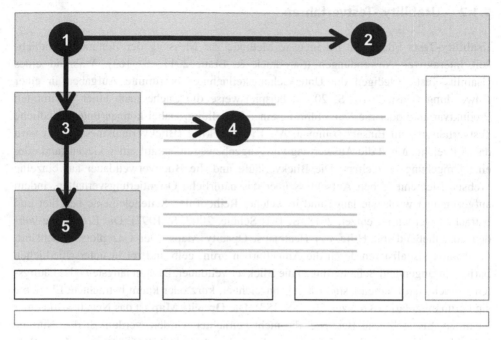

Abb. 9.2 F-Pattern-Blickmuster. (Eigene Darstellung)

sein. Allgemeine Regeln sind nicht das Non plus Ultra der Website- und Anwendungsentwicklung. Die Anforderung der Berücksichtigung von Konventionen und Standards führt des Öfteren zu **Konflikten** mit dem **Webdesign.** Auch wenn es die Kreativität der Anwendungsentwicklung einschränkt, nutzerbewährte und empirisch validierte **Verhaltensmuster** sollten immer dann beachtet werden, wenn es um grundlegende Funktionalitäten der Website geht. Die Umsetzung von Standards und Konventionen und die feinjustierte Ausgestaltung von Anwendungen und Funktionen muss stets an der eigenen Zielgruppe getestet und deren Bedürfnissen bestmöglich entsprechen (Stegemann & Suwelack, 2020, S. 165).

▶   **Merke!** Neben einem attraktiven Preis-Leistungsverhältnis der im Onlineshop
     angebotenen Produkte und Dienstleistungen ist es neben der User Experience
     vor allem die Usability als Bindeglied zwischen Mensch und System, die den
     Nutzer eine Anwendung als zielführend und zufriedenstellend bewerten lässt.

9.1.2 Usability -Testverfahren

Usability-Tests bilden die bekannteste Methode zur Messung der Benutzerfreundlichkeit interaktiver Anwendungen (Sarodnick & Brau, 2011, S. 163). Während eines Usability-Tests erledigen die Untersuchungsteilnehmer bestimmte Aufgaben in einer Anwendung (Gast, 2018, S. 20 f.), beispielsweise die Suche nach einer bestimmten Produktvariante oder die Durchführung einer Bestellung. Dabei können unterschiedliche Testverfahren zum Einsatz kommen. Als **Eye-Tracking** (Blickverlaufsmessungen) wird das Aufzeichnen und die Auswertung von Augenbewegungen auf einen Gegenstand oder eine Umgebung bezeichnet. Die Blickverläufe und die Blickverweildauer auf einzelne Website-Elemente geben Aufschluss über das natürliche Orientierungsverhalten, indem aufgezeichnet wird, wie lange und in welcher Reihenfolge Seitenelemente beachtet und betrachtet werden (Kreutzer, 2018, S. 181; Schüle, 2007, S. 1097). Die Ergebnisse werden anschließend mit Hilfe von Heatmaps, Opacity Maps oder Gazeplots visualisiert. **Heatmaps** visualisieren durch die Ampelfarben grün, gelb und rot in unterschiedlichen Farbabstufungen und Schattierungen die Blickverweildauer. Die am längsten oder häufigsten betrachteten Elemente sind rot gekennzeichnet, kurz oder kaum betrachtete Elemente sind grün eingefärbt (Kreutzer, 2018, S. 183). Die **Opacity Map** ist das Negativ-Bild einer Heatmap. Sie stellt alle Bereiche, die nicht betrachtet wurden, verdunkelt dar. Nur die hell gekennzeichneten Bereiche erregten die Aufmerksamkeit der Testperson. **Gazeplots** visualisieren den kompletten Blickrichtungsverlauf. Eine Nummerierung der Kreise zeigt an, in welcher Reihenfolge die Anwender die Informationen einer Webseite betrachteten. Die Größe der Kreise gibt Auskunft über die Betrachtungsdauer. Verbale Reaktionen können mit einem **Thinking-Aloud-Test** eingefangen werden. Der Proband wird angehalten, während der Nutzung der Anwendung die einzelnen Schritte zu kommentieren und seinen Gefühlen verbalen Ausdruck zu verleihen (Kreutzer, 2018, S. 182). Mit einem **A/B-Testing** werden Hypothesen in Bezug auf Design, Content und Nutzverhalten überprüft (Kreutzer, 2018, S. 188). Meist werden zwei Varianten gegenübergestellt und von Nutzern getestet. Die methodische Komplexität ist auf den ersten Blick gering, was die Anwendung in vielen Kontexten erleichtert (Stegemann & Suwelack, 2020, S. 175). Wie Abb. 9.3 darstellt, können mit **A/B-Testing** verschiedene Varianten der Website-Gestaltung und Werbemittelintegration auf ihre Wirksamkeit getestet werden.

A/B-Tests können sowohl die Steigerung der Micro-Conversions als auch der Macro-Conversion (siehe dazu Abschn. 10.1.3) als Zielvorgabe formulieren (Stegemann & Suwelack, 2020, S. 162 und S. 174). Denn Verbesserungen der **Micro-Conversions** sind ein wichtiger Zwischenschritt auf dem Weg zur Verbesserung der **Macro-Conversion.** Für das Usability-Testing können zufällig ausgewählte Nutzer, Mitglieder einer Fokusgruppe oder Usability-Experten herangezogen werden (Schüle, 2007, S. 1096). In der Frühphase einer Website- oder Anwendungsentwicklung ist die Einbeziehung von **Usability-Experten** förderlich, sie können wertvolle Hinweise auf eventuell schon erkennbare Fehlentwicklungen geben. Wenn die Website nahezu fertiggestellt ist, dann ist das Testing

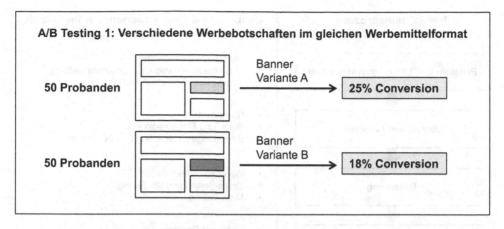

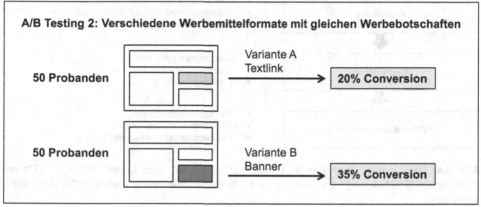

Abb. 9.3 Usability-Testdesign-Werbebotschaften und Werbemittelformate. (Aus Deges, 2020a, S. 135; mit freundlicher Genehmigung von © Springer Fachmedien Wiesbaden GmbH 2020. All Rights Reserved)

mit Anwendern in Form von **Fokusgruppen** und ausgewählten Nutzern eine zielgerichtetere Alternative (Schüle, 2007, S. 1096). Häufig reicht es aus, mit wenigen Personen das Testing durchzuführen. Eine größere Anzahl an Testpersonen bedeutet auch einen höheren Aufwand. Und letztendlich kommt es bei der Auswertung der Testergebnisse nicht auf eine statistische **Repräsentativität** an. Es geht darum, frühzeitig mögliche Anwendungsfehler zu identifizieren und daraufhin eine bestimmte Website-Funktionalität zu optimieren (Schüle, 2007, S. 1096 und S. 1098). Das Usability-Testing kann in einer Laborumgebung (**Usability Labor**) durchgeführt werden, wenn das Testing eine bereitzustellende spezielle technische Ausstattung erfordert. Testverfahren können auch in der vertrauten Umgebung des Nutzers zuhause durchgeführt werden (**Remote Usability Testing**). Dies hätte den Vorteil, dass Testeindrücke nicht durch die künstliche Umgebung

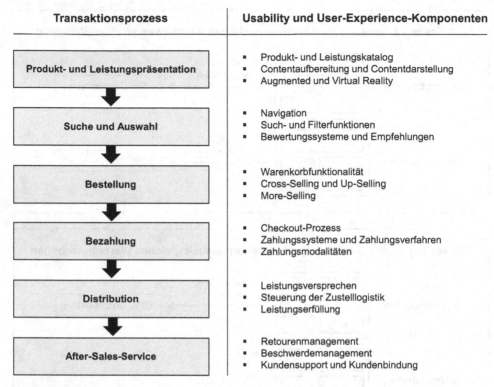

Transaktionsprozess	Usability und User-Experience-Komponenten
Produkt- und Leistungspräsentation	▪ Produkt- und Leistungskatalog ▪ Contentaufbereitung und Contentdarstellung ▪ Augmented und Virtual Reality
Suche und Auswahl	▪ Navigation ▪ Such- und Filterfunktionen ▪ Bewertungssysteme und Empfehlungen
Bestellung	▪ Warenkorbfunktionalität ▪ Cross-Selling und Up-Selling ▪ More-Selling
Bezahlung	▪ Checkout-Prozess ▪ Zahlungssysteme und Zahlungsverfahren ▪ Zahlungsmodalitäten
Distribution	▪ Leistungsversprechen ▪ Steuerung der Zustelllogistik ▪ Leistungserfüllung
After-Sales-Service	▪ Retourenmanagement ▪ Beschwerdemanagement ▪ Kundensupport und Kundenbindung

Abb. 9.4 Der Transaktionsprozess im Onlineshop. (Adaptiert nach Deges, 2020b, S. 177; mit freundlicher Genehmigung von © Springer Fachmedien Wiesbaden GmbH 2020. All Rights Reserved)

eines Testlabors verfälscht sind, wo sich eine Testperson „beobachtet" fühlt (Schüle, 2007, S. 1097).

Die Ergebnisse von Usability-Tests sind Ausgangspunkt für Optimierungen des Online-shops (Kollewe & Keukert, 2016, S. 18). Dabei steht der Transaktionsprozess im Mittelpunkt, der aus Sicht des Users so einfach wie möglich gestaltet sein muss. In den folgenden Abschnitten wird der in Abb. 9.4 visualisierte Transaktionsprozess mit seinen Ausgestaltungsmöglichkeiten der Usability- und User-Experience-Komponenten dargestellt.

9.2 Angebot: Produkt- und Leistungspräsentation

Wie bei der Kataloggestaltung eines Versandhandelsunternehmens oder der Warenpräsen-tation auf der Verkaufsfläche eines Einzelhandelsunternehmens, auch im Onlineshop ist es essenziell, das Produkt- und Leistungsangebot verkaufsförderungsgerecht in Szene zu setzen. Dafür stehen verschiedene Contentformate zur Verfügung, die bei der Darstellung des Angebots kombiniert eingesetzt werden können.

9.2.1   Contentformate

Der Begriff **Content** steht für alle Formen und Formate von Inhalten, die über Offline- und Online-Medien zur Rezeption bereitgestellt werden. Inhalte können unterhaltend, humorvoll, sarkastisch, emotional, sachlich und informativ aufgebaut sein. Sie adressieren Personen, die auf der Suche nach kontextspezifischen Informationen sind. Zielgruppen-orientierter Content schafft durch seine Informationsaufnahme und -verarbeitung einen **Mehrwert** für den Informationsempfänger. Im E-Commerce wird eigen- oder fremder-stellter Content bereitgestellt, um die Zielgruppe mit Informationen zum Unternehmen und dem Produkt-Leistungsprogramm zu versorgen. Unternehmensspezifischer Content hat vor allem eine Informations- und Akquisitionsfunktion.

Wie Abb. 9.5 visualisiert, können vier Contentformate differenziert werden, die in unterschiedlichen Formen und Ausprägungen miteinander kombiniert in die Website inte-griert werden. Diese sind wie folgt in ihren Eigenschaften und in ihrer Wirkung auf den Informationssuchenden zu charakterisieren:

Contentformat Text
Der überwiegende Teil der Inhalte im Internet besteht aus geschriebener Sprache. Dies betrifft vor allem die vielen Informationsportale, die im Wesentlichen aus textuellen Ele-menten zusammengesetzt sind. Aber auch E-Commerce-Websites enthalten viel Text, insbesondere wenn es um die Beschreibung der Produkt- und Leistungsprogramme geht. Produktdarstellungen und Produktbeschreibungen müssen gut strukturiert und verständlich formuliert die wesentlichen Informationen zur Produktspezifikation wie Produktbeschaffen-heit, Verarbeitung, Qualität, Preis sowie Informationen zu den verschiedenen Produktvarian-ten (bei Bekleidung: Größe, Passform, Farben) enthalten (Kollmann, 2013, S. 74). Je länger

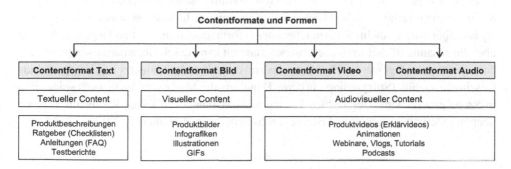

Abb. 9.5   Contentformate und Formen im Webdesign. (Eigene Darstellung)

die **Textpassagen,** desto mehr Geduld muss zur **Rezeption** der Informationen investiert werden, Leser können schnell überfordert sein und verlieren die Aufmerksamkeit und das Interesse. Grundsätzlich sollten daher **Textbotschaften** mit werblich-anpreisendem Charakter so kurz und prägnant wie möglich sein, um die Botschaftsaufnahme und -verarbeitung auch bei flüchtigem Kontakt zu gewährleisten (Meffert et al., 2015, S. 724). **Schlüsselinformationen** können durch **Verlinkungen** auf detaillierteren Content oder Downloads angereichert werden (Kollmann, 2013, S. 74). Das Kriterium der Lesbarkeit vereint die Komponenten einer guten inhaltlichen, orthografischen und optischen Leserlichkeit eines Textes (vgl. Hueber, 2015, S. 6). Gestaltungselemente sind die Schriftart, die Schriftgröße, die Schriftfarbe sowie der Schriftkontrast (vgl. Jacobsen & Meyer, 2017, S. 298). **Schriftarten** und **Schriftgrößen** sollten konsistent eingesetzt werden. Ein häufiger Wechsel sorgt für Unruhe und irritiert den Leser (vgl. Hueber, 2015, S. 9). Bei der Auswahl der Schriftarten sollten empirische Erkenntnisse der Usability berücksichtigt werden, indem websichere Schriftarten auszuwählen sind, an die sich viele Internetnutzer durch ihre Leseerfahrungen gewöhnt haben. Ein guter **Farbkontrast** erhöht die Lesbarkeit des Textes. Je deutlicher die **Abstufung** zwischen Hintergrund und Text, desto nutzerfreundlicher gestaltet sich die Lesbarkeit. Das gewohnte Kontrastformat der Printmedien (schwarze Schrift auf weißem Hintergrund) kann als Orientierungsbeispiel dienen, es ist aber kein Mantra des Webdesigns. Wichtig ist, dass die Schriftfarbe und der Hintergrund auch vor dem Hintergrund einer stärkeren Belastung der Augen am Bildschirm angenehm kontrastieren. Für eine gute Textverständlichkeit **(Readability)** stehen Kriterien wie die Ordnung der inhaltlichen Struktur, die Formatierung des Textes sowie Einfachheit, Kürze und Prägnanz im Satzbau und in der Wortwahl (Trommsdorff & Teichert, 2011, S. 243 ff.). Je besser die Verständlichkeit von **Textbotschaften,** desto höher ist der Beeinflussungserfolg (Trommsdorff & Teichert, 2011, S. 243). Eine orthografisch fehlerfreie Sprache ist eine Mindestanforderung an die Textgestaltung. Die **Scannability** unterstützt durch grafische Gestaltungselemente das schnelle Überfliegen eines Textes, um zentrale Inhalte schnell auf den ersten Blick zu erkennen (Kreutzer, 2018, S. 147). Die Strukturierung längerer Texte kann durch andersfarbige Überschriften, größere Schrifttypen oder Fettdruck optisch hervorgehoben werden. **Textunterstreichungen** sind hingegen ein durch das Webdesign gesetztes Element, um einen Begriff zu verlinken. Die Aufnahme von Textinformationen über einen Desktop- oder Mobile-Screen verlangt im Vergleich zur Papierform eine höhere **Leseanstrengung,** wichtig ist dabei eine verdichtete Form relevanter Informationen in nicht zu langen Textzeilen über die gesamte Bildschirmbreite. Aufmerksamkeit kann durch einen narrativen (erzählenden) Kontext erzeugt werden. Rund um das zu vermarktende Produkt wird eine spannende Geschichte erzählt **(Storytelling)**, in deren Handlung die Marke und das Produkt spielerisch in Szene gesetzt wird. Geschichten können einen realen oder fiktiven Rahmen haben, sie können unterhaltend, emotional oder rein informativ sein (Lammenett, 2017, S. 345 f.).

Contentformat Bild

Textuelle Produktbeschreibungen können durch **Produktabbildungen** in Form von Einzelbildern oder Fotostrecken in ihrer inhaltlichen Aussagekraft unterstützt und verstärkt werden. Hochauflösende Bilder ermöglichen einen **Zoom,** der insbesondere bei der Vermarktung von Mode und Bekleidung ein wichtiges Element darstellt, um **Produktdetails** besser erkennen zu können (Kollmann, 2013, S. 76). Eine **Lupen-Zoom-Ansicht** von Produktdetails wird durch ein Überfahren des Bildes mit dem Mauszeiger ausgelöst. Durch interaktive Funktionen lassen sich Bilder für eine **Rundumsicht** (360 Grad) drehen und ermöglichen ein realitätsnahes visuelles Erlebnis wie bei einer Poduktbegutachtung im stationären Einzelhandel. Bilder eignen sich insbesondere zur Vermittlung emotionaler **Botschaften** (Meffert et al., 2015, S. 726). Im Vergleich zu sprachlichen Informationen haben sie eine intensivere Erlebnis- und Unterhaltungsdimension, sie beinhalten ein ausgeprägtes **Aktivierungspotenzial** und stehen für einen höheren Erinnerungs- und Wiedererkennungswert (Trommsdorff & Teichert, 2011, S. 68 und S. 216). **Bildinszenierungen** eignen sich für eine flüchtige und schnelle Rezeption, da die kognitive Verarbeitung von Bildern nur einer geringen gedanklichen Anstrengung bedarf (Trommsdorff & Teichert, 2011, S. 67). Der Nachteil eines fehlenden haptischen Erlebnisses muss durch eine hohe **Gestaltungsqualität** der Bilder aufgefangen werden. Diese Forderung steht in einem natürlichen Spannungsfeld mit den Kosten einer professionellen **Inszenierung** und qualitativ hochwertigen Fotografie, insbesondere dann, wenn es sich um ein sehr umfangreiches Produktsortiment handelt. Für die optimale Anzahl an Bildern pro Produkt gibt es keine Patentlösung. Grundsätzlich gilt, je mehr hochauflösende Bilder mit verschiedenen **Produktansichten,** desto besser wird der Produktauswahlprozess unterstützt. Denn die inhaltlich und visuell ansprechende Produktbeschreibung und Produktdarstellung soll ja gerade die Produktauswahl mit einer dissonanzfreien Kaufentscheidung fördern. Dem Anspruch perfekt inszenierter Produktbilder steht das Manko eines gegebenenfalls überschönten Effekts und damit einer nicht realitätsgetreuen **Produkteinschätzung** gegenüber. So kann die künstliche Belichtung in einem Fotostudio zu einem der Realität nicht entsprechenden Eindruck der Farbwirkung eines Produktes führen.

Contentformat Video

Bewegtbilder erzielen eine intensivere und nachhaltigere Aufmerksamkeit als textuelle Beschreibungen (Lammenett, 2017, S. 332). Mit Bewegtbildern lassen sich komplexe und beratungsintensive Produkte mit hohem Informationsbedarf darstellen, ohne den Nutzern die Rezeption langer Texte zuzumuten. **Videos** transportieren eine realitätsnahe Vorstellung des Produktes und seiner Nutzungsmöglichkeiten (Kollmann, 2013, S. 75). Die Erstellung von professionellen Videos ist kostenintensiv, daher ist dieses Contentformat kaum auf das komplette Sortiment anwendbar (Lammenett, 2017, S. 344). **Produktvideos** kombinieren sachliche Information über die Eigenschaften und Nutzungsmöglichkeiten eines Produktes mit einer emotionalen Kaufstimulierung über integrierte Werbebotschaften. Im Dienstleistungssektor sind visuelle Darstellungen des immateriellen Leistungsangebotes (**Visuals**) eine überzeugende und realitätsnahe Ergänzung textueller Informationen. Insbesondere bei der Inanspruchnahme von **Touristikdienstleistungen** sind Videos für den Informationssuchenden ein wichtiges Element zur Vorabbewertung der Qualität einer Dienstleistung (vgl. Zur Oven-Krockhaus et al., 2019, S. 19 ff.). Aus Rezipientensicht steht Text für eine eher rationale Verarbeitung von Informationen, während Bilder diese Informationen als Ergänzung real und emotional aufladen und damit die **Imagination** der eigenen Inanspruchnahme einer Dienstleistung bedienen. Als **Animationen** werden bewegte Bilder bezeichnet, die anders als Videos oftmals keine reelle Darstellung des Gegenstandes beinhalten, sondern sich grafischer Zeichnungen bedienen (Kollmann, 2013, S. 75). Animationen eignen sich für eine einfache Darstellung und Erklärung (**Erklärvideos**) komplexer Sachverhalte. Animationen können mit Ton oder mit Texteinblendungen hinterlegt werden. Teleshoppinganbieter wie QVC haben im zweigleisigen Multi-Channel-Vertrieb von Fernsehen und Onlineshop den großen Vorteil der Zweitverwertung ihrer selbstproduzierten TV-Sendungen. Da die Produkte im TV sehr ausführlich vorgestellt werden, kann das Präsentationsformat für den Onlineshop auf eine gekürzte Version (**Kurzvideo**) komprimiert werden, die für eine schnellere Informationsaufnahme über das Internet besser auf die Nutzungsgewohnheiten abzielt. **Webinare** (Kunstwort aus World Wide Web und Seminar) bedienen als Video Content ein interaktives Format und ermöglichen neben der reinen Informationsvermittlung eine beidseitige Kommunikation zwischen Informationssender und Informationsempfänger. Webinare eignen sich insbesondere im Online-Banking als Anleitungen für die Nutzung verschiedener Serviceangebote wie beispielsweise Kapitalanlageprodukte und Wertpapierhandel.

Contentformat Ton
Das gesprochene Wort als Audio-Format wird in einer Vielzahl von komprimierten und unkomprimierten Formen bereitgestellt. Ton kann als aufgezeichnetes und damit speicherbares Audio-Format als **Audio-Datei** zur eigenbestimmten Zeit genutzt, oder als Echtzeit-Information einer mit der Bereitstellung der Inhalte zeitsynchronen Nutzung zugeführt werden (**Audio-Streaming**). Ton wird selten singulär eingesetzt, in Videos eingebettet sorgt der Ton in Kombination mit dem Bewegtbild für ein **multisensorisches Erlebnis** (Weinberg & Diehl, 2005, S. 272). Die kombinierte kognitive Verarbeitung von Bewegtbild und Ton über einen Bildschirm stellt eine leicht konsumierbare und nutzerfreundliche Form der Informationsaufnahme und Informationsverarbeitung dar. Beim Angebot von akustischen Produkten (Musik, Hörbücher) ist der Ton ein vermarktungsunterstützendes Element, welches die Produktvorstellung in der Form unterstützt, dass eine Hörprobe in die Produkt- und Leistungspräsentation integriert wird, damit das Produkt besser beurteilt werden kann (Kollmann, 2013, S. 74).

Nutzenstiftende Produktbeschreibungen und Produktvisualisierungen erleichtern den Auswahlprozess und sind ein wesentlicher Usability-Faktor. Die Contentaufbereitung und Contentdarstellung muss aus der Sicht der Anwender konzipiert und gestaltet werden. Dabei sind Rezeptionstechniken aus der **Verhaltenspsychologie** und dem Käuferverhalten zu berücksichtigen. Die Aufmerksamkeit stellt einen wesentlichen Aspekt der **Wahrneh-mungswirkung** dar. Ohne Aufmerksamkeit kann eine Botschaft nicht verarbeitet, gelernt oder erinnert werden (Meffert et al., 2015, S. 715). Der optimale Einsatz der Contentformate richtet sich nach der Art des Produktes, seiner Erklärungsbedürftigkeit und der Möglichkeit der (audio)visuellen Darstellung. Die Kombination von Text und Bild ist die häufigste Form der Produkt- und Leistungspräsentation.

9.2.2   Virtual und Augmented Reality

Virtual Reality (VR) und Augmented Reality (AR) bieten Möglichkeiten der Visualisierung von physischen Objekten in vollkommen virtuellen, oder in einer virtuell-real sich überlappenden Darstellung (Mixed Reality). Eine theoretische Grundlage zur Definition und Einordnung der Begriffe bildete in den 1990er Jahren das auch als Milgram-Kontinuum bezeichnete **Realitäts-Virtualitäts-Kontinuum** (Milgram & Kishino, 1994), welches in Abb. 9.6 grafisch dargestellt ist.

Zwischen den Polen Reality (vollständige Realität) und Virtual Reality (vollständige Virtualität) finden sich mit Augmented Reality und Augmented Virtuality zwei Ausprägungen einer erweiterten, gemischten Realität **(Mixed Reality),** die sich durch unterschiedliche Grade der Virtualität auszeichnen (Fuchs-Kittowski, 2012, S. 216). Nach dem Milgram-Kontinuum ist unter Mixed Reality alles zu subsummieren, was nicht zu 100 % zur „realen Umgebung" gehört und gleichzeitig nicht zu 100 % „virtuell" ist (IONOS, 2020). Von einer **Augmented Virtuality** als Überlagerung realer Inhalte in einer virtuellen Welt wird heute nicht mehr gesprochen, da eine Unterscheidung zwischen Augmented Reality und Augmented Virtuality nicht trennscharf ist und in der Praxis kaum Anwendung findet (vgl. Rauschnabel, 2023). Stattdessen findet sich in Literatur und Praxis heute eine sprachgängige Unterscheidung nach den beiden Oberbegriffen Augmented Reality und Virtual Reality.

Ins Blickfeld einer breiten Öffentlichkeit ist **Augmented Reality** in seinem unterhaltungs- und spielerischen Kontext durch den Hype um Pokémon Go geraten.

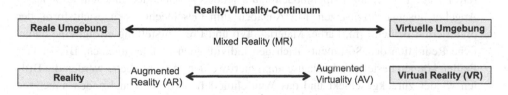

Abb. 9.6   Reality-Virtuality-Continuum. (Eigene Darstellung)

Augmented-Reality-Anwendungen ergänzen und überlagern eine reale Umwelt mit kontextbezogenen **Zusatzinformationen,** die als Text, Bild, Grafik oder virtuelle Objekte in Echtzeit in eine reale Umgebung projiziert und in das Sichtfeld des Nutzers über einen Screen eingeblendet werden. Die natürliche Perspektive einer realen Umgebung wird durch die virtuellen Zusatzinformationen erweitert und aufgewertet (vgl. Milgram & Kishino, 1994, S. 1321 ff.). Augmented-Reality-Anwendungen im E-Commerce basieren darauf, den mit dem Online-Handel verbundenen Nachteil der eingeschränkten Realität in der Produktdarstellung und Produkthandhabung auszugleichen. Augmented Reality stellt somit eine Verbindung von virtueller und realer Welt dar, diese Anwendungen können die Produktauswahl vereinfachen. Durch ein realitätsnäheres und interaktives Einkaufserlebnis können kognitive Dissonanzen im Produktauswahlprozess minimiert werden. Damit haben Augmented-Reality-Anwendungen das Potenzial, die Conversion Rate (siehe Abschn. 10.1.3) zu steigern. Über die Selektion und Manipulation kann ein Anwender mit virtuell eingeblendeten Objekten unterschiedlich interagieren. Die eigenständige Auswahl ein oder mehrerer Objekte, die eingeblendet werden sollen, wird als **Selektion** bezeichnet. Die Änderung der Eigenschaften eines Objektes, indem dieses gedreht oder anders positioniert werden kann, wird als **Manipulation** bezeichnet, dafür muss das Objekt mit einem Marker verbunden werden können (Fuchs-Kittowski, 2012, S. 219).

Augmented-Reality-App IKEA Place

Die Einrichtungs-App mit dem Namen IKEA Place ermöglicht die Einblendung von Möbelstücken (Sofas, Sessel, Tische, Stühle) in Wohnräume über eine Augmented-Reality-Anwendung. Durch eine dreidimensionale, realitäts- und maßstabsgetreue Visualisierung des Möbelstücks auf dem Smartphone oder Tablet wird das Vorstellungsvermögen über die Dimensionalität eines Möbelstücks erweitert und die Produktauswahl erleichtert (Lehnert, 2017).◄

Augmented Reality MisterSpex

Die Auswahl einer passgenauen Brille unterstützt MisterSpex mit einer virtuellen Brillenanprobe. Mit einer Webcam können Brillenmodelle auf das Gesicht projiziert werden. Dies hilft dem Kaufinteressenten, aus einem umfangreichen Sortiment mehrere infrage kommende Brillenmodelle zu selektieren, ohne sich mit dem kompletten Angebot auseinanderzusetzen. Mit Angaben zum Geschlecht, der Gesichtsform, der präferierten Brillenform, Farbe, Material, Typ und Preisvorstellung erfolgt eine natürliche Reduktion des Sortiments nach den individuellen Kundenangaben. Bis zu vier Brillen können bestellt und zuhause anprobiert werden. Anschließend werden die Brillen wieder zurückgeschickt und das Wunschmodell wird auf den Kunden angepasst und ihm in seiner Sehstärke zugestellt. Diese Lösung verringert nicht das Rücksendungsvolumen von Paketen, sie sorgt aber für eine kundenfreundliche Unterstützung des Produktauswahlprozesses.◄

Virtuelle Umkleidekabinen als Virtual Fitting Rooms unterstützen die Produktauswahl bei Mode und Bekleidung, indem nach Eingabe der Körpermaße ein **Avatar** kreiert wird, der als dreidimensionale virtuelle Figur den Körperproportionen des Kunden entspricht und als realitätsgetreues Abbild die Produktauswahl visuell unterstützt (Heinemann, 2018, S. 57; Kotowski, 2017). Beim Onlinekauf von Bekleidung können durch die realistischere Einschätzung von Passform und Größe Auswahlbestellungen und damit auch das Retourenaufkommen und die Retourenquoten verringert werden (siehe Abschn. 10.1.5). Die virtuelle Anprobe von Bekleidung (**Virtual Dressing**) wird durch die **„Try-on"-Technologie** unterstützt.

Zalando-Virtual-Dressing-Try-on-Bekleidung

Für die virtuelle Anprobe von Bekleidung stellt Zalando seit Oktober 2022 die Virtual-Dressing-Anwendung Try-on von Snapchat für ausgewählte Produkte zur Verfügung. Snapchatuser müssen ein Ganzkörperfoto in die Zalando-App hochladen und können sich mit ausgewählten Kleidungsstücken per Klick auf den Button „Anprobieren" virtuell „einkleiden".◄

Augmented und vor allem Virtual Reality sind dem immersiven Marketing zuzuordnen. Als **Immersive Experience** wird das Eintauchen in andere Welten bezeichnet. Die Wahrnehmung der realen Umwelt und Umgebung gerät in den Hintergrund. **Virtual-Reality-Anwendungen** (VR-Anwendungen) ermöglichen mit einer VR-Brille ein dreidimensionales Eintauchen und Interagieren in einer künstlichen Alternativwelt und finden vornehmlich ihren Einsatz bei Computer- und Videospielen (vgl. Fuchs-Kittowski, 2012, S. 216). VR-Anwendungen sind auch geeignet, komplexe **Erfahrungsgüter** wie Reise- und Immobilienangebote informativ und unterhaltsam erlebbar zu machen. Virtuelle Rundgänge durch eine Hotelanlage oder virtuelle Besichtigungen bei Kauf/Vermietung von Immobilien vermitteln einen realitätsnahen Eindruck. VR-Anwendungen können mit ihrer hohen **Authentizität** den Automobilabsatz unterstützen, indem das Fahrerlebnis eines neuen Automodells über eine VR-Brille visualisiert wird. Insbesondere beim Kauf einer hochpreisigen Luxuskarosserie unterstützt VR diesen extensiven Kaufentscheidungsprozess. Bisher realisieren nur wenige Online-Händler Augmented und Virtual Reality in ihrem Transaktionsprozess. Die 2022 von Snap und Ipsos durchgeführte Studie „Augmentality Shift" konstatiert eine unterschiedliche **Nutzenwahrnehmung** bei Anbietern und Nachfragern. Die überwiegende Mehrheit der Online-Händler unterschätzt das Potenzial und nimmt Augmented-Reality-Anwendungen als **Entertainment** (Spiel und Spaß) wahr, während 60 % der Millennials Augmented Reality als Bereicherung des Einkaufserlebnisses und sinnvolle Unterstützung im Kaufentscheidungsprozess sehen (Ipsos, 2022; Snap, 2022).

Mit dem **Metaverse** (Kofferwort aus Meta und Universum) sollen webbasierte digitale 3D-Parallelwelten durch das Zusammenwirken virtueller, erweiterter und physischer

Realität entstehen und in Zukunft zu einen virtuellen fiktiven Universum verschmolzen werden. Menschen interagieren als **Avatare** in einem dreidimensionalen Raum (vgl. White, 2022). Das jüngste Interesse an der Entwicklung von Metaversen wird vom **Web3** beeinflusst, einem Konzept für eine neue, dezentralisierte Generation des Internets.

Etymologie des Begriffs Metaverse

Der Begriff Metaverse stammt aus dem Science-Fiction-Roman „Snow Crash" von Neal Stephenson aus dem Jahr 1992 (Stephenson, 1992). In einem futuristischen Los Angeles spielend muss sich der Protagonist der Handlung in der realen und in einer computergenerierten virtuellen Welt mit einem Computervirus auseinandersetzen.◄

Metaverse-Technologien werden in der Interaktion virtueller und physischer Welten innovative Möglichkeiten der Produktvermarktung und Kundenkommunikation bereitstellen. Als Pionier gilt das von Linden Lab 2003 freigeschaltete Metaverse **Second Life** (https://secondlife.com). Internet- und Technologiekonzerne wie der Facebook-Mutterkonzern Meta, Microsoft mit Mesh, Decentraland und The Sanbox investieren hohe Summen in die Ausgestaltung und Weiterentwicklung ihres Metaverse (Weissert, 2023).

9.3   Suche: Orientierung und Nutzerführung

Da im Onlineshop mit der virtuellen Regalverlängerung eine Vielzahl an Produkten angeboten wird, kommt es für die nutzerfreundliche **Orientierung** auf eine effektive **Nutzerführung** an. Ziel ist, dass der Besucher intuitiv das gewünschte Produkt oder die gesuchte Information findet. Das Sortiment des Online-Händlers muss in übersichtlichen und selbsterklärenden Warenkategorien strukturiert und angeordnet sein, damit ein schneller Überblick über die Bandbreite des Sortiments vermittelt wird. Analog zu großflächigen stationären Einzelhändlern mit breitem und tiefem Sortiment auf mehreren Etagen geht es auch im virtuellen Verkaufsraum um eine wegweisende Orientierung über mehrere Ebenen. Das erste Strukturelement der Benutzerführung ist die Gestaltung der **Homepage** (Startseite) mit den Orientierungsbausteinen Navigation sowie Such- und Filterfunktion. Die Startseite ist die „Eingangstür" und der erste Kontakt des Besuchers mit dem Onlineshop. Sie prägt im Kampf um die **Aufmerksamkeit** in Sekundenschnelle den ersten Eindruck. Bei langen **Ladezeiten** kommt es bereits beim „Betreten" des virtuellen Verkaufsraums zu hohen **Bounce Rates** (Abbrüchen), da von einer geringen **Frustrationstoleranz** der Nutzer ausgegangen werden muss (Kreutzer, 2018, S. 148). Die Startseite muss Neugier und Interesse wecken. Sie kann als Werbe-Schaufenster eine Promotion, eine Rabattaktion, einen Sale oder ein neueingeführtes Produkt grafisch hervorheben. **Slider** (Bildwechsler) sind ein nützliches Element der Startseite, um die Aufmerksamkeit des

Nutzers auf hervorgehobene Inhalte zu lenken. Mit einem Slider werden wechselnde Bild-Text-Elemente in einem Fenster wie eine **Diashow** automatisch in einem festen zeitlichen Rhythmus abgespielt. Die mit kurzen Texten versehenen Bilder sind meist mit einem Link verknüpft, sodass der Nutzer mit einem Klick auf den Slider zu einer Webseite mit ausführlicheren Informationen zu den Produkten oder Dienstleistungen weitergeleitet wird.

▶ **Website und Webseite, Homepage und Landingpage** Die Site (Ort, Lage, Platz) im World Wide Web (WWW) ist die **Website** als der Internetauftritt (Webpräsenz, Internetpräsenz, Onlinepräsenz) eines Unternehmens, einer Organisation oder einer Privatperson unter einer Domain als die Adresse der Website. Eine Website besteht aus mehreren **Webseiten,** die erste davon ist die **Homepage** als Start-, Begrüßungs- und zentrale Ausgangsseite für die Navigation in die dahinterliegenden Webseiten des Internetauftritts. Eine **Landingpage** ist eine speziell eingerichtete Webseite, um eine zielgerichtete Aktion (Kauf, Download, Anmeldung) auszulösen (Kreutzer, 2018, S. 122 f.). E-Mail-Marketingkampagnen verlinken beispielsweise eher auf eine Landingpage als auf die Homepage, um eine Registrierung für den Newsletterbezug anzustoßen.

9.3.1 Navigation

Die Navigation ist die virtuelle Wegführung durch das Produktangebot und stellt die logische Strukturierung des Sortiments nach Warenkategorien oder Themengebieten dar. Sie ist ein wesentliches Element der Orientierung. Mit einem **Fixed Header** (Sticky-Menü, Sticky-Navigation) kann die Navigationsleiste beim Herunterscrollen „mitwandern" und ist dauerhaft sichtbar. Der erste Orientierungspunkt ist die **Hauptnavigation** (Meta-Navigation, Top-Navigation). Je weiter sich die Hauptnavigation über die **Subnavigation** in Unterkategorien gliedert, desto detaillierter und spezifischer wird die Produktanzeige. Die Navigation sollte nicht in zu viele Subnavigationsebenen „zergliedert" werden, denn dies könnte die schnelle Orientierung beeinträchtigen. Die Auswahl der Hauptkategorien sollte auf einen Blick alle Metanavigationsebenen erfassen. Webdesigner und Anwendungsentwickler orientieren sich bei der Gliederung der Top-Navigation an der Millerschen Zahl.

▶ **Millersche Zahl** Die nach dem US-amerikanischen Psychologen George Miller benannte Millersche Zahl oder 7 ± 2-Regel besagt, dass Menschen nur zwischen 5 und 9 Elemente an Informationseinheiten (Chunks) gleichzeitig im Kurzzeitgedächtnis wahrnehmen (verarbeiten) können (Miller, 1956, S. 81 ff.).

Wobei die Regel nicht als Mantra der Usability gilt, da sich die Untersuchung von Miller auf die **Lernpsychologie** und nicht auf die **Wahrnehmungspsychologie** bezog. Eine sklavische Orientierung an Zahlen und Regeln sollte eh nicht das oberste Gestaltungsprinzip sein. Wichtig ist die gute Strukturierung der Navigation. Mit der Hauptnavigation gelangen Besucher über **Drop-Down-Elemente** in weitere Navigationsebenen und Unterkategorien. Bei vielen Onlineshops ist die Hauptnavigation horizontal ausgerichtet, während die Unterkategorien der Subnavigation im Drop-Down-Menü eine vertikale Ausrichtung erfahren. Eine **Breadcrumb-Navigation** (Brotkrumen) zeigt dem Besucher auf jeder Unterseite, wo er sich gerade in der Gliederungshierarchie befindet und lässt ihn unkompliziert auf höhere Navigationsebenen zurücknavigieren. Während die Hauptnavigation auf das Produkt- und Leistungsprogramm ausgerichtet ist, findet sich bei vielen Onlineshops eine **Footer-Navigation** am Ende der Startseite, in der auf Unternehmensinformationen, Kundenservice, Stellenangebote, Presse und News verwiesen wird. Gleichfalls finden sich in der Footer-Navigation die Verlinkungen auf die rechtlich vorgeschriebenen Informationen wie Impressum, AGBs und Datenschutzrichtlinie. **Usability-Tests** (siehe Abschn. 9.1.2) eignen sich gut für die Optimierung der Navigation, indem Probanden mit der Suche nach einem Produkt beauftragt werden. Mit möglichst wenigen Klicks sollte das gesuchte Produkt oder die gewünschte Information gefunden werden.

Wie Abb. 9.7 aufzeigt, kann zwischen horizontaler und vertikaler Navigation differenziert werden, wobei horizontale und vertikale Elemente auch kombiniert zum Einsatz gebracht werden. Bei der Gestaltung der Navigation ist die Usability verschiedener Devices mit unterschiedlichen Bildschirmgrößen zu berücksichtigen. Während eine horizontale Navigation beim Desktop-Zugriff, insbesondere im **Widescreenformat** eines großdimensionierten Bildschirms eine breitere Fläche als Gestaltungsspielraum aufweist, ist diese Variante für eine Smartphone-Navigation aufgrund der kleindimensionierteren Bildschirmfläche ungünstig. Der mobile Zugriff auf Websites erfolgt meist im **Hochkant-Format,** während der Desktop-Zugriff wesentlich effektiver auf das übliche **Querkant-Format** ausgerichtet ist. Die **horizontale Navigation** wurde lange vor dem Hintergrund einer primär auf den Desktop-Zugriff ausgerichteten Websitegestaltung präferiert, da das Querkant-Format die typische Leserichtung von links nach rechts auffängt (siehe dazu die Ausführungen zum F-Pattern in Abschn. 9.1.1), die vertikale Navigation hingegen ein Herunterscrollen von oben nach unten erfordert. Im Sinne eines **Responsive Designs** mit einer identischen Navigationsstruktur über alle gängigen Devices eines mobilen und stationären Zugriffs spricht im Webdesign heute mehr für eine **vertikale Navigation.** Vertikal untereinander angeordnete Elemente werden wie bei einer Textgliederung in der Oben-Unten-Leseführung als **Listenformat** wahrgenommen und sind damit gut erfassbar.

Eine Ankernavigation dient als eine Art Inhaltsverzeichnis für eine sehr tief gegliederte Navigation. Sie bietet einen schnellen und komprimierten Überblick über den gesamten Inhalt der Seite, ohne dass jedes Element der Subnavigation aufgeklappt sein muss. Ein

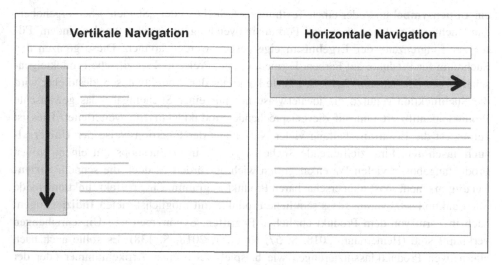

Abb. 9.7 Vertikale und horizontale Navigation. (Eigene Darstellung)

die Navigation ergänzendes Element stellt die **Sitemap** (Seitenübersicht) dar. Sie unterstützt den Websitebesucher, sich einen schematischen Überblick über die Website, deren Umfang, Inhalte, Dokumente und hierarchische Struktur zu verschaffen. Dies ist vor allem bei sehr umfangreichen Websites hilfreich. Eine Sitemap hat auch eine wichtige Funktion für die **Suchmaschinenoptimierung** (siehe Abschn. 8.2.3.1). Eine gute Websitenavigation orientiert sich immer an der Bedienungs- und Benutzerfreundlichkeit und nicht primär nach den unternehmensinternen Sortiments- und Warenkategorisierungsbezeichnungen. Zudem sollte sich die Navigation an nutzerbewährten Bedienkonzepten orientieren. Somit bestehen in Bezug auf die Navigationsgestaltung kaum Differenzierungsmöglichkeiten gegenüber Wettbewerbern. Sie sollte daher auch kein Experimentierfeld für ein kreatives Ausleben innovativer Navigationskonzepte sein (vgl. Ullrich & Esch, 2019, S. 175 f.).

▶ Merke! Die Navigation muss alle Inhaltsbereiche der Website vollständig und übersichtlich gliedern und den Websitebesucher intuitiv durch das Produkt- und Leistungsprogramm des Anbieters führen.

9.3.2 Such- und Filterfunktionalität

Neben der Navigation ist eine Such- und Filterfunktion auf der Startseite ein weiteres elementares Usabilityelement. Die **Suchfunktionsleiste** kann als alternativer Einstieg zur Navigation für die Produktsuche verwendet werden. Diese ist häufig als Texteingabefeld im oberen rechten oder seltener linken Blickfeld angeordnet und grafisch durch ein **Lupensymbol** und/oder einen Texthinweis („Suche" oder „Suchen") hervorgehoben. Die Suchfunktion kann über eine Formularanwendung unterstützt werden, indem **Filter** zur Eingrenzung der **Ergebnisanzeige** gesetzt werden können. Diese grenzen den Suchraum für Produkte auf Farben, Formen, Größe, Preise und spezifische Produkteigenschaften ein (Heinemann, 2018, S. 57). Je konkreter der Produktwunsch, desto eher wird die Suchfunktion genutzt, die idealerweise mit nur einer Sucheingabe das gewünschte Produkt identifiziert und auf die entsprechende Produktdetailseite weiterleitet. Dies ist zumindest die Erwartungshaltung vieler Nutzer aus der Funktionsweise der **Universalsuchmaschinen.** Eine zielführende Suche ist gerade in Onlineshops mit einem großen Produktangebot in vielen Warenkategorien wichtig, fördert es doch die schnelle **Orientierung** in einem sonst unüberschaubaren Produktprogramm. Eine perfekt funktionierende Suchfunktion setzt voraus, dass sämtliche Produkte mit möglichst vielen **Indizierungen,** auch in Form von dem Produkt ähnlichen Begriffen, Synonymen und Umschreibungen verknüpft sind (Heinemann, 2018, S. 57; Kreutzer, 2018, S. 138). Es sollte auch nach alternativen Produktklassifizierungen wie beispielsweise einer Artikelnummer oder der ISBN-Nummer bei Büchern gesucht werden können. Eine großzügige **Fehlertoleranz** muss auch bei Rechtschreibfehlern oder einer falschen Schreibweise zu Suchergebnissen führen und ein **Autosuggest** erleichtert den Eingabeprozess. **Nulltreffer** sollten vermieden werden, stattdessen können Produktalternativen angezeigt werden. Der Hinweis „Produkt nicht gefunden", weil der Suchbegriff des Kunden nicht mit dem Sortiment des Online-Händlers indiziert und verlinkt ist, bedeutet eine mangelhafte Usability und führt zur Verärgerung, gegebenenfalls auch zum Abbruch des Websitebesuches. Die Konsumentenforschung bestätigt die hohe **Relevanz** der Produktsuche über eine gut funktionierende Suchfunktionsleiste. So werden beispielsweise bei Amazon über 95 % aller Produktkäufe über die Suchfunktion gestartet und nur 5 % über die Navigation (Bolz & Höhn, 2019, S. 204).

Filterfunktionen grenzen die Produkt- und Leistungsangebote nach ausgewählten Kriterien und Ausprägungen weiter ein. Bei **Tourismusdienstleistungen** finden sich im Angebot von **Pauschalreisen** umfangreiche Filterfunktionen. Je detaillierter die Präferenzen über Art und Form des Reisens mit den individuellen Erwartungen und Wünschen an den Urlaubsort, der Unterkunft, Verpflegung, Kultur- und Freizeitangebot und Preisgrenzen angegeben werden, desto zielgerichteter filtert sich aus der Vielzahl und Vielfalt von Angeboten ein relevantes Set passender Arrangements heraus. Eine **Filterfunktionsleiste** ist meist vertikal als **Listen-Format** im linken Bereich einer Website angeordnet. Mit dem Herunterscrollen werden zu jedem Filter Kategorien angezeigt, die ein- oder mehrfach angeklickt werden können. Je mehr Filter gesetzt werden, desto stärker verfeinert sich das Produktangebot. Nach jedem Filter sollte daher die Anzahl der noch verbleibenden Ergebnisse angezeigt werden. Unabdingbar ist, die **Zahlungsbereitschaft** des Websitebesuchers abzufragen. Die akzeptable **Preisspanne** kann über eine Textform mit Zahleneingabe oder mit einem **Bereichsauswahlregler** (Schiebebalken) über die Skala des Niedrigst- und Höchstpreises eingestellt werden. Je enger die Preisspanne gesetzt wird, desto weiter schränken sich die Alternativen ein. Ein **Sale-Filter** kann die Suche noch additiv auf Produkte einschränken die gerade rabattiert angeboten werden.

▶ **Merke!** Suche und Filter entlasten Kunden von einer aufwändigen und lang-
   wierigen Produktidentifizierung in einem breiten und tiefen Sortiment. Das
   gewünschte Produkt wird schneller gefunden.

9.4 Auswahl: Prüfung und Beurteilung der Alternativen

Die Auswahl eines Produktes ist bei der Angebotsvielfalt in der virtuellen Regalverlängerung ein komplexer Prozess. Der Nutzer sucht nach Hilfestellungen bei der Bewertung sich nur geringfügig unterscheidender Produktvarianten. Mit Fokus auf die **Usability** geht es um die Bereitstellung von Informations-, Kommunikations- und Interaktionsfunktionen, mit denen die Produktbewertung und die Produktauswahl unterstützt und vereinfacht wird. Dadurch wird der Zeitaufwand verringert und die Qualität des Auswahlprozesses erhöht. Unterstützung und Hilfe können Besucher vom Online-Händler und/oder von anderen Kunden in Anspruch nehmen.

9.4.1 Unterstützung durch den Online-Händler

Der Online-Händler kann eine automatisierte, teil-automatisierte und/oder eine persönlich-direkte Hilfestellung im Transaktionsprozess anbieten, die der Nutzer bei Bedarf proaktiv in Anspruch nehmen kann. Eine **persönlich-direkte Kundenberatung** kann über **Live-Chat** und **Messenger-Dienste** als Echtzeit-Beratung angeboten werden. Beim Wunsch einer telefonischen Beratung lassen sich mit einem **Call-Back-Button** (Rückruf-Anforderung über ein Kontaktformular mit Hinterlegung der Telefonnummer und des Anliegens) Wartezeiten in der **Call-Center-Hotline** vermeiden (Heinemann, 2018, S. 55). Durch die Reservierung einer Wunschzeit für den Rückruf kann der Nutzer ein individuell passendes Zeitfenster aussuchen. Automatisierte **Hilfefunktionen** können vom Kunden in Eigenregie (**Customer Self Service**) auf- und abrufbare Elemente wie **FAQ** (Frequently Asked Questions), Downloads, Gebrauchshinweise und Installationsanleitungen oder Tipps und Erklärvideos für den Aufbau und Anschluss technischer Geräte über **Hilfe-Buttons** sein. Eine **automatisierte Bedarfsabfrage** kann über interaktive Dialogelemente mit einer sequentiellen Beantwortung von Fragen, beispielsweise bei der Auswahl eines komplexen technischen Produktes wie einer Digitalkamera oder bei der Einschätzung der Verträglichkeit von Kosmetika- und Pflegeprodukten zu einer passenden Produktempfehlung leiten. Die Bedarfsabfrage erfolgt zwar automatisiert und fragebogengestützt, hat

aber in Ansätzen den Charakter eines realen Verkaufs- und Beratungsgespräches (Heinemann, 2018, S. 58). Im Idealfall löst sich das Kundenproblem über Customer Self
Services und eine persönliche Kontaktaufnahme erübrigt sich.

Hilfestellung durch den Online-Händler

Die Baumarktkette Hornbach (https://www.hornbach.de) integriert Bauanleitungen
vom Bau eines Fundaments bis zur Einrichtung eines Dachstuhls sowie Material-
und Werkzeuglisten in den Produktauswahlprozess (Hornbach, 2019). Neben dem Service der konkreten Hilfestellung für Bau- und Heimwerker werden auf ideale Weise
Cross-Selling-Potenziale genutzt und sichergestellt, dass kein benötigtes Produkt beim
Einkauf vergessen wird, und gegebenenfalls woanders nachgekauft wird.◄

Ein Standardinstrument in der Warenkategorie Bekleidung und Accessoires ist die Bereitstellung von Größen- und Maßtabellen zur Bestimmung der Konfektionsgröße. Eine
Kombination von Größen-, Passform- und Stilberatung kann den Auswahlprozess mit
Empfehlungen unterstützen, indem Produkte vorgeschlagen werden, die dem persönlichen Stil, der Größe und Passform am besten entsprechen (Deges, 2017, S. 18). Eine
individuelle **Größenberatung** kann ergänzend über praktische Tools wie beispielsweise
Fit Finder von Fit Analytics bereitgestellt werden. Denn Kunden tendieren eher zu
einer idealistischen Einschätzung ihrer Passform. Durch die Eingabe von Angaben wie
Geschlecht, Körpergröße, Körpergewicht, Bauch- und Hüftform, Brustumfang, Taille und
gewünschter Passform errechnet der Fit Finder eine punktgenaue Größenempfehlung und
zeigt die dazu passenden Produkte an.

Produktempfehlungen durch **Gütesiegel** (siehe Abschn. 8.5), **Testberichte** und **Expertenmeinungen** (Rezensionen bei Musik oder Literatur) unterstützen den Auswahlprozess.
Vorschlagslisten **(Suggested Lists)** grenzen die Produktvielfalt ein, indem Bestseller auf
beliebte Produkte hinweisen (Heinemann, 2018, S. 56 f.). **Produkttests** basieren auf
objektiven und unabhängigen, meist unter Laborbedingungen und mit wissenschaftlichen
Methoden professionell durchgeführten Produkt- und Leistungsbewertungen. Häufig steht
dabei der Vergleich mehrerer Produkte einer Waren- oder Produktkategorie im Fokus.
Eine hohe **Glaubwürdigkeit** erlangen diese Bewertungen durch die Unabhängigkeit der
sie durchführenden Organisationen. Neutrale Institutionen wie der TÜV (https://www.
tuv.com/germany/de/) als technische **Prüforganisation** und Stiftung Warentest (https://
www.test.de/) als gemeinnützige **Verbraucherorganisation** stehen für eine hohe Profes-
sionalität und Objektivität. Die Tests werden von Experten nach einem vorab definierten
Prüfdesign und einem fundierten Prüfkatalog durchgeführt. Die Aggregation der **Testergebnisse** findet seinen Ausdruck in einer Gesamtnote, analog dem **Schulnotensystem**
(„sehr gut" bis „mangelhaft"). Dem ist ein umfangreicher **Testbericht** angeschlossen,
der das Testdesign, die Vergleichskriterien und die Testergebnisse detailliert beschreibt

und damit eine nützliche Orientierung für Verbraucher in ihrer Kaufentscheidung darstellt. Unternehmen, die gute Produktbewertungen erzielen, verlinken die Testberichte auch bei der Bewerbung von Produkten auf ihren Websites sowie in der Offline- und Onlinewerbung.

9.4.2   Bewertungen und Empfehlungen

9.4.2.1   Die Relevanz von persönlichen Empfehlungen

Eine **Empfehlung** basiert auf einer individuellen Einschätzung über objektiv und/oder subjektiv wahrgenommene Merkmale eines Produktes oder einer Dienstleistung (Helm, 2013, S. 138). Sie enthält eine positive oder negative Wertung, verbunden mit dem Rat zu einem bestimmten Verhalten (z. B. Kauf oder Nichtkauf eines Produktes). Eine Empfehlung beinhaltet somit eine **Informationskomponente** und eine explizite oder implizite **Handlungsanregung** (Helm, 2000, S. 20). Der informelle Austausch von kaufentscheidungsrelevanten Informationen ohne Beteiligung eines Unternehmens wird als **Mundpropaganda** bezeichnet (Vilpponen et al., 2006, S. 63 ff.). Sie ist durch einen zeitsynchronen Austausch von Erfahrungen, Tipps und Ratschlägen in einer realen Umgebung durch ein persönliches Zusammentreffen von zwei oder mehreren Personen konstituiert. In vielen Fällen ist es ein Austausch innerhalb des sozialen Umfelds. Das Prinzip der **Identifikation** durch soziale Bewährtheit (**Social Proof**) besagt, dass beobachtete Verhaltensmuster des näheren sozialen Umfelds, mit dem man regelmäßig Kontakt hat (Familie, Freunde), bevorzugt adaptiert werden (Kroeber-Riel und Gröppel-Klein, 2013, S. 631 ff.).

Persönliche Empfehlungen im sozialen Umfeld

Weiterempfehlungen entfalten ihre stärkste Wirkung im sozialen Umfeld des Empfehlenden. Entweder wird im Familien-, Freundes- und Kollegenkreis eine Person aktiv um eine Empfehlung gebeten („Kannst Du mir einen Zahnarzt empfehlen?") oder eine Person gibt aus eigenem Antrieb einen Ratschlag aus persönlicher Überzeugung („Ich bin bei einem sehr guten Zahnarzt in Behandlung. Den muss ich Dir unbedingt empfehlen").◄

Die Kommunikationswirkung beim Empfänger ist von der **Senderqualität** des Empfehlenden geprägt (vgl. Meffert et al., 2019, S. 815). Mündet der Austausch in eine direkte Kaufempfehlung, so steht die dem Sender entgegengebrachte **Sympathie** und Vertrauenswürdigkeit für eine hohe, wenn nicht sogar schon kaufauslösende Wirkung. Je mehr Personen den Informationen des Senders vertrauen, um so größer ist sein **Empfehlungspotenzial** (Helm, 2000, S. 30). Eine **passive Empfehlung** erfolgt, wenn jemand um eine Empfehlung gebeten wird. Der Sender hat in dieser Situation keinen wirtschaftlichen Vorteil durch seine ausgesprochene Empfehlung, dies verstärkt seine Glaubwürdigkeit beim Empfänger. Im **Refferal Marketing** (Empfehlungsmarketing) geht es um das systematische Auslösen von **aktiven Empfehlungen** von Bestandskunden an potenzielle Neukunden in ihrem sozialen Umfeld. Viele Unternehmen betreiben mit Refferal Programs spezielle **Kundenempfehlungsprogramme** zur Neukundengewinnung. Bestandskunden werden animiert, das Unternehmen oder dessen Produkte weiterzuempfehlen. Als Anreiz werden Benefits ausgelobt. Die Belohnung des Senders erfolgt erst nach einer erfolgreichen Empfehlung und ist somit eine **leistungsabhängige Incentivierung** (Grötschel, 2019, S. 35). Je attraktiver der Anreiz, desto höher die Motivation der Bestandskunden, über das Refferal-Programm in den Genuss monetärer und nicht-monetärer Benefits zu gelangen. In dieser **Win-Win-Konstellation** profitieren beide, der empfehlende Sender sowie das Empfehlungsmarketing betreibende Unternehmen.

Empfehlungsmarketing bei der Consorsbank: „Jetzt Freunde werben"

Privatkunden der Consorsbank erhalten eine **Barprämie** als Kontogutschrift für jeden durch sie geworbenen Neukunden. Am Empfehlungsmarketing interessierten Bestandskunden wird eine Werbemail mit einem persönlichen **Werbungscode** für die Weiterleitung an Freunde und Bekannte bereitgestellt. Der Empfänger muss den in der Empfehlungsmail enthaltenen Link anklicken, um ein Konto und Depot zu eröffnen. Über die Eingabe des Werbungscode bei der Registrierung kann der Neukunde dem Empfehler zugeordnet werden (Consorsbank, 2023).◄

9.4.2.2 Die Relevanz von anonymen Kundenbewertungen

Kundenbewertungen sind seit vielen Jahren ein integraler Bestandteil des Entscheidungsprozesses beim Onlinekauf. Sie beeinflussen die Einstellungen der Verbraucher gegenüber Marken, die **Kaufwahrscheinlichkeit** von Produkten sowie die Bereitschaft zur Weiterempfehlung (vgl. Purnawirawan et al., 2015, S. 18). Die Rezeption von Bewertungen haben viele Internetnutzer bereits in ihre Kaufentscheidungsprozesse internalisiert. In den USA sind es fast 95 % der Konsumenten, die während ihrer Produktrecherche Bewertungen lesen, bevor sie eine Kaufentscheidung treffen (Spiegel Research Center, 2017). Anonymen Kundenbewertungen wird eine höhere **Glaubwürdigkeit** als den Hersteller- und Händlerinformationen zugesprochen, deren Produkt- und Leistungsanpreisungen ausschließlich die Produktvorzüge hervorheben und auf **Absatzförderung** ausgerichtet sind. Positive Bewertungen aus einer direkten Produkterfahrung in der After-Sales-Phase drücken **Kundenzufriedenheit** aus und fördern die Kundenloyalität und Kundenbindung (vgl. Ba & Pavlou, 2002, S. 243 ff.; Mudambi & Schuff, 2010, S. 185 ff.; Pavlou & Gefen, 2004, S. 37 ff.). Damit sind sie ein signifikanter Treiber für Conversions im E-Commerce.

Je mehr Kundenbewertungen bereitstehen, um so valider ist deren Aussagekraft. Ein überwiegend positives Feedback führt zu einer höheren **Kaufbereitschaft** und hat somit eine **absatzstimulierende Wirkung.** Das subjektive Risiko eines Fehlkaufs reduziert sich in der Wahrnehmung der Verbraucher, wenn sich viele Käufer für das Produkt entschieden haben (Bundeskartellamt, 2020, S. 53). Einen Erklärungsansatz für dieses Verhalten liefert die **Wisdom of Crowds** (Weisheit der Vielen), die auch als kollektive Intelligenz (Gruppen- oder **Schwarmintelligenz**) bezeichnet wird (Surowiecki, 2004). Sie besagt, dass sich selbst mit Informationen versorgende Communitys validere Entscheidungen treffen als einzelne Personen (Surowiecki, 2004). Eine eindeutige Wertung kann als kollektive Meinungsbildung aufgefasst werden, die demjenigen, der sich in seiner Kaufentscheidung an dieser Community orientiert, eine hohe **Sicherheit** hinsichtlich der Auswahl des passenden Produktes verleiht (Deges, 2021, S. 75). Die **Valenz** drückt aus, ob eine Bewertung positiv, neutral oder negativ verfasst ist (Meffert et al., 2019, S. 150 und S. 735). Eine starke Valenz, also eine stringent positive oder negative Botschaft hat einen prägenderen Einfluss auf den Bewertungsleser als eine neutrale Bewertung (Baker et al., 2016, S. 227). Eine positive Botschaft erhöht die **Kaufwahrscheinlichkeit,** während eine negative Botschaft diese verringert (Baker et al., 2016, S. 227). Dabei ist der Effekt bei negativen Bewertungen größer als bei positiven Bewertungen (vgl. Chevalier & Mayzlin, 2006, S. 346). Ein hoher Anteil an positiven Bewertungen oder gar ausschließlich positive Bewertungen (**„too good to be true"**) erscheint Konsumenten suspekt und sie hinterfragen die Authentizität. Produkte in einer Range von 4,7 bis 5 werden weniger gekauft als Produkte in einer Range von 4,2 bis 4,7 (Spiegel Research Center, 2017). Erwartet werden mindestens 4 Sterne, bei einer Bewertung zwischen 4,2 und 4,5 Sternen ist die Kaufbereitschaft am höchsten (Moellers, 2015). Unternehmen mit einer Bewertung zwischen 3,5 und 4,5 Sternen haben meist mehr Bewertungen als diejenigen, die mit 5 Sternen bewertet sind (Kunz, 2019). Je mehr Bewertungen abgegeben werden, desto größer ist auch die Wahrscheinlichkeit, dass nicht alle Käufer vom Produkt begeistert waren. Konsumenten kaufen eher ein Produkt mit einer schlechteren Gesamtbewertung bei vielen Bewertungen als ein besser bewertetes Produkt mit nur sehr wenigen Bewertungen (vgl. Bahr, 2020).

▶   **Merke!** Kundenbewertungen beeinflussen die Kaufentscheidung, da ihnen trotz der Anonymität oder Pseudonymität der Bewertungsverfasser eine hohe Glaubwürdigkeit entgegengebracht wird.

Es liegt in der Natur der Sache, dass sich die reine Anzahl an Bewertungen in den vielen Bewertungssystemen über die Jahre hinweg vervielfältigt hat. Man spricht von einer **Reputation Inflation.** So ist es nicht ungewöhnlich, dass Buchbestseller („Harry Potter") bei Amazon auf mehrere zehntausend Bewertungen kommen. Mit der Verbreitung und Rezeption von Kundenbewertungen als User Generated Content ist ein **Consumer Empowerment** zu konstatieren. Die Partizipation der Internetnutzer an der Erstellung und Verbreitung von Inhalten stärkt ihre Position als selbstbewusste Verbraucher, wenn sie über öffentliche Plattformen authentische Meinungen zu Produkten, Dienstleistungen und deren Leistungsanbietern teilen und untereinander kommunizieren (vgl. Homburg,

2020, S. 79). Mit ihren Kundenbewertungen schaffen sie ein hochwertiges Gegengewicht zum Informationsmonopol der Hersteller- und Händlerwerbung (Deges, 2021, S. 39 f.).

9.4.2.3 Bewertungsobjekte

Die Bewertungsobjekte sind das zentrale Element eines Bewertungssystems. Der Systembetreiber legt fest, welche Objekte bewertet werden können. Zum einen Produkte als materielle und Dienstleistungen als immaterielle Güter. Zum anderen können Unternehmen und Personen als gewerbliche oder private Transaktionspartner bewertet werden.

Produkte

Konsumenten sehen das Produkt als ein **Nutzenbündel** aus dem Verbund einer funktionalen und psychischen Bedürfnisbefriedigung. Dies bedeutet, dass sich die Erfüllung der Käufererwartungen nicht nur in der Produktfunktion, sondern in der Gesamtbewertung des Produktnutzenbündels widerspiegelt (Homburg, 2020, S. 600). Daher beschränken sich Produktbewertungen meist nicht auf die nüchterne Bewertung des funktionalen Nutzens. Eine Produktbewertung ist immer eine persönliche Wertung, die sich aus rationalen Einschätzungen und emotionalen Empfindungen zusammensetzt (vgl. Zimmermann, 2014, S. 27).

Dienstleistungen

Die **Immaterialität** der Dienstleistung und die Synchronität von Produktion und Konsum erschweren eine Vorabbeurteilung der Dienstleistungsqualität zum Zeitpunkt der Buchung oder Beauftragung und bedeutet bei hochpreisigen Dienstleistungen ein hohes **Kaufrisiko** (Bruhn et al., 2019, S. 64; Homburg, 2020, S. 1056 und 1059). Dienstleistungen sind durch ein hohes Vertrauen in den Dienstleistungserbringer, dessen Erfahrung, Expertise und Persönlichkeit geprägt. Daher sind Kundenmeinungen und Empfehlungen für Gastronomen, Ärzte, Friseure, Berater und Anwälte von hoher Bedeutung.

Unternehmen

Ein aus Kundensicht zufriedenstellender Transaktionsprozess ist neben der Bedarfsbefriedigung durch den Erwerb des gewünschten Produktes oder der Inanspruchnahme einer Dienstleistung vor allem durch das Qualitätsniveau der **Leistungserfüllung** durch den Transaktionspartner geprägt. Sind die Leistungsanbieter das primäre Bewertungsobjekt, so werden **Händlerbewertungen** oder Verkäuferbewertungen abgegeben. Da im E-Commerce Onlineshops und Online-Marktplätze den virtuellen Ort der Transaktion repräsentieren, sind Händlerbewertungen in manchen Bewertungssystemen als **Shopbewertungen** tituliert.

Personen

Auf C2C-Marktplätzen wie Online-Auktionsplattformen und Kleinanzeigenportalen sind es **Privatpersonen,** die als Anbieter und Nachfrager fungieren. Da häufig **Gebrauchtwaren** gehandelt werden, kommt dem vom Verkäufer präzise eingeschätzten Zustand der Ware eine kaufentscheidende Bedeutung zu. Ein **Fehlkauf** auf Basis einer beschönigten Produkt-beschreibung führt zu Verärgerung und zieht meist eine negative Bewertung nach sich. Des Öfteren vermischen sich Personen- und Produktbewertungen. Auf Sharing-Plattformen wie Airbnb werden neben der Qualität und Sauberkeit der Unterkünfte auch die Gastgeber nach Kriterien wie Freundlichkeit und Hilfsbereitschaft bewertet. Diese wissen um die Bedeu-tung positiver Bewertungen für künftige Vermietungen. Airbnb-Gäste werden häufig um eine (natürlich positive) Bewertungsabgabe gebeten.

9.4.2.4 Ausdrucksformen von Bewertungen

Je einfacher und schneller eine Bewertung verfasst werden kann, desto höher die Bereit-schaft, eine solche abzugeben. In **standardisierten Bewertungsformularen** findet sich meist eine **Likert-Skala** in einer drei- oder fünfstufigen Ausprägung. Der Befragte kann dabei aus einer Reihe von graduell abgeschwächten (beziehungsweise verstärkten) Ant-wortoptionen auswählen. Eine ungerade Skalierung besitzt immer einen Mittelwert und bietet somit die Möglichkeit der neutralen Wertung eines Items. Die Items der Abfrage sollten möglichst kurz und präzise formuliert sein, da bei missverständlichen Fragen ver-mehrt auf die neutrale Antwortoption ausgewichen wird. Die Items entsprechen in der Regel den Komponenten des Leistungsangebotes sowie ausgewählten Aspekten der Kom-munikation und Interaktion mit den Kunden wie die Zuverlässigkeit und Pünktlichkeit des Lieferservice sowie die Freundlichkeit und Erreichbarkeit der Mitarbeiter im Kundenkon-takt (Homburg, 2020, S. 47). Eine einfache Form der komprimierten Bewertungsabgabe stellen **Emoticons** dar, die mit ihrer piktoralen Bildersprache Emotionen wie Freude und Zustimmung **(Smiley)** sowie Ärger und Ablehnung **(Frowny)** zum Ausdruck bringen (vgl. Friedrich & Schweppenhäuser, 2010, S. 43; Siebenhaar, 2018, S. 307). Ein intui-tiv verständliches Interaktionsfeature sind die binären, grafisch eindeutig interpretierbaren Bewertungsformate wie **Like/Dislike-Buttons** oder **Daumenbewertung** („Daumen hoch" oder „Daumen runter"). Abb. 9.8 zeigt in einer grafischen Übersicht die gängigen Symbole bei mehrstufigen Bewertungsformen.

Mit der standardisierten Bewertungsabgabe über ein skaliertes **Sterne-Rating** weist der Bewerter einem Bewertungsobjekt eine bestimmte Anzahl an Sternen zu und drückt auf diese Weise Zufriedenheit oder Unzufriedenheit aus. Mit der Darstellung der durch-schnittlichen Sternebewertung über die Gesamtzahl aller abgegebenen Bewertungen wird ein grafisch schnell erfassbarer Überblick visualisiert. Sternebewertungen dienen somit als transparente und schnelle Orientierung. Die Eingabe von Freitext in ein **Kommen-tarfeld** ist die anspruchsvollste Bewertungsform. Eine Gliederung oder Strukturierung des Freitextes ist meist nicht vorgegeben. Eine **Zeichenbegrenzung** kann dem Maxi-malumfang eines Bewertungstextes ein natürliches **Limit** setzen. Bewertungen können ein durchgängig positives oder negatives Feedback über den gesamten Kommentar zum Ausdruck bringen. Eine **Freitextbewertung** kann auch gleichermaßen positive wie nega-tive Aspekte thematisieren. Je überzeugender die Begründung einer Bewertung, desto

---

Fünfstufige Bewertungsformen in verschiedenen Design- und Farbgestaltungen

★★★★★   Sterneskala

○○○○○   Punktkreisskala. Kreisdiagrammskala

          Sonnensymbole (häufig bei Tourismusportalen)

Dreistufige Bewertungsformen in verschiedenen Design- und Farbgestaltungen

            Emoticons, häufig in der Farbgestaltung als Ampelfunktion
Grün = Smiley und Rot = Frowny

Zweistufige (binäre) Bewertungsformen in verschiedenen Design- und Farbgestaltungen

          Daumenbewertung als Daumen hoch und Daumen runter

Abb. 9.8 Symbole bei mehrtufigen Bewertungsformen. (Aus Deges, 2021, S. 159; mit freundlicher Genehmigung von © Springer Fachmedien Wiesbaden GmbH 2021. All Rights Reserved)

nachvollziehbarer erscheint sie dem Leser. **Visuals** bedienen die Imagination der eigenen Inanspruchnahme einer Dienstleistung. Bei der Bewertung von Tourismusdienstleistungen sind es eigenerstellte **Fotos,** Audio-Dateien oder **Videos** der Reisenden, die eine realitätsnahe Ergänzung des Bewertungstextes darstellen (vgl. Zur Oven-Krockhaus et al., 2019, S. 19 ff.). Bewertungsportale von Tourismusdienstleistungen verwenden häufig eine zehnstufige Skala als Standard und nutzen meist ein Sonnensymbol anstatt Sterne. Neben einer Gesamtnote werden Kategorien auch separat bewertet. In die Bewertungsanzeige integriert ist eine Verschlagwortung, um Bewertungen nach Schlüsselwörtern gefiltert lesen zu können.

9.4.2.5 Arten von Bewertungssystemen

Bewertungssysteme etablierten sich schon in der Pionierphase des E-Commerce. Richtungsweisend war das von Amazon nach seiner Gründung im Jahr 1994 bereits im Folgejahr eingeführte **Rezensionssystem** für Produkte in seinem Onlineshop für Bücher (Amazon, 2018). Unternehmenseigene Bewertungssysteme (beispielsweise Amazon, eBay, Airbnb) können als eine die Transaktion unterstützende Funktionalität in Onlineshops, Online-Marktplätzen oder Sharing-Plattformen integriert sein. Bei neutralen Bewertungs-

und Vergleichsportalen kann die Bereitstellung von Kundenbewertungen auch die **Haupt-funktionalität** des Geschäftsmodells sein. Zu unterscheiden sind branchenspezifische von branchenunabhängigen Bewertungs- und Vergleichsportalen. Bewertungsportale mit einer Markt- und Branchenausrichtung ermöglichen eine themenspezifische Suche und sprechen damit direkt die Zielgruppe an, die innerhalb dieser Branche nach **Verbrauchermeinungen** sucht. Tripadvisor (https://www.tripadvisor.de/) steht als Gattungsbegriff für die Suche nach Gastronomie, Reisen, Hotels und Sehenswürdigkeiten. Kununu https://www.kununu.com/) kennzeichnet eine hohe Bekanntheit als Bewertungsportal für Arbeitgeber. Branchenübergreifende Portale wie Check24 (https://www.check24.de/) definieren sich durch eine Vielzahl an Produkt- und Dienstleistungskategorien, zu denen Informationen abrufbar sind und Bewertungen abgegeben werden können. **LBS-Bewertungsportale** werden häufig in der mobilen App genutzt, wenn es beispielsweise um die spontane Suche nach dem nächstgelegenen gastronomischen Angebot oder die Lokalisierung von stationären Fachgeschäften geht.

Das Bewertungsportal GoLocal

Beim lokalen Bewertungsportal GoLocal (https://www.golocal.de/) werden Geschäfte, Locations und Dienstleister bewertet. Unternehmen legen kostenlos einen Geschäftseintrag an. Websitebesucher können nach Branchen oder Kategorien filtern, Anbieter im lokalen Umfeld ausfindig machen und deren Bewertungen als Entscheidungshilfe nutzen. Über Widgets sind die Funktionen von GoLocal in die eigene Website eingebunden.◄

Wie Abb. 9.9 visualisiert, können Bewertungssysteme und Bewertungsportale in der Ausrichtung ihres Geschäftsmodells nach verschiedenen Arten und Ausprägungen kategorisiert werden (vgl. Deges, 2021, S. 80 ff.).

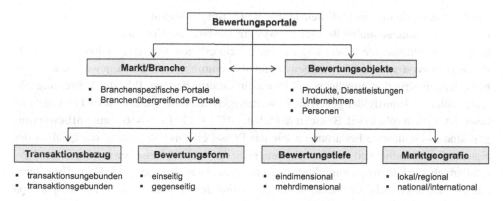

Abb. 9.9 Ausprägungen von Bewertungssystemen. (Aus Deges, 2021, S. 80; mit freundlicher Genehmigung von © Springer Fachmedien Wiesbaden GmbH 2021. All Rights Reserved)

Offene (transaktionsunabhängige) und geschlossene (transaktionsgebundene) Bewertungssysteme

In **geschlossenen Bewertungssystemen** ist die Abgabe einer Bewertung an den Kauf eines Produktes oder die Inanspruchnahme einer Leistung (**transaktionsgebundenes Feedback**) gekoppelt. In **offenen Bewertungssystemen** ist kein Transaktionsnachweis mit einer Bewertungsabgabe verbunden. Somit kann in einem offenen Bewertungssystem prinzipiell jeder Nutzer, ohne dass er nachweislich ein Produkt gekauft oder eine Dienstleistung in Anspruch genommen hat, eine Bewertung veröffentlichen. Grundvoraussetzung für die Bewertungsabgabe ist in vielen Bewertungsportalen eine vorherige Registrierung mit einer validierten Mailadresse.

Einseitige und gegenseitige Bewertungssysteme

In **gegenseitigen Bewertungssystemen** bewerten sich beide Marktpartner einer Transaktion (Käufer und Verkäufer). Darauf basieren Bewertungssysteme von Online-Auktionen und Sharing-Plattformen. Eine **synchrone Bewertungsfreigabe** zielt darauf, dass beide Bewertungen im System innerhalb einer vom Systembetreiber festgesetzten Frist abgegeben und zeitgleich veröffentlicht werden. Dabei kommt es eher zu unvoreingenommenen und tendenziell realistischeren Bewertungen, denn der eine Partner kann die Bewertung des anderen Partners erst lesen, wenn er selber eine Bewertung abgegeben hat (vgl. Eckhardt, 2020, S. 14). Eine **asynchrone Bewertungsfreigabe** ist durch eine sofortige Veröffentlichung einer Bewertung gekennzeichnet. Wer als Erster eine Bewertung schreibt, sieht sie auch sofort im System veröffentlicht. Ein Vorteil für denjenigen, der sich nachfolgend in seiner Bewertung am Duktus und der Tonalität seines Marktpartners orientieren kann. Die Asynchronität erhöht die Wahrscheinlichkeit von reziproken Bewertungen in Form von **Gefälligkeitsbewertungen** bei positivem und **Vergeltungsbewertungen** bei negativem Feedback des Marktpartners. So muss vermutet werden, dass die Bewertungen häufiger nicht die tatsächlichen Erfahrungen widerspiegeln (vgl. Eckhardt, 2020, S. 14).

Eindimensionale und mehrdimensionale Bewertungssysteme

In einem **eindimensionalen Bewertungssystem** wird nur ein Kriterium abgefragt oder nur eine zusammenfassende Bewertung zu einem Item erbeten, während **mehrdimensionale Bewertungssysteme** eine Gesamtbewertung als Summe aus mehreren, jeweils einzeln zu bewertenden Kriterien errechnen und damit ein differenzierteres Bild des Bewertungsobjektes ableiten. **Inputfelder** geben die Bewertungskriterien vor, die als relevant erachtet und bewertet werden sollen (vgl. Beuscart & Mellet, 2017, S. 113 f.). Bei **Restaurantbewertungen** sind es elementare Erwartungen wie das Preis-Leistungs-Verhältnis, die Qualität des Essens, die Freundlichkeit und Zuvorkommenheit des Service. **Reisebewertungen** von Pauschalangeboten bilden eine kumulierte Gesamtwertung aus Kategorien wie Lage, Umgebung und Service des Hotels, Zimmerausstattung, Qualität des Verpflegungsangebotes, Sport und Unterhaltungsprogramm (vgl. Zur Oven-Krockhaus et al., 2019, S. 15).

Shopintegrierte und neutrale Bewertungssysteme
Der Betrieb eines unternehmenseigenen Bewertungssystems ist dadurch gekennzeichnet, dass Bewertungen für Produkte oder Dienstleistungen in einem **shopintegrierten Bewertungssystem** veröffentlicht werden. In dieser Konstellation ist der Online-Händler in Personalunion auch der Betreiber des Bewertungssystems. Sie sind als **plattformgebundene Bewertungssysteme** zu charakterisieren, da sie nur eine Bewertung für die im eigenen Onlineshop angebotenen Produkte und Dienstleistungen ermöglichen. Ein unternehmenseigenes Bewertungssystem wertet die **Usability** der Webpräsenz auf. Der Besucher kann im Onlineshop gehalten werden, er muss diesen nicht für die externe Suche nach Kundenbewertungen verlassen. In den meisten Fällen ist die Bewertungsabgabe an eine **Nutzerregistrierung** und/oder einen Umsatz (transaktionsgebundenes Kundenfeedback) auf dieser Plattform gebunden. Die unternehmenseigenen Bewertungssysteme sind eine Ergänzung zu den neutralen Bewertungsportalen von Drittanbietern. Ob der Websitebesucher sie als glaubwürdige Alternative anerkennt, hängt von der **Objektivität** des Bewertungsmanagements ab. Die **Akzeptanz** ist dadurch geprägt, dass die Nutzer darauf vertrauen, dass der Online-Händler neben den positiven auch negative Kundenbewertungen transparent macht.

Kundenbewertungssystem bei Amazon

Amazon (https://www.amazon.de/) ermöglicht es seiner Community, Bewertungen zu allen auf der Amazon-Website angebotenen Produkten zu veröffentlichen. Voraussetzung für die Bewertungsabgabe ist eine Nutzerregistrierung. Das Kundenfeedback ist nicht unmittelbar transaktionsgebunden. Bei einem realisierten Mindestumsatz von 50 € in den letzten 12 Monaten kann jedes beliebige Produkt bewertet werden. Bei Produktdirektkäufen werden Kundenbewertungen mit dem Zusatz „**Verifizierter Kauf**" als transaktionsgebunden ausgewiesen (Amazon, 2023).◄

Trotz des forcierten Einsatzes von Künstlicher Intelligenz im Online-Handel werden Kundenbewertungen als **User Generated Content** auch künftig maßgeblich die Kaufentscheidungen beeinflussen. Vertrauen und Glaubwürdigkeit sind und bleiben wichtige Komponenten der Unsicherheitsreduktion beim Onlinekauf. Kundenbewertungen stehen für Authentizität, wenn sie ein unverfälschtes Meinungsbild auf Basis einer direkten Produkt- und Dienstleistungserfahrung widerspiegeln (Deges, 2021, S. 229).

9.4.3   Empfehlungssysteme

Während Bewertungssysteme Kundenmeinungen aggregieren, sind die Inhalte der **Empfehlungssysteme** (Recommendation Systems, Recommender Systems) nicht nutzer-, sondern unternehmensgeneriert. Unternehmensgebundene Empfehlungssysteme in Onlineshops sind auf die Auswertung des Suchverhaltens der Websitebesucher sowie den Kundenprofilen und deren **Kaufverhaltensmustern** ausgerichtet. Aus der Analyse großer Datenmengen (**Big Data**) werden über ein **Data Mining** personalisierte Empfehlungen generiert, die auf die Kaufpräferenzen potenzieller Käufer und Wiederholungskäufer schließen (Ziegler & Loepp, 2020, S. 717). Transaktionsfördernde Empfehlungssysteme werden eingesetzt, um Produkte zu promoten und während des Kaufvorgangs ein **Up-Selling** und/oder ein **Cross-Selling** zu befördern. Wie Abb. 9.10 darstellt, können Empfehlungssysteme nach ihren prioritären **Filtermechanismen** von Produkt- und Nutzerdaten klassifiziert werden.

   Empfehlungssysteme basieren ihre Datenauswertung auf algorithmischen und nicht-algorithmischen Ansätzen und finden sich in nicht-personalisierten und personalisierten Ausprägungen (Ziegler & Loepp, 2020, S. 719). Als nicht-personalisierte Empfehlung

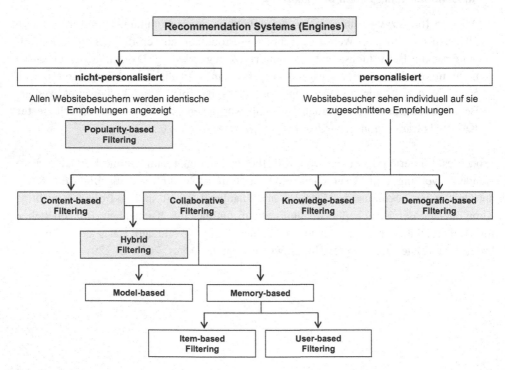

Abb. 9.10 Klassifizierung von Empfehlungssystemen nach ihren Filtermechanismen. (Aus Deges, 2021, S. 19; mit freundlicher Genehmigung von © Springer Fachmedien Wiesbaden GmbH 2021. All Rights Reserved)

ist es das **Popularity-based Filtering** von Produkten als absatzstimulierende identische Information für alle Websitebesucher. Das **Ranking** nach den Absatzzahlen der Produkte klassifiziert die **Umsatzträger** des Sortiments nach Waren- und Produktkategorien als **Bestseller,** die beispielsweise bei Amazon stündlich aktualisiert werden. Die bekannteste Ausprägung sind die Bestseller-Listen unterschiedlicher Genres für Bücher (Romane, Fachbücher, Ratgeber) und Medien (Games, Filme und Musik). In anderen Warenkategorien wie Mode, Bekleidung und Consumer Electronics findet das Popularity-based Filtering in der Kennzeichnung von Produkten als „Beliebte Artikel" oder „Am häufigsten gekaufte Artikel" einen aufmerksamkeitsstarken Ausdruck. Die Bestseller müssen nicht zwangsläufig auch die höchste Anzahl an Bewertungen haben, insbesondere wenn es um **Neuerscheinungen** geht, die gerade stark nachgefragt werden, aber erst mit einem zeitlichen Abstand zum Verkaufsstart erste Bewertungen auf sich vereinen (vgl. Deges, 2021, S. 19 f.).

Als Hauptformen der personalisierten Empfehlung können das Content-based Filtering und das Collaborative Filterung differenziert werden. Das **Content-based Filtering** basiert auf einer Objekt-zu-Objekt-Korrelation, indem Produkte (Items) mit ähnlichen Eigenschaften empfohlen werden. Die Empfehlungen leiten sich aus dem individuellen Nutzerprofil des Käufers und seinen dort hinterlegten Vorlieben und Präferenzen ab (Ziegler & Loepp, 2020, S. 720 und S. 728). Das **Collaborative Filtering** hingegen generiert seine Empfehlungen aus der Daten- und Informationsauswertung der Profile aller sich in ihren Interessen und Verhalten ähnelnden Nutzern, die als eine gleichgesinnte Nachbarschaft zu Gruppen zusammengefasst werden (Berechnung über k-nearest-neighbor-Algorithmen). Für die Informationsgewinnung werden die von den Kunden direkt (explizit) bereitgestellten Daten mit dem aus dem Data Mining indirekt (implizit) gewonnenen Wissen verknüpft.

▶ **Implizites und explizites Wissen** Ein Online-Händler generiert implizites Wissen aus der Webanalyse des Such-, Informations- und Kaufverhaltens der Besucher des Onlineshops. Explizites Wissen (direkte Daten) leitet sich aus den Pflichtangaben und freiwillig hinterlegten Informationen (z. B. Hobbys und Interessensgebiete, Bewertungen) eines Onlinenutzers in seinem Kundenaccount ab.

Das Collaborative Filtering basiert auf einem Memory- oder Model-based Auswertungsverfahren. Das **Memory-based Verfahren** als speicherbasierte Methode nutzt die gesamte Datenbasis, während das **Model-based Verfahren** als modellbasierte Methode nur einen Extrakt der vorhandenen Datenbasis zur mathematischen Berechnung von Korrelationen nutzt und über die Programmierung von Selbstlernalgorithmen Wahrscheinlichkeiten und Prognosen ableitet (IONOS, 2021). Das Model-based Verfahren unterteilt sich in das Item-based und User-based Verfahren. Im **User-based Verfahren** (User-to-User-to-Item-Beziehung) werden Empfehlungen auf Basis der Ähnlichkeit von Nutzern, im **Item-based Verfahren** (Item-to-Item-to-User-Beziehung) auf Basis der Ähnlichkeit von Objekten abgeleitet (vgl. Deges, 2021, S. 20).

▶ **Merke!** Beim Content-based Filtering werden Empfehlungen individuell aus
dem Profil eines Nutzers abgeleitet, während beim Collaborative Filtering
mehrere Nutzerprofile zu Gruppen (Nachbarschaften) zusammengefasst und
ausgewertet werden.

Das **Demographic-based Filtering** gründet sich auf der Annahme, dass Personen mit
vergleichbaren soziodemografischen Merkmalen (Alter, Geschlecht, Beruf, Wohnort) ähn-
liche Produktpräferenzen ausbilden. Das **Knowledge-based Filtering** fußt auf explizitem
Wissen über beispielsweise die Interessen der Nutzer aus ihren Angaben im Nutzerprofil.
Je mehr Informationen der Nutzer dort hinterlegt, umso präziser können wissensbasierte
Empfehlungen abgeleitet werden (vgl. Ziegler & Loepp, 2020, S. 730 f.).

Empfehlungen sind umso relevanter, je umfangreicher und suchintensiver sich das
bereitgestellte Produktprogramm des Anbieters in seinem Onlineshop darstellt (Ziegler & Loepp, 2020, S. 718). Empfehlungssysteme senken die Transaktionskosten der
Produktsuche. Die aus dem Gesamtsortiment gefilterte Produktauswahl verringert den
Rechercheaufwand und steht für eine **Komplexitätsreduktion** im Angebot sehr brei-
ter und tiefer Sortimente. Die empfohlenen Produkte sollen das Kaufinteresse wecken
und vom Kauf überzeugen. Treffen die gefilterten Empfehlungen den Bedarf des Kunden, so wird ein **Kaufinteresse** geweckt und zum Kauf animiert. Dies schlägt sich für
den Anbieter insbesondere durch das Cross- und Up-Selling in höheren Umsätzen pro
Bestellvorgang und Kunde nieder.

9.5   Bestellung: Die Warenkorbfunktionalität

In jeder Shopsoftware ist die Warenkorbfunktion das zentrale Steuerungs- und Prozess-
element des Bestellvorgangs. Als digitales Pendant eines realen Warenkorbs findet man
diesen in vielen Onlineshops mit dem **Icon** (Piktogramm auf einer grafischen Benutzeroberfläche) eines Einkaufswagens oder eines Einkaufskorbs meist rechts oben auf
der Website visuell hervorgehoben. Wie im stationären Einzelhandel befüllt der Onlinekäufer bei seinem „Gang" durch die virtuellen Regale den automatisch mitwandernden
Warenkorb mit den gewünschten Produkten. Wird der Bestellvorgang unterbrochen, so
ermöglicht das vom Nutzer zu aktivierende Feature eines **persistenten Warenkorbs**
(Persistent Cart) den serverseitig gespeicherten Warenkorbinhalt auch bei einem erneuten Besuch anzuzeigen (Kollmann, 2020, S. 296). Dies erleichtert nach einer zeitlichen
Unterbrechung die Fortsetzung des Einkaufs, ohne die vorher bereits ausgewählten Artikel erneut ansteuern und wieder in den Warenkorb legen zu müssen. Die Speicherung

von **Persistent-Cookies** kann vom Nutzer in seinen Browsereinstellungen inaktiviert werden, während funktionale **Session-Cookies** technisch notwendig sind und nicht inaktiviert werden können.

▶ **Session-ID und Session-Cookies** Eine **Session-ID** (Sitzungsidentifizierung oder Sitzungsidentifikation) wird zu Beginn einer Browser-Sitzung erzeugt. Dieser temporäre **Session-Cookie** ist nur für die Dauer einer Sitzung als Cookie-Textdatei gespeichert und wird automatisch gelöscht, wenn die Sitzung beendet und der Browser geschlossen wird. Der Session-Cookie speichert Informationen, die während der laufenden Sitzung erzeugt und verwendet werden. Er ist zwingend erforderlich, um wesentliche Funktionen einer Website zu gewährleisten, daher muss der Nutzer nicht um seine aktive Einwilligung gebeten werden (IONOS, 2022).

Der Zugriff auf die **Bestellhistorie** mit einer Übersicht der kürzlich bestellten Artikel ermöglicht insbesondere Stammkunden eine schnelle Orientierung und erleichtert routinemäßig wiederkehrende Bestellungen von Ge- und Verbrauchsgütern (**Replenishment**). Im Frontend sollte eine benutzerfreundliche Warenkorbfunktionalität folgende **Features** (Eigenschaften) bereithalten (vgl. Kollmann, 2020, S. 295; Heinemann, 2018, S. 105):

- Art, Anzahl und Kurzinformation der ausgewählten Artikel
- Artikelbild (beispielsweise das Buchcover) neben dem ausgewählten Artikel (Buch)
- Verlinkung zur Produktinformationsseite in der Produkt- und Leistungspräsentation, um nochmal Produktdetails zur Validierung der Kaufentscheidung aufzurufen
- Anpassung der Bestellmenge (Anzahl der Artikel) und Löschen von Artikeln
- Hinweise auf passende Zusatzartikel (Cross-Selling)
- Transparente Kostenaufstellung: Brutto- und Nettopreisanzeige jedes einzelnen Produktes, Steuerausweis (Mehrwertsteuer), gegebenenfalls weitere Kosten sowie die Gesamtsumme des Warenkorbs
- Verfügbarkeitsanzeige und Lieferbereitschaft
- Anzeige der Versandkosten
- Anzeige der Zahlungsarten und Zahlungsmodalitäten
- Schaltflächen „Zurück zum Onlineshop" und „Zur Kasse" (Checkout)

Der Auswahl- und Bestellprozess kann durch die Integration von Cross- und Up-Selling aufgewertet werden. Dies ist von beiderseitigem Nutzen für Anbieter und Nachfrager. Der Online-Händler kann vor Abschluss des Bestellvorgangs zusätzliche Umsatzpotenziale schöpfen und der Kunde erhält zu seinem Kaufvorgang passende Vorschläge zur Ergänzung des Warenkorbs oder zum Austausch von Produkten. Im Rahmen des **Cross-Selling** werden gezielt weitere Produkte offeriert. Der Fokus liegt in der Regel auf Komplementärprodukten, die in einem ergänzenden Zusammenhang zum ausgesuchten Artikel stehen (Kollmann, 2013, S. 77). Das **Up-Selling** befördert den Verkauf höherwertigerer Produkte und zielt darauf ab, das bereits im Warenkorb liegende Produkt durch ein höherpreisiges zu substituieren (Preißner, 2001, S. 266; Brandstetter & Fries, 2002, S. 195). Hier wird **Umsatzpotenzial** über eine höhere Zahlungsbereitschaft abgeschöpft, ohne dass es zu einer Veränderung der Anzahl der Produkte im Warenkorb kommt. Produktempfehlungen für ein Cross- und Up-Selling werden aus dem Suchverhalten der Websitebesucher sowie den **Kundenprofilen** und deren **Kaufverhaltensmustern** abgeleitet. Mit **Warenkorbanalysen** werden Häufigkeiten in den Beziehungen zwischen mehreren Objekten eines Kaufvorgangs gesucht, um Wahrscheinlichkeiten von **Verbundkäufen** mehrerer Artikel abzuleiten. Ist ein Muster in Verbundkäufen zweier Produkte signifikant, so münden automatisierte Empfehlungen in Aussagen wie: „Wer Produkt A kauft, kauft auch Produkt B". Personalisierte Produktempfehlungen haben eine absatzstimulierende und damit transaktionsfördernde Wirkung auf Kunden, wenn diese die Anregungen und Vorschläge als relevant erachten. Der Bestellwert des Warenkorbs wird erhöht, der Umsatz durch hochwertigere und/oder ergänzende Käufe gesteigert.

Empfehlungshinweise für das Cross- und Up-Selling im E-Commerce

- „Kunden, die diesen Artikel angesehen haben, haben auch ... gesehen"
- „Kunden, die diesen Artikel gekauft haben, kauften auch ..."
- „Wird oft zusammen gekauft"
- „Kunden haben auch Folgendes gekauft"
- „Empfohlene Artikel, die andere Kunden oft erneut kaufen"◄

Bei einem **More-Selling** wird, wie dies gängigerweise auch in Offline-Kanälen praktiziert wird, mehr von den gleichen Produkten (z. B. Doppelpackungen) verkauft (Heinemann & Zarnic, 2020, S. 390). Dies geht einher mit einer günstigeren Preissetzung für das Doppelpack im Vergleich zum separaten Kauf zweier Einzelpackungen. Für Bestandskunden kann das Bestellverfahren durch einen usabilityfreundlichen verkürzten Prozess beschleunigt werden:

1-Click-Funktionalität von Amazon

Amazons **1-Click-Funktionalität** ermöglicht bereits registrierten Kunden mit nur einem Klick ein Produkt zu bestellen, ohne es zuerst in den Warenkorb zu legen und über den Aufruf des Warenkorbs mit einem zweiten Schritt die Bestellung abzuschließen. Zahlungsart und Lieferadresse werden aus den Standard-Voreinstellungen des Kundenkontos automatisch mit der 1-Click-Bestellung verknüpft. Die Bestellung wird unmittelbar ausgelöst, ohne dass es einer zusätzlichen Aktivität des Kunden bedarf (Amazon, 2019).◄

Im **Backend** muss die Warenkorbfunktion mit dem Warenwirtschafts- oder Lagerverwaltungssystem verbunden sein, damit ein sofortiger Abgleich der aktuellen Bestände vorgenommen wird und bei nur noch geringer Bevorratung ein Hinweis auf die Anzahl der noch im Lager verfügbaren Artikel angezeigt wird. Der Hinweis auf eine knappe Bevorratung eines gewünschten Produktes erzeugt eine **Drucksituation** und kann die Kaufentscheidung beschleunigen. Da die realen **Lagerbestände** aber nicht vom Onlinekäufer überprüft werden können, ist ein kundenseitiges Vertrauen in eine seriöse **Verfügbarkeitsanzeige** ein wichtiges Element der Glaubwürdigkeit des Onlineshops. Ziel der Warenkorbfunktionalität ist es, den Bestellvorgang so einfach und transparent wie möglich zu gestalten und dem Onlinekäufer eine jederzeitige Übersicht über den Status seiner ausgewählten Produkte zu ermöglichen. Ist die Produktauswahl für den Onlinekauf abgeschlossen, so geht es im nächsten Transaktionsschritt um den **Checkout,** die verbindliche Order und Bezahlung der Waren.

9.6 Bezahlung: Zahlungssysteme und Zahlungsmodalitäten

Die rechtsverbindliche Auslösung der Bestellung und Bezahlung ist der erfolgskritischste Schritt im Online-Transaktionsprozess (Hudetz & Brüxkes, 2019, S. 424). Mit dem Klick auf den **Buy-Button** (Bestell-Button) und der anschließenden Bezahlung vollzieht der Onlinekäufer den (vorläufigen) Abschluss des Kaufvorgangs **(Checkout).** Vorläufig deshalb, da durch das mindestens 14-tägige Rückgaberecht der Umsatz dieses Onlinekaufs in seiner Gesamtsumme noch keine unwiderruflich verbuchte Einnahme darstellt. Je nach Zahlungsvereinbarung und Zahlungsverfahren erfolgt die Bezahlung durch den Kunden vor der Lieferung oder nach der Lieferung innerhalb des vereinbarten Zahlungsziels (Wamser, 2001, S. 41). Bei einer aufschiebenden Zahlungsvereinbarung folgt der **warenlogistischen Ebene** mit der Zeitverzögerung des Zahlungsziels die **finanzlogistische Ebene** zur beiderseitigen Erfüllung des Kaufvertrages (Wamser, 2001, S. 41), während bei Vorkasse und Echtzeit-Überweisung die Finanztransaktion der Warenzustellung vorangeht.

9.6.1 Checkout im Onlineshop

Spätestens beim Bezahlvorgang ist bei einem Erstkäufer die Abfrage und Erhebung von personenbezogenen Daten unumgänglich. Dabei sind nach den Grundsätzen der **Datensparsamkeit** der DSGVO (siehe Abschn. 1.6.1) nur diejenigen Daten abzufragen, die für die Auslösung und Abwicklung der Bestellung zwingend notwendig sind. Dies betrifft Name, postalische Anschrift und Rechnungsadresse sowie mit der E-Mail-Adresse eine Kontaktmöglichkeit für den Versand einer Bestellbestätigung. Eine Erstbestellung muss auch ohne erzwungene Einrichtung eines Kunden-Accounts als **Gastbestellung** realisiert werden können.

Gastbestellung und DSGVO

Seit dem 25. Mai 2018 müssen Kunden auch als Gast Bestellungen vornehmen können. Die Erstellung eines Kundenkontos ist für die Vertragserfüllung nicht notwendig (Artikel 6 Absatz 1b) DSGVO). Die die DSGVO auslegende **Datenschutzkonferenz** (DSK), die aus den unabhängigen Datenschutzbehörden des Bundes und der Länder besteht, hat 2022 bestätigt, dass eine zwingende **Neukundenregistrierung** vor einer erstmaligen Bestellung bis auf wenige Ausnahmen im B2B-Bereich grundsätzlich unzulässig ist. Der Nutzer darf nicht zur Erstellung eines Kundenkontos gezwungen werden. Denn Unternehmen können und dürfen bei einer Erstbestellung nicht davon ausgehen, dass der Erstkunde zum Stammkunden wird. Entsprechend ist die Einrichtung eines fortlaufenden Kontos einwilligungsbedürftig. Bei Zuwiderhandlungen drohen Abmahnungen und Bußgelder. Eine **Datenabfrage** ist natürlich auch bei einer Gastbestellung notwendig. Ohne Name und Adresse kann kein Paket geliefert werden. Ohne Mailadresse kann keine Bestellbestätigung versendet werden. Bei einer reinen Gastbestellung dürfen die Daten im Rahmen der handels- und steuerrechtlichen Verpflichtungen aufbewahrt werden (Artikel 6 Abs. 1c DSGVO). Nach der Vertragserfüllung müssen die Daten gelöscht werden.

Bestandskunden legen in der Regel spätestens nach mehrmaligen Käufen ein **Kundenkonto** an, um nicht bei jeder Bestellung die personenbezogenen Daten neu eingeben zu müssen. Mit dem Login in ein zuvor angelegtes Kundenkonto werden die dort hinterlegten Daten angezeigt. Diese bedürfen dann einer Korrektur, wenn ein Datensatz aktualisiert werden muss, beispielsweise eine Adressänderung oder eine neue Bankverbindung. Die verpflichtende Angabe zu vieler Daten schreckt Käufer ab. Nicht nur aus Gründen der **Datensparsamkeit,** sondern auch aus Usability-Gesichtspunkten muss und sollte sich die Datenabfrage nur auf die Informationen beschränken, die für den Transaktionsprozess zwingend erforderlich sind. Angaben wie Geburtsdatum und Telefonnummer im Registrierungsprozess sind in dem meisten Fällen nicht als zwingend notwendige Angaben zu charakterisieren. Grundsätzlich gilt: je weniger Daten abgefragt werden, um so kundenfreundlicher gestaltet sich der Registrierungsprozess.

Bei der Auswahl der **Zahlungsverfahren** ist neben Bequemlichkeit und Schnelligkeit die **Sicherheit,** insbesondere die Datensicherheit, aufgrund des Missbrauchs- und Betrugsrisikos im Internet ein zentraler **Wohlfühlfaktor** für Kunden (Hudetz & Brüxkes, 2019, S. 427). Hilfreich ist eine grafische Darstellung der einzelnen, idealerweise durchnummerierten Schritte, um dem Besteller einen Überblick über die noch zu vollziehenden Schritte bis zum Abschluss der Transaktion zu geben. Je transparenter bereits in der Warenkorbfunktion die Kosten dargestellt sind, um so weniger Unmut wird es geben, wenn erst im Checkout Restriktionen wie beispielsweise ein Mindestbestellwert für einen kostenfreien Versand aufgeführt werden (Heinemann, 2018, S. 226).

Seit der Gründung im Jahr 2008 bot Zalando seinen Kunden fortwährend einen kostenfreien Versand an und profilierte sich damit gegenüber einem versandkostenpflichtigen Wettbewerb. Seit 2022 koppelt Zalando die versandkostenfreie Option an einen Mindestbestellwert. Der Standardversand ist kostenfrei, wenn der Warenkorb einen Mindestbestellwert von 29,90 € ausweist. Unter dem Mindestbestellwert wird eine Standardliefergebühr 4,90 € erhoben (Zalando, 2022).◄

Ein **Mindestbestellwert** gilt als akzeptabler Kompromiss zwischen grundsätzlich versandkostenfreier oder versandkostenpflichtiger Lieferung. Der Kunde hat die Option, über sein Kaufverhalten den Mindestbestellwert und damit die Inkludierung oder Exkludierung von Versandkosten als zu zahlenden Gesamtbetrag seiner Bestellung selber zu steuern. Allerdings ist es in vielen Onlineshops schwierig, bei einem nur geringen Fehlbetrag zum Mindestbestellwert sehr preisgünstige Artikel zu finden, um den Warenkorb noch mit Artikeln im niedrigen einstelligen Eurowert zu füllen. Unternehmen sammeln mit dem Mindestbestellwert meist positive Erfahrungen. Aus der ökonomischen Perspektive sehr kostenaufwändige **Kleinstbestellungen** werden durch die Versandgebühr zumindest teilweise kalkulatorisch abgefedert. Die durchschnittlichen Warenkorbwerte steigen.

▶ **Merke!** Ein absolutes Muss ist spätestens im Checkout eine verschlüsselte Datenübertragung über SSL (Secure Sockets Layer), welches eine sichere Kommunikation und Datenübertragung gewährleistet. Erkennbar ist die SSL-Verschlüsselung im Browsereingabefenster durch die Kennzeichnung als „https" anstelle von „http" für eine einfache Standardadressierung. Das „s" steht dabei als Kürzel für die sichere Verbindung.

9.6.2 Zahlungsabwicklung

Der Checkout ist die letzte Möglichkeit, die Bestellung zu reflektieren, bevor der Kauf verbindlich ausgelöst und bestätigt wird. Komplizierte und zu lange dauernde **Bezahlvorgänge** lösen beim Kunden Unbehagen aus. Im Zweifel wird der Checkout abgebrochen, wenn **Sicherheitsbedenken** auftauchen. Es gibt genug Alternativen, beim geringsten Zweifel den Kauf in einem anderen Onlineshop durchzuführen, wenn dieser bei einem vergleichbaren Preis-Leistungsverhältnis ein sichereres Gefühl im Checkout vermittelt. Unternehmen müssen daher ein besonderes Augenmerk darauf legen, den Checkout so transparent, einfach, bequem und sicher wie möglich zu gestalten. Käufer brechen den Bezahlvorgang ab, wenn sie nicht ihre bevorzugte Zahlungsmethode, oder zumindest eine vertraute Bezahlmethode vorfinden. Der Checkout ist somit der Transaktionsschritt mit den höchsten **Abbruchquoten.** Das ist für den Online-Händler ärgerlich, denn bis zum Checkout konnte der Onlineshop in allen vorherigen Transaktionsschritten überzeugen. Der Besucher hat sich von der Startseite in das Produkt- und Leistungsprogramm navigiert, er hat Produkte mit überzeugendem Preis-Leistungsverhältnis gefunden und in den Warenkorb gelegt. Und nun steht er nur noch an der „Kasse" für den finalen Transaktionsschritt, diesen nimmt er als Hürde wahr und bricht den Kauf genau an der Stelle ab, wo der Umsatz generiert wird.

► **PSD2: Zwei-Faktor-Authentifizierung und 3D Secure zur Verifizierung von Zahlungsdiensten** Die 2018 in deutsches Recht übertragene EU-Zahlungsdiensterichtlinie PSD2 **(Payment Services Directive)** ist ein rechtsverbindliches Regelwerk für Zahlungsdienstleister, welches mit verschiedenen Maßnahmen mehr Sicherheit, Vertrauen, Verbraucherschutz und Wettbewerb im Banking schafft. Um eine „starke Kundenauthentifizierung" (SCA = **Strong Customer Authentication**) zu erfüllen, ist für den Zahlungsverkehr im Online-Banking und bei Bezahlungen mit Girokarte, Kreditkarte, PayPal und anderen mobilen Payment-Formen die **Zwei-Faktor-Authentifizierung** (2FA) Pflicht. Für die Verifizierung und Freigabe von Zahlungen ist die Abfrage und kundenseitige Bestätigung von zwei Sicherheitsmerkmalen aus den drei Bereichen Wissen (beispielsweise Passwort, PIN oder Fragen wie nach dem Geburtsnamen der Mutter), Besitz (beispielsweise Kreditkarte oder Smartphone für SMS-Empfang einer Freigabe-TAN) und Biometrie (Fingerabdruck, Stimme, Iris-Scan) vorgeschrieben. Es geht also um eine **zweifache Bestätigung** der Zahlungsfreigabe. Häufig kombiniert wird nach dem Einloggen mit einem Passwort (erste Authentifizierung) eine SMS mit einer TAN (zweite Authentifizierung) gesendet. Die PSD2 schreibt vor, dass bei der Erzeugung einer TAN (Transaktionsnummer als Einmalkennwort) die freizugebenden Transaktionsdaten noch einmal aufgeführt sein müssen. Die Zwei-Faktor-Authentifizierung für die Verifizierung und Freigabe von Kreditkartenzahlungen im Internet wird als **3D-Secure-Verfahren** bezeichnet. Mastercard nennt seine Variante des Sicherheitsverfahrens Mastercard Identity Check (vormals Securecode), bei Visa heißt sie Verified by Visa.

Ein Online-Händler muss aus der Vielzahl an Zahlungsoptionen ein zielgruppenadäquates **Portfolio** anbieten. Je mehr unterschiedliche Zahlungsverfahren angeboten werden, um so größer ist die Wahrscheinlichkeit, dass viele Kunden die von ihnen präferierte Zahlungsart im Onlineshop abrufen können. Dies impliziert weniger Kaufabbrüche und höheren Umsatz. Online-Händler bieten im Schnitt sieben Zahlungsverfahren im Checkout ihres Onlineshops an (Hudetz & Brüxkes, 2019, S. 428). Abb. 9.11 zeigt einen Überblick über im E-Commerce etablierte Zahlungsverfahren.

Das Angebot traditioneller Zahlungsverfahren ist insbesondere für ältere Zielgruppen eine kaufentscheidende Option, während digitalaffine, vornehmlich junge Zielgruppen mit rein onlinebasierten Zahlungsverfahren und dabei insbesondere auch **Mobile Payment** eine ihren Präferenzen entsprechende Zahlungsmethode im Onlineshop finden sollten. Überweisung, Bezahlung per Rechnung, Nachnahme oder Kreditkartenabbuchungen sind

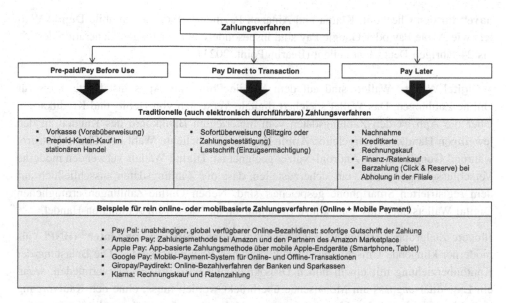

Abb. 9.11 Zahlungsverfahren im E-Commerce. (Adaptiert nach Deges, 2020b, S. 188; mit freundlicher Genehmigung von © Springer Fachmedien Wiesbaden GmbH 2020. All Rights Reserved)

gängige Zahlungsarten, für die ältere Zielgruppen eine langjährige Präferenz herausgebildet haben und denen sie vertrauen. Die Kreditkarte erfreut sich bei den traditionellen Zahlungsverfahren einer großen Beliebtheit und Akzeptanz aus Kundenperspektive, da sie sowohl als physisches im stationären Handel, wie auch als digitales Zahlungsmittel im Onlineshop eingesetzt werden kann (Gillner, 2019). Handelsunternehmen müssen bei Kreditkartentransaktionen die Sicherheitsanforderungen des PCI Standard (**Payment Card Industry Data Security**) erfüllen.

Während Onlinekäufer zahlungsaufschiebende Zahlungsverfahren bevorzugen, präferiert der Online-Händler einen schnellen Rechnungsausgleich, beispielsweise durch Sofortüberweisung. Bei **Instant Payments** (Echtzeitüberweisungen) wird der Rechnungsbetrag innerhalb weniger Sekunden überwiesen. Die Echtzeitverarbeitung und die unmittelbare Kontrolle des Zahlungseingangs kann bei Vorkasse die sofortige Kommissionierung und Versendung der Bestellung anstoßen und damit die Lieferzeit gegenüber anderen Zahlungsverfahren verkürzen (Hudetz & Brüxkes, 2019, S. 437 f.). Online-Bezahldienste und der Kauf auf Rechnung sind die mit Abstand beliebtesten Zahlungsverfahren. Jeder dritte Online-Shopper (32 %) bestellt am liebsten auf Rechnung. Fast die Hälfte der über 65-Jährigen (48 %) sagt, dass sie bei freier Wahl den Kauf auf Rechnung als bevorzugte Bezahlmöglichkeit für Einkäufe im Internet wählen würde (BITKOM, 2022). Der Online-Bezahldienst PayPal hat sich als eine der beliebtesten Zahlungsvarianten etabliert und ist unter Aspekten der Usability und Customer Experience ein „**Must** have" für den Checkout. Klarna und Amazon Payments, aber auch mobile **Digital Wallets** wie Apple Pay oder Google Pay sind insbesondere bei der jungen Generation der 18- bis 24-jährigen Deutschen beliebt (BearingPoint, 2021).

▶ **Digital Wallets** Wallets sind auf dem Mobile Phone als Apps installierte Tools für Online-Zahlungen. Das Wallet speichert digitale Versionen von Debit- und Kreditkarten. Über die App werden Zahlungsdaten vom hinterlegten Bankkonto des Kunden an den jeweiligen Händler weitergeleitet. **Apple Pay** ist eine beliebte Wahl bei iPhone-Nutzern, während **Google Pay** für Android-Nutzer geeignet ist. Digital Wallets verwenden moderne Verschlüsselungssysteme, um sicherzustellen, dass die Zahlungsdaten ausschließlich auf dem registrierten Smartphone gespeichert sind. Neben Online-Zahlungen ermöglichen Digital Wallets auch das kontaktlose Bezahlungen an Kassen im stationären Handel.

Jüngere Zielgruppen nutzen als Zahlungsoption gerne „**Buy-now-pay-later**" (BNPL) als moderner klingende Umschreibung des klassischen Rechnungskaufes. Die Belastung der Kontoüberziehung mit einem hohen Dispokreditzins wird mit BNPL vermieden, wenn ein Liquiditätsengpass am Monatsende überbrückt werden muss, ohne den Kaufvorgang vom Monatsende auf den Monatsanfang verschieben zu müssen. Auch die Kommunikation im Bezahlprozess ist von entscheidender Bedeutung, sie zahlt auf eine „**Financial Customer Experience**" ein. Dies betrifft auch mögliche Mahn- und Inkassoprozesse, mit denen nahezu jeder Onlineshop konfrontiert ist. Unternehmen tun gut daran, die oft bürokratisch und bedrohlich klingende **Inkassokommunikation** trotz des für alle Beteiligte unerfreulichen Vorgangs wertschätzend und höflich zu gestalten. Es muss sich nicht zwangsläufig um einen zahlungsunwilligen Kunden handeln, gegebenenfalls haben Kunden eine spätere Rechnungsbegleichung schlicht vergessen. Eine freundliche erste **Zahlungserinnerung** mit einer Fristsetzung ist anzuraten, bevor bei einem weiteren Ignorieren der **Zahlungsaufforderung** der Ton verbindlicher werden muss.

▶   **Merke!** Im E-Commerce erfolgt zwar die Auslösung der Bezahlung vor dem
      Warenfluss, aber nicht zwingend auch der unmittelbare Zahlungsfluss an der
      Online-Händler, wenn zahlungsaufschiebende Bezahlverfahren angeboten und
      von Kunden in Anspruch genommen werden.

9.7   Distribution: Leistungserfüllung der Logistik

Die Logistik ist das Herzstück des Online-Handels und ein wesentlicher Erfolgsfaktor jedes E-Commerce-Geschäftsmodells. Oberstes Ziel ist es, das **Leistungsversprechen** im Frontend durch eine effiziente und effektive Logistikorganisation im Backend umzusetzen (Merz, 2002, S. 441 f.). Die Logistik ist ein hoher Kostenfaktor, es gilt, den richtigen

Mix an Logistikkomponenten zusammenzubringen und diese zielorientiert zu steuern. Der Anspruch einer kosteneffizienten Logistik steht dabei in einem Spannungsfeld mit anspruchsvollen Kundenerwartungen nach Individualisierung und Personalisierung der Leistungserfüllung. Abb. 9.12 veranschaulicht im Überblick die relevanten **Leistungsparameter** der E-Commerce-Distribution (Bretzke, 2015, S. 150 ff.; Tripp, 2019, S. 92 ff.).

Die **Lieferbereitschaft** (Lieferfähigkeit) kennzeichnet die Güterbereitstellung durch eine nachfrageorientierte Bevorratung der Waren und geht mit hohen Lagerhaltungs- und Kapitalbindungskosten einher. Je flexibler die geforderte Lieferbereitschaft, desto höher müssen die Sicherheitsbestände im Lager sein (Barth et al., 2015, S. 338). Bei der **Lieferzeit** handelt es sich um die Zeitspanne von der Auftragserteilung bis zum Zeitpunkt der Zustellung beim Kunden (Bretzke, 2015, S. 153). Mit Same Day Delivery fällt der Tag der Auftragserteilung (Bestelltag) mit dem Tag der Auftragserfüllung (Zustelltag) zusammen. Next Day Delivery bezieht sich auf die Warenzustellung am der Bestellung nächstfolgenden Werktag. Die **Liefertermintreue** drückt die Übereinstimmung zwischen zugesagtem und tatsächlichem Auftragserfüllungstermin aus (Wirtz, 2013, S. 69). Die von vielen Kunden als Wunschtermin bevorzugte Zustellung am Abend steht dabei dem Anspruch der Logistikdienstleister nach einer ganztagesoptimierten Touren- und

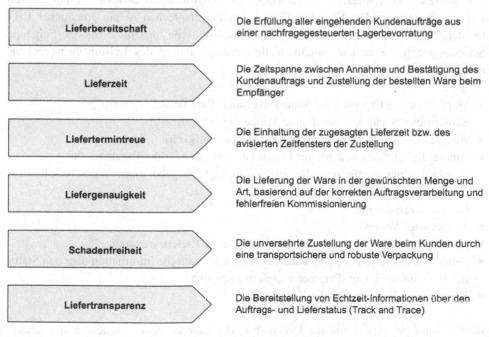

Abb. 9.12 Leistungsparameter der E-Commerce-Distribution. (Aus Deges, 2020b, S. 191; mit freundlicher Genehmigung von © Springer Fachmedien Wiesbaden GmbH 2020. All Rights Reserved)

Routenplanung entgegen (Tripp, 2019, S. 87 und S. 198). Die **Liefergenauigkeit** kennzeichnet die durch eine fehlerfreie Kommissionierung sichergestellte Übereinstimmung von bestellter und zugestellter Ware, während die **Schadenfreiheit** die unversehrte und unbeschädigte Anlieferung des Paketes zum Ausdruck bringt (Tripp, 2019, S. 94). Die **Liefertransparenz** beinhaltet die Fähigkeit, dem Kunden jederzeit transaktionsrelevante Informationen über den Auftrags- bzw. Lieferstatus bereitstellen zu können (Tripp, 2019, S. 96). Eine proaktive Kommunikation des Online-Händlers ist vor allem dann von hoher Bedeutung, wenn sich Lieferverzögerungen ergeben. Die unternehmensindividuelle Ausgestaltung der Leistungsparameter drückt sich im Frontend des Onlineshops durch konkrete Leistungsversprechen an den Kunden aus.

9.7.1 Leistungsversprechen im Frontend des Onlineshops

Die Logistik bietet einen Mix an Differenzierungsmöglichkeiten, um den hohen Kundenanforderungen im Online-Handel gerecht zu werden. Kunden wünschen bei jedem Bestellvorgang individuell konfigurierbare Optionen und **Services** (Jonas et al., 2019, S. 477; Tripp, 2019, S. 262). Erwartet werden ein verbindliches Lieferversprechen und Auswahloptionen für die **Personalisierung** der Belieferung nach kundenindividuellen Präferenzen mit der Angabe des Liefertages und Auswahloptionen für einen präferierten Logistikdienstleister. Die Einhaltung der Leistungsversprechen ist ein erheblicher Faktor der **User Experience** und schafft Wettbewerbsvorteile im Online-Handel. Folgende Services machen eine kundenindividuelle Personalisierung des Leistungsversprechens möglich:

- Wahl zwischen Express- und Standardversand (Parameter Lieferzeit)
- Kostenfreier Standardversand ohne Mindestbestellwert
- Alternative Lieferadressen (Parameter Liefergenauigkeit)
- Auswahlmöglichkeit präferierter Logistikdienstleister für die Paketzustellung
- Auswahl eines Zeitfensters für die Zustellung. Angabe eines Wunschzeitfensters (Parameter Lieferzeit)
- Geschenkverpackung
- Versicherter Versand
- Direkte Bestellbestätigung per E-Mail (Parameter Liefertransparenz)
- Sendungsnachverfolgung (ID-Tracking) oder automatische Information über den Status der Bestellabwicklung (Parameter Liefertransparenz)
- Kostenfreier Rückversand der Retoure

Der Versand physischer und die Distribution digitaler Güter unterscheiden sich grundlegend (siehe auch Abschn. 4.1.2). **Digitale Güter** beanspruchen keine klassischen Transportwege und Transportsysteme, da die Ware nicht physisch versendet werden muss, sondern es als Übertragungsweg lediglich einer stabilen Datenübertragungsleitung und einer Download-Funktion bedarf (Wamser, 2001, S. 41). Digitale Güter stehen nach dem erfolgreichen Download sofort zur Verfügung, während beim Versand physischer Güter **Raum** (die letzte Meile) und **Zeit** (vom Eingang der Bestellung bis zum Empfang der Lieferung) überbrückt werden müssen.

9.7.2 Lieferoptionen

Die physische Produktzustellung im Distanzhandel des E-Commerce wird mit unterschiedlichen Auslieferungsformen bewerkstelligt, die sich einerseits nach direkter und indirekter Belieferung und andererseits nach der vom Kunden übernommenen Eigeninitiative unterscheiden, je nachdem, ob der Kunde dem Lieferanten den Zustellweg an die eigene Haustür vollständig oder nur für ein Teilstück der Wegstrecke überträgt (Barth et al., 2015, S. 101 f.; Tripp, 2019, S. 262 ff.).

Direkte Belieferung. Domizilprinzip
Die Paketzustellung an die Haustür (**Home Delivery**, Doorstep Delivery) ist in Deutschland die präferierte Zustellvariante (vgl. Muschkiet & Schückhaus, 2019, S. 362). Der Empfänger ist jedoch mit dem Warten auf die Zustellung räumlich und zeitlich gebunden und in seiner Flexibilität insofern eingeschränkt, dass er innerhalb eines avisierten **Lieferzeitfensters** zur Entgegennahme der Lieferung in seinem Domizil anwesend sein muss. Je präziser Liefertag und Lieferzeitfenster vom Zusteller eingehalten werden, desto verlässlicher kann der Empfänger seine räumliche und zeitliche Präsenz daran ausrichten (Barth et al., 2015, S. 101 f.). Hohe Kosten verursachen vergebliche Zustellversuche (**Failure Attempts**) durch die mangelnde Erreichbarkeit des Empfängers (Tripp, 2019, S. 263). Die **First Time Delivery** als erfolgreiche **Erstzustellung** liegt in Deutschland bei nur 50 % (Jonas et al., 2019, S. 476), dies stellt einen erheblichen Kostenfaktor für die Zustelllogistik dar. Die Erreichbarkeit der Empfänger zu Hause hat sich während der Corona-Pandemie durch Lockdown und Homeoffice verbessert. Zur Domizillieferung im weiteren Sinne kann die Abgabe des Paketes beim Nachbarn gezählt werden oder, wenn der Arbeitgeber dies toleriert, die Arbeitsstätte des Kunden sein.

Indirekte Belieferung. Unpersönliches Treffprinzip mit (teil)automatisierten Lösungen
Der Empfänger wählt alternative Zustellorte, die größtenteils zentral im öffentlichen Raum lokalisiert sind (**Box-Systeme**). Packstationen (**Paketstationen**) und Pick-up-Boxen sind rund um die Uhr zugänglich. Der Empfänger behält die Hoheit über seine individuelle Tagesplanung gegen die eigenorganisierte Übernahme einer Teilaufgabe der Logistik, nämlich den Weg zum Box-System und den Transport der Ware zu seinem Domizil. Der Ausbau der Infrastruktur für Box-Systeme geht zügig voran. Bundesweit waren 2022 bereits

11.000 **DHL-Packstationen** in Betrieb. Bis Jahresende 2023 soll die Gesamtzahl auf 15.000 DHL-Packstationen wachsen (Deutsche Post DHL Group, 2021).

Indirekte Belieferung. Residenzprinzip
Logistikdienstleister favorisieren die Lieferung an Sammel- und Konsolidierungspunkten, wo das Paket vom Besteller oder von ihm autorisierten Personen abgeholt werden kann (Tripp, 2019, S. 264). Über **Click & Collect** kann die Zustellung in eigene Stores oder in Filialen von Kooperationspartnern erfolgen. Der Empfänger sucht die Filiale auf, empfängt und prüft die Lieferung und transportiert die Ware nach Hause. Der **Abholzeitraum** ist bei einer persönlichen Übergabe durch die gesetzlichen **Ladenöffnungszeiten** determiniert (Barth et al., 2015, S. 102). In den Filialen können auch automatisierte Paket- und Pick-up-Stationen integriert werden, sodass zwar die Öffnungszeiten eine einzuplanende Restriktion darstellen, aber keine Warteschlange am **Click & Collect-Schalter** durch eine personengebundene Übergabe der Lieferung zeitverlängernd wirkt. Als Abgabe- und Annahmestationen (**Pick Points**) kommen Postfilialen, Paketshops, Reinigungen, Tankstellen, Supermärkte und Kioske in Frage. Neben der Vergütung der Dienstleistung besteht für die Kooperationspartner mit der Besucherfrequenzgenerierung in ihren Filialen die Möglichkeit der Realisierung von Umsätzen durch Ergänzungs- oder Spontankäufe der Abholer (Tripp, 2019, S. 259).

Die indirekten Belieferungsformen bieten Vorteile für den Empfänger, indem er seine **Zeitsouveränität** steuert und ein günstiges **Zeitfenster** für die Abholung der Lieferung auswählen kann. Paketstationen oder Click & Collect-Filialen in unmittelbarer Nähe zum Wohnort oder auf der Wegstrecke zum Arbeitsplatz ermöglichen das Abholen der Lieferung ohne zeit- und aufwandsintensiven Umweg. Ein wesentlicher Anreiz der eigeninitiativen Abholung kann die Vermeidung von **Versandkosten** sein. Trotz dieser Vorteile belegen Studien, dass die meisten Onlinekunden unabhängig von einer Versandkostenübernahme mit der Lieferung nach Hause das **Domizilprinzip** bevorzugen (DHL Online Shopper Survey, 2022). Fast zwei Drittel der Pakete wurden im Zeitraum Juli 2021 bis Juni 2022 an die Hausadresse durch die persönliche Übergabe an den Empfänger zugestellt. 4,3 % der Pakete wurden in einer Postfiliale oder einem Paketshop zur Abholung durch den Empfänger hinterlegt (Bundesnetzagentur, 2022). Für 93 % der europäischen Onlinekäufer haben die angebotenen Lieferoptionen einen großen Einfluss darauf, für welchen Online-Händler sie sich entscheiden (DHL Online Shopper Survey, 2022). Auch der **Logistikdienstleister** spielt eine entscheidende Rolle. 41 % der europäischen Onlinekäufer sehen von einem Kauf in einem Onlineshop ab, wenn sie mit dem oder den angebotenen Zustellunternehmen nicht einverstanden sind (DHL Online Shopper Survey, 2022).

9.7.3 Steuerung der Güterdistribution in der Vorwärtslogistik

In der E-Commerce relevanten Güterdistribution ist zwischen Vorwärts- und Rück-wartslogistik zu differenzieren. Die **Rückwärtslogistik** (Rückführungslogistik, Reverse Logistics) findet im E-Commerce ihren Niederschlag in der **Retourenlogistik** als Waren-fluss vom Sendungsempfänger zurück zum Versender (siehe dazu Retourenmanagement in Abschn. 9.8.2). Die **Vorwärtslogistik** steuert die physische Güterbewegung meist über mehrere Akteure (interne Organisationseinheiten und externe Dienstleister) entlang des Vertriebskanals, bis der Besteller durch die Zustellung und Entgegennahme der Lieferung die Verfügungsgewalt über das Produkt erhält (Wirtz, 2013, S. 42).

Bei der Vorwärtslogistik physischer Güter kann zwischen Streckengeschäft und Direkt-belieferung unterschieden werden. Beim **Streckengeschäft** (Drop Shipping) wird Ware nicht selber bevorratet, sie wird erst nach der Kundenbestellung beim Lieferanten geordert und unmittelbar aus dem Lager des Herstellers oder Zwischenhändlers versendet (Barth et al., 2015, S. 85). Dies hat den Vorteil, dass der Online-Händler keine Lagerkapazi-täten vorhalten muss. Der Online-Händler profitiert von einer flexiblen **Skalierung des Bestellvolumens** und trägt keine Umsatzverluste durch nicht verkaufte Artikel aufgrund der mangelnden Eigenbevorratung (Lamprecht, 2018). Der Nachteil ist eine geringere **logistische Kontrollspanne** in Bezug auf die Logistikeffizienz mit der Einhaltung des Lieferzeitfensters. Bei der **Direktbelieferung** wird die Ware selber bevorratet. Dafür bedarf es der Vorhaltung von passgenauen Lagerkapazitäten (Bretzke, 2015, S. 215). Ent-scheidungsalternativen ergeben sich durch die Anmietung bestehender **Lagerkapazitäten** oder dem Aufbau eigener **Lagerstätten.** Dies bedeutet jedoch nicht nur Investitionen in Gebäude und Betriebsmittel wie teil- bis vollautomatisierte Hochregallager, sondern auch die Implementierung eines leistungsfähigen IT-Lagerverwaltungssystems sowie die Rekrutierung und Vergütung von Lagerpersonal. Beim Aufbau eigener Kapazitäten muss eine Skalierbarkeit des Geschäftsmodells berücksichtigt werden, welche ein zukünftig anwachsendes Bestellvolumen auffangen kann und gegebenenfalls Erweiterungsinvesti-tionen am Lagerstandort möglich macht.

Start-ups fehlt in ihrer Gründungs- und Entwicklungsphase das Kapital zum Aufbau eigener Logistikkapazitäten, da alle Anstrengungen zunächst auf die absatzorientierte Eta-blierung des Geschäftsmodells im Markt ausgerichtet sind. Bei nachhaltigem Wachstum wird in der Ausbau- und Expansionsphase in eigene Logistikzentren investiert (Merz, 2002, S. 455 f.), beispielsweise die Errichtung eines Zentrallagers, aus dem heraus die gesamte Distribution gesteuert wird. **Mehrstufige Distributionssysteme** halten mindes-tens zwei **Lagerstufen** für die Distribution vor (Bretzke, 2015, S. 212). Je höher das **Umsatzvolumen,** desto typischer ist der Ausbau der Lagerkapazitäten durch eine Kom-bination von großflächig dimensionierten Zentrallagern und dezentral kleinflächigeren Regionallagern (Pohl, 2009, S. 157). Die Distribution wird mehrstufig, da gegebenenfalls Bestände erst zwischen den Lagern verteilt werden müssen, bevor der Versandauftrag an den Endkunden ausgelöst werden kann. Dezentrale **Regionallager** können auf unterschiedliche Warenspezifikationen ausgerichtet sein. So betreiben große Online-Händler meist ein separates **Retourenlager,** um Kompetenzen und Fertigkeiten für die Aufbereitung und Wiederverwertung der Retouren zu bündeln (siehe Abschn. 9.8.2.5). Andere Lagerstandorte können auf reduzierte Saisonware oder auf den volumenträchtigen Absatz von Kernprodukten spezialisiert sein.

9.7.4   Steuerung der Zustelllogistik

Die Auslieferung der Bestellung ist als unabdingbare Absatzfunktion des Online-Handels zu verstehen, ohne die der Kauf physischer Güter in diesem Vertriebskanal nicht als Transaktion vollzogen ist. Der **Lieferservice** als Leistungserbringung des Anbieters verfolgt das Ziel, dem Kunden die bestellte Ware an seinem gewünschten Zustellungsort bereitzustellen (vgl. Thaler, 2001, S. 77; vgl. Disselkamp & Schüller, 2004, S. 129). Das letzte Wegstück in der Belieferung der Empfänger wird als **Letzte Meile** bezeichnet, diese verursacht in der Distribution mehr als die Hälfte der Transportkosten (Gerdes & Heinemann, 2019, S. 407).

▶ **Die letzte Meile** Die Logistik der letzten Meile umschreibt den Transport und die Auslieferung der Warensendung aus dem letzten bestandsführenden Distributionslager des Versenders an den vom Kunden ausgewählten Ort der Anlieferung (Tripp, 2019, S. 85). Da in vielen Fällen der Wohnort des Bestellers auch der Zustellort der Lieferung ist (Domizilprinzip), wird für die Auslieferung in Ballungszentren auch der Begriff City-Logistik verwendet.

Die Zustelllogistik kann in **Eigenleistung** (Eigentransport) und/oder **Fremdleistung** (Fremdtransport) erbracht werden. Im **Eigentransport** erfolgt die Auslieferung über den Einsatz einer unternehmenseigenen Fahrzeugflotte. Vorteile des Transports in Eigenleistung sind eine höhere logistische **Kontrollspanne,** bessere Möglichkeiten der Qualitätssicherung sowie ein unmittelbarer Endkundenkontakt. Nur wenige Online-Händler experimentieren mit einer eigenen **Zustelllogistik** auf der letzten Meile, denn der Aufbau und Betrieb ist kostenintensiv (Schu, 2018). Die Vorteile einer eigengesteuerten Zustelllogistik liegen in der Realisierung einer höheren **User Experience,** wenn die Zustellung bis an die Haustür mit eigenem, konsequent auf Serviceorientierung geschultem Personal durchgeführt wird (Schu, 2018). Auslieferungsrhythmen, Routensteuerung und insbesondere die Kundenkommunikation am Zustellort können vom Versender nach eigenen Qualitätsstandards realisiert werden. Während bei Non-Food-Warenkategorien bevorzugt mit KEP-Dienstleistern zusammengearbeitet wird, ist im Online-Lebensmittelhandel häufiger die Eigenbelieferung zu beobachten (Schu, 2018). Der Online-Lebensmittelhandel ist bei leicht verderblichen, frischen und tiefgekühlten Produkten durch die Einhaltung der **Kühlkette** mit hohen Anforderungen an die Lagerung, Verpackung und Lieferung der

Produkte konfrontiert. Die Frische, Haltbarkeit und Unversehrtheit der Lebensmittel sind zentrale Komponenten der **Erwartungshaltung** an den Lieferservice (vgl. Rees, 2018, S. 45 f.). Anders als in der Non-Food-Belieferung erfordert die Zustellung (verderblicher) Lebensmittel die persönliche Entgegennahme und unmittelbare **Produktinspektion** durch den Besteller, um verdorbene oder beschädigte Ware sofort zu reklamieren (vgl. Heinemann, 2018, S. 18) oder Serviceleistungen wie beispielsweise die Mitnahme von Leergut in Anspruch zu nehmen.

Lieferfahrzeuge müssen für den Transport und die Zustellung empfindlicher und verderblicher Frischwaren über technische Einrichtungen für die konstante **Kühlung** von Lebensmitteln verfügen. Filialisierte Großbetriebe des Einzelhandels wie REWE und EDEKA haben gerade in der **City-Logistik** eine langjährige Kompetenz in der effizienten Belieferung ihrer Filialen mit eigener Fahrzeugflotte aufgebaut. Die filialisierten Online-Lebensmittelhändler verfolgen mit **Ship from Store** eine **dezentrale lokale Kommissionierung** und Zustellung. Die Online-Bestellungen werden in Stadtteilfilialen zusammengestellt (**Store based Picking**) und am gleichen Tag in definierten Zeitfenstern an die Besteller im Einzugsgebiet der Filialen ausgeliefert (vgl. Breuer et al., 2010, S. 30). Für auf den Online-Handel ausgerichtete regionale Warenverteilzentren (**Picking Center**) sprechen die rein auf die Kommissionierung ausgerichteten Abläufe, während das Store based Picking möglichst reibungslos in die Tagesorganisation des Filialbetriebs integriert werden muss (vgl. Breuer et al., 2010, S. 31 ff.). Während Multi-Channel-Händler für eine flächendeckende Versorgung ein **Mischmodell** aus dezentraler lokaler Kommissionierung und zentralen regionalen oder überregionalen Kommissionierungslagern betreiben können (vgl. Breuer et al., 2010, S. 30), sind Internet Pure Player ohne Filialen auf die Kundenbelieferung aus ihren regionalen oder überregionalen Warenverteilzentren angewiesen (vgl. AT Kearney, 2012, S. 3 und S. 8).

Beim **Fremdtransport** werden Logistikdienstleister als **Absatzhelfer** in die Distributionskette eingeschaltet (Zentes & Swoboda, 2001, S. 106). Dabei verliert der Versender die Kontrolle über den Warentransport, sobald der Logistikdienstleister die Ware an der Rampe übernommen hat (Schu, 2018). Wenn die Ware beschädigt oder nicht zum zugesagten Zeitpunkt ausgeliefert wird, bringen die Empfänger eine mangelhafte Leistungserfüllung meist nicht mit dem Absatzhelfer, sondern mit dem Online-Händler in Verbindung (Wirtz, 2013, S. 267 und S. 272). Absatzhelfer, welche die Zustelllogistik der letzten Meile übernehmen, werden als **KEP-Dienstleister** bezeichnet.

► **KEP-Dienstleister** KEP-Dienstleister (Kurier-, Express- und Paket- oder Postdienste) sind Logistikunternehmen, die sich auf die Zustellung von Warenlieferungen auf der letzten Meile spezialisiert haben (Tripp, 2019, S. 256). International tätige und auch in Deutschland präsente KEP-Dienstleister sind Tochtergesellschaften globaler Logistikdienstleister, die sowohl im B2C- als auch B2B-Geschäft tätig sind und eine breite Palette an Logistikdienstleitungen über die gesamte Wertschöpfungskette der Güterdistribution und Zustelllogistik anbieten.

Der deutsche Markt der Zustelllogistik wird von sechs großen europäischen und US-amerikanischen KEP-Dienstleistern dominiert. **DPD Deutschland** ist Teil der DPD Group und gehört zur französischen Le Groupe La Poste, der zweitgrößten Postgesellschaft in Europa. **Hermes Germany GmbH** verfügt über bundesweit 16.000 Hermes Paketshops, die als Annahme für den Paketversand und als Zustelladresse für die eigenorganisierte Abholung einer Lieferung genutzt werden können. United Parcel Service of America Inc. ist ein 1907 gegründeter und global tätiger US-amerikanisches Kurier-Express-Paket-Dienstleister, der 1976 mit **UPS Deutschland** nach Europa expandierte. **General Logistics Systems** (GLS) ist ein international tätiger Paketdienst, der in Deutschland als German Parcel Paket Logistik GmbH zur britischen Royal Mail gehört. **FedEx** (Federal Express Corporation Inc.) ist ein US-amerikanisches Kurier- und Logistikunternehmen, welches 2015 den Konkurrenten TNT Express übernommen hat. Die Verschmelzung des Deutschlandgeschäftes beider Unternehmen firmiert seit 2021 als FedEx Express Deutschland GmbH. TNT Express wird dabei weiterhin als Marke geführt. **DHL** (DHL Paket GmbH) ist eine Tochtergesellschaft der Deutschen Post AG (seit 2015 Deutsche Post DHL Group) und Marktführer im deutschen KEP-Dienstleistermarkt.

Der seit sieben Jahren alljährlich erhobene **Parcel-Shipping-Index** von Pitney Bowes, einem US-amerikanischen Anbieter von Post- und Paketversandlösungen, verzeichnete 2021 ein weltweites **Versandvolumen** von über 159 Mrd. Paketen. China ist der weltgrößte Markt mit 108,3 Mrd. Paketen, es folgen die USA mit 21,6 Mrd. Paketen und Japan mit 9,2 Mrd. Paketen (Pitney Bowes, 2022). In Deutschland waren es 4,5 Mrd. Sendungen, das entspricht einem Zuwachs von 10 % gegenüber dem Vorjahr und einem Durchschnittsjahreswert von 54 Paketen pro Kopf (Pitney Bowes, 2022). Ein ähnliches Ergebnis konstatiert die **KEP-Studie 2022** des Bundesverband Paket und Expresslogistik (BIEK) mit einem deutschlandweiten Versandvolumen von 4,51 Mrd. Sendungen in 2021 (BIEK, 2022). E-Commerce ist in seinem C2C- und B2C-Segment eindeutig der Wachstumstreiber der KEP-Dienstleisterbranche. Das B2C-Sendungsvolumen stieg in nahezu allen Wirtschaftsregionen und Ländern in den letzten Jahren der globalen coronabedingten Kontaktbeschränkungen überproportional an (BIEK, 2022).

9.7.5 City-Logistik der letzten Meile

Online-Händler und KEP-Dienstleister experimentieren in der aufwands- und kostenintensiven City-Logistik der letzten Meile mit innovativen Konzepten der urbanen Zustelllogistik in den Ballungsräumen und Großstädten (Gerdes & Heinemann, 2019, S. 418). Die zunehmende Sensibilisierung der Bevölkerung für umweltgerechtere Antriebsformen im innerstädtischen Verkehr bedienen schadstoffarme oder emissionsfreie Zustellfahrzeuge wie **Elektro- oder Hybridfahrzeuge** und der Einsatz von **Velokurieren** mit Lastenfahrrädern. **Automated Ground Vehicles** (Lieferroboter, Zustellroboter) oder **Drohnen**

gelten als technisch ausgereifte Lösungen und sollen die personengebundene Zustelllogistik entlasten (Jonas et al., 2019, S. 489; Tripp, 2019, S. 265). In der **Routenplanung**
der Lieferfahrzeuge gilt es mehrere Variablen zu vereinen: die Anzahl und Lage der zu
beliefernden Zustellorte, die Anzahl und Beladungskapazität der Lieferfahrzeuge und die
Verfügbarkeit von geschulten Fahrern (vgl. Günther & Tempelmeier, 2016, S. 272 ff.).
Das Ziel liegt in der verkehrsstreckenoptimierten Ausgestaltung einer Tour mit der
Bedienung möglichst vieler Kunden im verfügbaren **Tageszeitfenster.** Die Bestimmung
und Planung der bestmöglichen Route geht einher mit der Aufteilung der Bestellungen
unter Berücksichtigung der **Kapazitätsrestriktionen** der Lieferfahrzeuge. Eine kosten-
optimierte Route entsteht, wenn die notwendige Fahrtstrecke minimiert und dabei die
Ladekapazität des Lieferfahrzeugs gänzlich ausgenutzt wird (Deges & Speckmann, 2020c,
S. 12 f.). Die Komplexität der tagtäglichen Routenplanung erhöht sich mit der Berücksichtigung von fest zugesagten Lieferzeitfenstern im Rahmen der Leistungsversprechen. Somit
ist das zugesagte Lieferzeitfenster eine weitere Planungsvariable, die eine Routenplanung
erschwert (Deges & Speckmann, 2020c, S. 13).

Der Anspruch nach einer steten Verkürzung der Zeit zwischen Bestellung und Auslieferung der Ware bedeutet für die Zustelllogistik, **lokale Warenverteilzentren** in
räumlicher Nähe zu den Kunden aufzubauen und zu betreiben. Je schneller geliefert
werden soll, desto kürzer muss die Wegstrecke sein, denn eine Schnellstbelieferung
schließt sich bei langen Wegstrecken natürlich aus (Baur, 2020, S. 143). Die Lösung
liegt im Aufbau von kleinflächigen und engmaschig über ein Ballungsgebiet verteilten Logistikumschlagsplätzen (Baur, 2020, S. 143). Dafür müssen geeignete Immobilien
zur Verfügung stehen. **Mikro-Fulfillment-Center** und **Mikrodepots** für den innerstädtischen **Warenumschlag** und die zeitoptimierte Endkundenauslieferung sind Konzepte
in unterschiedlichen Entwicklungsstadien (vgl. Muschkiet & Schückhaus, 2019, S. 364).
Leerstehende Geschäftsräume in zentralen Lagen können für die **Zwischenlagerung** häufig nachgefragter Produkte angemietet werden, um daraus eine schnelle Zustellung der
bestellten Waren in den unmittelbaren Umkreis des Depotstandortes zu ermöglichen.
In den Nachtzeiten gering ausgelastete Parkhäuser können zur flexiblen Umverteilung
von Waren von größeren auf kleinere schadstoffärmere Transporteinheiten genutzt werden, gegebenenfalls können in manchen Städten auch wenig genutzte Parkhausflächen zu
Mikro-Logistikumschlagsplätzen umgewidmet werden (Muschkiet & Schückhaus, 2019,
S. 368). **Mikro-Fulfillment-Center** oder **Micro-Hubs** sind mobile oder stationäre Sam-
melpunkte für Pakete in verkehrstechnisch gut erreichbaren Innenstadtlagen. Sie sind
vornehmlich ein **Umschlagslager** für Lebensmittel und Gebrauchs- und Verbrauchsgüter des täglichen Bedarfs (**Schnelldreher** als Artikel mit hoher Umschlagshäufigkeit und
-menge, die nur kurz zwischengelagert werden müssen). Das Leistungsversprechen einer
Same Day Delivery kann mit ultraschnellen Lieferungen (siehe dazu Quick Commerce
in Abschn. 9.7.6) zu einer **Same Hour Delivery** optimiert werden. Same-Day-Delivery-
Angebote konzentrieren sich derzeit auf eine lokale Zustellung in einem Radius von
10–15 km und sind auf Ballungsräume mit hoher Bevölkerungsdichte und entsprechend

großer Nachfrage ausgerichtet. Die Kofferraumzustellung (**In-Car Delivery**) ermöglicht über die **GPS-Lokalisierung** des Fahrzeugs eine ortsflexible Zustellung der Lieferung, sei es auf Parkplätzen im öffentlichen Raum oder in dem am Wohnort oder Arbeitsplatz geparkten Fahrzeug (Täuber, 2019, S. 94; Gerdes & Heinemann, 2019, S. 412). **In-Home Delivery** verringert die Quote fehlgeschlagener Zustellversuche, indem über Smart-Lock-Systeme der autorisierte Zugang in den unmittelbaren Wohnbereich ermöglicht wird (Täuber, 2019, S. 93).

Key by Amazon

Amazon bietet Prime-Kunden in den USA über seinen **Key-by-Amazon-Service** die flexible Zustellung der Warenlieferung in das Kundendomizil bei physischer Abwesenheit des Empfängers. Haustüren (**Key for Home),** Garagen (**Key for Garage)** oder Kofferräume (**Key for Car**) können vom Zustellboten mit einem Autorisierungscode geöffnet und nach Deponierung des Paketes wieder verschlossen werden (Melchior, 2019). Die Quote der Erstzustellung erhöht sich signifikant und damit auch die Wirtschaftlichkeit der Zustellung auf der letzten Meile.◄

Crowd Delivery (Crowdshipping)-Konzepte stellen eine alternative Belieferungsform zur konventionellen Zustelllogistik über KEP-Dienstleister dar. Privatpersonen übernehmen durch die Vermittlung von Plattformen wie Trunksta (https://www.trunksta.de) oder Shopopop (https://www.shopopop.com/de-de) Zustellerdienste. Sie transportieren Warensendungen auf ihren Wegstrecken, beispielsweise zur Arbeit, nach Hause oder in den Urlaub, zu Fuß, per Fahrrad, im PKW oder in öffentlichen Verkehrsmitteln und übergeben sie am Zielort dem Empfänger (Tripp, 2019, S. 265). Der Anreiz für solche „Gelegenheits- bzw. **Hobbykuriere**" besteht in einem (geringfügigen) Zusatzverdienst, der Vorteil für den Empfänger in niedrigeren Versandkosten. Abb. 9.13 fasst noch einmal die wesentlichen Formen der Warenzustellung an den Endkunden zusammen.

►   **Merke!** Flexible Konzepte der City-Logistik bedienen sowohl **ökonomische Ziele** (höhere Erstzustellquote, optimierte Routenplanung, Kosteneffizienz) wie auch **ökologische Ziele** (Verkehrsentlastung, Verringerung des Schadstoffausstoßes).

9.7.6 Quick Commerce und On-Demand-Lieferservice

Die ultraschnelle Auslieferung von Bestellungen über Kuriere und Expressdienste wird als Quick Commerce oder On-Demand-Lieferservice (Lieferung auf Anforderung) bezeichnet. Zu den Geschäftsmodellen eines **On-Demand-Lieferservice** zählen insbesondere

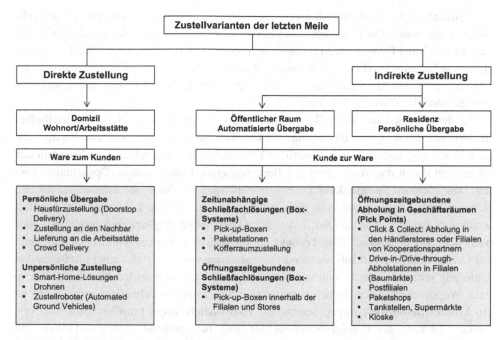

Abb. 9.13 Zustellvarianten der letzten Meile. (Aus Deges, 2020b, S. 197; mit freundlicher Genehmigung von © Springer Fachmedien Wiesbaden GmbH 2020. All Rights Reserved)

Essenslieferdienste wie Lieferando, Wolt (ein Ableger des US-amerikanischen Lieferdienstes Doordash) und Uber Eats, die in Kooperation mit Gastronomiebetrieben frisch zubereitete Mahlzeiten ausliefern. Marktführer ist Lieferando aus dem niederländischen Mutterkonzern Just Eat Takeaway. Es herrscht ein großes Angebot an Essenslieferdiensten, das Segment hat sich zu einem wettbewerbsintensiven Markt entwickelt, in dem es immer wieder zu Marktkonsolidierungen mit Unternehmensaufkäufen, Rückzug aus ausgewählten Märkten oder Unternehmenszusammenschlüssen auf der Anbieterseite kommt. Essenslieferdienste sind eine Alternative zur eigenorganisierten Auslieferung von Essensbestellungen durch die **Gastronomie.** Sich selbst verstärkende **Netzwerkeffekte** prägen die Attraktivität dieser Geschäftsmodelle. Je mehr Gastronomiebetriebe mit einem Essenslieferdienst kooperieren, desto umfangreicher ist die Auswahl für die Besteller. Je mehr Nachfrager über den Lieferdienst bestellen, um so attraktiver wird die Plattform für noch nicht teilnehmende Gastronomiebetriebe. Der Bezug frisch zubereiteter Mahlzeiten zielt auf einen unmittelbaren Konsum mit einer schnellstmöglichen Auslieferung der Bestellung. **Wärmeboxen** müssen dafür Sorge tragen, dass die Speisen nach ihrer Zubereitung frisch und optimal temperiert bleiben. Das Zeitfenster zwischen Eingang der Bestellung und Zustellung der meist gebündelten Lieferungen setzt sich aus der Zeit für die Zubereitung der Mahlzeit und der Zeit für die Raumüberbrückung durch den Auslieferer (meist **Fahrradkuriere** mit überdimensionierten würfelförmigen Rucksäcken) zusammen. Die Essenlieferdienste erweitern ihr Angebotsspektrum sukzessive auf Lebensmittel und Convenience-Produkte. So kooperieren seit Dezember 2022 Lieferando (Essenslieferdienst) und Getir (Lebensmittellieferdienst). Vorteile für beide Unternehmen sind ein größerer Kundenstamm, ein ausgedehnteres Liefergebiet und ein erweitertes Produktportfolio (Just Eat Takeaway, 2022).

Zu den **Quick-Commerce**-Geschäftsmodellen zählen auch die **Lebensmittellieferdienste** wie Flink, Getir mit Gorillas, Picnic, Glovo, Amazon Fresh, und Knuspr, die eine Zustellung von Produkten innerhalb kürzester Zeit versprechen. Die **Convenience** ist geprägt durch die Vermeidung des Besuches einer Einkaufsstätte (Opportunitätskosten), vor allem im **Spontankauf** kurzfristig benötigter Produkte, die unmittelbar für den Konsum (beispielsweise sofortige Zubereitung und Verzehr von Lebensmitteln) benötigt werden. Neben dem Spontankauf sind es auch kurzfristige **Ergänzungskäufe** neben oder nach dem Wocheneinkauf (**Big Trolley**) im stationären Lebensmitteleinzelhandel, wenn vor Ort Produkte ausverkauft waren oder etwas vergessen wurde. Bei einer ultraschnellen Lieferung innerhalb von 15 min wird meist sogar die Zeit unterboten, die man selber je nach Wegstrecke für den Besuch eines lokalen Supermarktes aufwenden müsste. Oft ist ein **Mindestbestellwert** vorgegeben und die **Expresslieferung** ist mit Versandkosten verbunden. Es kann davon ausgegangen werden, dass bei dringend benötigten Gütern eine höhere Zahlungsbereitschaft und Akzeptanz für Versandkosten unterstellt werden kann. Je schneller und dringender etwas gebraucht wird, desto höher die Preiselastizität für den Kauf des benötigten Produktes.

Kooperationen Lebensmittelhandel mit Lebensmittellieferdiensten

EDEKA ist sowohl an **Picnic Deutschland** wie auch am niederländischen Mutterkonzern Picnic International beteiligt und beliefert die Online-Supermärkte mit Produkten über seine Filiallogistik. **REWE** ist seit 2021 mit einer Minderheitsbeteiligung bei Flink investiert und fungiert als Zulieferer für deren Produktsortiment. **Flink SE** ist ein 2020 in Berlin gegründeter On-Demand-Lieferservice, der neben Lebensmitteln auch Ge- und Verbrauchsgüter des täglichen Bedarfs an Verbraucher ausliefert. Die Bestellungen aus dem Sortiment von über 2.300 Artikeln werden innerhalb von 15 min nach eingegangenem Auftrag im Lager gepackt und anschließend von einem Kurier abgeholt und an den Kunden geliefert.◄

Die ultraschnelle Auslieferung von Lebensmitteln erfolgt über viele im Stadtgebiet verteilte **Micro-Hubs.** Diese bevorraten ein Sortiment häufig nachgefragter Produkte, sind jedoch nicht für den Publikumsverkehr als alternative stationäre Einkaufsstätte zugänglich. Die Herausforderung liegt in der Einhaltung des Lieferversprechens, denn die Kundenzufriedenheit bemisst sich daran, dass dieses mit einer geringfügigen **Toleranzgrenze** eingehalten wird, was einen erheblichen Zeitdruck für die beschäftigten Mitarbeiter bedeutet. Als **Planungsgröße** für die Verteilung der Micro-Hubs im Stadtgebiet wird mit einem Radius der Kundenerreichbarkeit von 10 min (Kommissionier- und Auslieferungszeit) kalkuliert. Damit diese Vorgabe prozessual realisierbar ist, sind die mit jeder Kundenbestellung zu erledigenden Aufgaben auf Picker und Rider verteilt. **Picker** (Kommissionierer) stellen die Warenkörbe der eingegangenen Bestellungen zusammen, die anschließend durch die **Rider** (Fahrer) ausgeliefert werden. Dies geschieht in der Regel mit **Lastenfahrrädern,** die sich in den innerstädtischen Ballungsräumen schneller und flexibler als der Autoverkehr durch die verkehrsbelasteten Straßen navigieren können. Neben der Lagerkapazität der Micro-Hubs hat vor allem das versprochene Lieferzeitfenster einen Einfluss auf die **Sortimentsdimensionierung.** Je länger das bereitstehende Zeitfenster, desto eher kann ein breites und auch tiefes Sortiment angeboten werden, da das Picken umfangreicherer Warenkörbe längere Kommissionierzeiten beansprucht. Die Konzeption der Geschäftsmodelle des Quick Commerce bewegt sich somit immer in einem Spannungsfeld zwischen ultraschnellen Lieferzeiten und einem möglichst umfassenden bedarfsgerechten Warenangebot.

Ein alternatives Konzept zur Bevorratung von eigenen Warenbeständen in Micro Hubs ist die **Kommissionierung** eingehender Kundenbestellungen in ausgewählten Supermärkten in räumlicher Nähe zum Liefergebiet. Das 2019 in Hamburg gegründete Start-up **Bringoo** (https://bringoo.de/de/) betreibt keine eigenen Lager. Das Leistungsversprechen ist auf eine Zustellung in 45 min ausgelegt. Der Sortimentsumfang lieferbarer Artikel ist durch die Sortimentsbreite und -tiefe der kooperierenden Supermärkte determiniert, in denen die Bestellungen kollektioniert werden. Die **Liefergebühr** berechnet sich ohne einen Mindestbestellwert aus dem Gesamtgewicht der Bestellung und startet mit einer Mindestgebühr von 2,90 €. Mit Bringoo kooperierende Einzelhändler zahlen dem Unternehmen eine umsatzabhängige Provision.

9.8   After-Sales-Service

Mit der Zahlung des Kaufpreises und der Übergabe der Kaufsache an den Käufer gilt ein **Kaufvertrag** als vollzogen (§ 433 BGB). Anders als im stationären Einzelhandel, wo die Ware vor der Zahlung im Geschäft begutachtet wird, erfolgt im Online-Handel erst Tage nach dem Kauf mit der physischen Zustellung der Warenlieferung der erste sensorische Kontakt mit dem bestellten Produkt und damit eine zeitversetzte **Bewertung** der Transaktion (Wirtz, 2013, S. 71). Das grundlegende Verständnis der Einflussfaktoren auf die individuelle Ausprägung von **Kundenzufriedenheit** im E-Commerce ist für jeden Online-Händler von essenzieller Bedeutung (Abschn. 9.8.1). Der **After-Sales-Service** hat die Aufgabe, die Kundenzufriedenheit zu festigen und eine Kundenunzufriedenheit aufzulösen. Die Rückabwicklung der Transaktion (der Kunde gibt die Ware zurück, der Verkäufer erstattet den eventuell schon gezahlten Kaufpreis) gehört zur Ausgestaltung des **Retourenmanagements** (siehe Abschn. 9.8.2). Unzufriedenheit mit dem Produkt, der

Dienstleistung oder dem Unternehmen muss nicht zwangsläufig zu einer Retoure führen. An das Unternehmen adressierte Beschwerden können über ein professionelles **Beschwerdemanagement** aufgefangen und kundenindividuell gelöst werden (Abschn. 9.8.4). Ein exzellenter **Kundensupport** über einen breitgefächerten Mix von automatisierten Servicefunktionen und dialogorientierter Kommunikation erhöht die Kundenbindung und fördert den Aufbau loyaler Kundenbeziehungen (Abschn. 9.8.3).

9.8.1 Einflussfaktoren der Kundenzufriedenheit

In der Marketingtheorie prägt sich der Grad der Kundenzufriedenheit nach dem **Konfirmation-Diskonfirmation-Paradigma** als Resultat eines subjektiven Vergleichs der vor und während der Transaktion gebildeten Erwartungen mit der nach der Transaktion wahrgenommenen Erfüllung dieser Erwartungen (Homburg, 2020, S. 46). Abb. 9.14 visualisiert die drei Ausprägungen der Konfirmation und Diskonfirmation.

    Kundenzufriedenheit bildet sich aus den Wahrnehmungsprozessen der Käufer. Sie entsteht, wenn durch die Transaktion die Erwartungshaltung (Expectancy) erfüllt wird. Entspricht die wahrgenommene Ist-Leistung der Soll-Leistung (Ist = Soll), so spricht man von Bestätigung (**Konfirmation**) als der Erwartungshaltung exakt entsprechende Zufriedenheit (vgl. Homburg, 2020, S. 46). Zufriedenheit kann als eine ex-post-Beurteilung erst nach dem Kauf (**Post Purchase Experience**) durch die konkrete Produkterfahrung oder das Ergebnis einer Dienstleistung entstehen. Wird die Erwartungshaltung übertroffen und vom Leistungsanbieter eine überdurchschnittliche Leistung erbracht (Ist > Soll als **positive Diskonfirmation**), so entsteht eine Zufriedenheit über dem Konfirmationsniveau (Homburg, 2020, S. 46). Je nach Ausmaß der Differenz liegt dann eine hohe Zufriedenheit bis hin zu einer **Kundenbegeisterung** vor. Die Zufriedenheit befördert die

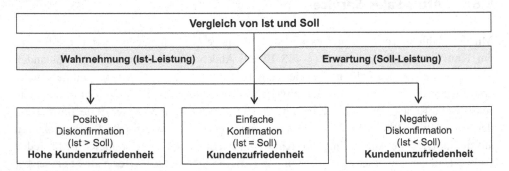

Abb. 9.14 Konfirmation-Diskonfirmation-Paradigma. (Adaptiert nach Homburg, 2020, S. 46; mit freundlicher Genehmigung von © Springer Fachmedien Wiesbaden GmbH 2020. All Rights Reserved)

Wiederkaufabsicht und beeinflusst als direkte Wirkung die Generierung von Wiederholungskäufen und/oder Zusatzkäufen (vgl. Helm, 2007, S. 101; Homburg, 2020, S. 47). Bei
einem zufriedenen Kunden kann von einer **Weiterempfehlungsbereitschaft** ausgegangen
werden, die sich idealerweise auch in positiven Bewertungen niederschlägt. Weiterempfehlungen und positive Kundenbewertungen befördern die **Neukundengewinnung.** Somit
zahlt sich Kundenzufriedenheit auch auf den ökonomischen Erfolg aus (Ahlert et al.,
2018, S. 338; Homburg, 2020, S. 48).

Kundenzufriedenheit ist nach dem **Kano-Modell** durch den erwartbaren oder übertref-
fenden Grad der Erfüllung von Kundenanforderungen geprägt, die als Basis-, Leistungs-
und Begeisterungsfaktoren klassifiziert werden können. **Basisfaktoren** (expected requirements) sind die als selbstverständlich vorausgesetzten Leistungsmerkmale eines Produktes
oder einer Dienstleistung. Die Erfüllung dieser Mindestanforderungen sorgt noch nicht
für Zufriedenheit, sie verhindert zunächst einmal eine Unzufriedenheit (Töpfer, 2020,
S. 158). Die Einhaltung des Lieferversprechens eines Online-Händlers ist eine solche
Basisanforderung.

Lieferversprechen und Kundenzufriedenheit

Sagt der Online-Händler eine Lieferung innerhalb von 2–3 Werktagen zu, so wird die
Erwartungshaltung mit der Lieferung bis zum dritten Werktag auch bestätigt. Die Erfüllung dieser Basisanforderung setzt der Kunde durch das kommunizierte Leistungsversprechen als selbstverständlich voraus. Erfolgt die Lieferung bereits am nächsten
Tag, so übertrifft der Leistungsanbieter die Erwartung. Wer als Online-Händler allerdings ein **Next Day Delivery** verspricht, wird auch an diesem Leistungsversprechen
gemessen. Erfolgt die Lieferung nicht am Folgetag, löst dies bereits Unzufriedenheit
aus.◄

Leistungsfaktoren (normal requirements) können in ihrer Ausprägung die vom Kunden erwarteten Anforderungen übertreffen und erhöhen die Zufriedenheit umso stärker,
je höher die Leistung über der erwarteten Norm liegt. **Begeisterungsfaktoren** (delightful
requirements) sind Produkteigenschaften und Servicekomponenten, die der Kunde nicht
erwartet hat. Erst die Erfüllung der Begeisterungsfaktoren löst das stärkste Gefühl der
Zufriedenheit aus und erzeugt Kundenbindung und Kundenloyalität (vgl. Kano et al.,
1984, S. 39 ff.).

►   **Merke!** Die Kundenerwartungen über die Begeisterungsfaktoren mit einer
   positiven Diskonfirmation regelmäßig zu übertreffen und nicht „nur" zu
   bestätigen, kennzeichnet den Anspruch kundenzentrierter Organisationen.

Kundenunzufriedenheit bildet sich, wenn im Soll-Ist-Abgleich die Produktqualität und
der Service nicht der Erwartungshaltung des Kunden gerecht geworden sind (Ist <

Soll als **negative Diskonfirmation**). Unzufriedenheit führt zu **kognitiven Dissonanzen,** welche einen **Regret** (Bedauern) auslösen. Die Wahrscheinlichkeit eines Wiederkaufs verringert sich, es kommt zu Beschwerden, Retouren und negativem Kundenfeedback in Bewertungsportalen und Social Media. Nicht jeder unzufriedene Kunde wird seinen Unmut mit einer Kundenbeschwerde beim Unternehmen oder über eine Kundenbewertung öffentlich artikulieren. Wer den Aufwand scheut, oder sich keinen Vorteil von seiner Anstrengung erhofft, bleibt mit seiner Unzufriedenheit im Verborgenen und wendet sich von dem Unternehmen ab. In diesem Zusammenhang spricht man vom Phänomen der **„verborgenen Unzufriedenheit"**, die sich gegebenenfalls nur in direkten Gesprächen im eigenen sozialen Umfeld äußert (Homburg, 2020, S. 1029). Insgesamt kann also die Unzufriedenheit wesentlich höher sein, als es für das Unternehmen den Anschein erweckt. Unternehmen sollten versuchen, diesen schwer zu quantifizierenden Anteil an verborgener Unzufriedenheit gering zu halten, indem sie ihre Kunden aktiv zur Artikulation von Beschwerden auffordern. Dafür muss der **Beschwerdeprozess** intuitiv und kundenfreundlich gestaltet sein, um die subjektiv empfundenen Hemmnisse einer **Beschwerdeartikulation** zu minimieren (Meffert et al., 2019, S. 867). Zusammenfassend visualisiert Abb. 9.15 noch einmal die Wirkungskette von Kundenzufriedenheit und Kundenunzufriedenheit mit ihren nachgelagerten potenziellen Aktionen und Reaktionen.

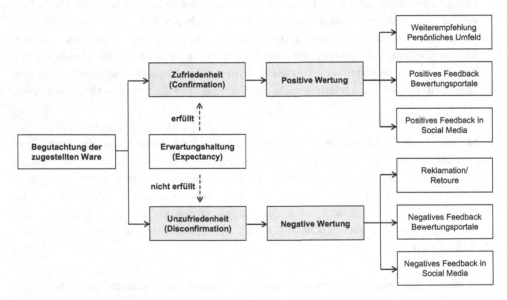

Abb. 9.15 Wirkungskette Kundenzufriedenheit und Kundenunzufriedenheit. (Aus Deges, 2020b, S. 198; mit freundlicher Genehmigung von © Springer Fachmedien Wiesbaden GmbH 2020. All Rights Reserved)

9.8.2 Retourenmanagement

Retouren können sowohl als Kosten- wie auch als Erlöstreiber gesehen werden (Petersen & Kumar, 2010, S. 85). Als **Erlöstreiber** hat die Rückgabemöglichkeit online bestellter Waren die Akzeptanz des Online-Handels zu einem stetig wachsenden Vertriebskanal gefördert. Kunden erachten das Widerrufsrecht als Grundvoraussetzung für den Onlinekauf, da sie keine Möglichkeit haben, die Ware wie im stationären Handel vorab zu begutachten. Retouren sind jedoch auch ein **Kostentreiber** und belasten die **Profitabilität** des Geschäftsmodells. Deutschland gilt im internationalen Vergleich als „Retouren-Europameister" (Achter, 2022). Nach jüngsten Berechnungen der Forschungsgruppe Retourenmanagement an der Universität Bamberg wurde 2021 fast jedes vierte Paket im deutschen Online-Handel an den Versender zurückgeschickt. Mode und Bekleidung ist die retourenkritischste Warenkategorie. Deren Anteil beträgt bei den retournierten Sendungen 83 % und bei den retournierten Artikeln 91 % (Achter, 2022).

9.8.2.1 Retourengründe

Entscheidend für die Ausgestaltung des Retourenmanagements ist die Kenntnis und Bewertung der Ursachen für Retouren (vgl. Deges, 2017, S. 11 ff.). Ein Online-Händler ist gut beraten, Transparenz über die Retourengründe und das **Retournierverhalten** seiner Kunden zu gewinnen, damit er das Kundenverhalten beeinflussen und die Retourenkosten senken kann. Abb. 9.16 visualisiert mögliche Retourengründe im E-Commerce.

Produktbezogene Gründe	Preisbezogene Gründe
• Unspezifische, unzureichende und ungenaue Produktbeschreibung • Mangelhaftes Qualitätsversprechen • Realitätsferne Produktdarstellung • Fehlende Unterstützung und Hilfestellung im Auswahlprozess	• Saisonale Preisschwankungen • Kurzfristige Preisanpassungen • Identifizierung günstigerer Preise beim Wettbewerb innerhalb der Widerrufsfrist • Verkaufsförderungsmaßnahmen und Sonderverkäufe innerhalb der Widerrufsfrist

Logistikbezogene Gründe	Kundenverhaltensbezogene Gründe
• Zu lange Lieferzeit • Mangelnde Lieferqualität in Form beschädigter Verpackungen und erfolgloser Zustellversuche (falsche Lieferadresse) • Fehler in der Kommissionierung	• Bewusste Auswahlbestellungen • Parallelbestellungen in mehreren Onlineshops • Ausnutzung des Widerrufsrechts im Sinne einer „Produktausleihe" • Falschbestellung (Menge, Artikel)

Abb. 9.16 Retourengründe im E-Commerce. (Adaptiert nach Deges, 2017, S. 15; mit freundlicher Genehmigung von © Springer Fachmedien Wiesbaden GmbH 2017. All Rights Reserved)

Produktbezogene Retouren basieren auf einer Fehleinschätzung der Größe, Passform und Produktqualität. Die Gründe liegen in einer mangelnden Hilfestellung während des Auswahlprozesses und unzureichenden Produktbeschreibungen. **Preisbezogene Retourengründe** sind zum einen durch die Preisstellung, Preisentwicklung und Preisanpassung, zum anderen durch die Länge der Widerrufsfrist begründet. Je höher der Preis eines Artikels, desto höher die Retourenquote (Rabinovich et al., 2011, S. 314). Eine mögliche Erklärung dafür ist die höhere Erwartungshaltung bei hochpreisigen Produkten, die bei auch nur geringer Abweichung von Soll und Ist eine höhere Rücksendewahrscheinlichkeit nach sich zieht (Asdecker, 2014, S. 214). Darüber hinaus kann der Kunde die Preisentwicklung seiner bestellten Artikel während der Widerrufsfrist verfolgen. Sinkt der Preis innerhalb der Frist, so kann er die Artikel zu einem geringeren Preis erneut bestellen und die ursprüngliche Lieferung retournieren (Asdecker, 2014, S. 214). Je länger die Widerrufsfrist, beispielsweise 100 Tage bei Zalando, um so wahrscheinlicher sind Preisanpassungen gerade bei Saisonartikeln wie Mode und Bekleidung. Verkaufsförderungsmaßnahmen (Rabatte oder Gutscheine) und Sonderverkäufe innerhalb des Rückgabezeitfensters bergen das gleiche Risiko des erhöhten Retourenaufkommens von zuvor getätigten Bestellungen (Asdecker, 2014, S. 214 f.). **Logistikbezogene Retouren** basieren auf Lieferverzögerungen, Kommissionierungsfehler und Schäden an der Ware oder Verpackung. Je länger die Lieferzeit, desto eher können Kaufentscheidungen, insbesondere bei Impulskäufen, wieder infrage gestellt werden. Die Ware kann gleichzeitig in mehreren Onlineshops bestellt worden sein, insbesondere zur Absicherung besonders zeitkritischer Lieferungen vor Weihnachten oder vor einer Urlaubsreise. Die Bestellung, die als erste den Kunden erreicht, wird behalten, die nachfolgenden Lieferungen werden unausgepackt zurückgesendet. Einziger Vorteil für den Online-Händler: Die noch originalverpackte Ware kann nochmal als Neuware verkauft werden (Deges, 2017, S. 13 f.). **Kundenverhaltensbezogene Retouren** basieren auf einem typischen Verhaltensmuster der Unsicherheitsreduktion beim Onlinekauf. Insbesondere bei Mode, Bekleidung und Accessoires werden mehrere Größen oder Farben des gleichen Artikels oder Varianten eines ähnlichen Artikels bestellt (Deges, 2017, S. 14). Mit Auswahlbestellungen erhöht sich aus Kundensicht die Wahrscheinlichkeit, dass zumindest ein Artikel den Anforderungen genügt. Als **Retail Borrowing** wird die Ausnutzung des Widerrufsrechts im Sinne einer „Produktausleihe" verstanden (vgl. Harris, 2008, S. 461 ff.; King & Dennis, 2006, S. 282 ff.). Ein Produkt wird für einen bestimmten Anlass oder eine kurzzeitige Verwendung bestellt und innerhalb der Retourenfrist wieder zurückgeschickt. Bei einem Retail Borrowing besteht schon beim Kauf des Produktes die feste Absicht, dieses wieder zu retournieren (vgl. Piron & Young, 2000, S. 27 ff.).

Mit einem dem Versandpaket beiliegenden und für eine Rücksendung auszufüllenden **Retourenschein** können **Rückgabegründe** erfragt werden. Die Angabe eines Retourengrundes ist gesetzlich nicht verpflichtend. Der Retourenschein sollte möglichst einfach und übersichtlich strukturiert sein, damit die meist nur geringe Bereitschaft zur Angabe von Retourengründen nicht durch eine komplizierte Formularhandhabe erschwert wird.

Mögliche Retourengründe können als **Checkboxen** (Ankreuzfelder) zur Auswahl eines oder mehrerer Retourengründe vorgegeben werden. Ein offenes **Freitextfeld** ermöglicht ergänzende Kommentare oder die Nennung eines im Auswahlmenü nicht aufgeführten Rücksendegrundes. Authentische Antworten verschaffen dem Online-Händler Transparenz über das kundenspezifische **Retournierverhalten.** Die Motivation zur Angabe von Retourengründen kann mit Sensibilisierungshinweisen auf die Bedeutung der Kundenrückmeldung für die Verbesserung des Produktprogramms und des Kundenservice befördert werden. Alternativ zum händischen Ausfüllen eines Papierformulars digitalisiert ein **Online-Retourenportal** den Widerruf und die Angabe von Retourengründen mit einer Online-Formularlösung. Dies hätte den Vorteil, dass die online erhobenen Daten schneller und leichter systemtechnisch verarbeitet werden können.

9.8.2.2   Präventives Retourenmanagent

Mit einem **präventiven Retourenmanagement** soll der Wahrscheinlichkeit einer möglichen Rücksendung vor, während und nach der Bestellung entgegengewirkt werden (Asdecker, 2017). Die **Retourenvermeidung** setzt bereits im Informations- und Auswahlprozess an, indem durch Hilfestellungen die Kaufentscheidung im Hinblick auf eine bewusste Auswahl von Produkten beeinflusst werden soll. Liegen mehrere Größen eines Artikels im Warenkorb, so kann der Kundenservice über einen **Live-Chat** noch während des Bestellvorgangs **Hilfestellungen** im Auswahlprozess anbieten. Zur Vermeidung von **Auswahlbestellungen** sind Begrenzungen der Anzahl an Varianten eines Artikels im Bestellvorgang bis hin zum Ausschluss von Variantenbestellungen möglich (Asdecker, 2014, S. 219). Ein **Retourentreiber** ist der **Rechnungskauf,** bei dem Kunden nicht in Vorleistung gehen und erst nach Zustellung der Ware mit der Abbuchung der Rechnungssumme belastet werden (vgl. Asdecker, 2014, S. 219). **Zahlungsverfahren** könnten auf Vorkasse, Sofort-Überweisung und Lastschrift limitiert oder Kunden mit hohen Retourenquoten vom Rechnungskauf ausgeschlossen werden. Eine fehlerfrei kommissionierte Warensendung in einer bruchsicheren Verpackung und eine schnelle Lieferung zählen im Bereich der **Zustelllogistik** zu den wichtigsten Maßnahmen der Retourenvermeidung (Asdecker, 2014, S. 225).

Die **Retourenverhinderung** sucht nach der Zustellung der Lieferung Einfluss auf die Entscheidung zur Rücksendung zu nehmen (Binckebanck & Elste, 2016, S. 636). Diese soll erschwert oder verhindert werden (Rogers et al., 2002, S. 10). Es werden Maßnahmen mit und ohne Kompensation unterschieden (Asdecker, 2014, S. 24). Bei der **Retourenverhinderung mit Kompensation** bieten Online-Händler ihren Kunden einen finanziellen Ausgleich von einer Preisreduktion bis zur Erstattung des Kaufbetrages, wenn diese ihre Bestellung nicht retournieren (Walsh & Möhring, 2015, S. 8). Dies setzt voraus, dass die Retourenkosten für den Händler höher sind als die Wiederbeschaffungskosten der Ware (Asdecker, 2014, S. 95). Ist der Artikel geringwertig oder beschädigt, so kann der Online-Händler bei gleichzeitiger Erstattung des Kaufpreises auf eine Rücksendung verzichten und verringert die Anzahl der paket- oder artikelbezogenen Vorgänge in seiner

Retourenlogistik. Unternehmen können **Belohnungen** in Form von Rabatten oder Gutscheinen für den nächsten Einkauf anbieten, wenn Kunden auf die Rücksendung ihrer Bestellung verzichten. Der Online-Händler möchte dadurch unsichere Kunden bei der Abwägung ihrer Retourenentscheidung beeinflussen und einen **Anreiz** für das Behalten der Ware offerieren. Bei der **Retourenverhinderung ohne Kompensation** versucht der Online-Händler den zeitlichen, finanziellen und/oder emotionalen Aufwand der Rücksendung zu erhöhen (Möhring et al., 2015, S. 259). **Hassle Costs** (Schikanekosten) sollen Konsumenten davon abhalten, Produkte zu retournieren, indem der zeitliche Aufwand für die Initiierung und Durchführung des Rückversands erhöht wird (Walsh & Möhring, 2015, S. 8). So wird dem Versandpaket kein Retourenlabel (**Rückversandaufkleber**) beigelegt. Dieses muss angefordert und ausgedruckt werden. Bei der Verkomplizierung des Rücksendeprozesses ist das Risiko der **Kundenunzufriedenheit** bis hin zum Kundenverlust zu berücksichtigen (Asdecker, 2014, S. 24). Der Hinweis auf die Nicht-Übernahme der Rücksendegebühren und strenge Rücknahmerichtlinien erhöhen bereits vor der Bestellung das wahrgenommene Kaufrisiko. Dies kann im Extremfall zu einem Kaufverzicht des Kunden führen, andererseits aber auch zu einem bewussteren Kaufverhalten mit der Vermeidung von Auswahlbestellungen.

Rücksendungen sind für Kunden mit monetären und nicht-monetären **Transaktionskosten** verbunden. In einer auf das Retournierverhalten des ersten Halbjahres 2022 bezogenen Erhebung des BEVH (Bundesverband E-Commerce und Versandhandel Deutschland) gaben neun von zehn Onlinekunden (89,9 %) an, die von ihnen bestellte Ware behalten zu wollen, um sich den mehr oder minder als lästig empfundenen Prozess der Retourenrückgabe zu ersparen (BEVH, 2022). Denn neben dem monetären Aufwand in Form von **Retourenrücksendekosten** entsteht ein zeitlicher Aufwand in Form von Bearbeitungszeit für die Vorbereitung des Rückversands (Widerruf erklären, verpacken, Retourenlabel anfordern und rückversandetikettieren). Die händische Abgabe der Retoure in einer Postfiliale oder einem Paketshop ist mit Aufwand in Form von **Wegezeit** und **Wartezeit** verbunden. Des Weiteren müssen eingeschränkte Öffnungszeiten der Abgabestationen berücksichtigt werden. Eine **verdeckte Retoure** kennzeichnet sich dadurch, dass der Kunde die Ware aufgrund einer komplizierten Retourenabwicklung behält, obwohl er nicht zufrieden ist. Grundsätzlich gilt: Je geringer der wahrgenommene Aufwand, desto niedrigschwelliger ist die Entscheidung für einen Rückversand.

9.8.2.3 Reaktives Retourenmanagement

Das **reaktive Retourenmanagement** umfasst die effektive und effiziente Verarbeitung von Retouren (Rogers et al., 2002, S. 5). Der Retourenbearbeitungsprozess zeichnet sich durch einen hohen Anteil manueller Arbeitsschritte bei der Annahme, Aufbereitung und Wiedereinlagerung der retournierten Ware aus (Asdecker, 2014, S. 73). Wie Abb. 9.17 darstellt, zählen zum Retourenmanagement der **Reverse Logistics** neben dem **Warenfluss** auch ein **Finanzfluss** mit der Rückabwicklung der durch den Kunden bereits getätigten

Zahlung und ein **Informationsfluss** durch die Kommunikation mit dem Kunden während des Retourenprozesses (Asdecker, 2014, S. 19).

Der **Effizienzgrad** der Retourenbearbeitung hängt von der Menge der Bearbeitungsobjekte (Pakete/Artikel), der Vielfalt des Artikelspektrums und dem möglichen Automatisierungsgrad der einzelnen Bearbeitungsschritte ab. Bei hohem Retourenaufkommen ist es wirtschaftlich sinnvoll, in eine **Automatisierung** des Warenflusses und in eine **Systemunterstützung** des Informationsflusses zu investieren, um den kostenintensiven Anteil manueller Arbeitsschritte zu reduzieren (vgl. Deges, 2017, S. 30). Die folgenden Arbeitsschritte sind in einem typischen Standardprozess der Retourenbearbeitung zu beobachten (vgl. Deges, 2017, S. 30 ff.):

- **Anlieferung und Erfassung des Retoureneingangs:** Mit der Anlieferung des Retourenpaketes wird mit dem Scan des Rücksendeetiketts der Ursprungsauftrag zugeordnet. Die Retoure wird entpackt und die Anzahl der rückgesendeten Artikel erfasst. Anhand des beiliegenden Retourenscheins und dem Abgleich des Urspungsauftrages kann überprüft werden, ob die Ware korrekt innerhalb der Widerrufsfrist zurückgesendet wurde und ob es sich um eine richtige Retoure handelt, also kein falscher Artikel (absichtlich) zurückgesendet wurde.
- **Prüfung und Klassifizierung der Retouren:** Die zurückgesendete Ware muss auf Unversehrtheit und Wiederverwertbarkeit überprüft und klassifiziert werden. Dieser Prüfprozess nimmt je nach Warenkategorie unterschiedlich Zeit in Anspruch und erfordert geschulte Mitarbeiter. Die Klassifizierung der retournierten Ware hinsichtlich ihrer Wiederverwertbarkeit entscheidet über die weitere Handhabung im Retourenprozess und die Freigabe der Rückzahlung des Kaufpreises an den Kunden.
- **Aufbereitung und Neuverpackung der wiederverwertbaren Artikel:** Wiederverwertbare Artikel müssen aufbereitet werden, d. h. Bekleidung gereinigt, gebügelt und gefaltet werden. Geringfügige Defekte oder Funktionsstörungen bei Consumer-Electronics-Artikeln können gegebenenfalls repariert und behoben werden. Anschließend muss die aufbereitete Ware neu verpackt und etikettiert werden.

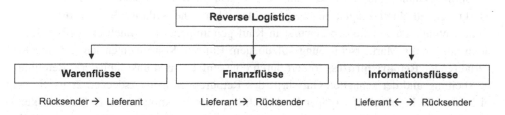

Abb. 9.17 Reverse Logistics. (Eigene Darstellung)

- **Einlagerung der wiederverwertbaren Artikel und Freigabe für den Verkauf:**
  Wichtig ist eine schnelle Einlagerung von wiederverkaufsfähiger Ware in den Neu-
  warenbestand, um die Warenverfügbarkeit in der Vorwärtslogistik zu erhöhen. Nach
  der Einlagerung muss der neue Lagerbestand im Warenwirtschaftssystem und die
  Warenverfügbarkeit im Onlineshop aktualisiert werden. Damit diese Artikel bei offenen
  Bestellungen als erste wieder verschickt werden, kann ein spezieller Retourenlagerplatz
  eingerichtet werden.
- **Kundenkommunikation und Erstattung des Rechnungsbetrags:** Die objektbezogene
  Abwicklung der Retouren endet mit der Gutschrift oder der Rückabwicklung bereits
  geleisteter Zahlungen an den Kunden (Finanzfluss). Status-Mails können zu Beginn
  des Retourenprozesses den Retoureneingang im Lager des Online-Händlers bestätigen
  und am Ende des Bearbeitungsprozesses die Erstattung des Kaufbetrages ankündigen
  (Informationsfluss).

Durch einen effizienten Umgang mit Retouren können mit kürzeren Bearbeitungs- und
Durchlaufzeiten Lagerkosten reduziert werden. Mit einer **Prozessoptimierung** können
mehr Retouren in gleichbleibender Zeit bearbeitet, oder eine gleichbleibende Anzahl
von Retouren mit weniger Personal bearbeitet werden. Eine große Produktvielfalt steigert die **Komplexität** der Retourenverarbeitung, da sich Aufwertungsarbeiten je nach
Warenkategorie unterscheiden. Bei konstant hohen Retourenvolumina bietet sich für eine
effektive und effiziente Abwicklung von Rücksendungen der Betrieb eines spezialisierten
Retourenlagers an. Wiederverkaufsfähige Waren, insbesondere Saisonware im Bereich
Mode und Bekleidung müssen schnellstmöglich in den Distributionsprozess zurückgeführt
werden (Steven et al., 2003 S. 780).

9.8.2.4 Retourenstrategien

Die **Retourenstrategie** wird von vielen Verbrauchern als kaufentscheidendes Element
des Kundenservice wahrgenommen. Wie Abb. 9.18 verdeutlicht, sind die Gegenpole eine
extrem kulante kundenorientierte auf der einen und eine sehr restriktive Retourenstrategie
auf der anderen Seite (Asdecker, 2014, S. 87 ff.).

Online-Händler, die den Fokus auf die Akquisition von Neukunden legen und einen
Markt schnell durchdringen möchten, wählen eher eine **kulante Retourenstrategie.**
Hohe Retourenquoten werden bewusst in Kauf genommen, um schnell eine große Kundenbasis für die Markterschließung aufzubauen. Ein aus Konsumentensicht reibungslos
verlaufender **Retourenprozess** fördert durch eine einfache und unkomplizierte Retourenbearbeitung und der schnellen Gutschrift des Retourenbetrages (Asdecker, 2014, S. 78)
nicht nur die Bereitschaft zu einer Erstbestellung, sondern stimuliert auch Bestandskunden zu erneuten Bestellungen. Bei der Wahl einer eher **restriktiven Retourenstrategie**
liegt der Fokus auf der Kostensteuerung. Die Retourenquote soll durch Maßnahmen
der Retourenvermeidung und Retourenverhinderung geringgehalten werden. Restriktive

Kulante Retourenstrategie	Restriktive Retourenstrategie
Ansatz: Convenience	**Ansatz: Gatekeeping**
• Erweiterung der gesetzlichen Widerrufsfrist (>14-100 Tage)	• Widerrufsfrist 14 Tage nach gesetzlicher Vorgabe
• Verzicht auf Widerrufsbelehrung: Wirksamer Widerruf durch Rücksendung	• Verpflichtung zur ausdrücklichen Widerrufserklärung vor dem Rückversand
• Retourenschein mit selbstklebendem Rückversandetikett liegt dem Paket bei	• Retourenschein und Rückversandetikett muss angefordert und ausgedruckt werden
• Uneingeschränkte Übernahme der Rücksendegebühren	• Komplette oder teilweise Weitergabe der Rücksendegebühren an den Kunden
• Incentivierung Nicht- und Wenigretournierer. Billigung Vielretournierer	• Vorkasse Vielretournierer. Abmahnung / Ausschluss Vielretournierer

Abb. 9.18 Retourenstrategien im E-Commerce. (Adaptiert nach Deges, 2017, S. 39; mit freundlicher Genehmigung von © Springer Fachmedien Wiesbaden GmbH 2017. All Rights Reserved)

Maßnahmen führen zwar zu einer **Kostenersparnis,** fördern jedoch auch **Kundenunzufriedenheit,** was sich in einem rückläufigen Bestellvolumen ausdrücken kann. Denn Kunden informieren sich bereits während des Bestellprozesses über die Retourenrichtlinien des Versenders und beziehen diese bewusst in ihre Kaufentscheidung ein. Die gilt vor allem dann, wenn dem Besteller eine Retourenrücksendung bereits bewusst ist, da er **Auswahlbestellungen** in Erwägung zieht. 52 % der europäischen Verbraucher prüfen immer die Rückgaberichtlinien, bevor sie sich für den Kauf in einem Onlineshop entscheiden (Sendcloud, 2022, S. 34). Nach einer repräsentativen Umfrage der GfK im Auftrag von Galaxus erwarten 73 % der deutschen Onlinekäufer kostenfreie Retouren (Borchers, 2022). 74 % der europäischen Verbraucher bestellen nicht in einem Onlineshop, wenn sie für die Retourenrücksendung zahlen müssen (Sendcloud, 2022, S. 37). 90 % der 100 größten Onlineshops in Deutschland bieten kostenlose Retourenrücksendungen an (ParcelLab, 2022). Dies sind vor allem Modehändler, obwohl dieses Warensegment mit einem hohen Retourenaufkommen belastet ist. Aber die Modehändler wissen um die Unsicherheit beim Kleidungskauf und setzen auf kulante Rücksenderegelungen, um die Kaufentscheidung zu beeinflussen (ParcelLab, 2022).

Die Verlängerung der **Rückgabefrist** bietet Online-Händlern Gestaltungsoptionen über die rechtlichsverbindlich vorgeschriebene Mindestanforderung eines 14-tägigen Rückgaberechts (siehe Abschn. 1.6.5) hinaus. Rund die Hälfte der deutschen Onlinekäufer (49,4 %) erwartet bis zu 30 Tage Zeit für eine Retourenrücksendung, gar 17 % erwarten eine Retourenfrist von mindestens 60 Tagen (Sendcloud, 2022, S. 38). Deutsche

Online-Händler gewähren mit durchschnittlich 51,7 Tagen sehr großzügige Rücksende-
fristen (Achter, 2022). Eine längere Rückgabefrist kann sogar zu einer Senkung der
Retourenquote führen (Sendcloud, 2022, S. 38). Je länger sich ein Kunde mit dem
bestellten Produkt auseinandersetzt, desto stärker relativieren sich in der unmittelbaren
Nachkaufphase entstandene kognitive **Dissonanzen.** Mit der wiederholten Aufschiebung
der Rücksendeentscheidung erhöht sich jedoch die Gefahr, dass bei einer sehr langen
Rückgabefrist die Rücksendung schlichtweg vergessen wird.

Im eigenbetriebenen Onlineshop ist der Online-Händler in der Ausgestaltung seiner
Retourenstrategie frei. Im Onlinevertrieb über Marktplätze müssen verbindliche Vorgaben
der Marktplatzbetreiber an die Retourenstrategie berücksichtigt werden. Auch wenn diese
hohe Freiheitsgrade gewähren, im direkten Wettbewerb auf stark frequentierten Marktplätzen ist auch eine Anpassung der eigenen Retourenregelungen an die der relevantesten
Wettbewerber in Erwägung zu ziehen. Jeder Online-Händler befindet sich in der Ausgestaltung seiner Retourenstrategie in einem Dilemma zwischen Kunden- und Kostenorien-
tierung (Walsh & Möhring, 2015, S. 6). Bei einer sehr kundenfreundlichen Gestaltung
der Retourenrückgabe erhöht sich die Retourenquote, eine restriktive Retourenrücknahme
wirkt sich negativ auf die Kundenzufriedenheit und Wiederkaufwahrscheinlichkeit aus
(Walsh & Möhring, 2015, S. 7).

9.8.2.5 Verwertung von Retouren

Das **Kreislaufwirtschaftsgesetz** (KrWG) ist ein zentrales Bundesgesetz zur Abfallreduzierung und Abfallverwertung. Nach § 1 KrWG ist der Zweck des Gesetzes die Förderung
der Kreislaufwirtschaft zur Schonung der natürlichen Ressourcen und die Sicherung
der umweltverträglichen Bewirtschaftung von Abfällen. Mit der Umsetzung der **EU-
Abfallrahmenrichtlinie** im Oktober 2020 sind die in den §§ 23 bis 25 KrWG geregelten
Anforderungen der **Produktverantwortung** für Hersteller und Händler grundlegend neu
gefasst worden. Erzeugnisse sind so zu gestalten, dass bei Herstellung und Gebrauch
das Entstehen von Abfällen vermindert wird und sichergestellt ist, dass die nach ihrem
Gebrauch entstandenen Abfälle umweltverträglich verwertet oder beseitigt werden. (Hen-
kel, 2021). Die Produktverantwortung sieht eine „**Obhutspflicht**" vor (§ 23 Absatz 2
Nr. 11 KrWG). Dazu gehört insbesondere die Pflicht, beim Vertrieb der Erzeugnisse,
auch im Zusammenhang mit deren Rücknahme oder Rückgabe, dafür zu sorgen, dass die
Gebrauchstauglichkeit der Erzeugnisse möglichst lange erhalten bleibt (BMUV, 2020;
Henkel, 2021). Hierfür sind betriebliche und organisatorische Vorkehrungen wie sorgsa-
mer Umgang, Transport, Aufbewahrung, Verkauf vor Ablauf der Haltbarkeit, ermäßigter
Verkauf über andere Vertriebskanäle oder Spende des Produkts zu treffen (BMUV, 2020).
Nur wenn die ursprüngliche Zweckbestimmung des Produktes nicht mehr aufrechterhalten
werden kann, kommen andere Verwertungsmöglichkeiten wie **Recycling** und **Entsorgung** in Betracht (BMUV, 2020). Dadurch soll verhindert werden, dass nicht verkaufte
Neuware (Lagerbestände, Warenüberhänge) sowie unbeschädigte Rücksendungen aus rein
ökonomischen Gründen vernichtet werden (Henkel, 2021). Das KrWG bildet somit einen

Abb. 9.19 Klassifizierung von Retouren. (Eigene Darstellung)

gesetzlichen Rahmen für die Verwertung von Retouren. Wie Abb. 9.19 aufzeigt, kann die Bewertung des Warenzustands retournierter Rücksendungen in einer vierstufigen ABCD-Kategorisierung erfolgen. Mit jeder Kategorie sind andere Vermarktungsoptionen verknüpft.

Kategorisierung als A-Retoure

Im Idealfall erreicht den Online-Händler eine Warenrücksendung als ungeöffnete und auch unbeschädigte Originalverpackung. Die zugestellte Ware ist nicht entpackt und das Produkt nicht an- oder ausprobiert worden. Der Artikel kann als A-Retoure kategorisiert gleich wieder eingelagert und als Neuware zum ursprünglichen Verkaufspreis im eigenen Onlineshop angeboten und verkauft werden.

Kategorisierung als B-Retoure

Ist ein Artikel der Originalverpackung entnommen und anprobiert worden, so ist weder die Verpackung noch der Artikel im unversehrten Originalzustand. Diese Retoure wird in den meisten Fällen als **Open-Box B-Ware** gekennzeichnet. Der Artikel kann nicht mehr zum Originalpreis verkauft werden, auch wenn keine Mängel am Produkt erkennbar sind oder geringfügige Gebrauchsspuren vollständig beseitigt werden können. Der nächste Käufer würde erkennen, dass der Artikel mindestens einmal ausgepackt wurde und er offensichtlich eine neuversendete Retoure erhalten hat. Gerade bei hochpreisigen Neuwaren führen kleinste Beschädigungen an der Verpackung oder der Produktversiegelung bereits zu einer kognitiven Dissonanz, denn eine unbeschädigte Verpackung wird als Bestandteil des Produktes wahrgenommen.

Kategorisierung als C-Retoure

Ein Wertverlust kommt zustande, wenn der retournierte Artikel durch die Ingebrauchnahme, das intensive Testen der Funktionsfähigkeit oder durch Transportschäden nicht mehr einer Neuware entspricht. Die Ursache liegt entweder in einer Zustandsverschlechterung der Ware oder in einem **Preisverfall** während der Widerrufsfrist (Asdecker, 2014, S. 89). Bei starken Gebrauchspuren lassen sich Retouren nur noch mit deutlichen **Preisabschlägen** als Gebrauchtware vermarkten. Die Höhe der Rabattierung richtet sich nach dem Ausmaß der festgestellten und nicht mehr behebbaren Mängel. Als mit den jeweiligen Mängeln kenntlich gemachte Gebrauchtware ist diese einer **Zweitverwertung** zuzuführen.

B- oder C-Retouren mit kleineren, nicht gravierenden Mängeln können einem **Rework** durch Aufarbeitungsprozesse im Retourenlager unterzogen werden, um deren Wiedervermarktungsfähigkeit zu steigern. Sie können aber auch als nicht wiederaufbereitete Retouren im Verbund mit unverkäuflicher Überbestandsware und nicht mehr nachgefragten Saisonwaren spezialisierten **Restpostenhändlern** zum Kauf angeboten werden.

B2B-Marktplatz für Restposten und Retouren

Das Unternehmen Restposten (https://www.restposten.de) betreibt einen Großhandels-Marktplatz für Restposten und Retouren. Das Angebot an A- und B-Waren findet auf dieser Plattform spezialisierte Auf- und Wiederverkäufer und wird von über 30.000 Mitgliedern aus 97 Ländern genutzt (Restposten, 2023). Die eingelieferte Ware muss einer der elf von Restposten definierten Warenqualitäten in ihren Abstufungen als 1 A-Ware oder B-Ware zugeordnet werden, bevor sie den Marktplatzteilnehmern zum Kauf offeriert wird (Restposten, 2023).◄

Retouren können auch über spezialisierte **B2B-Auktionsplattformen** wie BuyBay (https://www.buybay.com) versteigert werden. Mit eigenen Vertriebskanälen könnte der Online-Händler mit temporär eingerichteten **Pop-up-Stores** (siehe Abschn. 7.2.3) rabattierte Retouren einem Second-Hand-Resale zuführen. QVC und Zalando betreiben mit ihren **Outletstores** ein stationäres Vertriebskonzept für den Verkauf von Sonderposten, Saisonwaren und Retouren mit stark rabattierten Sonderpreisen bei täglich wechselnden Angeboten. QVC betreibt in Düsseldorf und Hückelhoven zwei Outletstores. Bei Zalando sind es bundesweit 12 Outletstores. Cyberport und Noteboooksbilliger bieten in ihren Consumer-Electronics-Onlineshops neben Neuprodukten auch geprüfte B-Ware mit rabattierten Preisen an. Retouren könnten des Weiteren auch einem rabattierten **Mitarbeiterkauf** zugeführt werden.

Kategorisierung als D-Retoure

Lässt der Warenzustand der Retoure keine Zweitvermarktung mehr zu, so ist die Ware als D-Retoure zu deklarieren. Der Hersteller erhält retournierte Waren von seinen Vertriebspartnern zurück, wenn die Hersteller-Händler-Beziehung auf einem **Customer Return to Vendor** (CRTV) beruht. Sind CRTV-Rechte vereinbart, dann wird der retournierte Artikel an den Ursprungslieferanten zurückgesendet oder dieser holt retournierte Waren am Retourenlagerstandort des Online-Händlers ab. Die **Entsorgung** respektive **Vernichtung** retournierter Ware steht im Fokus der Öffentlichkeit. Auch wenn eine Vernichtung aus ökonomischer Perspektive bei stark beschädigten oder geringwertigen Gütern sinnvoll erscheint, so ist diese Form der Warenentsorgung bei einem stetig wachsenden Umweltbewusstsein der Gesellschaft nur schwer vermittelbar. Produkte mit einem durchtrennten Hygienesiegel müssen grundsätzlich ohne weitere Prüfung vernichtet werden. Idealerweise können Retouren einem **Recycling** zugeführt werden. Die aus dem Recycling gewonnenen Materialien können in Produktionsprozessen wiederverwendet werden.

Auslagerung des Recycling an spezialisierte Dienstleister

Eine fachgerechte Entsorgung nicht mehr verwertbarer Retouren kann an spezialisierte Recycling-Unternehmen ausgelagert werden Die RE TEXTIL Deutschland GmbH (https://www.re-textil.de), ein Unternehme der REMONDIS-Gruppe, garantiert eine fachgerechte Entsorgung und ein nachhaltiges Textilrecycling von Altkleidern. Damit werden Rohstoffe ressourcenschonend in den Stoffkreislauf zurückgeführt.◄

Eine Alternative zur Entsorgung ist die kostenlose Weitergabe unverwertbarer Retouren als **Sachspende** an soziale Einrichtungen oder gemeinnützige Organisationen. Dies wäre auch mit einem positiven Effekt für das Unternehmensimage verbunden. Die derzeitige **Steuergesetzgebung** erschwert jedoch diesen Vorgang und gestaltet das Spenden kostspieliger als das Entsorgen und Vernichten. Auf Spenden werden in Deutschland bis auf wenige Ausnahmen Umsatzsteuern erhoben, damit wird eine Sachspende steuerlich wie ein Produktverkauf betrachtet. Somit wird absurderweise ein Fehlanreiz für eine kostengünstigere Produktvernichtung ausgelöst. Eine Änderung der Steuergesetzgebung im **Umsatzsteuergesetz** (UstG) liegt nicht allein in der nationalstaatlichen Verantwortung, da die **EU-Mehrwertsteuer-Systemrichtlinie** ein weitgehend einheitliches Mehrwertsteuersystem in der Europäischen Union vorgibt. Die Steuerbemessungsgrundlage richtet der Gesetzgeber nach der „**Verkehrsfähigkeit**" der Ware und damit nach ihrem Restwert für einen Empfänger. Lediglich wertlose Warenspenden (beispielsweise verderblich Frischwaren und Lebensmittel kurz vor dem Ablauf des Mindesthaltbarkeitsdatums) fehlt diese Verkehrsfähigkeit. Sie können steuerfrei an Tafeln gespendet werden.

9.8.3   Kundenservice und Kundensupport

Die Begriffe Kundenservice und Kundensupport werden oft synonym verwendet und sind in der Praxis als Serviceanfrage oder Supportanfrage nicht immer trennscharf inhaltlich und organisatorisch voneinander abzugrenzen, da der Kundensupport einen Teilbereich des Kundenservice bildet. **Kundenservice** steht als umfassenderer Begriff für jedwede Form der Kommunikation und Interaktion zwischen einem Unternehmen und seinen Kunden. Der **Kundensupport** ist die primäre Anlaufstelle in der After-Sales-Phase und bezieht sich immer auf ein bereits gekauftes Produkt. Der Kunde identifiziert ein Problem in der Installation, Konfiguration, Nutzung und Handhabung eines Produktes und erhofft sich vom technisch versierten Kundensupport eine Problemlösung. Kann dem Kunden nicht geholfen werden, dann bildet sich eine negative **Customer Experience,** die eine kognitive Dissonanz und Unzufriedenheit mit dem Produkt verstärkt und als unmittelbare Folge zu einer Retoure führen kann. Mit einer zufriedenstellenden Problemlösung bildet sich eine positive **Support Experience.** Kognitive Dissonanzen in der unmittelbaren Nachkaufphase müssen daher nicht zwangsläufig zu einer Retoure führen, wenn es um die fachkundige Beantwortung individueller Fragen geht und damit Bedenken hinsichtlich der Produktqualität, Produktbeschaffenheit und Produktnutzung ausgeräumt werden können.

Für den Kundenservice und Kundensupport müssen Kontaktmöglichkeiten bereitstehen, die sowohl eine asynchrone schriftliche Kommunikation (Kontaktformular, Mail), wie auch ein zeitsynchrones persönliches Gespräch mit einem Service- oder Supportmitarbeiter ermöglichen. Kommunikations- und Interaktionssysteme können in automatisierte **(Mensch-Maschine-Interaktion)** Servicefunktionen und dialogbasierte persönlich-individuelle Kommunikationsangebote **(Mensch-Mensch-Interaktion)** differenziert werden. Der Kunde wählt die ihm am geeignetsten erscheinende Form der Kontaktaufnahme aus, je nachdem, um welchen **Kommunikationsinhalt** es sich handelt (Produkt, Dienstleistung, Unternehmen), welcher **Kommunikationsauslöser** die Kundeninitiative entfacht (allgemeine Fragen, Beschwerde, Kritik, individuelles Problem) und welcher **Kommunikationskanal** (automatisierte digitale oder persönlich direkte Assistenz) dem Kunden für sein spezifisches Informations- und Supportbedürfnis als am besten geeignet erscheint.

9.8.3.1 Automatisierte Servicefunktionen

Automatisierte Servicefunktionen grenzen sich von persönlich-individuellen Serviceleistungen durch ihren mangelnden interpersonalen Kontakt ab (Ahlert et al., 2018, S. 363). Über **Customer Self Services** kann ein Mix von kundenindividuell auswählbaren und konfigurierbaren Hilfestellungen in Form von Informationen geboten werden, die im Idealfall das Kundenproblem lösen und eine persönliche Kontaktaufnahme erübrigen. **Kontaktformulare** ermöglichen eine schriftliche Kontaktaufnahme mit dem Kundenservice oder Kundensupport. Diese können mit Wahlmenüs sowie offenen und geschlossenen Formularfeldern kombiniert eingesetzt werden. Durch auszufüllende Pflichtfelder, in denen obligatorische Informationen wie Kontaktdaten abgefragt werden, ist dem Formular eine inhaltliche und grafische Struktur gegeben. Die Formularfelder sollten nur die Informationen abfragen, die für die Lösung des Kundenanliegens zwingend benötigt werden. Idealerweise wird ein Hinweis auf die durchschnittliche Bearbeitungszeit einer Kundenfrage in das Kontaktformular oder in der meist automatisch generierten Bestätigungsmail der erfolgreichen Zustellung der Kundenanfrage integriert. **Chatbots** sind textbasierte und/oder sprachgesteuerte Dialogsysteme und zählen zu den Anwendungen, die auf **Conversational Artificial Intelligence** basieren (siehe Abschn. 2.5.3). **Regelbasierte Bots** greifen als **Autoresponder** in Sekundenschnelle auf eine Wissensdatenbank mit einem festen Kanon vorgegebener und im System hinterlegter Antworten auf standardisierte Fragemuster zu. **Selbstlernende Bots** basieren auf künstlicher Intelligenz, sie erweitern mit jeder Anfrage ihr Spektrum möglicher Antworten. Chatbots simulieren eine zwischenmenschliche Kommunikation, sie reagieren autonom auf ein Nutzeranliegen und helfen somit, einfache und standardisierte Serviceleistungen zu optimieren (Rühle et al., 2019, S. 49 f.). Durch ihren Einsatz können Personalkosten im Kundenservice eingespart werden (Rühle et al., 2019, S. 57). Chatbots stehen jederzeit rund um die Uhr zum automatisierten Dialog bereit. In einer weniger abstrakten und mehr visualisierten Ansprache können sie mit einem animierten **Avatar** als „**Quasiperson**" dargestellt werden (vgl. Bendel, 2020, S. 1251). Chatbots können auch einem Call Center vorgelagert sein und die Verbindung zu einem Servicemitarbeiter anbieten, wenn das Kundenanliegen durch den Chatbot nicht gelöst werden kann (Bendel, 2020, S. 1255).

Virtuelle Assistentin der Sparkassen: Chatbot Linda

Als Alternative zu einer telefonischen Serviceanfrage steht bei den Sparkassen mit Chatbot Linda ein textbasiertes Dialogsystem für Fragen zu Produkten, Leistungen und Services zur Verfügung. Über ein Auswahlmenü können eine begrenzte Anzahl vorformulierter Servicefragen mit den dazu passenden Antworten bedient werden. Die Eingabe einer individuell formulierten Frage (maximal 150 Zeichen) erfolgt über eine **Texteingabemaske**. Aus dem Kontextverständnis der Frage werden spezifische Antworten generiert und über die **Textausgabemaske** kommuniziert.◄

Eine rechtliche Vorgabe ersetzt für Vertragskündigungen die Notwendigkeit einer schriftlichen Kommunikation durch eine automatisierte kundenfreundlichere Lösung. Seit dem 1. Juli 2022 sind Onlineshops verpflichtet, für **Dauerschuldverhältnisse** in Form von online abgeschlossenen Verträgen, beispielsweise Mobilfunkverträge, Abos und Streamingdienste, einen gut sichtbaren Kündigungsbutton in ihre Website zu integrieren. Damit wird es Kunden ermöglicht, einen Onlinevertrag unkompliziert per Mausklick zu kündigen, ohne ein Kündigungsschreiben an den Anbieter zu senden und tagelang auf eine Kündigungsbestätigung zu warten. Grundsätzlich gilt: Wenn im Onlineshop automatisierte Servicefunktionen implementiert werden, dann müssen es wohldurchdachte Anwendungen sein, die einen echten **Mehrwert** für den Kommunikationspartner generieren. Mit technisch und inhaltlich unausgereiften Lösungen wird eher das Gegenteil der gewünschten Wirkung erreicht und Nutzer reagieren enttäuscht und verärgert.

9.8.3.2   Dialogbasierte Serviceangebote

Dialogbasierte Serviceangebote beruhen auf einer synchronen Kommunikation (Frage-Antwort; Rede-Gegenrede) in einer **Mensch-Mensch-Interaktion,** um im direkten und unmittelbaren Austausch für ein Kundenanliegen eine Lösung zu finden (vgl. Mann, 2015, S. 671). Kunde und Unternehmen sind zeitgleich Sender und Empfänger von Botschaften, wobei die individuelle Kundenerwartung dadurch geprägt ist, dass der Dialogpartner auf der Unternehmensebene bereit ist, sich offen mit dem spezifischen Kundenanliegen auseinanderzusetzen, außerdem befähigt und befugt ist, im Dialog ein konstruktives Feedback zu geben, einen Konflikt zu lösen und Entscheidungen zur Wiederherstellung der Kundenzufriedenheit zu treffen (vgl. Mann, 2015, S. 671 und S. 674). Dafür muss der Servicemitarbeiter über eine adäquate **Qualifikation** mit der notwendigen **Fachkompetenz** verfügen. Des Weiteren ist eine hohe **Sozialkompetenz** und **Empathie** in der Kommunikations-, Kooperations- und Konfliktlösungsfähigkeit erforderlich (Mann, 2015, S. 674). Der Vorteil dialogorientierter Serviceangebote liegt darin, dass das Unternehmen individuell auf ein spezifisches Kundenproblem eingehen kann (Mann, 2015, S. 675). Für einen dialogbasierten Service stehen mit dem Telefon ein klassischer und mit dem Live-Chat ein digitaler Kommunikationskanal zur Verfügung. Individueller Service kann, wie schon als Unterstützung im Auswahl- und Bestellprozess, über eine **Live-Chat**-Funktion als kommunikationsgestütztes Dialogelement angeboten werden. Die Kommunikation kann passiv oder aktiv initiiert werden. Bei einer **passiven Kommunikation** klickt der Websitebesucher bei Bedarf auf eine Schaltfläche, die dem Unternehmen den Wunsch nach Kontaktaufnahme signalisiert und die Kommunikation für den Live-Chat aktiviert. Bei einer **aktiven Kommunikation** poppt automatisch ein Live-Chat-Fenster auf. Der Websitebesucher wird begrüßt und gefragt, ob er Hilfe benötigt. Schnell reagierende Live-Chats bieten eine nahezu zeitsynchrone Kommunikation in Echtzeit. Somit kann jedes Kundenanliegen unmittelbar beantwortet werden, wenn ausreichend Mitarbeiter für den Live-Chat zur Verfügung stehen. Besteht der Wunsch nach einer telefonischen Auskunft, so muss auf der Website eine **Servicerufnummer** intuitiv auffindbar sein, ergänzt um die Bereitschaftszeiten, innerhalb derer der Service erreichbar ist. Dahinter steht entweder eine unternehmensinterne **Service-Hotline** oder in einer outgesourcten Variante ein unternehmensexternes **Call Center.** Häufig ist die Nutzung einer Servicerufnummer mit Wartezeiten für den Anrufenden verbunden, der dann in eine Warteschleife geleitet wird. Durch eine automatisierte Abfrage des Kundenanliegens, welche bei Auswahlmenüs entweder über eine **Spracheingabe** oder das Ziffernfeld der Tastatur getätigt wird, kann bereits vor dem Herstellen des persönlichen Kontaktes nach allgemeinen Anfragen und Supportanliegen differenziert werden, um den Anruf an einen auf die spezifische Anfrage spezialisierten Servicemitarbeiter weiterzuleiten. Mit der Nutzung von **Call-Back-Buttons** können Anrufer Wartezeiten in der Service-Hotline vermeiden und ein individuell passendes Zeitfenster für den Rückruf eines Servicemitarbeiters angeben. Call Center und Service-Hotlines differenzieren sich neben der Fach- und Sozialkompetenz ihrer Mitarbeiter durch ihre **Bereitschaftszeiten.** Manche Online-Händler bieten

nur eine Erreichbarkeit an Werktagen, Montag bis Freitag von 8–18 Uhr. Dieses Zeitfenster ist oft deckungsgleich mit der Arbeitszeit vieler Konsumenten und wird nicht als
kundenfreundlich wahrgenommen.

9.8.4   Beschwerdemanagement

Direkt an das Unternehmen adressierte **Kundenbeschwerden** (Customer Complaints)
sind Artikulationen der Unzufriedenheit (Stauss & Seidel, 2014, S. 28). Der beschwerde-
formulierende Kunde signalisiert seine Bereitschaft zu einer bilateralen **Kommunikation,**
bevor er gegebenenfalls seinen Unmut über Bewertungsportale und soziale Netzwerke
öffentlich äußert. Einer Beschwerde liegt der Sachverhalt zugrunde, dass eine oder
mehrere Erwartungen des Kunden nicht erfüllt wurden (Töpfer, 2020, S. 109). Die
Adressierung einer Beschwerde hat eine kognitive und eine affektive Komponente. Zum
einen fehlt die rationale Akzeptanz für den festgestellten Qualitätsmangel, dies ist oftmals mit einer emotionalen Aktivierung wie Unmut und Ärger verbunden (Töpfer, 2020,
S. 110). Mit einem institutionalisierten Beschwerdemanagement (**Customer Complaint
Management**) kann die zufriedenstellende Lösung von Kundenbeschwerden als Chance
zur Stabilisierung der **Kundenbeziehung** und zur Verhinderung einer **Kundenabwanderung** verstanden werden (Homburg, 2020, S. 1031; Meffert et al., 2019, S. 865; Töpfer,
2020, S. 37). Beschwerden artikulieren wertvolle Informationen über Probleme der Kunden im Umgang mit Produkten und Dienstleistungen (Meffert et al., 2019, S. 865). Das
Unternehmen erkennt in der Auswertung der Kundenbeschwerden Fehler und Mängel in
der Produkt- oder Servicequalität und kann diese durch **Optimierungsmaßnahmen** behe-
ben (vgl. Filip, 2013; Töpfer, 2020, S. 111 f.). Häufen sich die Beschwerden zu einem
Sachverhalt, so ist dies ein Indiz für ein evidentes Problem, welches mit hoher Priorität gelöst werden sollte (Meffert et al., 2019, S. 868 f.). Empirische Studien belegen,
dass eine schnelle und kulante Beschwerdeabwicklung die Kundenzufriedenheit steigert
(vgl. Hadwich & Keller, 2013, S. 558 f.; Istanbulluoglu, 2017). Durch eine öffentlich
zum Ausdruck gebrachte **Beschwerdezufriedenheit** des Kunden kann sogar eine positive Mundpropaganda entstehen (vgl. Hadwich & Keller, 2013, S. 560). Je kooperativer
der Kundenservice reagiert, um so größer ist die Wahrscheinlichkeit, dass sich ein auf-
gestauter Kundenärger abmildert. Zufriedenstellend gelöste Kundenbeschwerden führen
dann zu einer höheren **Kundenloyalität** gegenüber dem Unternehmen (Homburg, 2020,
S. 1027). Es befördert zudem das Image eines sehr kundenorientierten Unternehmens
(Meffert et al., 2019, S. 865). Allerdings nutzt nicht jeder Kunde die Möglichkeit der
Artikulation seiner Unzufriedenheit (**Unvoiced Complainers**). Eine geringe **Beschwer-
dequote** ist daher trügerisch und kann ein Unternehmen in einer verzerrten Vorstellung
über die generelle Kundenzufriedenheit wiegen. Das Ausbleiben von Kundenbeschwerden lässt nicht zwingend den Rückschluss zu, dass es tatsächlich keine gibt. (vgl. Knauer,
2018).

▶ **Merke!** Eine maßgeschneiderte Problemlösung, verbunden mit raschen Reaktions- und Antwortzeiten, sorgt für ein positives Kundenerlebnis. Je mehr Möglichkeiten der Kontaktaufnahme bereitstehen, um so eher wird eine kundenindividuell präferierte Form dabei sein.

9.8.5   Onlineforen und Online-Communitys

Onlineforen (Diskussionsforen, Webforen) geben als Kommunikationsplattformen ihren registrierten Teilnehmern die Möglichkeit, sich über bestimmte Themen in einer **Community** auszutauschen (Algesheimer, 2004, S. 3; Schau et al., 2009, S. 30 f.). In Onlineforen ist ein Oberthema in verschiedene Unterthemen (Unterforen) gegliedert. Alle zusammenhängend aufeinander folgenden Beiträge werden als **Thread** (Faden) oder **Topic** (Thema) bezeichnet. Indem man einen neuen Thread beginnt, startet auch eine neue Diskussion (Homburg, 2020, S. 881). Die Kommunikation ist in der Regel asynchron, eine Frage oder ein Beitrag wird meist zeitversetzt beantwortet oder kommentiert. Die Kommunikations- und Interaktionsintensität hängt dabei vom Involvement der Community ab. Tauschen sich Kunden untereinander aus, so handelt es sich um eine **Kunde-Kunde-Kommunikation**. Beteiligen sich Unternehmen an der Kommunikation, so spricht man von einer **Unternehmen-Kunde-Kommunikation** (vgl. Hermanns & Dolski, 2004, S. 1218). Wenn sich Unternehmen aktiv in Forendiskussionen einbringen, dann sollten sie dies offen und nicht verdeckt unter anonymer Identität versuchen (Meffert et al., 2019, S. 728). Wie Abb. 9.20 grafisch darstellt, treten Verbraucher (Kunde-Kunde-Kommunikation) im Gegensatz zur unidirektionalen Aussendung von Werbebotschaften (Unternehmen-Kunde-Kommunikation) als Sender und Empfänger bidirektional über ein Streumedium untereinander in Kontakt.

Als **bidirektional** wird eine Kommunikations- und Interaktionsbeziehung bezeichnet, bei der das Senden und Empfangen gegenseitig erfolgt. Sender und Empfänger können beide Rollen gleichzeitig ausüben oder zwischen den Rollen wechseln. **Unidirektional** erfolgt eine Kommunikation und Information nur in eine Richtung, vom Sender zum Empfänger. Unternehmen können eigenbetriebene **Kundenforen** zum Austausch der Kunden untereinander oder zum **bidirektionalen Dialog** der Kunden mit dem Unternehmen einrichten. Diese eignen sich besonders für komplexe technische Produkte (beispielsweise Consumer Electronics, Hardware, Software oder Kameras), um Tipps, Kniffe und Tricks im Umgang mit Produkten auszutauschen und Problemlösungen aufzuzeigen. Kunden teilen ihre Meinungen und Erfahrungen, adressieren Fragestellungen zum Gebrauch oder zur Handhabung von Produkten und unterstützen sich mit ihrem Wissen gegenseitig. Für die **Forenbetreuung** müssen ausreichend Personalressourcen bereitstellt werden, damit zeitnah und kompetent Kundenfragen beantwortet und Kundenbeiträge kommentiert werden

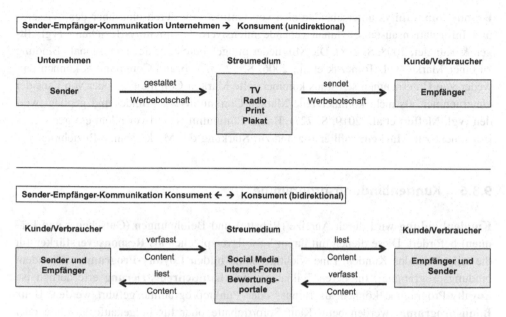

Abb. 9.20 Unidirektionale und bidirektionale Sender-Empfänger-Kommunikation. (Adaptiert nach Deges, 2021, S. 27; mit freundlicher Genehmigung von © Springer Fachmedien Wiesbaden GmbH 2021. All Rights Reserved)

können (Hermanns & Dolski, 2004, S. 1220). Den die Kundenforen betreuenden Mitarbeitern sind Richtlinien vorzugeben, um auf die Kommunikation in geeigneter Form einzuwirken (Hermanns & Dolski, 2004, S. 1220). **Kommerzielle Onlineforen** werden von Dienstleistern betrieben und finanzieren sich durch Werbebanner oder gesponserte Beiträge von Unternehmen. Sie erfreuen sich insbesondere bei technischen Produkten im Austausch von Wissen, Ratschlägen, Erfahrungen, Meinungen und Empfehlungen großer Beliebtheit. Bekannte und hochfrequentierte Onlineforen betreiben das Technikmagazin CHIP (https://forum.chip.de) und Heise Medien (https://www.heise.de/forum/startseite/).

Unternehmen sollten über ein **Social Listening** die Forenbeiträge in Communitys regelmäßig erfassen und auswerten (vgl. Tuten & Solomon, 2015, S. 269). Denn Onlineforen werden neben Bewertungsportalen auch für Unmutsäußerungen und Kritik genutzt. Das Unternehmen kann daraus einen Gradmesser der **Kundenzufriedenheit** ableiten und erkennt Verbesserungsvorschläge für Produkt und Service. In Kundenforen geäußerte **Beschwerden** sollten über das Beschwerdemanagement (siehe Abschn. 9.8.4) einer Lösung zugeführt werden. Eine schnelle Reaktion und ernsthafte Auseinandersetzung mit Beschwerden führt dazu, dass sich Kunden in den Onlineforen wahrgenommen und wertgeschätzt fühlen (Hermanns & Dolski, 2004, S. 1220).

Brand-Communitys unterscheiden sich von Onlineforen durch eine über den Wissens- und Informationsaustausch hinausgehende intensivere Community-Beziehung (vgl. Iltgen & Künzler, 2008, S. 248). Die Mitglieder pflegen eine enge auch emotionale Bindung zu einer Marke (vgl. Tomczak et al., 2006, S. 523 ff.). Brand-Communitys können entweder von Unternehmen selbst als kommerzielle Marken-Communitys oder von Fans der Unternehmen als nicht-kommerzielle Marken-Communitys gegründet und gepflegt werden (vgl. Meffert et al., 2019, S. 727). Brand-Communitys sind vor allem ein geeignetes Instrument zur **Markenprofilierung** und zur Stärkung der Marke-Kunde-Beziehung.

9.8.6   Kundenbindungsprogramme

Kundenbindung wird durch Anreize (Rabatte) und Belohnungen (Gutscheine und Prämien) befördert. Diese dienen mit ihrem Vorteilsversprechen als **Responseverstärker** für die teilnehmenden Kunden. Eine wichtige Säule bilden **Loyalty-Programme** (Kundenbindungsprogramme), für deren Teilnahme eine **Kundenregistrierung** erforderlich ist. Loyalty-Programme können als Bonus- oder Punkteprogramme geführt werden. Beim **Bonusprogramm** werden beim Kauf Sofortrabatte oder für Folgekäufe absolute oder prozentuale Rabatte gewährt. Beim **Punkteprogramm** werden mit jedem Einkauf linear zum getätigten Umsatz Punkte gutgeschrieben (vgl. Stummeyer, 2020, S. 315). Diese werden auf einem Punktekonto angesammelt, um sie nach Erreichen der erforderlichen Punktzahl als **Prämien** oder **Einkaufsgutscheine** einzulösen (BVDW, 2020, S. 9). Damit wird ein Anreiz geschaffen, proaktiv den für die Inanspruchnahme einer Vergünstigung erforderlichen Punktestand zu erreichen. Vorläufer von Loyalty-Programmen sind die schon lange von den Fluggesellschaften etablierten Meilensammelprogramme **(Miles & More)** zur späteren Einlösung eines Prämienfreifluges oder eines Upgrades in der Kabinenklasse. Beim Loyalty Publisher **Payback** (https://payback.de) kann der Gegenwert der gesammelten Punkte auch ausgezahlt werden. Onlineshops können mit reinen **Cashback Publishern** wie Shoop, Getmore oder CashbackDeals kooperieren. Diese fokussieren nicht auf Sachprämien oder Bonuspunkte, sondern auf eine anteilige **Bargelderstattung** („Cashback") der Rechnungssumme eines getätigten Onlinekaufs. Die Cashback Publisher finanzieren sich durch Provisionseinnahmen, die sie von den teilnehmenden Onlineshops für die von den registrierten Cashback-Nutzern realisierten Umsätze erhalten. Unternehmenseigene **Kundenkartenprogramme** offerieren Rabatte, Boni, kostenlose Zusatzleistungen, Give-Aways, Gutscheine oder Prämien. Der Aufbau und die Pflege eines zutrittsbeschränkten oder offenen **Kundenclubs** ermöglicht die Bereitstellung exklusiver Angebote für die Clubmitglieder (vgl. Holland, 2009, S. 345 f.). Amazon Prime bietet als **Mehrwertprogramm** seinen Mitgliedern für eine Jahresgebühr von 89,90 € (Stand April 2023) einen kostenlosen Premiumversand sowie den unbegrenzten Zugriff auf Prime Video, Gaming und Reading sowie Amazon Music. Das **Zalando-Plus**-Mitgliederprogramm bietet über 2 Mio. registrierten Kunden (Stand April 2023) eine kostenlose Premiumlieferung für eine Jahresgebühr von 15 €. Autofahrer erhalten durch eine kostenpflichtige ADAC-Mitgliedschaft über die **„Vorteilswelt"** (https://www. adac.de/mitgliedschaft/vorteilswelt/) einen exklusiven Zugriff auf Prozente, Rabatte und Gutscheine einer Vielzahl von kooperierenden Partnern.

Lernkontrolle

1. Skizzieren Sie den Zusammenhang zwischen Usability und User Experience.
2. Welche Contentformate können für die Produkt- und Leistungspräsentation einzeln oder kombiniert eingesetzt werden?
3. Beschreiben Sie die Potenziale des Cross- und Up-Selling durch Collaborative Filtering.
4. Welche Leistungsparameter kennzeichnen eine effiziente und effektive Logistik?
5. Stellen Sie die Komponenten einer kulanten und einer restriktiven Retourenstrategie gegenüber.

Literatur

Achter, P. (2022). Deutschland ist Retouren-Europameister. https://www.uni-bamberg.de/presse/pm/artikel/erste-europaeische-haendlerbefragung-retourenmanagement/. Zugegriffen: 30. März 2023.

Ahlert, D., Kenning, P., & Brock, C. (2018). *Handelsmarketing.* Springer Gabler.

Amazon. (2018). Unsere Geschichte: Was aus einer Garagen-Idee werden kann? https://www.aboutamazon.de/news/ueber-amazon/unsere-geschichte-was-aus-einer-garagen-idee-werden-kann. Zugegriffen: 14. Apr. 2023.

Amazon. (2019). Über 1-Click-Bestellungen. https://www.amazon.de/gp/help/customer/display.html?nodeId=201889620. Zugegriffen: 16. Febr. 2019.

Amazon. (2023). Community-Richtlinien. https://www.amazon.de/gp/help/customer/display.html?nodeId=201929730. Zugegriffen: 14. Apr. 2023.

Algesheimer, R. (2004). *Brand Communities. Begriff, Grundmodell und Implikationen.* Springer.

Asdecker, B. (2014). *Retourenmanagement im Versandhandel.* University of Bamberg Press.

Asdecker, B. (2017). Präventives Retourenmanagement-Definition. http://www.retourenforschung.de/definition_praeventives-retourenmanagement.html. Zugegriffen: 17. März 2019.

AT Kearney. (2012). *Online-Food-Retailing – Nischenmarkt mit Potenzial.* AT Kearney.

Ba, S., & Pavlou, P. (2002). Evidence of the effect of trust building technology in electronic markets: Price premiums and buyer behavior. *MIS Quarterly, 3,* 243–268.

Bahr, I. (2020). Mindestens 50 % der Online-Reviews sind Fake-Reviews – das glauben zumindest deutsche Konsumenten. https://www.capterra.com.de/blog/1791/mehr-als-diehalfte-der-online-reviews-sind-fake-das-denken-deutsche-konsumenten. Zugegriffen: 1. Apr. 2021.

Baker, A. M., Donthu, N., & Kumar, V. (2016). Investigating how word-of-mouth conversations about brands influence purchase and retransmission intentions. *Journal of Marketing Research, 2,* 225–239.

Barth, K., Hartmann, M., & Schröder, H. (2015). *Betriebswirtschaftslehre des Handels*. Springer Gabler.

Baur, C. (2020). Die Organisation von Lager- und Verteillogistik in der „Smart City". In P.H. Voß (Hrsg.), *Logistik – die unterschätzte Zukunftsindustrie* (S. 141–147). Springer Gabler.

BearingPoint. (2021). Boom des kontaktlosen Bezahlens ungebrochen – noch bleibt aber Bargeld häufigstes Zahlungsmittel. https://www.bearingpoint.com/de-de/insights-events/insights/boom-des-kontaktlosen-bezahlens-ungebrochen-%E2%80%93-noch-bleibt-aber-bargeld-haeufigstes-zahlungsmittel/. Zugegriffen: 25. Febr. 2023.

Bendel, O. (2020). Von Cor@ bis Mitsuku: Chatbots in der Kundenkommunikation und im Unterhaltungsbereich. In T. Kollmann (Hrsg.), *Handbuch Digitale Wirtschaft* (S. 1249–1265). Springer Gabler.

Beuscart, J.-S., & Mellet, K. (2017). Die Online-Stimmen von Verbrauchern in Form bringen. Algorithmischer Apparat oder Bewertungskultur? In R. Seyfert & J. Roberge (Hrsg.), *Algorithmuskulturen. Über die rechnerische Konstruktion der Wirklichkeit* (S. 107–129). https://mediarep.org/bitstream/handle/doc/2334/Algorithmuskulturen_107129_Beuscart_Mellet_Online-Stimmen_.pdf?sequence=7. Zugegriffen: 30. März 2021.

BEVH. (2022). Pressemitteilungen. Retourenabsicht der Online-Kunden weiter niedrig – Neues Retourenkompendium erscheint im Herbst. https://www.bevh.org/presse/pressemitteilungen/details/retourenabsicht-der-online-kunden-weiter-niedrig-neues-retourenkompendium-erscheint-im-herbst.html. Zugegriffen: 14. Febr. 2023.

BIEK. (2022). KEP-Studie 2022. Neuer Rekord: Über 4,5 Mrd. Sendungen – Wachstum im Jahr 2021 erneut zweistellig. https://www.biek.de/presse/meldung/kep-studie-2022.html. Zugegriffen: 02. Febr. 2023.

Binckebanck, L., & Elste, R. (2016). *Digitalisierung im Vertrieb*. Springer Gabler

BITKOM. (2022). So bezahlen Online-Shopper am liebsten. https://www.bitkom.org/Presse/Presseinformation/So-bezahlen-Online-Shopper-am-liebsten. Zugegriffen: 26. Febr. 2023.

BMUV. (2020). Novelle KrWG (§ 23 Absatz 1 Satz 3, Absatz 2 Nummer 11, § 24 Nummer 10, § 25 Absatz 1 Nummer 9 KrWG). Die Obhutspflicht im Kreislaufwirtschaftsgesetz. https://www.bmuv.de/themen/wasser-ressourcen-abfall/kreislaufwirtschaft/abfallpolitik/uebersicht-kreislaufwirtschaftsgesetz/die-obhutspflicht-im-kreislaufwirtschaftsgesetz. Zugegriffen: 30. März 2023.

Bolz, J., & Höhn, J.-F. (2019). Die Digitalisierung des Vertriebs in der Konsumgüterindustrie. In G. Heinemann, H. M. Gehrckens, & T. Täuber (Hrsg.), *Handel mit Mehrwert* (S. 183–209). Springer Gabler.

Borchers, D. (2022). Umfrage zum Onlinehandel zeigt: Wer weniger Geld verdient, schickt seltener Produkte zurück. https://www.galaxus.de/de/page/umfrage-zum-onlinehandel-zeigt-wer-weniger-geld-verdient-schickt-seltener-produkte-zurueck-22681. Zugegriffen: 14. Febr. 2023.

Brandstetter, C., & Fries, M. (2002). *E-Business im Vertrieb*. Hanser.

Bretzke, W. R. (2015). *Logistische Netzwerke*. Springer Vieweg.

Breuer, P., Eltze, C., von Fritsch, A., & Silén, P. (2010). Lebensmittel online. *McKinsey-Akzente, 2,* 28–35.

Bruhn, M., Meffert, H., & Hadwich, K. (2019). *Handbuch Dienstleistungsmarketing*. Springer Gabler.

Bundeskartellamt. (2020). Sektoruntersuchung Nutzerbewertungen. https://www.bundeskartellamt.de/SharedDocs/Publikation/DE/Sektoruntersuchungen/Sektoruntersuchung_Nutzerbewertungen_Bericht.pdf;jsessionid=26AC0D0C848EC8F4C02A19B16941B39A.1_cid378?__blob=publicationFile&v=3. Zugegriffen: 12. Jan. 2021.

Bundesnetzagentur. (2022). Untersuchung der Laufzeiten und der Zustellqualität von Paketsendungen. https://www.bundesnetzagentur.de/SharedDocs/Downloads/DE/Sachgebiete/Post/Verbraucher/Qualitaetsmonitoring/StudiePaketlaufzeit.pdf?__blob=publicationFile&v=1. Zugegriffen: 02.02.2023.

BVDW. (2020). *Datenschutzkonformes Affiliate-Marketing – Eine rechtliche Einordnung*. BVDW.

Chevalier, J. A., & Mayzlin, D. (2006). The effect of word of mouth on sales: Online book reviews. *Journal of Marketing Research, 3*, 345–354.

Consorsbank. (2023). Machen Sie was mit Freunden. Geld zum Beispiel. Consorsbank empfehlen – 30 € Prämie kassieren. https://www.consorsbank.de/ev/Service-Beratung/Freunde-werben. Zugegriffen: 14. Apr. 2023.

Deges, F. (2017). *Retourenmanagement im Online-Handel. Kundenverhalten beeinflussen und Kosten senken*. Springer Gabler.

Deges, F. (2020a). *Affiliate Marketing. Wie Sie mit Vertriebspartnerschaften Bekanntheit und Umsatz steigern*. Springer Gabler.

Deges, F. (2020b). *Grundlagen des E-Commerce. Strategien, Modelle, Instrumente*. Springer Gabler.

Deges, F., & Speckmann, A.-S. (2020c). *Lieferservice im Online-Lebensmittelhandel: Analyse des Spannungsfeldes zwischen den Erwartungen der Konsumenten und den Leistungsversprechen der Anbieter*. EUFH-Europäische Fachhochschule.

Deges, F. (2021). *Bewertungssysteme im E-Commerce. Mit authentischen Kundenbewertungen Reputation und Umsatz steigern*. Springer Gabler.

Deutsche Post DHL Group. (2021). DHL baut Packstationen weiter aus: 15.000 bis 2023. https://www.dpdhl.com/de/presse/pressemitteilungen/2021/dhl-baut-packstationen-weiter-aus-15000-bis-2023.html. Zugegriffen: 02. Febr. 2023.

Disselkamp, M., & Schüller, R. (2004). *Lieferantenrating. Instrumente, Kriterien, Checklisten*. Gabler.

DHL Online Shopper Survey. (2022). DHL Online Shopper Survey: Kunden sind bereit mehr für umweltfreundliche Versandlösungen zu zahlen. https://www.dpdhl.com/de/presse/pressemitteilungen/2022/kunden-sind-bereit-mehr-fuer-umweltfreundliche-versandloesungen-zu-zahlen.html. Zugegriffen: 2. Febr. 2023.

Eckhardt, G. (2020). Die Bedeutung und Komplexität der Reputation Economy: Erfolgreich Vertrauen aufbauen und nutzen. *NIM Marketing Intelligence Review, 2*, 11–17.

Ekman, P., & Friesen, W. V. (1986). A new pan-cultural facial expression of emotion. *Motivation und Emotion, 2*, 159–168.

Filip, A. (2013). Complaint Management: A Customer Satisfaction Learning Process. https://www.sciencedirect.com/science/article/pii/S1877042813032916. Zugegriffen: 27. März 2021.

Fischer, L., & Wiswede, G. (2009). *Grundlagen der Sozialpsychologie*. Oldenbourg.

Friedrich, T., & Schweppenhäuser, G. (2010). *Bildsemiotik. Grundlagen und exemplarische Analysen visueller Kommunikation*. Birkhäuser.

Fuchs-Kittowski, F. (2012). Mobile erweiterte Realität. *WISU, 2*, 216–224.

Gast, O. (2018). *User Experience im E-Commerce*. Springer Gabler.

Gerdes, J., & Heinemann, G. (2019). Urbane Logistik der Zukunft – ganzheitlich, nachhaltig und effizient. In G. Heinemann, H. M. Gehrckens, & T. Täuber (Hrsg.), *Handel mit Mehrwert* (S. 397–420). Springer Gabler.

Gillner, S. (2019). Payment-Vergleich: Kreditkarte vs. neue Bezahlmethoden. https://www.internetworld.de/e-commerce/payment/payment-vergleich-kreditkarte-vs-neue-bezahlmethoden-1692312.html. Zugegriffen: 7. Apr. 2019.

Grötschel, A.-K. (2019). *Belohnungen für Online Reviews*. Springer Gabler.

Günther, H.-O., & Tempelmeier, H. (2016). *Produktion und Logistik: Supply Chain und Operations Management*. Books on Demand.

Hadwich, K., & Keller, C. (2013). Einflussfaktoren und Auswirkungen der Beschwerdezufriedenheit im Social Media-Bereich. Eine empirische Untersuchung. In M. Bruhn & K. Hadwich (Hrsg.), *Dienstleistungsmanagement und Social Media* (S. 541–564). Springer Gabler.

Harris, L. C. (2008). Fraudulent return proclivity: An empirical analysis. *Journal of Retailing, 4*, 461–476.

Heinemann, G. (2018). *Der neue Online-Handel.* Springer Gabler.

Heinemann, G., & Zarnic, S. (2020). Performance Marketing in der Online-Sphäre. In M. Bruhn, C. Burmann, & M. Kirchgeorg (Hrsg.), *Marketing Weiterdenken* (S. 375–402). Springer Gabler.

Helm, S. (2000). *Kundenempfehlungen als Marketinginstrument.* Gabler.

Helm, S. (2007). *Unternehmensreputation und Stakeholder-Loyalität.* Deutscher Universitäts-Verlag.

Helm, S. (2013). Kundenbindung und Kundenempfehlungen. In M. Bruhn & C. Homburg (Hrsg.), *Handbuch Kundenbindungsmanagement* (S. 136–154). Springer.

Henkel, J. (2021). Kreislaufwirtschaftsgesetz (KrWG). Was die Obhutspflicht für Hersteller und Handel bedeutet. https://www.channelpartner.de/a/was-die-obhutspflicht-fuer-hersteller-und-handel-bedeutet,3340391. Zugegriffen: 30. März 2023.

Hermanns, A., & Dolski, J. (2004). Internet-Kundenforen. WISU, *10*, 1214–1222.

Holland, H. 2009. *Direktmarketing: Im Dialog mit dem Kunden.* Vahlen.

Homburg, C. (2020). *Marketingmanagement.* Springer Gabler.

Hornbach. (2019). Baustoffe, Holz, Fenster & Türen. https://www.hornbach.de/cms/de/de/sortiment/baustoffe_holz_fenster_tueren.html. Zugegriffen: 18. Febr. 2019.

Hudetz, K., & Brüxkes, S. (2019). Zukünftige Payment-Lösungen im digitalen Zeitalter – Bestandsaufnahme und aktuelle Trends. In G. Heinemann, H. M. Gehrckens, & T. Täuber (Hrsg.), *Handel mit Mehrwert* (S. 423–440). Springer Gabler.

Hueber, S. (2015). *Webdesign und Usability. Websites für Besucher und Suchmaschinen optimieren.* Kindle Edition.

Iltgen, A., & Künzler, S. (2008). Web 2.0 – Schon mehr als ein Hype. In C. Belz, M. Schögel, O. Arndt, & V. Walter (Hrsg.), *Interaktives Marketing: Neue Wege zum Dialog mit Kunden* (S. 237–256). Gabler.

IONOS. (2020). Was ist Mixed Reality? https://www.ionos.de/digitalguide/online-marketing/verkaufen-im-internet/mixed-reality/. Zugegriffen: 8. Jan. 2023.

IONOS. (2021). Empfehlungssysteme im E-Commerce. https://www.ionos.de/digitalguide/online-marketing/verkaufen-im-internet/so-nutzen-sie-empfehlungssysteme-im-e-commerce/. Zugegriffen: 9. März 2021.

IONOS. (2022). Was sind Session-Cookies? https://www.ionos.de/digitalguide/hosting/hosting-technik/was-sind-session-cookies/. Zugegriffen: 1. Febr. 2023.

Ipsos. (2022). Augmentality Shift. German Report. https://downloads.ctfassets.net/inb32lme5009/5fv3WIjLVbThUSvT8wfJJU/594d0901b78983e631eac95c507a622b/AugmentalityShift_German_2022.pdf. Zugegriffen: 15. Jan. 2023.

Istanbulluoglu, D. (2017). Complaint handling on social media: The impact of multiple response times on consumer statisfaction. https://research.birmingham.ac.uk/portal/files/40335346/accepted_manuscript_CHB_Istanbulluoglu.pdf. Zugegriffen: 29. März 2021.

Jacobsen, J., & Meyer, L. (2017). *Praxisbuch Usability und UX.* Rheinwerk.

Jonas, D., Miller, F.-J., & Seng, D. (2019). Von gleich auf jetzt – Same Day Delivery am Beispiel von Liefery. In G. Heinemann, H. M. Gehrckens, & T. Täuber (Hrsg.), *Handel mit Mehrwert* (S. 473–493). Springer Gabler.

Just Eat Takeaway. (2022). Lieferando und Getir gehen europaweite Partnerschaft ein. https://www.justeattakeaway.com/newsroom/de-DE/220327-lieferando-und-getir-gehen-europaweite-partnerschaft-ein. Zugegriffen: 12. Mai 2023.

Kano, N., Seraku, N., Takahashi, F., & Tsuji, S. (1984). Attractive quality and must-be quality. *Journal of the Japanese Society for Quality Control, 2*, 39–48.

King, T., & Dennis, C. (2006). Unethical Consumers: Deshopping Behaviour Using the Qualitative Analysis of Theory of Planned Behaviour and Accompanied (De)shopping. *Qualitative Market Research, 3*, 282–296.

Knauer, U. (2018). Beschwerdemanagement als Umsatzbooster. https://www.pt-magazin.de/de/wir tschaft/marketing/beschwerdemanagement-als-umsatzbooster_jdvplp96.html. Zugegriffen: 27. März 2021.

Kollewe, T., & Keukert, M. (2016). *Praxiswissen E-Commerce*. O'Reilly.

Kollmann, T. (2013). *Online-Marketing*. Kohlhammer.

Kollmann, T. (2020). Einführung in den E-Shop. In T. Kollmann (Hrsg.), *Handbuch Digitale Wirtschaft* (S. 285–315). Springer Gabler.

Kollmann, T., & Michaelis, A. (2013). Usability Engineering und Web Engineering. *WISU, 3*, 343–351.

Kotowski, T. (2017). Anprobe in der virtuellen Umkleidekabine. https://www.faz.net/aktuell/wir tschaft/netzwirtschaft/onlineshopping-virtuelle-umkleiden-sollen-anprobe-ermoeglichen-150 89558.html. Zugegriffen: 7. März 2019.

Kreutzer, R. (2018). *Praxisorientiertes Online-Marketing*. Springer Gabler.

Kroeber-Riel, W., & Gröppel-Klein, A. (2013). *Konsumentenverhalten*. Vahlen.

Krug, S. (2014). *Don't make me think. Web and mobile usability*. Mitp.

Kunz, C. (2019). Studie: Unternehmen mit einerBewertung von 3,5 bis 4,5 Sternen erzielen die höchsten Einnahmen. https://www.seo-suedwest.de/5102-studie-unternehmen-mit-einer-bewert ung-von-3-5-bis-4-5-sternen-erzielen-die-hoechsten-einnahmen.html. Zugegriffen: 7. Apr. 2021.

Lammenett, E. (2017). *Praxiswissen Online-Marketing*. Springer Gabler.

Lamprecht, S. (2018). Dropshipping – Der einfache Weg in den Omnichannel? https://etailment.de/ news/stories/Logistik-Dropshipping-der-einfache-Weg-in-den-Digital-Commerce-20444. Zugegriffen: 20. Febr. 2019.

Lehnert, A. (2017). Neue AR-App IKEA Place – Jetzt verfügbar. https://ikea-unternehmensblog.de/ article/2017/ikea-place-app. Zugegriffen: 5. März 2019.

Mann, A. (2015). Dialogmarketing. *WISU, 6*, 671–676.

Mädche, A., Botzenhardt, A., & Meth, H. (2012). Usability und User-Centered Design. *WISU, 8–9*, 1074–1077.

Melchior, L. (2019). Amazon weitet seinen Key by Amazon-Service aus. https://www.internetworld. de/e-commerce/amazon/amazon-weitet-key-by-amazon-service-1665967.html. Zugegriffen: 18. Febr 2019.

Meffert, H., Burmann, C., & Kirchgeorg, M. (2015). *Marketing*. Springer Gabler.

Meffert, H., Burmann, C., Kirchgeorg, M., & Eisenbeiß, M. (2019). *Marketing. Grundlagen marktorientierter Unternehmensführung*. Springer Gabler.

Merz, M. (2002). *E-Commerce und E-Business*. dpunkt.

Milgram, P., & Kishino, F. (1994). A taxonomy of mixed reality visual displays. *Transactions on Information and Systems, 12*, 1321–1329.

Miller, G. A. (1956). The magical number seven, plus or minus two: some limits on our capacity for processing information. *The Psychological Review, 2*, 81–97.

Moellers, B. (2015). Spiegel research reveals 4.5 stars are better than 5. https://spiegel.medill.northw estern.edu/news/are-4.5-stars-better-than-5-.html. Zugegriffen: 9. März 2019.

Möhring, M., Walsh, G., Schmidt, R., & Ulrich, C. (2015). Moderetouren im Deutschen Online-Handel. *HMD Praxis der Wirtschaftsinformatik, 2*, 256–266.

Mudambi, S. M., & Schuff, D. (2010). What makes a helpful online review? A study of customer reviews on Amazon.com. *MIS Quarterly, 1*, 185–200.

Muschkiet, M., & Schückhaus, U. (2019). Anforderungen an die Handelslogistik der Zukunft. In G. Heinemann, H. M. Gehrckens, & T. Täuber (Hrsg.), *Handel mit Mehrwert* (S. 357–378). Springer Gabler.

Nielsen, J., & Pernice K. (2010). *Eyetracking web-usability*. Nielsen Norman Group.

ParcelLab. (2022). E-Commerce-Retouren-Studie 2022. https://parcellab.com/en/research/german-e-commerce-returns-study-2022?utm_source=presse&utm_medium=email&utm_id=retouren-studie-2022&utm_campaign=de-returns-study-2022-pm2&follow-me=please&locale=de&hbcm=dach_returns_study_q3_2022. Zugegriffen: 14. Febr. 2023.

Pavlou, P., & Gefen, D. (2004). Building effective online marketplaces with institution-based trust. *Information Systems Research, 1*, 37–59.

Petersen, J. A., & Kumar, V. (2010). Can product returns make you money? *MIT Sloan Management Review, 3*, 84–89.

Piron, F., & Young, M. (2000). Retail borrowing: Insights and implications on returning used merchandise. *International Journal of Retail and Distribution Management, 1*, 27–36.

Pitney Bowes. (2022). Pitney Bowes Parcel Shipping Index: China versendet als erstes Land 100 Milliarden Pakete. https://www.pitneybowes.com/de/newsroom/pressemitteilungen/2022-parcel-shipping-index.html. Zugegriffen: 2. Febr. 2023.

Pohl, J. (2009). *Internationale Handelslogistik*. Logos.

Preißner, A. (2001). *Marketing im E-Business*. Hanser.

Purnawirawan, N., Eisend, M., De Pelsmacker, P., & Dens, N. (2015). A meta-analytic investigation of the role of valence in online reviews. *Journal of Interactive Marketing, 31*, 17–27.

Rabinovich, E., Sinha, R. & Laseter, T. (2011). Unlimited shelf space in internet supply chains. Treasure trove or wasteland? *Journal of Operations Management, 4*, 305–317.

Rauschnabel, P. A. (2023). Ist das Realitäts-Virtualitäts-Kontinuum noch zeitgemäß? https://www.philipprauschnabel.com/augmented-reality-forschung/kritik-realitaets-virtualitaets-kontinuum-milgram/. Zugegriffen: 8. Jan. 2023.

Rees, D. (2018). Frischelogistik bleibt 2018 schwierig – Frischware profitiert von künstlicher Intelligenz. *Lebensmittel Zeitung, 5*, 44–49.

Restposten. (2023). Willkommen bei DEM Spezialisten für Posten. https://www.restposten.de/kaeufer.php. Zugegriffen: 11. Mai 2023.

Rogers, D. S., Lambert, D. M., Croxton, K. L., & García-Dastugue, S. J. (2002). The returns management process. *The International Journal of Logistics Management, 2*, 1–18.

Rühle, A., Hoesch, L., & Petersohn, M. (2019). Herausforderungen in der Mensch-Maschine-Interaktion durch den Einsatz von Bots. In L. Winnen, A. Rühle, & A. Wrobel (Hrsg.), *Innovativer Einsatz digitaler Medien im Marketing* (S. 47–62). Springer Gabler.

Sarodnick, F., & Brau, H. (2011). *Methoden der Usability Evaluation*. Hans Huber.

Schau, H. J., Muñiz, A. M., & Arnould, E. J. (2009). How brand community practices create value. *Journal of Marketing, 5*, 30–51.

Schu, M. (2018). E-Food: Welche Liefermodelle setzen sich durch? https://etailment.de/news/stories/E-Food-Liefermodelle-21789. Zugegriffen: 20. Febr. 2019.

Schüle, H. (2007). Die Usability von Websites. *WISU, 8–9*, 1092–1099.

Sendcloud. (2022). E-Commerce-Lieferkompass 2021/2022. https://www.sendcloud.de/wp-content/uploads/2021/09/DE-E-Commerce-Lieferkompass-2021-2022.pdf. Zugegriffen: 14. Febr. 2023.

Shoop. (2020). Was ist Cashback? https://www.shoop.de/was-ist-cashback. Zugegriffen: 02. März 2020.

Siebenhaar, B. (2018). Sprachgeschichtliche Aspekte der Verwendung von Bildzeichen im Chat. In L. Czajkowsky, S. Ulbrich-Bösch, & C. Waldvogel (Hrsg.), *Sprachwandel im Deutschen* (S. 307–318). De Gruyter.

Snap (2022). Es ist Zeit für einen Augmentality Shift. https://forbusiness.snapchat.com/augmental ityshift-de-deutsch. Zugegriffen: 30. Jan. 2023.

Spiegel Research Center. (2017). How online reviews influence sales. https://spiegel.medill.northw estern.edu/_pdf/Spiegel_Online%20Review_eBook_Jun2017_FINAL.pdf. Zugegriffen: 10. Apr. 2021.

Stauss, B., & Seidel, F. (2014). *Beschwerdemanagement. Unzufriedene Kunden als profitable Zielgruppe.* Hanser.

Stegemann, M., & Suwelack, T. (2020). A/B-Testing – Verfahren zur Optimierung der digitalen Interaktion zwischen Konsumenten und Unternehmen. In: S. Boßow-Thies, C. Hofmann-Stölting, & H. Jochims (Hrsg.), *Data-driven Marketing* (S. 159–176). Springer Gabler.

Stephenson, N. (1992). *Snow crash.* Bantam Books.

Steven, M., Tengler, S., & Krüger, R. (2003). Reverse Logistics (II). *WISU, 6,* 779–784.

Stummeyer, C. (2020). Digitalisierung im Möbelhandel. In L. Fend & J. Hofmann (Hrsg.), *Digitalisierung in Industrie-, Handels- und Dienstleistungsunternehmen* (S. 305–320). Springer Gabler.

Süss, Y. (2016). *E-Commerce für klein- und mittelständische Unternehmen.* Springer Gabler.

Surowiecki, J. (2004). *The wisdom of crowds: Why the many are smarter than the few.* Abacus.

Täuber, T. (2019). Lösungsansätze zur digitalen Transformation – erweitertes Produktportfolio, integrierte Marktplätze, neu ausgerichtete Betriebsmodelle. In G. Heinemann, H. M. Gehrckens, & T. Täuber (Hrsg.), *Handel mit Mehrwert* (S. 71–104). Springer Gabler.

Thaler, K. (2001). *Supply-Chain-Management – Prozessoptimierung in der logistischen Kette.* Fortis.

Töpfer, A. (2020). *Strategische Positionierung und Kundenzufriedenheit.* Springer Gabler.

Tomczak, T., Schögel, M., & Wentzel, D. (2006). Communities als Herausforderung für das Direktmarketing. In B. W. Wirtz & C. Burmann (Hrsg.), Ganzheitliches Direktmarketing (S. 523–546). Gabler.

Tripp, C. (2019). *Distributions- und Handelslogistik.* Springer Gabler.

Trommsdorff, V., & Teichert, T. (2011). *Konsumentenverhalten.* Kohlhammer.

Tuten, T. L., & Solomon, M. R. (2015). *Social Media Marketing.* SAGE.

Ullrich, S., & Esch, F.-R. (2019). Markenkommunikation im Internet. In F.-R. Esch (Hrsg.), *Handbuch Markenführung* (S. 711–734). Springer Gabler.

Vilpponen, A., Winter, S., & Sundqvist, S. (2006). Electronic word-of-mouth in online environments. Exploring referral networks structure and adoption behavior. *Journal of Interactive Advertising, 2,* 8–77.

Walsh, G. & Möhring, M. (2015). Wider den Retourenwahnsinn. *Harvard Business Manager, 3,* 6–10.

Wamser, C. (2001). *Strategisches Electronic Commerce.* Vahlen.

Weichert, S., Quint, G., & Bartel, T. (2018). *Quick Guide UX Management.* Springer Gabler.

Weinberg, P., & Diehl, S. (2005). Erlebniswelten für Marken. In F.-R. Esch (Hrsg.), *Moderne Markenführung* (S. 263–286). Gabler.

Weissert, R. (2023). Das Internet der Zukunft liegt im Metaverse. https://expertenportal.com/blog/ das-internet-der-zukunft-lieht-im-metaverse. Zugegriffen: 15. März 2023.

White, N. (2022). Die 8 größten Vorteile des digitalen Zwillings. https://www.ptc.com/de/blogs/cor porate/digital-twin-benefits. Zugegriffen: 15. Apr. 2023.

Wirtz, B. W. (2013). *Multi-Channel-Marketing.* Springer Gabler.

Zalando. (2022). Welche Versandoptionen gibt es? https://www.zalando.de/faq/Versand-and-Liefer ung/Wie-funktioniert-der-Versand-bei-Zalando.html. Zugegriffen: 25. Febr. 2023.

Zentes, J., & Swoboda, B. (2001). *Grundbegriffe des Marketing.* Schäffer-Poeschel.

Ziegler, J., & Loepp, B. (2020). Empfehlungssysteme. In T. Kollmann (Hrsg.), *Handbuch Digitale Wirtschaft* (S. 717–741). Springer Gabler.

Zimmermann, R. (2014). *Produktbewertungen im Internet: Eine theoretische und empirische Analyse von nutzergenerierten Inhalten in Bewertungsportalen und deren Einfluss auf die Produktbewertung von Nutzern.* Kassel: university press.

Zur Oven-Krockhaus, I., Mandelartz, P., & Steffen, J. (2019). Bewertungen in der Kundenkommunikation von touristischen Unternehmen und Einfluss auf das Buchungsverhalten einer digitalen Zielgruppe. IUBH Discussion Paper. https://www.econstor.eu/bitstream/10419/199105/1/iubh-dphte-1-2019.pdf. Zugegriffen: 21. März 2021.

Controlling im E-Commerce

Lernziele

Die Erfolgsmessung und Steuerung des Onlineshops basiert auf der Analyse von Kennzahlen als Bestandteil eines aussagekräftigen Controllings. In diesem Kapitel wird ein fundiertes Basiswissen vermittelt über:

- Die Komponenten des Webcontrolling mit den Auswertungsmöglichkeiten über Web Analytics
- Erfolgskennzahlen des E-Commerce als Ausweis der Profitabilität des Onlinevertriebs
- Die Optimierung der Usability des Onlineshops über die Analyse der Besucherkennzahlen
- Die Aussagekraft von Kundenkennzahlen für die Ableitung zielgruppenspezifischer Maßnahmen zur Bestandskundenbindung
- Die Steuerung einer leistungsfähigen E-Commerce-Logistik mit Lagerkennzahlen

Das Controlling ist ein Teilbereich des unternehmerischen Führungssystems und unterstützt das Management bei der Planung, Steuerung und Kontrolle (Horváth, 2009, S. 17 f.). Oberstes Ziel ist die Sicherstellung der Rationalität unternehmerischen Handelns (Weber & Schäffer, 2008, S. 44 ff.). Das Controlling dient der Steuerung der **Ressourcenallokation** und soll die Effektivität und Effizienz des Ressourceneinsatzes visualisieren (Homburg, 2017, S. 1205). Ergebnisorientierte Kontrollen zeigen den Grad der Zielerfüllung im Abgleich von angestrebten und realisierten Resultaten auf (Homburg, 2017, S. 1212). **Kennzahlen** sind die Basis für die Informations-, Analyse- und Steuerungsfunktion des Controllings, sie stellen in konzentrierter und verdichteter Form quantitativ

© Springer Fachmedien Wiesbaden GmbH, ein Teil von Springer Nature 2023
F. Deges, *Grundlagen des E-Commerce*,
https://doi.org/10.1007/978-3-658-41357-6_10

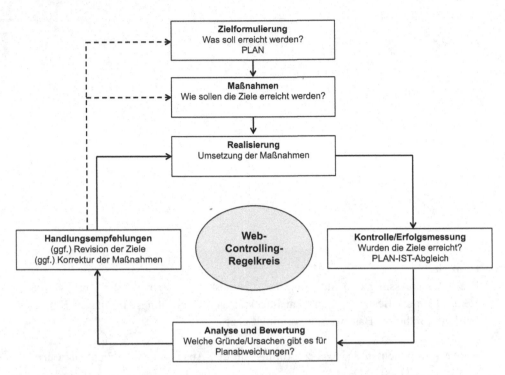

Abb. 10.1 Regelkreis des Webcontrollings. (Aus Deges, 2020, S. 208; mit freundlicher Genehmigung von © Springer Fachmedien Wiesbaden GmbH 2020. All Rights Reserved)

erfassbare betriebswirtschaftliche Sachverhalte, Zusammenhänge und Entwicklungen dar (Preißler, 2008, S. 3; Vanini, 2008, S. 526). Sie schaffen Transparenz und ermöglichen eine laufende Überprüfung und Revision der Ziele. Des Weiteren dient die **Kennzahlen-analyse** der Anpassung von Zielwerten für die nächstfolgenden Planungsperioden. Das **Webcontrolling** (Website-Controlling, Web Tracking) befasst sich mit der Auswertung und Analyse der Kennzahlen aus den Onlineaktivitäten (Lammenett, 2017, S. 431) und kann, wie Abb. 10.1 veranschaulicht, als revolvierender Regelkreis dargestellt werden.

Ausgangspunkt ist die Festlegung der in einer Planungsperiode zu erreichenden Ziele. Dies führt zur Planung und Umsetzung zielfördernder Maßnahmen und Handlungen. Die Erfolgskontrolle basiert auf der Erhebung und Analyse von Kennzahlen als **Key Performance Indicators** (KPIs), die einen Plan-Ist-Abgleich ermöglichen und somit einen direkten Zielbezug aufweisen. Werden Ziele nicht erreicht, so hilft die **Ursachenanalyse**, Abweichungen und Fehler zu erkennen und **Optimierungsmaßnahmen** einzuleiten. Der Regelkreis beginnt erneut, indem Ziele revidiert und Handlungsempfehlungen aus der Ursachenanalyse abgeleitet und umgesetzt werden. Somit ist das Webcontrolling ein fortlaufender Prozess der Optimierung der Usability von Onlineauftritten und trägt zur qualitativen Verbesserung des Onlineshops bei (Heinemann, 2018, S. 179). Das Web-controlling wird häufig mit dem Begriff **Web Analytics** gleichgesetzt, ist aber eher als Oberbegriff für Web Analytics, Web Tracking und Web Monitoring zu verstehen.

▶ **Web Analytics** Web Analytics kennzeichnet die Messung, Sammlung, Aufbereitung und Analyse von Daten, die Internetnutzer beim Besuch von Websites hinterlassen. Sämtliche Bewegungen, Interaktionen und Transaktionen, vom Aufruf der Website bis zum Abbruch der Session, werden aufgezeichnet, gespeichert und ausgewertet (Kollmann, 2013, S. 45). Gängige Auswertungen betreffen die Zahl der Besucher, Besucherherkunft, Anzahl und Reihenfolge der Seitenaufrufe, Seitenverweildauern, Art des Zugriffs auf die Website (Smartphone, Tablet oder PC) und die Ausstiegsseite (Kreutzer, 2018, S. 166).

Die Erfolgsmessung wird durch **Web Analytics Tools** vereinfacht. Diese erfassen automatisiert das Nutzer- und Kaufverhalten und stellen die Ergebnisse in numerischen, tabellarischen und grafischen Auswertungen dar. **Google Analytics** zählt zu den meist-genutzten Standardtools. Des Weiteren gibt es eine Vielzahl von Anbietern, deren Tools sich im Funktionsumfang unterscheiden. Einige Anbieter offerieren eine kostenlose **Basis-version,** die durch eine kostenpflichtige **Premiumversion** um Zusatzfunktionalitäten aufgewertet ist. Die Auswahl eines geeigneten Tools sollte sich nicht einseitig auf den Preis fixieren. Wichtig ist, dass die Funktionalitäten des Tools die für die Steuerung des Onlineshops relevanten Zielgrößen quantifizieren und übersichtlich darstellen. Die kontinuierliche Webanalyse liefert wichtige Erkenntnisse, um Schwachstellen zu identifizieren und die **Usability** einer Website zu verbessern. Ein in die Web Analytics Tools integriertes **Dashboard** („Armaturenbrett" oder Cockpit) ist eine individuell konfigurierbare grafische Benutzeroberfläche zur übersichtlichen Visualisierung der Daten, Informationen und Kennzahlen. Ein Dashboard schafft Transparenz über wesentliche **Leistungsindikatoren** und aktualisiert seine Daten automatisch in **Echtzeit** oder in regelmäßigen Zeitintervallen über **Schnittstellen** aus den mit ihm verknüpften Programmen und Tools.

Kennzahlen stehen nicht für sich alleine, sondern sind in ein ganzheitliches Führungs- und Informationssystem zu integrieren (Ziegenbein, 2012, S. 204 ff.). Während das operative Webcontrolling mit Web Analytics bei Internet Pure Playern das **Kennzahlen-management** auf den Single-Channel-Onlinevertrieb fokussieren kann, steht für Multi-Channel-Anbieter die kanalübergreifende Steuerung und Kontrolle der Vertriebsaktivitäten im Mittelpunkt. Die zunehmende Verschmelzung von Offline und Online macht den Aufbau eines **Multi-Channel-Controllings** notwendig (Emrich, 2017, S. 383 ff.), welches um Komponenten eines Cross-Channel-oder Omni-Channel-Kennzahlenmanagements erweitert werden muss.

▶ **Merke!** Web Analytics und Webcontrolling ist nur ein Teilbereich eines ganzheitlichen E-Commerce Controllings, welches auch die Erreichung öko-nomischer Ziele mit Umsatz-, Kosten- und Ergebniskennzahlen transparent machen muss.

10.1   Erfolgskennzahlen

Für die zielgerichtete Erfolgsmessung bedarf es aussagekräftiger Kennzahlen (Ziegenbein, 2012, S. 201). Erfolgskennzahlen spiegeln die **Rentabilität** und **Profitabilität** der Erbringung von marktwirtschaftlichen Leistungen. Sie sind der quantifizierte Ausdruck des Unternehmenserfolgs. Der Onlineshop ist ein Vertriebskanal und die primäre Kenngröße ist der erzielte Umsatz aus den Vertriebsaktivitäten und nach Abzug der Kosten der Ausweis eines Unternehmensgewinns (Wöhe & Döring, 2013, S. 293).

10.1.1 Umsatz und Gewinn

Als Umsatz bezeichnet man den Verkaufserfolg des Absatzes von Waren und Dienstleistungen einer Abrechnungsperiode (Wöhe & Döring, 2013, S. 757). Der Umsatz lässt sich wertmäßig und mengenmäßig abbilden. Der **mengenmäßige Umsatz** kennzeichnet die Anzahl verkaufter Produkte als Absatzmenge. Der **wertmäßige Umsatz** ergibt sich aus der Multiplikation von Absatzmenge und Verkaufspreise der Waren (Thommen & Achleitner, 2012, S. 145). Vom Bruttoumsatz ist die eingezogene Umsatzsteuer an das Finanzamt abzuführen, sodass der **Nettoumsatz** die entscheidende Steuerungsgröße der operativen Geschäftstätigkeit darstellt. Der Nettoumsatz ist um **Erlösminderungen** (Gutschriften, Boni, Rabatte) zu bereinigen (Wöhe & Döring, 2013, S. 757). Des Weiteren stellt die Retourenquote eine zeitlich um die Rückgabefristen verzögerte umsatzkorrigierende Variable dar. Da die **Rückgabefristen** zwischen den gesetzlich vorgeschriebenen 14 Tagen und teilweise bis zu 100 Tagen freiwillig eingeräumter Fristen differieren, gilt der Umsatz jeder Einzeltransaktion erst dann als final realisiert, wenn die Rückgabemöglichkeit für den Artikel abgelaufen und somit eine Rückvergütung bereits verbuchter Umsätze ausgeschlossen ist.

Bereinigter periodenbezogener Umsatz

Hohe Umsatzausweise aus dem Weihnachtsgeschäft erlauben erst im Januar eine zeitverzögerte Wertung über den tatsächlich realisierten Erfolg des Dezembermonats. Die in der Mehrzahl erst im Januar eingehenden Retouren bereinigen den Umsatz des Dezembers um den Wert der Warenrücksendungen. Neben der Bereinigung des Umsatzes wirken die durch das Retourenhandling verursachten Kosten ergebnismindernd.◄

Der Umsatz kann in spezifischere **Erfolgsausweise** heruntergebrochen werden. Umsätze pro Warenkategorie oder pro Artikel/Artikelgruppe geben Hinweise für die **Sortimentssteuerung**. Bei Multishop-Strategien und einem internationalen Absatz kann eine Umsatzauswertung nach Regionen vorgenommen werden. Der realisierte Umsatz dient nicht nur als vergangenheitsbezogene Erfolgsgröße bereits abgeschlossener Transaktionen, sondern auch als **Steuerungsgröße** für die Planung künftigen Wachstums. Im Multi-Channel-Vertrieb ist zudem der Umsatz aus dem Onlinegeschäft in Relation zum Gesamtumsatz aller oder in Relation zu einzelnen Vertriebskanälen auszuweisen. Durch die zunehmende Verschmelzung von Online und Offline sind zwei Fragestellungen relevant:

- ist durch die Einrichtung des Onlinevertriebs der Gesamtumsatz des Unternehmens erhöht worden, beispielsweise durch die Ansprache neuer Zielgruppen oder durch Zusatzumsätze aus der virtuellen Regalverlängerung, oder
- führte die Einrichtung des Onlinevertriebs zu **Kannibalisierungseffekten,** indem es zu einer Umverteilung des Verkaufsvolumens zu Lasten des stationären Geschäfts gekommen ist (Wirtz, 2013, S. 76). Dies ist der Fall, wenn Stammkunden anstatt wie bisher in der Filiale ihre Einkäufe in den Onlineshop verlagern. Bei zunehmender Verlagerung kann dies zu einer **Quersubventionierung** des Filialgeschäftes durch die Erlöse des Online-Handels führen. Dies impliziert die strategische Frage, ob die Quersubventionierung in der übergeordneten Zielsetzung des nahtlosen Einkaufens toleriert wird oder jeder Vertriebskanal für sich profitabel sein soll. Ansonsten wären Filialschließungen und Flächenbereinigungen Maßnahmen, die sich aus der Umsatzanalyse ableiten.

Die Verschiebung von **Umsatzanteilen** zwischen Offline- und Online-Vertriebskanälen ist ein Gradmesser für die durch das Kaufverhalten der Zielgruppe beeinflusste Transformation des Geschäftsmodells eines ursprünglichen Offline-Händlers zu einem hybriden Offline/Online-Händler und liefert wichtige Erkenntnisse für die strategische Ausrichtung des Filialkonzeptes. Für ambitionierte Start-ups ist die Fokussierung auf den Umsatzausweis die prägende Erfolgsgröße in der Aufbau- und Entwicklungsphase. Hohes Umsatzwachstum wird auch in der Medienberichterstattung als Nachweis der Attraktivität des Geschäftsmodells gesehen. Insbesondere börsennotierte Start-ups stehen durch die Publizitätspflichten des Aktiengesetzes (AktG) im Blickpunkt der Öffentlichkeit und werden an der Börse mit Kursverlusten abgestraft, wenn sich ihr **Umsatzwachstum** verlangsamt. Für die überwiegende Mehrheit der nur mit geringem Kapitaleinsatz betriebenen Onlineshops geht es aber um die Realisierung einer schnellen Tragfähigkeit des Geschäftsmodells. Für Online-Händler ist die **Handelsspanne** (Marge) als Differenz zwischen dem Einkaufspreis und dem Nettoverkaufspreis einer Ware eine produktbezogene kalkulatorische Kenngröße. Niedrige Handelsspannen müssen durch hohe Absatzmengen aufgefangen werden, während bei einer hohen Handelsspanne auch geringe Absatzmengen eine Produktlistung rechtfertigen. Bei Standardprodukten ist die Handelsspanne im Online-Handel eher niedrig, da die Preiskalkulation sich wegen der hohen Online-Preisvergleichstransparenz eher an wettbewerbs- denn an kostenorientierten Preisbildungsmechanismen orientieren muss (siehe Abschn. 6.2.2.1). In absoluten Werten ist die Handelsspanne mit dem **Rohertrag** als Differenz zwischen Umsatzerlösen und Wareneinsatz identisch. Ein **Gewinn** ist erwirt-schaftet, wenn die Umsatzerlöse die Kosten übersteigen und die Differenz als Überschuss aus der betrieblichen Tätigkeit verbucht werden kann.

10.1.2 Gross Merchandise Volume

Für Online-Marktplätze ist neben dem Umsatz aus dem Eigenhandelsgeschäft (**Eigen-umsatz**) der Umsatzausweis seiner integrierten Partner (**Fremdumsatz**) eine erfolgsori-entierte Steuerungsgröße. Dieser wird mit dem Gross Merchandise Volume (GMV) als **Bruttowarenvolumen** oder **Bruttowarenwert** als Verkaufspreis der Waren multipliziert mit der Absatzmenge vor Abzug von Gebühren und Provision abgebildet. Das GMV ist somit bei auf ihren Marktplätzen selber auch aktiv handelnden Marktplatzbetreibern wie Amazon, Zalando und Otto der realisierte **Gesamtumsatz** mit allen Waren (Eigenumsatz und Fremdumsatz), die über die Plattform verkauft wurden. Der direkte Erfolgsausweis des Marktplatzbetreibers ist sein Eigenumsatz und seine Einnahmen aus Gebühren und Provisionen der vermittelten Marktplatzumsätze. So generierte Zalando im Jahr 2022 ein GMV von 14,8 Mrd. EUR bei einem Konzernumsatz von 10,34 Mrd. EUR. Der Anteil der Partner am GMV lag im vierten Quartal 2022 bei 36 % (Zalando, 2023). Die Steigerung des GMV als Maß für das Wachstum des Marktplatzes wird beeinflusst von der Anzahl der integrierten Partner, der Nachfrage nach deren Warenangebot sowie die Durchschnitts-warenkörbe der Käufer. Ein steter Ausbau des Marktplatzes über die Integration neuer Partner bedeutet in der Regel auch ein steigendes GMV. Bei Onlineshops, die ausschließ-lich Waren im Eigengeschäft verkaufen, ist der **Bruttoumsatz** mit dem GMV identisch. Bei der Interpretation des GMV ist es wichtig, ob diese Zahl durch Warenrücksendungen (**Retouren**) bereinigt ist. Denn als zeitpunktbezogener Wert beispielsweise eines Monats oder Jahres ist unter Berücksichtigung der durchschnittlichen Retourenquote des Markt-platzes mit zeitlich verzögerten Umsatzbereinigungen zu rechnen. Dienstleister mit reinen Vermittlungsportalen und Provisionsmodellen ohne Eigengeschäft verwenden die Kenn-zahl **Gross Transaction Value** (GTV) als Bruttotransaktionswert. Essenslieferdienste wie Lieferando oder Just Eat Takeaway messen als Bruttotransaktionswert die Gesamtsumme aller über die Plattform vermittelten und ausgelieferten Bestellungen.

10.1.3 Conversion Rate

Die **Conversion Rate** ist neben den Umsatzerlösen eine der zentralen performanceba-sierten Kennzahlen des Onlinevertriebs. Sie drückt die Relation zwischen Adressaten einer Aktion und einem zielkonformen Abschluss der Aktion durch eine Handlung des Nutzers aus (Kreutzer, 2018, S. 170), im E-Commerce den prozentualen Anteil an Besu-chern des Onlineshops, die einen Kauf getätigt haben. Dabei sollten **Unique Visitors**

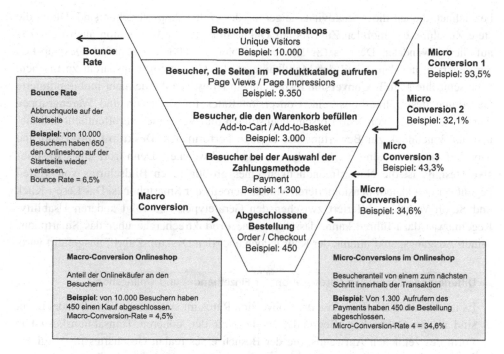

Abb. 10.2 Macro Conversion und Micro Conversions. (Aus Deges, 2020, S. 212; mit freundlicher Genehmigung von © Springer Fachmedien Wiesbaden GmbH 2020. All Rights Reserved)

oder Sessions anstelle von Visits und Visitors der Berechnung zugrunde gelegt werden, damit wiederkehrende Besuche der gleichen Person innerhalb eines kurzen Zeitraums nur einmal gezählt werden und das Ergebnis nicht verfälschen. Wie Abb. 10.2 verdeutlicht, wird zwischen Macro und Micro Conversion unterschieden. Die Conversion kann als trichterförmiger **Marketing-Funnel** grafisch visualisiert werden.

Die **Micro Conversions** als zeitlich vorgelagerte Zwischenziele führen in kleinen Schritten entlang des Marketing-Funnel zur **Macro Conversion** als Endziel einer Verhaltenskette, die idealtypisch den Abschluss der Transaktion darstellt. Das Kundenvertrauen in den **Transaktionsprozess** muss dabei von Stufe zu Stufe kontinuierlich zunehmen (vgl. Stegemann & Suwelack, 2020, S. 174). Je näher mit dem Checkout die Macro Conversion rückt, desto empfindlicher stört sich der Websitebesucher an unstimmigen Details in der Prozessqualität seiner abzuschließenden Transaktion (Stegemann & Suwelack, 2020, S. 174). Während die Macro Conversion den Anteil der Käufer in Relation zu den Besuchern darstellt, erlaubt die Micro Conversion detaillierte Aussagen über den Ausstieg von Besuchern in den einzelnen Transaktionsstufen des Kaufprozesses. Damit ist eine gute Conversion Rate auch ein Ausdruck der Attraktivität des Onlineshops mit überzeugendem Produkt- und Leistungsprogramm und einer kundenfreundlichen Usability. Als **Conversion-Optimierung** werden alle Maßnahmen und Handlungsempfehlungen bezeichnet, die auf die Attraktivitätssteigerung des Onlineshops gerichtet sind. Durch die stete Zunahme des mobilen Zugriffs auf Onlineshops ist die Conversion auch in Bezug auf die verwendeten Devices (Smartphone, Tablet, Notebook, stationärer Desktop-PC) auszuwerten, um den Anteil der Mobilkäufe an der Conversion transparent zu machen. Eine schlechte **Mobile Conversion Rate** kann ein Hinweis auf eine nicht-mobiloptimierte Gestaltung des Onlineshops sein. Conversion Rates für Branchen und Warengruppen werden regelmäßig von Marktforschungsinstituten und Verbänden veröffentlicht und dienen als Benchmark zur Bewertung der eigenen Performance. **Desktop Conversion** und Mobile Conversion können erheblich voneinander abweichen. Denn trotz eines **Responsive Designs** ist die Nutzerfreundlichkeit eines großflächigen Bildschirms von Vorteil gegenüber den kleindimensionierteren Mobile Screens der Smartphones. Das Lese-, Klick und Scroll-Verhalten differiert zwischen den Gerätetypen und folgt anderen Usability-Regeln, was dazu führen kann, dass zwar eine Produktrecherche über das Smartphone seinen Ausgangspunkt nimmt, der Kauf jedoch über den Desktop-Zugriff ausgeführt wird.

> **Differierende Conversion Rates stationärer Einzelhandel und Onlineshop**
>
> Es ist davon auszugehen, dass die Conversion Rates im stationären Einzelhandel höher sind als im Onlineshop. Begründet ist dies mit den höheren Transaktionskosten in Form des zeitlichen Aufwands, die der Besuch eines realen Geschäftes im Vergleich zum Besuch eines Onlineshops hervorruft. Die Messung der stationären Conversion Rates ist aufwändiger. Zwar werden die Abverkäufe in den Filialen über Scannerkassen erfasst, jedoch kann die Besucherfrequenz mit der Gesamtzahl der Filialbesucher in einem bestimmten Zeitraum nur über eine händische Besucherzählung oder mit automatisierten Personenzählsystemen über Lichtschranken durchgeführt werden.◄

10.1.4 Order und Average Order Value

Neben der Conversion beeinflusst die Anzahl und der Wert der Produkte im Warenkorb den Umsatzerfolg. Während Orders die Anzahl ausgelöster Bestellungen pro Kunde im Onlineshop darstellen, bezieht sich der **Average Order Value** auf den durchschnittlichen **Warenkorbwert** pro Bestellung. So lag bei Zalando im Geschäftsjahr 2022 der Average Order Value bei 56,70 € bei 261,1 Mio. Bestellungen (Zalando, 2023). Der Warenkorbwert wird erhöht, wenn es über Cross- und Up-Selling gelingt, Kunden während ihrer **Sessions** im Onlineshop zum Kauf zusätzlicher oder höherwertiger Artikel zu animieren (Heinemann, 2018, S. 103). Der Warenkorbwert einer Bestellung kann zwar relativ hoch, aber am Ende doch nicht ergebniswirksam sein, wenn die Lieferung komplett retourniert wird oder ist nur eingeschränkt ergebniswirksam, wenn beispielsweise Kunden insbesondere in der Warenkategorie Mode und Bekleidung **Auswahlbestellungen** tätigen, d. h.

aufgrund ihrer Unsicherheit hinsichtlich Größe und Passform den gleichen Artikel in mehreren Varianten bestellen, um ein Produkt zu behalten und den Rest der Lieferung zurückzusenden. Eine Steigerung des Average Order Value kann durch eine Ausweitung des Produkt- und Leistungsprogramms auf neue Warenkategorien erreicht werden. Ziel muss es sein, die Anzahl der Orders im Verbund mit der Steigerung des Average Order Value zu erhöhen. Eine Vielzahl an Orders mit nur geringen Warenkorbwerten führt bei einer Übernahme der Versandkosten durch den Anbieter zu einer erheblichen Kostenbelastung. Die Kopplung der versandkostenfreien Lieferung an einen **Mindestbestellwert** ist daher eine Reaktion vieler Online-Händler. Mit der Einführung eines Mindestbestellwerts werden in der Regel höhere Warenkorbwerte realisiert.

Zusammenhang Average Order Value und Sortimentsdimension

Ein Onlineshop für Schuhe wird seinen Average Order Value nur aus dem Verkauf von einem oder mehreren Paar Schuhen pro Bestellvorgang ziehen. Erweitert dieser Online-Händler seine Sortimentsdimension um Mode, Bekleidung und Accessoires, so schafft er ein attraktives Cross-Selling-Potenzial, indem jeder künftige Einkauf nicht nur Schuhe, sondern auch Artikel aus den neu ins Programm genommenen Warenkategorien umfassen kann. Die Erweiterung der Sortimentsbreite um neue Warenkategorien verfolgt neben dem Ziel der Neukundengewinnung auch das Ziel der Erhöhung des durchschnittlichen Wertes der Warenkörbe bei Bestandskunden.◄

10.1.5 Retourenquoten

Retouren bewirken eine zeitlich verzögerte **Umsatzbereinigung**, da es sich um eine Rückabwicklung bereits getätigter Umsätze handelt (Heinemann, 2018, S. 109). Die Kenntnis der durchschnittlichen Retourenquoten ist eine essenzielle Komponente des Erfolgsausweises der E-Commerce-Aktivitäten. Sie kennzeichnet das prozentuale Verhältnis zwischen Auftragspositionen und Rücksendepositionen und ist, wie Abb. 10.3 veranschaulicht, in Alpha-, Beta- und Gamma-Retourenquote zu differenzieren (Asdecker, 2014, S. 227 f.; Deges, 2017, S. 5 ff.).

- Die **Alpha-Retourenquote** berechnet sich als Verhältnis der retournierten zu den versendeten Paketen. Es geht aus logistischer Perspektive um die reine Anzahl von Paketen, unabhängig davon, ob ein oder mehrere Artikel mit einer Paketsendung retourniert wurden. Die Alpha-Retourenquote ermöglicht eine bessere Planung der paketbezogenen Bearbeitungsprozesse in der Retourenlogistik.
- Die **Beta-Retourenquote** beschreibt das Verhältnis von retournierten zu versendeten Artikeln. Es geht aus Sortimentsperspektive um die Identifizierung von Artikeln

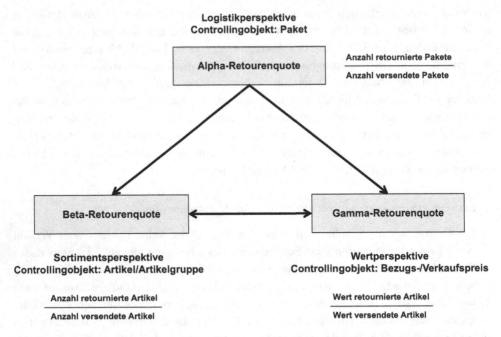

Abb. 10.3 Retourenquoten im E-Commerce. (Aus Deges, 2020, S. 214; mit freundlicher Genehmigung von © Springer Fachmedien Wiesbaden GmbH 2020. All Rights Reserved)

mit hohem Rücksendeanteil (Retourentreiber). Die Rücksendewahrscheinlichkeit eines Paketes steigt bei Auswahlbestellungen im Mode-Online-Handel mit der Anzahl der versendeten Artikelpositionen.

• Die **Gamma-Retourenquote** setzt den Wert der zurückgesendeten Artikel mit dem Wert der versendeten Artikel ins Verhältnis. Sie ermöglicht in Kombination mit der Beta-Retourenquote eine Aussage darüber, ob in einem heterogenen Sortiment hochpreisige Artikel mit einer größeren Wahrscheinlichkeit retourniert werden als niedrigpreisige Artikel.

Eine akzeptable Ausprägung der drei Retourenquoten lässt sich nicht pauschal ableiten, sondern muss branchen-, warengruppen- und unternehmensspezifisch vom Online-Händler definiert werden. Grundsätzlich lässt sich ein Erfolg des präventiven Retourenmanagements in der Senkung der Retourenquoten und der Erfolg von optimierten Retourenprozessen in niedrigeren Kosten für das Retourenhandling belegen. Des Weiteren kann der durchschnittliche Wertverlust oder der durchschnittliche Wiederverkaufswert von Retouren als steuerbare Kenngröße herangezogen werden. Externe **Benchmarks** zur Einschätzung der eigenen Retourenquoten im Vergleich zu Wettbewerbern und ähnlichen Geschäftsmodellen liefern die von Branchenverbänden oder Marktforschungsinstituten veröffentlichten durchschnittlichen Retourenquoten einer Branche oder Warengruppe.

10.2   Besucherkennzahlen

Onlineshops sind auf eine hohe **Besucherfrequenz** (Traffic) angewiesen, da sich die durchschnittlichen Conversion Rates bei vielen Shopbetreibern nur im unteren einstelligen Prozentbereich bewegen. Je höher die Frequenz, desto größer ist das Umsatzpotenzial, denn jeder erstmalige Besucher ist ein potenzieller Neukunde, wenn der Onlineshop mit seinem Produkt- und Leistungsprogramm überzeugt und den Besucher durch einen einfach und sicher gestalteten Transaktionsprozess zum Kauf führt. Die gängigsten über **Web Analytics Tools** automatisiert erfassten Besucherkennzahlen sind folgende:

- **Visit/Visitor/Unique Visitor:** als Visit (bei Google Analytics: Session) zählt jeder Besuch eines Onlineshops. Diese Besuche können als **Mobile Visits** über Smartphone und Tablet oder als **Desktop Visits** über stationäre Endgeräte erfolgt sein. Wenn ein Besucher innerhalb einer betrachteten Zeitspanne mehrmals den Onlineshop aufsucht, so wird dies jedes Mal als erneuter Visit gezählt. Die Zahl der Visits ist also meistens höher als die Anzahl der Visitors. Entscheidend ist daher die Anzahl der Unique Visitors als einzeln identifizierte Besucher des Onlineshops. Der **Unique Visitor** wird nur einmal gezählt, egal wie oft dieser den Onlineshop in der betrachteten Zeitspanne besucht (Kreutzer, 2018, S. 169). Aus der Analyse der Besucherzahlen lassen sich Maßnahmen zur Frequenzsteigerung ableiten, die in Online- und Offline-Marketingaktionen münden können.
- **Page Views/Page Impressions:** beziehen sich auf die Anzahl der Seitenaufrufe innerhalb einer Website (Meffert et al., 2015, S. 158). Eine hohe Page Impression dient als Beleg für die Relevanz der Website und die Attraktivität ihres Inhalts. Ähnlich wie bei den Visits wird jeder einzelne Aufruf der Seite gezählt, unabhängig davon, ob ein Besucher diese mehrmals hintereinander aufruft.
- **View Time/Time-on-Site:** stellt die durchschnittliche Besuchsdauer (Kontaktdauer, Verweildauer, Stickiness) der Besucher auf der Website dar. Diese ist ein Indikator für die Usability und User Experience. Die Verweildauer wird geprägt durch eine hohe nutzenstiftende Qualität des Contents. Je länger Besucher auf einer Website verweilen, desto interessanter finden sie die dort präsentierten Inhalte und desto höher die Wahrscheinlichkeit eines Kaufs.
- **Bounce Rate:** stellt als Absprungrate den Anteil von Besuchern mit nur einem Seitenaufruf dar (Kreutzer, 2018, S. 168). Da der erste Seitenaufruf für viele Besucher die Landingpage darstellt, zeigt die Bounce Rate, dass die Landingpage nicht zu weiteren Seitenaufrufen überzeugen konnte (Meffert et al., 2015, S. 158). Der schnelle Absprung kann in einer zu langen Ladezeit begründet liegen. Eine niedrige Bounce Rate ist somit auch ein Indikator für die Qualität der Landingpage.
- **Ausstiegsseiten (Micro Conversions):** idealerweise verlässt ein Besucher den Onlineshop erst mit dem Kaufabschluss. Wie der Conversiontrichter in Abb. 10.2 veranschaulicht, ist es von der Startseite bis zum Checkout ein langer Weg, auf dem es

zu Ausstiegen auf unterschiedlichen Ebenen kommen kann. Besonders ärgerlich, wenn dieser Abbruch in den unteren Stufen des Conversiontrichters erfolgt, der Besucher bereits seinen Warenkorb befüllt hat und dennoch den Kaufvorgang abbricht, weil gegebenenfalls seine präferierte Zahlungsmethode nicht angeboten wird oder kein Wunschzeitfenster für die Lieferung der Bestellung angegeben werden kann.

- **Referrer** (Überbringer, Übermittler): gibt in der automatischen Übermittlung der URL an, von welcher Website der Benutzer in den Onlineshop gelangt ist (Kreutzer, 2018, S. 168). Falls die Übermittlung des Referrers (Überbringer, Übermittler) nicht durch den Webbrowser unterdrückt ist (Dereferrer), lässt sich die Herkunft der Besucher über die vor der Session besuchte Website nachweisen. Die Analyse des Referrers liefert Erkenntnisse über den Erfolg von Werbekampagnen, die in den Onlineshop verlinken oder den Anteil der Besucher, die über Suchmaschinen, Vergleichsportale oder den vorherigen Besuch eines Konkurrenten in den Onlineshop gelangt sind.
- **Suchbegriffe/Keywords:** Web Analytics Tools erfassen die Suchbegriffe, über die ein Besucher in den Onlineshop gelangt ist. Diese Erkenntnisse können zur Suchmaschinenoptimierung und Suchmaschinenwerbung eingesetzt werden.

10.3   Kundenkennzahlen

Im Rahmen der Kundensteuerung und des Kundenmanagements im E-Commerce sind die Neukundengewinnung und die langfristige Bindung von Bestandskunden zentrale Erfolgsfaktoren. Mit der Unternehmensgründung steht die **Neukundengewinnung** im Mittelpunkt aller Marketingaktivitäten. Aber auch in der Ausbau- und Wachstumsphase kommt es darauf an, kontinuierlich neue Kunden zu gewinnen. Denn ein nachhaltiges Umsatzwachstum lässt sich nur über die stete Erhöhung der Kundenzahl realisieren. Das **Kundenwachstum** ist somit eine Größe, an der E-Commerce-Unternehmen bei Kapitalgebern und an der Börse gemessen werden. So weist Zalando für das Geschäftsjahr 2022 ein Kundenwachstum von 6 % gegenüber dem Vorjahr aus und zählt mehr als 51,2 Mio. aktive Kunden in 25 europäischen Märkten (Zalando, 2023). Als **Bestandskunde** gilt, wer mindestens zweimal bei einem Unternehmen eine Leistung bezogen hat. **Stammkunden** sind Käufer, die regelmäßig ihren Bedarf beim gleichen Anbieter decken und somit eine hohe **Kundenloyalität** und **Einkaufsstättentreue** aufweisen. Die **Retention Rate** als Differenz der Bestandskundenzahl zu Beginn und am Ende eines Messintervalls (beispielsweise Monat, Quartal oder Jahr) visualisiert den prozentualen Anteil der Kundenbindung. Von aktiven Kunden wird gesprochen, wenn in einer definierten Zeitperiode entweder ein bestimmter Umsatz oder eine bestimmte Anzahl an Bestellungen durchgeführt wird. So lag bei Zalando die Anzahl der durchschnittlichen Bestellungen pro aktivem Kunden bei 5,1 über die Zeitperiode von 12 Monaten (Zalando,

2023). Einmalige oder erstmalige Kunden müssen zu **Wiederholungskäufern** transformiert werden. Die **Wiederkaufrate** ist eine Messgröße für die Etablierung von Bestands- und Stammkunden. Diese verursachen im Gegensatz zur Neukundengewinnung geringere Marketingaufwendungen (Preißler, 2008, S. 263). Stammkunden sollten wertgeschätzt werden, indem Anreize für einen Wiederholungskauf in Form von Gutscheinen und Treuerabatten gewährt werden. Die Wiederkaufrate fließt auch in die Berechnung des Customer Lifetime Value ein, sie ist ein wichtiger Indikator für die **Kundenbindung.**

10.3.1 Customer Lifetime Value

Der Customer Lifetime Value (**Kundenwert**) ist als quantitative Größe der Deckungsbeitrag, den ein Anbieter mit einem Kunden oder einem Kundensegment während der Laufzeit der Kundenbeziehung erzielt (Weiber & Weber, 2000, S. 477). Dabei werden die bereits erzielten Erlöse mit dem noch zu erwartenden Umsatzpotenzial in Beziehung gesetzt und als Kenngröße auf den gegenwärtigen Betrachtungszeitpunkt abdiskontiert (Ahlert et al., 2018 S. 347; Emrich, 2017, S. 400 f.; Weiber & Weber, 2000, S. 485 f.). Der CLV steht als Kennzahl für eine **wertorientierte Kundensteuerung** (Heinemann & Zarnic, 2020, S. 394). Mit Hilfe des CLV lassen sich Marketingbudgets zielgruppenspezifischer auf besonders werthaltige Kundensegmente allokieren. Insbesondere die frühe Ansprache junger Kunden kann die Basis für eine jahrzehnte- vielleicht lebenslange **Kundenbeziehung** legen, um langfristig von ihrer stetig steigenden Kaufkraft zu profitieren (Weiber & Weber 2000, S. 481 ff.). Aber auch die Bindung kaufkräftiger **Kundensegmente** im mittleren Alter oder finanziell gut situierte Pensionäre mit über die Jahre des Berufslebens und der Kindererziehung aufgeschobenen Konsumwünschen stehen für den Aufbau attraktiver Kundenwerte. Ein statisches Verfahren zur Kundenwertbestimmung ist der **vergangenheitsbezogene CLV** als Summe aller Bruttogewinne (abzüglich Marketing- und Akquisitionskosten) aus den bisherigen Umsätzen des Kunden. Auf diese Weise lässt sich in einem Abo-Modell ableiten, ab welchem Abo-Monat der Kunde positive Deckungsbeiträge generiert. Diese statische Berechnung des Kundenwertes ist als Momentaufnahme zwar unkompliziert, sie leitet aber keine adäquate Prognose über das Kundenpotenzial ab (Hempelmann & Lürwer, 2003, S. 340). Ein **prädikativer CLV** modelliert das Transaktionsverhalten des Kunden und leitet daraus Vorhersagen für das künftige kundenbezogene Umsatzpotenzial und den daraus resultierenden Kundenwert ab (vgl. Heinemann & Zarnic, 2020, S. 395).

Die **Kapitalwertmethode** ist ein dynamisches Verfahren zur Bestimmung des Kundenwertes. Der Kapitalwert als diskontierter Barwert ist die Differenz aller dem Kunden direkt zurechenbaren abgezinsten Ein- und Auszahlungen über die gesamte Dauer der Kundenbeziehung. Die Anfangsauszahlungen (**Akquisitionskosten** der Neukundengewinnung) sowie im weiteren Zeitverlauf die zur Festigung der Kundenbeziehung anfallenden

Kosten (Ausgaben für Kundenbindungsmaßnahmen) müssen den mit dem Kunden generierten Erlösen gegenübergestellt werden (vgl. Krüger, 1997, S. 132). Die Kundengewinnung und Kundenbindung ist als Investition anzusehen. Erst mit zunehmender Dauer
der Kundenbeziehung wird ersichtlich, ob die Einzahlungen des Kunden die ihm zuzuordnenden Ausgaben übertreffen oder ob durch eine zu kurze **Kundenlebensdauer** ein
Wertverlust zu Buche steht (Hempelmann & Lürwer, 2003, S. 337). Je geringer die Kosten der Akquisition und Kundenbindung, desto höher ist der kundenbezogene CLV (vgl.
Blattberg & Thomas, 1998, S. 363). Schwierig ist die Bewertung nicht-monetärer Bestim-
mungsgrößen wie das Weiterempfehlungsverhalten von Kunden (Hempelmann & Lürwer,
2003, S. 338 f.). Eine **Weiterempfehlung** ist mit wesentlich geringeren Akquisitionskosten verbunden, die eingesparten Aufwände könnten dem Kundenwert des empfehlenden
Kunden gutgeschrieben werden, dessen monetärer Wert dadurch steigt (Hempelmann &
Lürwer, 2003, S. 339).

10.3.2 Churn-Rate

Die Churn-Rate (**Kundenabwanderung**) kennzeichnet bei Abo-Modellen den Anteil an
Kunden, die eine regelmäßig bezogene Leistung des Unternehmens aufkündigen, sei es,
dass sie zu einem Wettbewerbsangebot wechseln oder die Leistung grundsätzlich nicht
mehr in Anspruch nehmen. Während die Kundenabwanderung bei Abo-Modellen mit
der Aufkündigung von Vertragsbeziehungen eine eindeutig zuordenbare quantifizierte
Größe (**bewusste Kundenabwanderung**) darstellt, ist die Kundenabwanderung im trans-
aktionsbasierten Online-Handel bei länger ausbleibender Kundeninteraktion schwieriger
herzuleiten. Inaktive Kunden sind dadurch gekennzeichnet, dass sie seit längerer Zeit keinen Kauf mehr getätigt haben. Nicht immer geht mit dem Wechsel zu einem anderen
Online-Händler auch die Auflösung eines einmal angelegten Kundenkontos einher. Dies
kann dazu führen, dass ein zahlenmäßig beeindruckend hoher Kundenstamm auf einer
hohen Anzahl einmal angelegter Kundenkonten basiert, die jedoch seit geraumer Zeit
keine Umsätze mehr verzeichnen („Karteileichen"). Daher ist es wichtig, in der Außen-
wie auch Innenkommunikation von aktiven und inaktiven Kunden zu sprechen und diese
entsprechend ihres Verhältnisses am gesamten Kundenstamm auszuweisen. Daher sollte
grundsätzlich auch nur die Anzahl aktiver Kunden als Erfolgsgröße manifestiert sein. Im
Kundenbeziehungsmanagement bei vertragsbasierter Leistungsinanspruchnahme stellt die
Churn Prevention (Kündigungsverhinderung) eine elementare Maßnahme dar, um eine
bewusste Kundenabwanderung zu verhindern oder zumindest auf einem möglichst niedrigen Niveau zu halten. Ein ausgewogenes Preis-Leistungsverhältnis und ein exzellenter
Kundenservice sind die Stellhebel für die Etablierung einer stabilen Kundenbindung mit
einer hohen Kundenzufriedenheit.

Erfolgs-, Besucher- und Kundenkennzahlen stehen in sachlogischen Beziehungen zueinander, wie dies Abb. 10.4 veranschaulicht. Die Frequenzgenerierung von Besuchern ist die Basis für Conversions und den Aufbau und die Aufrechterhaltung von Kundenbeziehungen. Der Erfolg des Onlineshops spiegelt sich in der Anzahl der Orders und dem durchschnittlichen Warenkorbwert wieder, der nach der Wertberichtigung durch Retouren den bereinigten Umsatz ausweist. Der Anteil des Neukundenumsatzes zeigt den Erfolg von Marketingmaßnahmen zur Ausweitung des Kundenstamms. Die Auswertung der Käufe nach Devices zeigt die unternehmensspezifische Transformation des desktopbasierten E-Commerce zum Mobile Commerce.

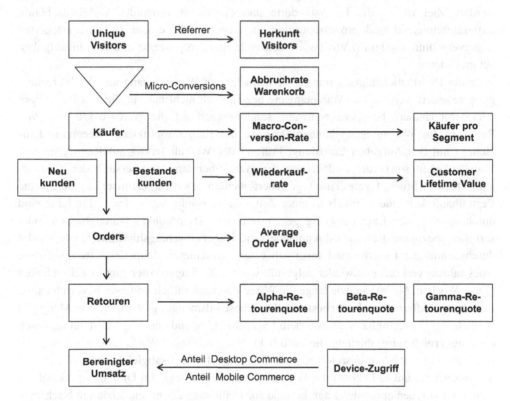

Abb. 10.4 Beziehungen zwischen Besucher-, Kunden- und Erfolgskennzahlen. (Aus Deges, 2020, S. 217; mit freundlicher Genehmigung von © Springer Fachmedien Wiesbaden GmbH 2020. All Rights Reserved)

10.4   Lagerkennzahlen

Der Aufbau eigener Distributionszentren und Lagerstandorte bedingt hohe Investitionen. Die langfristige Kapitalbindung muss daher mit einer optimalen Bewirtschaftung der Immobilien einhergehen. Der Lagernutzungsgrad belegt die Effizienz in der Nutzung der Lagerkapazitäten. Diese Kennzahl ist unterteilt in den Raumnutzungsgrad (gesamtes Volumen beispielsweise in Kubikmeter), den Flächennutzungsgrad (gesamte Lagerfläche in Quadratmetern) und den Höhennutzungsgrad (maximale Nutzhöhe). Lagerkennzahlen messen die Effektivität und Effizienz des Lagerbetriebs und der Lagersteuerung. Damit können Schwachstellen aufgedeckt und Verbesserungsmaßnahmen eingeleitet werden. Ziel ist es, die Lagerstandorte und die damit verbundenen Arbeitsabläufe kostenminimierend und prozessoptimiert zu steuern. Mit einem softwaregesteuerten Lagerverwaltungssystem (LVS) lassen sich viele Standardprozesse und Routineaufgaben automatisieren.

In der Distributionslogistik muss gleichermaßen der Wareneingang und der Warenausgang gesteuert werden. Der Wareneingang bezieht sich nicht nur auf die von Herstellern oder Großhändlern bezogene Neuware, sondern auch auf die Warenrückführung von Retouren. Im Wareneingang können Prozesse der Empfangseffizienz (**Receiving Efficiency**) mit den Aufgaben Entladung, Prüfung der Warenlieferung auf Richtigkeit und Vollständigkeit sowie der Einlagerung der Ware über eine Zeitmessung der Tätigkeiten (**Dock-to-Stock Cycle Time**) gesteuert werden. Der **Lagerumschlag** belegt die Bestellhäufigkeit eines Artikels in einer Zeitperiode. Häufig nachgefragte Produkte sind durch einen hohen Lagerumschlag gekennzeichnet. Als produkt-, warengruppen- oder sortimentsbezogene Kennzahl dokumentiert die **Lagerumschlagshäufigkeit,** wie oft der durchschnittliche Lagerbestand innerhalb einer betrachteten Zeitperiode (beispielweise eines Jahres) verkauft und wieder aufgefüllt wurde. Die **Lagerdauer** gibt in Zeiteinheiten (Tage, Wochen, Monat) an, wie lange die Waren durchschnittlich im Lager bevorratet sind. Der stichpunktbezogene **Lagerbestand** (Lagerbestandsmenge) gibt an, welche Menge an Artikeln gerade verfügbar sind. Aus dem Lagerumschlag und dem Lagerbestand lässt sich die **Lagerreichweite** ableiten, die ausdrückt, wie viel Tage, Wochen oder Monate der Bestand voraussichtlich ausreichen wird. Ein **Lagerbestandsabgleich** ist eine wichtige Voraussetzung, um in Echtzeit die Warenverfügbarkeitsanzeige im Onlineshop aktuell zu halten. Es gilt, den optimalen Lagerbestand zur Bedienung der prognostizierten Nachfrage zu errechnen. Als **Lagerbestandsindex** gibt er den Schwellenwert an zu bevorratender Menge (Mindestmenge, Sicherheitsbestände) an, um bei Erreichen der Bestandsgrenze **Replenishmentprozesse** (Nachschublieferungen) anzustoßen. Nachschublieferungen zur Lagerauffüllung müssen mengen- und zeitoptimiert koordiniert werden, um nicht durch eine fehlende Bevorratung in eine **Out-of-Stock-Situation** zu geraten Die Vorhaltung eines Mindestbestandes muss in Kombination mit Umsatzstatistiken und Absatzprognosen optimiert werden. Ein kurzfristiges Replenishment setzt zuverlässige Lieferantenbeziehungen voraus. Der optimale Bestellzeitpunkt ist abhängig von der Schnelligkeit von

Nachschublieferungen, was intakte und funktionierende Lieferketten voraussetzt. Aus dem Lagerbestand einer ausreichenden Bevorratung leitet sich die **Lieferfähigkeit** ab. Mangelnde Lieferfähigkeit ist mit einem Umsatzverlust verbunden. Kunden, die sich im Onlineshop bei der Produktsuche mit einem Ausverkauft- oder Nichtverfügbarkeitshinweis konfrontiert sehen, wechseln schnell in andere Onlineshops und bestellen beim nächsten lieferfähigen Online-Händler.

Steuerung der Lager- und Bestandskennzahlen im Amazon Seller FBA-Programm

Seit dem 1. März 2023 hat Amazon für seine Marktplatzpartner im FBA-Programm (Versand durch Amazon) mit der **Kapazitätsgrenze** eine neue Kennzahl definiert, die die bisher gültige Kennzahl der Auffüllbeschränkung ersetzt. Die Kapazitätsgrenze soll dazu beitragen, die Lagerbestände in Amazons Fulfillment Centern besser zu planen und zu steuern, damit die Nachfrage der Kunden jederzeit erfüllt werden kann und gleichzeitig ein überdimensionierter Lagerbestand vermieden wird. Die neue Kapazitätsgrenze gibt Sellern an, wie viel Lagerfläche (Volumen) ihnen für einen Monat zur Verfügung steht. Überbestandskosten fallen an, wenn der Lagerbestand in den Amazon-Logistikzentren zu hoch ist (Fries, 2023).◄

Die **Durchlaufzeit der Bestellung** dokumentiert die durchschnittliche Zeitspanne vom Eingang einer Warenbestellung bis zur Bereitstellung des Versandpaketes an der Warenausgangsrampe. Die **Lieferzeit** als übergeordnete Kennzahl errechnet sich aus der Durchlaufzeit der Bestellung und der Transport- und Zustellzeit der Auslieferung an den Besteller auf dem Wegstück der letzten Meile (siehe auch Abschn. 9.7.5). Die kurze Durchlaufzeit einer Bestellung ist somit eine Voraussetzung, um schnell ausliefern zu können. Eine schnelle Zustellung online bestellter Ware ist ein kritischer Erfolgsfaktor im E-Commerce, denn zu lange Lieferzeiten sorgen für Missstimmung, belasten das Kundenverhältnis und fördern die Kundenunzufriedenheit.

Eine möglichst schnelle Bereitstellung der versandfertigen Warenlieferung an der Rampe muss einhergehen mit einer ebenso schnellen wie auch fehlerfreien **Kommissionierung** der Bestellungen. Die Warenbereitstellung für den Versandprozess wird durch Pick-und-Pack-Prozesse organisiert und gesteuert. Die **Auftragsgenauigkeit** ist ein Gradmesser der **Kommissionierqualität,** sie bringt den Anteil der fehlerlosen Zusammenstellung bestellter Waren (**Picking**) und der korrekten Zuordnung auf den jeweiligen Besteller zum Ausdruck. Bei einem zeitsynchronen Pick und Pack werden die kommissionierten Artikel nicht erst in eine Box, sondern direkt in einen Versandbehälter verräumt. Erst nach dem Verpacken und dem Etikettieren der Bestellungen steht die Ware zum Versand bereit. Die Kommissionierqualität wirkt auf das Retourenaufkommen und die Retourenquoten, denn fehlerhaft kommissionierte Bestellungen werden an den Versender zurückgeschickt. Die **Turn Around Time** ist die benötigte Zeit, um Produkte einer Bestellung zu picken (zusammenzustellen) und zu verpacken. Die manuelle

Kommissionierleistung wird mit **Pickquoten** pro Zeiteinheit (beispielsweise Picks pro Arbeitsstunde) berechnet. Durchschnittliche Pickquoten sind quantitative Leistungsvorgaben für Lagermitarbeiter. Die **Packzeit** ist ein Zeitmesser, wie viel Zeit im Durchschnitt für das Herstellen der Versandfertigkeit einer kommissionierten Bestellung benötigt wird. Mit automatisierten oder teilautomatisierten Systemen wie Kommissionierroboter, Kommissionierautomaten und Packmaschinen können Durchlaufzeiten erhöht und Prozesse optimiert werden.

Das Kommissionieren mit einer Auftragsliste (**Pick-by-Paper**) wird zunehmend durch ausgefeiltere Verfahren ersetzt. Das Kommissionieren mit mobilen Scannern (**Pick-by-Scan**) ersetzt das papiergebundene Abarbeiten der Aufträge. Beim **Pick-by-Light** wird der Picker über Lichtsignale durch den Kommissioniervorgang geführt. Die Entnahme der Ware an einem Regalfach wird über in die Regalsysteme integrierte Displays und Tasten dokumentiert. Ein sprachgeführtes Kommissionieren über ein Headset wird mit **Pick-by-Voice** realisiert. Beim Kommissionieren mit Datenbrillen (**Pick-by-Vision**) werden die Arbeitsaufträge auf dem Brillenscreen eingeblendet. Ein in die Datenbrille integrierter Barcodescanner verifiziert das Picken des richtigen Artikels. Die drei letztgenannten Verfahren sind eine „**Hands Free Solution**". Beide Hände sind frei für den eigentlichen Kommissioniervorgang des Pickens. Mit **Pick-by-Robot** werden vollautomatisierte Lagersystemlösungen mit sich wie ein autonomes Fahrzeug bewegenden Logistikrobotern, Handhabungsgeräten und Fördersystemen bezeichnet. Durch das „**Ware-zum-Mann**"-Prinzip entfallen Wegezeiten durch das Lager, die Kommissionierzeiten reduzieren sich erheblich.

Eine suboptimale Lagerhaltung bindet Lagerplatz und Kapital. Ziel ist es, die **Lagerhaltungskosten** möglichst gering zu halten und den **Lagerzins** zu optimieren. Es geht um effiziente Fulfillmentprozesse, die Vermeidung von Out-of-Stock-Konstellationen, Reduzierung von Versandverzögerungen und Verhinderung ineffizienter Arbeitsweisen. Es bleibt festzuhalten, dass es sich bei der Steuerung von Retourenquoten, Out-of-Stock-Quoten und Fehlkommissionierungsraten primär um Kennzahlen handelt, die es in ihrer Ausprägung zu minimieren gilt. Auch bei einer weitgehenden Automatisierung ist kaum von einer Null-Fehler-Qualität auszugehen. Je geringer der Wert, den diese Kennzahlen zum Ausdruck bringen, umso niedriger sind die den jeweiligen Sachverhalt repräsentierenden Kosten. Dies wirkt sich positiv auf die Profitabilität des Online-Geschäftsmodells aus.

Lernkontrolle

1. Aus welchen aufeinanderfolgenden Arbeitsschritten setzt sich der Webcontrolling-Regelkreis zusammen?
2. Welche Aussagekraft haben Erfolgskennzahlen im E-Commerce?
3. Kennzeichnen Sie die relevanten Besucher- und Kundenkennzahlen.

4. Grenzen Sie Alpha-, Beta- und Gamma-Retourenquote voneinander ab.
5. Welche Kennzahl repräsentiert in Plattformökonomien den Erfolg der integrierten Partner?

Literatur

Ahlert, D., Kenning, P., & Brock, C. (2018). *Handelsmarketing*. Springer Gabler.

Asdecker, B. (2014). *Retourenmanagement im Versandhandel*. University of Bamberg Press.

Blattberg, R. C., & Thomas, J. S. (1998). The fundamentals of customer equity management. In M. Bruhn & C. Homburg (Hrsg.), *Handbuch Kundenbindungsmanagement: Grundlagen - Konzepte - Erfahrungen* (S. 359–385). Springer Gabler.

Deges, F. (2017). *Retourenmanagement im Online-Handel. Kundenverhalten beeinflussen und Kosten senken*. Springer Gabler.

Deges, F. (2020). *Grundlagen des E-Commerce. Strategien, Modelle, Instrumente*. Springer Gabler.

Emrich, C. (2017). Multichannel-Controlling. Implikationen für ein ganzheitliches Controlling-Konzept. In C. Zerres (Hrsg.), *Handbuch Marketing-Controlling* (S. 383–404). Springer Gabler.

Fries, T. (2023). Neue Kapazitätsgrenze für Amazon FBA: Das ändert sich ab März 2023. https://www.amalytix.com/wissen/logistik/amazon-neue-kapazitaetsgrenze-fba/. Zugegriffen: 19. März 2023.

Heinemann, G. (2018). *Der neue Online-Handel*. Springer Gabler.

Heinemann, G., & Zarnic, S. (2020). Performance Marketing in der Online-Sphäre. In M. Bruhn, C. Burmann, & M. Kirchgeorg (Hrsg.), *Marketing Weiterdenken* (S. 375–402). Springer Gabler.

Hempelmann, B., & Lürwer, M. (2003). Der Customer Lifetime Value-Ansatz zur Bestimmung des Kundenwertes. *WISU, 3*, 336–341.

Homburg, C. (2017). *Marketingmanagement*. Springer Gabler.

Horváth, P. (2009). *Controlling*. Vahlen.

Kollmann, T. (2013). *Online-Marketing*. Kohlhammer.

Kreutzer, R. (2018). *Praxisorientiertes Online-Marketing*. Springer Gabler.

Krüger, S. M. (1997). *Profitabilitätsorientierte Kundenbindung durch Zufriedenheitsmanagement: Kundenzufriedenheit und Kundenwert als Steuerungsgrößen für die Kundenbindung in marktorientierten Dienstleistungsunternehmen*. FGM.

Lammenett, E. (2017). *Praxiswissen Online-Marketing*. Springer Gabler.

Meffert, H., Burmann, C., & Kirchgeorg, M. (2015). *Marketing*. Springer Gabler.

Preißler, P. (2008). *Betriebswirtschaftliche Kennzahlen*. Oldenbourg.

Stegemann, M., & Suwelack, T. (2020). A/B-Testing – Verfahren zur Optimierung der digitalen Interaktion zwischen Konsumenten und Unternehmen. In: S. Boßow-Thies, C. Hofmann-Stölting, & H. Jochims (Hrsg.), *Data-driven Marketing* (S. 159–176). Springer Gabler.

Thommen, J.-P., & Achleitner, A.-K. (2012). *Allgemeine Betriebswirtschaftslehre*. Springer Gabler.

Vanini, U. (2008). Kennzahlensysteme. *WISU, 4*, 526–536.

Weber, J., & Schäffer, U. (2008). *Einführung in das Controlling*. Schäffer-Poeschel.

Weiber, R., & Weber, M. R. (2000). Customer Lifetime Value als Entscheidungsgröße im Customer Relationship Marketing. In R. Weiber (Hrsg.), *Handbuch Electronic Business* (S. 473–503). Gabler.

Wirtz, B. W. (2013). *Multi-Channel-Marketing*. Springer Gabler.

Wöhe, G., & Döring, U. (2013). *Einführung in die Allgemeine Betriebswirtschaftslehre.* Vahlen.
Zalando. (2023). Auf dem Weg zum Starting Point for Fashion: Zalando gewinnt neue Kund*innen
   und baut Plattform 2022 weiter aus. https://corporate.zalando.com/de/finanzen/zalando-jahreserg
   ebnis-22. Zugegriffen: 1. Apr. 2023.
Ziegenbein, K. (2012). *Controlling.* Kiehl NWB.

Stichwortverzeichnis

© Springer Fachmedien Wiesbaden GmbH, ein Teil von Springer Nature 2023
F. Deges, *Grundlagen des E-Commerce,*
https://doi.org/10.1007/978-3-658-41357-6

Provision
  Provisionsmodell, 106
Pure Online-Handel, 164

Q
Quick Commerce, 5, 354
Quick Response Code, 250, 253

R
Realitäts-Virtualitäts-Kontinuum, 315
Re-Commerce, 57, 183
Referrer, 398
Refferal Marketing, 325
Regalverlängerung, virtuelle, 42, 173, 214
Reintermediation, 172
Reputation, 69, 131, 195
  Reputationskapital, 69
  Reputationssystem, 69
  Reputationswert, 69, 194
Retail Borrowing, 362
Retargeting, 291
Retention-Marketing, 292
Retention Rate, 398
Retourengrund, 361
Retourenmanagement, 361
  präventives, 363
  reaktives, 364
  Retourenverhinderung, 363
  Retourenvermeidung, 363
Retourenquote, 395
Retourenstrategie, 366
  kulante, 366
  restriktive, 366
Reverse Logistics, 349, 364

S
Sharing Economy, 56, 191
  Collaborative Consumption, 191
  Corporate Sharing, 192
  Private Sharing, 192
  Rebound-Effekt, 192
  Social Sharing, 193
Shoppingclub, 80
Shopsystem, 89
  Add-Ons, 92
  Lizenzmodelle, 90

Mietlösungen, 90
Open-Source-Shopsysteme, 89
Plug-Ins, 92
Webhosting, 90
Showrooming, 146
Singles' Day, 224
Sitemap, 321
Social Commerce, 6, 59, 195
Social-Media-Marketing, 293
Sortiment, 212
  Category Management, 213
  Sortimentsbreite, 213
  Sortimentspolitik, 212
  Sortimentspyramide, 212
  Sortimentstiefe, 213
  Spezialsortiment, 214
  Vollsortiment, 214
Storytelling, 312
Streaming-Modell, 18
Subscription-Modell, 107
Suchmaschine, 280
  Core Web Vitals, 284
  Mobile-First-Indexierung, 284
  Offpage-Optimierung, 283
  Onpage-Optimierung, 283
  PageRank-Algorithmus, 283
  Searchbots, 280
  Suchmaschinenoptimierung, 283
  Webcrawler, 280

T
Targeted Advertising, 290
Transaktion, 2, 358
  Transaktionskosten, 2, 45, 132, 180, 193, 364
  Transaktionsprozess, 3, 393

U
Unicorns, 84
Unique Visitors, 392, 397
Universalsuchmaschine, 136, 281
Unvoiced Complainers, 375
Urheberrecht, 40
  Creative-Commons-Lizenzen, 41
  Schöpfung, 40
  Schöpfungshöhe, 40
  Vervielfältigungsrecht, 41